当代经济学系列丛书
Contemporary Economics Series

主编 陈昕

经济学中有约束的最优化问题解析

[加拿大] 彼得·B.摩根 著

林相森　张乔 译

当代经济学
教学参考书系

格致出版社
上海三联书店
上海人民出版社

主编的话

上世纪 80 年代,为了全面地、系统地反映当代经济学的全貌及其进程,总结与挖掘当代经济学已有的和潜在的成果,展示当代经济学新的发展方向,我们决定出版"当代经济学系列丛书"。

"当代经济学系列丛书"是大型的、高层次的、综合性的经济学术理论丛书。它包括三个子系列:(1)当代经济学文库;(2)当代经济学译库;(3)当代经济学教学参考书系。本丛书在学科领域方面,不仅着眼于各传统经济学科的新成果,更注重经济学前沿学科、边缘学科和综合学科的新成就;在选题的采择上,广泛联系海内外学者,努力开掘学术功力深厚、思想新颖独到、作品水平拔尖的著作。"文库"力求达到中国经济学界当前的最高水平;"译库"翻译当代经济学的名人名著;"教学参考书系"主要出版国内外著名高等院校最新的经济学通用教材。

20 多年过去了,本丛书先后出版了 200 多种著作,在很大程度上推动了中国经济学的现代化和国际标准化。这主要体现在两个方面:一是从研究范围、研究内容、研究方法、分析技术等方面完成了中国经济学从传统向现代的转轨;二是培养了整整一代青年经济学人,如今他们大都成长为中国第一线的经济学家,活跃在国内外的学术舞台上。

为了进一步推动中国经济学的发展,我们将继续引进翻译出版国际上经济学的最新研究成果,加强中国经济学家与世界各国经济学家之间的交流;同时,我们更鼓励中国经济学家创建自己的理论体系,在自主的理论框架内消化和吸收世界上最优秀的理论成果,并把它放到中国经济改革发展的实践中进行筛选和检验,进而寻找属于中国的又面向未来世界的经济制度和经济理论,使中国经济学真正立足于世界经济学之林。

我们渴望经济学家支持我们的追求;我们和经济学家一起瞻望中国经济学的未来。

厉以宁

2014 年 1 月 1 日

感谢我的祖母 Phoebe Powley,她为我付出了许多。
感谢我的母亲 June Powley,她格外重视子女教育。
感谢我的妻子 Bea,我很爱她。

致　谢

感谢卡尔·西蒙(Carl Simon)教授允许我在纽约州立大学布法罗分校授课时使用他编写的数理经济学课程资料。这本书在某种程度上起源于学生们的提问,他们想要全面理解西蒙教授高质量的课程资料。

衷心感谢宋伟(Song Wei)指出了本书初稿中的一些错误。还要感谢许多允许我开展教学实践的学生,他们坚持让我提供清晰的解释。特别感谢妮科尔·亨特(Nicole Hunter),她耐心地检查这部书稿,并发现了许多可能令人尴尬的错误。

几位审阅者提供了有价值的建议和意见。感谢他们付出的时间、精力及想法。

本人对可能尚存的错误、遗漏和表达不清楚等问题负责。

目　录

▶1

引　言

大家好！我首先要告诉大家，这不是一本数学书，而是一本关于经济学的书，具体来说，它是一本用正式的数学语言讨论经济学的书。

为什么要用数学语言来描述经济学呢？为什么不直接用英语或西班牙语描述大家感兴趣的经济问题，再辅之图形加以说明呢？因为一般语言的描述往往不够精确，而数学是一门精确的语言。当然，这种精确性是有成本的，必须精确处理每一个小细节，这些细节通常会让学经济学的学生感到头痛与畏惧。

除了处理细节带来的痛苦之外，学生还要面对数学的语言和符号。谁愿意费脑筋去理解∇、$\otimes$、$\gg$和$\sqcup$这些符号的含义呢？正在学经济学的你需要理解这些符号，它们只不过是较长词组的便捷表达形式。比如，∇表示梯度向量，这是一个重要的概念。当然，写下"∇"要比写下"梯度向量"四个字容易一些，尤其是当你需要重复表达这个意思的时候。所以有个好消息——数学这门语言很好学，它所表达的思想既简单又实用，而且通常比较容易理解，没什么好怕的。

我们将讨论很多概念与观点，你很可能会发现它们既有用又有趣——没错，有趣！不仅如此，你还会让那些试图挑战你观点的人无法成功。在很多时候，经济学家对问题的答案有很强的"第六感"，即直觉，但不能光靠这种直觉。我应该早点明白：很多时候我感觉对一个问题的答案有"很准的直觉"，但最后往往会发现自己错了。直觉对解题有帮助，但也仅仅是直觉而已，只有通过经济学家的逻辑分析才能得到一个精确的答案，而这门叫数学的语言比其他大多数语言都适合用来进行逻辑交流。

你可能在学习数学或数理经济学时苦苦挣扎，发现很多知识都令人费解，以至于开始怀疑自己是否如想象中那样聪明，甚至沦落到机械地背下数学概念而不追求正确地理解它们。我知道那是一种什么感觉，但你要知道，死记硬背是没有用的，它不会帮助你理解所背下来的东西，而理解才是最重要的。现在，我希望你明白，我很了解你的需求，后面我们会一起解决问题，把所有知识点都学通学透。

那么，我们应该从哪里开始学习呢？我相信你已经接触过相关的基本概念，比如集合、导数、向量、最大值、最小值等。问题是，学生们往往是在特定的背景下了解一些重要概念的含义的，一旦脱离了这些他们仅知的背景，对这些概念的理解就会出现偏差甚至错误。举个例子,我现在很认真地向你提问:什么是开集(open set)? 请你拿起笔在纸上写下答案,在写出答案之前不要继续往下看。

写完了吗?

你写的可能是:"当且仅当一个集合的补集是闭集(closed set)时,这个集合是开集。"如果你是这样写的,那我不能说你错,但我现在又要问你了,什么是闭集呢? 不要告诉我当且仅当一个集合的补集是开集时,这个集合是闭集——如果这样,你只是在绕圈子,实际上并没有回答问题。

你也可能写的是:"当且仅当一个集合只包含内点(interior point)时,这个集合是开集"或"当且仅当一个集合没有边界点(boundary points)时,这个集合是开集"。很自然地,我接下来要问你"内点"或"边界点"是什么意思。更重要的是,即使我继续问下去,你很可能还是会在某个特定的背景下思考开集这个概念。在某个特定的背景下,你的回答是没问题的,但是,经济学家有时候不得不跳出特定背景来思考问题,这时候就必须知道"开集"的真正的、一般性的含义。

我不是想打击你对自己的信心,我的意思是,你对基本概念的理解可能已经被它们在特定背景下的解释所扭曲了,这些解释会让你误以为这些实际上很特殊的情况是常见情况,而这种误解可能会给你带来很多困惑和苦恼。我之前也有过这种痛苦的经历。我会尽量帮助你避免,并在有可能出问题的地方提醒你,所以不要焦虑。

下面介绍一下本书的安排。经济学家们经常讨论"理性选择"或"最优解",这时他们脑海里思考的问题是决策者如何获得尽可能多的回报(比如效用、利润等)。通常情况下,决策者的选择会受到一个或多个约束条件(比如预算或技术)的限制。理性选择的思想是现代经济学的核心,而本书的目的是把这一思想清楚明白地表达出来,也就是说,建立一个精确且完全合乎逻辑的框架来表达这种思想。如果你不能做到这点,怎么能称自己是受过正规训练的经济学家呢?

我喜欢把概念可视化,所以我会花很多时间绘制出能展示经济问题本质的图形,并在这些图形的帮助之下,把经济问题用数学表示出来。我会在计算出结果后,再返回图形(这很重要!)去看看算出来的结果有什么直观含义,并检查数学运算提供的信息和图形传递出的信息是否完全一致。我既要在图形中看到解在哪里,又要用一种非常基础和简单的方式理解它,这样我才能完全搞懂问题,才能向对我的发现感兴趣的人清晰地解释。你应该有跟我一样的目标,否则,最终只能一知半解,这很危险。

现在你应该能明白为什么我说这不是一本数学书了。我们会在这本书中以清楚易懂的逻辑和精确的表达方式来讨论经济学。我们将运用数学知识,绘制大量的图形,并将所有这些都当成一个整体来进行理解,而不是拆分成杂乱的零星片段。相信我,读完这本书你会受益良多。但我需要你承诺你会开动脑筋。理解来源于耐心思考与逻辑推理——这两者是你将使用到的工具。

那么,应该如何使用这本书呢? 这因人而异。本书的核心章节是第8章和第10章,这两章将比较详细地解释求解理性选择问题过程中可能会用到的方法,理性选择问题也被称为有约束的最优化问题。这两章将大量地运用第5、6、7章中所介绍的知识,而这三章又依赖于第2、3、4章中所介绍的知识。因此,如果你已经对第2、3、4、5、6、7章的内容有了比较好的理解,那么,你就可以跳过它们直接学习第 8 章和第 10 章。如果你对那几章的内容并不熟悉,则你可以查看目录根据需要决定什么时候学习及如何学习前面的知识,以便消化第 8 章和第 10 章的内容。没有一本书能把你所需要了解的应用于经济学的所有数学知识都包括进来,如果你还要学习更基础的数学知识,就需要阅读其他的书。这类书有很多,我推荐三本被广泛使用的书:Simon 和 Blume(1994)、Hoy 等(2011)及 Chiang 和 Wainwright(2005)。

我原本没有打算写这本书,但它就这样"诞生"了。我要感谢我的学生们,他们督促我对一些数学知识做出清晰的解释,这些数学知识是他们在学习过程中避不开的。我的第一反应是去寻找一些能满足他们需求、技术性不太强且解释清楚准确的资料,但很快我就发现,这样的参考资料好像是不存在的。在现有的资料中,最好的是密歇根大学的卡尔·西蒙(Carl Simon)教授编写的高质量的课程资料,西蒙教授慷慨地允许我用他的全套课程资料来指导在纽约州立大学布法罗分校攻读经济学博士学位的学生们。但即便如此,学生们还是不停地向我提出诉求。为了满足他们的需求,我在很多个漫长的夜晚为一个接一个的主题准备讲义。这样做了几年之后,我发现自己已经不知不觉地完成了这本书三分之二的内容。在接下来的几年,我一直不想写余下的内容而完成一本完整的书。但后来我发现,随着时间的推移,越来越模糊的讲义复印件不断从高年级的学生向低年级的学生传阅,而且学生们开始要求更新并增加内容,所以,我最终还是决定完成这项工作。我猜想很多书都是以这种方式写出来的。毕竟,如果本书无法完成的话,之前的所有资料都作废了——这也是我决定完成的最终原因。不管怎样,我希望这本书对你来说是有价值的。

本书不会过多地关注定理及其详细证明。没错,书里会出现一些定理和证明,但它们不是这本书的重点,本书的重点在于解释。要想回答"为什么"并不需要你完全掌握证明,你能理解它就行了。为了让你充分理解,我经常会讲一个不那么严谨的故事,以免小细节分散了你对关键点的注意力。这也是我在写这本书时一直提醒自己需要注意的地方,我会在提供详细证明的地方强调其要点。

从教这么多年来,我通常将学生们分为两个不同的群体。第一个群体被我称为"技术型",就是那些专注于数学、从推导公式和记住证明中获得满足感的学生。但是如果让一个典型的技术型学生画一张图来阐述他的研究成果中有关经济的内容或经济学解释时,他会用一种奇怪的表情看着你,心里很可能嘀咕着:"为什么我要做这种事?"我的回答是:数学仅仅是在适当的时候用来表达经济学问题的工具而已,用数学的目的是让我们更深刻地理解经济学,数学本身从来不是目的。另一个群体被我称为"动手型",这些学生通常会很高兴地画出一幅意思含糊的图,用不太精确的方式讲出问题的解"应该"是什么。要求这些学生中的大部分人具有精确的逻辑似乎是残酷且不合理的。在很多课堂刚开课时,我会要求学生们既要有逻辑思维,又要能理解逻辑分析结果的经济学含义,他们听到这些要求时往往会表达一些不满。但通常大概到期中时,这两群学生起初不够好的技能都会有明显的提升,整个课堂会变得更加和谐一致,大家更能相互理解。

让我们开始学习吧!

基 础

这本书并不想要取代其他那些已经很好地解释了微积分和线性代数基础知识的书。但为了便于学习，本章会回顾一些数学知识，后面章节中的很多地方都会用到这些知识。如果你对它们都非常熟悉的话，那你可以跳过这一章。如果不是很熟悉，那你可以从本章中选择适当的内容阅读。本书的讨论不如那些详细介绍经济学家常用的数学方法的书里的讨论那样完整，因为我们只讨论本书后文部分所涉及的数学知识。

2.1 空间

数学家们总会说到"空间"——度量空间、向量空间以及各种类似名词，而我们经济学家也经常使用"空间"这个词。那它到底是什么意思呢？一个空间就是一个集合，这里的集合不是一个普通的集合，是指所包含的元素都满足相同属性的集合。举个例子，我们可能会考虑一个元素集，这个集合里所有的元素都具有相同的性质——任意一对元素之间的距离都是可以衡量的。这样的集合被称为"度量空间"（"度量"二字表达的意思是点之间的距离是可以衡量的）。有的集合可能会具有其他的性质，比如一个集合中每个元素都是实数，我们将这个集合称为"实数空间"（一般简称为"实空间"）。继续阅读下文的内容，你会慢慢理解"空间"这个词的含义，不要被这个词吓到了。

2.2 实向量空间

实向量空间是一个集合，为什么这个集合可以被称为空间呢？原因有二。第一，这个集合只包含实数（因此是实空间）。第二，实向量空间里的实数形成了有序数列（这种数列被称为向量），因为它们共同拥有某些特定的算术性质。这些算术性质是什么呢？向量的含义又是什么呢？

首先，让我们随便想一个大于等于 1 的整数 n，用来表示我们即将讨论的实数数列中的数字的个数。类似于 x_i 和 y_i 的符号表示的是数列中的位置序号是 i 的元素（$i=1, \cdots, n$）。举个例子，纵向排列的有序数列可以是：

$$x = \begin{bmatrix} 1 \\ -7 \\ 0 \\ 6.55 \end{bmatrix} \text{和} y = \begin{bmatrix} -3 \\ 16/7 \\ 9/2 \end{bmatrix}$$

一个数列中位置序号的个数即为数列的维度,通常用 n 表示。数列 x 的维度是 4,其中的元素分别为 $x_1 = 1$,$x_2 = -7$,$x_3 = 0$,$x_4 = 6.55$(实数可以不是整数)。数列 y 的维度是 3,其中的元素分别为 $y_1 = -3$,$y_2 = 16/7$,$y_3 = 9/2$。

现在,我们令所有实数数列的维度相同,都为 n,那么,可以写出一些有代表性的数列:

$$x = \begin{bmatrix} x_1 \\ x_2 \\ \vdots \\ x_{n-1} \\ x_n \end{bmatrix}, \quad y = \begin{bmatrix} y_1 \\ y_2 \\ \vdots \\ y_{n-1} \\ y_n \end{bmatrix} \text{或} z = \begin{bmatrix} z_1 \\ z_2 \\ \vdots \\ z_{n-1} \\ z_n \end{bmatrix}$$

这些实数构成的 n 维数列的集合 X 就是 n 维实向量集,当 X 中的所有数列都具有一些明显的代数性质时,它就被称为 n 维实向量空间。

定义 2.1(实向量空间)　当且仅当一个 n 维有序实数数列的集合 X 具有以下性质时才能被称为 n 维实向量空间:

(1) 可加性。如果 x,$y \in X$,则 $z = x + y \in X$。举个例子,如果 $n = 3$,$\begin{bmatrix} 1 \\ -4 \\ 6 \end{bmatrix} \in X$,

$\begin{bmatrix} 2 \\ 0 \\ -2 \end{bmatrix} \in X$,就有 $\begin{bmatrix} 3 \\ -4 \\ 4 \end{bmatrix} \in X$。

(2) 交换律。对于任何 x,$y \in X$,$x + y = y + x$ 成立。也就是说,相加的顺序不影响结果。

(3) 结合律。如果 x,y,$z \in X$,则有 $(x+y) + z = x + (y+z)$。也就是说,当向量相加时,分组的方式不影响最后的结果。

(4) 零向量。X 中存在一个有序数列 $\underline{0}$,对于每个 $x \in X$,都有 $x + \underline{0} = \underline{0} + x = x$。零向量可以是任意维度的向量,它所包含的元素全部都是 0。比如,$\underline{0} = \begin{bmatrix} 0 \\ 0 \\ 0 \end{bmatrix}$ 就是一个三维零向量。

(5) 逆向量。对于每个 $x \in X$,都存在一个向量 $-x \in X$ 使得 $x + (-x) = (-x) +$ $x = \underline{0}$。举个例子,如果 $x = \begin{bmatrix} 1 \\ -4 \\ 6 \end{bmatrix} \in X$,那么 $-x = \begin{bmatrix} -1 \\ 4 \\ -6 \end{bmatrix} \in X$ 且 $x + (-x) = \begin{bmatrix} 1 \\ -4 \\ 6 \end{bmatrix} +$

$$\begin{bmatrix} -1 \\ 4 \\ -6 \end{bmatrix} = \begin{bmatrix} 0 \\ 0 \\ 0 \end{bmatrix}$$ 。$-x$ 是 x 的逆向量，x 是 $-x$ 的逆向量。

（6）数乘。给定 X 具有以上几点性质，当 λ 和 μ 为实数（标量）时，X 具有如下数乘性质：

（a）对于任何 $x,y \in X$，$\lambda(x+y)=\lambda x + \lambda y$ 成立。

（b）对于任何 $x \in X$，$(\lambda+\mu)x = \lambda x + \mu x$ 成立。

（c）对于任何 $x \in X$，$(\lambda\mu)x = \lambda(\mu x)$ 成立。

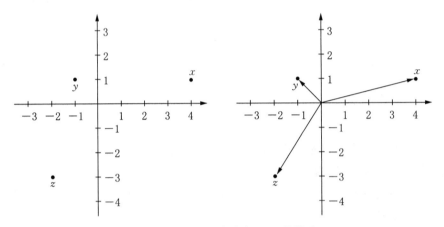

图 2.1　向量是图中的点，而不是箭头

图 2.1 中左图展示了二维向量 $x = \begin{bmatrix} 4 \\ 1 \end{bmatrix}$、$y = \begin{bmatrix} -1 \\ 1 \end{bmatrix}$ 和 $z = \begin{bmatrix} -2 \\ -3 \end{bmatrix}$，图中的点表示向量。右图中有三个从原点指向 x、y 和 z 的箭头。很多初学者在这里会犯一个常见的错误，他们会认为这几个箭头是向量，但其实不是。箭头表示的是原点到每个向量（点）的距离和方向。有时候，画箭头比画向量（点）本身在视觉上能更好地表现出向量所携带的信息，在后面的章节中我们会经常画箭头。

2.3　一些线性代数知识

关于有约束的最优化问题有几个重要的结论，这些结论都是在回答某个线性方程组是否有特殊类型的解。我们先来看一对简单的线性方程：

$$2x_1 + x_2 = 5 \qquad (2.1)$$
$$x_1 + 4x_2 = 13$$

这个方程组的唯一解是 $x_1 = 1$ 和 $x_2 = 3$。再来看看这个向量方程：

$$x_1 \begin{bmatrix} 2 \\ 1 \end{bmatrix} + x_2 \begin{bmatrix} 1 \\ 4 \end{bmatrix} = \begin{bmatrix} 5 \\ 13 \end{bmatrix} \qquad (2.2)$$

式（2.2）和式（2.1）是等价的，有相同的解，因为

$$x_1\begin{bmatrix}2\\1\end{bmatrix}+x_2\begin{bmatrix}1\\4\end{bmatrix}=\begin{bmatrix}2x_1\\x_1\end{bmatrix}+\begin{bmatrix}x_2\\4x_2\end{bmatrix}\text{（向量的数乘）}$$

$$=\begin{bmatrix}2x_1+x_2\\x_1+4x_2\end{bmatrix}\text{（向量的可加性）}$$

$$=\begin{bmatrix}5\\13\end{bmatrix}$$

所有类似式(2.1)的联立线性方程组都可以表示成式(2.2)那样的向量方程,也就是说,由 m 个线性方程和 n 个未知数($x_1,\cdots,x_n$)构成的方程组:

$$\begin{aligned}a_{11}x_1+a_{12}x_2+\cdots+a_{1n}x_n&=b_1\\a_{21}x_1+a_{22}x_2+\cdots+a_{2n}x_n&=b_2\\\vdots\qquad\vdots\qquad\qquad\vdots\qquad\vdots\\a_{m1}x_1+a_{m2}x_2+\cdots+a_{mn}x_n&=b_m\end{aligned}\tag{2.3}$$

等价于向量方程:

$$x_1\begin{bmatrix}a_{11}\\a_{21}\\\vdots\\a_{m1}\end{bmatrix}+x_2\begin{bmatrix}a_{12}\\a_{22}\\\vdots\\a_{m2}\end{bmatrix}+\cdots+x_n\begin{bmatrix}a_{1n}\\a_{2n}\\\vdots\\a_{mn}\end{bmatrix}=\begin{bmatrix}b_1\\b_2\\\vdots\\b_m\end{bmatrix}\tag{2.4}$$

式(2.2)左边是向量 $\begin{bmatrix}2\\1\end{bmatrix}$ 和 $\begin{bmatrix}1\\4\end{bmatrix}$ 的加权和,权数是 x_1 和 x_2。向量的加权和被称为向量的线性组合。因此,式(2.2)等号左边是向量 $\begin{bmatrix}2\\1\end{bmatrix}$ 和 $\begin{bmatrix}1\\4\end{bmatrix}$ 的线性组合,当使用的权数为 $x_1=1$ 和 $x_2=3$ 时,这个线性组合生成或产生了向量 $\begin{bmatrix}5\\13\end{bmatrix}$。这也意味着,当且仅当存在能使向量 $\begin{bmatrix}2\\1\end{bmatrix}$ 和 $\begin{bmatrix}1\\4\end{bmatrix}$ 的线性组合为 $\begin{bmatrix}5\\13\end{bmatrix}$ 的权数 x_1 和 x_2 时,式(2.1)才有解。一般情况下,以下命题是成立的:

当且仅当满足式(2.4)的权数 $x_1,\cdots,x_n$ 存在时,联立线性方程组(2.3)有解。
这就是为什么我们现在要花时间去研究向量什么时候可以表示为其他向量的线性组合,什么时候不行。

令一个由向量 v 构成的集合为 V,用 $L(V)$ 表示所有由向量 $v\in V$ 的线性组合生成的向量的集合。举个简单的例子,给定集合:

$$V=\{e^1,e^2\},\text{其中}e^1=\begin{bmatrix}1\\0\end{bmatrix},e^2=\begin{bmatrix}0\\1\end{bmatrix}$$

考虑任意一个二维向量,比如 $\begin{bmatrix}x_1\\x_2\end{bmatrix}$,由 e^1 和 e^2 构成的线性组合可以表示为:

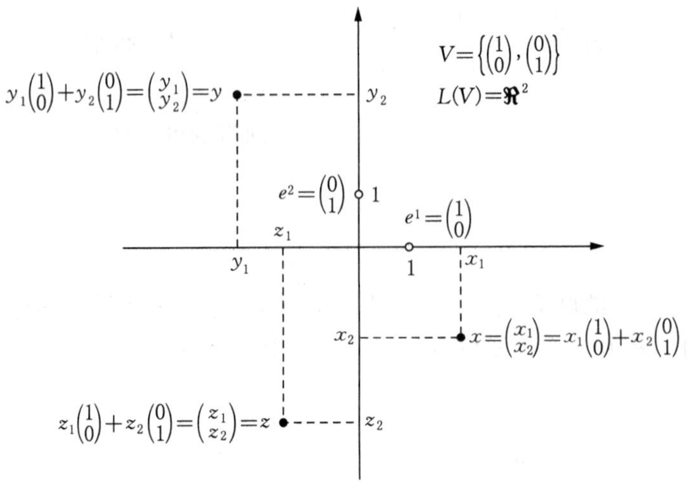

图 2.2 $e^1 = \begin{pmatrix} 1 \\ 0 \end{pmatrix}$ 和 $e^2 = \begin{pmatrix} 0 \\ 1 \end{pmatrix}$ 的线性组合可以生成整个 $\mathfrak{R}^2$

$$x_1 e^1 + x_2 e^2 = x_1 \begin{pmatrix} 1 \\ 0 \end{pmatrix} + x_2 \begin{pmatrix} 0 \\ 1 \end{pmatrix} = \begin{pmatrix} x_1 \\ x_2 \end{pmatrix}$$

所以，$\{e^1, e^2\}$ 这个集合可以通过线性组合生成二维实向量空间 $L\{e^1, e^2\} = \mathfrak{R}^2$ 里的每一个实向量（如图 2.2 所示）。

再举个例子，考虑下面这个集合：

$$V = \{v^1, v^2\}, \text{其中 } v^1 = \begin{pmatrix} 1 \\ 1 \end{pmatrix}, v^2 = \begin{pmatrix} -1 \\ -1 \end{pmatrix}$$

v^1 和 v^2 的线性组合为如下向量：

$$v = x_1 v^1 + x_2 v^2 = x_1 \begin{pmatrix} 1 \\ 1 \end{pmatrix} + x_2 \begin{pmatrix} -1 \\ -1 \end{pmatrix} = \begin{pmatrix} x_1 - x_2 \\ x_1 - x_2 \end{pmatrix}$$

它由两个相同的元素构成。所有这些向量都包含在经过原点的 45° 直线 $L(V)$ 内，向量 v^1 和 v^2 也包含在直线 $L(V)$ 内。从图 2.3 可以看到，这条直线只是 $\mathfrak{R}^2$ 中的很小一部分。像 $\begin{pmatrix} 2 \\ 3 \end{pmatrix}$ 这样的向量不在直线 $L(V)$ 上，所以不能由 v^1 和 v^2 生成。那么，相应地，联立线性方程组：

$$\begin{aligned} 1 \times x_1 + (-1) \times x_2 &= 3 \\ 1 \times x_1 + (-1) \times x_2 &= 2 \end{aligned} \tag{2.5}$$

是无解的。

由 V 中的向量的线性组合生成的向量的集合 $L(V)$ 也被称为由 V 扩张而成的（spanned）集合，集合 V 是 $L(V)$ 的基（basis）。在刚才的例子中，$\left\{ \begin{pmatrix} 1 \\ 0 \end{pmatrix}, \begin{pmatrix} 0 \\ 1 \end{pmatrix} \right\}$ 张成或生成了

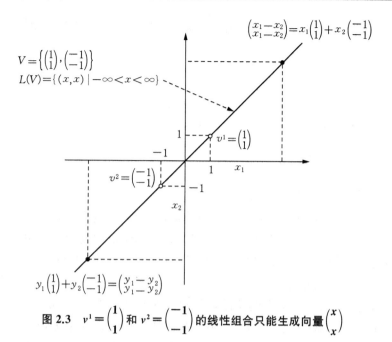

图 2.3　$v^1=\begin{pmatrix}\mathbf{1}\\\mathbf{1}\end{pmatrix}$ 和 $v^2=\begin{pmatrix}\mathbf{-1}\\\mathbf{-1}\end{pmatrix}$ 的线性组合只能生成向量 $\begin{pmatrix}x\\x\end{pmatrix}$

整个 $\Re^2$，它们是 $\Re^2$ 的基；$\left\{\begin{pmatrix}1\\1\end{pmatrix},\begin{pmatrix}-1\\-1\end{pmatrix}\right\}$ 张成或生成了 $45°$ 线 $\{(x,x)\mid-\infty<x<+\infty\}$，它们是这条线的基。

为什么集合 $\{e^1,e^2\}$ 可以生成整个 $\Re^2$，而集合 $\{v^1,v^2\}$ 只能生成图 2.3 中所示的 $45°$ 线呢？答案是，向量 e^1 和 e^2 之间不成比例，也就是说，不存在使 $\begin{pmatrix}1\\0\end{pmatrix}=\lambda\begin{pmatrix}0\\1\end{pmatrix}$ 成立的 λ。

我们称向量 e^1 和 e^2 是线性无关的。与之相反，向量 v^1 与 v^2 是线性相关的，这两个向量之间是成比例的，因为 $\begin{bmatrix}1\\1\end{bmatrix}=(-1)\begin{bmatrix}-1\\-1\end{bmatrix}$。为了更好地学习后文部分的内容，我们需要给出线性相关和线性无关的正式定义。

定义 2.2（线性相关和线性无关）　当且仅当一个 n 维向量集中的任意一个向量都不能由集合中其他向量的线性组合生成时，这个 n 维向量集就是线性无关的向量集。当且仅当一个向量集不是线性无关的向量集时，它才是线性相关的。

一个被张成或生成的向量空间的基往往不止一个，比如，$\Re^2$ 还有另外一个基 $\left\{\begin{bmatrix}1\\1\end{bmatrix},\begin{bmatrix}-1\\0\end{bmatrix}\right\}$。有个定理与此相关，它是线性代数中最基础的结论之一。

定理 2.1（张成定理）　任意一个 n 维线性无关的实向量集是实向量空间 $\Re^n$ 的基。

练习：请证明集合 $\left\{\begin{bmatrix}1\\1\end{bmatrix},\begin{bmatrix}-1\\0\end{bmatrix}\right\}$ 是 $\Re^2$ 的基。

答案：我们需要证明的是，$\Re^2$ 中的任意一个向量 $\begin{bmatrix}b_1\\b_2\end{bmatrix}$ 都能被写成向量 $\begin{bmatrix}1\\1\end{bmatrix}$ 和 $\begin{bmatrix}-1\\0\end{bmatrix}$ 的

线性组合。也就是要证明对于任意一组给定的 b^1 和 b^2，存在 x_1 和 x_2 使得：

$$x_1 \begin{bmatrix} 1 \\ 1 \end{bmatrix} + x_2 \begin{bmatrix} -1 \\ 0 \end{bmatrix} = \begin{bmatrix} b_1 \\ b_2 \end{bmatrix}$$

不难看出，当 $x_1 = b_2$，$x_2 = b_2 - b_1$ 时，该式成立。 □

可以由张成定理直接推出另一个重要结论：

定理 2.2 如果 $m > n$，那么由 m 个 n 维实向量生成的任意一个集合一定是线性相关的。

练习：用张成定理证明定理 2.2。

答案：考虑 m 个向量中的任意 n 个向量构成的子集 V，这个集合要么是线性相关的，要么是线性无关的。如果 V 是线性相关的，那这 m 个向量构成的集合也是线性相关的。如果 V 是线性无关的，那么由定理 2.1 可知，它是 $\Re^n$ 的一个基，所以 $m - n$ 个其他向量可以被写成 V 中向量的线性组合，于是，这 m 个向量构成的集合也是线性相关的。 □

有一个著名的定理与求解有约束的最优化问题有关，它讨论的是某一个具体的线性方程组是否存在一个非零且非负的解。现在我们还不用知道这个定理的重要性，但我们需要知道方程组的解会有哪些情况。观察一下图 2.4，该图展示了两个线性无关的向量，即 $v^1 = \begin{bmatrix} 2 \\ 1 \end{bmatrix}$ 和 $v^2 = \begin{bmatrix} 1 \\ 3 \end{bmatrix}$。由 v^1 和 v^2 构成的集合是 $\Re^n$ 的基，所以任意一个向量 $\begin{bmatrix} b_1 \\ b_2 \end{bmatrix}$ 都能被表示为 v^1 和 v^2 的线性组合，且表示方法唯一。也就是说，对于任何给定的 b_1 和 b_2，存在唯一的 x_1 和 x_2 使：

$$x_1 \begin{bmatrix} 2 \\ 1 \end{bmatrix} + x_2 \begin{bmatrix} 1 \\ 3 \end{bmatrix} = \begin{bmatrix} b_1 \\ b_2 \end{bmatrix}$$

x_1 和 x_2 的值是正的还是负的呢？这与 b_1 和 b_2 的值有关。例如，如果 $(b_1, b_2) = (3, 4)$，那么 $(x_1, x_2) = (1, 1)$；如果 $(b_1, b_2) = (3, -1)$，那么 $(x_1, x_2) = (2, -1)$；如果 $(b_1, b_2) = (-5, -5)$，那么 $(x_1, x_2) = (-2, -1)$。图 2.4 中包含了原点和 v^1 的虚线表示了 v^1 的所有数乘（正、负和零）$x_1 v^1$，包含了原点和 v^2 的虚线表示了 v^2 的所有数乘 $x_2 v^2$。这两条虚线把 $\Re^2$ 划分成了四个部分，如图所示，我们将这四个部分标记为区域 1、区域 2、区域 3 和区域 4。区域 2 中的向量是由线性组合 $x_1 v^1 + x_2 v^2$ 生成的，其中 $x_1 < 0$ 且 $x_2 > 0$。区域 1 是我们最感兴趣的区域，它所包含的向量都是由线性无关的向量 v^1 和 v^2 的正线性组合（$x_1 > 0$ 且 $x_2 > 0$）生成的，我们将这样的区域称为凸锥（convex cone），它在求解有约束的最优化问题时非常重要。

现在我要介绍一个新的、更加简便的表示方法。把式（2.4）中的那些列向量写成矩阵 A 的形式，把线性组合的那些权数和等式右边的数列分别写成列向量 x 和 b，即：

$$A \equiv \begin{bmatrix} a_{11} & a_{12} & \cdots & a_{1n} \\ a_{21} & a_{22} & \cdots & a_{2n} \\ \vdots & \vdots & \vdots & \vdots \\ a_{m1} & a_{m2} & \cdots & a_{mn} \end{bmatrix}, \quad x \equiv \begin{bmatrix} x_1 \\ x_2 \\ \vdots \\ x_n \end{bmatrix} \text{ 和 } b \equiv \begin{bmatrix} b_1 \\ b_2 \\ \vdots \\ b_n \end{bmatrix}$$

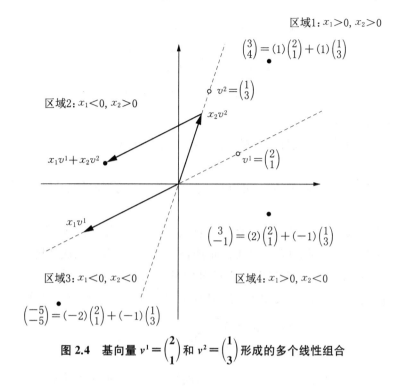

图 2.4 基向量 $v^1 = \begin{pmatrix} 2 \\ 1 \end{pmatrix}$ 和 $v^2 = \begin{pmatrix} 1 \\ 3 \end{pmatrix}$ 形成的多个线性组合

矩阵 A 的写法节省了书写空间,它表示所有维度相同的列向量的一种有序数列。由于 A 有 m 行和 n 列,所以我们把 A 称为 $m \times n$ 矩阵(通常情况下,行在前,列在后)。下一步,同样为了简便,将 Ax 写成:

$$Ax \equiv \begin{bmatrix} a_{11} & a_{12} & \cdots & a_{1n} \\ a_{21} & a_{22} & \cdots & a_{2n} \\ \vdots & \vdots & \vdots & \vdots \\ a_{m1} & a_{m2} & \cdots & a_{mn} \end{bmatrix} \begin{bmatrix} x_1 \\ x_2 \\ \vdots \\ x_n \end{bmatrix}$$

$$\equiv x_1 \begin{bmatrix} a_{11} \\ a_{21} \\ \vdots \\ a_{m1} \end{bmatrix} + x_2 \begin{bmatrix} a_{12} \\ a_{22} \\ \vdots \\ a_{m2} \end{bmatrix} + \cdots + x_n \begin{bmatrix} a_{1n} \\ a_{2n} \\ \vdots \\ a_{mn} \end{bmatrix} = \begin{bmatrix} b_1 \\ b_2 \\ \vdots \\ b_m \end{bmatrix} = b \qquad (2.6)$$

式(2.6)解释了 Ax 的含义,它是 $m \times n$ 矩阵 A 与 n 维向量 x 的乘积,这个乘积能简洁地表示组成矩阵 A 的那些列向量的线性组合。$Ax = b$ 和式(2.3)、式(2.4)表达的是同一个意思,它们都说明了向量 b 可以被写成构成矩阵 A 的那些列向量的线性组合,因此,向量 b 是由构成矩阵 A 的列向量所张成的向量集中的一个元素。接下来我们讨论线性代数中的另一个重要结论。

定理 2.3 当且仅当 b 是由构成矩阵 A 的列向量所张成的向量集中的一个元素时,联立线性方程组 $Ax = b$ 至少有一个解。

练习:如果联立线性方程组 $Ax = b$ 有一个解,那么,向量集:

$$\begin{bmatrix} a_{11} \\ a_{21} \\ \vdots \\ a_{m1} \end{bmatrix}, \begin{bmatrix} a_{12} \\ a_{22} \\ \vdots \\ a_{m2} \end{bmatrix}, \cdots, \begin{bmatrix} a_{1n} \\ a_{2n} \\ \vdots \\ a_{mn} \end{bmatrix}, \begin{bmatrix} b_1 \\ b_2 \\ \vdots \\ b_m \end{bmatrix} \qquad (2.7)$$

(1) 是线性相关的吗？

(2) 如果这个向量集是线性相关的，$Ax=b$ 一定有解吗？

答案:

(1) 是的。如果 $Ax=b$，向量 b 可以写成构成矩阵 A 的列向量的线性组合，故该向量集是线性相关的。

(2) 不一定。式(2.5)就是一个反例。当且仅当向量 b 可以由矩阵 A 的列向量线性表示时，$Ax=b$ 才有解。向量集(2.7)之所以是线性相关的，是因为构成矩阵 A 的那些列向量之间是线性相关的，与 b 是否与矩阵 A 的列向量线性相关没有关系。 □

现在我们再来研究类似于式(2.1)的方程组有多少个解。重新考虑之前的例子:

$$\begin{array}{l} 2x_1+x_2=5 \\ x_1+4x_2=13 \end{array} \quad \text{和} \quad x_1-x_2=3$$

第一个方程组只有一个解，$(x_1, x_2)=(1, 3)$；而第二个方程有无数个解，$(x_1, x_2)=(x_1, x_1-3)$，每个解都对应一个 x_1 的值，$x_1 \in \Re$。是什么造成了这样的差异呢？你可能会说"第一个例子中有两个相互独立的方程和两个未知数，第二个例子中只有一个方程但有两个未知数"。我同意这样的说法，但换一个角度想想，在第一个例子中，两个方程的左边是线性组合:

$$Ax = \begin{pmatrix} 2 & 1 \\ 1 & 4 \end{pmatrix} \begin{pmatrix} x_1 \\ x_2 \end{pmatrix} = x_1 \begin{pmatrix} 2 \\ 1 \end{pmatrix} + x_2 \begin{pmatrix} 1 \\ 4 \end{pmatrix}$$

它是两个线性无关的二维向量的线性组合，$\begin{pmatrix} 2 \\ 1 \end{pmatrix}$ 与 $\begin{pmatrix} 1 \\ 4 \end{pmatrix}$ 不成比例。这也就是你所说的"相互独立的方程"。在第二个例子中，方程左边是线性组合:

$$Bx = (1 \quad -1) \begin{pmatrix} x_1 \\ x_2 \end{pmatrix} = x_1(1) + x_2(-1)$$

它由两个线性相关的一维向量组合而成，(1) 和 (-1) 相互成比例。可以看出，矩阵 A 中的行向量 $(2, 1)$ 和 $(1, 4)$ 是线性无关的，因为它们不成比例，矩阵 B 中只有一个行向量 $(1, -1)$。矩阵中线性无关的行向量的个数被称为矩阵的秩(rank)，所以矩阵 A 的秩为 $r(A)=2$，矩阵 B 的秩为 $r(B)=1$。你可以把矩阵的秩理解为"线性相关的方程"的个数。

练习: 下列矩阵的秩是多少？

$$A = \begin{bmatrix} 2 & 1 & 1 \\ 0 & -1 & 2 \\ 5 & 3 & 0 \end{bmatrix}, B = \begin{bmatrix} 2 & 1 \\ 0 & -1 \\ 5 & 3 \end{bmatrix} \text{和} C = \begin{bmatrix} 2 & 1 & 5 \\ 1 & 4 & 13 \end{bmatrix}$$

答案：$r(A)=3$，因为 A 的行向量 $(2, 1, 1)$、$(0, -1, 2)$ 和 $(5, 3, 0)$ 都不能被表示为另外两个行向量的线性组合。$r(B)=2$，因为 B 的每个行向量都可以由另外两个行向量的线性组合表示，比如 $(5, 3)=\frac{5}{2}(2, 1)-\frac{1}{2}(0, -1)$。$r(C)=2$，因为其行向量 $(2, 1, 5)$ 和 $(1, 4, 13)$ 不成比例。　　　　□

简单来说，如果式(2.6)中的联立线性方程组 $Ax=b$ 有解，那么，当矩阵 A 的秩与方程组中的未知数个数 n 相等，即方程组中线性无关的方程个数与未知数个数相等时，该方程组有且仅有一个解。幸运的是，我们要解决的大多数有约束的最优化问题所涉及的方程组中的未知数个数 n 与方程个数 m 是相等的。当 $m=n$ 时，对联立线性方程组 $Ax=b$ 的解的判断（什么时候有唯一解，什么时候有多个解）可以更简单一些。在这种情况下，矩阵 A 的行向量的个数和列向量的个数都是 n，A 是一个 $n\times n$ 矩阵，也叫 n 阶方阵。

定理 2.4　*如果联立线性方程组(2.6)有至少一个解，且 $m=n$，那么，当 A 的秩为 n 时，方程组有唯一解，当 A 的秩小于 n 时，方程组有无穷多个解。*

现在我们要做的是判断 n 阶方阵 A 的秩是等于 n 还是小于 n。幸运的是，有一个相对简单的方法对此进行判断。首先，我介绍一下方阵的行列式（非方阵没有行列式）的概念，我们用 $\det(A)$ 来表示矩阵 A 的行列式（determinant）。矩阵的行列式只是一个数值，它可以为零、正或负。先来看看一阶矩阵和二阶矩阵。1×1 矩阵 $A=(a_{11})$ 的行列式就是 a_{11}，即 $\det(a_{11})=a_{11}$。2×2 矩阵 $A=\begin{bmatrix} a & b \\ c & d \end{bmatrix}$ 的行列式是：

$$\det\begin{bmatrix} a & b \\ c & d \end{bmatrix}=ad-bc \tag{2.8}$$

例如，$\det\begin{bmatrix} 1 & 6 \\ 2 & 3 \end{bmatrix}=-9$，$\det\begin{bmatrix} -1 & 4 \\ -3 & 7 \end{bmatrix}=5$。当方阵的阶数大于 2 时，行列式计算起来就有点复杂了。计算矩阵行列式的方法有很多种，在这里我只讲一种——代数余子式展开法。考虑一个 3×3 矩阵：

$$A=\begin{bmatrix} -3 & 1 & -2 \\ 2 & -5 & 1 \\ 7 & 2 & 3 \end{bmatrix} \tag{2.9}$$

对每个 $i=1, 2, 3$，以及每个 $j=1, 2, 3$，我们将矩阵 A 的余子式 M_{ij} 定义为除去矩阵 A 中的第 i 行第 j 列的那个元素后剩下的行列式，因此，矩阵 A 的余子式为：

$$M_{11}=\det\begin{bmatrix} -5 & 1 \\ 2 & 3 \end{bmatrix}=-17,\ M_{12}=\det\begin{bmatrix} 2 & 1 \\ 7 & 3 \end{bmatrix}=-1,\ M_{13}=\det\begin{bmatrix} 2 & -5 \\ 7 & 2 \end{bmatrix}=39$$

$$M_{21}=\det\begin{bmatrix} 1 & -2 \\ 2 & 3 \end{bmatrix}=7,\ M_{22}=\det\begin{bmatrix} -3 & -2 \\ 7 & 3 \end{bmatrix}=5,\ M_{23}=\det\begin{bmatrix} -3 & 1 \\ 7 & 2 \end{bmatrix}=-13$$

$$M_{31}=\det\begin{bmatrix} 1 & -2 \\ -5 & 1 \end{bmatrix}=-9,\ M_{32}=\det\begin{bmatrix} -3 & -2 \\ 2 & 1 \end{bmatrix}=1,\ M_{33}=\det\begin{bmatrix} -3 & 1 \\ 2 & -5 \end{bmatrix}=13$$

如果用$(-1)^{i+j}$乘以矩阵A的余子式M_{ij},那么我们将得到A的代数余子式C_{ij},即$C_{ij}=(-1)^{i+j}M_{ij}$,因此矩阵A的代数余子式为:

$$C_{11}=(-1)^{1+1}M_{11}=-17, \quad C_{12}=(-1)^{1+2}M_{12}=1, \quad C_{13}=(-1)^{1+3}M_{13}=39$$

$$C_{21}=(-1)^{2+1}M_{21}=-7, \quad C_{22}=(-1)^{2+2}M_{22}=5, \quad C_{23}=(-1)^{2+3}M_{23}=13$$

$$C_{31}=(-1)^{3+1}M_{31}=-9, \quad C_{32}=(-1)^{3+2}M_{32}=-1, \quad C_{33}=(-1)^{3+3}M_{33}=13$$

用代数余子式展开法来计算行列式很简单,你只需要任意选择一行或一列,然后用该行或该列的每个元素乘以其代数余子式,再将它们相加即可得到行列式的值。我们先选择式(2.9)的第三列,$j=3$,用第三列的每个元素乘以其代数余子式并相加,得到:

$$a_{13}C_{13}+a_{23}C_{23}+a_{33}C_{33}=-2\times39+1\times13+3\times13=-26$$

现在再来选择第二行,$i=2$,用第二行的每个元素乘以其代数余子式并相加,得到:

$$a_{21}C_{21}+a_{22}C_{22}+a_{23}C_{23}=2\times(-7)+(-5)\times5+1\times13=-26$$

你可以任意选择一行或者一列,然后用代数余子式展开法计算一下矩阵A的行列式。你会发现,无论你选择哪一行或者哪一列,算出来的都是同一个数,即-26。这就是矩阵A的行列式的值。如果你想走捷径的话,可以找出含零值最多的行(或列),然后按那一行(或列)展开,这样可以使计算量最小。

练习:计算出下列矩阵的行列式:

$$A=\begin{pmatrix} 4 & -1 \\ -8 & 6 \end{pmatrix}, B=\begin{pmatrix} 3 & 0 & -4 \\ 5 & 1 & -2 \\ 1 & -1 & 6 \end{pmatrix} \text{和} C=\begin{pmatrix} 4 & -3 & 5 \\ -2 & 1 & -3 \\ -3 & 4 & -2 \end{pmatrix} \tag{2.10}$$

答案:$\det(A)=24-8=16$。为了便于计算,我们把矩阵B按第一行或第二列展开。按第二列展开的计算式为:

$$\det(B)=(-1)^{2+2}(1)M_{22}+(-1)^{3+2}(-1)M_{32}=M_{22}+M_{32}$$

$$=\det\begin{bmatrix} 3 & -4 \\ 1 & 6 \end{bmatrix}+\det\begin{bmatrix} 3 & -4 \\ 5 & -2 \end{bmatrix}=(18+4)+(-6+20)=36$$

下面我们按C的第二行展开:

$$\det(C)=(-1)^{2+1}(-2)M_{21}+(-1)^{2+2}(1)M_{22}+(-1)^{2+3}(-3)M_{23}$$

$$=2M_{21}+M_{22}+3M_{23}=2\begin{pmatrix} -3 & 5 \\ 4 & -2 \end{pmatrix}+\begin{pmatrix} 4 & 5 \\ -3 & -2 \end{pmatrix}+3\begin{pmatrix} 4 & -3 \\ -3 & 4 \end{pmatrix}$$

$$=2(6-20)+(-8+15)+3(16-9)=0$$

对于阶数$n\geqslant4$的方阵,按代数余子式展开法进行的计算和刚才的计算类似,但随着n增加,计算会越来越繁琐。当$n\geqslant5$时,可能就需要用计算机来计算了。

总结一下,为了计算出n阶矩阵A的行列式,你可以先选择任意一行i或任意一列j,然后按照你选择的行(或列)展开,得出

$$\det(A) = \underbrace{\sum_{j=1}^{n} (-1)^{i+j} a_{ij} M_{ij}}_{\text{按行展开}} = \underbrace{\sum_{i=1}^{n} (-1)^{i+j} a_{ij} M_{ij}}_{\text{按列展开}} \tag{2.11}$$

每个余子式 M_{ij} 都是 $n-1$ 阶方阵的行列式,计算出每个这样的余子式,然后依次把它们展开成 $n-2$ 阶矩阵,并写成式(2.11)中的加总形式。继续这样展开,直到只剩下二阶行列式,再用式(2.8)计算出二阶行列式的值。习题 2.1 是计算 4×4 阶矩阵的行列式,这会帮助你理解上述方法。

那么我们为什么要计算行列式呢? 理由如下:

定理 2.5 令 A 为 n 阶矩阵。当且仅当 $r(A) = n$ 时,$\det(A) \neq 0$。

结合定理 2.4 可知,当且仅当 A 的行列式不为零时,n 阶联立线性方程组 $Ax = b$ 有唯一解。A 的行列式不为零意味着 A 的列向量是线性无关的向量集,也就是说,矩阵 A 的秩为 n。我们把这样的矩阵叫作满秩矩阵。再回顾一下式(2.10)中的矩阵 A,因为 $\det(A) = 16 \neq 0$,所以 A 是满秩矩阵,$r(A) = 2$,A 的列向量是线性无关的向量集。同样,因为 $\det(B) = 36 \neq 0$,所以 B 也是满秩矩阵,B 的列向量也是线性无关的向量集。$r(B) = 3$。因为 $\det(C) = 0$,所以 C 不是满秩矩阵。$r(C) < 3$ 意味着 C 至少有一个列向量是其他

一个或两个列向量的线性组合,事实也的确如此: $\begin{bmatrix} 5 \\ -3 \\ -2 \end{bmatrix} = 2 \begin{bmatrix} 4 \\ -2 \\ -3 \end{bmatrix} + \begin{bmatrix} -3 \\ 1 \\ 4 \end{bmatrix}$。

这一节只介绍了一小部分有关线性代数的知识,这些知识在后面的章节都会用到。事实上,有约束的最优化理论中的几个重要结论都是用本节介绍的内容得到的。如果你想了解更全面的线性代数知识,可以阅读其他参考书,这样的参考书有很多。

2.4　集合的直积

假设我们有两个集合,这两个集合中元素的种类差异可能非常大。比如,我们有:

$$S_1 = \{1, 2, 3\} \text{ 和 } S_2 = \{青蛙, 蟾蜍, 蝾螈, 蜥蜴\}$$

我们现在将第二个集合里的元素与第一个集合里的元素组对,构造所有可能的有序组合。要注意的是,每个组合中的第一个元素是第一个集合里的元素,第二个元素是第二个集合里的元素。这些组合的集合被称为 S_1 和 S_2 的直积(direct product),记为 $S_1 \times S_2$。因此,

$$\begin{aligned} S_1 \times S_2 = \{&(1,青蛙),(1,蟾蜍),(1,蝾螈),(1,蜥蜴),(2,青蛙),(2,蟾蜍),\\ &(2,蝾螈),(2,蜥蜴),(3,青蛙),(3,蟾蜍),(3,蝾螈),(3,蜥蜴)\} \end{aligned}$$

$S_1 \times S_2$ 把 S_1 写在前,S_2 写在后,表示每个组合里的第一个元素来自 S_1,第二个元素来自 S_2。

那直积 $S_2 \times S_1$ 是什么呢? 在你继续往下阅读前,请试着写下答案。

答案是如下的组合集:

$$S_2 \times S_1 = \{(青蛙,1),(蟾蜍,1),(蝾螈,1),(蜥蜴,1),(青蛙,2),(蟾蜍,2),$$
$$(蝾螈,2),(蜥蜴,2),(青蛙,3),(蟾蜍,3),(蝾螈,3),(蜥蜴,3)\}$$

请注意,$S_1 \times S_2 \neq S_2 \times S_1$,在计算直积时集合的顺序会影响得到的结果。

简单来说,直积 $S_1 \times S_2 = \{(x,y) \mid x \in S_1, y \in S_2\}$,直积 $S_2 \times S_1 = \{(y,x) \mid x \in S_1, y \in S_2\}$。

再看看第二个例子,假设 $S_1 = [0,1]$,$S_2 = [1,3]$,直积 $S_1 \times S_2$ 和直积 $S_2 \times S_1$ 如图 2.5 所示。

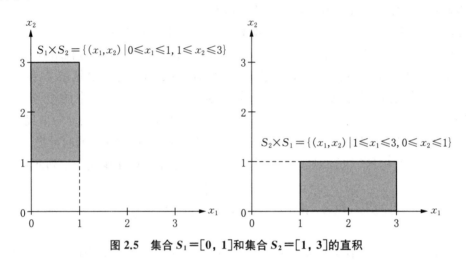

图 2.5 集合 $S_1 = [0,1]$和集合 $S_2 = [1,3]$的直积

类似上述组合的有序数列可以为任意长度。比如,在由三个元素组成的数列(x,y,z)中,x 是集合 X 中的元素,y 是集合 Y 中的元素,z 是集合 Z 中的元素。也就是说,$(x,y,z) \in X \times Y \times Z$。再比如,有一个长度为 n 的数列$(x_1,\cdots,x_n)$,其中的每个元素 x_i 都属于集合 X_i,$i = 1,\cdots,n$,我们可以这样表达:

$$(x_1,\cdots,x_n) \in X_1 \times \cdots \times X_n = \times_{i=1}^{n} X_i$$

对经济学家来说,最常用到的数列就是由实数构成的 n 维向量。

定义 2.3(集合的直积) 集合 $S_1,\cdots,S_n$ 的直积为:

$$\times_{i=1}^{n} S_i = S_1 \times \cdots \times S_n = \{(x_1,\cdots,x_n) \mid x_1 \in S_1,\cdots,x_n \in S_n\}$$

当集合 $S_1,\cdots,S_n$ 是相同的集合 S 时,$\underbrace{S \times \cdots \times S}_{n个S}$ 可以缩写为 S^n。对于大部分人来说,最常见的例子是:

$$\Re^n \equiv \underbrace{\Re \times \cdots \times \Re}_{n个\Re} = \{(x_1,\cdots,x_n) \mid x_1 \in \Re,\cdots,x_n \in \Re\}$$

2.5 集合的加法

有两个简单的集合:$S_1 = \{1\text{ 个面包机},3\text{ 个面包机}\}$,$S_2 = \{4\text{ 个面包机},6\text{ 个面包机}\}$。

请注意,这两个集合中所有元素的度量单位都相同,这很重要,因为如果我们要把两个集合中的元素加在一起,它们所包含的元素的度量单位就必须相同。这两个集合的和是两个集合中所有元素两两配对后简单相加所得到的集合,也就是:

$$S_1+S_2=\{1\text{个面包机}+4\text{个面包机},1\text{个面包机}+6\text{个面包机},$$
$$3\text{个面包机}+4\text{个面包机},3\text{个面包机}+6\text{个面包机}\}$$
$$=\{5\text{个面包机},7\text{个面包机},9\text{个面包机}\}$$

因为集合中元素相加的顺序不影响结果,所以 $S_1+S_2=S_2+S_1$。

很明显,我们可以对任意多个集合进行加总,只要所有集合中的元素具有相同的度量单位即可。为方便计算,假设 $S_3=\{0\text{个面包机},2\text{个面包机}\}$,那么:

$$S_1+S_2+S_3=\{5\text{个面包机},7\text{个面包机},9\text{个面包机},11\text{个面包机}\}$$

且

$$S_1+S_2+S_3=S_1+S_3+S_2=S_2+S_1+S_3$$
$$=S_2+S_3+S_1=S_3+S_1+S_2=S_3+S_2+S_1$$

定义 2.4(集合的加法)   令 X 为一个集合,加法运算用加号"$+$"表示。令 $S_i\subseteq X$,$i=1,\cdots,n$,那么:

$$\sum_{i=1}^n S_i=S_1+\cdots+S_n=\{x\mid x=\sum_{i=1}^n x_i,x_i\in S_i,i=1,\cdots,n\}$$

另一个等价的表达方式是:

$$S_1+\cdots+S_n=\bigcup_{\substack{x_1\in S_1\\ \vdots\\ x_n\in S_n}}\{\sum_{i=1}^n x_i\}$$

这个式子也可以表明,集合 $S_1+\cdots+S_n$ 由所有 $x_1+\cdots+x_n$ 构成,其中 $x_1+\cdots+x_n$ 是集合 $S_1,\cdots,S_n$ 中的元素构成的和。

练习:$S_1=\{-4,2,5\}$,$S_2=\{1,2\}$,集合 S_1+S_2 是什么?

答案:$S_1+S_2=\{-3,-2,3,4,6,7\}$。   □

练习:用 $-S$ 表示集合 S 的负集合,负集合包含了 S 中所有元素的相反数。举个例子,如果 $S=\{-3,0,2\}$,那么 $-S=\{-2,0,3\}$。把集合 S 和其负集合 $-S$ 相加,会得到单元素集 $\{0\}$ 吗? 也就是说,$S+(-S)$ 一定等于 $\{0\}$ 吗?

答案:一般情况下,答案是不一定。如果集合 S 是单元素集,比如 $S=\{5\}$,那么集合 $-S=\{-5\}$,$S+(-S)=\{0\}$。但如果 $S=\{-4,-1,5\}$,那么 $-S=\{4,1,-5\}$,$S+(-S)=\{-9,-6,-3,0,3,6,9\}\neq\{0\}$。   □

练习:当 $S_1=\{(x_1,x_2)\mid 0\leqslant x_1\leqslant 1,-1\leqslant x_2\leqslant 1\}$,$S_2=\{(x_1,x_2)\mid 1\leqslant x_1\leqslant 3,3\leqslant x_2\leqslant 5\}$ 时,集合 $S=S_1+S_2=S_2+S_1$ 是什么?

答案:如图 2.6 所示,$S=\{(x_1,x_2)\mid 1\leqslant x_1\leqslant 4,2\leqslant x_2\leqslant 6\}$。   □

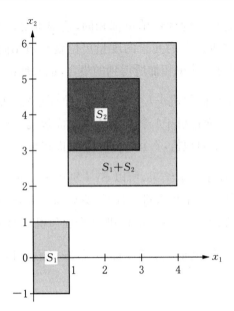

图 2.6 $S_1+S_2=([0,1]\times[-1,1])+([1,3]\times[3,5])=[1,4]\times[2,6]$

如果你得不出这个答案,那我来介绍一种简单的方法。把集合 S_1 依次加到集合 S_2 中的每个点上,从 S_2 中左下角的点$(1,3)$开始,把整个集合 S_1 加到这个点上。然后取点 $(1,3)$正上方高出一点点的另外一个点,再把整个集合 S_1 加到这个点上。不断重复这样做,一直加到 S_2 中左上角的点$(1,5)$。这样做,就可以得到图 2.7 左图中虚线部分的相互平行并有重叠的条状图,把它们叠加在一起就得到了一个整体,即长方形$\{(x_1,x_2)|1\leqslant x_1\leqslant 2,2\leqslant x_2\leqslant 6\}$。

如果我们从 S_2 中的点$(2,3)$开始,一直到点$(2,5)$,重复上面的操作,那么我们就能

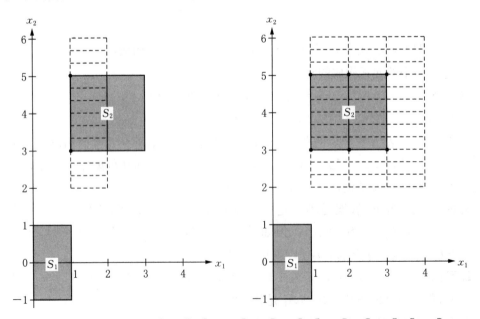

图 2.7 构造 $S_1+S_2=([0,1]\times[-1,1])+([1,3]\times[3,5])=[1,4]\times[2,6]$

得到另一个相互平行并重叠的长方形$\{(x_1,x_2)\mid 2\leqslant x_1\leqslant 3,2\leqslant x_2\leqslant 6\}$（如图 2.7 中的右图所示）。我们对 S_2 中的每条垂直的线都重复上述操作,最后得到了一些垂直对齐且相互重叠的矩形,它们的并集是矩形$\{(x_1,x_2)\mid 3\leqslant x_1\leqslant 4,2\leqslant x_2\leqslant 6\}$。如图 2.7 中的右图所示。现在我们把所有这些长方形合并起来,就会得到集合 S_1 和 S_2 的和,即图 2.6 展示的长方形$\{(x_1,x_2)\mid 1\leqslant x_1\leqslant 4,2\leqslant x_2\leqslant 6\}$。

练习:令 $S_1=\{(x_1,x_2)\mid 1\leqslant x_1\leqslant 3,3\leqslant x_2\leqslant 5\}$, $-S_1=\{(x_1,x_2)\mid -3\leqslant x_1\leqslant -1,-5\leqslant x_2\leqslant -3\}$,那集合 $S=S_1+(-S_1)$ 是什么?

答案:如图 2.8 所示,$S=\{(x_1,x_2)\mid -2\leqslant x_1\leqslant 2,-2\leqslant x_2\leqslant 2\}$。 □

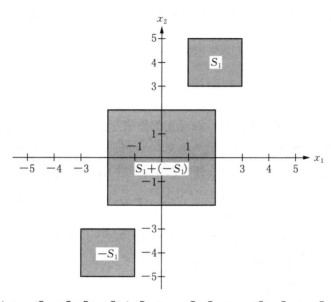

图 2.8 $S_1+S_2=([1,3]\times[3,5])+([-3,-1]\times[-5,-3])=[-2,2]\times[-2,-2]$

练习:令 S_1 和 $S_2\subset\Re^2$,其中,$S_1=\{(x_1,x_2)\mid x_1-x_2=0\}$, $S_2=\{(x_1,x_2)\mid x_1+x_2=0\}$,那集合 $S=S_1+S_2$ 是什么?

答案:整个 $\Re^2$。 □

现在让我来检查一下你掌握得如何。请回答如下问题:令 $S_1=\{(x_1,x_2)\mid 0\leqslant x_1\leqslant 2,0\leqslant x_2\leqslant 1\}$, S_2 由顶点为$(0,0)$、$(1,0)$ 和 $\left(\dfrac{1}{2},1\right)$ 的三角形及三角形内的所有点构成。图 2.9 展示了这两个集合,它们的和 S_1+S_2 是什么呢? 这就是习题 2.9,尝试着做一下并检查你的答案是否正确。

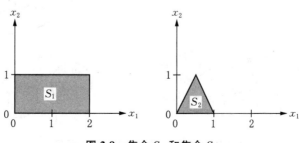

图 2.9 集合 S_1 和集合 S_2

在结束对集合加法的讨论之前,我要强调一点,当我们说某个元素 $x \in X$ 时,通常意味着 X 是参考集(reference set),也就是说,我们可以考虑的所有的 x 组成的集合是 X。如果我们只需要考虑满足 $0 \leqslant x \leqslant 4$ 的 x,那么参考集就是 $X = [0, 4]$。在这种情况下,考虑 X 的两个子集 $S_1 = [0, 2]$ 和 $S_2 = [1, 3]$,那么,$S_1 + S_2$ 得到什么? $[1, 5]$ 吗?如果你认为 $S_1 + S_2$ 只能是参考集 $X = [0, 4]$ 的子集,那么 $S_1 + S_2 = [1, 4]$,因为我们不能考虑 $[0, 4]$ 以外的任何值。但是,如果你认为 $S_1 + S_2$ 是参考集 $X + X = [0, 8]$ 的子集,那么 $S_1 + S_2$ 就应该是 $[1, 5]$。遇到这样的问题时需要仔细一点,如果要把集合 $S_1 \subset X$ 与集合 $S_2 \subset X$ 相加,就应该考虑一下 $S_1 + S_2$ 是否是 X 的子集。有时候则不需要注意这个细节,比如,如果 $X = \mathfrak{R}$,S_1 和 $S_2 \subset \mathfrak{R}$,那么 $S_1 + S_2$ 一定是 $\mathfrak{R}$ 的子集。在加总集合时,一定要明确参考集是什么。

2.6　凸集

简单来说,如果一个集合中的每一对元素都能满足:每一个位于这两个元素的"连线"上的点都属于这个集合,那么该集合就是凸集(convex set)。图 2.10 所展示的 $\mathfrak{R}^2$ 的子集 S_1、S_2 和 S_3 都是凸集,因为由集合中任意两个元素所连接成的直线都被包含在集合内。子集 S_4、S_5 和 S_6 不是凸集,因为集合中至少存在一对元素,它们的连线不是完全被包含在集合内的。

某个集合中元素 x' 和 x'' 的连线是由 x' 和 x'' 构成的凸组合的集合。用权数 θ 和 $1 - \theta$ 对 x' 和 x'' 进行加权平均则构成一个凸组合,其中,$0 \leqslant \theta \leqslant 1$。正式的表述是:对于一个给定的 $\theta \in [0, 1]$,x' 和 x'' 的权数为 θ 的加权凸组合是:

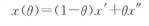

$$x(\theta) = (1 - \theta)x' + \theta x''$$

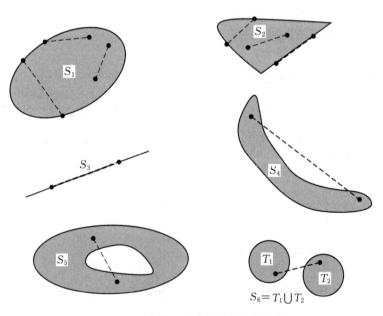

图 2.10　$\mathfrak{R}^2$ 的一些凸子集和非凸子集

如果 $\theta=0$,那么凸组合的值为 $x(0)=x'$,而当 $\theta=1$ 时,$x(1)=x''$。$x\left(\dfrac{1}{2}\right)$ 是 x' 和 x'' 连线的中点,或者说是 x' 和 x'' 的简单算术平均。

定义 2.5(凸集) 如果一个集合 S 是空集,或者任意 x' 和 $x''\in S$ 与任意 $\theta\in[0,1]$ 都满足 $x(\theta)=(1-\theta)x'+\theta x''\in S$,那么该集合就是凸集。

在上述讨论以及图 2.10 中,我们用到了"连线"这个概念来描述一个集合什么时候是凸集。对于有着良好定义的几何对象,比如实空间 $\Re^m$,我们可以直接运用连线的概念。但是,凸组合和凸集的概念远比图 2.10 所展示的更加广泛。考虑一个由所有实值连续函数 $f:X\to\Re$ 所构成的集合。因为这些函数的任意凸组合也是定义在 X 上的实值连续函数,所以即使这个函数集不能用图 2.10 中的简单图形描述出来,它也是凸集。再考虑两个从实线 $\Re$ 映射的二次函数 $a_1x^2+b_1x+c_1$ 和 $a_2x^2+b_2x+c_2$,它们的凸组合是

$$\underbrace{((1-\theta)a_1+\theta a_2)}_{a}x^2+\underbrace{((1-\theta)b_1+\theta b_2)}_{b}x+\underbrace{(1-\theta)c_1+\theta c_2}_{c}$$

这也是二次函数。因此,从实线 $\Re$ 映射的所有二次函数集也是凸集。我还可以举出无数个例子,不过要记住最主要的一点:凸集的应用场景很广,远远不止用来描述实向量空间的子集。

图 2.10 中的集合 S_1 和 S_2 有什么区别呢?这两个集合都是凸集,但是要注意 S_1 的边界处处都是"弧形",但 S_2 的边界有一段"直"的部分。因为 S_1 的边界处处弯曲,所以 S_1 中任意两点所连成的线(不包括其端点)都完全落在 S_1 的内部。也就是说,连线除去端点的部分不会与 S_1 的边界有交点。而集合 S_2 中可以找到两个点,它们的连线(除去端点)会与 S_2 的边界有交点——即 S_2 中三条虚线的最右边那条。类似于 S_1 的集合被称为严格凸集;类似于 S_2 的集合只是普通的凸集,如果想强调它不是严格凸集,那么可以把它称为弱凸集。顺便一提,集合 S 的内部通常用 Int S 表示。

定义 2.6(严格凸集) 如果对于任何 $\theta\in(0,1)$,任何 x' 和 $x''\in S(x'\neq x'')$ 都满足 $x(\theta)=(1-\theta)x'+\theta x''\in$ Int S,那么集合 S 就是一个严格凸集。

请注意,$0<\theta<1$,不考虑 $\theta=0$ 和 $\theta=1$ 的情况是为了去掉 x' 和 x'' 连线上的两个端点。还需注意的是,严格凸集至少包括两个不同的点,因为我们不允许 $x'=x''$。

严格凸集一定有一个非空的内部。图 2.10 中的集合 S_3 就是一个(弱)凸集,因为它的内部是空的(Int $S_3=\varnothing$),所以它不可能是严格凸集。

那么,单元素集,比如 $S=\{3\}$,是凸集吗?单元素集是严格凸集吗?在阅读下一段之前,请想好你的答案。

再看定义 2.6,严格凸集 S 必须包括至少两个不同的点 x' 和 x'',$x'\neq x''$。很明显,单元素集一定不是严格凸集。为什么呢?一个内部非空的集合一定不止包含一个点,对吧?因为单元素集的内部是空集,所以它不可能是严格凸集。那单元素集可能是凸集吗?再看看定义 2.5,这个定义并没有要求点 x' 和 x'' 是不同的,也就是说 x' 和 x'' 可以相等。假设集合 S 是一个单元素集 $\{x'\}$,令 $x''=x'$,对于所有 $\theta\in[0,1]$,凸组合 $x(\theta)=(1-\theta)x'+\theta x''=x'\in S$,因此,单元素集是弱凸集,不可能是严格凸集。

那么空集 $\varnothing$ 是凸集吗?定义 2.5 明确了空集是凸集。那空集是严格凸集吗?定义 2.6

规定了严格凸集必须包含至少两个不同的点,很明显空集里面没有两个不同的点,所以空集只可能是弱凸集。

对经济学家而言,常见的凸集有:预算约束集 $B(p_1, p_2, m) = \{(x_1, x_2) \mid x_1 \geqslant 0,$ $x_2 \geqslant 0, \ p_1 x_1 + p_2 x_2 \leqslant m\}$,其中,$p_1 > 0, \ p_2 > 0, \ m \geqslant 0$;具有凸偏好的消费者的弱偏好集 $\mathrm{WP}(x_1', x_2') = \{(x_1, x_2) \mid (x_1, x_2) \geqslant (x_1', x_2')\}$[至少偏好于给定的商品组合 (x_1', x_2')];一个企业有规模收益递减的生产函数 $f(x)$,只有一种投入要素 x,只有一种产出 y,该企业的技术集 $T = \{(x, y) \mid x \geqslant 0, \ 0 \leqslant y \leqslant f(x)\}$。图 2.11 中展示了这三个集合。如图所示,预算集 $B(p_1, p_2, m)$ 和技术集 T 都是弱凸集,但是弱偏好集 $\mathrm{WP}(x_1', x_2')$ 是严格凸集。

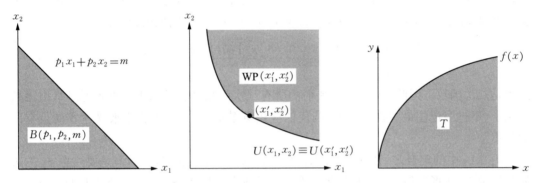

图 2.11 预算集(弱凸集)、弱偏好集(严格凸集)和技术集(弱凸集)

凸集有非常多实用的性质,比如,凸集的交集仍为凸集,凸集相加仍为凸集,凸集的直积仍为凸集。

定理 2.6(凸集的交集) 令 $S_1, \cdots, S_n$ 为集合 X 的凸子集,那么集合 $S = S_1 \cap \cdots \cap S_n$ 也是 X 的凸子集。

图 2.12 中展示的六对凸集的交集描述了这个定理。S_1 和 S_2 都是严格凸集,它们的交集 $S_1 \cap S_2$ 也是严格凸集,那么所有严格凸集的交集都是严格凸集吗? 仔细看看图 2.12 再给出回答。

答案为"不是"。比如,图中的 S_7 和 S_8 都是严格凸集,但它们的交集是一个单元素集,而单元素集永远是弱凸集。再比如,S_9 和 S_{10} 也都是严格凸集,但是它们的交集是空集,空集是弱凸集。可见,在一个特殊情况下,两个严格凸集的交集是严格凸集。是什么特殊情况呢? 提示:再看看图 2.12,注意 $S_1 \cap S_2$ 与 $S_7 \cap S_8$ 和 $S_9 \cap S_{10}$ 的差别。

一个重要的差别在于,$S_1 \cap S_2$ 的内部是非空的,但是 $S_7 \cap S_8$ 和 $S_9 \cap S_{10}$ 内部都是空的。结论是:如果 $S_1 \cap S_2$ 都是 X 的严格凸子集,那么当且仅当 $S_1 \cap S_2$ 的内部非空时,它们的交集才是 X 的严格凸子集。

弱凸集的交集可以是严格凸集吗? 请仔细看看图 2.12 再给出回答。

答案是"可以"。在图 2.12 中,集合 S_5 和 S_6 都是弱凸集,但是它们的交集 $S_5 \cap S_6$ 是严格凸集。即便如此,如 $S_{11} \cap S_{12}$ 所示,两个弱凸集的交集可以是弱凸集。$S_3 \cap S_4 = S_4$ 说明,严格凸集和弱凸集的交集可以是弱凸集。你应该很快就能举出一些例子说明严格凸集和弱凸集的交集可以是严格凸集。

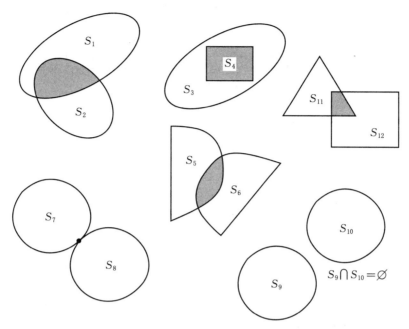

图 2.12　六对凸集的交集

定理 2.7（凸集的和）　令 S_1，$\cdots$，S_n 为集合 X 的凸子集，那么，集合 $S = S_1 + \cdots + S_n$ 是集合 $\underbrace{X + \cdots + X}_{n \text{个} X}$ 的凸子集。

图 2.7、图 2.8、图 2.9 及图 2.34 都表明了这个结论。习题 2.16 和习题 2.17 都要求你证明这个定理。

定理 2.8（凸集的直积）　令 S_i 为集合 X_i 的凸子集，$i = 1$，$\cdots$，n，那么，集合 $S = S_1 \times \cdots \times S_n$ 是集合 $X = X_1 \times \cdots \times X_n$ 的凸子集。

图 2.13 展示了该定理的几个例子。在最上面的图中，$S_1 = \{x \,|\, 1 \leqslant x \leqslant 3\}$ 和 $S_2 = \{x \,|\, 3 \leqslant x \leqslant 4\}$ 都是实线 $\Re^1$ 上的区间，它们的直积是 $\Re^1 \times \Re^1 = \Re^2$ 上的长方形，即 $[1, 3] \times [3, 4] = \{(x_1, x_2) \,|\, 1 \leqslant x \leqslant 3, 3 \leqslant x \leqslant 4\}$。请注意，$S_1$ 和 S_2 都是 $\Re^1$ 的严格凸子集，但它们的直积是 $\Re^2$ 的弱凸子集。

再看图 2.13 中间的图。$S_1 = \{(x_1, x_2) \,|\, (x_1 - 2)^2 + (x_2 - 2)^2 = 4\}$，是一个以点 $(x_1, x_2) = (2, 2)$ 为圆心的半径为 2 的圆周，是 $\Re^2$ 的凸子集；$S_2 = \{2\}$ 是 $\Re^1$ 的单元素集，只包含数字 2。它们的直积是以点 $(x_1, x_2, x_3) = (2, 2, 2)$ 为圆心半径为 2 的圆周，它位于 $x_3 \equiv 2$ 的"水平"平面上。集合 S_1 不是凸集，因为它只包括圆周部分，所以 $S_1 \times S_2$ 也不是凸集。但如果我们把 S_1 圆周内部的所有点都包含进来，那么它就变成了 $\Re^2$ 上以点 $(x_1, x_2) = (2, 2)$ 为圆心的半径为 2 的完整的圆，也就是说，现在 $S_1 = \{(x_1, x_2) \,|\, (x_1 - 2)^2 + (x_2 - 2)^2 \leqslant 4\}$，是 $\Re^2$ 的严格凸子集。S_2 是 $\Re^1$ 的弱凸子集。直积 $S_1 \times S_2$ 就变成了位于平面 $x_3 \equiv 2$ 上的、以点 $(x_1, x_2, x_3) = (2, 2, 2)$ 为圆心的半径为 2 的完整的圆，也就是说，$S_1 \times S_2 = \{(x_1, x_2, 2) \,|\, (x_1 - 2)^2 + (x_2 - 2)^2 \leqslant 4\}$，是 $\Re^3$ 的一个弱凸子集。

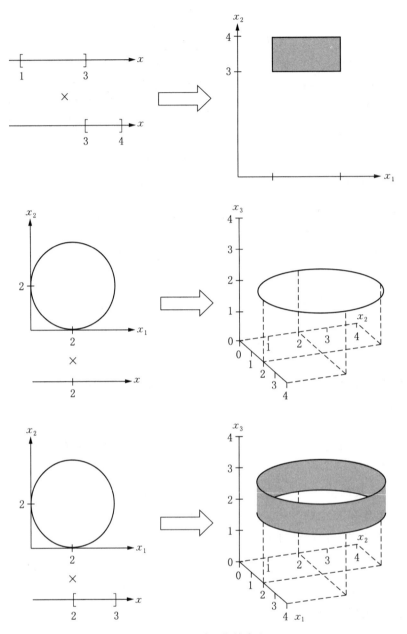

图 2.13 三对凸集的直积

最后来看图 2.13 中最下面的图。S_1 仍然是一个以点 $(x_1, x_2) = (2, 2)$ 为圆心的半径为 2 的圆周,S_2 是 $\mathfrak{R}^1$ 的一段区间 $[2, 3]$。直积 $S_1 \times S_2$ 是由所有半径为 2、以 $(x_1, x_2, x_3) = (2, 2, x_3)$ 为圆心、"高度" x_3 在 $[2, 3]$ 之间的圆周所构成的"空心垂直圆柱体",也就是说,$S_1 \times S_2 = \{(x_1, x_2, x_3) \mid (x_1-2)^2 + (x_2-2)^2 = 4,\ 2 \leqslant x_3 \leqslant 3\}$。因为集合 S_1 不是凸集,所以 $S_1 \times S_2$ 不是凸集。但如果我们再把 S_1 换成 $\mathfrak{R}^2$ 上以点 $(x_1, x_2) = (2, 2)$ 为圆心的半径为 2 的完整的圆,那么,如图所示,$S_1 \times S_2$ 就会变成"实心"的圆柱体,由所有半径为 2、以 $(x_1, x_2, x_3) = (2, 2, x_3)$ 为圆心、"高度" x_3 在 $[2, 3]$ 之间的完整的圆构成,即 $S_1 \times S_2 = \{(x_1, x_2, x_3) \mid (x_1-2)^2 + (x_2-2)^2 \leqslant 4,\ 2 \leqslant x_3 \leqslant 3\}$。即使 S_1 是 $\mathfrak{R}^2$ 的严格凸

子集，S_2 是 $\mathfrak{R}^1$ 的严格凸子集，这个实心的圆柱体也只是 $\mathfrak{R}^3$ 的一个弱凸子集。

2.7　偏导数

我们都知道，一个函数 $f(x)$ 的导数表示的是函数的斜率。比如，在点 $x=6$ 处，随着 x 的增长，f 值的变化率为 6。我想在这里强调，任何一个导数都是一个有方向的量。稍微改变一下措辞，重新表达刚才的意思：当 $x=6$ 时，函数 $f(x)$ 对 x 求导所得到的值是 f 在 x 增大的方向上的变化率。在考虑单一变量函数 $f(x)$ 时，我们几乎不会注意到这一点，因为 x 增大的方向只有一个。但当我们考虑不止一个变量的函数时，就要注意变量的变化方向。比如，一个包含两个变量 x_1 和 x_2 的函数 $f(x_1, x_2)$，现在 f 的斜率是什么呢？是 f 在 x_1 增大方向上的斜率，还是在 x_2 增大方向上的斜率？或者 f 在其他方向上的斜率？只有明确了具体的方向，f 的斜率才有意义。下面的例子将有助于我们理解它的含义。

以函数 $f(x_1, x_2)=x_1^{1/2} x_2^{1/2}$ 为例。图 2.14 中的两个图形展示了定义在区间 $0\leqslant x_1\leqslant 9$ 和 $0\leqslant x_2\leqslant 9$ 上的这个函数。左图绘制了 $f(x_1, x_2)$ 曲面上的网格线，每一条线都对应着一个固定的 x_1 值或 x_2 值。右图绘制了 $f(x_1, x_2)$ 的曲面上高度为各个固定值的线（即等高线）。我将展示这两个图不同的用处。

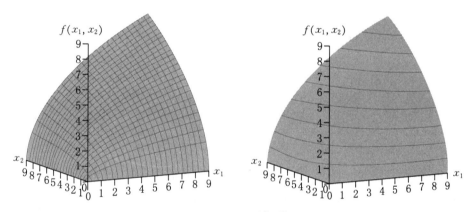

图 2.14　$f(x_1, x_2)=x_1^{1/2} x_2^{1/2}$ 的两个图

我先来介绍一个非常有用的记法。当我写 $f(x_1, x_2)$ 时，x_1 和 x_2 之间有个逗号，这意味着 x_1 和 x_2 都是变量；但当我写下 $f(x_1; x_2)$ 时，x_1 和 x_2 之间是分号，这意味着 x_2 是固定值而 x_1 是变量。同理可知，$f(x_2; x_1)$ 表示的是 x_1 是固定值而 x_2 是变量。再举个例子，函数 $g(x_1, x_2, x_3, x_4, x_5)$ 表示 $x_1, \cdots, x_5$ 都是变量，$g(x_2, x_4; x_1, x_3, x_5)$ 则表示 x_2 和 x_4 是变量，而 x_1、x_3 和 x_5 都是固定值。简单地说，分号左边都是变量，右边都是固定值。

图 2.15 中的左图只保留了图 2.14 中右图的两条网格线，其余的都被移除了。这两条网格线都平行于 x_1 轴，而且 x_2 的值被固定在 $x_2=4$ 和 $x_2=9$ 上。图 2.15 中的右图和图 2.14 中的右图是一样的，只是把视角从三维变成了二维，即沿着 x_2 轴的方向，只看 x_1 轴

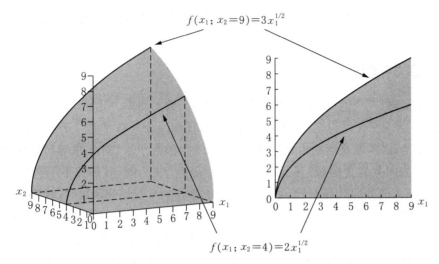

图 2.15 函数 $f(x_1, x_2) = x_1^{1/2} x_2^{1/2}$ 中的 x_2 被固定在 $x_2 = 4$ 和 $x_2 = 9$ 上

和纵轴。也就是说,图 2.15 展示的是函数 $f(x_1; x_2 = 4) = 2x_1^{1/2}$ 和 $f(x_1; x_2 = 9) = 3x_1^{1/2}$ 的图形。

f 在点 (x_1', x_2') 处关于 x_1 的导数是 f 在 x_1 方向上的斜率,也就是当 x_2 被固定在 x_2' 时,曲线 $f(x_1; x_2 = x_2')$ 在点 $x_1 = x_1'$ 处的斜率。举个例子,假设 $x_2' = 4$,曲线 $f(x_1; x_2 = 4) = 2x_1^{1/2}$ 在点 $x_1 = 3$ 处的斜率是多少呢?该曲线(在 x_1 方向上)的斜率为:

$$\frac{\mathrm{d}f(x_1; x_2 = 4)}{\mathrm{d}x_1} = \frac{\mathrm{d}}{\mathrm{d}x_1}\left(2x_1^{\frac{1}{2}}\right) = x_1^{-\frac{1}{2}} = \frac{1}{\sqrt{x_1}}$$

因此,曲线 $f(x_1, x_2)$ 在点 $(x_1, x_2) = (3, 4)$ 处沿着 x_1 方向的斜率为:

$$\frac{\mathrm{d}f(x_1; x_2 = 4)}{\mathrm{d}x_1}\bigg|_{x_1 = 3} = \frac{1}{\sqrt{x_1}}\bigg|_{x_1 = 3} = \frac{1}{\sqrt{3}}$$

为了明确表示我们衡量的是多变量函数的斜率,我们用符号"∂"来替代"d",它表示多变量函数在某一方向上的微分,即偏微分。因此,我们用:

$$\frac{\mathrm{d}f(x_1; x_2 = 4)}{\mathrm{d}x_1} = \frac{\mathrm{d}}{\mathrm{d}x_1}(2x_1^{1/2}) = x_1^{-1/2} = \frac{1}{\sqrt{x_1}}$$

来表示 $x_2 = 4$ 时 $f(x_1, x_2)$ 相对于 x_1 的变化率,换句话说,当 x_2 被固定在 $x_2 = 4$ 时,$f(x_1, x_2)$ 沿着 x_1 方向的斜率为:

$$\frac{\partial f(x_1, x_2)}{\partial x_1}\bigg|_{x_2 = 4} = \frac{1}{2\sqrt{x_1}} \times x_2^{1/2}\bigg|_{x_2 = 4} = \frac{1}{2\sqrt{x_1}} \times 4^{1/2} = \frac{1}{\sqrt{x_1}}$$

因此,曲线 $f(x_1, x_2)$ 在点 $(x_1, x_2) = (3, 4)$ 处沿着 x_1 方向的斜率为:

$$\frac{\partial f(x_1, x_2)}{\partial x_1}\bigg|_{\substack{x_1 = 3 \\ x_2 = 4}} = \frac{1}{2\sqrt{x_1}} \times x_2^{1/2}\bigg|_{\substack{x_1 = 3 \\ x_2 = 4}} = \frac{1}{2\sqrt{3}} \times 4^{1/2} = \frac{1}{\sqrt{3}}$$

同理,如果 x_2 被固定在 $x_2=9$,那我们就只用考虑 $x_2=9$ 时的曲线 $f(x_1; x_2=9)=x_1^{1/2} \times 9^{1/2}=3x_1^{1/2}$。该曲线沿着 x_1 方向的斜率为:

$$\frac{\mathrm{d}f(x_1; x_2=9)}{\mathrm{d}x_1}=\frac{\mathrm{d}}{\mathrm{d}x_1}(3x_1^{1/2})=\frac{3}{2\sqrt{x_1}}$$

因此,曲线 $f(x_1, x_2)$ 在点 $(x_1, x_2)=(3, 9)$ 处沿着 x_1 方向的斜率为:

$$\frac{\mathrm{d}f(x_1; x_2=9)}{\mathrm{d}x_1}\bigg|_{x_1=3}=\frac{3}{2\sqrt{x_1}}\bigg|_{x_1=3}=\frac{3}{2\sqrt{3}}=\frac{\sqrt{3}}{2}$$

我们也可以把 x_2 被固定在 $x_2=9$ 时,$f(x_1, x_2)$ 沿着 x_1 方向的斜率写为:

$$\frac{\partial f(x_1, x_2)}{\partial x_1}\bigg|_{\substack{x_1=3 \\ x_2=9}}=\frac{1}{2\sqrt{x_1}}\times x_2^{1/2}\bigg|_{\substack{x_1=3 \\ x_2=9}}=\frac{1}{2\sqrt{3}}\times 9^{1/2}=\frac{\sqrt{3}}{2}$$

现在应该已经很清楚了,偏导数只是关于某一个变量的导数,是函数中的其他变量固定不变时,函数值在这个变量方向上的变化率,或者说图形中的斜率。

练习:

(1) 计算函数 $f(x_1, x_2)=x_1^{1/2} x_2^{1/2}$ 分别在 $x_1=3$ 和 $x_1=9$ 时关于 x_2 的偏导数。当 $x_2=4$ 时,偏导数是多少? 请画图展示你的计算结果。

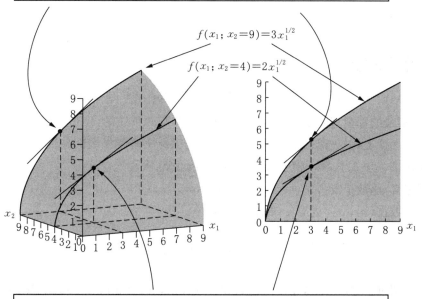

图 2.16　在 $x_2=4$ 和 $x_2=9$ 时,$f(x_1, x_2)=x_1^{1/2} x_2^{1/2}$ 在 $x_1=3$ 方向上的斜率

(2) 计算函数 $f(x_1,x_2)=x_1^{1/2}x_2^{1/2}$ 在 x_1 为任意值时关于 x_2 的偏导数。

答案：

(1) 当 $x_1=3$ 时，函数表达式是 $f(x_2;x_1=3)=\sqrt{3}\,x_2^{1/2}$，其偏导数（沿着 x_2 方向的斜率）为：

$$\frac{\mathrm{d}f(x_2;x_1=3)}{\mathrm{d}x_2}=\frac{\sqrt{3}}{2\sqrt{x_2}}$$

当 $x_2=4$ 时，偏导数为：

$$\frac{\mathrm{d}f(x_2;x_1=3)}{\mathrm{d}x_2}\bigg|_{x_2=4}=\frac{\sqrt{3}}{2\sqrt{x_2}}\bigg|_{x_2=4}=\frac{\sqrt{3}}{4}$$

当 $x_1=9$ 时，函数表达式是 $f(x_2;x_1=3)=3x_2^{1/2}$，其偏导数（沿着 x_2 方向的斜率）为：

$$\frac{\mathrm{d}f(x_2;x_1=9)}{\mathrm{d}x_2}=\frac{3}{2\sqrt{x_2}}$$

当 $x_2=4$ 时，偏导数的值为：

$$\frac{\mathrm{d}f(x_2;x_1=9)}{\mathrm{d}x_2}\bigg|_{x_2=4}=\frac{3}{2\sqrt{x_2}}\bigg|_{x_2=4}=\frac{3}{4}$$

(2) 当 x_1 为任意值时，函数 $f(x_1,x_2)=x_1^{1/2}x_2^{1/2}$ 对 x_2 的偏导数为：

$$\frac{\partial f(x_1,x_2)}{\partial x_2}=\frac{\partial}{\partial x_2}(x_1^{1/2}x_2^{1/2})=x_1^{1/2}\times\frac{1}{2x_2^{1/2}}=\frac{1}{2}\left(\frac{x_1}{x_2}\right)^{1/2} \qquad \square$$

2.8　全微分

还是以函数 $f(x_1,x_2)=x_1^{1/2}x_2^{1/2}$ 为例。图 2.17 中的左图保留了图 2.14 中右图的四条网格线，其余的都被移除了。在这四条网格线中，有两条线的 x_1 值是固定的，其中一条固定在了 $x_1=3$ 上，另一条固定在了 $x_1=3+\Delta x_1$ 上。另外两条线的 x_2 值是固定的，其中一条固定在了 $x_2=4$ 上，另一条固定在了 $x_2=4+\Delta x_2$ 上。

根据定义，函数 $f(x_1,x_2)=x_1^{1/2}x_2^{1/2}$ 在点 $(x_1,x_2)=(x_1',x_2')$ 处沿着 x_1 方向的变化率就是该函数在 (x_1',x_2') 处对 x_1 的偏导数：

$$\frac{\partial f(x_1,x_2)}{\partial x_1}\bigg|_{\substack{x_1=x_1'\\x_2=x_2'}}=\frac{1}{2}\left(\frac{x_2}{x_1}\right)^{1/2}\bigg|_{\substack{x_1=x_1'\\x_2=x_2'}}=\frac{1}{2}\left(\frac{x_2'}{x_1'}\right)^{1/2}$$

我们刚刚介绍过，函数 $f(x_1,x_2)=x_1^{1/2}x_2^{1/2}$ 在点 $(x_1,x_2)=(x_1',x_2')$ 处沿着 x_2 方向的变化率是该函数在 (x_1',x_2') 处对 x_2 的偏导数：

$$\frac{\partial f(x_1,x_2)}{\partial x_2}\bigg|_{\substack{x_1=x_1'\\x_2=x_2'}}=\frac{1}{2}\left(\frac{x_1}{x_2}\right)^{1/2}\bigg|_{\substack{x_1=x_1'\\x_2=x_2'}}=\frac{1}{2}\left(\frac{x_1'}{x_2'}\right)^{1/2}$$

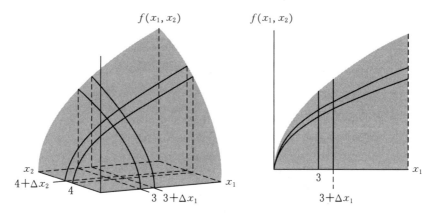

图 2.17 $f(x_1; x_2=4)$，$f(x_1; x_2=4+\Delta x_2)$，$f(x_2; x_1=3)$，$f(x_2; x_1=3+\Delta x_1)$

当 $(x_1, x_2)=(3, 4)$ 时，这两个方向上的变化率为：

$$\frac{\partial f(x_1, x_2)}{\partial x_1}\bigg|_{\substack{x_1=3\\x_2=4}}=\frac{1}{2}\left(\frac{4}{3}\right)^{1/2}\approx 0.577 \ \text{和}\ \frac{\partial f(x_1, x_2)}{\partial x_2}\bigg|_{\substack{x_1=3\\x_2=4}}=\frac{1}{2}\left(\frac{3}{4}\right)^{1/2}\approx 0.433$$

把 x_2 固定在 $x_2=4$，当 x_1 的值从 $x_1=3$ 变化到 $x_1=3+\Delta x_1$ 时，由 x_1 的变化引起的 f 的变化是：

$$\begin{aligned}
\Delta^{\text{true}}f &\equiv f(3+\Delta x_1, 4)-f(3, 4)\\
&=(3+\Delta x_1)^{1/2}\times 4^{1/2}-3^{1/2}\times 4^{1/2}\\
&=2((3+\Delta x_1)^{1/2}-3^{1/2})
\end{aligned}$$

现在我们做一个不精确的假设——函数 $f(x_1; x_2=4)$ 在区间 $3\leqslant x_1\leqslant 3+\Delta x_1$ 内是线性的，它此时的斜率与在点 $(x_1, x_2)=(3, 4)$ 处的斜率相等，对函数的变化构造一个一阶近似，或者说"线性"近似：

$$\begin{aligned}
\Delta^{\text{approx}}f &\equiv f(3, 4)+\frac{\partial f(x_1, x_2)}{\partial x_1}\bigg|_{\substack{x_1=3\\x_2=4}}\times \Delta x_1 - f(3, 4)\\
&=\frac{1}{2}\left(\frac{4}{3}\right)^{1/2}\times \Delta x_1\\
&=\frac{\Delta x_1}{\sqrt{3}}
\end{aligned}$$

图 2.18 展示了函数 $f(x_1; x_2=4)=2x_1^{1/2}$ 和线性近似的图形：

$$f(3, 4)+\frac{\partial f(x_1, x_2)}{\partial x_1}\bigg|_{\substack{x_1=3\\x_2=4}}\times \Delta x_1=2\sqrt{3}+\frac{\Delta x_1}{\sqrt{3}}$$

从图中很明显可以看出，近似的变化 $\Delta^{\text{approx}}f$ 和真实的变化 $\Delta^{\text{true}}f$ 不同，但它们是否"近乎相等"呢？表 2.1 给出了介于 0 到 6 之间的一些 Δx_1 及对应的 $\Delta^{\text{approx}}f$ 和 $\Delta^{\text{true}}f$。可以看到，当 Δx_1 足够小时，f 的一阶近似是比较准确的。当 Δx_1 非常非常小（也就是说 $\Delta x_1\approx 0$）时，一阶近似的变化和真实的变化几乎没有区别，我们把这样的 Δx_1 称为无穷小，用 $\mathrm{d}x_1$ 代替 Δx_1 来表示这个无穷小的值。因此，x_1 的值从 $x_1=3$ 变为 $x_1=3+\Delta x_1$ 这

$$f(3,4)+\frac{\partial f(x_1,x_2)}{\partial x_1}\bigg|_{\substack{x_1=3\\x_2=4}}\times\Delta x_1=2\sqrt{3}+\frac{\Delta x_1}{\sqrt{3}}$$

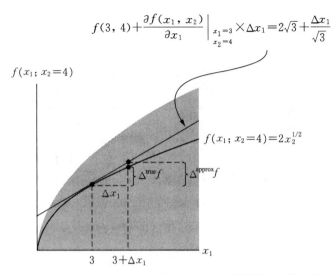

图 2.18 $f(3+\Delta x_1,4)$与$f(3,4)$的真实差距及其一阶近似

一微小变动实际引起的f的微小变动为：

$$\mathrm{d}f=\frac{\partial f(x_1,x_2)}{\partial x_1}\bigg|_{\substack{x_1=3\\x_2=4}}\times\mathrm{d}x_1=\frac{1}{2}\left(\frac{4}{3}\right)^{1/2}\times\mathrm{d}x_1=\frac{\mathrm{d}x_1}{\sqrt{3}}$$

表 2.1 $f(3+\Delta x_1,4)-f(3,4)$的真实值与一阶近似值

Δx_1	0	0.1	0.5	1	2	4	6
$\Delta^{\text{true}}f$	0	0.006	0.029	0.536	1.008	1.827	2.536
$\Delta^{\text{approx}}f$	0	0.006	0.029	0.577	1.155	2.309	3.464

现在考虑x_1与x_2的值都发生变化的情况。例如，从$(x_1,x_2)=(3,4)$变化到$(x_1,x_2)=(3+\Delta x_1,4+\Delta x_2)$,此时$f$值的变化为

$$\Delta^{\text{true}}f=f(3+\Delta x_1,4+\Delta x_2)-f(3,4)$$

从$(x_1,x_2)=(3,4)$到$(x_1,x_2)=(3+\Delta x_1,4+\Delta x_2)$的变化可以分为"两步",即先从$(x_1,x_2)=(3,4)$变化到$(x_1,x_2)=(3+\Delta x_1,4)$,再从$(x_1,x_2)=(3+\Delta x_1,4)$变化到$(x_1,x_2)=(3+\Delta x_1,4+\Delta x_2)$。图 2.19 中的黑色箭头表示的就是变化的"路径"。在每一步,函数f的值都发生一次变化。从$(x_1,x_2)=(3,4)$变化到$(x_1,x_2)=(3+\Delta x_1,4)$时,$f$值的变化为：

$$\Delta^{\text{true}}f_1=f(3+\Delta x_1,4)-f(3,4)$$

从$(x_1,x_2)=(3+\Delta x_1,4)$变化到$(x_1,x_2)=(3+\Delta x_1,4+\Delta x_2)$时,$f$值的变化为：

$$\Delta^{\text{true}}f_2=f(3+\Delta x_1,4+\Delta x_2)-f(3+\Delta x_1,4)$$

因此,从$(x_1,x_2)=(3,4)$变化到$(x_1,x_2)=(3+\Delta x_1,4+\Delta x_2)$时,$f$值的总变化为：

$$\Delta^{\text{true}}f=\Delta^{\text{true}}f_1+\Delta^{\text{true}}f_2$$

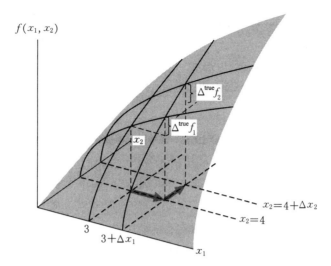

图 2.19 把 $\Delta^{\text{true}} f$ 分解成 $\Delta^{\text{true}} f_1$ 和 $\Delta^{\text{true}} f_2$

如图 2.19 所示,总变化 $\Delta^{\text{true}} f$ 被分解成两个部分——$\Delta^{\text{true}} f_1$ 和 $\Delta^{\text{true}} f_2$。

　　与前文只有一个变量变化时一样,x_1 与 x_2 的值同时变化所造成的 f 值的变化也可以用一阶(线性)近似来估计,我们独立地考虑 $\Delta^{\text{true}} f_1$ 和 $\Delta^{\text{true}} f_2$ 即可。图 2.20 对此进行了解释,该图放大了图 2.19 中 $3 \leqslant x_1 \leqslant 3 + \Delta x_1$ 和 $4 \leqslant x_1 \leqslant 4 + \Delta x_2$ 的部分,并添加了两条切线。由 $(x_1, x_2) = (3, 4)$ 变化到 $(x_1, x_2) = (3 + \Delta x_1, 4)$ 所导致的 $\Delta^{\text{true}} f_1$ 可以利用 f 在 $(x_1, x_2) = (3, 4)$ 处沿 x_1 方向的切线近似算出来。这条切线是从 $f(3, 4)$ 出发,斜率为 $\partial f(x_1, x_2) / \partial x_1$ 的直线。当 $(x_1, x_2) = (3, 4)$ 变化到 $(x_1, x_2) = (3 + \Delta x_1, 4)$ 时,这条直线在高度上的变化为:

$$\Delta^{\text{approx}} f_1 = \frac{\partial f(x_1, x_2)}{\partial x_1}\bigg|_{\substack{x_1 = 3 \\ x_2 = 4}} \times \Delta x_1 = \frac{1}{2}\left(\frac{4}{3}\right)^{1/2} \times \Delta x_1 = \frac{\Delta x_1}{\sqrt{3}}$$

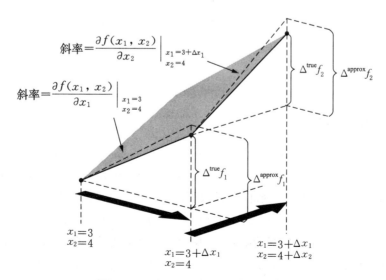

图 2.20 $\Delta^{\text{true}} f_1$ 和 $\Delta^{\text{true}} f_2$ 的一阶近似

同样,由$(x_1,x_2)=(3+\Delta x_1,4)$变化到$(x_1,x_2)=(3+\Delta x_1,4+\Delta x_2)$所导致的变化$\Delta^{\text{true}}f_2$可以利用$f$在$(x_1,x_2)=(3+\Delta x_1,4)$处沿着$x_2$方向的切线近似算出来。这条切线是从$f(3+\Delta x_1,4)$出发,斜率为$\partial f(x_1,x_2)/\partial x_2$的直线。当$(x_1,x_2)=(3+\Delta x_1,4)$变化到$(x_1,x_2)=(3+\Delta x_1,4+\Delta x_2)$时,这条直线在高度上的变化为:

$$\Delta^{\text{approx}}f_2=\frac{\partial f(x_1,x_2)}{\partial x_2}\bigg|_{\substack{x_1=3+\Delta x_1\\x_2=4}}\times\Delta x_2=\frac{1}{2}\left(\frac{3+\Delta x_1}{4}\right)^{1/2}\times\Delta x_2$$

以上两个一阶近似的和就是x_1与x_2的值都发生变化时函数值的总变化$\Delta^{\text{true}}f$的近似值:

$$\Delta^{\text{approx}}f=\Delta^{\text{approx}}f_1+\Delta^{\text{approx}}f_2$$
$$=\frac{\partial f(x_1,x_2)}{\partial x_1}\bigg|_{\substack{x_1=3\\x_2=4}}\times\Delta x_1+\frac{\partial f(x_1,x_2)}{\partial x_2}\bigg|_{\substack{x_1=3+\Delta x_1\\x_2=4}}\times\Delta x_2$$

正如我们在前文所看到的,近似值$\Delta^{\text{approx}}f_1$在$\Delta x_1$变小时非常接近真实值$\Delta^{\text{true}}f_1$,近似值$\Delta^{\text{approx}}f_2$在$\Delta x_2$变小时非常接近真实值$\Delta^{\text{true}}f_2$。因此,总近似值$\Delta^{\text{approx}}f$在$\Delta x_1$和$\Delta x_2$都变小时也非常接近真实值$\Delta^{\text{true}}f$。当$\Delta x_1$和$\Delta x_2$都无穷小时,我们把当$(x_1,x_2)=(3,4)$变化到$(x_1,x_2)=(3+\mathrm{d}x_1,4+\mathrm{d}x_2)$时,$f$值的微小变化记为:

$$\mathrm{d}f=\frac{\partial f(x_1,x_2)}{\partial x_1}\bigg|_{\substack{x_1=3\\x_2=4}}\times\mathrm{d}x_1+\frac{\partial f(x_1,x_2)}{\partial x_2}\bigg|_{\substack{x_1=3\\x_2=4}}\times\mathrm{d}x_2$$
$$=\frac{1}{2}\left[\left(\frac{4}{3}\right)^{1/2}\mathrm{d}x_1+\left(\frac{3}{4}\right)^{1/2}\mathrm{d}x_2\right]$$

这个表达式就是函数f在点$(x_1,x_2)=(3,4)$处的全微分。这个概念可以自然地被推广到含有有限个变量的函数$f(x_1,\cdots,x_n)(n\geqslant1)$中。

定义 2.7(全微分) 令$f:\Re^n\mapsto\Re$为可微函数。函数f在点$(x_1,\cdots,x_n)=(x_1',\cdots,x_n')$处的全微分为:

$$\mathrm{d}f=\frac{\partial f(x_1,\cdots,x_n)}{\partial x_1}\bigg|_{\substack{x_1=x_1'\\\vdots\\x_n=x_n'}}\times\mathrm{d}x_1+\cdots+\frac{\partial f(x_1,\cdots,x_n)}{\partial x_n}\bigg|_{\substack{x_1=x_1'\\\vdots\\x_n=x_n'}}\times\mathrm{d}x_n$$

2.9 连续可微性

有时候我们会考虑函数是否在某阶上连续可微。这是什么意思呢?我们先从某阶可微性开始说起。举个例子,当且仅当一个函数的一阶导数和二阶导数都存在时,我们才说这个函数是二阶可微的。因此,当且仅当函数$f(x_1,x_2)$的偏导数$\partial f(x_1,x_2)/\partial x_1$、$\partial f(x_1,x_2)/\partial x_2$、$\partial^2 f(x_1,x_2)/\partial x_1^2$、$\partial^2 f(x_1,x_2)/\partial x_1\partial x_2$、$\partial^2 f(x_1,x_2)/\partial x_2\partial x_1$和$\partial^2 f(x_1,x_2)/\partial x_2^2$都是定义良好的函数时,我们称这个函数是二阶可微的。在更一般的情况下,我们讨论的是r阶可微的函数,其中r是某个整数,$r=1,2,3,\cdots$。

定义 2.8(r阶可微) 令S为$\Re^n$的一个非空子集,且对在$\Re^n$上的欧几里得拓扑空间是开放的。那么,当且仅当函数 $f:\Re^n\mapsto\Re$ 在 S 某个点处的从一到 r 阶的所有导数都存在时,我们称该函数在该点处 r 阶可微。如果该函数在 S 的所有点上都是 r 阶可微的,那么称函数在集合 S 上 r 阶可微。

假设 S 为区间 $(0,1)$,那么当且仅当函数 f 在 $(0,1)$ 上每个点处的一阶、二阶、三阶导数都存在时,我们称函数 f 在 $(0,1)$ 上三阶可微。如果函数 f 在 $(0,1)$ 上每个点处的所有导函数都是连续函数,那么我们就称函数 f 在 $(0,1)$ 上三阶连续可微。"连续"一词意味着 f 的从一阶到三阶的每个导函数都是连续函数。

定义 2.9(r 阶连续可微) 令 f 为集合 S 上的 r 阶可微函数。如果函数 f 在 S 中的某个点处的从一到 r 阶的每个导函数都是连续函数,那么称函数 f 在该点处 r 阶连续可微。如果 f 在 S 中的每个点处都 r 阶连续可微,那么称函数 f 在 S 上 r 阶连续可微。

我们通常用符号 $C^r(S)$ 表示在集合 S 上 r 阶连续可微的所有函数的集合。

很容易就可以举出一个任意阶连续可微的函数的例子。比如,二次函数 $f(x)=ax^2+bx+c$ 就是定义在 $\Re$ 上的任意阶连续可微函数(也就是无穷阶可微)。像这种情况,我们用 $f\in C^\infty(\Re)$ 来表示。

现在考虑函数 $g:\Re\mapsto\Re$,相应的定义为:

$$g(x)=\begin{cases}x+\dfrac{1}{2}, & -\infty<x<0\\[2mm]\dfrac{1}{2}(x+1)^2, & 0\leqslant x<\infty\end{cases}$$

其一阶导数为连续函数:

$$\frac{\mathrm{d}g(x)}{\mathrm{d}x}=\begin{cases}1, & -\infty<x<0\\ x+1, & 0\leqslant x<\infty\end{cases}$$

其二阶导数为函数:

$$\frac{\mathrm{d}^2g(x)}{\mathrm{d}x^2}=\begin{cases}0, & -\infty<x<0\\ 1, & 0\leqslant x<\infty\end{cases}$$

该函数在 $x=0$ 处不连续,所以在 $\Re$ 上不是处处可微的。因此,g 是定义在 $\Re$ 上的一阶连续可微函数,是非连续的二阶可微函数,在 $r\geqslant3$ 时它是不可微的。

2.10 等值集

还是以函数 $f(x_1,x_2)=x_1^{1/2}x_2^{1/2}$ 为例,其中,$x_1\geqslant0$,$x_2\geqslant0$。该函数在点 $(x_1,x_2)=(1,36)$,$(6,6)$,$(12,3)$ 及其他点处的函数值相同,都是 6。函数值为 6 的点的集合是:

$$C_f(6)=\{(x_1,x_2)|x_1\geqslant0,x_2\geqslant0,f(x_1,x_2)=6\}$$

这样的集合被称为函数 f 的水平为 6 的等值集(contour set)或等值为 6 的水平集(level set)。水平集和等值集的含义相同,为了避免混淆,我在本书中只使用"等值集"一词。请注意,上式的等值集是所有数对 (x_1,x_2) 的集合,因此也是函数定义域的子集。在函数的图形中经常用"等高线"来标记水平线,如图 2.14 的右图所示。这样的等高线不是等值集,因为它们是点(x_1, x_2, y)的集合,y 是表示那些点的高度的量(也就是说,图中等高线上的点在 y 维有"高度",但等值集里的点没有)。举个例子,函数 $f(x_1, x_2)=x_1^{1/2}x_2^{1/2}$ 的图形中"高度"或水平为 6 的等高线上几个点的坐标为$(3, 12, 6)$,$(36, 1, 6)$,$(6, 6, 6)$。f 中水平为 6 的等值集里的对应点为$(3, 12)$,$(36, 1)$,$(6, 6)$。

练习:考虑一个函数 $f:\Re^2\to\Re$,其表达式为 $f(x, y)=40-(x-2)^2-(y-3)^2$。当 f 值分别为 36、40 和 41 时,等值集分别是什么?

答案:f 值为 36 时的等值集是:

$$C_f(36)=\{(x, y)\mid 40-(x-2)^2-(y-3)^2=36\}$$
$$=\{(x, y)\mid (x-2)^2+(y-3)^2=4\}$$

这个集合是以点$(x, y)=(2, 3)$为圆心的半径为 2 的圆。

f 值为 40 时的等值集是:

$$C_f(40)=\{(x, y)\mid 40-(x-2)^2-(y-3)^2=40\}$$
$$=\{(x, y)\mid (x-2)^2+(y-3)^2=0\}=\{(2, 3)\}$$

这是一个单元素集,只包含了点$(x, y)=(2, 3)$。等值集不一定是曲线。

f 值为 41 时的等值集是:

$$C_f(41)=\{(x, y)\mid 41-(x-2)^2-(y-3)^2=40\}$$
$$=\{(x, y)\mid (x-2)^2+(y-3)^2=-1\}=\varnothing$$

等值集的水平不在 f 的值域内时,该等值集就是空集。□

2.11 边际替代率

考虑函数 $g(x_1, x_2)=x_1^{1/3}x_2^{2/3}$。$g$ 的水平为 4 的等值集包含点$(x_1, x_2)=(1, 8)$。现在考虑和$(1, 8)$属于同一个等值集的点$(1+\Delta x_1, 8+\Delta x_2)$,那么,在函数:

$$g(1, 8)=1^{1/3}8^{2/3}=4=g(1+\Delta x_1, 8+\Delta x_2)=(1+\Delta x_1)^{1/3}(8+\Delta x_2)^{2/3} \quad (2.12)$$

中的 Δx_1 和 Δx_2 之间有什么关系?当我们把 x_2 的值从 8 变为 $8+\Delta x_2$ 时,为了使 g 值恒定在 4,x_1 的变化 Δx_1 是多少?

找出答案的办法之一是根据 Δx_2 解出 Δx_1,但在很多情况下解出 Δx_1 基本上是不可能的。不过,由于我们给出的函数很简单,所以我们可以由式(2.12)得到以下等式:

$$4=(1+\Delta x_1)^{1/3}(8+\Delta x_2)^{2/3}\Rightarrow 4^3=64=(1+\Delta x_1)(8+\Delta x_2)^2$$

因此,

$$\Delta x_1=-1+\frac{64}{(8+\Delta x_2)^2} \quad (2.13)$$

就是 x_2 的值从 8 变为 $8+\Delta x_2$ 时,为了使 g 的值恒定在 4,x_1 的变化 Δx_1 要满足的条件。

在大多数情况下，Δx_1 不能被表示成 Δx_2 的函数，那我们该怎么办呢？答案是，只需要考虑 x_1 和 x_2 的微小变化 $\mathrm{d}x_1$ 和 $\mathrm{d}x_2$，这样就能得到为了使 g 的值恒定，当 x_2 变化时 x_1 需要变化的大小的表达式。这种当 g 的值恒定时，x_1 和 x_2 的变化量之间的比值被称为 x_1 与 x_2 之间的边际替代率。函数 $g(x_1, x_2)$ 的全微分为：

$$\mathrm{d}g = \frac{\partial g(x_1, x_2)}{\partial x_1}\mathrm{d}x_1 + \frac{\partial g(x_1, x_2)}{\partial x_2}\mathrm{d}x_2$$

$g(x_1, x_2) = x_1^{1/3}x_2^{2/3}$ 的偏微分为：

$$\frac{\partial g(x_1, x_2)}{\partial x_1} = \frac{1}{3}\left(\frac{x_2}{x_1}\right)^{2/3} \text{和} \frac{\partial g(x_1, x_2)}{\partial x_2} = \frac{2}{3}\left(\frac{x_1}{x_2}\right)^{1/3}$$

点 $(x_1, x_2) = (1, 8)$ 处的偏微分值为：

$$\frac{\partial g(x_1, x_2)}{\partial x_1}\bigg|_{\substack{x_1=1 \\ x_2=8}} = \frac{1}{3}\left(\frac{8}{1}\right)^{2/3} = \frac{4}{3} \text{和} \frac{\partial g(x_1, x_2)}{\partial x_2}\bigg|_{\substack{x_1=1 \\ x_2=8}} = \frac{2}{3}\left(\frac{1}{8}\right)^{1/3} = \frac{1}{3}$$

因此，点 $(x_1, x_2) = (1, 8)$ 处 g 的全微分为：

$$\mathrm{d}g = \frac{4}{3}\mathrm{d}x_1 + \frac{1}{3}\mathrm{d}x_2$$

由于 g 的值不变，所以点 $(x_1, x_2) = (1+\mathrm{d}x_1, 8+\mathrm{d}x_2)$ 和点 $(x_1, x_2) = (1, 8)$ 一样都是 g 的水平为 4 的等值集里的元素。我们可以得到：

$$\mathrm{d}g = 0 = \frac{4}{3}\mathrm{d}x_1 + \frac{1}{3}\mathrm{d}x_2 \tag{2.14}$$

接下来得到：

$$\frac{\mathrm{d}x_1}{\mathrm{d}x_2}\bigg|_{\substack{g=4 \\ x_1=1 \\ x_2=8}} = -\frac{1}{4} \tag{2.15}$$

当 x_2 的值从 $x_2 = 8$ 微小地变为 $x_2 = 8 + \mathrm{d}x_2$ 时，x_1 的值会从 $x_1 = 1$ 微小地变为 $x_1 + \mathrm{d}x_1$，且 $\mathrm{d}x_1$ 的符号一定与 $\mathrm{d}x_2$ 相反，$\mathrm{d}x_1$ 等于 $\mathrm{d}x_2$ 的 $-\frac{1}{4}$。[注意：式(2.15)看起来像是由式(2.14)移项变化所得，但其实不是，它是根据隐函数定理得出来的。]

我们用式(2.13)计算点 $(x_1, x_2) = (1, 8)$ 处的 Δx_1 以检验式(2.15)是否正确。根据式(2.13)，Δx_1 的导数与 Δx_2 的导数之比为：

$$\frac{\mathrm{d}(\Delta x_1)}{\mathrm{d}(\Delta x_2)} = -\frac{2 \times 64}{(8+\Delta x_2)^3}$$

如果令 Δx_2 的值无穷小（即 $\Delta x_2 \approx 0$），那么这个比例与下式无异：

$$\frac{\mathrm{d}(\Delta x_1)}{\mathrm{d}(\Delta x_2)} = -\frac{2 \times 64}{8^3} = -\frac{1}{4}$$

这也是我们从式(2.15)中得到的边际替代率。

我们对双变量函数所做的分析可以很容易地推广到多变量函数中。可微函数 $f(x_1, \cdots, x_n)$ 的全微分为：

$$\mathrm{d}f = \frac{\partial f(x_1, \cdots, x_n)}{\partial x_1}\mathrm{d}x_1 + \frac{\partial f(x_1, \cdots, x_n)}{\partial x_2}\mathrm{d}x_2 + \cdots + \frac{\partial f(x_1, \cdots, x_n)}{\partial x_n}\mathrm{d}x_n$$

假设点 $(x_1', \cdots, x_n')$ 和与之非常接近的点 $(x_1'+\mathrm{d}x_1, \cdots, x_n'+\mathrm{d}x_n)$ 都属于函数在 α 水平上的等值集，也就是说 $f(x_1', \cdots, x_n')=\alpha$，$f(x_1'+\mathrm{d}x_1, \cdots, x_n'+\mathrm{d}x_n)=\alpha$，那么，

$$\mathrm{d}f = 0 = \left.\frac{\partial f(x_1, \cdots, x_n)}{\partial x_1}\right|_{\substack{x_1=x_1' \\ \vdots \\ x_n=x_n'}}\mathrm{d}x_1 + \left.\frac{\partial f(x_1, \cdots, x_n)}{\partial x_2}\right|_{\substack{x_1=x_1' \\ \vdots \\ x_n=x_n'}}\mathrm{d}x_2 \\ + \cdots + \left.\frac{\partial f(x_1, \cdots, x_n)}{\partial x_n}\right|_{\substack{x_1=x_1' \\ \vdots \\ x_n=x_n'}}\mathrm{d}x_n \tag{2.16}$$

这样就可以很容易得到在 α 水平上的等值集中某个点处的 $x_1, \cdots, x_n$ 中任意两个变量之间的边际替代率。例如，假设我们要计算出点 $(x_1, \cdots, x_n)=(x_1', \cdots, x_n')$ 处 x_1 与 x_2 之间的边际替代率。因为 x_1 与 x_2 相互替代意味着其他变量 $x_3, \cdots, x_n$ 被固定在了 $x_3', \cdots, x_n'$ 上，所以 $\mathrm{d}x_3 = \cdots = \mathrm{d}x_n = 0$，式(2.6)变为：

$$\mathrm{d}f = 0 = \left.\frac{\partial f(x_1, \cdots, x_n)}{\partial x_1}\right|_{\substack{x_1=x_1' \\ \vdots \\ x_n=x_n'}}\mathrm{d}x_1 + \left.\frac{\partial f(x_1, \cdots, x_n)}{\partial x_2}\right|_{\substack{x_1=x_1' \\ \vdots \\ x_n=x_n'}}\mathrm{d}x_2$$

因此，点 $(x_1, \cdots, x_n)=(x_1', \cdots, x_n')$ 处 x_1 与 x_2 之间的边际替代率为：

$$\left.\frac{\mathrm{d}x_2}{\mathrm{d}x_1}\right|_{\substack{\mathrm{d}f=0 \\ x_1=x_1' \\ \vdots \\ x_n=x_n'}} = -\left.\frac{\partial f(x_1, \cdots, x_n)/\partial x_1}{\partial f(x_1, \cdots, x_n)/\partial x_2}\right|_{\substack{x_1=x_1' \\ \vdots \\ x_n=x_n'}}$$

同样，假设我们要得到点 $(x_1, \cdots, x_n)=(x_1', \cdots, x_n')$ 处 x_3 与 x_5 之间的边际替代率，那么其他的变量 $x_1, x_2, x_4, x_6, \cdots, x_n$ 都被固定在了 $x_1', x_2', x_4', x_6', \cdots, x_n'$ 上，可以得到 $\mathrm{d}x_1 = \mathrm{d}x_2 = \mathrm{d}x_4 = \mathrm{d}x_6 = \cdots = \mathrm{d}x_n = 0$，式(2.6)变为：

$$\mathrm{d}f = 0 = \left.\frac{\partial f(x_1, \cdots, x_n)}{\partial x_3}\right|_{\substack{x_1=x_1' \\ \vdots \\ x_n=x_n'}}\mathrm{d}x_3 + \left.\frac{\partial f(x_1, \cdots, x_n)}{\partial x_5}\right|_{\substack{x_1=x_1' \\ \vdots \\ x_n=x_n'}}\mathrm{d}x_5$$

点 $(x_1, \cdots, x_n)=(x_1', \cdots, x_n')$ 处 x_3 与 x_5 之间的边际替代率为：

$$\left.\frac{\mathrm{d}x_3}{\mathrm{d}x_5}\right|_{\substack{\mathrm{d}f=0 \\ x_1=x_1' \\ \vdots \\ x_n=x_n'}} = -\left.\frac{\partial f(x_1, \cdots, x_n)/\partial x_5}{\partial f(x_1, \cdots, x_n)/\partial x_3}\right|_{\substack{x_1=x_1' \\ \vdots \\ x_n=x_n'}}$$

2.12　梯度向量

在回顾偏导数的相关知识时,我们强调所有的导数都是在某个方向上的斜率。对于只有两个变量的函数 $f(x_1, x_2)$,我们要强调的是 x_1 和 x_2 两个方向。f 在 x_1 方向上的变化率是只有 x_1 改变时 f 的变化率,也就是 f 对 x_1 的偏导数。同样,f 在 x_2 方向上的变化率是只有 x_2 改变时 f 的变化率,也就是 f 对 x_2 的偏导数。这两个偏导数的有序数列被称为 f 的梯度向量,用以下符号表示:

$$\mathbf{\nabla} f(x_1, x_2) \equiv \left(\frac{\partial f(x_1, x_2)}{\partial x_1}, \frac{\partial f(x_1, x_2)}{\partial x_2} \right)$$

我们默认梯度向量是一个行向量,也就是水平排列的向量。其他大多数的向量都被默认为列向量,即垂直排列的向量。

梯度向量的概念可以延伸到含有 n 个变量的函数 $f(x_1, \cdots, x_n)(n \geq 1)$ 中,该函数的梯度向量为:

$$\mathbf{\nabla} f(x_1, \cdots, x_n) = \left(\frac{\partial f(x_1, \cdots, x_n)}{\partial x_1}, \cdots, \frac{\partial f(x_1, \cdots, x_n)}{\partial x_n} \right)$$

为了书写简便,我们通常用 $\mathbf{\nabla} f(x)$ 来表示。

练习:

(1) 函数 $f(x, y) = 40 - (x-2)^2 - (y-3)^2$ 的梯度向量是什么?

(2) 函数 $g(x_1, x_2) = x_1^{1/2} x_2^{1/2}$ 的梯度向量是什么?

答案:

(1) f 的梯度向量为:

$$\mathbf{\nabla} f(x, y) = \left(\frac{\partial f(x, y)}{\partial x}, \frac{\partial f(x, y)}{\partial y} \right) = (-2(x-2), -2(y-3))$$

(2) g 的梯度向量为:

$$\mathbf{\nabla} g(x_1, x_2) = \left(\frac{\partial g(x_1, x_2)}{\partial x_1}, \frac{\partial g(x_1, x_2)}{\partial x_2} \right) = \left(\frac{1}{2} \left(\frac{x_2}{x_1} \right)^{1/2}, \frac{1}{2} \left(\frac{x_1}{x_2} \right)^{1/2} \right)$$

2.13　内积

内积的种类有很多,经济学家最常用到的是欧几里得内积(Euclidean inner product)。由于其用途很常见且非常广泛,所以两个向量 x 和 x' 的欧几里得内积被赋予了一个简单的专有符号,通常记为 $x \cdot x'$。这也是欧几里得内积通常被称为 x 和 x' 的点积(dot product)或 x 和 x' 的标量积(scalar product)的原因。

定义 2.10(欧几里得内积)　定义在 $\mathfrak{R}^n$ 上的欧几里得内积是函数 $f: \mathfrak{R}^n \times \mathfrak{R}^n \mapsto \mathfrak{R}$,其中,$x$ 和 $x' \in \mathfrak{R}^n$,它等于向量 x 和 x' 的乘积:

$$f(x, x') \equiv x \cdot x' \equiv (x_1, \cdots, x_n) \begin{pmatrix} x_1' \\ \vdots \\ x_n' \end{pmatrix} \equiv x_1 x_1' + \cdots + x_n x_n'$$

请注意,向量 x 和 x' 的欧几里得内积与向量 x' 和 x 的欧几里得内积相等,也就是说向量相乘的顺序不影响结果。

$$x \cdot x' = (x_1, \cdots, x_n) \begin{pmatrix} x_1' \\ \vdots \\ x_n' \end{pmatrix} = x_1 x_1' + \cdots + x_n x_n'$$

$$= x_1' x_1 + \cdots + x_n' x_n = (x_1', \cdots, x_n') \begin{pmatrix} x_1 \\ \vdots \\ x_n \end{pmatrix} = x' \cdot x$$

练习:下列几对向量的欧几里得内积是多少?

$a = (6, 2)$ 与 $a' = (-3, 3)$, $b = (3, 24, -18)$ 与 $b' = (-1, -8, 6)$, $c = (6, 12)$ 与 $c' = (-4, 2)$, $d = (6, 2, 0)$ 与 $d' = (3, 0, 1)$。

答案:

$$a \cdot a' = (6, 2) \begin{pmatrix} -3 \\ 3 \end{pmatrix} = -18 + 6 = -12$$

$$b \cdot b' = (3, 24, -18) \begin{pmatrix} -1 \\ -8 \\ 6 \end{pmatrix} = -3 - 192 - 108 = -303$$

$$c \cdot c' = (6, 12) \begin{pmatrix} -4 \\ 2 \end{pmatrix} = -24 + 24 = 0$$

$$d \cdot d' = (6, 2, 0) \begin{pmatrix} 3 \\ 0 \\ 1 \end{pmatrix} = 18$$

可见,欧几里得内积可以是正数、负数或零。 □

任何向量 x 与其自身的欧几里得内积是向量中所有元素的平方和:

$$x \cdot x = (x_1, \cdots, x_n) \begin{pmatrix} x_1 \\ \vdots \\ x_n \end{pmatrix} = x_1^2 + \cdots + x_n^2 \geqslant 0$$

因此,向量 x 与其自身的欧几里得内积大于等于零,当且仅当 x 为零向量时等号成立。

我们一般用向量 $x \in \Re^n$ 的欧几里得范数(Euclidean norm)来衡量向量 x 与原点之间的距离,x 的欧几里得范数的最常见表达方式是 $\| x \|_E$。

定义 2.11(欧几里得范数) 令 $x \in \Re^n$,x 的欧几里得范数是:

$$\| x \|_E \equiv \sqrt{x_1^2 + \cdots + x_n^2}$$

很容易看出 x 的欧几里得范数的平方等于 x 与其自身的欧几里得内积：

$$x \cdot x = (x_1, \cdots, x_n) \begin{bmatrix} x_1 \\ \vdots \\ x_n \end{bmatrix} = x_1^2 + \cdots + x_n^2 = \left(\sqrt{x_1^2 + \cdots + x_n^2}\right)^2 = \|x\|_E^2$$

下面的结论不容易理解，但非常有用。Simon 和 Blume(1994:215—216)提供了相应的证明。

定理 2.9　令 $x, x' \in \Re^n$，x 和 x' 之间的角度为 θ，那么，

$$x \cdot x' = \|x\|_E \times \|x'\|_E \times \cos\theta \tag{2.17}$$

如果你忘记了余弦函数的性质，那观察一下图 2.21 你就会发现：

$$\cos\theta \begin{cases} =1, & \theta=0° \text{ 或 } \theta=360° \\ =-1, & \theta=180° \\ =0, & \theta=90° \text{ 或 } \theta=270° \\ \in(0,1), & 0°<\theta<90° \text{ 或 } 270°<\theta<360° \\ \in(-1,0), & 90°<\theta<270° \end{cases}$$

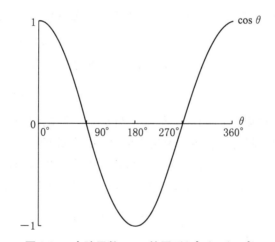

图 2.21　余弦函数 $\cos\theta$ 的图形 $(0°\leqslant\theta\leqslant360°)$

● 如果向量 x 和 x' 正向共线（两个向量方向相同，$\theta=0°$ 或 $\theta=360°$），那么，它们的欧几里得内积与它们离原点距离（范数）的乘积相等，因为 $\cos 0°=\cos 360°=1$，即 $x' \cdot x'' = \|x'\|_E \|x''\|_E$。

● 如果向量 x 和 x' 负向共线（两个向量方向相反，$\theta=180°$），那么，它们的欧几里得内积是它们离原点距离（范数）的乘积的相反数，因为 $\cos 180°=-1$，即 $x' \cdot x'' = -\|x'\|_E \|x''\|_E$。

● 如果向量 x 和 x' 正交（$\theta=90°$ 或 $\theta=270°$，两个向量互相垂直），那么，它们的欧几里得内积为零，因为 $\cos 90°=\cos 270°=0$，即 $x' \cdot x''=0$。

● 如果向量 x 和 x' 之间的夹角为锐角（$0°<\theta<90°$），那么，它们的欧几里得内积为正

数,且比它们离原点距离(范数)的乘积要小,因为当 $0°<\theta<90°$ 时,$0<\cos\theta<1$,即 $\|x'\|_E\|x''\|_E>x'\cdot x''>0$。

- 如果向量 x 和 x' 之间的夹角为钝角($90°<\theta<180°$),那么,它们的欧几里得内积为负数,且比它们离原点距离(范数)的乘积要小,因为当 $90°<\theta<180°$ 时,$-1<\cos\theta<0$,即 $-\|x'\|_E\|x''\|_E<x'\cdot x''<0$。

练习:判断前一道练习题中四对向量的位置关系,位置关系可能为正向共线、负向共线、夹角为锐角或夹角为钝角?

答案:因为 $a\cdot a'=-12<0$,所以 a 与 a' 之间的夹角为钝角。由式(2.17)可知,

$$a\cdot a'=-12=\|a\|_E\|a'\|_E\cos\theta$$

a 与 a' 的欧几里得范数分别为:

$$\|a\|_E=\sqrt{6^2+2^2}=\sqrt{40}\ \text{和}\ \|a'\|_E=\sqrt{(-3)^2+3^2}=\sqrt{18}$$

可以得到

$$\cos\theta=-\frac{12}{\sqrt{40}\times\sqrt{18}}=-\frac{1}{\sqrt{5}}\Rightarrow\theta\approx\cos^{-1}(-0.447)\approx116.6°$$

如果你画出 a 与 a',就可以直观地看出它们之间的夹角为钝角。

向量 b 与 b' 是负向共线的。请注意 b 的欧几里得范数(也就是它到原点的欧几里得距离)是 $\|b\|_E=\sqrt{3^2+24^2+(-18)^2}=\sqrt{909}=3\sqrt{101}$,$b'$ 的欧几里得范数是 $\|b'\|_E=\sqrt{(-1)^2+(-8)^2+6^2}=\sqrt{101}$。令 b 与 b' 之间的夹角为 θ,那么,

$$b\cdot b'=-303=\|b\|_E\|b'\|_E\cos\theta=3\sqrt{101}\times\sqrt{101}\cos\theta=303\cos\theta$$

因此,$\cos\theta=-1$,也就意味着 $\theta=180°$,向量 b 与 b' 是共线的,且指向两个完全相反的方向。如果你画出 b 与 b',就可以直观地看出它们是负向共线的。

因为 $c\cdot c'=0$,所以 c 和 c' 是正交的。请画出这两个向量,以直观看出它们是正交的。

因为 $d\cdot d'=18>0$,所以 d 和 d' 之间的夹角为锐角。根据式(2.17),

$$d\cdot d'=18=\|d\|_E\|d'\|_E\cos\theta$$

d 与 d' 的欧几里得范数分别为:

$$\|d\|_E=\sqrt{6^2+2^2+0^2}=\sqrt{40}\ \text{和}\ \|d'\|_E=\sqrt{3^2+0^2+1^2}=\sqrt{10}$$

可以得到

$$\cos\theta=\frac{18}{\sqrt{40}\times\sqrt{10}}=\frac{9}{10}\Rightarrow\theta=\cos^{-1}(0.9)\approx25.8°$$

如果你画出 d 与 d',就可以直观地看出它们之间的夹角为锐角。

2.14　梯度向量、边际替代率与内积

为了理解本书的主题——作出理性选择,我们非常需要理解这三个概念之间的关系,

让我们来花点时间。考虑一个函数 $f(x,y)=40-(x-2)^2-(y-3)^2$，它的梯度向量为：

$$\nabla f(x,y)=\left(\frac{\partial f(x,y)}{\partial x},\ \frac{\partial f(x,y)}{\partial y}\right)=(-2(x-2),\ -2(y-3))$$

当 $y\neq3$ 时，在任意一点 (x,y) 处的边际替代率为：

$$\mathrm{MRS}_f(x,y)=\frac{\mathrm{d}y}{\mathrm{d}x}\bigg|_{df=0}=-\frac{\partial f(x,y)/\partial x}{\partial f(x,y)/\partial y}\bigg|_{df=0}=-\frac{x-2}{y-3}$$

现在考虑 f 的一个等值集。之前计算过，f 的水平为 36 的等值集是：

$$C_f(36)=\{(x,y)\mid40-(x-2)^2-(y-3)^2=36\}$$
$$=\{(x,y)\mid(x-2)^2+(y-3)^2=4\}$$

如图 2.22 所示，这个集合是以 $(x,y)=(2,3)$ 为圆心的半径为 2 的圆周。$(x,y)=(1,3-\sqrt{3})\approx(1,1.27)$ 和 $(x,y)=(1,3+\sqrt{3})\approx(1,4.73)$ 是等值集 $C_f(36)$ 中的两个点。

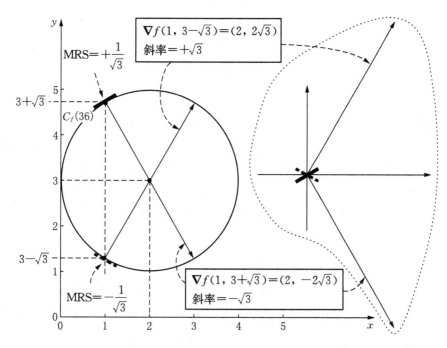

图 2.22　水平为 36 的等值集 $C_f(36)$ 与 f 的梯度向量在点 $(1,3-\sqrt{3})$ 和 $(1,3+\sqrt{3})$ 处的值

在点 $(x,y)=(1,3-\sqrt{3})$ 处，函数的梯度向量值和边际替代率为：

$$\nabla f(1,3-\sqrt{3})=(2,2\sqrt{3})\ \text{和}\ \mathrm{MRS}_f(1,3-\sqrt{3})=\frac{\mathrm{d}y}{\mathrm{d}x}\bigg|_{\substack{f=36\\x=1\\y=3-\sqrt{3}}}=-\frac{1}{\sqrt{3}}$$

考虑从点 $(1,3-\sqrt{3})$ 到点 $(1+\mathrm{d}x,3-\sqrt{3}+\mathrm{d}y)$ 的微小变动。这两个点都在等值集 $C_f(36)$ 内。$\mathrm{d}x$ 和 $\mathrm{d}y$ 分别是 x 和 y 在原始点 $(1,3-\sqrt{3})$ 处的微小变动。边际替代率的值 $-1/\sqrt{3}$ 表明，只有满足以下条件时，点 $(1,3-\sqrt{3})$ 附近的点 $(1+\mathrm{d}x,3-\sqrt{3}+\mathrm{d}y)$ 才会位于

$C_f(36)$ 内：

$$\left.\frac{dy}{dx}\right|_{\substack{f\equiv 36 \\ x=1 \\ y=3-\sqrt{3}}} = -\frac{1}{\sqrt{3}} \Rightarrow dy = -\frac{dx}{\sqrt{3}} \tag{2.18}$$

在图 2.22 中,穿过点 $(1,3-\sqrt{3})$ 的加粗的短虚线展示了该点附近满足式 (2.18) 的点 $(1+dx,3-\sqrt{3}+dy)$。图 2.22 右侧用细虚线圈出的区域内有一个坐标系,其中加粗的短虚线是包含发生微小变动 (dx,dy) 后的点且穿过原点的线。此外,图中还有 f 在 $(1,3-\sqrt{3})$ 处的梯度向量。表示向量方向的箭头与右侧满足式 (2.18) 的微小变动 (dx,dy) 的加粗短虚线是相互垂直的。为什么会这样？边际替代率的式 (2.18) 可以变形为:

$$
\begin{aligned}
0 = \frac{1}{\sqrt{3}}dx + dy &\Rightarrow 0 = 2\sqrt{3}\left(\frac{1}{\sqrt{3}}dx + dy\right) \\
&\Rightarrow 0 = (2dx + 2\sqrt{3}\,dy) \\
&\Rightarrow 0 = (2,\,2\sqrt{3}) \cdot \begin{bmatrix} dx \\ dy \end{bmatrix} \\
&\Rightarrow 0 = \nabla f(1,\,3-\sqrt{3}) \cdot \begin{bmatrix} dx \\ dy \end{bmatrix}
\end{aligned}
\tag{2.19}
$$

如果两个向量是正交的,那么,这两个向量的欧几里得内积为零,因此在点 $(1,3-\sqrt{3})$ 处,函数的梯度向量和表示微小变动的扰动向量 (dx,dy) 是正交的。式 (2.19) 其实就展示了前文所说的结论:等值集内的任意一点与发生微小变动 (dx,dy) 后得到的在同一个等值集内的点一定使得全微分的值为零。也就是说,如果对等值集中任意一点做一个非常小的移动(即在水平方向上移动 dx,垂直方向上移动 dy),且移动后的点仍然在等值集内,那么函数的变化值为零(即全微分为 0)。

图 2.22 也展示了点 $(1,3+\sqrt{3})$ 处的边际替代率和梯度向量。为了检查你的理解程度,请试着基于这一点重复上述的推理过程。你应该能得出以下结论:在点 $(1,3+\sqrt{3})$ 处,梯度向量 $\nabla f(1,3-\sqrt{3})$ 与扰动向量 (dx,dy) 是正交的,其中,扰动向量 (dx,dy) 表示的是从点 $(1,3+\sqrt{3})$ 到在同一等值集里的非常接近的另外一点 $(1+dx,3+\sqrt{3}+dy)$ 之间的变动。

在一般情况下,在一个可微函数的等值集中的任意一点处,梯度向量与该点处的扰动向量都是正交的,这个简单的结论是卡罗需-库恩-塔克必要条件定理［Karush-Kuhn-Tucker(KKT) Necessity Theorem］的核心,这个定理是求解有约束的最优化问题时最有用的结论之一。

练习:点 $(x,y) = (3,3-\sqrt{3}) \approx (3,1.27)$ 和 $(3,3+\sqrt{3}) \approx (3,4.73)$ 也是上述等值集 $C_f(36)$ 中的点。请考虑这两个点的梯度向量及包含所有满足边际替代率条件的微小变动 (dx,dy) 的短线。在图 2.22 中标出梯度向量和那条短线,计算出它们的欧几里得内积以验证它们是正交的。

答案：

在点$(x,y)=(3,3-\sqrt{3})$处，函数的梯度向量值和边际替代率为：

$$\nabla f(3,3-\sqrt{3})=(-2,2\sqrt{3})\text{和}\mathrm{MRS}_f(3,3-\sqrt{3})=\frac{\mathrm{d}y}{\mathrm{d}x}\bigg|_{\substack{f\equiv36\\x=3\\y=3-\sqrt{3}}}=+\frac{1}{\sqrt{3}}$$

边际替代率的值要求扰动向量$(\mathrm{d}x,\mathrm{d}y)$满足：

$$\frac{\mathrm{d}y}{\mathrm{d}x}\bigg|_{\substack{f\equiv36\\x=3\\y=3-\sqrt{3}}}=+\frac{1}{\sqrt{3}}\Rightarrow\mathrm{d}y=+\frac{1}{\sqrt{3}}\mathrm{d}x$$

梯度向量∇f与扰动向量$(\mathrm{d}x,\mathrm{d}y)$的欧几里得内积为：

$$\nabla f(3,3-\sqrt{3})\cdot\begin{pmatrix}\mathrm{d}x\\\mathrm{d}y\end{pmatrix}=(-2,2\sqrt{3})\begin{pmatrix}\mathrm{d}x\\\mathrm{d}y\end{pmatrix}=(-2,2\sqrt{3})\begin{pmatrix}\mathrm{d}x\\\mathrm{d}x/\sqrt{3}\end{pmatrix}=0$$

在点$(x,y)=(3,3+\sqrt{3})$处，函数的梯度向量值和边际替代率为：

$$\nabla f(3,3+\sqrt{3})=(-2,-2\sqrt{3})\text{和}\mathrm{MRS}_f(3,3+\sqrt{3})=-\frac{1}{\sqrt{3}}$$

边际替代率的值要求扰动向量$(\mathrm{d}x,\mathrm{d}y)$满足：

$$\frac{\mathrm{d}y}{\mathrm{d}x}\bigg|_{\substack{f\equiv36\\x=3\\y=3+\sqrt{3}}}=-\frac{1}{\sqrt{3}}\Rightarrow\mathrm{d}y=-\frac{1}{\sqrt{3}}\mathrm{d}x$$

梯度向量∇f与扰动向量$(\mathrm{d}x,\mathrm{d}y)$的欧几里得内积为：

$$\nabla f(3,3+\sqrt{3})\cdot\begin{pmatrix}\mathrm{d}x\\\mathrm{d}y\end{pmatrix}=(-2,-2\sqrt{3})\begin{pmatrix}\mathrm{d}x\\\mathrm{d}y\end{pmatrix}=(-2,-2\sqrt{3})\begin{pmatrix}\mathrm{d}x\\-\mathrm{d}x/\sqrt{3}\end{pmatrix}=0\qquad\square$$

练习：考虑函数$f(x_1,x_2)=x_1^{1/2}x_2^{1/2}$。

（1）该函数的梯度向量是什么？

（2）点$(x_1,x_2)=(1,16)$和$(x_1,x_2)=(4,4)$及$(x_1,x_2)=(16,1)$都是水平为4的等值集里的点。请计算出每个点的梯度向量值及x_1和x_2的边际替代率，然后得出包含所有满足边际替代率条件的微小变动$(\mathrm{d}x,\mathrm{d}y)$的短线，最后证明梯度向量和扰动向量$(\mathrm{d}x_1,\mathrm{d}x_2)$是正交的。

答案：

（1）f的梯度向量为行向量：

$$\nabla f(x_1,x_2)=\left(\frac{\partial f(x_1,x_2)}{\partial x_1},\frac{\partial f(x_1,x_2)}{\partial x_2}\right)=\left(\frac{1}{2}\left(\frac{x_2}{x_1}\right)^{1/2},\frac{1}{2}\left(\frac{x_1}{x_2}\right)^{1/2}\right)$$

（2）在$f\equiv4$的等值集中，满足$x_1^{1/2}x_2^{1/2}=4$的x_1与x_2的边际替代率表达式为：

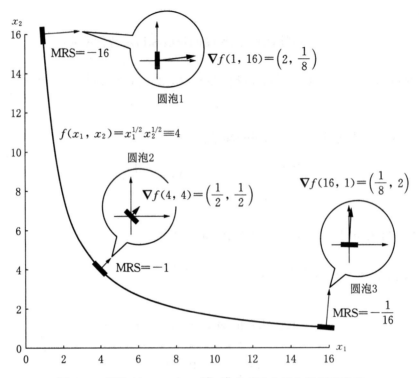

图 2.23 函数 $f(x_1, x_2) = x_1^{1/2} x_2^{1/2}$ 的梯度向量与边际替代率

$$\left.\frac{\mathrm{d}x_2}{\mathrm{d}x_1}\right|_{f=4} = -\frac{\partial f(x_1, x_2)/\partial x_1}{\partial f(x_1, x_2)/\partial x_2} = -\frac{(1/2)(x_2/x_1)^{1/2}}{(1/2)(x_1/x_2)^{1/2}} = -\frac{x_2}{x_1}$$

如图 2.23 所示,在点 $(x_1, x_2) = (1, 16)$ 处,函数的梯度向量值为:

$$\boldsymbol{\nabla} f(1, 16) = \left(\frac{1}{2}\left(\frac{16}{1}\right)^{1/2}, \frac{1}{2}\left(\frac{1}{16}\right)^{1/2}\right) = \left(2, \frac{1}{8}\right)$$

图中的圆泡 1 展示了这个向量。函数的边际替代率为:

$$\left.\frac{\mathrm{d}x_2}{\mathrm{d}x_1}\right|_{\substack{\mathrm{d}f=0 \\ x_1=1 \\ x_2=16}} = -\frac{16}{1} = -16 \tag{2.20}$$

因此,扰动向量为 $\mathrm{d}x = (\mathrm{d}x_1, \mathrm{d}x_2)$,其中 $\mathrm{d}x_2 = -16\mathrm{d}x_1$。这个向量用圆泡 1 中经过原点的短粗线表示。点 $(x_1, x_2) = (1, 16)$ 处的扰动向量与梯度向量的内积为:

$$\boldsymbol{\nabla} f(1, 16) \cdot (\mathrm{d}x_1, \mathrm{d}x_2) = \left(2, \frac{1}{8}\right)\begin{bmatrix} \mathrm{d}x_1 \\ -16\mathrm{d}x_1 \end{bmatrix} = 0$$

因此,这两个向量是正交的。

在点 $(x_1, x_2) = (4, 4)$ 处,函数的梯度向量值为:

$$\boldsymbol{\nabla} f(4, 4) = \left(\frac{1}{2}\left(\frac{4}{4}\right)^{1/2}, \frac{1}{2}\left(\frac{4}{4}\right)^{1/2}\right) = \left(\frac{1}{2}, \frac{1}{2}\right)$$

边际替代率的值为：

$$\frac{\mathrm{d}x_2}{\mathrm{d}x_1}\Big|_{\substack{df=0\\x_1=4\\x_2=4}}=-\frac{4}{4}=-1 \tag{2.21}$$

因此，扰动向量为 $\mathrm{d}x=(\mathrm{d}x_1,\mathrm{d}x_2)$，其中 $\mathrm{d}x_2=-\mathrm{d}x_1$。这个向量用圆泡 2 中经过原点的短粗线表示。在点 $(x_1,x_2)=(4,4)$ 处的扰动向量与梯度向量的内积为：

$$\boldsymbol{\nabla}f(1,16)\cdot(\mathrm{d}x_1,\mathrm{d}x_2)=\left(\frac{1}{2},\frac{1}{2}\right)\begin{bmatrix}\mathrm{d}x_1\\-\mathrm{d}x_1\end{bmatrix}=0$$

因此，这两个向量是正交的。

在点 $(x_1,x_2)=(16,1)$ 处，函数的梯度向量值为：

$$\boldsymbol{\nabla}f(16,1)=\left(\frac{1}{2}\left(\frac{1}{16}\right)^{1/2},\frac{1}{2}\left(\frac{16}{1}\right)^{1/2}\right)=\left(\frac{1}{8},2\right)$$

边际替代率的值为：

$$\frac{\mathrm{d}x_2}{\mathrm{d}x_1}\Big|_{\substack{df=0\\x_1=16\\x_2=1}}=-\frac{1}{16} \tag{2.22}$$

因此，扰动向量为 $\mathrm{d}x=(\mathrm{d}x_1,\mathrm{d}x_2)$，其中 $-16\mathrm{d}x_2=\mathrm{d}x_1$。这一向量用圆泡 3 中经过原点的短粗线表示。点 $(x_1,x_2)=(16,1)$ 处的扰动向量与梯度向量的内积为

$$\boldsymbol{\nabla}f(1,16)\cdot(\mathrm{d}x_1,\mathrm{d}x_2)=\left(\frac{1}{8},2\right)\begin{bmatrix}-16\mathrm{d}x_1\\\mathrm{d}x_1\end{bmatrix}=0 \qquad\square$$

因此，这两个向量是正交的。

2.15　二次型

二次型（quadratic form）是含有 n 个变量 $x_1,\cdots,x_n$ 的二阶多项式的一种特殊形式。

如果 $n=1$，那么二次型的唯一形式是：

$$Q(x)=ax^2,\ a\in\Re$$

比如，$Q(x)=x^2$（也就是 $a=1$），$Q(x)=-7x^2(a=-7)$，$Q(x)\equiv0(a=0)$。

如果 $n=2$，那么二次型的形式为：

$$\begin{aligned}Q(x_1,x_2)&=a_{11}x_1^2+a_{12}x_1x_2+a_{21}x_2x_1+a_{22}x_2^2\\&=a_{11}x_1^2+(a_{12}+a_{21})x_1x_2+a_{22}x_2^2\end{aligned}$$

其中，a_{11}、a_{12}、a_{21} 和 a_{22} 都是实数。

一般的二次型形式为：

$$
\begin{aligned}
Q(x_1,\cdots,x_n)=&a_{11}x_1^2+a_{12}x_1x_2+\cdots+a_{1n}x_1x_n\\
&a_{21}x_2x_1+a_{22}x_2^2+\cdots+a_{2n}x_2x_n+\\
&\cdots+\\
&a_{n1}x_nx_1+a_{n2}x_nx_2+\cdots+a_{nn}x_n^2
\end{aligned}\tag{2.23}
$$

其中,系数 a_{ij} 都是实数,$i,j=1,\cdots,n$。

二次型中的每一项都由 $x_1,\cdots,x_n$ 构成且阶数为 2,也就是说,这些项要么是平方项 $x_i^2(i=1,\cdots,n)$,要么是交叉乘积 $x_ix_j(i,j=1,\cdots,n$ 且 $i\neq j)$,没有一次项和常数项。

式(2.23)也可以写作

$$
x^TAx=(x_1,\cdots,x_n)\begin{pmatrix}a_{11}&a_{12}&\cdots&a_{1n}\\a_{21}&a_{22}&\cdots&a_{2n}\\\vdots&\vdots&\ddots&\vdots\\a_{n1}&a_{n2}&\cdots&a_{nn}\end{pmatrix}\begin{pmatrix}x_1\\\vdots\\x_n\end{pmatrix}\tag{2.24}
$$

式(2.23)和式(2.24)被称为矩阵 A 的二次型。注意,只有方阵才有二次型。

请注意,式(2.23)所表示的二次型中有两个交叉乘积 x_ix_j,其中 $i,j=1,\cdots,n$ 且 $i\neq j$,比如 $a_{12}x_1x_2$ 和 $a_{21}x_2x_1$,它们的和可以写作 $(a_{12}+a_{21})x_1x_2$。同样,$a_{1n}x_1x_n$ 和 $a_{n1}x_nx_1$ 的和可以写作 $(a_{1n}+a_{n1})x_1x_n$。在把每个这样的和除以 2 以后,二次型 [式(2.23)]就变成了:

$$
\begin{aligned}
Q(x_1,\cdots,x_n)=&a_{11}x_1^2+\frac{a_{12}+a_{21}}{2}x_1x_2+\cdots+\frac{a_{1n}+a_{n1}}{2}x_1x_n\\
&\frac{a_{12}+a_{21}}{2}x_2x_1+a_{22}x_2^2+\cdots+\frac{a_{2n}+a_{n2}}{2}x_2x_n+\\
&\cdots+\\
&\frac{a_{1n}+a_{n1}}{2}x_nx_1+\frac{a_{2n}+a_{n2}}{2}x_nx_2+\cdots+a_{nn}x_n^2
\end{aligned}\tag{2.25}
$$

式(2.25)也可以写作:

$$
x^TBx=(x_1,\cdots,x_n)\begin{pmatrix}a_{11}&(a_{12}+a_{21})/2&\cdots&(a_{1n}+a_{n1})/2\\(a_{12}+a_{21})/2&a_{22}&\cdots&(a_{2n}+a_{n2})/2\\\vdots&\vdots&\ddots&\vdots\\(a_{1n}+a_{n1})/2&(a_{2n}+a_{n2})/2&\cdots&a_{nn}\end{pmatrix}\begin{pmatrix}x_1\\\vdots\\x_n\end{pmatrix}
$$

当由矩阵 A 中的元素所构成的矩阵 B 是对称矩阵时,矩阵 A 是一个标准的非对称矩阵。因此,任何一个非对称矩阵的二次型都可以写成一个对称矩阵的二次型。这个结论使代数运算变得更容易。

练习: 把下列二次方程写成 x^TAx 与 x^TBx 的矩阵形式,其中 A 为非对称矩阵,B 为对称矩阵。

(1) $x_1^2-8x_1x_2+x_2^2$;

(2) $3x_1^2-8x_1x_2-5x_2^2$;

(3) $2x_1^2 + x_2^2 + 5x_3^2 + 3x_1x_2 - 6x_1x_3 + 10x_2x_3$。

答案：

(1) 二次型为 $Q(x_1, x_2) = a_{11}x_1^2 + (a_{12} + a_{21})x_1x_2 + a_{22}x_2^2$，其中 $a_{11} = 1$，$a_{12} + a_{21} = -8$，$a_{22} = 1$。因此，A 可以是任意满足以下条件的非对称矩阵：$a_{11} = 1$，$a_{12} + a_{21} = -8$，$a_{22} = 1$。这样的矩阵有无数种可能，其中一种为：

$$A = \begin{pmatrix} 1 & -462 \\ 454 & 1 \end{pmatrix}$$

对称矩阵 B 只有一种可能，其中 $b_{11} = 1$，$b_{12} = b_{21} = -4$，$b_{22} = 1$，即：

$$B = \begin{pmatrix} 1 & -4 \\ -4 & 1 \end{pmatrix}$$

(2) 二次型为 $Q(x_1, x_2) = a_{11}x_1^2 + (a_{12} + a_{21})x_1x_2 + a_{22}x_2^2$，其中 $a_{11} = 3$，$a_{12} + a_{21} = -8$，$a_{22} = -5$。因此，A 可以是任意满足以下条件的非对称矩阵：$a_{11} = 3$，$a_{12} + a_{21} = -8$，$a_{22} = -5$。这样的矩阵有无数种可能，其中一种为：

$$A = \begin{pmatrix} 3 & 34 \\ -42 & -5 \end{pmatrix}$$

对称矩阵 B 只有一种可能，其中 $b_{11} = 3$，$b_{12} = b_{21} = -4$，$b_{22} = -5$，即：

$$B = \begin{pmatrix} 3 & -4 \\ -4 & -5 \end{pmatrix}$$

(3) 二次型为 $Q(x_1, x_2, x_3) = a_{11}x_1^2 + (a_{12} + a_{21})x_1x_2 + (a_{13} + a_{31})x_1x_3 + a_{22}x_2^2 + (a_{23} + a_{32})x_2x_3 + a_{33}x_3^2$，其中 $a_{11} = 2$，$a_{22} = 1$，$a_{33} = 5$，$a_{12} + a_{21} = 3$，$a_{13} + a_{31} = -6$，$a_{23} + a_{32} = 10$。因此，A 可以是任意满足以下条件的非对称矩阵：$a_{11} = 2$，$a_{22} = 1$，$a_{33} = 5$，$a_{12} + a_{21} = 3$，$a_{13} + a_{31} = -6$，$a_{23} + a_{32} = 10$。这样的矩阵有无数种可能，其中一种为：

$$A = \begin{pmatrix} 2 & 7 & -3 \\ -4 & 1 & 17 \\ -3 & -7 & 5 \end{pmatrix}$$

对称矩阵 B 只有一种可能，其中 $b_{11} = 2$，$b_{22} = 1$，$b_{33} = 5$，$b_{12} = b_{21} = 3/2$，$b_{13} = b_{31} = -3$，$b_{23} = b_{32} = 5$，即：

$$B = \begin{pmatrix} 2 & 3/2 & -3 \\ 3/2 & 1 & 5 \\ -3 & 5 & 5 \end{pmatrix} \qquad \square$$

所有的二次型至少属于以下五种类型中的一种：

定义 2.12(二次型的定性) 二次型 $Q(x_1, \cdots, x_n)$ 分为如下五类：

(1) 正定二次型：当且仅当对于所有 $x \in \Re^n$，$x \neq \underline{0}$，$Q(x_1, \cdots, x_n) > 0$。

(2) 半正定二次型：当且仅当对于所有 $x \in \Re^n$，$Q(x_1, \cdots, x_n) \geqslant 0$。

（3）半负定二次型：当且仅当对于所有 $x \in \Re^n$，$Q(x_1, \cdots, x_n) \leqslant 0$。

（4）负定二次型：当且仅当对于所有 $x \in \Re^n$，$x \neq \underline{0}$，$Q(x_1, \cdots, x_n) < 0$。

（5）不定二次型：当且仅当至少存在一个点 $(x_1', \cdots, x_n') \in \Re^n$ 和另一个点 $(x_1'', \cdots, x_n'') \in \Re^n$，使 $Q(x_1', \cdots, x_n') > 0$ 且 $Q(x_1'', \cdots, x_n'') < 0$。

如果 $x = \underline{0}$，那么 $Q(x) = 0$，因此，所有二次型的图形一定经过原点，无论其定性的种类如何。

令 $n = 2$，请思考一个问题：正定二次型的图形是什么样的呢？根据定义 2.12(1)，对于所有 (x_1, x_2)［除了 $(0, 0)$］，都有

$$a_{11} x_1^2 + (a_{12} + a_{21}) x_1 x_2 + a_{22} x_2^2 > 0$$

令 $x_2 = 0$（x_1 不同时为 0），那么 $a_{11} x_1^2 > 0$，a_{11} 必然大于 0。同样，令 $x_1 = 0$（x_2 不同时为 0），那么 $a_{22} x_2^2 > 0$，a_{22} 必然大于 0。当二次型正定时，它就可以写成严格大于 0 的系数 a_{11}、a_{22} 的两个平方项 $a_{11} x_1^2$、$a_{22} x_2^2$ 的和。这类函数的图形是类似于图 2.24 中的"正抛物线"。图中所示的二次型的系数 $a_{11} = 1$，$a_{12} + a_{21} = -1$，$a_{22} = 2$，具体表达式为：

$$Q(x_1, x_2) = x_1^2 - x_1 x_2 + 2 x_2^2 = x_1^2 - x_1 x_2 + \frac{x_2^2}{4} + \frac{7 x_2^2}{4}$$

$$= \left(x_1 - \frac{x_2}{2} \right)^2 + \frac{7 x_2^2}{4} > 0，其中 (x_1, x_2) \neq (0, 0)$$

注意，正定二次型的值只在原点处为 0。

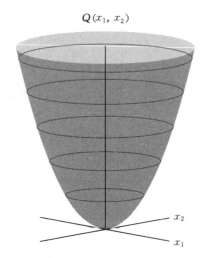

$Q(x_1, x_2)$

图 2.24　正定二次型 $Q(x_1, x_2) = x_1^2 - x_1 x_2 + 2 x_2^2$ 的图形

现在思考另一个问题：半正定二次型的图形是什么样的呢？根据定义 2.12(2)，对于所有 (x_1, x_2)，

$$a_{11} x_1^2 + (a_{12} + a_{21}) x_1 x_2 + a_{22} x_2^2 \geqslant 0$$

令 $x_2 = 0$，那么 $a_{11} x_1^2 \geqslant 0$，a_{11} 必然大于等于 0。同样，a_{22} 必然大于等于 0。所以当二次型

半正定时,它就可以写成非负数(可以一个为 0 或两个都为 0)的系数 a_{11}、a_{22} 的两个平方项 $a_{11}x_1^2$、$a_{22}x_2^2$ 的和。这类函数的图形是类似于图 2.25 中的"正抛物线"再加上一条高度为 0 的直线。图中所示二次型的系数为 $a_{11}=1$,$a_{12}+a_{21}=-2$,$a_{22}=1$,具体表达式为 $Q(x_1,x_2)=x_1^2-2x_1x_2+x_2^2=(x_1-x_2)^2$,只要 $x_1=x_2$,该二次型的值都是 0,而不只是在 $(0,0)$ 处取 0。

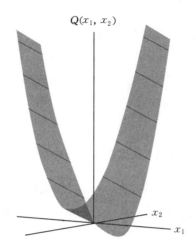

图 2.25　半正定二次型 $Q(x_1,x_2)=x_1^2-2x_1x_2+x_2^2=(x_1-x_2)^2$ 的图形

如果二次型是负定的,那么 $a_{11}<0$,$a_{22}<0$。如果二次型是半负定的,那么 $a_{11}\leqslant0$,$a_{22}\leqslant0$。图 2.24 中的图形上下翻转过来就是典型的负定二次型的图形,图 2.25 中的图形上下翻转过来就是典型的半负定二次型的图形。

图 2.26 展示了二次型 $Q(x_1,x_2)=x_1^2-x_2^2$ 的图形。因为这个二次型的值既可能是正的又可能是负的,所以它是不定二次型。

定理 2.10　当 $a_{ii}\begin{cases}>0\\ \geqslant0\\ \leqslant0\\ <0\end{cases}$ 时,一个 $n\times n$ 矩阵 A 所表示的二次型是 $\begin{cases}正定\\ 半正定\\ 半负定\\ 负定\end{cases}$ 的,$i=1,\cdots,n$。

这个定理不仅适用于对称矩阵,也适用于非对称矩阵。

练习:A 和 B 都是 $n\times n$ 矩阵,如果 A 是半负定矩阵,B 是负定矩阵,那么矩阵 $A+B$ 一定是负定矩阵吗?

答案:对任一向量 $x\in\Re^n$,$x\neq\underline{0}$,都有 $x^TAx\leqslant0$ 和 $x^TBx<0$,因此,

$$x^T(A+B)x=x^TAx+x^TBx<0,\ \forall x\in\Re^n,\ x\neq\underline{0}$$

也就是说,$A+B$ 一定是负定矩阵。　　　　　　　　　　　　　　　　□

只要方阵的阶数 n 不是很大,用代数方法判断一个二次型属于上述五种定性类型中的哪一种并不是件困难的事。但是,在很多情况下用代数方法来计算是非常烦琐的。那么,有更简单的方法来判断二次型的定性吗? 在数学中有两种简单且实用的方法。第一

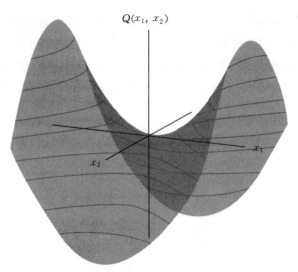

图 2.26 不定二次型 $Q(x_1, x_2) = x_1^2 - x_2^2$ 的图形

种是计算矩阵的特征根,我们在这里不讨论它,有兴趣的读者可以到其他教材中找对这种方法的讲解。第二种是利用方阵的顺序主子式(successive principal minor)来判断。

考虑一个 3×3 矩阵

$$A = \begin{pmatrix} a_{11} & a_{12} & a_{13} \\ a_{21} & a_{22} & a_{23} \\ a_{31} & a_{32} & a_{33} \end{pmatrix}$$

现在考虑 A 中所有包含了左上角元素 a_{11} 且沿着主对角线依次扩展的子方阵,这些子方阵为:

$$A_1 = (a_{11}), \ A_2 = \begin{pmatrix} a_{11} & a_{12} \\ a_{21} & a_{22} \end{pmatrix}, \ A_3 = A = \begin{pmatrix} a_{11} & a_{12} & a_{13} \\ a_{21} & a_{22} & a_{23} \\ a_{31} & a_{32} & a_{33} \end{pmatrix}$$

这些子方阵就是 A 的顺序主子矩阵,它们的行列式被称为 A 的顺序主子式:

$$\det A_1 = \det(a_{11})$$

$$\det A_2 = \det \begin{pmatrix} a_{11} & a_{12} \\ a_{21} & a_{22} \end{pmatrix}$$

$$\det A_3 = \det A = \det \begin{pmatrix} a_{11} & a_{12} & a_{13} \\ a_{21} & a_{22} & a_{23} \\ a_{31} & a_{32} & a_{33} \end{pmatrix} \tag{2.26}$$

定义 2.13(顺序主子矩阵) 令 A 为 $n \times n$ 矩阵,对于 $k = 1, \cdots, n$,A 的第 k 个顺序主子矩阵是去掉 A 的最后 $n - k$ 行与 $n - k$ 列后得到的矩阵。

定义 2.14(顺序主子式) 令 A 为 $n \times n$ 矩阵,对于 $k = 1, \cdots, n$,A 的第 k 个顺序主子式就是第 k 个顺序主子矩阵的行列式。

对称矩阵的严格(或不严格)定性可以用其主子式的符号来判断,尽管这可能有点不好理解。定理 2.11 对这种方法进行了说明。请注意,这个定理只适用于对称且非半定的矩阵,也就是说这个矩阵要么是正定的,要么是负定的,要么是不定的。特别地,我们在前面提到过,任意非对称矩阵的二次型与由这个非对称矩阵变换得到的对称矩阵的二次型是一样的,因此,任意非对称矩阵的二次型都可以先转化成对称矩阵的二次型,然后再用该定理来判断其定性。

定理 2.11(顺序主子式与定性)　令 A 为 $n \times n$ 对称矩阵。

(1) 当且仅当 A 的顺序主子式全为正时,A 的二次型是正定的;

(2) 当且仅当 A 的顺序主子式全部非零且符号交替,即第 k 个主子式的符号为 $(-1)^k$ 时,A 的二次型是负定的;

(3) 如果 A 的顺序主子式不为零且符号不满足(1)和(2)中的任意一种情况,那么 A 的二次型就是不定的。

(1)和(2)是等价条件,(3)是充分条件。

为了更好地理解定理 2.11,我们把前文的 3×3 对称矩阵写成对称矩阵

$$A = \begin{bmatrix} a_{11} & a_{12} & a_{13} \\ a_{12} & a_{22} & a_{23} \\ a_{13} & a_{23} & a_{33} \end{bmatrix}$$

A 的顺序主子矩阵为:

$$A_1 = (a_{11}), \quad A_2 = \begin{bmatrix} a_{11} & a_{12} \\ a_{12} & a_{22} \end{bmatrix}, \quad A_3 = A = \begin{bmatrix} a_{11} & a_{12} & a_{13} \\ a_{12} & a_{22} & a_{23} \\ a_{13} & a_{23} & a_{33} \end{bmatrix}$$

A 的顺序主子式为:

$$\det A_1 = \det(a_{11})$$

$$\det A_2 = \det \begin{bmatrix} a_{11} & a_{12} \\ a_{12} & a_{22} \end{bmatrix}$$

$$\det A_3 = \det A = \det \begin{bmatrix} a_{11} & a_{12} & a_{13} \\ a_{12} & a_{22} & a_{23} \\ a_{13} & a_{23} & a_{33} \end{bmatrix}$$

定理 2.11 表明,当且仅当

$$\det A_1 = \det(a_{11}) = a_{11} > 0 \tag{2.27}$$

$$\det A_2 = \det \begin{bmatrix} a_{11} & a_{12} \\ a_{12} & a_{22} \end{bmatrix} = a_{11}a_{22} - a_{12}^2 > 0 \tag{2.28}$$

$$\det A_3 = \det A = \det \begin{bmatrix} a_{11} & a_{12} & a_{13} \\ a_{12} & a_{22} & a_{23} \\ a_{13} & a_{23} & a_{33} \end{bmatrix} > 0 \tag{2.29}$$

时，A 的二次型是正定的。这些条件对矩阵元素 a_{ij} 的可能值做出了限制。比如，式(2.27)要求 $a_{11} > 0$；式(2.28)要求 $a_{11}a_{22} > a_{12}^2 \geqslant 0$，而因为 $a_{11} > 0$，所以 $a_{22} > 0$。式(2.27)、式(2.28)和式(2.29)一起对 A 的元素施加了限制，以确保 A 的二次型是正定的。

定理 2.11 还表明，当且仅当

$$\det A_1 = \det(a_{11}) = a_{11} < 0 \, [\text{非零且符号为} (-1)^1] \tag{2.30}$$

$$\det A_2 = \det\begin{pmatrix} a_{11} & a_{12} \\ a_{12} & a_{22} \end{pmatrix} = a_{11}a_{22} - a_{12}^2 > 0 \, [\text{非零且符号为} (-1)^2] \tag{2.31}$$

$$\det A_3 = \det A = \det\begin{pmatrix} a_{11} & a_{12} & a_{13} \\ a_{12} & a_{22} & a_{23} \\ a_{13} & a_{23} & a_{33} \end{pmatrix} < 0 \, [\text{非零且符号为} (-1)^3] \tag{2.32}$$

时，A 的二次型是负定的。这几个条件也限制了矩阵元素 a_{ij} 的可能值。式(2.30)要求 $a_{11} < 0$；式(2.31)要求 $a_{11}a_{22} > a_{12}^2 \geqslant 0$，而因为 $a_{11} < 0$，所以 $a_{22} < 0$。式(2.30)、式(2.31)和式(2.32)一起对 A 的元素施加了限制，以确保 A 的二次型是负定的。

2.16 临界点

实值可微函数 $f(x_1, \cdots, x_n)$ 的临界点(critical point)是使函数在 $x_1, \cdots, x_n$ 各个方向上的斜率均为零的点。

定义 2.15（临界点） 令 O 为 $\Re^n$ 上开放的非空子集，令 $f: \Re^n \to \Re$ 为定义在 O 上的可微函数。令 $x^* \in O$，如果点 $x = x^*$ 处的梯度向量是 n 维零向量，也就是说，对所有 $i = 1, \cdots, n$，都有 $\partial f(x)/\partial x_i = 0$，那么，点 $x = x^*$ 就是函数 f 的一个临界点。

f 的任意一个（定义域内部的）局部最大值点、局部最小值点和拐点都是临界点，f 的梯度向量在这些点处都是零向量。另一种我们非常感兴趣的临界点是鞍点(saddle-point)。

2.17 黑塞矩阵

二阶可微函数的黑塞矩阵(Hessian matrix)是由该函数的所有二阶导数构成的。具体来说，如果函数 $f(x_1, \cdots, x_n)$ 是二阶可微的，那么该函数的黑塞矩阵就是：

$$H_f(x) = \begin{pmatrix} \dfrac{\partial^2 f}{\partial x_1^2} & \dfrac{\partial^2 f}{\partial x_1 \partial x_2} & \cdots & \dfrac{\partial^2 f}{\partial x_1 \partial x_n} \\ \dfrac{\partial^2 f}{\partial x_2 \partial x_1} & \dfrac{\partial^2 f}{\partial x_2^2} & \cdots & \dfrac{\partial^2 f}{\partial x_2 \partial x_n} \\ \vdots & \vdots & \ddots & \vdots \\ \dfrac{\partial^2 f}{\partial x_n \partial x_1} & \dfrac{\partial^2 f}{\partial x_n \partial x_2} & \cdots & \dfrac{\partial^2 f}{\partial x_n^2} \end{pmatrix}$$

如果函数 f 是二阶连续可微的，那么，微分的先后顺序不影响结果：对所有 $i, j = 1, \cdots, n$

都有$\partial^2 f/\partial x_i \partial x_j = \partial^2 f/\partial x_j \partial x_i$。因此,二阶连续可微函数的黑塞矩阵是对称的。

2.18 函数的二次近似

为什么要用一个二次函数来近似计算另外一个函数呢? 一旦你理解了该如何求解约束条件和目标函数都可微的有约束的最优化问题,你就会发现,解决此类问题的方法其实就是将二次函数作为对可微函数的局部近似。你可能没有意识到自己以前做过很多这样的近似。有约束的最优化那一章节的很大一部分内容都在帮助你认识到这一点并理解为什么要这样。布鲁克·泰勒(Brook Taylor)在 1715 年发表了著名的"泰勒定理",其中有一个特殊情况非常重要,我们在后面章节中会反复用到它。奇怪的是,这个重要的结论被忽略了 57 年,直到法国数学家约瑟夫·拉格朗日(Joseph Lagrange)在 1772 年注意到它。泰勒并没有对他的结论做出完整证明,其证明是由另一位著名的法国数学家奥古斯丁·柯西(Augustin Cauchy)在 1841 年提出的。另一个有趣的事是,在泰勒发表他的一般性结论之前,很多特殊情况已被大家所熟知了。

我接下来讲一个例子,希望这个例子能让你明白二次近似在求解可微有约束的最优化问题中的实用性。下面是一个简单的函数:

$$f(x) = -50x + x^3 + 100\ln(1+x), \quad x \in [0, 4] \tag{2.33}$$

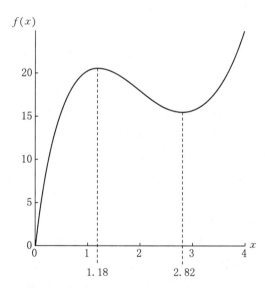

图 2.27　$0 \leqslant x \leqslant 4$ 时函数 $f(x) = -50x + x^3 + 100\ln(1+x)$ 的图形

我选择这个函数是因为它甚至不近似于一个二次函数。图 2.27 展示了 $0 \leqslant x \leqslant 4$ 时函数的图形。此函数在 $x \approx 1.183\,503\,42$ 处有一个局部最大值。泰勒定理告诉我们,当 Δx 趋近于 0 时(即在非常接近 $x \approx 1.183\,503\,42$ 的点处),某一个二次函数是对 $f(1.183\,503\,42 + \Delta x)$ 非常好的近似。这个二次函数就是 $g(\Delta x) = a(\Delta x)^2 + b\Delta x + c$,其中 c 是函数 f 在 $x = 1.183\,503\,42$ 处的值,b 是函数 f 在 $x = 1.183\,503\,42$ 处的一阶导数的值,a 是函数 f 在 $x = 1.183\,503\,42$ 处二阶导数值的一半。即:

$$c = f(x = 1.183\,503\,42) \approx 20.575\,605$$

$$b = \frac{\mathrm{d}f(x)}{\mathrm{d}x}\bigg|_{x=1.183\,503\,42} = \left(-50 + 3x^2 + \frac{100}{1+x}\right)\bigg|_{x=1.183\,503\,419} \approx 0$$

$$a = \frac{1}{2}\frac{\mathrm{d}^2 f(x)}{\mathrm{d}x^2}\bigg|_{x=1.183\,503\,42} = \frac{1}{2}\left(6x - \frac{100}{(1+x)^2}\right)\bigg|_{x=1.183\,503\,419} \approx -6.936\,754\,975$$

对接近于 0 的 Δx（可能为正，也可能为负），近似的二次函数为：

$$g(\Delta x) = 20.575\,605 - 6.936\,754\,975(\Delta x)^2$$

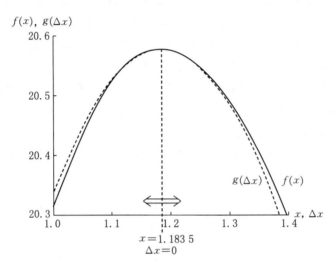

图 2.28 $x = 1.183\,5$ 附近的函数 f 和它的近似二次函数 g

图 2.28 展示了 $x = 1.183\,503\,42$ 附近的函数 f 与 g 的图形。在 $x = 1.183\,503\,42$ 附近非常小的邻域内（如箭头所示），这两个图形几乎一模一样，二次函数 g 是函数 f 的一个非常好的近似。不仅在局部最大值处，而且在区间 $[0,4]$ 中所有点 x 处，我们都可以用同样的方法得到 f 的近似值。例如，如果我们取 $x = 2$，如图 2.27 所示，该点既不是函数 f 的局部最大值点，也不是其局部最小值点，那么可以用上面的方法构造一个新的二次函数，这个函数在点 $x = 2$ 附近非常接近于函数 f。因此，需要大家记住的一点是：在二阶连续可微函数的定义域中的任意一点处都存在一个二次函数，该函数在所选点附近足够小的区域内与原函数几乎完全相同。这就是泰勒定理的二阶形式。

下面我将分两步介绍泰勒定理的二阶形式。首先，只考虑由实线映射的函数，然后再考虑由 $\mathfrak{R}^n$ 映射的函数。（很多书已详细地介绍了泰勒定理，你可以阅读这些书以全面了解该定理的一般形式。）

定理 2.12（从 $\mathfrak{R}$ 映射到 $\mathfrak{R}$ 的函数的二阶泰勒定理）　令 $S \subseteq \mathfrak{R}$ 是一个非空集合，该集合是欧几里得拓扑空间中的开集。令 $f : S \mapsto \mathfrak{R}$ 是一个 $C^2(S)$ 函数。令 x' 和 $x' + \Delta x \in S$，那么，存在函数 $R_2(x', \Delta x) \in C^2(S)$ 使得：

$$f(x' + \Delta x) = f(x') + \frac{\mathrm{d}f(x)}{\mathrm{d}x}\bigg|_{x=x'}\Delta x + \frac{1}{2}\frac{\mathrm{d}^2 f(x)}{\mathrm{d}x^2}\bigg|_{x=x'}(\Delta x)^2 + R_2(x', \Delta x)$$

$$(2.34)$$

其中，

$$当\ \Delta x \rightarrow 0 \ 时, \frac{R_2(x', \Delta x)}{(\Delta x)^2} \rightarrow 0 \qquad (2.35)$$

式(2.34)等号右边的前三项是二阶泰勒展开式：

$$Q(x', \Delta x) = f(x') + \frac{\mathrm{d}f(x)}{\mathrm{d}x}\Big|_{x=x'} \Delta x + \frac{1}{2}\frac{\mathrm{d}^2 f(x)}{\mathrm{d}x^2}\Big|_{x=x'}(\Delta x)^2 \qquad (2.36)$$

这就是函数 f 在 $x=x'$ 附近的二阶近似。在 $x=x'+\Delta x$ 处的近似误差等于该点处函数 f 的值与其近似函数 $Q(x', \Delta x)$ 的值的差。这个误差项是二阶泰勒展开式的余项 $R_2(x', \Delta x)$。式(2.35)表示，当 $\Delta x \rightarrow 0$ 时，式(2.34)等号右边的余项也变得非常小，可以忽略不计，这使得二阶泰勒展开式在 $x=x'+\Delta x$ 非常接近 $x=x'$ 时对函数 f 的近似更加精确。

现在我们来看看从 $\mathfrak{R}^n$ 映射到 $\mathfrak{R}$ 的函数的二阶泰勒定理。

定理 2.13（从 $\mathfrak{R}^n$ 映射到 $\mathfrak{R}$ 的函数的二阶泰勒定理）　令 $S \subseteq \mathfrak{R}^n$ 是一个非空集合，该集合是欧几里得拓扑空间中的开集。令 $f: S \mapsto \mathfrak{R}$ 是一个 $C^2(S)$ 函数，$x' \in S$，$B(x', \varepsilon)$ 是 S 中以 x' 为球心、以 $\varepsilon > 0$ 为半径的开球，令 $x'+\Delta x \in B(x', \varepsilon)$，那么，存在函数 $R_2(x', \Delta x) \in C^2(S)$ 使得：

$$f(x'+\Delta x) = f(x') + \nabla f(x)\big|_{x=x'} \cdot \Delta x + \frac{1}{2}\Delta x^T H_f(x)\big|_{x=x'}\Delta x + R_2(x', \Delta x)$$

$$(2.37)$$

其中，

$$当\ \|\Delta x\|_E \rightarrow 0 \ 时, \frac{R_2(x', \Delta x)}{\|\Delta x\|_E^2} \rightarrow 0 \qquad (2.38)$$

式(2.37)等号右边的前三项之和是 $\Delta x = (\Delta x_1, \cdots, \Delta x_n)$ 时的二阶泰勒展开式，当 Δx 越来越接近零向量时，这个二阶泰勒展开式在以点 $x=x'$ 为球心、以 ε 为半径的球内对函数 f 的近似越来越精确。

我们来看看函数 $f(x_1, x_2) = x_1^{1/2} + x_1 x_2 + \ln(1+x_1+x_2)$ 的展开式(2.37)。

函数 f 的梯度向量是行向量：

$$\nabla f(x_1, x_2) = \left(\frac{\partial f(x_1, x_2)}{\partial x_1}, \frac{\partial f(x_1, x_2)}{\partial x_2} \right)$$

$$= \left(\frac{1}{2}x_1^{-1/2} + x_2 + \frac{1}{1+x_1+x_2}, \ x_1 + \frac{1}{1+x_1+x_2} \right)$$

函数 f 的黑塞矩阵为：

$$H_f(x_1, x_2) = \begin{pmatrix} -\dfrac{1}{4}x_1^{-3/2} - \dfrac{1}{(1+x_1+x_2)^2} & 1 - \dfrac{1}{(1+x_1+x_2)^2} \\ 1 - \dfrac{1}{(1+x_1+x_2)^2} & -\dfrac{1}{(1+x_1+x_2)^2} \end{pmatrix}$$

现在选一个具体的点$(x_1, x_2) = (1, 1)$。函数 f 在这一点的值、梯度向量及黑塞矩阵为：

$$f(1, 1) = 2 + \ln 3 \approx 3.099, \quad \nabla f(1, 1) = \left(\frac{11}{6}, \frac{4}{3}\right), \quad H_f(1, 1) = \begin{pmatrix} -\dfrac{13}{36} & \dfrac{8}{9} \\[2mm] \dfrac{8}{9} & -\dfrac{1}{9} \end{pmatrix}$$

所以，点$(x_1, x_2) = (1, 1)$处的二阶泰勒展开式为：

$$Q(\Delta x_1, \Delta x_2) = f(1, 1) + \nabla f(1, 1) \cdot (\Delta x_1, \Delta x_2) + \frac{1}{2}(\Delta x_1, \Delta x_2) H_f(1, 1) \begin{bmatrix} \Delta x_1 \\ \Delta x_2 \end{bmatrix}$$

$$= 2 + \ln 3 + \left(\frac{11}{6}, \frac{4}{3}\right) \begin{bmatrix} \Delta x_1 \\ \Delta x_2 \end{bmatrix} + \frac{1}{2}(\Delta x_1, \Delta x_2) \begin{pmatrix} -\dfrac{13}{36} & \dfrac{8}{9} \\[2mm] \dfrac{8}{9} & -\dfrac{1}{9} \end{pmatrix} \begin{bmatrix} \Delta x_1 \\ \Delta x_2 \end{bmatrix}$$

$$= 2 + \ln 3 + \frac{11}{6}\Delta x_1 + \frac{4}{3}\Delta x_2 - \frac{13}{72}(\Delta x_1)^2 + \frac{8}{9}\Delta x_1 \Delta x_2 - \frac{1}{18}(\Delta x_2)^2$$

其中，Δx_1 和 Δx_2 分别为对 $x_1 = 1$ 和 $x_2 = 1$ 的偏离。表 2.2 展示了点$(x_1, x_2) = (1, 1)$附近的点$(x_1, x_2) = (1 + \Delta x_1, 1 + \Delta x_2)$的函数值与二阶泰勒展开式的值。当$(x_1, x_2)$很接近$(x_1, x_2) = (1, 1)$时，二次近似会非常准确。

表 2.2　f 和 Q 在点$(x_1, x_2) = (1, 1)$附近的值

(x_1, x_2)	$(\Delta x_1, \Delta x_2)$	$f(x_1, x_2)$	$Q(\Delta x_1, \Delta x_2)$	$\|f(x_1, x_2) - Q(\Delta x_1, \Delta x_2)\|$
(1.00, 1.00)	(0.00, 0.00)	3.098 61	3.098 61	0.000 00
(1.00, 0.98)	(0.00, −0.02)	3.071 92	3.071 92	0.000 00
(0.98, 0.98)	(−0.02, −0.02)	3.035 54	3.035 54	0.000 00
(1.02, 1.02)	(0.02, 0.02)	3.162 21	3.162 21	0.000 00
(1.05, 0.95)	(0.05, −0.05)	3.120 81	3.120 80	0.000 01
(1.05, 1.05)	(0.05, 0.05)	3.258 60	3.258 58	0.000 02
(0.90, 0.90)	(−0.10, −0.10)	2.788 30	2.788 47	0.000 17
(1.10, 1.10)	(0.10, 0.10)	3.421 96	3.421 81	0.000 15
(0.50, 1.50)	(−0.50, 0.50)	2.555 72	2.567 36	0.011 64
(1.50, 1.50)	(0.50, 0.50)	4.861 04	4.845 14	0.015 90
(0.00, 3.00)	(−1.00, 2.00)	1.386 29	1.751 39	0.365 10
(3.00, 3.00)	(2.00, 2.00)	12.677 96	12.043 06	0.634 90

2.19　鞍点

鞍点(saddle-point)是多变量函数的一种特殊临界点，是函数的定义域中使函数的值同时取得局部最大值和局部最小值的点。也就是说，在某个(些)方向 x_i 上，函数在鞍点处取得局部最大值，而在其他方向 x_j 上取得局部最小值。我们先考虑只有两个变量的函

数 $f(x_1, x_2)$，这样比较容易理解鞍点的概念。

令 $S\subset\mathfrak{R}^2$ 是某个非空邻域，如果点$(x_1, x_2)=(x_1', x_2')$满足

$$f(x_1'; x_2')=\max_{(x_1, x_2')\in S} f(x_1; x_2') \text{和} f(x_2'; x_1')=\min_{(x_1', x_2)\in S} f(x_2; x_1')$$

那么，这个点就是函数 $f(x_1, x_2)$ 在 S 中的一个鞍点。也就是说，对于所有$(x_1, x_2')\in S$，$f(x_1; x_2')\leqslant f(x_1'; x_2')$都成立；对于所有$(x_1', x_2)\in S$，$f(x_2'; x_1')\leqslant f(x_2; x_1')$都成立。

仔细想一下这些内容。最值得注意的是我们用两种不同的形式对函数 $f(x_1, x_2)$ 进行了限制。第一，把 x_2 固定在 $x_2=x_2'$，此时函数 $f(x_1, x_2)$ 就变成了只有 x_1 这一个变量的函数 $f(x_1; x_2')$；第二，把 x_1 固定在 $x_1=x_1'$，此时函数 $f(x_1, x_2)$ 就变成了只有 x_2 这一个变量的函数 $f(x_2; x_1')$。如果受限函数 $f(x_1; x_2')$ 在 $x_1=x_1'$ 处取得最大值，受限函数 $f(x_2; x_1')$ 在 $x_2=x_2'$ 处取得最小值，那么点$(x_1'; x_2')$就是无限制函数 $f(x_1, x_2)$ 的一个鞍点。

最常见的具有鞍点的函数为 $f(x_1, x_2)=x_1^2-x_2^2$。该函数只有一个临界点，即 $(x_1, x_2)=(0, 0)$，如图 2.29 所示，这个临界点也是一个鞍点。把 x_2 固定在 $x_2=0$ 得到函数 $f(x_1; x_2=0)=x_1^2$，此函数在 $x_1=0$ 处取最小值；把 x_1 固定在 $x_1=0$ 得到函数 $f(x_2; x_1=0)=-x_2^2$，此函数在 $x_2=0$ 处取最大值。因此，

$$f(x_2; x_1=0)=-x_2^2\leqslant f(x_1=0, x_2=0)=0\leqslant f(x_1; x_2=0)=x_1^2, \ \forall (x_1, x_2)\in\mathfrak{R}^2$$

因此，点$(x_1, x_2)=(0, 0)$是函数 $f(x_1, x_2)=x_1^2-x_2^2$ 的一个鞍点。

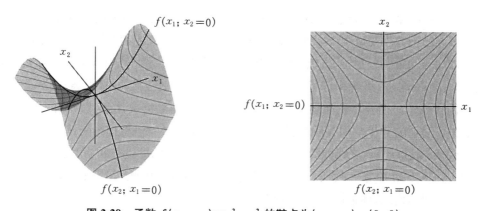

图 2.29 函数 $f(x_1, x_2)=x_1^2-x_2^2$ 的鞍点为 $(x_1, x_2)=(0, 0)$

一旦函数中的变量大于两个，可能的鞍点数量就会迅速增加。不过，一些函数的所有鞍点具有一个基本特征：在鞍点处，给定某些变量的时候，该函数取得局部最大值；给定其余变量的时候，该函数取得局部最小值。

定义 2.16（鞍点）　令$X\subset\mathfrak{R}^n$，$Y\subset\mathfrak{R}^m$，函数 $f:X\times Y\rightarrow\mathfrak{R}$。那么，如果满足

$$f(x; y')\leqslant f(x', y'), \ \forall x\in X, \text{和} f(x', y')\leqslant f(y; x'), \ \forall y\in Y$$

则称点$(x', y')\in X\times Y$为函数 f 在 $X\times Y$ 上的鞍点。

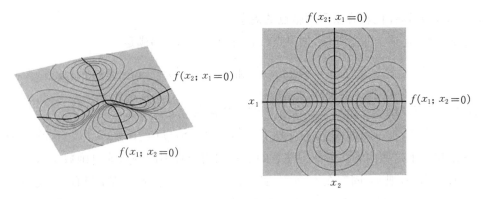

图 2.30 函数 $f(x_1, x_2) = (x^2 - y^2)/e^{x^2 + y^2}$ 有一个鞍点 $(x_1, x_2) = (0, 0)$，
在集合 $[-2, 2] \times [-2, 2]$ 中有两个局部最小值点和两个局部最大值点

　　如果函数是可微的，且鞍点在函数定义域的内部，那么函数在鞍点处的梯度向量必然为零向量，此时，鞍点就是一个临界点。我们已经知道，函数的临界点可能不止一个，一个函数可以有一个或多个鞍点。图 2.30 展示了包含 5 个临界点的函数的图形，其中有 1 个鞍点、2 个局部最大值点和 2 个局部最小值点。如图 2.29 和图 2.30 中的右图所示，有时考察函数的等高线图更容易确定函数的鞍点所在。同心等高线的"中心点"是局部最大值点或局部最小值点，等高线的"隆起点"则为鞍点。

2.20　度量

　　你是否曾频繁测量两点之间距离的频率是多少？你是否曾需要将一块饼干准确地切成两半？你是否曾想知道某个东西距离地面的高度？这些事情的共同之处是距离——你想用刀以均等的距离分割饼干，想知道某物离地面的距离。度量空间（metric space）是点的集合，它的特性是：集合中任意一点与集合中任意其他点之间的距离都是可以度量的。我们自孩童时期开始就在运用这一概念。经济学里始终会用到度量空间，我们在大多数情况下用到的度量空间是我们熟悉的实点集合，根据毕达哥拉斯定理（Pythagoras's Theorem）来测量点与点之间的距离。但是，还有一些其他的度量空间，我们对它们不是很熟悉，但它们对经济学家和其他学习经济学的人却很重要。因此，我们来探讨一下度量函数和度量空间的概念，你很快就会看到它们的实际价值。

　　度量的概念很简单，它是测量点与点之间距离的一个函数。例如，城镇 A 和城镇 B 之间连线的长度（以千米为单位）被称为城镇之间的直线距离。这个距离是正数，而且无论我们从 A 镇到 B 镇还是从 B 镇到 A 镇来测量，它都是一样的。再重复一遍，这个距离是正数，而且无论我们从 A 镇到 B 镇正向测量还是从 B 镇到 A 镇反向测量，这个距离都是一样的。但是，直线距离和城镇之间的"驾驶距离"是不一样的，除非它们之间的道路完全是直线。这个简单的例子也说明合理测量距离的方法往往有不止一种。

　　以上这些例子都是我们熟悉的，但实际上，测量点与点之间距离的这个想法有很多应用场景，比如，我们可以测量颜色之间、声音之间或四边形之间的距离。让我们先来定义一下度量这个词。度量函数通用的符号是 d，即"distance"(距离)的首字母。

定义 2.17(度量)　定义在集合 X 上的度量是一个函数 $d:X\times X\mapsto\Re_+$，它具有以下性质：

(1) 非负性：对于所有 x'，$x''\in X$，有 $d(x',x'')\geqslant 0$。当且仅当 $x'=x''$ 时，$d(x',x'')=0$。

(2) 对称性：对于所有 x'，$x''\in X$，有 $d(x',x'')=d(x'',x')$。

(3) 三角不等式：对于所有 x'，x''，$x'''\in X$，有 $d(x',x''')\leqslant d(x',x'')+d(x'',x''')$。

性质(1)表明，距离不可能是负数，任何点与其自身的距离为零，两个不同点之间的距离严格大于零。性质(2)表明，测量距离时，方向不影响结果，从 x' 到 x'' 的距离与从 x'' 到 x' 的距离是一样的。性质(3)表明，如果 x'' 是除了 x' 和 x''' 之外的任意一点，x' 与 x'' 的距离加上 x'' 与 x''' 的距离不小于 x' 与 x''' 之间的"直接"距离。比如，直接从 A 镇到 B 镇的距离不会比从 A 镇经过 C 镇再到达 B 镇的距离长。

我们先来看看实线 $\Re$ 上两个点之间距离的度量方法。最容易理解当然也是最常用的度量方法是，用定义在 $\Re\times\Re$ 上的欧几里得距离函数 d_E 进行计算：

$$\forall x',x''\in\Re,\ d_E(x',x'')=|x'-x''| \tag{2.39}$$

再来看看实平面 $\Re^2$ 上两个点之间距离的度量方法。最常用的还是欧几里得距离函数 d_E。定义在 $\Re^2\times\Re^2$ 上的欧几里得距离函数为：

$$\forall x',x''\in\Re^2,\ d_E(x',x'')=+\sqrt{(x_1'-x_1'')^2+(x_2'-x_2'')^2} \tag{2.40}$$

这是由毕达哥拉斯发明的著名的距离度量方法。不过，还有一些可以度量 $\Re^2$ 上两个点之间距离的合理方法，其中一种方法所用到的度量函数是：

$$d_0(x',x'')=|x_1'-x_1''|+|x_2'-x_2''| \tag{2.41}$$

另一种方法用到的度量函数是：

$$d_1(x',x'')=\max\{|x_1'-x_1''|,\ |x_2'-x_2''|\} \tag{2.42}$$

式(2.40)、式(2.41)和式(2.42)都可以用来度量 $\Re^n(n\geqslant 1)$ 上两个点之间的距离。当 $n=1$ 时，用这三种度量函数计算出来的值是相同的。

声音之间或颜色之间的距离可以用什么方法来度量呢？很简单，只需要度量声波或光波之间的距离即可。

定义在区间 $[a,b]$ 内的两个连续实值函数之间的距离又该如何度量呢？图 2.31 给出了两种可能的情况。其中一种是上确界度量(sup metric)：

$$d_\infty(f,g)=\sup_{x\in[a,b]}|f(x)-g(x)| \tag{2.43}$$

这是在区间 $[a,b]$ 内两个函数值之差 $|f(x)-g(x)|$ 的最小上界(least upper bound)或上极限，参见图 2.31 中的左纵轴。另外一种用函数 f 与 g 之间的(阴影)区域来度量：

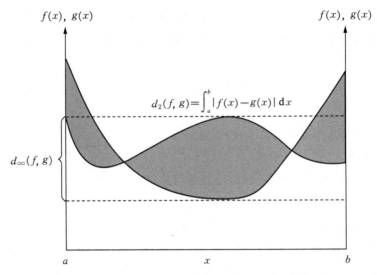

图 2.31　函数 f 和 g 之间距离的两种度量方法

$$d_2(f, g) = \int_a^b |f(x) - g(x)| \, \mathrm{d}x \tag{2.44}$$

当且仅当连续函数 f 和 g 在 $[a, b]$ 完全相同时,这两种距离为零。如果这两个函数是连续但不相同的,那么这两种距离的函数值都是严格大于零的。这两种度量方法都具有对称性且满足三角不等式(你可以试着证明一下,很简单)。

我们将把它们用在两个方面:(1)确定数列是否收敛;(2)确定我们感兴趣的点的邻域(这些邻域被称为球*)。你其实已经多次用过邻域的概念,例如,当你考虑"以点 x 为中心的开区间 $(x-\varepsilon, x+\varepsilon)$"时,其实就在考虑以 x 为球心且以 ε 为半径的球。

由一个集合 X 和一个定义在 $X \times X$ 上的度量函数 d 所构成的组合 (X, d) 被称为度量空间。度量和度量空间的种类都有很多。

经济学家最常用的度量空间是欧几里得度量空间。组合 $(\Re, d_E)$ 是一维欧几里得度量空间,它由实线 $\Re$ 和定义在 $\Re \times \Re$ 上的欧几里得度量函数(2.39)构成,用 $E^1 \equiv (\Re, d_E)$ 表示。组合 $(\Re^2, d_E)$ 是二维欧几里得度量空间,由二维实空间 $\Re^2$ 和定义在 $\Re^2 \times \Re^2$ 上的欧几里得度量函数(2.40)构成,用 $E^2 \equiv (\Re^2, d_E)$ 表示。n 维欧几里得空间是 $E^n \equiv (\Re^n, d_E)$,其中,定义在 $\Re^n \times \Re^n$ 上的欧几里得度量函数为:

$$d_E(x', x'') = +\sqrt{(x'_1 - x''_1)^2 + \cdots + (x'_n - x''_n)^2} \quad \forall x', x'' \in \Re^n$$

2.21　范数

范数是一个函数,通常用符号 $\| \cdot \|$ 表示,我们用它来衡量一个空间中的点与该空间

---

　　*　这里的球不是指三维空间中的立体图形,而是泛指与某一点距离相等的区间、圆或球体等。——译者注

的"原点"之间的距离。实线上的原点是数字 0，由式(2.39)可知，实线上的欧几里得范数为：

$$\|x\|_E = d_E(x, 0) = |x - 0| = |x| \tag{2.45}$$

$\Re^2$ 上的原点是$(0, 0)$，由式(2.40)可知，$\Re^2$ 上的欧几里得范数为：

$$\|x\|_E = d_E(x, 0) = \sqrt{(x_1 - 0)^2 + (x_2 - 0)^2} = \sqrt{x_1^2 + x_2^2} \tag{2.46}$$

定义在$[a, b]$上的所有实值连续函数的空间的原点是$o(x) \equiv 0$，我们可以用式(2.44)来定义在$[a, b]$上的函数 f 到原点函数 o 的距离：

$$\|f\| = d_2(f, o) = \int_a^b |f(x) - o(x)|\, dx = \int_a^b |f(x)|\, dx$$

我希望你清楚，只要给定一个度量空间(X, d)及空间 X 中一个作为原点的元素，我们就可以用度量函数 d 衡量这个空间中的点与原点元素之间的距离，从而得到范数函数 $\|\cdot\|$。组合$(X, \|\cdot\|)$是由集合 X 和定义在 X 上的范数 $\|\cdot\|$ 所构成的，它被称为范数空间。例如，n 维欧几里得范数空间是$(\Re^n, \|\cdot\|_E)$，其中，

$$\|x\|_E = +\sqrt{x_1^2 + \cdots + x_n^2} \quad \forall x \in \Re^n$$

2.22 后续学习安排

我将从第 8 章开始正式介绍有约束的最优化问题的解法，那一章中有一些解释和讨论是以第 6 章和第 7 章的内容为基础的。第 6 章将介绍超平面及如何用超平面来分离某些类型的集合，这部分内容很容易从几何上理解，如果你不想了解详细的讨论和证明，你可以直接跳过这一章。第 7 章将介绍锥和凸锥，它们是简单但非常有用的集合。在有些情况下，我们可以用超平面将一个凸锥与另一个凸锥分离开来，在有些时候则不能。有约束的最优化理论的核心就在于：在什么条件下一个超平面可以把两个锥分离开来。因此，要想看懂第 7 章的内容，你需要先对第 6 章有比较好的理解。大致来讲，在本章结束之后，你有两个合理的学习策略可以选择。第一个策略是在学习第 8 章之前只看第 6 章和第 7 章，不看第 3—5 章的内容。这样的话，你会对有约束的最优化理论的基础知识有够用但不够完整的理解，你在继续学习第 9 章时不会有什么困难，在学习第 10 章的大部分内容(但不是全部)时也不会有困难。这个策略不够完美，但已经可以满足不少读者的要求了。

第二个策略是跳到第 6 章，当你遇到一个你觉得陌生且想了解的概念时，你就可以暂时返回前面的章节查找相应的内容以获取你需要的知识，然后再跳回你之前看的部分继续往下学习。

如果你想详细了解书中的所有内容，那就不用考虑这两种策略了，按顺序继续往下阅读吧。祝你学习愉快！

2.23 习题

习题 2.1

$$A = \begin{pmatrix} 2 & 0 & -2 & 3 \\ -5 & 3 & -1 & 5 \\ 1 & 0 & 7 & -3 \\ 6 & -2 & 3 & 3 \end{pmatrix}$$

(1) 矩阵 A 的行列式是多少?

(2) $S = \left\{ \begin{pmatrix} 2 \\ -5 \\ 1 \\ 6 \end{pmatrix}, \begin{pmatrix} 0 \\ 3 \\ 0 \\ -2 \end{pmatrix}, \begin{pmatrix} -2 \\ -1 \\ 7 \\ 3 \end{pmatrix}, \begin{pmatrix} 3 \\ 5 \\ -3 \\ 3 \end{pmatrix} \right\}$ 是一个线性无关的向量集吗?

(3) 向量 $\begin{pmatrix} 307 \\ -651 \\ 999 \\ -712 \end{pmatrix}$ 能由 S 中的向量的线性组合表示吗?

(4) 有一个方程组:

$$2x_1 - 2x_3 + 3x_4 = b_1$$
$$-5x_1 + 3x_2 - x_3 + 5x_4 = b_2$$
$$x_1 + 7x_3 - 3x_4 = b_3$$
$$6x_1 - 2x_2 + 3x_3 + 3x_4 = b_4$$

当 b_1、b_2、b_3 和 b_4 为任意值时,这个方程组有解吗? 如果有,它有多少个解? 如果你认为没有,请说明理由。

习题 2.2

$$B = \begin{pmatrix} 2 & 0 & -2 \\ -10 & 6 & -17 \\ 6 & -2 & 3 \end{pmatrix}$$

(1) 矩阵 B 的行列式是多少?

(2) $V = \left\{ \begin{pmatrix} 2 \\ -10 \\ 6 \end{pmatrix}, \begin{pmatrix} 0 \\ 6 \\ -2 \end{pmatrix}, \begin{pmatrix} -2 \\ -17 \\ 3 \end{pmatrix} \right\}$ 是一个线性无关的向量集吗?

(3) 由 V 张成的定义在 $\Re^3$ 中的集合 $L(V)$ 是什么?

(4) 方程组

$$2x_1 - 2x_3 = 2 \qquad\qquad 2x_1 - 2x_3 = 2$$
$$-10x_1 + 6x_2 - 17x_3 = 2 \text{ 和 } -10x_1 + 6x_2 - 17x_3 = -2$$
$$6x_1 - 2x_2 + 3x_3 = 2 \qquad\qquad 6x_1 - 2x_2 + 3x_3 = 2$$

有解吗？如果有，它们分别有多少个解？如果你认为没有，请说明理由。

习题 2.3　画出向量 $v^1 = \begin{bmatrix} 4 \\ 1 \end{bmatrix}$ 和 $v^2 = \begin{bmatrix} -4 \\ 3 \end{bmatrix}$ 的图形。然后画出当 $x_1 \geq 0$ 和 $x_2 \geq 0$ 时的向量 $x_1 v^1$ 和 $x_2 v^2$。接着再画出向量 $x_1 v^1 + x_2 v^2$。在你的图形中，哪个区域包含了所有的线性组合 $x_1 v^1 + x_2 v^2$？

用类似的方法找出包含了所有的线性组合 $y_1 v^1 + y_2 v^2$ 的区域，其中，$y_1 \leq 0$，$y_2 \leq 0$。

习题 2.4　回顾第 2.2 节，确保你已经掌握了"向量空间"这个概念的含义。你应该已经知道实空间 $\mathfrak{R}^n$ 是一个向量空间了，那其他的空间呢？

（1）令 $\mathcal{P}$ 为定义在 $\mathfrak{R}$ 上的所有的多项式所构成的空间。举例来说，所有定义在 $\mathfrak{R}$ 上的二次函数和三次函数都属于这个空间。那么，$\mathcal{P}$ 是向量空间吗？

（2）令 $\mathcal{W}$ 为定义在 $\mathfrak{R}$ 上的所有的有界函数所构成的空间，它的界是一个大于零的常数 M。也就是说，只有对于所有 $x \in \mathfrak{R}$ 都有 $-M \leq f(x) \leq M$ 时，函数 $f \in \mathcal{W}$。那么，$\mathcal{W}$ 是向量空间吗？

习题 2.5　有一个定义在 $\mathfrak{R}^n$ 上的仿射函数（affine function）$f: \mathfrak{R}^n \to \mathfrak{R}$，表达式为 $f(x) = a_1 x_1 + \cdots + a_n x_x + b$，其中 $a_1, \cdots, a_n, b \in \mathfrak{R}$。有一个定义在 $\mathfrak{R}^n$ 上的线性函数 $g: \mathfrak{R}^n \to \mathfrak{R}$，表达式为 $g(x) = a_1 x_1 + \cdots + a_n x_x$，其中 $a_1, \cdots, a_n \in \mathfrak{R}$。令 $\mathcal{A}(\mathfrak{R}^n)$ 为定义在 $\mathfrak{R}^n$ 上的包含所有仿射函数的空间，$\mathcal{L}(\mathfrak{R}^n)$ 为定义在 $\mathfrak{R}^n$ 上的包含所有线性函数的空间。

（1）$\mathcal{A}(\mathfrak{R}^n)$ 是向量空间吗？

（2）$\mathcal{L}(\mathfrak{R}^n)$ 是向量空间吗？

（3）考虑一个单元素子集 $S = \{\underline{0}\} \subset (\mathfrak{R}^n)$，$S$ 是向量空间吗？

定义 2.18（子空间）　集合 V' 是向量空间 V 的子空间，当且仅当满足以下两个条件时：

(a) $V' \subseteq V$；

(b) 若 $x, y \in V'$，那么对于所有 $a, b \in \mathfrak{R}$，$ax + by \in V$。

向量空间 V 的子空间通常被称为空间 V 的线性流形（linear manifold）。如果 V' 是 V 的子空间且被严格包含在 V 中，那么 V' 是 V 的本征子空间（proper subspace）。

（4）向量空间 V 是它自己的子空间吗？是它自己的本征子空间吗？

（5）$\mathcal{L}(\mathfrak{R}^n)$ 是 $\mathcal{A}(\mathfrak{R}^n)$ 的本征子空间吗？

习题 2.6　S 是 $\mathfrak{R}^n$ 的本征子空间。S 除了是仅由原点组成的单元素集以外，还有可能是什么类型的集合？

习题 2.7　$X = \{-3, -2, -1, 0, 1, 2, 3\}$，$S_1 = \{1, 2, 3\}$，$S_2 = \{-3, -2, -1\}$，那么，$S_1 + S_2$ 是否为单元素集 $\{\underline{0}\}$？

习题 2.8　$X = \mathfrak{R}^2$，$S_1 = \{(x_1, x_2) \in \mathfrak{R}^2 \mid 1 \leq x_1 \leq 3, x_2 = 6\}$，$S_2 = \{(2, 3), (4, 1)\}$，那么，集合 $S_1 + S_2$ 是什么？

习题 2.9 把图 2.9 中的两个集合相加。结果是什么?

习题 2.10 $X=\Re^2$, $S_1=\{(x_1, x_2)\in\Re^2 \mid x_2=-x_1, -1\leqslant x_1\leqslant 0\}$, $S_2=\{(x_1, x_2)\in\Re^2 \mid x_2=-x_1, 0\leqslant x_1\leqslant 1\}$, 那么, 集合 S_1+S_2 是什么?

习题 2.11 $X=\Re^2$, $S_1=\{(x_1, x_2)\in\Re^2 \mid x_2=-x_1\}$, $S_2=\{(x_1, x_2)\in\Re^2 \mid x_2=x_1\}$, 那么, 集合 S_1+S_2 是什么?

习题 2.12 $S_1=\{(x_1, x_2)\in\Re^2 \mid x_2=-x_1, -1\leqslant x_1\leqslant 0\}$, $S_2=\{x\in\Re \mid 0\leqslant x\leqslant 1\}$, 那么, 集合 $S_1\times S_2$ 和 $S_2\times S_1$ 分别是什么?

习题 2.13 请证明, 如果 S_1 和 S_2 是集合 X 的凸子集, 那么 $S_1\bigcap S_2$ 也是 X 的凸子集。

习题 2.14 请用习题 2.13 中的结论和前向归纳法证明, 当 $k\geqslant 2$ 且为有限值时, 如果 $S_1, \cdots, S_k$ 都是集合 X 的凸子集, 那么 $S_1\bigcap\cdots\bigcap S_k$ 也是集合 X 的凸子集。

习题 2.15 假设 $S_1, \cdots, S_n$ 都是集合 X 的严格凸子集, 根据上题的结果可知, 这些子集的交集一定是 X 的凸集, 但这个交集不一定是严格凸子集。请用两个例子说明。

习题 2.16 令 S_1 和 S_2 为 $\Re^n$ 的凸子集。请证明 S_1+S_2 也是 $\Re^n$ 的凸子集。

习题 2.17 令 $S_1, \cdots, S_k$ 为 $\Re^n$ 的凸子集, $k\geqslant 2$ 且为有限值。请用习题 2.16 的结论和前向归纳法证明 $S_1+\cdots+S_n$ 也是 $\Re^n$ 的凸子集。

习题 2.18 请证明下面的定理。

定理 令 $S_1, \cdots, S_n$ 为集合 X 的有限个凸子集, 那么 $S_1\times\cdots\times S_n$ 是 $X^n=\underbrace{X\times\cdots\times X}_{n\ 次积}$ 的凸子集。

习题 2.19 令 S_1 和 S_2 为 $\Re^n$ 的严格凸子集。请证明 S_1+S_2 也是 $\Re^n$ 的严格凸子集, 并用这个结论证明更一般的结论, 即当 $k\geqslant 2$ 且为有限值时, 如果 $S_1, \cdots, S_k$ 都是集合 X 的严格凸子集, 那么, $S_1+\cdots+S_n$ 也是 $\Re^n$ 的严格凸子集。

习题 2.20 在第 2.6 节中, 我们遇到了两个严格凸集的直积是弱凸集的情况, 这可能会让人觉得两个凸集的直积不可能是严格凸集, 但实际上这是有可能的。请举出一个例子说明两个凸集的直积可能是一个严格凸集。

习题 2.21 考虑一个定义在 $\Re^2$ 上的函数 $f(x_1, x_2)=x_1(1+x_2)$。

(1) f 在点 $(1, 9)$ 处的梯度向量是多少?

(2) $f\equiv 10$ 的等值集是什么?

(3) 考虑在点 $(1, 9)$ 处水平为 $f\equiv 10$ 的等值集, 将 x_1 对 x_2 的边际替代率 MRS(x_1, x_2) 定义为, 在等值集中的点 (x_1, x_2) 处, x_2 的微分与 x_1 的微分之比。那么, 点 $(1, 9)$ 处的边际替代率是多少?

(4) 画出 $f\equiv 10$ 的等值集上点 $(1, 9)$ 处的切线。

(5) 该切线的梯度向量是多少?

(6) 请证明该切线与点 $(1, 9)$ 处的梯度向量是正交的。

习题 2.22 考虑矩阵

$$A = \begin{pmatrix} 4 & 12 \\ -16 & 1 \end{pmatrix}, B = \begin{pmatrix} 7 & -2 \\ -4 & 1 \end{pmatrix}, C = \begin{pmatrix} 0 & a \\ a & 0 \end{pmatrix}, D = \begin{pmatrix} 1 & -a & b \\ a & 1 & -c \\ -b & c & 1 \end{pmatrix}$$

其中,a、b 和 c 是任意实数。

（1）将矩阵 A 的二次型写成 x_1 和 x_2 的二次函数形式,再用"凑平方"的方法判断矩阵 A 的定性。

（2）将矩阵 B 的二次型写成 x_1 和 x_2 的二次函数形式,再用"凑平方"的方法判断矩阵 B 的定性。

（3）矩阵 C 是否具有某种定性?

（4）矩阵 D 是否具有某种定性?

习题 2.23 考虑一个函数 $f:\Re \times \Re \to \Re$,其表达式为

$$f(x, y) = \begin{cases} 0, & x = y \\ 1, & x \neq y \end{cases} \quad x, y \in \Re$$

f 是 $\Re \times \Re$ 上的一个度量函数吗?

习题 2.24 考虑 $X \times X$ 上的度量函数 $d:X \times X \to \Re$。

（1）令函数 $f:X \times X \to \Re$ 的表达式为 $f(x, y) = ad(x, y) + b$,其中,$a, b \in \Re$,且 $a > 0$,那么,f 是 $X \times X$ 上的一个度量函数吗?

（2）令函数 $g:X \times X \to \Re$ 的表达式为 $g(x, y) = d(x, y)^2$,那么,g 是 $X \times X$ 上的一个度量函数吗?

（3）令函数 $h:X \times X \to \Re$ 的表达式为 $h(x, y) = +\sqrt{d(x, y)}$,那么 h 是 $X \times X$ 上的一个度量函数吗?

习题 2.25 考虑定义在 $[0, 1]^2$ 上的函数 $f(x_1, x_2) = 2 + x_1 - x_2$。该函数有鞍点吗? 如果有,此鞍点是临界点吗?

习题 2.26 考虑定义在 $\Re^2$ 的函数 $f(x_1, x_2) = (x_1^2 - x_2^2)e^{-(x_1^2 + x_2^2)}$。用受限函数 $f(x_1; x_2)$ 和 $f(x_2; x_1)$ 证明点 $(x_1, x_2) = (0, 0)$ 是 f 的鞍点,并判断该点是否为 f 的临界点。

习题 2.27 令 $f(x_1, x_2) = x_1^3 - x_1^2 x_2 + x_2^3$。在点 $(x_1, x_2) = (2, 1)$ 处构造二阶泰勒展开式 $Q(2 + \Delta x_1, 1 + \Delta x_2)$ 来近似函数 f,然后计算在点 $(x_1, x_2) = (2, 1)$、$(x_1, x_2) = (2.1, 1.1)$、$(x_1, x_2) = (1.9, 0.9)$、$(x_1, x_2) = (2.5, 1.5)$、$(x_1, x_2) = (3, 2)$ 和 $(x_1, x_2) = (1, 3)$ 处的函数 f 和二次函数的值,以此了解 f 与此二次函数的近似程度。

2.24　答案

答案 2.1

（1）按矩阵 A 的第二列来展开,计算过程是最简单的:

$$\det(A) = (-1)^{2+2}(3)M_{22} + (-1)^{4+2}(-2)M_{42} = 3M_{22} - 2M_{42}$$

$$M_{22} = \det \begin{bmatrix} 2 & -2 & 3 \\ 1 & 7 & -3 \\ 6 & 3 & 3 \end{bmatrix}$$

$$= (-1)^{1+1}(2)\det \begin{bmatrix} 7 & -3 \\ 3 & 3 \end{bmatrix} + (-1)^{2+1}(1)\det \begin{bmatrix} -2 & 3 \\ 3 & 3 \end{bmatrix} + (-1)^{3+1}(6)\det \begin{bmatrix} -2 & 3 \\ 7 & -3 \end{bmatrix}$$

$$= 2(21+9) - (-6-9) + 6(6-21) = -15$$

$$M_{42} = \det \begin{bmatrix} 2 & -2 & 3 \\ -5 & -1 & 5 \\ 1 & 7 & -3 \end{bmatrix}$$

$$= (-1)^{1+1}(2)\det \begin{bmatrix} -1 & 5 \\ 7 & -3 \end{bmatrix} + (-1)^{2+1}(-5)\det \begin{bmatrix} -2 & 3 \\ 7 & -3 \end{bmatrix} + (-1)^{3+1}(1)\det \begin{bmatrix} -2 & 3 \\ -1 & 5 \end{bmatrix}$$

$$= 2(3-35) + 5(6-21) + (-10+3) = -146$$

因此，

$$\det(A) = 3 \times (-15) - 2 \times (-146) = 247$$

(2) 是的。只有当 S 是线性无关向量集时，$\det(A) \neq 0$。

(3) 是的。S 是由 4 个四维线性无关向量构成的集合，因此 S 是整个 $\Re^4$ 的基。也就是说，$\Re^4$ 中的所有向量都可以表示为 S 中向量的线性组合。

(4) 我们已经知道，方程组是否有解等价于向量 $\begin{bmatrix} b_1 \\ b_2 \\ b_3 \\ b_4 \end{bmatrix}$ 是否可以由 S 中的向量的线性组合表示，所以这个方程组至少有一个解。又因为矩阵 A 的秩为 4(满秩)，所以该方程组有唯一解。 □

答案 2.2

(1) 按矩阵 B 的第一行来展开，计算量最小：

$$\det(B) = (-1)^{1+1}(2)M_{11} + (-1)^{1+3}(-2)M_{13} = 2M_{11} - 2M_{13}$$

$$= 2\det \begin{bmatrix} 6 & -17 \\ -2 & 3 \end{bmatrix} - 2\det \begin{bmatrix} -10 & 6 \\ 6 & -2 \end{bmatrix} = 2(18-34) - 2(20-36) = 0$$

(2) 不是。只有当 V 是线性相关的向量集时 $\det(B)$ 才等于 0。比如，$-\begin{bmatrix} 2 \\ -10 \\ 6 \end{bmatrix} - \frac{9}{2}\begin{bmatrix} 0 \\ 6 \\ -2 \end{bmatrix} = \begin{bmatrix} -2 \\ -17 \\ 3 \end{bmatrix}$。

(3) V 是由 3 个三维线性相关的向量所构成的集合，因此 V 不是 $\Re^3$ 的基。$L(V)$ 中的

任意一个向量 $\begin{bmatrix} b_1 \\ b_2 \\ b_3 \end{bmatrix}$ 都能被表示为 V 中其他两个向量的线性组合。考虑向量 $\begin{bmatrix} 2 \\ -10 \\ 6 \end{bmatrix}$ 和

$\begin{bmatrix} 0 \\ 6 \\ -2 \end{bmatrix}$ 的所有线性组合。因此,当且仅当存在权数 x_1 和 x_2 使

$$x_1 \begin{bmatrix} 2 \\ -10 \\ 6 \end{bmatrix} + x_2 \begin{bmatrix} 0 \\ 6 \\ -2 \end{bmatrix} = \begin{bmatrix} 2x_1 \\ -10x_1+6x_2 \\ 6x_1-2x_2 \end{bmatrix} = \begin{bmatrix} b_1 \\ b_2 \\ b_3 \end{bmatrix}$$

成立时,向量 $\begin{bmatrix} b_1 \\ b_2 \\ b_3 \end{bmatrix}$ 才被包含在 $L(V)$ 中。

这要求:

$$x_1 = \frac{b_1}{2}, \quad -10x_1+6x_2 = -5b_1+6x_2 = b_2 \Rightarrow x_2 = \frac{1}{6}(5b_1+b_2)$$

$$6x_1-2x_2 = 3b_1 - \frac{1}{3}(5b_1+b_2) = \frac{1}{3}(4b_1-b_2) = b_3$$

因此,能被 $\begin{bmatrix} 2 \\ -10 \\ 6 \end{bmatrix}$ 和 $\begin{bmatrix} 0 \\ 6 \\ -2 \end{bmatrix}$ 的线性组合所表示的、包含在 $L(V)$ 中的向量 $\begin{bmatrix} b_1 \\ b_2 \\ b_3 \end{bmatrix}$ 的元素 b_1、b_2 和

b_3 要满足以下条件:$4b_1-b_2-3b_3=0$。$4b_1-b_2-3b_3=0$ 是 $\Re^3$ 上的一个平面。例如,$\begin{bmatrix} 2 \\ 2 \\ 2 \end{bmatrix} \in$

$L(V)$,$\begin{bmatrix} 2 \\ -2 \\ 2 \end{bmatrix} \notin L(V)$。

(4) 当且仅当向量 $\begin{bmatrix} 2 \\ 2 \\ 2 \end{bmatrix}$ 可以由向量 $\begin{bmatrix} 2 \\ -10 \\ 6 \end{bmatrix}$ 和 $\begin{bmatrix} 0 \\ 6 \\ -2 \end{bmatrix}$ 的线性组合表示时,方程组

$$2x_1-2x_3=2$$
$$-10x_1+6x_2-17x_3=2$$
$$6x_1-2x_2+3x_3=2$$

有解。我们在本题第(3)问中证明了这一点。因此,此方程组至少有一个解。因为由本题第(1)问可知,矩阵 B 不是满秩矩阵,$r(B)=2<3$,所以此方程组有无穷个解。完整解集为 $\{(x_1, x_2, x_3) \mid x_1=1+x_3, x_2=2+9x_3/2, -\infty<x_3<\infty\}$。

当且仅当向量 $\begin{bmatrix} 2 \\ -2 \\ 2 \end{bmatrix}$ 可以由向量 $\begin{bmatrix} 2 \\ -10 \\ 6 \end{bmatrix}$ 和 $\begin{bmatrix} 0 \\ 6 \\ -2 \end{bmatrix}$ 的线性组合表示时，方程组

$$2x_1 - 2x_3 = 2$$
$$-10x_1 + 6x_2 - 17x_3 = -2$$
$$6x_1 - 2x_2 + 3x_3 = 2$$

有解。由本题第(3)问可知此条件无法满足,方程组无解。 □

答案 2.3 图 2.32 展示了向量 $v^1 = \begin{bmatrix} 4 \\ 1 \end{bmatrix}$ 和 $v^2 = \begin{bmatrix} -4 \\ 3 \end{bmatrix}$,从原点出发的两条细虚线(射线)分别包含了 v^1 与非负数 x_1 的乘积 $x_1 v^1$ 及 v^2 与非负数 x_2 的乘积 $x_2 v^2$。当 $x_1 \geq 0$ 且 $x_2 \geq 0$ 时,向量 $x_1 v^1$ 和 $x_2 v^2$ 的和必然位于图 2.32 中的上方区域内,该区域的边界由 v^1 所在的射线与 v^2 所在的射线组成。如果 $x_1 = x_2 = 0$,那么 $x_1 v^1 + x_2 v^2$ 为零向量 $\begin{bmatrix} 0 \\ 0 \end{bmatrix}$;如果 $x_1 = 0$, $x_2 > 0$,那么 $x_1 v^1 + x_2 v^2 = x_2 v^2$,该向量在 v^2 所在的射线上;如果 $x_1 > 0$, $x_2 = 0$,那么 $x_1 v^1 + x_2 v^2 = x_1 v^1$,该向量在 v^1 所在的射线上;如果 $x_1 > 0$, $x_2 > 0$,那么 $x_1 v^1 + x_2 v^2$ 严格位于由 v^1 和 v^2 所在的射线构成的区域内部。因此,图 2.32 上方的阴影区域(含边界)包含了所有等于 $x_1 v^1 + x_2 v^2$ 的向量,其中,$x_1 \geq 0$, $x_2 \geq 0$。

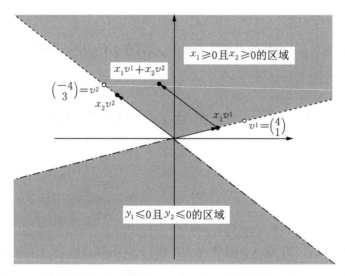

图 2.32 上方区域包含了所有等于 $x_1 v^1 + x_2 v^2$ 的向量($x_1 \geq 0$, $x_2 \geq 0$),下方区域包含了所有等于 $y_1 v^1 + y_2 v^2$ 的向量($y_1 \geq 0$, $y_2 \geq 0$)

图的下半部分中从原点出发的两条细点画线分别表示的是包含了 v^1 与非正数 y_1 的乘积 $y_1 v^1$ 及 v^2 与非正数 y_2 的乘积 $y_2 v^2$。图 2.32 下方的阴影区域(含边界)包含了所有等于 $y_1 v^1 + y_2 v^2$ 的向量,其中,$y_1 \leq 0$, $y_2 \leq 0$。 □

答案 2.4

(1) $\mathcal{P}$ 是向量空间。定义在 $\mathfrak{R}$ 上的多项式之和还是定义在 $\mathfrak{R}$ 上的多项式,定义在 $\mathfrak{R}$

上的多项式的数乘还是定义在 $\Re$ 上的多项式,而且很容易看出 $\mathcal{P}$ 满足定义 2.1 的性质(1)、(2)、(3)和(6)。零多项式 $o(x)\equiv 0$ 是属于 $\mathcal{P}$ 的,因为对所有 $g\in\mathcal{P}$, $g(x)+o(x)=g(x)+0=g(x)$ 都成立,所以 $\mathcal{P}$ 满足也定义 2.1 的性质 4。如果 $g\in\mathcal{P}$,则 $-g\in\mathcal{P}$(也就是说,$\Re$ 上多项式的负数是 $\Re$ 上的多项式),$g(x)+(-g(x))=o(x)\equiv 0$,可以得知 $\mathcal{P}$ 也满足定义 2.1 的性质 5。

(2) $\mathcal{W}$ 不是向量空间。考虑函数 $f,g\in\mathcal{W}$,对任意 $x\in\Re$, $f(x)\equiv 3M/4$, $g(x)\equiv M/2$。那么,$f(x)+g(x)\equiv 5M/4\notin\mathcal{W}$, $\mathcal{W}$ 不满足可加性:对任意 $a,b\in\Re$,有 $af(x)+bg(x)\in\mathcal{W}$。同样,$2f(x)\equiv 3M/2\notin\mathcal{W}$, $\mathcal{W}$ 也不满足数乘的性质:对任意 $a\in\Re$,有 $af(x)\in\mathcal{W}$。 □

答案 2.5

(1) 考虑任意 $f,g\in\mathcal{A}(\Re^n)$。令 $f(x_1,\cdots,x_n)=a_1x_1+\cdots+a_nx_n+b$, $g(x_1,\cdots,x_n)=a_1'x_1+\cdots+a_n'x_n+b'$,其中,标量 $a_1,\cdots,a_n,b\in\Re$,标量 $a_1',\cdots,a_n',b'\in\Re$。

对任意 $\alpha,\beta\in\Re$,函数 $h=\alpha f+\beta g$ 为:

$$h(x_1,\cdots,x_n)=(\alpha a_1+\beta a_1')x_1+\cdots+(\alpha a_n+\beta a_n')x_n+\alpha b+\beta b'$$
$$=a_1''x_1+\cdots+a_n''x_n+b''$$

其中,$a_i''=\alpha a_i+\beta a_i'(i=1,\cdots,n)$, $b''=\alpha b+\beta b'$。因此,$\alpha f+\beta g\in\mathcal{A}(\Re^n)$。

$f\in\mathcal{A}(\Re^n)$ 意味着 $-f\in\mathcal{A}(\Re^n)$, $(-f)(x_1,\cdots,x_n)=(-a_1)x_1+\cdots+(-a_n)x_n+(-b)$。

$\mathcal{A}(\Re^n)$ 中的零元素为函数 $o(x_1,\cdots,x_n)=0\times x_1+\cdots+0\times x_n+0$。

对所有 $\alpha\in\Re$,函数 $h=\alpha f$ 为:

$$h(x_1,\cdots,x_n)=\alpha a_1x_1+\cdots+\alpha a_nx_n+\alpha b=a_1''x_1+\cdots+a_n''x_n+b''$$

其中,$a_i''=\alpha a_i(i=1,\cdots,n)$, $b''=\alpha b$。因此,$\alpha f\in\mathcal{A}(\Re^n)$。

(2) $\mathcal{L}(\Re^n)$ 是一个向量空间,方法与本题第(1)问相同。

(3) 是的。它被称为平凡向量空间(trivial vector space)。 □

答案 2.6 S 是 $\Re^n$ 上包含原点的任意(超)平面:

$$S=\{\mathrm{x}\in\Re^n\mid p\cdot x=0\}$$

当 p 是 $\Re^n$ 上的任意一个向量时,S 是 $\Re^n$ 的一个本征子空间,且 $p\neq\underline{0}$, $\|p\|_E<\infty$。为什么? 首先,$S\subset\Re^n$[定义 2.18 中的条件(a)]。其次,对任意的 $x',x''\in S$, $p\cdot x'=0$, $p\cdot x''=0$。对所有的 $a,b\in\Re$,都有 $p\cdot ax'=ap\cdot x'=0$, $p\cdot bx''=bp\cdot x''=0$。因此, $p\cdot(ax'+bx'')=0$,可推出 $ax'+bx''\in S$[定义 2.18 中的条件(b)]。 □

答案 2.7 否。$S_1+S_2=\{-2,-1,0,1,2\}$。 □

答案 2.8 如图 2.33 所示。

$$S_1+S_2=\{\{(2,3)\}+S_1\}\bigcup\{\{(4,1)\}+S_1\}$$
$$=\{(x_1,x_2)\mid 3\leqslant x_1\leqslant 5, x_2=9\}\bigcup\{(x_1,x_2)\mid 5\leqslant x_1\leqslant 7, x_2=7\}$$ □

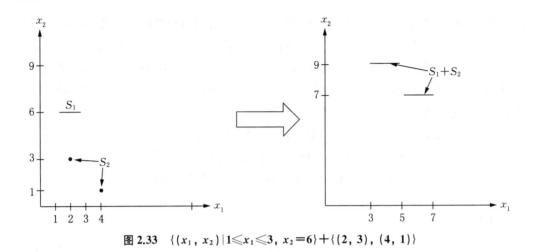

图 2.33 $\{(x_1, x_2) | 1 \leqslant x_1 \leqslant 3, x_2 = 6\} + \{(2, 3), (4, 1)\}$

答案 2.9 如图 2.34 所示。

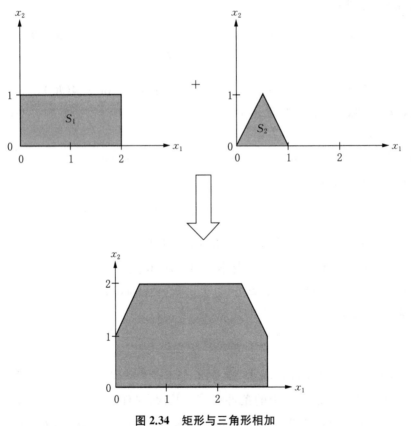

图 2.34 矩形与三角形相加

答案 2.10 $S_1 + S_2 = \{(x_1, x_2) | x_2 = -x_1, -1 \leqslant x_1 \leqslant 1\}$。

答案 2.11 $S_1 + S_2 = \mathfrak{R}^2$。

答案 2.12

$$S_1 \times S_2 = \{(x_1, x_2, x_3) \in \mathfrak{R}^3 | x_2 = -x_1, -1 \leqslant x_1 \leqslant 0, 0 \leqslant x_3 \leqslant 1\}$$

$$S_2 \times S_1 = \{(x_1, x_2, x_3) \in \mathfrak{R}^3 | 0 \leqslant x_1 \leqslant 1, x_3 = -x_2, -1 \leqslant x_2 \leqslant 0\}$$

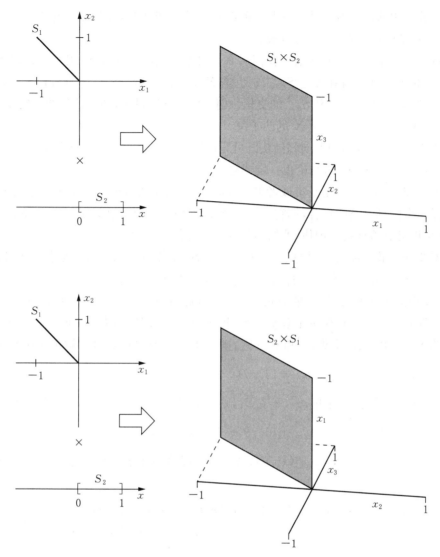

图 2.35 习题 2.12 中的直积 $S_1 \times S_2$ 和 $S_2 \times S_1$

图形见图 2.35（分别对应上半部分和下半部分）。 □

答案 2.13 有三种可能性。第一，$S_1 \bigcap S_2$ 是空集，则由定义 2.5 可知该命题是正确的。第二，$S_1 \bigcap S_2$ 是单元素集，在这种情况下该命题也是正确的。第三种可能性是 $S_1 \bigcap S_2$ 包含至少两个元素，下文证明在这种情况下该命题是正确的。

我们先从 $S_1 \bigcap S_2$ 中任意挑选两个元素 x' 和 x''，现在要证明的是，对任意 $\theta \in [0, 1]$，凸组合 $\theta x' + (1-\theta)x'' \in S_1 \bigcap S_2$。

由于 x' 和 x'' 属于 S_1 和 S_2 的交集，所以它们既属于 S_1 又属于 S_2。因为 S_1 是凸集，所以对所有 $\theta \in [0, 1]$，$\theta x' + (1-\theta)x'' \in S_1$。同样，$S_2$ 也是凸集，对所有 $\theta \in [0, 1]$，$\theta x' + (1-\theta)x'' \in S_2$。因为对所有 $\theta \in [0, 1]$，$\theta x' + (1-\theta)x''$ 既属于 S_1 又属于 S_2，所以它属于交集 $S_1 \bigcap S_2$。得证。 □

答案 2.14 习题 2.13 中的命题证明了 $k=2$ 时结论是成立的。

下面我们用前向归纳法进行证明。前向归纳法的步骤是,先假设结论对一些 k 值是成立的,然后证明结论在 $k+1$ 时也成立。

选择一个大于等于 2 的 k 值。我们从 X 上的凸子集 S_1,…,S_k 开始。假设 $S_1 \bigcap \cdots \bigcap S_k$ 是 X 的凸子集。现在加上 S_{k+1},它也是 X 上的凸子集。$S_1 \bigcap \cdots \bigcap S_k \bigcap S_{k+1}$ 是 X 上的两个凸子集 $S_1 \bigcap \cdots \bigcap S_k$ 和 S_{k+1} 的交集。前文已经证明过了,两个凸集的交集是一个凸集,所以 $S_1 \bigcap \cdots \bigcap S_k \bigcap S_{k+1}$ 是 X 的凸子集。

接下来从 $k=2$ 开始用前向归纳法既可完成证明。因为我们已经证明了 $k=2$ 时结论成立,所以,$k=3$,4……时,结论也一定成立。 □

答案 2.15 如果交集是空集或者单元素集,那么它是 X 的凸子集,但只是弱凸集。如果交集是一个内部非空的集合,那它一定是 X 的严格凸子集。这只是习题 2.13 的一个小扩展,你可以尝试着证明。记住,严格凸集内部一定是非空的。 □

答案 2.16 我们需要证明的是,从子集 $S_1 + S_2$ 中任意的选择两个元素的凸组合是被包含在 $S_1 + S_2$ 内的。先任意选择两个元素 x',$x'' \in S_1 + S_2$。集合 $S_1 + S_2$ 中的所有元素都是 S_1 中某个元素与 S_2 中某个元素的和。因此,存在元素 $y' \in S_1$ 和 $z' \in S_2$,它们的和为 x'(即 $x' = y' + z'$);存在元素 $y'' \in S_1$ 和 $z'' \in S_2$,它们的和为 x''(即 $x'' = y'' + z''$)。

因为 S_1 是 $\mathfrak{R}^n$ 的凸子集,y' 和 $y'' \in S_1$,则 y' 和 y'' 的任意凸组合都被包含在 S_1 中,即

$$\theta y' + (1-\theta) y'' \in S_1, \quad 0 \leqslant \theta \leqslant 1$$

同样,因为 S_2 是 $\mathfrak{R}^n$ 的凸子集,z',$z'' \in S_1$,则 z' 和 z'' 的任意凸组合都被包含在 S_2 中,即

$$\theta z' + (1-\theta) z'' \in S_2, \quad 0 \leqslant \theta \leqslant 1$$

因为 $\theta y' + (1-\theta) y'' \in S_1$,$\theta z' + (1-\theta) z'' \in S_2$,所以这些元素的和一定是 $S_1 + S_2$ 中的元素,即

$$\theta y' + (1-\theta) y'' + \theta z' + (1-\theta) z'' = \theta(y' + z') + (1-\theta)(y'' + z'')$$
$$= \theta x' + (1-\theta) x'' \in S_1 + S_2$$

得证。 □

答案 2.17 习题 2.16 中的命题证明了当 $k=2$ 时结论是成立的。

当 $k \geqslant 2$ 时,如果 S_1,…,S_k 是 $\mathfrak{R}^n$ 的凸子集,那么 $S_1 + \cdots + S_k$ 也是 $\mathfrak{R}^n$ 的凸子集。现在加上同为 $\mathfrak{R}^n$ 的凸子集的 S_{k+1},于是我们得到了两个凸集,即 $S_1 + \cdots + S_k$ 和 S_{k+1}。前面已经证明过了,两个凸集的和仍为凸集,所以 $S_1 + \cdots + S_k + S_{k+1}$ 是 $\mathfrak{R}^n$ 的凸子集。接下来,从 $k=2$ 开始用前向归纳法即可完成证明。 □

答案 2.18 令 $S = S_1 \times \cdots \times S_n$。选择任意两个元素 x_0',$x_0'' \in S$,那么存在元素 x_i',$x_i'' \in S_i (i=1, \cdots, n)$,使得 $x_0' = (x_1', \cdots, x_n')$,$x_0'' = (x_1'', \cdots, x_n'')$。因为每个 S_i 都是 X 的凸子集,所以对任意 $\theta \in [0, 1]$,元素 $\theta x_i' + (1-\theta) x_i'' \in S_i$。故 $(\theta x_1' + (1-\theta) x_1'', \cdots, \theta x_n' + (1-\theta) x_n'') \in S_1 \times \cdots \times S_n$,也就是说,$\theta x_0' + (1-\theta) x_0'' \in S$,所以 S 是 $\times_{i=1}^n X = X^n$ 的凸子集。 □

答案 2.19 因为 S_1 和 S_2 都是严格的凸集,所以它们的内部一定是非空的(见定理 2.6)。因为 S_1 内部的一个点和 S_2 内部的一个点之和必定是 $S_1 + S_2$ 内部的一个点,所以集合

$S_1 + S_2$ 的内部也是非空的。

我们的目的是从 $S_1 + S_2$ 的内部任意选择两个点 x' 和 x'' ($x' \neq x''$)，然后证明 x' 和 x'' 的严格凸组合 $\theta x' + (1-\theta)x''$ 完全位于 $S_1 + S_2$ 的内部，其中 $0 < \theta < 1$ (注意：$\theta \neq 0$ 且 $\theta \neq 1$)。

现在我们已经从 $S_1 + S_2$ 的内部任意选择了两个不同点 x' 和 x''，这两个点是来自 S_1 和 S_2 的元素对之和。也就是说，S_1 中存在点 y' 和 y''，S_2 中存在点 z' 和 z''，使 $x' = y' + z'$，$x'' = y'' + z''$。S_1 是严格凸集，故所有严格凸组合 $\theta y' + (1-\theta)y''$ ($0 < \theta < 1$) 都被包含在 S_1 的内部；同理，S_2 是严格凸集，故所有严格凸组合 $\theta z' + (1-\theta)z''$ ($0 < \theta < 1$) 都被包含在 S_2 的内部。把这两个点相加得到的点一定位于 $S_1 + S_2$ 的内部。也就是说，对 $0 < \theta < 1$，

$$\theta y' + (1-\theta)y'' + \theta z' + (1-\theta)z'' = \theta(y' + z') + (1-\theta)(y'' + z'')$$
$$= \theta x' + (1-\theta)x''$$

是 $S_1 + S_2$ 内部的一个点，故两个集合相加时结论是成立的。

现在考虑 k 个严格凸子集的和 $S_1 + \cdots + S_k$ ($k \geqslant 2$)。假设这个和是严格凸子集。现在有另外一个严格凸子集 S_{k+1}，故 $S_1 + \cdots + S_k + S_{k+1}$ 是两个严格凸子集的和。由于我们已经证明了严格凸集的和一定是严格凸集，所以可以肯定 $S_1 + \cdots + S_k + S_{k+1}$ 是严格凸集。接下来，从 $k = 2$ 开始用数学归纳法即可完成证明。　□

答案 2.20　考虑集合 $S_1 \subset \Re^2$ 和 $S_2 \subset \Re^1$：$S_1 = \{(x_1, x_2) \mid x_1^2 + x_2^2 \leqslant r^2\}$，$S_2 = \{r \mid r \geqslant 0\}$。如果 $r = 0$，那么 S_1 为单元素集 $\{(0, 0)\}$，是 $\Re^2$ 的弱凸子集。如果 $r > 0$，那么 S_1 为 $\Re^2$ 的严格凸子集。S_2 为 $\Re^1$ 的严格凸子集。图 2.36 的左侧展示了 S_1 和 S_2 的图形。这两个凸集的直积 $S_1 \times S_2$ 为 $S_1 \times S_2 = \{(x_1, x_2, r) \in \Re^3 \mid x_1^2 + x_2^2 \leqslant r^2, r \geqslant 0\}$。如图 2.36 右侧所示，这个 $\Re^3$ 的严格凸子集是抛物面所围成的实心锥体，且对所有 $r \geqslant 0$ 都连续。　□

答案 2.21　如图 2.37 所示。

（1）梯度向量函数为：

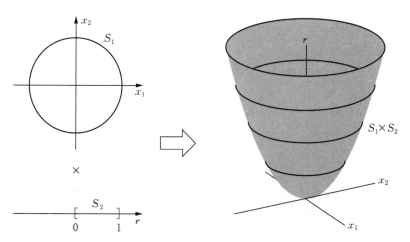

图 2.36　严格凸集的直积是严格凸集

$$\nabla f(x_1, x_2) = (1 + x_2, x_1)$$

梯度向量在点$(1, 9)$处的值为$\nabla f(1, 9) = (10, 1)$。

(2) $f \equiv 10$ 的等值集为集合$S = \{(x_1, x_2) \in \mathfrak{R}^2 \mid x_1(1 + x_2) = 10\}$。

(3) f 的全微分为：

$$df = \frac{\partial f(x_1, x_2)}{\partial x_1} \times dx_1 + \frac{\partial f(x_1, x_2)}{\partial x_2} \times dx_2$$

当微小变动 dx_1 和 dx_2 被约束在等值集 $f \equiv 10$ 上时，$df = 0$。等值集 $f \equiv 10$ 上任意一点 (x_1, x_2)处的边际替代率为：

$$\mathrm{MRS}(x_1, x_2) = \frac{dx_2}{dx_1}\bigg|_{f \equiv 10} = -\frac{\partial f(x_1, x_2)/\partial x_1}{\partial f(x_1, x_2)/\partial x_2}\bigg|_{f \equiv 10} = -\frac{1 + x_2}{x_1}\bigg|_{f \equiv 10}$$

边际替代率在$(1, 9)$处的值为 $\mathrm{MRS}(1, 9) = -10$。

(4) 因为切线是一条斜率为-10的直线，所以该切线的方程为 $x_2 = -10x_1 + b$，其中 b 为截距。因为点$(1, 9)$在这条切线上，所以 $9 = -10 + b \Rightarrow b = 19$。切线的方程为：

$$x_2 = -10x_1 + 19 \text{ 或 } g(x_1, x_2) = 10x_1 + x_2 \equiv 19$$

(5) $\nabla g(x_1, x_2) = (10, 1)$。

(6) 根据本题第(1)问，$f \equiv 10$ 的等值集上点$(1, 9)$处的梯度向量的值为$\nabla f(1, 9) = (10, 1)$，这与切线的梯度向量$\nabla g(x_1, x_2) = (10, 1)$相同。因为这两个向量是共线的，所以该切线与 $f \equiv 10$ 的等值集上点$(1, 9)$处的梯度向量是正交的。 □

答案 2.22

(1) 矩阵 A 的二次型为：

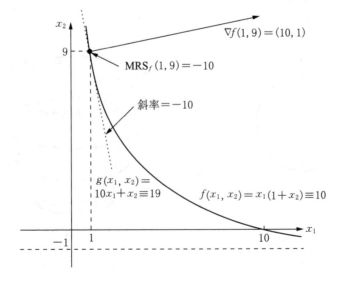

图2.37 习题2.21的图形

$$Q_A(x_1, x_2) = (x_1, x_2) \begin{bmatrix} 4 & 12 \\ -16 & 1 \end{bmatrix} \begin{bmatrix} x_1 \\ x_2 \end{bmatrix} = 4x_1^2 - 4x_1 x_2 + x_2^2 = (2x_1 - x_2)^2 \geqslant 0$$

因此，A 是一个半正定矩阵。

（2）矩阵 B 的二次型为：

$$Q_B(x_1, x_2) = (x_1, x_2) \begin{bmatrix} 7 & -2 \\ -4 & 1 \end{bmatrix} \begin{bmatrix} x_1 \\ x_2 \end{bmatrix} = 7x_1^2 - 6x_1 x_2 + x_2^2 = -2x_1^2 + (3x_1 - x_2)^2$$

因为这个二次函数既能取正值，又能取负值，所以 B 是一个不定矩阵。

（3）矩阵 C 的二次型为：

$$Q_C(x_1, x_2) = (x_1, x_2) \begin{bmatrix} 0 & a \\ a & 0 \end{bmatrix} \begin{bmatrix} x_1 \\ x_2 \end{bmatrix} = 2a x_1 x_2$$

如果 $a = 0$，那么这个二次函数恒等于 0，C 既是半正定矩阵，又是半负定矩阵。如果 $a \neq 0$，那么这个二次函数既能取正值，又能取负值，此时 C 是一个不定矩阵。

（4）矩阵 D 的二次型与单位矩阵的二次型相同，即

$$Q_D(x_1, x_2) = (x_1, x_2, x_3) \begin{bmatrix} 1 & -a & b \\ a & 1 & -c \\ -b & c & 1 \end{bmatrix} \begin{bmatrix} x_1 \\ x_2 \\ x_3 \end{bmatrix} = (x_1, x_2, x_3) \begin{bmatrix} 1 & 0 & 0 \\ 0 & 1 & 0 \\ 0 & 0 & 1 \end{bmatrix} \begin{bmatrix} x_1 \\ x_2 \\ x_3 \end{bmatrix}$$

$$= x_1^2 + x_2^2 + x_3^2 > 0 \quad \forall (x_1, x_2, x_3) \neq (0, 0, 0)$$

对任意 $a, b, c \in \Re$，D 都是正定矩阵。　　　　　　　　　　　　　　　　□

答案 2.23　请花点时间回顾一下矩阵的定性（见定义 2.17）。

f 具有非负性。当且仅当 $x = y$ 时，$f(x, y) = 0$；在其他情况下，$f(x, y) = 1 > 0$。

f 也具有对称性。对所有 $x, y \in \Re$，当 $x \neq y$ 时，$f(x, y) = 1 = f(y, x)$。

取任意 $x, y, z \in \Re$。如果 $x = y = z$，那么，$f(x, z) = 0 = 0 + 0 = f(x, y) + f(y, z)$。如果 $x = y \neq z$，那么，$f(x, z) = 0 + f(y, z) = f(x, y) + f(y, z)$。如果 $x \neq y \neq z$，那么，$f(x, z) = 1 < f(x, y) + f(y, z) = 2$。可见，$f$ 也满足三角不等式。因此，f 是 $\Re^2$ 上的一个度量。　　　　　　　　　　　　　　　　　　　　　　　　　　　　□

答案 2.24

（1）只有当 $f(x, x) = ad(x, x) + b = b = 0$ 对所有 $x \in X$ 都成立时，函数 f 是一个度量。现在我们只考虑 $f(x', x'') = ad(x', x'')$，其中，$x', x'' \in X$。很明显 f 满足度量的非负性（因为 $a > 0$），也满足对称性。那么，f 是否满足三角不等式呢？取任意 x'，x''，$x''' \in X$，因为 d 是一个度量，所以有 $d(x', x''') \leqslant d(x', x'') + d(x'', x''')$。于是，

$$f(x', x''') = ad(x', x''') \leqslant a(d(x', x'') + d(x'', x''')) = f(x', x'') + f(x'', x''')$$

因此，如果 $b = 0$，那么 f 是一个度量。

（2）g 不是一个度量。例如，令 d 为实线上的欧几里得度量，$d(1, 5) = 4 = 1 + 3 = d(1, 2) + d(2, 5)$（因此满足三角不等式），但 $g(1, 5) = d(1, 5)^2 = 16 \nleqslant g(1, 2) + g(2, 5) = d(1, 2)^2 + d(2, 5)^2 = 1^2 + 3^2 = 10$。一般地，取 $x' < x'' < x''' \in \Re$，于是，

$$g(x',x''')=(x'-x''')^2=(x'-x''+x''-x''')^2$$
$$=(x'-x'')^2+2(x'-x'')(x''-x''')+(x''-x''')^2$$
$$\lessgtr(x'-x'')^2+(x''-x''')^2$$
$$=g(x',x'')+g(x'',x''')$$

(3) h 是一个度量。首先,对所有 $x\in\Re$, $h(x,x)=+\sqrt{d(x,x)}=+\sqrt{0}=0$。其次,对所有 $x',x''\in\Re$,当 $x'\neq x''$ 时,因为 $d(x',x'')>0$,所以 $h(x',x'')=+\sqrt{d(x',x'')}>0$。又因为 d 具有对称性,所以 h 也具有对称性:

$$h(x',x'')=+\sqrt{d(x',x'')}=+\sqrt{d(x'',x')}=h(x'',x')$$

接下来就是要证明,对所有 $x',x'',x'''\in\Re$,有 $h(x',x''')\leqslant h(x',x'')+h(x'',x''')$。

$$h(x',x''')=+\sqrt{d(x',x''')}\leqslant+\sqrt{d(x',x'')+d(x'',x''')}\ (因为 d 是一个度量)$$
$$\leqslant+\sqrt{d(x',x'')+2\sqrt{d(x',x'')}\times\sqrt{d(x'',x''')}+d(x'',x''')}$$
$$=\sqrt{(+\sqrt{d(x',x'')}+\sqrt{d(x'',x''')})^2}$$
$$=+\sqrt{d(x',x'')}+\sqrt{d(x'',x''')}$$
$$=h(x',x'')+h(x'',x''')$$

$\square$

答案 2.25 当定义域为 $[0,1]\times[0,1]$ 时,函数 $f(x_1,x_2)=2+x_1-x_2$ 有一个鞍点 $(x_1,x_2)=(0,0)$。受限函数 $f(x_1;x_2=0)=2+x_1$ 在 $x_1=0$ 处取得最小值,受限函数 $f(x_2;x_1=0)=2-x_2$ 在 $x_2=0$ 处取得最大值。但是,点 $(0,0)$ 不是函数的临界点。这表明,如果鞍点不在函数的定义域的内部,那么此鞍点不一定是它的临界点。 $\square$

答案 2.26 函数 $f(x_1,x_2)=(x_1^2-x_2^2)e^{-(x_1^2+x_2^2)}$ 有五个临界点。$(x_1,x_2)=(1,0)$ 和 $(x_1,x_2)=(-1,0)$ 是全局最大值点。$(x_1,x_2)=(0,1)$ 和 $(x_1,x_2)=(0,-1)$ 是全局最小值点。$(x_1,x_2)=(0,0)$ 是鞍点。

梯度向量为:

$$\nabla f(x_1,x_2)=(2x_1(1-x_1^2+x_2^2)e^{-x_1^2-x_2^2},-2x_2(1+x_1^2-x_2^2)e^{-x_1^2-x_2^2})$$

$\nabla f(x_1,x_2)=0$ 的解就是上面列出的函数 f 的临界点。

受限函数 $f(x_1;x_2=0)=x_1^2e^{-x_1^2}$ 在 $x_1=-1,0,+1$ 处的一阶导数为:

$$\frac{\mathrm{d}f(x_1;x_2=0)}{\mathrm{d}x_1}=2x_1(1-x_1^2)e^{-x_1^2}=0$$

其二阶导数为:

$$\frac{\mathrm{d}^2f(x_1;x_2=0)}{\mathrm{d}x_1^2}=2(1-5x_1^2+2x_1^4)e^{-x_1^2}$$

在 $x_1=-1,0,+1$ 处的二阶导数值分别为负、正、负。函数 $f(x_1;x_2=0)$ 在 $x_1=0$ 处取得局部最小值。

受限函数 $f(x_2;x_1=0)=-x_2^2e^{-x_2^2}$ 在 $x_2=-1,0,+1$ 处的一阶导数为:

$$\frac{\mathrm{d}f(x_2;\ x_1=0)}{\mathrm{d}x_1}=-2x_2(1-x_2^2)e^{-x_2^2}=0$$

其二阶导数为：

$$\frac{\mathrm{d}^2 f(x_2;\ x_1=0)}{\mathrm{d}x_2^2}=-2(1-5x_2^2+2x_2^4)e^{-x_2^2}$$

在 $x_2=-1,\ 0,\ +1$ 处的二阶导数值分别为正、负、正。函数 $f(x_2;\ x_1=0)$ 在 $x_2=0$ 处取得局部最大值。这两点一起证明了 $(x_1,\ x_2)=(0,\ 0)$ 是函数 f 的鞍点。　□

表 2.3　f 和 Q 在所求点处的值

$(x_1,\ x_2)$	$(\Delta x_1,\ \Delta x_2)$	$f(x_1,\ x_2)$	$Q(2+\Delta x_1,\ 1+\Delta x_2)$
$(2,\ 1)$	$(0,\ 0)$	5	5
$(2.1,\ 1.1)$	$(0.1,\ 0.1)$	5.741	5.740
$(1.9,\ 0.9)$	$(-0.1,\ -0.1)$	4.339	4.340
$(2.5,\ 1.5)$	$(+0.5,\ +0.5)$	9.625	9.50
$(3,\ 2)$	$(+1,\ +1)$	17	16
$(1,\ 3)$	$(-1,\ +2)$	25	20

答案 2.27　函数 $f(x_1,\ x_2)=x_1^3-x_1^2 x_2+x_2^3$ 在点 $(x_1,\ x_2)=(2,\ 1)$ 处的梯度向量为：

$$\nabla f(x_1,\ x_2)=(3x_1^2-2x_1 x_2,\ -x_1^2+3x_2^2)=(8,\ -1)$$

在点 $(x_1,\ x_2)=(2,\ 1)$ 处的黑塞矩阵为：

$$H_f(x_1,\ x_2)=\begin{pmatrix} 6x_1-2x_2 & -2x_1 \\ -2x_1 & 6x_2 \end{pmatrix}=\begin{pmatrix} 10 & -4 \\ -4 & 6 \end{pmatrix}$$

最后，因为 $f(2,\ 1)=5$，所以二阶泰勒展开式为：

$$Q(2+\Delta x_1,\ 1+\Delta x_2)=5+(8,\ -1)\begin{pmatrix} \Delta x_1 \\ \Delta x_2 \end{pmatrix}+\frac{1}{2}(\Delta x_1,\ \Delta x_2)\begin{pmatrix} 10 & -4 \\ -4 & 6 \end{pmatrix}\begin{pmatrix} \Delta x_1 \\ \Delta x_2 \end{pmatrix}$$

$$=5+8\Delta x_1-\Delta x_2+5(\Delta x_1)^2-4\Delta x_1 \Delta x_2+3(\Delta x_2)^2 \qquad □$$

▶ 3

拓扑基础

在学习有约束的最优化理论的过程中,我们经常会用到集合的有关概念和性质,比如"开集""映射的连续性"等,这些概念和性质很基础,也很重要。因此,我们必须从集合的基本性质开始研究。拓扑学(topology)是数学的一个分支学科,它研究的是在映射中保持下来的集合的那些性质。我曾经认为拓扑学是一门只有真正的数学家去研究的学科,每当看到文献中出现"令$\mathcal{T}(X)$表示X上的什么拓扑"这种字眼时,我的心顿时就沉了。救命,我投降! 但事实是,拓扑学的基础知识很简单。没错,很简单! 当然,有些集合和映射可能相当复杂,在这种情况下,拓扑学也会随之变得复杂起来。但经济学家经常使用的拓扑学思想非常简单,不要害怕。

3.1 拓扑

拓扑中最基础的概念是参考集(reference set),所有函数都是在参考集的基础上建立的。一般情况下,我用X来表示参考集。参考集所包含的内容取决于我们正在研究的问题。举个例子,如果研究的是颜色的选择问题,那么参考集就是包含了所有可能的颜色的集合。但如果研究的问题是买哪栋房子,那么参考集就是所有房子的集合。参考集X是与我们正在研究的问题相关的所有元素的集合。我们通常用符号x来表示集合X中的任意一个元素,你经常会看到$x \in X$的表示方法,它的意思是x是集合X中的一个元素,也可以说x属于集合X,或者说x被包含在集合X中。

你已经知道集合中用到的基本运算是"并"($\bigcup$)和"交"($\bigcap$),我们运用这两种运算从X的初始子集族(collection of subsets)中构造出X的新子集族。参考集X上的拓扑是X的子集族,这些子集族是通过某些并集运算和交集运算得到的。

定义 3.1(拓扑) 参考集X上的拓扑$\mathcal{T}(X)$是X的子集族,并满足以下条件:

(1) $\varnothing \in \mathcal{T}(X)$;

(2) $X \in \mathcal{T}(X)$;

(3) $\mathcal{T}(X)$中任何元素的并集仍然是$\mathcal{T}(X)$中的元素;

(4) $\mathcal{T}(X)$中的任何有限集合的元素的有限交集仍然是$\mathcal{T}(X)$中的元素。

一些例子可以帮助你轻松地理解拓扑的概念。第一个例子，选择任意一个你感兴趣的参考集，然后考虑一个集族 $\mathcal{C}=\{\varnothing，X\}$，$\mathcal{C}$ 是 X 的一个拓扑吗？先思考一下这个问题再阅读下一段。

$\mathcal{C}$ 的确是 X 的一个拓扑。很明显，$\mathcal{C}$ 满足条件(1)和条件(2)，那么条件(3)呢？令 S_1，S_2，$\cdots$为 $\mathcal{C}$ 中的子集的任意一个序列，那么，对所有 i，要么 $S_i=\varnothing$，要么 S_i 不全为空集。如果对所有 i 都有 $S_i=\varnothing$，那么，$S=\bigcup_{i=1}^{\infty}=\varnothing\in\mathcal{C}$。如果 S_i 不全为空集，那么至少存在一个 i 使得 $S_i=X$，所以 $S=\bigcup_{i=1}^{\infty}S_i=X\in\mathcal{C}$。因此，$\mathcal{C}$ 满足条件(3)。条件(4)呢？我们只用考虑 $\mathcal{C}$ 中子集的一个有限序列 S_1，$\cdots$，S_n。对所有 $i=1$，$\cdots$，n，要么 $S_i=X$，要么 S_i 不全等于 X。如果对所有 $i=1$，$\cdots$，n，$S_i=X$，那么 $S=\bigcap_{i=1}^{\infty}=X\in\mathcal{C}$。如果 S_i 不全等于 X，那么至少存在一个 i 使 $S_i=\varnothing$，所以 $S=\bigcap_{i=1}^{\infty}S_i=\varnothing\in\mathcal{C}$。总之，$\mathcal{C}$ 满足上述四个条件，因此它是参考集 X 上的一个拓扑。我们刚才描述的实际上是一个最简单(用拓扑语言来说是"最粗糙的")的拓扑，因为它是根据任意一个给定的参考集能构造出的所有拓扑之中最小的。这种含有两个元素的拓扑被称为 X 上的平凡拓扑(trivial topology)或非离散拓扑(indiscrete topology)。

再来看第二个例子。参考集为 $X=\{1，2，3\}$，而 X 的子集族 $\mathcal{C}$ 是：

$$\mathcal{C}=\{\varnothing，\{1\}，\{1，3\}，\{1，2，3\}\}$$

在阅读下一段之前先判断 $\mathcal{C}$ 是否为 X 的一个拓扑。

结论是：$\mathcal{C}$ 是 X 的一个拓扑。请尝试证明。

再来看第三个例子，参考集还是 $X=\{1，2，3\}$，而子集族是：

$$\mathcal{C}=\{\varnothing，\{1\}，\{2\}，\{1，3\}，\{1，2，3\}\}$$

$\mathcal{C}$ 是 X 的一个拓扑吗？先思考一下再阅读下一段。

结论是：$\mathcal{C}$ 不是 X 的一个拓扑。为什么呢？因为 $\{1\}\bigcup\{2\}=\{1，2\}\notin\mathcal{C}$。

再来看第四个例子，子集族是：

$$\mathcal{C}=\{\varnothing，\{1\}，\{1，3\}，\{2，3\}，\{1，2，3\}\}$$

$\mathcal{C}$ 是 $X=\{1，2，3\}$ 的一个拓扑吗？

结论是：$\mathcal{C}$ 不是 X 的一个拓扑，因为 $\{1，3\}\bigcap\{2，3\}=\{3\}\notin\mathcal{C}$。

看到这里你应该已经意识到：根据同一个参考集可以构造出多个拓扑结构。请验证下面的子集族都是 $X=\{1，2，3\}$ 的拓扑：

$$\mathcal{C}'=\{\varnothing，\{1\}，\{1，2，3\}\}$$
$$\mathcal{C}''=\{\varnothing，\{2\}，\{1，3\}，\{1，2，3\}\}$$
$$\mathcal{C}'''=\{\varnothing，\{1\}，\{2\}，\{3\}，\{1，2\}，\{1，3\}，\{2，3\}，\{1，2，3\}\}$$

如果 X 上的一个拓扑包含第二个拓扑中的所有子集，那么我们就说第一个拓扑至少和第二个拓扑一样"精细"(refined)，或者说不比第二个拓扑"粗糙"(coarse)。

定义 3.2(精细拓扑) 令 $\mathcal{T}'(X)$ 和 $\mathcal{T}''(X)$ 是 X 上的拓扑。如果所有属于 $\mathcal{T}''(X)$ 的 S 都属于 $\mathcal{T}'(X)$，即每个 $S\in\mathcal{T}''(X)$ 都满足 $S\in\mathcal{T}'(X)$，但 $\mathcal{T}'(X)\neq\mathcal{T}''(X)[\mathcal{T}''(X)\subset$

$\mathcal{T}'(X)$],那么,拓扑$\mathcal{T}'(X)$严格地比$\mathcal{T}''(X)$更精细,也可以说$\mathcal{T}'(X)$是$\mathcal{T}''(X)$的严格精细化的拓扑。

在上述的例子中,$\mathcal{C}'$和$\mathcal{C}''$不是相互精细化的拓扑,因为$\mathcal{C}'\not\subset\mathcal{C}''$且$\mathcal{C}''\not\subset\mathcal{C}'$。$\mathcal{C}'''$是$\mathcal{C}'$的严格精细化的拓扑,因为$\mathcal{C}'''$包含了$\mathcal{C}'$中所有的子集($\mathcal{C}'\subset\mathcal{C}'''$),而且它至少多包含一个$X$的子集($\mathcal{C}'\neq\mathcal{C}'''$)。$\mathcal{C}'''$也是$\mathcal{C}''$的严格精细化的拓扑。参考集$X$上的最粗糙或最不精细的拓扑总是平凡拓扑。

那么,集合X上的所有拓扑中最精细的拓扑是什么呢?一定是包含了X的所有可能子集的族,其中包括$\varnothing$和X本身。这个拓扑也被称为X的幂集(power set),用$\mathcal{P}(X)$来表示。X的幂集总是X上的拓扑。为什么呢?很明显$\varnothing\in\mathcal{P}(X)$且$X\in\mathcal{P}(X)$,而且,因为$\mathcal{P}(X)$包含了$X$的所有子集,所以它也一定包含$X$的子集可能形成的交集和有限并集。因此,$\mathcal{P}(X)$一定是$X$上的拓扑。很容易看出$\mathcal{P}(X)$是$X$上的所有拓扑中最精细的。(快速思考一下,这个证明很简单。)因此,它被赋予了一个特殊的名称,我们把$\mathcal{P}(X)$称为X上的离散拓扑(discrete topology)。请你验证一下上述例子中的$\mathcal{C}'''$是$X=\{1,2,3\}$上的离散拓扑。

3.2 拓扑基

接下来要介绍的拓扑学中的基本概念是拓扑基和由拓扑基生成拓扑。简单来说,从给定的参考集X中取一个子集族$\mathcal{B}$,如果这个子集族具有两个特殊条件,那我们就称它为X的基。由$\mathcal{B}$中子集产生的所有可能并集构成另一个族$\mathcal{C}$(如果需要,把空集也加进去),$\mathcal{C}$也是X上的拓扑,我们把它称为由基$\mathcal{B}$生成的拓扑。基的实际价值在于它提供了一种构造拓扑的简便方法。接下来你就会发现,你已经在不知不觉中使用过这个方法了。

定义3.3(拓扑的基) 令$\mathcal{B}$为X的子集族。如果满足如下条件,$\mathcal{B}$就是X上的拓扑基。

(1) 对任意$x\in X$,存在一个$B\in\mathcal{B}$使得$x\in B$;

(2) 对任意$x\in B_1\bigcap B_2$,其中,B_1和$B_2\in\mathcal{B}$,存在$B_3\in\mathcal{B}$使得$B_3\subseteq B_1\bigcap B_2$且$x\in B_3$。

这些是什么意思呢?条件(1)的意思是X中的每个元素必须被包含在$\mathcal{B}$的至少一个子集中。如果不这样的话,我们就不能通过取$\mathcal{B}$子集的并集来形成X,也就不能生成X上的拓扑。那条件(2)的目的又是什么呢?条件(2)是不是看起来有点神秘?X的一个子集族要想成为一个拓扑,这些子集的所有有限交集一定要被包含在这个拓扑中。条件(2)确保了这一点。下面的一些例子会帮助你理解。

还是以参考集$X=\{1,2,3\}$为例。我们从以下X的子集族开始:

$$\mathcal{B}_1=\{\{1\},\{2,3\}\}$$

$\mathcal{B}_1$是一个基吗?

是的。X中的每个元素(1, 2, 3)都被包含在$\mathcal{B}_1$的至少一个子集中。不需要考虑条件(2),因为$\mathcal{B}_1$中的所有子集与其他集合都没有交集。那么,由空集和$\mathcal{B}_1$中子集的所有可能

并集形成的子集族,即,

$$\mathcal{T}_1(X)=\{\varnothing,\{1\},\{2,3\},\{1,2,3\}\}$$

是 X 的拓扑吗？花点时间就可以验证 $\mathcal{T}_1(X)$ 的确是 $X=\{1,2,3\}$ 上的拓扑。

那么,$\mathcal{B}_2=\{\varnothing,\{1,2\},\{2,3\}\}$ 是一个拓扑基吗？

不是。为什么不是呢？因为 $2\in\{1,2\}\bigcap\{2,3\}$,但 $\mathcal{B}_2$ 中不存在属于 $\{1,2\}\bigcap\{2,3\}$ 且包含 2 的子集。如果我们取 $\mathcal{B}_2$ 中所有子集的并集会发生什么呢？会形成 X 上的拓扑吗？由此形成的 X 的子集族为：

$$\mathcal{C}_2=\{\varnothing,\{1,2\},\{2,3\},\{1,2,3\}\}$$

但 $\mathcal{C}_2$ 不是 X 上的拓扑,因为 $\{1,2\}\bigcap\{2,3\}=\{2\}\notin\mathcal{C}_2$。如果 $\mathcal{B}_2$ 满足条件(2)的话,就不会出现这种情况。

$\mathcal{B}_3=\{\{1,3\},\{2\},\{3\}\}$ 是一个基吗？

是的。请注意,$3\in\{3\}\subseteq\{1,3\}\bigcap\{3\}$,由 $\mathcal{B}_3$ 中所有子集的并集及空集形成的 X 上的拓扑为：

$$\mathcal{T}_3(X)=\{\varnothing,\{2\},\{3\},\{1,3\},\{2,3\},\{1,2,3\}\}$$

尝试验证 $\mathcal{T}_3(X)$ 的确是 $X=\{1,2,3\}$ 上的拓扑。

最后一个例子是 $\mathcal{B}_4=\{\varnothing,\{1\},\{2\},\{3\}\}$。这是 $X=\{1,2,3\}$ 上的一个离散拓扑基,请尝试证明一下。

简单思考一下就能明白:如果我们有 X 的两个不同的拓扑基 $\mathcal{B}'$ 和 $\mathcal{B}''$,$\mathcal{B}'\subset\mathcal{B}''$ 且 $\mathcal{B}'\neq\mathcal{B}''$(也就是说拓扑基 $\mathcal{B}''$ 除了包含拓扑基 $\mathcal{B}'$ 中的所有子集之外,还包含 X 中至少一个其他的子集),那么由 $\mathcal{B}''$ 形成的拓扑一定至少和由 $\mathcal{B}'$ 形成的拓扑一样精细。

另外,拓扑空间(topological space)是指参考集 X 与定义在 X 上的拓扑的组合。

定义 3.4(拓扑空间)　如果 $\mathcal{T}(X)$ 是参考集 X 上的一个拓扑,那么有序组合 $(X,\mathcal{T}(X))$ 就叫作拓扑空间。

拓扑学的基本思想已介绍完毕,下面要介绍的是数学中两个最重要的概念——开集和闭集。

3.3　开集和闭集

你可能习惯性地认为,当且仅当集合中的每个点都位于集合内部时,该集合为开集。当且仅当某个点被一个完全被集合包含的、半径为有限值的开球包围时,我们称这个点是位于集合内部的。哇,说到点子上了！不仅如此,还有一些其他的说法,但它们都只适用于特殊情景,不能被用作开集的一般性定义。稍后你就会明白,如果不说清楚某个集合来自哪个拓扑,讨论这个集合是开集还是闭集是没意义的。是的,集合的开闭是一个拓扑学概念。现在我希望你能忘记诸如"当集合只含有内部点时该集合是开集"的观点,请将它们从你的脑海中抹去,等我们准备考虑一些特殊情况时再说。

给定一个参考集 X 和它的子集 $S\subseteq X$,由 X 中不包含在 S 中的所有元素组成的集合

被称为 S 的补集,用 S^c 表示。$S^c \equiv \{x \in X \mid x \notin S\}$。

下面给出开集和闭集的一般性定义,它们很好理解。

定义 3.5(开集) 给定集合 X 上的一个拓扑 $\mathcal{T}(X)$,当且仅当 $S \in \mathcal{T}(X)$ 时,集合 $S \subseteq X$ 是 $\mathcal{T}(X)$ 上的开集。

这个定义所表达的全部意思是:当且仅当 X 的子集 S 是包含在 $\mathcal{T}(X)$ 中的子集之一时,S 在 $\mathcal{T}(X)$ 上是开放的。

定义 3.6(闭集) 给定集合 X 上的一个拓扑 $\mathcal{T}(X)$,当且仅当 $S^c \in \mathcal{T}(X)$,或者说当且仅当 S^c 是 $\mathcal{T}(X)$ 上的开集时,集合 $S \subseteq X$ 是 $\mathcal{T}(X)$ 上的闭集。

因此,当且仅当集合 X 上的 S 的补集是包含在 $\mathcal{T}(X)$ 中的子集之一时,X 的子集 S 是 $\mathcal{T}(X)$ 上的闭集。简单吧?

下面再来看几个例子。首先是所有拓扑中最简单的结构,也就是平凡拓扑 $\mathcal{T}(X) = \{\varnothing, X\}$。由上面开集的定义可知,$\varnothing$ 和 X 在平凡拓扑上是开放的,因为它们都是该拓扑里的元素。而且,由于 X 上的所有拓扑都包含了空集 $\varnothing$ 和参考集 X,所以这两个集合总是开集。开集 X 的补集是什么呢?是空集 $\varnothing$,空集在此拓扑上是封闭的。同样,空集 $\varnothing$ 的补集是参考集 X,参考集在此拓扑上是封闭的。我们发现,无论你用哪个拓扑,空集 $\varnothing$ 和参考集 X 在那个拓扑上都是既开放又封闭的。

重新考虑前文中参考集为 $X = \{1, 2, 3\}$ 的一些例子。X 的拓扑之一是 $\mathcal{C}' = \{\varnothing, \{1\}, \{2, 3\}, \{1, 2, 3\}\}$,集合 $\varnothing$、$\{1\}$、$\{2, 3\}$ 和 $\{1, 2, 3\}$ 都是拓扑 $\mathcal{C}'$ 上的开集,它们的补集都是拓扑 $\mathcal{C}'$ 上的闭集,这个拓扑中的所有元素(集合)在拓扑 $\mathcal{C}'$ 上都是既开放又封闭的。

再来看另一个例子。参考集仍为 $X = \{1, 2, 3\}$,$\mathcal{C}'' = \{\varnothing, \{1\}, \{1, 2, 3\}\}$。因为子集 $\{1\}$ 在 $\mathcal{C}''$ 上是开放的,所以子集 $\{1\}^c = \{2, 3\}$ 在 $\mathcal{C}''$ 上是封闭的。那么子集 $\{2\}$ 呢?它在 $\mathcal{C}''$ 上不是开放的,因为它不是 $\mathcal{C}''$ 中的元素;它也不是封闭的,因为 $\{2\}^c = \{1, 3\}$ 也不是 $\mathcal{C}''$ 中的元素。因此,某个集合的开闭不仅取决于集合本身,还取决于所使用的是哪个拓扑。给定 X 上的一个拓扑,X 中有些子集是开集,有些子集是闭集,有些则可能既是开集又是闭集,有些可能既不是开集也不是闭集——这取决于你用的拓扑是什么。

给你出一个小难题。取任何参考集 X 并构造它的离散拓扑 $\mathcal{T}(X)$,再取 X 的任意一个子集 S。因为 $S \in \mathcal{T}(X)$,所以 S 在离散拓扑上是开放的。这表明 X 的任意一个子集在离散拓扑上是开放的。那么,S 在离散拓扑上一定是封闭的吗?换句话说,X 的每一个可能的子集在离散拓扑上都是既开放又封闭的吗?尝试思考一下,稍后我将给出答案。

通常情况下,一个给定的参考集 X 有很多个拓扑。经济学中一般用的 X 是 $\Re^n$ 的某个子集。这是本书中讨论得最多的情况,但你别忘了我们在本书中讨论的概念是一般性的,参考集可以是类似于 $X = \{绿色,蝴蝶,弗里德,非洲,水\}$ 这样的集合,我们可以从理论上谈论这个集合的拓扑及其子集的开放性。

你敢肯定无论参考集 X 是什么,X 的离散拓扑中的每个元素在离散拓扑上都是既开放又封闭的吗?答案是肯定的。原因很简单,X 上的离散拓扑包含了 X 的每一个可能的子集,所以 X 的每一个子集在离散拓扑上都是开集。该子集的补集也一定属于离散拓扑,它在离散拓扑上是开放的,而它同时也是闭集,因为它是一个开集的补集。如果你有点困惑,就请复习一下前面的离散拓扑 $\mathcal{C}'''$。$\mathcal{C}'''$ 中的每一个集合都是参考集 $X=\{1,2,3\}$ 的子集,而且它们在 $\mathcal{C}'''$ 上是既开放又封闭的。你也可以尝试自己举例。

接下来,让我们讨论一些你可能比较熟悉的特殊情况。

3.4 度量空间拓扑

如果你忘记了或者没看度量空间那部分内容,那你先不要阅读这一部分,等学完了第 2.20 节并理解了度量空间的含义,再回来继续往下看。

本节会反复使用到一个概念——球。

定义 3.7(球) 令 (X,d) 为一个度量空间。令 $x\in X$,$\varepsilon\in\Re_{++}$,以 x 为球心、以 ε 为半径的球就是集合:

$$B_d(x,\varepsilon)=\{x'\in X\mid d(x,x')<\varepsilon\}$$

简单来说,球 $B_d(x,\varepsilon)$ 是 X 中某些元素的集合,这些元素与 x 的距离严格小于 ε。这样的球通常被称为 x 的 ε-邻域。因为球里的每个元素都属于 X,所以 $B_d(x,\varepsilon)\subseteq X$。你已经见过这样的集合了,实线上的区间就是一个简单的例子:

$$B_d(x,\varepsilon)=\{x'\in\Re\mid d(x,x')=|x-x'|<\varepsilon\}=(x-\varepsilon,x+\varepsilon)$$

还有 $\Re^2$ 上的圆:

$$B_d(x,\varepsilon)=\{x'\in\Re^2\mid d(x,x')=\sqrt{(x_1-x_1')^2+(x_2-x_2')^2}<\varepsilon\} \tag{3.1}$$

以及 $\Re^n$ 上的球:

$$B_d(x,\varepsilon)=\{x'\in\Re^n\mid d(x,x')=\sqrt{(x_1-x_1')^2+\cdots+(x_n-x_n')^2}<\varepsilon\} \tag{3.2}$$

在有界空间里构造球时要注意一点:所有球都应该完全被包含在它的参考空间里。举个例子,如果 $X=[0,4]$,用欧几里得度量方法来衡量距离,那么,

$$B_{d_E}(3,1)=\{x\in[0,4]\mid |x-3|<1\}=(2,4)$$
$$但\,B_{d_E}(3,2)=\{x\in[0,4]\mid |x-3|<2\}=(1,4]$$

同样,如果 $X=[0,4]\times[0,4]$,用欧几里得度量来衡量距离,那么,

$$B_{d_E}((4,2),2)=\{(x_1,x_2)\in[0,4]^2\mid\sqrt{(x_1-4)^2+(x_2-2)^2}<2\}$$

是中心在 $(4,2)$ 的半圆。请画出这个图形。

球不一定是区间、圆或实数的球形子集。考虑一个度量空间 $(C(X),d_\infty)$,其中,$C(X)$ 是定义在集合 X 上的所有连续有界实值函数所组成的集合,两个函数之间的距离用上确界范数 d_∞[见式(3.24)]来衡量。那么在度量空间 $(C(X),d_\infty)$ 中,以函数 f 为球心、以 $\varepsilon>0$ 为半径的球就是集合:

$$B_{d_\infty}(f,\varepsilon)=\left\{g\in C(X)\,\middle|\,d_\infty(f,g)=\sup_{x\in X}\left|f(x)-g(x)\right|<\varepsilon\right\}$$

这个集合看起来一点也不像标准的欧几里得圆球。

现在我们来构造度量空间 (X, d) 中所有球的集合,即

$$\mathcal{B}(X) = \{B_d(x, \varepsilon) \mid \forall \varepsilon > 0, \ \forall x \in X\}$$

举个例子,如果度量空间是二维欧几里得度量空间 $E^2 = (\Re^2, d_E)$,那么 $\mathcal{B}(\Re^2)$ 就是所有可能的圆(3.1)的集合。我在这里想说的是,无论你选择什么度量空间,$\mathcal{B}(X)$ 都是所选空间里的拓扑基。让我们来看看为什么。

$\mathcal{B}(X)$ 满足拓扑基的两个条件吗? 回顾一下定义 3.3,不难看出,条件(1)是满足的,因为 $\mathcal{B}(X)$ 至少包含一个球心为 $x \in X$ 的球。那么条件(2)呢? 从 $\mathcal{B}(X)$ 中任意选取两个球,令它们为 $B_d(x', \varepsilon')$ 和 $B_d(x'', \varepsilon'')$。如果 $B_d(x', \varepsilon') \bigcap B_d(x'', \varepsilon'') = \varnothing$,那么就不用考虑条件(2)。假设 $B_d(x', \varepsilon') \bigcap B_d(x'', \varepsilon'') \neq \varnothing$,选择任意的 $\tilde{x}$ 满足 $\tilde{x} \in B_d(x', \varepsilon') \bigcap B_d(x'', \varepsilon'')$,以 $\tilde{x}$ 为球心的球 $B_d(\tilde{x}, \varepsilon)$ 被包含在 $\mathcal{B}(X)$ 中。实际上,对所有可能的半径 $\varepsilon > 0$,这样的球都被包含在 $\mathcal{B}(X)$ 中。因此,存在一个足够小的半径 ε,使得球 $B_d(\tilde{x}, \varepsilon)$ 完全位于交集 $B_d(x', \varepsilon') \bigcap B_d(x'', \varepsilon'')$ 内,而且 $\tilde{x}$ 显然被包含在这个球内。因此,条件(2)也满足,故 $\mathcal{B}(X)$ 的确是度量空间 (X, d) 中的拓扑基。

综上,如果我们取 $\mathcal{B}(X)$ 中的球(集)的所有可能的并集,就能得到 (X, d) 上的一个拓扑。这个拓扑中的任意一个集合都是某些球(集)的并集,根据定义,每一个这样的集合在生成它们的拓扑上都是开集。

你已经在欧几里得空间这种特例中遇见过这种构造方法了。$E^n = (\Re^n, d_E)$ 中的球都是完美的圆球[见圆(3.1)和球(3.2)],$\Re^n$ 中的每一个点都可以是这些球的球心,这些球的半径是用欧几里得度量所衡量的,可以为任意正数:

$$\mathcal{B}(\Re^n) = \{B_{d_E}(x, \varepsilon), \ \forall \varepsilon > 0, \ \forall x \in \Re^n\}$$

由这个基所生成的拓扑被称为 $\Re^n$ 上的欧几里得度量拓扑,任何在这个拓扑上的开集都是由 $\mathcal{B}(\Re^n)$ 中 ε-球集的一些子集的并集所构成的。你现在应该知道为什么我们会说,当且仅当一个集合中的每个点都被一个被该集合完全包含的 ε-球包围时,该集合在 E^n 上是开放的[也就是说,该集合属于一个由基 $\mathcal{B}(\Re^n)$ 生成的 $\Re^n$ 上的一个拓扑,这个基包含了 $\Re^n$ 上所有可能的欧几里得 ε-球]。这个定义其实只是换了个方式重新表述,本质上讲,$\Re^n$ 上的欧几里得度量拓扑中的集合其实就是对那些 ε-球取并集以后得到的。我还希望你现在已经明白,这种表述适用于任何一个度量空间拓扑中的集合,只要这个拓扑是由某个度量空间里包含了所有可能的 ε-球的基所生成的。它不只适用于欧几里得度量空间,但只适用于可以度量的空间。

再多想想我们已经反复研究过的 $X = \{1, 2, 3\}$ 上的拓扑 $\mathcal{C}'$、$\mathcal{C}''$ 和 $\mathcal{C}'''$。比如,在 $\mathcal{C}''$ 中,子集 $\{1, 3\}$ 是开放的,但这里没有球。为什么没有呢? 因为没有定义在 $X = \{1, 2, 3\}$ 上的度量函数。一个集合是否开放与距离是否可以被度量无关。

好了,这就是我们要讲的关于拓扑基与开集和闭集的全部内容了。下一个重要的概念是有界集。

3.5 有界集

有界集,顾名思义,指的是一个位于有限半径的球内的集合。位于有限半径的球内保证了这个集合不会在任何方向上"走远"。比如篮球里的一颗花生,它是一个子集,位于更大集合的篮球内。篮球的半径是有限的,故花生是一个有界集。要讨论一个集合是否是有界的,我们需要有一个度量方法(在讨论集合的开放性时不需要),因此,我们在度量空间的背景下讨论有界集。

定义 3.8(有界集) 令 (X, d) 为一个度量空间。如果存在一个点 $x \in X$ 和一个有限半径 $r > 0$,使得 $S \subseteq B_d(x, r)$,那么集合 $S \subseteq X$ 在 (X, d) 上是有界的。

图 3.1 中的所有集合都是度量空间 E^2 上的有界集。例如,因为 S_1 和 S_2 都被包含在球 $B_{d_E}(y_1, r_1)$ 中,这个球的半径 r_1 是有限的,所以这两个集合都是有界的。集合 $S_1 \cup S_2$ 和集合 S_4 也是如此。因为集合 S_3 与包含它的半径有限的球 $B_{d_E}(y_3, r_3)$ 是相同的,所以它也是有界的。

相比之下,图 3.2 中的三个集合都是 E^2 上的无界集。集合 $S_7 = \{(x_1, x_2) \mid x_1 + x_2 \geqslant 2\}$ 没有上界,不能被包含在任何半径有限的球内。由点构成的集合 $S_8 = \{(x_1, x_2) \mid x_2 \leqslant -x_1^2\}$ 没有下界,不能被包含在任何半径有限的球内。S_9 是所有整数的集合,是一个无界的离散集。

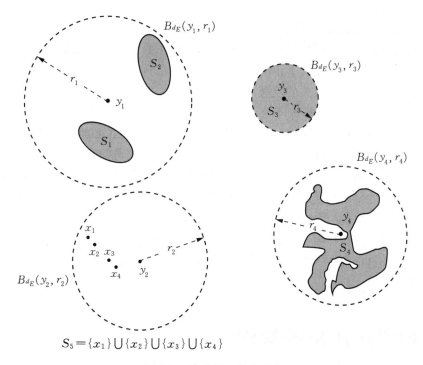

$$S_5 = \{x_1\} \cup \{x_2\} \cup \{x_3\} \cup \{x_4\}$$

图 3.1 E^2 上的一些有界集

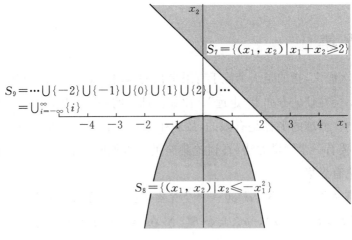

图 3.2 E^2 上的一些无界集

下面要讨论的一个重要概念是紧凑集或紧集（compact set）。

3.6 紧集

想想"紧凑"这个词，它似乎在形容某种不太分散且有明确边缘的东西。当你说一辆汽车或一套公寓比较紧凑时，你的意思不就是汽车或公寓不太分散且有明确的边界吗？就欧几里得度量拓扑而言，我们该如何描述一个不会到处延伸的，也就是任意两点都不会相隔"太远"的集合呢？我们称这样的集合是有界的，对吗？那如何描述一个有明确边缘的集合呢？我们会说这个集合是封闭的。

你可能对这个说法已经很熟悉了，因为你经常会见到以下表述：当且仅当一个集合既是封闭的又是有界的时，该集合是一个紧集。如果你正要点头认为这是正确的，那么请先等等！这句话在一般情况下是不正确的。但是，在经济学家认为非常重要的特殊情况下，它是正确的。让我们了解相关的定理，进一步理解这个概念。

定理 3.1（海涅-博雷尔定理，Heine-Borel theorem） 令 $S \subset \mathfrak{R}^n$。当且仅当 S 在欧几里得度量空间 $E^n = (R^n, d_E)$ 上既是封闭的又是有界的时，它在此度量空间上是紧凑的。

这个定理所要求的条件是非常苛刻的。首先，它只考虑实空间的子集。其次，它只考虑实空间上的一个拓扑结构——只有一个！海涅-博雷尔定理非常重要且有用，但其条件相当特殊。幸运的是，我们经济学家考虑的大部分都是欧几里得度量拓扑中的问题。不过，经济学家有时候也必须考虑其他拓扑空间中的问题，那时紧凑就不等同于封闭和有界。在任何度量空间拓扑中，只有当集合是封闭且有界的时，它才是紧凑的（注意：是"只有当"而不是"当且仅当"）。在一般的度量空间拓扑中，该命题的逆命题通常是不正确的，大家要慎重一点。

3.7 如何应用拓扑知识？

你可能在好奇，本章讨论的概念有什么用？谁会在乎某个集合是否是紧凑的呢？集合是开放的或是封闭的又会怎样呢？有约束的最优化不就是为了计算出结果吗？如果是这样的话，我们为什么不直接动手解题呢？我发现，每当我们试图了解清楚某个知识体系时，总会变得有些不耐烦，没完没了的细节似乎拖慢了我们接触核心知识的进度。但经验告诉我，有耐心且有条理地研究一个主题是掌握它的唯一途径。本章所介绍的内容对于深入理解经济学家要解决的各种有约束的最优化问题的细节来说至关重要。

为什么判断一个集合是封闭的还是开放的很重要？大多数的有约束的最优化问题都有两个部分：第一个部分是决策者的可行选择集，第二个部分是用来表示决策者如何评价这些可行选择的函数。就经济学家所关注的经典问题而言，如果可行选择集不是封闭的，那么这个问题可能就没有解。同样，描述决策者评价的函数通常是连续的（即变化平稳，没有突然的跳跃），但只有定义在开集上的函数才是连续的。函数的连续性是一个非常基础且重要的概念，我们经常会用到它。因此，我们需要知道某个集合到底是不是开集。

为什么经济学家要关注有界集呢？又是什么让经济学成为一门如此重要且实用的科学呢？答案是稀缺性。什么是稀缺性？它是一个事实——世界上所有的可用资源在数量上都是有限的。请注意，这与所有可用资源组成的集合是有界集所表达的是同一个意思。在我能想到的所有与资源分配有关的经济学问题（也许是预算，也许是生产投入）中，可选择集都是有界的，而且通常是紧凑的（封闭且有界的）。

大家在学习下一章"数列与收敛"时一定要有耐心。如果一个数列是收敛的，其极限可以被用来判断在欧几里得度量空间中的集合是开放的还是封闭的，也可以被用来判断函数是否是连续的。因此，下一章的内容实际上提供了判断我们在本章所讨论的集合的性质的方法。你会发现，在接下来的章节中，很多对有约束的最优化问题来说至关重要的结论都是用数列理论分析得到的。

3.8 习题

习题 3.1 令 $X=\{1, 2, 3, 4, 5\}$。考虑 X 的子集族：

$$\mathcal{C}_1=\{\{1, 2\}, \{3, 4, 5\}, \varnothing\}$$

用 $\mathcal{C}_1$ 中集合的所有可能的并集构造出 X 的子集族 $\mathcal{D}_1$。

（1）请证明 $\mathcal{C}_1$ 是 X 的拓扑基，$\mathcal{D}_1$ 是在 X 上的拓扑。

（2）现在考虑 X 的另一个子集族：

$$\mathcal{C}_2=\{\{4\}, \{1, 2\}, \{3, 4, 5\}, \varnothing\}$$

请证明 $\mathcal{C}_2$ 是 X 的拓扑基。然后，用 $\mathcal{C}_2$ 中集合的所有可能的并集构造出 X 的子集族 $\mathcal{D}_2$，并证明 $\mathcal{D}_2$ 是 X 上的拓扑。

（3）请注意，$\{4\}\in\mathcal{C}_2$ 是 $\mathcal{C}_1$ 中元素 $\{3, 4, 5\}$ 的子集。而且，通过比较拓扑 $\mathcal{D}_1$ 和 $\mathcal{D}_2$ 的生成方式，你就会知道 $\mathcal{D}_1$ 是被严格包含在 $\mathcal{D}_2$ 内的，更正式地说，$\mathcal{D}_2$ 在 X 上比 $\mathcal{D}_1$ 更精细。下面的定理给出的是一个一般性的结论。

定理 令 $\mathcal{B}_1$ 和 $\mathcal{B}_2$ 为 X 的拓扑基，$\mathcal{T}_1$ 是由 $\mathcal{B}_1$ 生成的拓扑，$\mathcal{T}_2$ 是由 $\mathcal{B}_2$ 生成的拓扑。对任意一个 $x\in X$ 和任意一个包含了 x 的基元素 $B\in\mathcal{B}_1$，当且仅当存在基元素 $C\in\mathcal{B}_2$ 使 $x\in$

$C \subseteq B$ 时，$\mathcal{T}_2$ 比 $\mathcal{T}_1$ 更精细。

习题 3.2 令 $X = \{1, 2, 3, 4, 5\}$，$\mathcal{B} = \{\varnothing, \{1, 2\}, \{3, 4, 5\}\}$。$\mathcal{B}$ 是 X 上的一个拓扑基。

（1）X 上由 $\mathcal{B}$ 生成的拓扑是什么？

（2）考虑本题第（1）问中的拓扑。是否存在这样的可能：一个拓扑（除了平凡拓扑和离散拓扑以外）中的所有集合在该拓扑上都是既开放又封闭的？

习题 3.3 本章的前文中提到，$\mathfrak{R}^n$ 上的某一个特定的子集族是 $\mathfrak{R}^n$ 上的欧几里得度量拓扑的基，即

$$\mathcal{B}(\mathfrak{R}^n) = \{B_{d_E}(x, \varepsilon) \; \forall x \in \mathfrak{R}^n, \; \forall \varepsilon > 0\}$$

请解释一下这个命题为什么是正确的。

习题 3.4 请证明以下定理。

定理 如果 $S_1, \cdots, S_n$ 是个数有限的一个子集族，而且均在度量空间 (X, d) 上有界，那么，$\bigcup_{i=1}^{\infty} S_i$ 在 (X, d) 上是有界的。

习题 3.5 请举一个反例来驳斥以下命题：如果 $S_1, S_2, \cdots$ 是可数的子集族，且均在度量空间 (X, d) 上有界，那么，$S = \bigcup_{i=1}^{\infty} S_i$ 在 (X, d) 上是有界的。

习题 3.6 请证明以下定理。

定理 令 $S_1, S_2, \cdots$ 是可数的子集族，且均在度量空间 (X, d) 上有界，那么，$\bigcap_{i=1}^{\infty} S_i$ 在 (X, d) 上是有界的。

习题 3.7 请举一个反例来驳斥以下命题：只有当 $S_1, S_2, \cdots$ 是可数的子集族，且均在度量空间 (X, d) 上有界时，$S = \bigcap_{i=1}^{\infty} S_i$ 在 (X, d) 上才是有界的。

习题 3.8 请证明以下定理。

定理 如果 $S_1, \cdots, S_n$ 是有限的子集族，且均在度量空间 E^n 上是紧凑的，那么，$S = \bigcup_{i=1}^{\infty} S_i$ 在 E^n 上一定是紧凑的。

习题 3.9 举一个反例来反驳命题：如果 $S_1, S_2, \cdots$ 是关于度量空间 E^n 紧凑的可数子集的集合，那么 $S = \bigcup_{i=1}^{\infty} S_i$ 在 E^n 中一定是紧凑的。

习题 3.10 请举一个反例来驳斥以下命题：只有当 $S_1, \cdots, S_n$ 是可数的子集族，且是度量空间 E^n 上的紧集时，$S = \bigcup_{i=1}^{\infty} S_i$ 在 E^n 上才是紧凑的。

习题 3.11 请证明以下定理。

定理 令 $S_1, \cdots, S_n$ 为有限个数的子集族，且均在空间 E^n 上是紧凑的，那么，$S = \bigcap_{i=1}^{\infty} S_i$ 是空间 E^n 上的紧集。

3.9 答案

答案 3.1

（1）当且仅当如下条件被满足时，$\mathcal{C}_1$ 是 X 上的拓扑基：

（a）对每个 $x \in X$，$\mathcal{C}_1$ 中至少存在一个元素 B，使 $x \in B$；

（b）如果 B_1 和 $B_2 \in \mathcal{C}_1$，$x \in B_1 \bigcap B_2$，那么，存在 $B_3 \in \mathcal{C}_1$ 使得 $B_3 \subseteq B_1 \bigcap B_2$ 且 $x \in B_3$。

很容易看出，X 中的每个独立元素（1、2、3、4 和 5）都属于 C_1 中的至少一个集合，所以(a)成立。(b)始终成立，因为没有任何一个元素 $x \in X$ 属于 C_1 中元素（集）的交集。因此，C_1 是 X 的拓扑基。而且，C_1 是 C_1 中元素（集）的所有可能并集所生成的拓扑的基。此时，

$$\mathcal{D}_1 = \{\varnothing, \{1, 2\}, \{3, 4, 5\}, \{1, 2, 3, 4, 5\}\}$$

很容易看出，$\mathcal{D}_1$ 中的任意集合的并集都是 $\mathcal{D}_1$ 中的集合，任意集合的有限交集也是 $\mathcal{D}_1$ 中的集合，而且 $\varnothing \in \mathcal{D}_1$，$X = \{1, 2, 3, 4, 5\} \in \mathcal{D}_1$，因此，$\mathcal{D}_1$ 是由拓扑基 C_1 生成的 X 上的一个拓扑。$\mathcal{D}_1$ 中的所有元素都是 $\mathcal{D}_1$ 上的开集。

(2) 当且仅当如下条件被满足时，C_2 是 X 上的拓扑基：

(a) 对每个 $x \in X$，C_2 中至少存在一个元素 B，使 $x \in B$；

(b) 如果 B_1 和 $B_2 \in C_1$，$x \in B_1 \cap B_2$，那么，存在 $B_3 \in C_2$ 使得 $B_3 \subseteq B_1 \cap B_2$ 且 $x \in B_3$。

很容易看出，X 中的每个独立元素（1、2、3、4 和 5）都属于 C_2 中的至少一个集合，所以(a)成立。4 是 X 中唯一属于 C_2 中集合的交集的元素，因为 $4 \in \{4\} \cap \{3, 4, 5\}$。由于 $4 \in \{4\} \subseteq \{4\} \cap \{3, 4, 5\}$，所以(b)也成立，故 C_2 也是 X 的拓扑基。而且，C_2 是 C_2 中元素（集）的所有可能并集所生成的拓扑的基。此时，

$$\mathcal{D}_2 = \{\varnothing, \{4\}, \{1, 2\}, \{1, 2, 4\}, \{3, 4, 5\}, \{1, 2, 3, 4, 5\}\}$$

很容易看出，$\mathcal{D}_2$ 中的任意集合的并集都是 $\mathcal{D}_2$ 中的集合，任意集合的有限交集也是 $\mathcal{D}_2$ 中的集合，而且 $\varnothing \in \mathcal{D}_2$，$X = \{1, 2, 3, 4, 5\} \in \mathcal{D}_1$，因此，$\mathcal{D}_2$ 是由拓扑基 C_2 生成的 X 上的一个拓扑。$\mathcal{D}_2$ 中的所有元素都是 $\mathcal{D}_2$ 上的开集。□

答案 3.2

(1) X 中由 $\mathcal{B}$ 生成的拓扑为：

$$\mathcal{T} = \{\varnothing, \{1, 2\}, \{3, 4, 5\}, \{1, 2, 3, 4, 5\}\}$$

(2) $\mathcal{T}$ 中的所有集合都是 $\mathcal{T}$ 上的开集，因此，这些集合的补集是 $\mathcal{T}$ 上的闭集。这些闭集依次为：

$$\{1, 2, 3, 4, 5\}, \{3, 4, 5\}, \{1, 2\}, \varnothing$$

因此，$\mathcal{T}$ 中的所有集合在 $\mathcal{T}$ 上都是既开放又封闭的。问题"是否存在这样的可能：一个拓扑（除了平凡拓扑和离散拓扑以外）中的所有集合在该拓扑上都是既开放又封闭的？"的答案是"存在"。□

答案 3.3 当且仅当 $\mathcal{B}(\mathfrak{R}^n)$ 满足定义 3.3 中的性质(1)和性质(2)时，$\mathcal{B}(\mathfrak{R}^n)$ 是 $\mathfrak{R}^n$ 上的拓扑基。很明显，

$$\mathcal{B}(\mathfrak{R}^n) = \{B_{d_E}(x, \varepsilon), \forall x \in \mathfrak{R}^n, \forall \varepsilon > 0\}$$

一定满足条件(1)。那么条件(2)呢？从 $\mathcal{B}(\mathfrak{R}^n)$ 中任取两个元素 B_1 和 B_2，使得 $B_1 \cap B_2 \neq \varnothing$。令 $x \in B_1 \cap B_2$，显然，$B_1 \cap B_2$ 不可能是单元素集。为什么呢？如果它是单元素集，那么 x 就是球 B_1 和球 B_2 的边界点。然而，因为 $\mathcal{B}(\mathfrak{R}^n)$ 中的所有球都不包含其边界，所以 $B_1 \cap B_2$ 不是单元素集。这就意味着，对任意 $x \in B_1 \cap B_2$，都存在足够小的 $\varepsilon' > 0$ 使得

$B_3 = B_{d_E}(x, \varepsilon') = \{y \in \Re^n \mid d_E(x, y) < \varepsilon'\} \subset B_1 \bigcap B_2$。于是，$B_3 \in \mathcal{B}(\Re^n)$。$\mathcal{B}(\Re^n)$ 满足条件(2)。因此，$\mathcal{B}(\Re^n)$ 是 $\Re^n$ 上的拓扑基。 $\square$

答案 3.4 $n = 1$ 时结论显然成立。考虑 $n = 2$ 的情况。因为 S_1 是有界集，所以存在一个点 $x_1 \in X$ 和半径 $\varepsilon_1 > 0$，使得 $S_1 \subseteq B_d(x_1, \varepsilon_1)$。同样，因为 S_2 是有界集，所以存在一个点 $x_2 \in X$ 和半径 $\varepsilon_2 > 0$，使得 $S_2 \subseteq B_d(x_2, \varepsilon_2)$。令 $x' \in S_1$，$x'' \in S_2$，根据度量函数的三角不等式性质，有

$$d(x', x'') \leqslant d(x', x_1) + d(x_1, x_2) + d(x_2, x'') \leqslant \varepsilon_1 + d(x_1, x_2) + \varepsilon_2$$

不等式的右边是一个与 x' 和 x'' 无关的正数，因此，

$$d(x', x'') \leqslant \varepsilon_1 + d(x_1, x_2) + \varepsilon_2 \equiv \delta \ \forall \ x' \in S_1, \ \forall \ x'' \in S_2$$

故 $S_1 \bigcup S_2 \subseteq B_d(x_1, \delta)$，这说明 $S_1 \bigcup S_2$ 是 X 的有界子集。

根据归纳法，这个结果可以推广到任意有限数 $n \geqslant 2$ 的集合的并集。对于任意 $n \geqslant 2$，集合的并集 $S_1, \cdots, S_n$ 可写成 $\bigcup_{i=1}^{n-1} S_i \bigcup S_n$。根据归纳法的假设，$\bigcup_{i=1}^{n-1} S_i \bigcup S_n$ 是一个有界集，因此，两个有界子集 $\bigcup_{i=1}^{n-1} S_i \bigcup S_n$ 和 S_n 的并集在 (X, d) 中一定是有界的。由于当 $n = 2$ 时结论成立，所以对于所有 $n \geqslant 2$，结论也是成立的。 $\square$

答案 3.5 令 $X = \Re$，d 为欧几里得度量。对于 $i = 0, 1, 2, \cdots$，令 $S_i = [i, i+1] \subset \Re$。每个集合 S_i 都是有界集，但是

$$S = \bigcup_{i=0}^{\infty} S_i = \bigcup_{i=0}^{\infty} [i, i+1] = [0, \infty)$$

不是 E^n 上的有界集。 $\square$

答案 3.6 S_1 在 (X, d) 上有界，存在 $x \in X$ 和 $\varepsilon_1 > 0$，使得 $S_1 \subseteq B_d(x, \varepsilon_1)$。因为 $S = \bigcap_{i=1}^{\infty} S_i \subseteq S_1$，所以 $S \subseteq B_d(x, \varepsilon_1)$。$S$ 在 (X, d) 上有界。 $\square$

答案 3.7 考虑两个可数集合 S_1 和 S_2，其中 $S_1 = (-\infty, 0]$，$S_2 = [0, \infty)$，它们都不是 E^1 上的有界集，但 $S_1 \bigcap S_2 = \{0\}$ 是 E^1 上的有界集。 $\square$

答案 3.8 每个 S_i 都是 E^n 上的闭集，有限个闭集的并集仍为闭集，因此，S 是一个闭集。由习题 3.4 可知，S 也是一个有界集，S 是 E^n 上的紧集。 $\square$

答案 3.9 习题 3.5 的反例也可以作为本题的反例。 $\square$

答案 3.10 令 $S_1 = [0, 1]$，$S_i = (0, 1)$，$i = 2, 3, \cdots$。显然所有 $S_2, S_3, \cdots$ 都是 E^1 上的开集，所以它们都不是 E^1 上的紧集。但 $S_1 \bigcup S_2 \bigcup S_3 \bigcup \cdots = [0, 1]$ 是 E^1 上的紧集。 $\square$

答案 3.11 任意 (X, d) 上的有限个闭子集的交集仍为 (X, d) 上的闭子集。习题 3.6 的证明说明 S 在 (X, d) 上有界，那么 S 在 (X, d) 上既有界又封闭。如果 $X = \Re^n$，d 为欧几里得度量，那么 $(X, d) = \Re^n$，由海涅-博雷尔定理可知 S 是 E^n 上的紧集。 $\square$

▶ 4

数列与收敛

4.1　数列

与数列相关的概念和结论有很多,重复其他书中对数列的详细讨论没有什么价值,所以,本章只介绍几个后面的章节中会使用到的概念和结论。对数列感兴趣而且想深入了解的读者可以再阅读其他的数学教材,其中一些教材对数列的讨论非常全面。

我们将使用大量正整数的集合,因为正整数是我们在构造数列时常用的"计数器"。正整数也被称为自然数。$\{1, 2, 3, \cdots\}$这个集合通常用 N 来表示,但 N 也可以表示很多其他的量,为了避免产生歧义,我们将和数学家一样,用 Z_+ 来表示自然数集合,$Z_+ = \{1, 2, 3, \cdots\}$。

定义 4.1(数列)　集合 X 中的元素所构成的一个数列是一个满射函数 $f : Z_+ \to X$。

这意味着我们构造了一个形式为$\{(n_1, x_1), (n_2, x_2), \cdots\}$的映射,更常用的表示方法是$\{x_{n_1}, x_{n_2}, \cdots\}$,其中,$x_{n_i}$ 的下标 n_i 所表示的自然数被映射到元素 x_{n_i} 上,$x_{n_i} \in X$。之所以要求这个函数是满射函数(见定义 5.7),是为了确保数列中的每个元素都至少与一个计数指数(可以简单地理解为序号)对应。在大多数情况下,指数为 1, 2, 3, $\cdots$,我们平时看到的数列一般是 $x_1, x_2, x_3, \cdots$。当我们说 x_1 是数列中的第 1 个元素时,我们指的就是数字 1 与数列中的第 1 个值对应(也就是数字 1 被映射到 x_1)。一般性的表述为,x_i 是数列的第 i 个元素,数字 i 与数列中的第 i 个值对应,其中,$i = 1, 2, 3, \cdots$。因为一个元素可以出现在数列的多个位置,所以一个元素可以跟多个计数指数对应。比如,可能出现 $x_3 = x_{15} = 9$,也就是说数列的第 3 个元素和第 15 个元素都是数字 9。

数列可能是无限的,比如 $x_1, x_2, \cdots, x_i, \cdots$;数列也可以是有限的,比如 $x_1, \cdots, x_m$,m 为大于等于 1 的有限整数。数列的表示方法有很多,有人可能简单地写成 x_n,但是这样会产生歧义,所以我不这样表示。有人用(x_n)、$\langle x_n \rangle$ 或 $\langle x_n \rangle_{n=1}^{\infty}$ 来表示,还有人用 $\{x_n\}$ 或 $\{x_n\}_{n=1}^{\infty}$ 表示,我使用的是最后一种写法,用 $\{x_n\}_{n=1}^{\infty}$ 表示元素个数无限的数列,用 $\{x_n\}_{n=1}^{m}$ 表示元素个数有限的数列。

4.2　有界数列

一个数列有界意味着它既有上界又有下界，也就是说，数列中的所有元素都不大于有限的上界，也不小于有限的下界。

定义 4.2（有界数列）　令 $X \subset \mathfrak{R}$，数列 $\{x_n\}_{n=1}^{\infty}$ 中的元素取自 X。如果存在 $B \in X$ 使得 $|x_n| \leqslant B$，其中，$n = 1, 2, \cdots$，那么，$\{x_n\}_{n=1}^{\infty}$ 是在 X 上的有界数列。

定义 4.2 的表述等同于：集合 $\{x_1, x_2, \cdots\}$ 被包含在一个以零为球心、以不小于 B 的有限值为半径的闭球内，B 位于定义了数列 $\{x_n\}_{n=1}^{\infty}$ 的函数 $f: Z_+ \to X$ 的值域内。

数列的界不是唯一的。比如，数列 $\{2, -1, 2, -1, 2, -1, \cdots\}$。任何 2 及以上的数都可以是这个数列的上界，任何 -1 及以下的数都可以是这个数列的下界。2 是该数列的上界之中最小的，-1 是该数列的下界之中最大的。

现在考虑数列 $\left\{1 - \dfrac{1}{n}\right\}_{n=1}^{\infty} = \left\{0, \dfrac{1}{2}, \dfrac{2}{3}, \dfrac{3}{4}, \cdots\right\}$。这个数列既有上界又有下界，最大的下界是 0，0 是数列中的一个元素（第一个元素）；最小的上界是 1，而 1 不是数列中的元素。一个有界数列不一定包含其最小上界或最大下界。数列 $\{x_n\}_{n=1}^{\infty}$ 的最小上界被称为数列的上确界，用 $\sup x_n$ 表示；最大的下界被称为数列的下确界，用 $\inf x_n$ 表示。

有些数列只有上界，也就是说，存在一个有限值 B，对任意 $n \geqslant 1$ 都有 $x_n \leqslant B$。比如，数列 $S = \{0, -1, -2, -3, \cdots\}$ 的上确界是其最小上界 0：$\sup(S) = 0$。因为这个数列没有下限，所以下确界无法用数值来表示，我们记作 $\inf(S) = -\infty$。有些数列只有下界，这意味着存在一个有限值 B，对任意 $n \geqslant 1$ 都有 $B \leqslant x_n$，如果数列是 $S' = \{0, 1, 2, 3, \cdots\}$，那么这个数列的最大下界是零：$\inf(S') = 0$。因为该数列没有上确界，所以 $\sup(S') = +\infty$。

请注意你所用的数学用语，如果你说一个数列是"有界"的，这意味着这个数列既有上界又有下界，否则，你就要明确说有上界或有下界。

4.3　收敛

让我们更新下记忆中收敛的概念。给出一个集合 X，从 X 中选取一些元素 x_n 构造一个数列。大多数数列都是不收敛的。但是，当 n 变得非常大时，如果数列中的元素会"无限接近"某个值 $x_0 \in X$，我们就说这个数列是收敛的，而 x_0 是这个数列的极限。准确的表述还需要对"接近"一词给出精确的界定。最常用的工具是度量函数 d，我们可以用它来衡量极限 x_0 与数列中任意元素 x_k 之间的距离，记作 $d(x_k, x_0)$。当我们沿着一个收敛数列走得足够远时，距离 $d(x_k, x_0)$ 会变得非常小，而且随着 k 的变大（即沿着数列走得越来越远），距离会越来越接近 0。

定义 4.3（收敛数列）　令 (X, d) 为一个度量空间，$\{x_n\}_{n=1}^{\infty}$ 是一个由 X 中的元素构成的数列。当且仅当对任意 $\varepsilon > 0$，都存在一个整数 $M(\varepsilon)$，使得在 $n \geqslant M(\varepsilon)$ 的情况下，$d(x_n, x_0) > 0$ 都成立时，$\{x_n\}_{n=1}^{\infty}$ 在度量为 d 的情况下收敛于 $x_0 \in X$。

看看下面这个简单的例子。令参考集为 $X = [1, 2]$，度量函数为欧几里得度量。考虑

数列

$$s^* = \left\{ 1, \ 1+\frac{1}{2}, \ 1+\frac{2}{3}, \ 1+\frac{3}{4}, \ \cdots, \ 1+\frac{n-1}{n}, \ \cdots \right\}$$

s^* 是一个收敛数列吗? 如果是,它的极限是什么呢? 你能给出证明吗? 先想出答案再继续看下面的内容。

在度量为欧几里得度量的情况下,s^* 在 $X=[1, 2]$ 上收敛于 2。随着 $n \to \infty$,2 与任意一个元素 $x_n = 1+(n-1)/n$ 的距离为:

$$d_E(x_n, 2) = \sqrt{\left(1+\frac{n-1}{n}-2\right)^2} = \frac{1}{n} \to 0$$

因此,当 $n \to \infty$ 时(也就是沿着数列越走越远时),元素 x_n 与 2 的距离无限接近于 0。

是不是很简单? 现在我们稍微修改一下,把参考集改为 $X=[1, 2)$。s^* 还是一个收敛数列吗? 如果是,它的极限是什么呢? 和刚才一样,先想出答案再继续往下看。

答案是:s^* 不是一个收敛的数列。如果你得到相反的答案,很可能是因为你犯了一个很严重的常见错误。收敛数列必须有极限,因此,如果你要说明一个数列是收敛的,就首先要证明它的极限是存在的。但你不能说数列 s^* 的极限是 2,因为 2 根本不是参考集中的元素,也就是说,在我们看来,数字 2 是不存在的。而如果极限不存在,那么数列就不能收敛。在判断一个数列是否收敛时,一定要格外注意其参考集是什么。

显然,一个收敛数列中的元素之间的差不可能总是非常大。实际上恰恰相反,至少在最终的时候,元素之间的差会变得很小。这意味着收敛实数数列中的所有元素都要介于某个上界和某个下界之间,也就是说,收敛的实数数列一定是有界的。事实的确如此,证明起来也非常简单。在给出定理及其证明之前,我们先观察一下下面这个收敛实数数列。令参考集 $X=\Re$,用欧几里得度量来衡量距离。

$$s^{**} = \{-1\,000, \ 2\,000, \ -2\,500, \ 8\,200, \ -10, \ 8, \ -4, \ 3, \ 0, \ 2, \ 2, \ 2, \ \cdots, \ 2, \ \cdots\}$$

很容易看出这是一个极限为 2 的收敛数列,比 8 200 大的任何一个值都可以是这个数列的上界,比 $-2\,500$ 小的任何一个值都可以是数列的下界,这个数列是有界的(意思是既有上界又有下界)。这个数列里的前几个元素之间的较大差值既不影响数列的收敛性,也不影响数列的有界性。

现在我们来证明任何收敛的数列必定是有界的。

定理 4.1(收敛数列必有界) 令 $X \subset \Re$,数列 $\{x_n\}_{n=1}^{\infty}$ 的元素取自 X。如果 $\{x_n\}_{n=1}^{\infty}$ 在 X 上收敛,那么,$\{x_n\}_{n=1}^{\infty}$ 在 X 上有界。

证明:假设数列 $\{x_n\}_{n=1}^{\infty}$ 收敛于某个极限值 x_0:$x_n \to x_0 \in X$。任意选择一个距离 $\varepsilon > 0$,一定存在一个整数 $M(\varepsilon)$,使得子数列 $x_{M(\varepsilon)}, x_{M(\varepsilon)+1}, x_{M(\varepsilon)+2}, \cdots$ 中每个元素与极限 x_0 的距离都小于 ε,也就是说,对每个 $n \geq M(\varepsilon)$,都有 $d_E(x_n, x_0) = |x_n - x_0| < \varepsilon$。因此,

$$\text{对每个 } n \geq M(\varepsilon), \ |x_n| < |x_0| + \varepsilon \equiv L_1$$

这就意味着子数列 $x_{M(\varepsilon)}, x_{M(\varepsilon)+1}, x_{M(\varepsilon)+2}, \cdots$ 的界为 $L_1 = |x_0| + \varepsilon$。

接下来看一看原数列的第一部分,即除去上述子数列后的剩余部分:x_1,x_2,$\cdots$,$x_{M(\varepsilon)-1}$。这个数列中的元素与极限 x_0 的距离构成了一个有限集 $d(x_1, x_0)=|x_1-x_0|$,$\cdots$,$d(x_{M(\varepsilon)-1}, x_0)=|x_{M(\varepsilon)-1}-x_0|$。因此,

$$|x_1|<|x_0|+d(x_1, x_0), \cdots, |x_{M(\varepsilon)-1}|<|x_0|+d(x_{M(\varepsilon)-1}, x_0)$$

于是有:

$$|x_1|<|x_0|+\max\{d(x_1, x_0), \cdots, d(x_{M(\varepsilon)-1}, x_0)\}$$
$$\vdots \qquad\qquad\qquad \vdots$$
$$|x_{M(\varepsilon)-1}|<|x_0|+\max\{d(x_1, x_0), \cdots, d(x_{M(\varepsilon)-1}, x_0)\}$$

因此,原数列的第一部分的界限为:

$$L_2\equiv|x_0|+\max\{d(x_1, x_0), \cdots, d(x_{M(\varepsilon)-1}, x_0)\}$$

整个数列的界限就是数字 L_1 和 L_2 中的较大值:

$$对于每个 n\geqslant1, |x_n|\leqslant\max\{L_1, L_2\} \qquad\qquad \square$$

很容易看出,这个命题的逆命题是错误的,也就是说,有界数列不一定收敛。比如,数列 $\{0, 1, 0, 1, 0, 1, \cdots\}$ 是有界的,但是它不是收敛的。不过,有两种简单且重要的实数数列总是收敛的。

定义 4.4(单调数列) 令 $X\subset\Re$,$\{x_n\}_{n=1}^{\infty}$ 是所有元素取自 X 的数列。如果对每个 $n\geqslant1$,都有 $x_n\leqslant x_{n+1}$,那么 $\{x_n\}_{n=1}^{\infty}$ 是 X 上的一个单调递增数列。如果对每个 $n\geqslant1$,都有 $x_n<x_{n+1}$,那么 $\{x_n\}_{n=1}^{\infty}$ 是 X 上的一个严格单调递增数列。如果对每个 $n\geqslant1$,都有 $x_n\geqslant x_{n+1}$,那么 $\{x_n\}_{n=1}^{\infty}$ 是 X 上的一个单调递减数列。如果对每个 $n\geqslant1$,都有 $x_n>x_{n+1}$,那么 $\{x_n\}_{n=1}^{\infty}$ 是 X 上的一个严格单调递减数列。

如果数列是递增的,我们用 $x_n\nearrow$ 表示;如果数列是递减的,我们用 $x_n\searrow$ 表示。如果一个数列递增且收敛于极限 x_0,那我们用 $x_n\nearrow x_0$ 来表示;如果一个数列递减且收敛于极限 x_0,那我们用 $x_n\searrow x_0$ 来表示。

如果递增数列 $\{x_n\}_{n=1}^{\infty}$ 有上界会怎么样呢? 此时,数列中元素的值不能随着 n 的增加而减小,也不会增大到超过某个特定的值。这样的数列不就是收敛的吗? 类似地,一个有下界的递减数列是收敛的吗? 没错! 这两个命题都正确,而且非常有用。

定理 4.2(单调递增且有上界的数列收敛) 令 $\{x_n\}_{n=1}^{\infty}$ 为有上界的单调递增实数数列,那么,$\{x_n\}_{n=1}^{\infty}$ 是收敛的。

证明:$x_n\nearrow$。令 B 是 $\{x_n\}_{n=1}^{\infty}$ 的一个上界。那么 $\bar{x}=\sup x_n\leqslant B$,存在最小上界 $\bar{x}$。因为 $\bar{x}$ 是最小上界,且对任意 $\varepsilon>0$,$x_n\nearrow$,所以一定存在一个整数 $M(\varepsilon)$ 使得当 $n\geqslant M(\varepsilon)$ 时 $|x_n-\bar{x}|<\varepsilon$ 成立。因此,数列收敛于 $\bar{x}$。 $\qquad\qquad \square$

定理 4.3(单调递减且有下界的数列收敛) 令 $\{x_n\}_{n=1}^{\infty}$ 为有下界的单调递减实数数列,那么 $\{x_n\}_{n=1}^{\infty}$ 是收敛的。

其证明与定理 4.2 几乎相同,请花几分钟尝试证明一下吧。

在进入下一节的学习之前有个小地方要注意一下。假设有一个收敛于某个极限

x_0 的实数数列 x_n，对每个 $n \geqslant 1$，都有 $x_n < b$。那么，x_0 一定小于 b 吗？思考一下，举出一两个例子，然后再继续看下一段。

x_0 不一定严格小于 b，但 x_0 一定小于等于 b。比如数列 $x_n = 2 - \dfrac{1}{n}$，很明显，对每个 $n \geqslant 1$，都有 $x_n < 2$。即使这样，x_n 也趋近于 2，即极限为 2。类似地，如果对每个 $n \geqslant 1$，都有 $x_n > b$ 且 $x_n \to x_0$，那么，$x_0 \geqslant b$，但不一定严格大于 b。

4.4　子数列

单调数列是不是很常见呢？对于经济学家来说，单调数列是"相当常见"的。更重要的是，任意一个实数数列（无论是否收敛）都至少有一个单调的子数列。在经济学家研究很多重要问题的过程中，这个信息尤其关键。让我们从子数列的概念开始学习。

定义 4.5（子数列）　令 $\{x_n\}_{n=1}^{\infty}$ 为 X 上的数列，令 $\{k_1, k_2, \cdots\}$ 为 $\{1, 2, \cdots\}$ 的子集，且 $k_1 < k_2 < \cdots$，那么，$\{x_{k_i}\}_{i=1}^{\infty}$ 是 $\{x_n\}_{n=1}^{\infty}$ 的子数列。

简单来说，子数列是母数列的一个子集，子数列中所有元素的顺序与这些元素在母数列中的顺序相同。比如，数列 $\{-2, -4, 15\}$ 是数列 $\{3, -2, 7, 0, -4, -8, 9, 15, 2\}$ 的子数列，但 $\{-4, -2, 15\}$ 不是数列 $\{3, -2, 7, 0, -4, -8, 9, 15, 2\}$ 的子数列。

如下列定理所述，每个数列都有一个单调的实数子数列。

定理 4.4（任意实数数列都包含一个单调子数列）　任意一个实数数列 $\{x_n\}_{n=1}^{\infty}$ 都包含至少一个单调子数列。

证明：对每个 $n \geqslant 1$，定义一个子数列 $s_n = \{x_n, x_{n+1}, \cdots\}$。母数列 $\{x_n\}_{n=1}^{\infty}$ 有两种可能：某个元素是所有元素中的最大值；没有一个元素是最大值。

假设 $\{x_n\}_{n=1}^{\infty}$ 不含有最大的元素，也就是说，没有任何一个元素是最大值。那么，我们可以通过以下程序构造它的一个单调递增子数列 $\{y_k\}_{k=1}^{\infty}$：令 $y_1 = x_1$，令 y_2 与 s_2 中的第一个比 y_1 大的元素相等（一定存在比 y_1 大的元素，因为原数列 $\{x_n\}_{n=1}^{\infty}$ 中没有最大的元素），把它记为 x_{m_2}。再令 y_3 与 s_{m_2+1} 中的第一个比 y_2 大的元素相等，记为 x_{m_3}。重复这样的步骤，我们就可以得到一个单调递增的数列 $\{y_1, y_2, y_3, \cdots\} = \{x_1, x_{m_2}, x_{m_3}, \cdots\}$。

现在假设 $\{x_n\}_{n=1}^{\infty}$ 含有最大的元素。那么，我们可以这样构造它的一个单调递减子数列 $\{z_k\}_{k=1}^{\infty}$：对每一个 $i \geqslant 1$，令 s_i 中最大的元素为 $\max s_i$。令 $z_1 = \max s_1$，用 x_{m_1} 表示这个元素；再令 $z_2 = \max s_{m_1}$，用 x_{m_2} 表示这个元素。很明显，$z_1 \geqslant z_2$。重复这样的步骤，得到的数列 $\{z_k\}_{k=1}^{\infty}$ 是单调递减数列。

在上述证明中我们也可以考虑这两种情况：第一，$\{x_n\}_{n=1}^{\infty}$ 中没有哪个元素是所有元素中的最小值；第二，$\{x_n\}_{n=1}^{\infty}$ 包含值最小的元素。这两种证明方式是等价的，你可以用后者重新证明该定理，但定理的表述不变。

把定理 4.2，定理 4.3 和定理 4.4 的关于实数数列的内容整合在一起，我们就能得到一个极其有用的著名定理。

定理 4.5（波尔查诺-魏尔斯特拉斯定理，Bolzano-Weierstrass theorem）　每个有界实数数列都至少有一个收敛的子数列。

它证明起来没那么困难,对吧? 还记得之前不收敛的实数数列 $\{0, 1, 0, 1, 0, 1, \cdots\}$ 吗? 它是一个有界数列,它一定至少包含一个收敛的子数列。实际上,它有很多收敛子数列,比如,

$$\{0, 0, 0, 0, 0, 0, 0, \cdots, 0, \cdots\} \to 0$$
$$\{1, 1, 1, 1, 1, 1, 1, \cdots, 1, \cdots\} \to 1$$
$$\{0, 1, 0, 0, 0, 0, 0, \cdots, 0, \cdots\} \to 0$$
$$\{0, 0, 0, 1, 1, 1, 1, \cdots, 1, \cdots\} \to 1$$

在判断一个数列是否收敛时,有两种子数列非常有用。它们分别是上极限子数列和下极限子数列。

定义 4.6(上极限和下极限) 当 $x_n \in \Re$,$n \geqslant 1$ 时,数列 $\{x_n\}_{n=1}^{\infty}$ 的上极限为:

$$\limsup x_n = \lim_{n \to \infty} \sup_{k \geqslant n} x_k \tag{4.1}$$

数列 $\{x_n\}_{n=1}^{\infty}$ 的下极限为:

$$\liminf x_n = \lim_{n \to \infty} \inf_{k \geqslant n} x_k \tag{4.2}$$

如果上极限不存在,那么 $\limsup x_n = +\infty$;如果下极限不存在,那么 $\liminf x_n = -\infty$。

这两个极限乍一看有点奇怪,但理解起来并不困难。先来看看上极限,根据式(4.1),对于给定的 $n \geqslant 1$,我们要考虑的子数列是 $\{x_n, x_{n+1}, x_{n+2}, \cdots\}$。然后,我们首先要找出这个子数列的上确界(也就是它的最小上界)。令这个上确界为 $\bar{s}_n = \sup\{x_n, x_{n+1}, x_{n+2}, \cdots\}$,然后用同样的方法找出短一些的子数列 $\{x_{n+1}, x_{n+2}, \cdots\}$ 的上确界,即 $\bar{s}_{n+1} = \sup\{x_{n+1}, x_{n+2}, \cdots\}$。对每个 $n \geqslant 1$ 都重复这样的操作。随着 n 变大,对应子数列包含的元素越来越少,这些上确界值是弱递减的,即对所有 $n \geqslant 1$,$\bar{s}_n \geqslant \bar{s}_{n+1}$。图 4.1 有助于你理解这个思路。

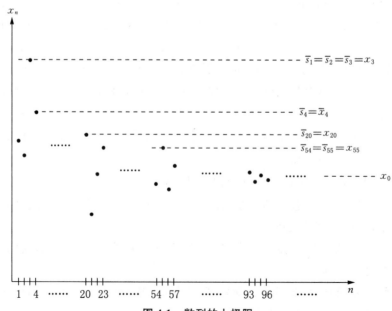

图 4.1 数列的上极限

图 4.1 中的点表示原始数列 $\{x_n\}_{n=1}^{\infty}$ 中的一些元素。当 $n=1$ 时,我们计算出原始数列中每个元素的上确界 $\bar{s}_1$;当 $n=2$ 时,我们计算出原始数列去掉 x_1 后的新数列的上确界 $\bar{s}_2$。在图中,恰好 $\bar{s}_1=\bar{s}_2$。再对每一个 n 做同样的计算,直到 $n=20$,计算出子数列 $\{x_{20},$ $x_{21}, \cdots\}$ 的最小上界 $\bar{s}_{20}$,图中的 $\bar{s}_{20}$ 比 $\bar{s}_1$,$\cdots$,$\bar{s}_{19}$ 都要小,因为原数列中的 x_1,$\cdots$,x_{19} 都不用考虑了。随着 n 不断变大,图中的最大值 $\bar{s}_n$ 一直没有上升,而是逐渐接近极限 x_0。上确界数列的极限等于原始数列 $\{x_n\}_{n=1}^{\infty}$ 的上极限的值,也就是说 $x_0 = \lim_{n \to \infty} \bar{s}_n = \lim_{n \to \infty} \sup\{x_n,$ $x_{n+1}, \cdots\} = \lim \sup x_n$。

数列下极限的概念与上极限的概念非常类似。我们先考虑子数列 $\{x_n, x_{n+1},$ $x_{n+2}, \cdots\}$ 的下确界(也就是最大的下界) $\underline{s}_n = \inf\{x_n, x_{n+1}, x_{n+2}, \cdots\}$,然后找出这些下确界在 $n \to \infty$ 时所构成的数列。下确界数列的极限等于原始数列 $\{x_n\}_{n=1}^{\infty}$ 的下极限的值,即 $\lim_{n \to \infty} \underline{s}_n = \lim_{n \to \infty} \inf\{x_n, x_{n+1}, x_{n+2}, \cdots\} = \lim \inf x_n$。

当然,某些数列有可能不是收敛的。即便如此,这些数列还是可能会有上极限和下极限。数列 $\{1, -1, 1, -1, 1, -1, \cdots\}$ 就是一个明显的例子,它不是收敛的,但它的上极限为 1,下极限为 -1,这两个极限不相等就意味着这个数列不收敛。

现在再考虑一个收敛数列 $\left\{1, -1, \dfrac{1}{2}, -\dfrac{1}{2}, \dfrac{1}{3}, -\dfrac{1}{3}, \cdots\right\}$,它的上极限是上确界数列 $\left\{1, \dfrac{1}{2}, \dfrac{1}{2}, \dfrac{1}{3}, \dfrac{1}{3}, \cdots\right\}$ 的极限,下极限是下确界数列 $\left\{-1, -1, -\dfrac{1}{2}, -\dfrac{1}{2},\right.$ $\left.-\dfrac{1}{3}, \cdots\right\}$ 的极限。这两个数列的极限都是 0,原始数列的极限也是 0,这个收敛数列的上极限、下极限和极限都是同一个值。这是数列是否收敛的另一种判断方法。

定理 4.6 (X, d) 是一个度量空间,令 $x_n \in X$,$n \geqslant 1$。当且仅当 $\lim \sup x_n = \lim \inf x_n$ 时,数列 $\{x_n\}_{n=1}^{\infty}$ 是收敛的,其极限为 $\lim_{x \to \infty} x_n = \lim \sup x_n = \lim \inf x_n$。

4.5 柯西序列

根据前文对数列收敛性的定义,如果你想证明某个数列是收敛的,那就必须得知道这个数列的极限 x_0 是多少。如果不知道这个极限的话,就无法衡量 x_k 和 x_0 之间的距离 $d(x_k, x_0)$,也就无法判断这个距离是否随着 k 的变大而不断缩小。这样就麻烦了,出现了逻辑怪圈——如果知道了一个数列的极限,就说明你已经确定这个数列是收敛的,也知道它收敛于哪个值;如果你不知道数列的极限是什么,那就无法判断数列是否是收敛的,也就不能确定极限的值。

我相信你会在心里想:这样肯定不行,要找到一个不需要知道数列的极限就能判断它是否收敛的方法。也许你会想:真正需要检验的是数列中后面的相邻值是否变得差不多相等,而且随着我们沿着数列越走越远,相邻元素的数值也越来越接近。不幸的是,尽管我很欣赏你的想法,但这并不总是有效的。著名的法国数学家奥古斯丁-路易斯·柯西(Augustin-Louis Cauchy)把这个想法进行调整后提出了一个判断方法。先来看几个例子。

收敛的数列有多种收敛方式。研究一下以下数列：

$$s' = \left\{1, \frac{1}{2}, \frac{1}{3}, \frac{1}{4}, \frac{1}{5}, \cdots\right\}$$

$$s'' = \left\{1, -\frac{1}{2}, \frac{1}{3}, -\frac{1}{4}, \frac{1}{5}, \cdots\right\}$$

$$s''' = \left\{1, 0, \frac{1}{2}, 0, 0, \frac{1}{3}, 0, 0, 0, \frac{1}{4}, 0, 0, 0, 0, \frac{1}{5}, \cdots\right\}$$

这三个数列都是收敛的，它们有相同的极限——零，但是收敛的方式不一样。s' 可以被视为三个数列中收敛得"最平稳"的数列。当你沿着 s' 越走越远时，数列中的元素始终是正值，但相邻元素之间的差 $|(1/n)-(1/n+1)|$ 单调递减且趋于零。数列 s'' 也只包含与零越来越接近的元素，相邻元素的差 $|(1/n)+(1/n+1)|$ 也单调递减且趋向于零，但相邻元素的差比 s' 中相邻元素的差要大。s''' 由一些片段组成，每个片段的第一个元素是 $1/n$，其后是 n 个零。在这种情况下，随着 n 变大，零的数字串越来越长，非零数 $1/n$ 的值也越来越小，两个相邻零元素之间的距离为零，非零元素与其相邻元素之间的距离大于零，所以，s''' 中相邻元素之间的距离不是单调趋于零的。但是，即使我没有告诉你数列的极限是零，我相信你会很快就可以判断出这几个数列都是收敛的，而且是收敛于零的。你的理由是什么？我敢打赌，你的理由一定是：当沿着数列越走越远时，后面的任意元素之间的距离都越来越小，最后无限接近于零。如果你是这样想的话，那么恭喜你，你已经发现了一个重要的概念——柯西序列（Cauchy sequence）。

定义 4.7（柯西序列） 令 (X, d) 为一个度量空间，令 $\{x_n\}_{n=1}^{\infty}$ 为 X 上的一个数列。如果对每一个 $\varepsilon > 0$，都存在一个整数 $M(\varepsilon) \geqslant 1$，使得 $d(x_i, x_j) < \varepsilon$ 对所有 $i, j \geqslant M(\varepsilon)$ 都成立，那么，这个数列就是一个度量 d 下的柯西序列。

这个定理表达的是什么意思呢？我来说明一下。选择一个 $\varepsilon > 0$，比如 $\varepsilon = \frac{1}{2}$。如果这个数列是柯西序列，那么数列中会存在一个元素，即第 $M\left(\frac{1}{2}\right)$ 个元素，该元素与其后续元素组成的任意一个元素对之间的距离都严格小于 $\frac{1}{2}$。在数列 s' 中，$M\left(\frac{1}{2}\right) = 2$；在数列 s'' 中，$M\left(\frac{1}{2}\right) = 4$；在数列 s''' 中，$M\left(\frac{1}{2}\right) = 4$。现在选一个小一点的 ε，比如 $\varepsilon = \frac{1}{10}$。在数列 s' 中，第三个元素之后任意一个元素对之间的距离都是严格小于 $\frac{1}{10}$ 的，$M\left(\frac{1}{10}\right) = 3$；在数列 s'' 中，$M\left(\frac{1}{10}\right) = 20$；在数列 s''' 中，$M\left(\frac{1}{10}\right) = 56$。你所选的 ε 值是你所能接受的数列中任意一个可能的元素对之间距离的上限。当你指定的 ε 值接近于零时，数列中靠"右端"的元素都离彼此越来越近，直到近乎为同一个值。一般来说，只考虑数列中足够远的部分时，元素才会趋向同一个值。通常情况下，对 ε 赋的值越接近零，$M(\varepsilon)$ 的值会越大。由于选择的 ε 值是可以趋近于零的，所以柯西序列是一个收敛数列。让我们看几个例子。

数列 $\hat{s} = \{1, -1, 1, -1, 1, -1, \cdots\}$ 是柯西序列吗？阅读下一段之前先思考一下

并得出一个明确的结论。

如果这个数列是柯西序列,那么,对任意 $\varepsilon > 0$,你一定可以找出第 $M(\varepsilon)$ 个元素, $M(\varepsilon)$ 后面任意一个元素对之间的距离比所选的 ε 值要小。令 $\varepsilon = \dfrac{1}{2}$,$\hat{s}$ 中存在某个元素使后面任意一个元素对之间的距离小于 $\dfrac{1}{2}$ 吗?不存在。因为无论你沿着数列走多远,两个相邻元素之间的距离始终是 2,不会小于 $\varepsilon = \dfrac{1}{2}$。因此,它不是一个柯西序列。

数列 $\tilde{s} = \left\{ 1,\ 1 + \dfrac{1}{2},\ 1 + \dfrac{1}{2} + \dfrac{1}{3},\ \cdots,\ \sum_{i=1}^{n} \dfrac{1}{i},\ \cdots \right\}$ 是柯西序列吗?阅读下一段之前先思考并得出一个明确的结论——这个例子很重要。

$\tilde{s}$ 不是柯西序列。它甚至连收敛数列都不是。这个例子中的陷阱(希望你没有掉进去)是:数列中每对相邻元素之间的距离 $d(x_n, x_{n+1}) = 1/n+1$ 是随着 n 的变大而单调递减且趋向于零的,这可能让人误以为数列是收敛的。但其实不是这样,只看相邻元素之间的距离不能判断数列是否收敛,你需要检查的是任意一对元素之间的距离,而不是相邻元素。假设你选择 $\varepsilon = 1/100$,第 100 个元素和第 101 个元素之间的距离是 $1/101 < 1/100$,但第 100 个元素和第 102 个元素之间的距离是 $1/101 + 1/102 = 203/10\,302 > 1/100$。实际上,对于任何 n,距离 $d(x_n, x_k) = \sum_{i=n+1}^{k} 1/i$ 是随着 $k > n$ 变大而严格递增且没有上界的。但是,当且仅当数列中存在一个元素,使得该元素后面的任意一个元素对之间的距离都严格小于任意一个正值 ε 时,这个数列才是柯西序列。$\tilde{s}$ 是一个反例,它说明:当 $n \to \infty$ 时,即使数列中相邻元素 x_n 和 x_{n+1} 之间的距离趋于零,数列也不一定是收敛的。

柯西序列和收敛数列之间有什么联系呢?很容易看出,一个收敛数列一定是柯西序列,但每个柯西数列都是收敛的吗?下面的定理给出了答案。请认真看它的证明,这个证明很有启发性并且相当容易理解。

定理 4.7　令 (X, d) 为一个度量空间,$\{x_n\}_{n=1}^{\infty}$ 为 X 上的一个数列。

(1) 只有当 $\{x_n\}_{n=1}^{\infty}$ 为柯西序列时,它才是一个收敛的数列。

(2) 如果 $\{x_n\}_{n=1}^{\infty}$ 为柯西序列,那么它不一定在 X 上收敛。

(3) 如果 $\{x_n\}_{n=1}^{\infty}$ 为柯西序列,那么它一定是 X 上一个有界的数列。

(4) 如果 $\{x_n\}_{n=1}^{\infty}$ 为柯西序列且有一个在 X 上收敛的子数列,那么,$\{x_n\}_{n=1}^{\infty}$ 也在 X 上收敛,且与该子数列有相同的极限。

证明:

(1) 因为 $\{x_n\}_{n=1}^{\infty}$ 在 X 上收敛,那么一定存在极限 $x_0 \in X$,使得 $x_n \to x_0$。因此,对任意 $\varepsilon > 0$,存在一个整数 $M(\varepsilon/2)$,使得:

$$\text{对每个 } n \geqslant M(\varepsilon/2),\ d(x_n, x_0) < \frac{\varepsilon}{2}$$

因为 d 是一个度量,所以对任意 $n, m \geqslant 1$,

$$d(x_n, x_m) \leqslant d(x_n, x_0) + d(x_0, x_m)$$

于是,当 n, $m > M(\varepsilon/2)$ 时,

$$d(x_n, x_m) < \frac{\varepsilon}{2} + \frac{\varepsilon}{2} = \varepsilon$$

也就是说,数列 $\{x_n\}_{n=1}^{\infty}$ 是一个柯西序列。 □

(2) 一个例子足以进行说明。令 $X = [1, 2)$,考虑数列 $\{x_n\}_{n=1}^{\infty}$,其中,$x_n = 2 - 1/n$,$n = 1, 2, \cdots$。很容易看出这是一个柯西序列,但它并不收敛,因为 $2 \notin X$。 □

(3) 令 $\{x_n\}_{n=1}^{\infty}$ 为一个柯西序列。我们要证明的是存在包含了数列中所有元素的半径有限的一个球。选择任意 $\varepsilon > 0$,总存在一个整数 $M(\varepsilon)$,使得对任意 n, $m \geq M(\varepsilon)$ 都有 $d(x_n, x_m) < \varepsilon$。于是,对于 $n = M(\varepsilon)$, $m \geq M(\varepsilon)$,

$$d(x_{M(\varepsilon)}, x_m) < \varepsilon$$

并且

$$x_m \in B_d(x_{M(\varepsilon)}, \varepsilon)$$

定义一个 ρ:

$$\rho \equiv \max\{d(x_1, x_{M(\varepsilon)}), d(x_2, x_{M(\varepsilon)}), \cdots, d(x_{M(\varepsilon)-1}, x_{M(\varepsilon)})\} + \mu$$

其中,$\mu > 0$,是任意一个正实数。于是,对每个 $m = 1, \cdots, M(\varepsilon) - 1$,都有:

$$x_m \in B_d(x_{M(\varepsilon)}, \rho)$$

因此,对每个 $m \geq 1$,都有:

$$x_m \in B_d(x_{M(\varepsilon)}, \max\{\varepsilon, \rho\})$$
□

(4) 令 $\{x_n\}_{n=1}^{\infty}$ 为一个柯西序列。$\{x_{m_k}\}_{k=1}^{\infty}$ 是 $\{x_n\}_{n=1}^{\infty}$ 的一个收敛子数列。用 x_0 表示 $\{x_{m_k}\}_{k=1}^{\infty}$ 的极限,那么,对任意 $\varepsilon > 0$,存在一个整数 $M(\varepsilon/2)$,使得对每个 $k \geq M_{x_m}(\varepsilon/2)$,都有:

$$d(x_0, x_{m_k}) < \frac{\varepsilon}{2}$$

整数 $M_{x_m}(\varepsilon/2)$ 是 $\{x_{m_k}\}_{k=1}^{\infty}$ 中元素的位置(第几个元素)。因为 $\{x_{m_k}\}_{k=1}^{\infty}$ 是 $\{x_n\}_{n=1}^{\infty}$ 的子数列,所以这个元素也是 $\{x_n\}_{n=1}^{\infty}$ 中的一个元素。用 $M_x(\varepsilon/2)$ 表示该元素在 $\{x_n\}_{n=1}^{\infty}$ 中的位置。因为 $\{x_{m_1}, x_{m_2}, \cdots\}$ 是 $\{x_1, x_2, \cdots\}$ 的子集,所以 $M_x(\varepsilon/2) \geq M_{x_m}(\varepsilon/2)$。

因为 $\{x_n\}_{n=1}^{\infty}$ 是一个柯西序列,所以对同一个 $\varepsilon > 0$,存在整数 $N_x(\varepsilon/2)$ 使得对任意 i, $j \geq N_x(\varepsilon/2)$ 都有:

$$d(x_i, x_j) < \frac{\varepsilon}{2}$$

因为 d 是一个度量,所以有:

$$d(x_0, x_i) \leq d(x_0, x_{m_k}) + d(x_{m_k}, x_i)$$

令 $M(\varepsilon) = \max\{M_x(\varepsilon/2), N_x(\varepsilon/2)\}$。那么,对任意 $i \geqslant M(\varepsilon)$,都有:

$$d(x_0, x_i) < \frac{\varepsilon}{2} + \frac{\varepsilon}{2} = \varepsilon$$

因此,x_0 也是数列 $\{x_n\}_{n=1}^{\infty}$ 的极限。 $\square$

结合上述定理中的(1)和(4),我们可以得到一个更常见的结论。

推论 4.1 一个收敛数列的任意一个子数列也是收敛的,且与母数列收敛于同一个值。

一般来讲,并非在某个空间中的每一个柯西数列都如我们所讨论的一样收敛于该空间中的一个点。但是,在一些空间中,所有可能的柯西序列都收敛(而且收敛于该空间中的一个点),这种类型的空间被称为**完备空间**(complete space)。

定理 4.8(完备度量空间) 令 (X, d) 为一个度量空间,当且仅当 X 中的每个柯西序列都在度量 d 下收敛于 X 时,(X, d) 是一个完备度量空间。

当你知道欧几里得度量空间都是完备空间时,你一定会松一口气。

4.6 小结

经济学家大部分时候都会在欧几里得空间里分析问题。在欧几里得空间里,数列及其极限(如果存在)经常被用来判断集合是否是封闭的与函数是否是连续的。接下来的章节所讲的基本上都是建立欧几里得空间上的概念和理论,都属于对本章内容的应用。就像第 3 章的末尾所总结的,在分析有约束的最优化问题时,判断可行选择集的性质和判断表示决策者对可行选择的主观评价的函数是否连续都是很重要的。我们会用收敛数列来判断这些性质是否成立。

在下一章中,我将解释有关映射连续性的一些概念和理论。经济学家对什么类型的映射感兴趣呢?答案是所有类型。比如,经济学家经常讨论需求函数,需求函数就是给定的价格和收入与需求量之间的映射。当价格变化时,需求量如何变化呢?是平稳变化还是突然变化?这就是一个连续性的问题。你可能多次计算价格变化时需求量的变化率,如果需求函数是可导的,那么变化率就很容易定义了,否则就不太好办。如果函数不连续,那么函数的微分(变化率)就不存在。经济学家经常用到的其他函数也有同样的问题。对于那些对解决有约束的最优化问题感兴趣的经济学家来说,连续性是一个极其重要的话题,而在讨论连续性的过程中,我们通常会用到数列与极限。

4.7 习题

习题 4.1 考虑数列 $\{x_i\}_{i=1}^{\infty} = \left\{1, 1+\frac{1}{2}, 1+\frac{2}{3}, \cdots, 1+\frac{i-1}{i}, \cdots\right\}$。对于每个 $i = 1, 2, 3, \cdots$,令 $\bar{s}_i = \sup\left\{1+\frac{i-1}{i}, 1+\frac{i}{i+1}, 1+\frac{i+1}{i+2}, \cdots\right\}$ 为元素 $x_i, x_{i+1}, \cdots$ 的上确界,

令 $\underline{s}_i = \inf \left\{ 1 + \dfrac{i-1}{i},\ 1 + \dfrac{i}{i+1},\ 1 + \dfrac{i+1}{i+2},\ \cdots \right\}$ 为这些元素的下确界。

(1) 请证明:在 $\Re$ 上的欧几里得度量中,数列 $\{x_i\}_{i=1}^{\infty}$ 收敛于 2。

(2) 数列 $\{\bar{s}_i\}_{i=1}^{\infty}$ 是什么? 它在 $\Re$ 上的欧几里得度量中是收敛的吗? 如果是,那它的极限是多少呢? $\lim \sup x_i$ 的值是多少?

(3) 数列 $\{\underline{s}_i\}_{i=1}^{\infty}$ 是什么? 它在 $\Re$ 上的欧几里得度量中是收敛的吗? 如果是,那它的极限是多少呢? $\lim \inf x_i$ 的值是多少?

(4) 可以根据第(2)问和第(3)问确定数列 $\{x_i\}_{i=1}^{\infty}$ 是收敛于 2 的吗? 回答并做出解释。

(5) 证明 $\{x_i\}_{i=1}^{\infty}$ 是一个柯西序列。

习题 4.2 考虑数列 $\{x_i\}_{i=1}^{\infty}$,其中 $x_i = \sum_{j=1}^{i} \dfrac{1}{j}$。 这个数列是单调递增且无上限的,因为当 $i \to \infty$ 时, $\sum_{j=1}^{i} \dfrac{1}{j} \to \infty$。

(1) 请证明数列 $\{x_i\}_{i=1}^{\infty}$ 在 $\Re$ 上的欧几里得度量中不收敛。

(2) 请证明数列 $\{x_i\}_{i=1}^{\infty}$ 在 $\Re$ 上的欧几里得度量中不是柯西序列。

习题 4.3 令 $f: \Re \to \Re$ 表示满足如下性质的一个函数:

对任意 $x',\ x'' \in \Re$,都有 $d_E(f(x'),\ f(x'')) \leqslant \theta d_E(x',\ x'')$,其中 $0 \leqslant \theta < 1$。

这样的映射被称为欧几里得度量下定义在 $\Re$ 上的模数为 θ 的压缩映射,因为任意两个函数值 $f(x')$ 和 $f(x'')$ 之间的欧几里得距离永远不大于自变量 x' 和 x'' 之间的欧几里得距离的 θ 倍。在这种性质下,f 把距离"缩小"或者说"压缩"了。举个简单的例子,$f(x) = \dfrac{1}{2}x$。任意两个自变量 x' 和 x'' 之间的距离为 $|x' - x''|$,对应的函数值之间的距离为 $\left| \dfrac{1}{2}x' - \dfrac{1}{2}x'' \right| = \dfrac{1}{2}|x' - x''|$,它是 x' 和 x'' 之间距离的一半。因此,$f(x) = \dfrac{1}{2}x$ 是 $\Re$ 上模数 $\theta = \dfrac{1}{2}$ 的压缩映射。

从任意 $x_1 \in \Re$ 开始,构造一个无限数列 $\{x_1,\ x_2,\ x_3,\ x_4,\ \cdots\}$,其中 $x_{i+1} = f(x_i)$,$i = 1,\ 2,\ 3,\ \cdots$,也就是说:

$$x_2 = f(x_1)$$
$$x_3 = f(x_2) = f(f(x_1)) = f^2(x_1)$$
$$x_4 = f(x_3) = f(f^2(x_1)) = f^3(x_1)$$
$$\vdots$$

一个实用的例子是定义在 $x \geqslant 1$ 上的函数 $f(x) = x^{1/2} + 2$,它是区间 $[1, \infty)$ 上模数 $\theta = \dfrac{1}{2}$ 的压缩映射,取 $x_1' = 1$ 作为数列的第一个元素,那么该数列的前十个元素是:

$$x_1' = 1$$
$$x_2' = f(1) = 1^{1/2} + 2 = 3$$
$$x_3' = f(3) = 3^{1/2} + 2 \approx 3.732\ 050\ 808$$

$$x'_4 = f(3.732\,050\,808) = 3.732\,050\,808^{1/2} + 2 \approx 3.931\,851\,653$$

$$x'_5 = f(3.931\,851\,653) = 3.931\,851\,653^{1/2} + 2 \approx 3.982\,889\,723$$

$$x'_6 = f(3.982\,889\,723) = 3.982\,889\,723^{1/2} + 2 \approx 3.995\,717\,847$$

$$x'_7 = f(3.995\,717\,847) = 3.995\,717\,847^{1/2} + 2 \approx 3.998\,929\,175$$

$$x'_8 = f(3.998\,929\,175) = 3.998\,929\,175^{1/2} + 2 \approx 3.999\,732\,276$$

$$x'_9 = f(3.999\,732\,276) = 3.999\,732\,276^{1/2} + 2 \approx 3.999\,933\,068$$

$$x'_{10} = f(3.999\,933\,068) = 3.999\,933\,068^{1/2} + 2 \approx 3.999\,983\,267$$

这个数列收敛于 4。现在，用同样的函数 f 构造一个新的数列，但这次的起始元素 $x''_1 = 300$。该数列的前十个元素是：

$$x''_1 = 300$$

$$x''_2 = f(300) = 300^{1/2} + 2 \approx 19.320\,508\,08$$

$$x''_3 = f(19.320\,508\,08) = 19.320\,508\,08^{1/2} + 2 \approx 6.395\,509\,991$$

$$x''_4 = f(6.395\,509\,991) = 6.395\,509\,991^{1/2} + 2 \approx 4.528\,934\,556$$

$$x''_5 = f(4.528\,934\,556) = 4.528\,934\,556^{1/2} + 2 \approx 4.128\,129\,356$$

$$x''_6 = f(4.128\,129\,356) = 4.128\,129\,356^{1/2} + 2 \approx 4.031\,779\,849$$

$$x''_7 = f(4.031\,779\,849) = 4.031\,779\,849^{1/2} + 2 \approx 4.007\,929\,244$$

$$x''_8 = f(4.007\,929\,244) = 4.007\,929\,244^{1/2} + 2 \approx 4.001\,981\,330$$

$$x''_9 = f(4.001\,981\,330) = 4.001\,981\,330^{1/2} + 2 \approx 4.000\,495\,271$$

$$x''_{10} = f(4.000\,495\,271) = 4.000\,495\,271^{1/2} + 2 \approx 4.000\,123\,814$$

这个新数列也收敛于 4。事实上，无论 x_1 取集合 $[1, \infty)$ 中的哪个值，你都可以用上面的方法构造出一个收敛于 4 的数列。自己尝试一下，我们稍后再分析其原因。在这里，我们只要知道我们构造的两个数列都是收敛的就行了。

接下来我们会介绍一个更一般的且非常有用的结论，刚才的例子只是这个一般性结论的特例——如果函数 $f: \Re \to \Re$ 是一个模数为 θ 的压缩映射，那么，根据运算规则 $x_{i+1} = f(x_i)$，其中 $i \geqslant 1$。生成的数列 $\{x_i\}_{i=1}^{\infty}$ 是一个收敛于某一个极限 $x_0 \in \Re$ 的柯西序列，而这个极限是方程 $x = f(x)$ 的解。

(1) 令函数 $f: \Re \to \Re$ 是欧几里得度量下定义在 $\Re$ 上的模数为 θ 的压缩映射，其中，$0 \leqslant \theta < 1$。请证明数列 $\{x_i\}_{i=1}^{\infty}$ 是一个柯西序列。

(2) 回顾定理 4.5 及定理 4.7 的 (3) 和 (4)，然后证明数列 $\{x_i\}_{i=1}^{\infty}$ 是收敛的，其中，当 $i \geqslant 1$ 时，$x_{i+1} = f(x_i)$。用 x_0 表示数列的极限。

(3) 请证明数列 $\{x_i\}_{i=1}^{\infty}$ 的极限 x_0 是方程 $x = f(x)$ 的解。

4.8　答案

答案 4.1

(1) 任意元素 x_i 与 2 之间的欧几里得距离为：

$$d_E(x_i, 2) = |x_i - 2| = 2 - x_i = 1 - \frac{i-1}{i} = \frac{1}{i}$$

选择任意的 $\varepsilon > 0$，那么，

$$当 i > \frac{1}{\varepsilon} = M(\varepsilon) 时，d_E(x_i, 2) = \frac{1}{i} < \varepsilon$$

因此，对任意 $\varepsilon > 0$，无论 ε 有多小，总是存在一个有限的数 $M(\varepsilon) = 1/\varepsilon$，使得对每个 $i > M(\varepsilon)$，元素 x_i 与 2 之间的距离都小于 ε。因此，数列 $\{x_i\}_{i=1}^{\infty}$ 在 $\Re$ 上的欧几里得度量中收敛于 2，也就是 $\lim x_i = 2$。

(2) 对任意 $i = 1, 2, 3, \cdots$，数列 $\left\{1 + \frac{i-1}{i}, 1 + \frac{i}{i+1}, 1 + \frac{i+1}{i+2}, \cdots\right\}$ 的最小上界是数字 2。因此，$\bar{s}_i = 2$，$i = 1, 2, 3, \cdots$。很明显，这个常数数列收敛于它的极限 2，因此 $\lim \sup x_i = 2$。

(3) 数列 $\left\{1, 1 + \frac{1}{2}, 1 + \frac{2}{3}, \cdots, 1 + \frac{i-1}{i}, \cdots\right\}$ 是严格单调递增的，对每个 $i = 1, 2, 3, \cdots$，子数列 $\left\{1 + \frac{i-1}{i}, 1 + \frac{i}{i+1}, 1 + \frac{i+1}{i+2}, \cdots\right\}$ 的最大下界是第一个元素，它也是最小的元素，也就是说，$\underline{s}_i = 1 + \frac{i-1}{i}$。下极限数列 $\{\underline{s}_i\}_{i=1}^{\infty} = \left\{1 + \frac{i-1}{i}\right\}_{i=1}^{\infty}$ 与原始数列 $\{x_i\}_{i=1}^{\infty}$ 完全相同。因此，我们可以重复第(1)问的证明来判定数列 $\{\underline{s}_i\}_{i=1}^{\infty}$ 收敛于 2，因此 $\lim \inf x_i = 2$。

(4) 当且仅当 $\lim \inf x_i = \lim \sup x_i$ 时，数列 $\{x_i\}_{i=1}^{\infty}$ 收敛。因为 $\lim \inf x_i = \lim \sup x_i = 2$，所以数列收敛于极限 $\lim x_i = 2$。

(5) 数列中任意元素对 x_i 和 x_j 之间的欧几里得距离为：

$$d_E(x_i, x_j) = |x_i - x_j| = \left|\frac{i-1}{i} - \frac{j-1}{j}\right| = \left|\frac{1}{j} - \frac{1}{i}\right|$$

选择任意一个 $\varepsilon > 0$，ε 可以无限接近于 0，那么对任意 $i, j > 2/\varepsilon$，

$$\left|\frac{1}{j} - \frac{1}{i}\right| < \frac{1}{j} + \frac{1}{i} < \frac{\varepsilon}{2} + \frac{\varepsilon}{2} = \varepsilon$$

对任意 $i, j > M(\varepsilon) = 2/\varepsilon$，都有 $d(x_i, x_j) < \varepsilon$。因此，$\{x_i\}_{i=1}^{\infty}$ 是一个柯西序列。□

答案 4.2

(1) 假设数列 $\{x_i\}_{i=1}^{\infty}$ 有极限，令它为 x_0。当 $i \to \infty$ 时，数列中的第 i 个元素与常数 x_0 之间的欧几里得距离为：

$$d_E(x_i, x_0) = |x_i - x_0| = \left|\sum_{j=1}^{i} \frac{1}{j} - x_0\right| \to \infty$$

因为当 $i \to \infty$ 时，$\sum_{j=1}^{i} \frac{1}{j} \to \infty$，所以对任意 $\varepsilon > 0$，不存在任何整数 $M(\varepsilon)$，使得在 $i > M(\varepsilon)$ 时，$d_E(x_i, x_0) < \varepsilon$ 成立，即数列 $\{x_i\}_{i=1}^{\infty}$ 不是收敛的。□

(2) 在不失一般性的情况下，假设 $i > k$。当 $i \to \infty$ 时，第 i 个元素和第 k 个元素之间

的欧几里得距离为：

$$d_E(x_i, x_k) = |x_i - x_k| = \left| \sum_{j=1}^{i} \frac{1}{j} - \sum_{j=1}^{k} \frac{1}{j} \right| = \sum_{j=k+1}^{i} \frac{1}{j} \to \infty$$

因此，对任意 $\varepsilon > 0$，不存在任何整数 $M(\varepsilon)$，使得在 i 和 $k > M(\varepsilon)$ 时，$d_E(x_i, x_k) < \varepsilon$ 成立，即数列 $\{x_i\}_{i=1}^{\infty}$ 不是柯西序列。　　□

答案 4.3

（1）任意选择一个起始元素 $x_1 \in \Re$，根据运算规则 $x_{i+1} = f(x_i)$ 构造一个数列 $\{x_i\}_{i=1}^{\infty}$，其中 $i \geqslant 1$。当且仅当对任意 $\varepsilon > 0$，都存在一个整数 $M(\varepsilon)$ 使得对任意 $i, j \geqslant M(\varepsilon)$ 都有 $d_E(x_i, x_j) < \varepsilon$ 时，数列 $\{x_i\}_{i=1}^{\infty}$ 才是柯西序列。

任选一个 $i \geqslant 2$。因为 f 是模数为 θ 的压缩映射，所以

$$d_E(x_i, x_{i+1}) = d_E(f(x_{i-1}), f(x_i)) \leqslant \theta d_E(x_{i-1}, x_i)$$

同样，

$$d_E(x_{i-1}, x_i) = d_E(f(x_{i-2}), f(x_{i-1})) \leqslant \theta d_E(x_{i-2}, x_{i-1})$$

以此类推。于是，

$$d_E(x_i, x_{i+1}) \leqslant \theta d_E(x_{i-1}, x_i) \leqslant \theta^2 d_E(x_{i-2}, x_{i-1}) \leqslant \cdots \leqslant \theta^{i-1} d_E(x_1, x_2) \quad (4.3)$$

选择任意的 i 和 k，$i \neq k$。在不失一般性的条件下假设 $i < k$，于是，我们可以把 k 写成 $k = i + \Delta$，其中 $\Delta \geqslant 1$。再反复使用度量函数 d_E 的三角不等式性质，得到

$$d_E(x_i, x_{i+\Delta}) \leqslant d_E(x_i, x_{i+1}) + d_E(x_{i+1}, x_{i+2}) + \cdots + d_E(x_{i+\Delta-1}, x_{i+\Delta}) \quad (4.4)$$

在式（4.4）中逐项使用式（4.3），可以得到

$$d_E(x_i, x_{i+\Delta}) \leqslant d_E(x_1, x_2)(\theta^{i-1} + \theta^i + \cdots + \theta^{i+\Delta-2}) = \frac{\theta^{i-1}}{1-\theta}(1 - \theta^{\Delta}) d_E(x_1, x_2)$$

因为 $0 \leqslant \theta < 1$，所以随着 $i \to \infty$，$\theta^{i-1} \to 0$。因此，对任意 $\varepsilon > 0$，存在一个 Δ 的值 $\Delta(\varepsilon)$ 及 $M(\varepsilon) = i + \Delta(\varepsilon)$，对所有 $i, k > M(\varepsilon)$，$d_E(x_i, x_k) < \varepsilon$ 都成立。因此，$\{x_i\}_{i=1}^{\infty}$ 是一个柯西序列。

（2）由定理 4.7 的（3）可知，任何实数柯西序列都是有界数列。那么根据本题的第 1 问可以知道，$\{x_i\}_{i=1}^{\infty}$ 是一个有界的数列。而波尔查诺-魏尔斯特拉斯定理（定理 4.5）告诉我们：任何有界数列 $\{x_i\}_{i=1}^{\infty}$ 都有一个收敛的子数列。最后，由定理 4.7 的（4）可知，因为柯西序列 $\{x_i\}_{i=1}^{\infty}$ 有一个收敛的子数列，所以 $\{x_i\}_{i=1}^{\infty}$ 也是收敛数列。

（3）该数列是根据运算规则 $x_{i+1} = f(x_i)$（$i \geqslant 1$）构造的。式（4.3）表明，随着 $i \to \infty$，$d_E(x_i, x_{i+1}) = d_E(x_i, f(x_i)) \to 0$，因此，极限 x_0 满足条件 $d_E(x_i, f(x_i)) = 0$，这就意味着 $x_0 = f(x_0)$。　　□

习题 4.3 是巴拿赫不动点定理（Banach's fixed-point theorem）的特殊情况，该定理是著名波兰数学家斯特凡·巴拿赫（Stefan Banach）在 1922 年提出的一个具有重大实际意义的结论，值得我们花时间来理解其重要性。如果你想了解该理论的更多信息与用法，你

可以读一读其他资料。我最喜欢的参考资料之一是 Franklin(2002)的第 3 章。方程 $x=f(x)$ 的解被称为 f 的不动点,这似乎看起来像是一个相当特殊的方程,但其实不然。事实上,任何方程 $g(x)=0$ 都可以很轻松地被转化成一个不动点方程,只需要令 $f(x)\equiv g(x)+x$。原生方程 $g(x)=0$ 的解就与不动点方程 $f(x)=g(x)+x=x$ 的解相同。因此,解原生方程的方法之一就是将其转化为不动点方程,然后用一些不动点求解的方法,比如巴拿赫定理,计算出解的值。巴拿赫定理只适用于压缩映射,但有一些简单的方法可以把几乎所有的映射转化为局部压缩映射,因此巴拿赫定理的适用范围比最初想象的要广泛。另外,该定理不仅适用于实线上的映射,也适用于任何巴拿赫空间(也就是完备范数空间)上的映射。欧几里得度量空间都是巴拿赫空间,还有其他各种各样的巴拿赫空间,其中包括一些非常重要的函数空间,所以巴拿赫定理有大量的应用机会。

▶5

连续性

在本章中，我们将介绍并解释与连续性相关的四个概念：连续性、联合连续性、拟连续性和半连续性。本章将大量使用开集、数列和极限的概念，如果需要的话，请在学习本章内容之前复习这些概念。

大多数经济学家认为，某些经济政策变量（如利率或税率）的微小变化会使得经济体中的一些重要事物发生微小变化，比如收入、成交量、总产出、汇率等。如果是这样的话，政策变量（如利率或税率）与结果变量（如收入和消费水平）之间的关系（映射）就是连续的。但一定是这样的吗？利率的微小变化不可能使收入发生很大变化吗？经济学家当然想知道是否存在这种可能性。换句话说，每个经济学家都想知道重要的经济变量之间的关系是否为连续映射，这是个重要的问题。

你要看这一章的哪些内容呢？你可以在不了解联合连续性、拟连续性和半连续性的情况下直接阅读关于有约束的最优化的那些章节，那些章节唯一需要用到的与连续性有关的概念是实值函数的连续性。但是，如果你还想学习最优解性质对应的相关知识，那么你就需要理解联合连续性和拟连续性的概念，这意味着你需要学懂本章的所有内容。你也可以根据需要选择性地阅读，如果读到后面发现需要本章的知识，可以随时回到本章。

我们先来定义一些基本概念。首先是射影或映射。这两个术语的意思相同，我们只使用"映射"一词。映射就是一种"对应规则"，也就是说，映射将集合 X 中的一个元素与另一个集合 Y 中的一个元素或一个元素子集对应起来。X 是映射的原像集，被称为映射的定义域；Y 是被映射到的像集，被称为映射的陪域。我们之前也经常碰到这些概念，我们需要注意一些在本章和后面的章节中经常使用到的术语。数学家们为不同类型的映射赋予了各种各样的名称，麻烦的是，随着时间的推移，其中一些名称的用法发生了变化，有的名称被另外的名称取代了，其含义也发生了变化，这会让人感到困惑，所以我们需要花点时间来界定一下本书中用到的一些术语。

5.1 映射的基本概念

我们将谈到两种映射:函数和集值映射[*]。我们先从简单的开始学习。

定义 5.1(函数) 如果每个元素 $x \in X$ 都与唯一的 $y \in Y$ 有联系(映射关系),那么,从 X 到 Y 的映射就是一个函数。

根据定义,函数是集合 X 中一个元素到集合 Y 中一个元素的"单值"映射。比如,将 x 映射到了 $y = 2x$,在该对应规则中,一个给定的 x 值只映射到唯一的 y 值。通常情况下,我们用小写字母来表示函数,比如 f 和 g。函数 f 从集合 X 映射到集合 Y 的数学表达为 $f: X \mapsto Y$。

将 $x \geqslant 0$ 映射到 $\sqrt{x}$ 的对应规则不是一个函数,因为,举个例子,$x = 4$ 映射到了不止一个值,$\sqrt{4} = \pm 2$。更准确的表达是元素 $x = 4$ 被映射到了集合 $\{-2, +2\}$。这是一个集合 X 中的元素映射到另一个集合 Y 的某个子集的例子,这样的映射叫作集值映射。

定义 5.2(集值映射) 如果每个元素 $x \in X$ 都与 Y 中唯一的子集有联系(映射关系),那么,这个从 X 到 Y 的映射就是一个集值映射。

集值映射是一个元素 $x \in X$ 映射到 Y 上的一个子集,从这意义上说,对应关系也是一种"单值"映射,但是 Y 的一个子集里可以有多个元素,你也可以这样理解:集值映射是把 X 中的一个元素映射到 Y 中的一个或多个元素。在某些集值映射中,任何元素 $x \in X$ 都被映射到 Y 的单元素集,这样的对应关系与函数没有明显的区别。集值映射这种特殊的映射通常用大写字母表示,比如 F 和 G。集合 X 到集合 Y 的集值映射的表述与函数类似——$F: X \mapsto Y$。集值映射 $F: \Re \mapsto \Re$ 的一个例子是 $F(X) = [x, x+1]$。定义域中的自变量 x 映射到陪域中的从 x 到 $x+1$ 这一区间。集合 $[x, x+1]$ 对于给定的 x 是唯一的,但是包含了陪域中的很多元素。

为了完美地给映射下定义,我们必须指定 X 中的哪些元素映射到 Y 中,Y 中哪些元素被映射到了。这两个就是映射中的定义域和值域的概念。

函数 f 的定义域就是由被 f 映射的所有元素 x 所组成的集合。

定义 5.3(函数的定义域) 函数的定义域是:

$$\{x \in X \mid 存在\ y \in Y,\ y = f(x)\}$$

举个例子,如果 $Y = \Re$,那么函数 $f(x) = +\sqrt{x}$("$+$"表示只取非负平方根)的定义域为所有非负实数的集合 $\Re_+$,它不是一条完整的实线(因为 $Y = \Re$ 只包含实数,所以不考虑复数)。

在讨论集值映射的定义域之前,我们必须考虑从集合 Y 可以构造出哪些子集。由 Y 中元素构造的所有子集的集合是 Y 上的离散拓扑(也被称为 Y 的幂集),用 $\mathcal{P}(Y)$ 表示。从 X 映射到 Y 的集值映射的定义域是 X 中的元素所组成的集合,这些元素被映射到 Y 的非空子集[也就是说,被映射到 $\mathcal{P}(Y)$ 中除了空集以外的集合]。

---

[*] 集值映射是指集合中的一个元素与另一个集合中唯一的子集有对应关系。与函数的区别在于,函数是值与值的映射,而集值映射是值与集合的映射。一些教材不具体区分这两种情况,统一称为"映射"。——译者注

定义 5.4(集值映射的定义域)　集值映射 F 的定义域为：

$$\{x \in X \mid F(x) \in \mathcal{P}(Y) \backslash \varnothing\}$$

举个例子,如果 $Y = \Re$,集值映射 $F(x) = \{-\sqrt{x}, +\sqrt{x}\}$ 的定义域是非负实数集合 $\Re_+$。定义中的"$\backslash \varnothing$"表示的是"除去空集"。

函数的像集(image)或值域(range)是 Y 中至少被定义域里的一个元素映射到的元素所组成的集合。

定义 5.5(函数的像集/值域)　函数 $f: X \mapsto Y$ 的像集或值域为：

$$f(X) = \{y \in Y \mid \text{至少对一个} \ x \in X, y = f(x)\} = \bigcup_{x \in X} \{f(x)\}$$

类似地,集值映射 F 的值域是被映射到的 $\mathcal{P}(Y)$ 中的所有子集中的元素所组成的集合。

定义 5.6(集值映射的像集/值域)　集值映射 $F: X \mapsto Y$ 的像集或值域为：

$$F(X) = \bigcup_{x \in X} \{y \in Y \mid y \in F(x)\}$$

举个例子,集值映射 $F(x) = \pm\sqrt{x}$ 的像集或值域是集合 $\{(-\sqrt{x}, +\sqrt{x}) \mid x \geqslant 0\}$ 的并集。也就是说,这个集值映射的像集或值域是完整的实线 $\Re$。在本书的余下部分,我会交替使用映射的像集和值域这两种表达方式。

映射的值域可以是映射陪域的真子集,也可以与陪域是同一个集合,我们用专门的术语来区分这两种情况。

定义 5.7(满射)　如果 $Y = f(X)$,则称函数 $f: X \mapsto Y$ 为满射(onto/surjective mapping);如果 $Y = F(X)$,则称集值映射 $F: X \mapsto Y$ 为满射。

当映射为满射时,陪域中的每个元素至少被定义域中的一个元素映射到,简单来说,陪域中没有"多余"的元素。比如,考虑一个集值映射 $F: [0, 1] \mapsto [0, 10]$,其表达式为：

$$F(X) = [x+1, x+2], 0 \leqslant x \leqslant 1 \tag{5.1}$$

F 的像集为 $F([0, 1]) = [1, 3]$。陪域中的 $[0, 1) \cup (3.10]$ 里的元素没有被任何一个 $x \in X = [0, 1]$ 映射到,这个并集中的元素就是陪域 $[0, 10]$ 中的"多余"元素。因此,F 不是满射。如果集值映射(5.1)改为 $F: [0, 1] \mapsto [1, 3]$,那么 F 就是满射。

理解一对一映射或单射函数这类术语的含义对本章的学习也有帮助。

定义 5.8(一对一映射/单射)　如果函数 $f: X \mapsto Y$ 满足对任意不相等的 $x', x'' \in X$,$f(x') \neq f(x'')$ 成立,那么,该函数为一对一映射或单射。

如果集值映射 $F: X \mapsto Y$ 满足对任意不相等的 $x', x'' \in X$,$F(x') \bigcap F(x'') = \varnothing$ 成立,那么,该集值映射为一对一映射或单射。

也就是说当映射为一对一映射时,定义域中的每个元素对应了值域中唯一且不同的元素或元素集。换句话说,映射中像集中的任意元素都只对应了定义域中的一个元素。集值映射(5.1)是单射吗? 对任意 $x \in [0, 1]$,映射的像集为唯一的集合 $[x+1, x+2]$,但是 F 并不是单射。为什么呢? 考虑一个值域中的元素 $y = 2$,定义域 $[0, 1]$ 中的任意元素都可以映射到 2,F 不是单射。集值映射为 $G: \Re_+ \mapsto \Re$,$G(x) = \{-\sqrt{x}, +\sqrt{x}\}$ 是单射,

因为对于任意 $x' \neq x''$，像集 $G(x')$ 和 $G(x'')$ 之间没有共同的元素，$\{-\sqrt{x'}, +\sqrt{x'}\} \cap \{-\sqrt{x''}, +\sqrt{x''}\} = \varnothing$。

定义 5.9（双射） 当一个映射既是满射又是单射时，我们称它为双射（bijective mapping）。

很明显，双射是特殊的一对一映射。考虑函数 $f: \Re_+ \mapsto \Re$，其表达式为：

$$f(x) = \frac{1}{1+x}$$

f 的像集为区间 $(0, 1]$。f 的陪域为 $\Re$，很明显，$(0, 1]$ 是 $\Re$ 的严格子集。因此，f 是单射，但不是满射，所以 f 不是双射。现在考虑函数 $g: \Re_+ \mapsto (0, 1]$，表达式与 f 相同。因为 g 的像集和陪域是一样的，都是 $(0, 1]$，所以 g 是满射。又因为 g 是单射，所以 g 是双射。

我们需要了解的最后一个概念是映射图。

定义 5.10（映射图） 函数 $f: X \mapsto Y$ 的映射图为：

$$G_f = \{(x, y) \mid x \in X, y = f(x)\}$$

集值映射 $F: X \mapsto Y$ 的映射图为：

$$G_F = \{(x, y) \mid x \in X, y \in F(x)\}$$

f 或 F 的映射图是映射的定义域和陪域的直积 $X \times Y$ 的一个子集。下面的一些例子会帮你更清楚地理解这个概念。首先来看函数 $f: [0, 2] \to [1, 3]$，其表达式为 $f(x) = x + 1$。f 的图形是 $[0, 2] \times [1, 3] \subset \Re^2$：

$$G_f = \{(x, y) \mid 0 \leqslant x \leqslant 2, y = x + 1\}$$

这个集合是 $\Re^2$ 上端点为 $(0, 1)$ 和 $(2, 3)$ 的一条线段，如图 5.1 中的左图所示。再来考虑集值映射 $F: [1, 3] \to [1, 4]$，其表达式为 $F(x) = [x, x+1]$。F 的映射图是 $[1, 3] \times [1, 4] \subset \Re^2$：

$$G_F = \{(x, y) \mid 1 \leqslant x \leqslant 3, x \leqslant y \leqslant x + 1\}$$

这是一个端点为 $(1, 1)$、$(1, 2)$、$(3, 3)$ 和 $(3, 4)$ 的平行四边形，如图 5.1 中的右图所示。

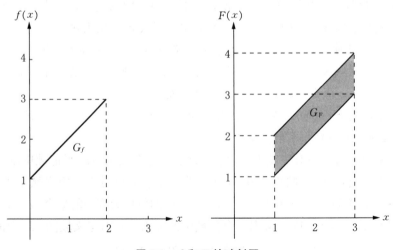

图 5.1 f 和 F 的映射图

5.2 连续性

现在我们开始学习映射的连续性的概念。我们经常会说:映射 F 在其定义域上的某个点 x_0 上是连续的,这是什么意思呢? 我们考虑从 x_0 到其附近的微小变动,假设移动到两个新的点 x' 和 x''。F 的连续性意味着 $F(x_0)$、$F(x')$ 和 $F(x'')$ 必须几乎完全相同,或者说,因为 x' 和 x'' 与 x_0 非常接近,集合 $F(x')$ 和 $F(x'')$ 不能"突然偏离"$F(x_0)$。这种描述对于从实空间到实空间的映射是有效的,而且本书也只讨论这一种映射。但是在讨论这种映射之前,我们应该理解连续性是一个适用范围更广的概念。

我们必须先从连续性的定义开始学习。稍后你会看到,映射的连续性取决于定义域和值域的拓扑是如何设定的。

定义 5.11(连续映射) 令 $(X, \mathcal{T}_X)$ 和 $(Y, \mathcal{T}_Y)$ 为拓扑空间。令函数 $f: X \mapsto Y$,令集值映射 $F: X \mapsto Y$。

当且仅当对于每个在 $\mathcal{T}_Y$ 上是开集的 $O \subset Y$,集合 $f^{-1}(O)$ 在 $\mathcal{T}_X$ 上也开放时,f 相对于拓扑空间 $(X, \mathcal{T}_X)$ 与 $(Y, \mathcal{T}_Y)$ 在 X 上连续的。

当且仅当对于每个在 $\mathcal{T}_Y$ 上是开集的 $O \subset Y$,集合 $F^{-1}(O)$ 在 $\mathcal{T}_X$ 上也开放时,F 才是相对于 $(X, \mathcal{T}_X)$ 与 $(Y, \mathcal{T}_Y)$ 在 X 上连续的。

让我们举一个奇特的例子以更好地了解连续性的广泛适用性。令 $X = \{$爆米花,蓝色,罗马$\}$,令 $Y = \{$鞋子,广播,三色堇$\}$。

$\mathcal{T}(X) = \{\varnothing, \{$爆米花$\}, \{$蓝色$\}, \{$罗马$\}, \{$爆米花,蓝色$\}, \{$爆米花,罗马$\}, \{$蓝色,罗马$\}, \{$爆米花,蓝色,罗马$\}\}$ 是 X 上的拓扑,$\mathcal{T}(X)$ 中的所有集合在这个拓扑上都开放。同样,$\mathcal{T}(Y) = \{\varnothing, \{$广播$\}, \{$鞋子,广播$\}, \{$广播,三色堇$\}, \{$鞋子,广播,三色堇$\}\}$ 是 Y 上的拓扑,$\mathcal{T}(Y)$ 中的所有集合在这个拓扑上都是开集。现在定义集值映射 $F: X \mapsto Y$ 如下:

$$F(x) = \begin{cases} \{广播\}, & x = 蓝色 \\ \{鞋子,广播\}, & x = 爆米花 \\ \{广播,三色堇\}, & x = 罗马 \end{cases}$$

乍一看这可能有点奇怪,F 在定义域 X 上的拓扑 $\mathcal{T}(X)$ 和在陪域 Y 上的拓扑 $\mathcal{T}(Y)$ 是连续的。为什么呢? 首先,集合 $\{$广播$\}$ 在陪域拓扑 $\mathcal{T}(Y)$ 上是开放的,该集合的逆像集是 $F^{-1}(\{$广播$\}) = \{$蓝色$\}$,它是在定义域拓扑 $\mathcal{T}(X)$ 上的一个开集。其次,集合 $\{$鞋子,广播$\}$ 在陪域拓扑 $\mathcal{T}(Y)$ 上是开放的,该集合的逆像集 $F^{-1}(\{$鞋子,广播$\}) = \{$爆米花$\}$ 在定义域拓扑 $\mathcal{T}(X)$ 上也是开放的。最后,集合 $\{$广播,三色堇$\}$ 在陪域拓扑 $\mathcal{T}(Y)$ 上是开放的,该集合的逆像集 $F^{-1}(\{$广播,三色堇$\}) = \{$罗马$\}$ 在定义域拓扑 $\mathcal{T}(X)$ 上也是开放的。于是,F 满足定义 5.11,它在两个给定的拓扑上是一个连续的集值映射。尽管这个例子比较有趣,但我们不会在它上面花很多时间。我们要花大量时间思考的是定义域 X 和陪域 Y 可以度量的情况(也就是说,可以在 X 上定义一个度量函数,也可以在 Y 上定义一个可能不同的度量函数)。

我们中的大多数人接触的是特殊情况下的连续性,表现在两个方面。第一,映射就是函数;第二,该映射是从某个实空间到另一个实空间的映射。我们只考虑这样一个函数 $f: \Re^n \to \Re^m$。可以用欧几里得度量 d_E 来衡量这两个空间的距离。这样做就构造出了两个欧几里得度量空间($\Re^n$,d_E)$\equiv E^n$ 和($\Re^m$,d_E)$\equiv E^m$。E^n 的欧几里得度量拓扑的典型基元素是一个以 $x \in X$ 为球心且以 $\varepsilon > 0$ 为半径的球 $B(\varepsilon)$(显然,这个球是开放的),它是与点 x 的距离(用 d_E 衡量)严格小于 ε 的所有点的集合:

$$B(x, \varepsilon) = \{x' \in X | d_E(x, x') < \varepsilon\}$$

根据度量 d_E 得到的 X 上的每个拓扑,都是由以任意 $x \in X$ 为球心且以任意 $\varepsilon > 0$ 为半径的球 $B(x, \varepsilon)$ 的所有可能的并集所构成的。因此,一个在 X 上的欧几里得度量拓扑上开放的集合中的每个点都被至少一个这样的球包围着,这个球本身也完全位于这个开集内。类似的说法也适用于任何一个在 Y 上的欧几里得度量拓扑上开放的集合。当我们只考虑从一个欧几里得度量空间映射到另一个欧几里得度量空间的函数 f 时,就可以得到以下大家更熟悉的说法,它等同于定义 5.11。

定义 5.12(欧几里得度量空间上的连续函数) 令 $X \subseteq \Re^n$,$Y \subseteq \Re^m$,$f: X \mapsto Y$ 是一个函数。当且仅当对于每个 $\varepsilon > 0$,存在 $\delta > 0$ 使得

$$d_E(x_0, x') < \delta \Rightarrow d_E(f(x_0), f(x')) < \varepsilon$$

相对于 $\Re^n$ 和 $\Re^m$ 上的欧几里得度量拓扑,f 在点 $x_0 \in X$ 是连续的。而当且仅当 f 在每个点 $x \in X$ 上都连续时,f 在 X 上是连续的。

很多人觉得这个表述很难理解,但其实不然。它说的是,如果 x' "接近" x_0(与 x_0 的距离小于 δ),那么像集 $f(x')$ 和 $f(x_0)$ 彼此之间必须非常接近(二者之间的距离小于 ε),而且,这种接近程度可以是非常高的,只要我们要求 ε 接近于零就行了。换句话说,函数图形在 $(x_0, f(x_0))$ 这一点不能有"中断"或"跳跃"。为什么呢?因为 x' 与 x_0 之间的微小差距不能造成 $f(x')$ 与 $f(x_0)$ 之间的较大差异。图 5.2 解释了这一说法。

x_0 与其附近的任意 x' 之间的微小距离造成像集 $f(x')$ 与 $f(x_0)$ 之间的微小差距,即 f 在 x_0 处连续。

x_0 与其附近的至少一个 x'' 之间的微小距离造成像集 $f(x'')$ 与 $f(x_0)$ 之间不小的差距,即 f 在 x_0 处不连续。

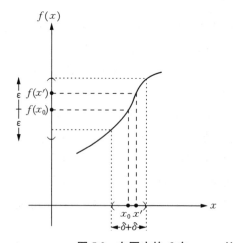
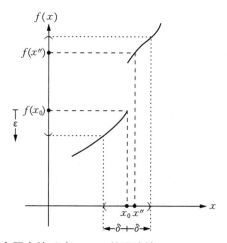

图 5.2 左图中的 f 在 $x = x_0$ 处连续,右图中的 f 在 $x = x_0$ 处不连续

　　我们先任意选择一个(尽可能小的)严格大于零的 ε,然后观察 f 的陪域中所有与 $f(x_0)$ 的距离小于 ε 的像集 $f(x)$。在图 5.2 的左图中,这样的像集都在纵轴上的区间 $(f(x_0)-\varepsilon,\ f(x_0)+\varepsilon)$ 内。在图 5.2 的右图中,这样的像集都在纵轴上的区间 $(f(x_0)-\varepsilon,\ f(x_0)]$ 内。那么,是否存在一个严格的正数 δ(不一定很小),使得区间 $(x_0-\delta,\ x_0+\delta)$ 中所有的 x 值对应的像集 $f(x)$ 与 $f(x_0)$ 之间的距离不超过 ε 呢?对于左图所示的情形来说,答案是"存在",你可以看到横轴上存在一个区间 $(x_0-\delta,\ x_0+\delta)$ 具有以下性质:对任意 $x'\in(x_0-\delta,\ x_0+\delta)$,$f(x')$ 与 $f(x_0)$ 之间的距离都小于 ε。但是在右图所示的情形中,对于至少一个严格大于零的 ε 来说,该问题的答案为"不存在"。对于右图中所选的 ε 值,不存在任意严格大于零的 δ,使得 $f(x)$ 与 $f(x_0)$ 之间的距离对每个 $x\in(x_0-\delta,\ x_0+\delta)$ 都小于 ε。存在一些大于 x_0 的 x'',它与 x_0 的距离小于 δ,但 $f(x'')$ 与 $f(x_0)$ 之间的距离大于 ε。问题的本质在于函数值在 $x=x_0$ 处发生了"跳跃",这样的函数在 $x=x_0$ 处就不是连续的。

　　当我们考虑的映射是从一个欧几里得度量空间映射到另一个欧几里得度量空间的函数时,定义 5.12 和定义 5.11 所表述的内容完全相同。为什么呢?理解这一点是很重要的。定义 5.12 说的是选择一个点 x_0 和一个严格为正的距离 ε,这样我们就可以(在 f 的陪域 $\Re^m$ 中)定义一个球:

$$B_Y(f(x_0),\ \varepsilon/2)=\{y\in Y\,|\,d_E(f(x_0),\ y)<\varepsilon/2\}$$

这个球在 $\Re^m$ 上的欧几里得度量拓扑上是一个开集,它包含了 Y 中与 $f(x_0)$ 的距离小于给定值 $\varepsilon/2$ 的所有点。根据定义 5.11,当且仅当开集 $B_Y(f(x_0),\ \varepsilon/2)$ 的逆像集是 X 的子集(而 X 在 $\Re^n$ 上的欧几里得度量拓扑上是一个开集)时,f 在 x_0 点是连续的。此时,一定有 $x_0\in f^{-1}(B_Y(f(x_0),\ \varepsilon/2))$,而且,因为 $f^{-1}(B_Y(f(x_0),\ \varepsilon/2))$ 是一个开集,那么,一定存在一个半径为 $\delta/2$(严格大于零)的球,它包含了 X 中所有与 x_0 的距离严格小于 $\delta/2$ 的点。这个球(在 f 的定义域内)就是:

$$B_X(x_0,\ \delta/2)=\{x\in X\,|\,d_E(x_0,\ x)<\delta/2\}$$

现在,如果我们任取两个点 x' 和 $x''\in B_X(x_0,\ \delta/2)$,根据度量函数的三角不等式性质,$x'$ 和 x'' 之间的距离为:

$$d_E(x',\ x'')\leqslant d_E(x',\ x_0)+d_E(x_0,\ x'')<\frac{\delta}{2}+\frac{\delta}{2}=\delta$$

当且仅当 $f(x')$ 和 $f(x'')$ 都是 $B_Y(f(x_0),\ \varepsilon/2)$ 中的元素时,x' 和 $x''\in B_X(x_0,\ \delta/2)$。再运用度量函数的三角不等式性质,$f(x')$ 和 $f(x'')$ 之间的距离为:

$$d_E(f(x'),\ f(x''))\leqslant d_E(f(x'),\ f(x_0))+d_E(f(x_0),\ f(x''))<\frac{\varepsilon}{2}+\frac{\varepsilon}{2}=\varepsilon$$

因此,

$$d_E(x',\ x'')<\delta\Rightarrow d_E(f(x'),\ f(x''))<\varepsilon$$

这就是定义 5.12 的表述。这两个定义恰好一致,因为在欧几里得拓扑上的开集永远是

（开）球的并集。在其他拓扑中不一定是这样，定义 5.12 与 5.11 并不等价。

5.3　半连续性和连续性

和完全连续一样，上半连续性和下半连续性的概念是在拓扑的基础上定义的。但是，它们比连续性的定义多了一些限制。下半连续性和上半连续性的概念只适用于函数，而且只适用于实值函数。

定义 5.13（上半连续函数）　令 $(X，\mathcal{T}_X)$ 为拓扑空间，$Y\in\Re$。令 $f：X\mapsto Y$ 为一个函数，当且仅当集合 $\{x\in X\mid f(x)<f(x_0)\}$ 在 $\mathcal{T}_X$ 上是开集时，f 相对于 $\mathcal{T}_X$ 和实线上的欧几里得度量拓扑在点 $x_0\in X$ 处上半连续。当且仅当 f 在每个点 $x\in X$ 处都是上半连续时，f 是 X 上的上半连续函数。

定义 5.14（下半连续函数）　令 $(X，\mathcal{T}_X)$ 为拓扑空间，$Y\subset\Re$。令 $f：X\mapsto Y$ 为一个函数。当且仅当集合 $\{x\in X\mid f(x)>f(x_0)\}$ 在 $\mathcal{T}_X$ 上是开集时，f 相对于 $\mathcal{T}_X$ 和实线上的欧几里得度量拓扑在点 $x_0\in X$ 处下半连续。当且仅当 f 在每个点 $x\in X$ 处都是下半连续时，f 是 X 上的下半连续函数。

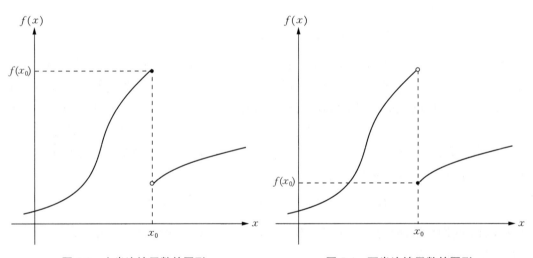

图 5.3　上半连续函数的图形　　　　图 5.4　下半连续函数的图形

图 5.3 展示了上半连续函数的图形。在 $x=x_0$ 处，像集 $f(x_0)$ 位于跳跃间断点的上端，这使得集合 $\{x\in\Re\mid f(x)<f(x_0)\}$ 不包含点 $x=x_0$，因此该集合在 E^1 上是开集。图 5.4 展示了下半连续函数的图形。在 $x=x_0$ 处，像集 $f(x_0)$ 位于跳跃间断点的下端，这使得集合 $\{x\in\Re\mid f(x)>f(x_0)\}$ 不包含点 $x=x_0$，因此该集合在 E^1 上是开集。

给你出一个小难题。再仔细观察图 5.3，然后在图上画出一条水平线，这条水平线是 $x\to x_0$ 时 $f(x)$ 的右极限，也就是 $\lim\limits_{x\to x_0^+}f(x)$。集合 $\{x\mid f(x)<\lim\limits_{x\to x_0^+}f(x)\}$ 在 E^1 上是开集吗？请你认真思考之后查看习题 5.6 及其答案。

在点 $x=x_0$ 连续的函数不会有如图 5.13 和图 5.14 所示的间断点，在如图所示的情况下，集合 $\{x\in\Re\mid f(x)<f(x_0)\}$ 和 $\{x\in\Re\mid f(x)>f(x_0)\}$ 在 E^1 上都是开集。这就是以下

定理所表达的意思,我们可以把它看作界定实值函数的连续性的另一种方式。

定理 5.1 令$(X,\mathcal{T}_X)$为拓扑空间,$Y\subset\Re$。令$f:X\mapsto Y$为一个函数。当且仅当 f 在点 $x_0\in X$ 处既是上半连续又是下半连续时,f 相对于 $\mathcal{T}_X$ 和实线上的欧几里得度量拓扑在点 x_0 处连续。当且仅当 f 在每个点 $x\in X$ 处都连续时,f 是 X 上的连续函数。

该定理提供了另一种定义实值函数(而非一般映射)连续性的方法,它是怎么定义的呢?再看定义 5.11,一旦我们令函数 f 为实值函数,定义 5.11 就变成了如下的特殊情况。

定义 5.15(连续实值函数) 令$(X,\mathcal{T}_X)$为一个拓扑空间,$Y\subset\Re$,$f:X\mapsto Y$ 为一个函数。当且仅当给定 $f(x_0)$ 的任意一个开放的邻域 $B_{d_E}(f(x_0),\varepsilon)$,集合 $f^{-1}(B_{d_E}(y,\varepsilon(y)))$ 在 $\mathcal{T}_X$ 上都是开集时,f 相对于$(X,\mathcal{T}_X)$和实线上的欧几里得度量拓扑是在点 $x_0\in X$ 处连续的。

让我们仔细看看该定义,想想为什么在实值函数这个特殊情况下它等同于定义 5.11。$B_{d_E}(f(x_0),\varepsilon)$ 是陪域 $\Re$ 的一个子集,它包含了点 $f(x_0)$ 并且在 E^1 上是开放的。因为陪域上的拓扑是欧几里得度量拓扑,所以,对每个点 $y\in B_{d_E}(f(x_0),\varepsilon)$,一定存在一个以 y 为球心且以严格大于零的 $\varepsilon(y)$ 为半径的球,这个球完全被包含在 $B_{d_E}(f(x_0),\varepsilon)$ 内。事实上,邻域 $B_{d_E}(f(x_0),\varepsilon)$ 就是这些球的并集:

$$B_{d_E}(f(x_0),\varepsilon)=\bigcup_{y\in B_{d_E}(f(x_0),\varepsilon)}B_{d_E}(y,\varepsilon(y))$$

这些球的逆像集是什么呢?是 $f^{-1}(B_{d_E}(y,\varepsilon(y)))$。因为 f 是连续的,而且 $B_{d_E}(y,\varepsilon(y))$ 在陪域上的拓扑上是开放的,所以,$f^{-1}(B_{d_E}(y,\varepsilon(y))$ 在定义域上的拓扑一定是开放的。一个函数的陪域中任意集合的并集的逆像集是这些集合在该函数定义域中的逆像集的并集,所以,

$$f^{-1}(B_{d_E}(f(x_0),\varepsilon))=\bigcup_{y\in B_{d_E}(f(x_0),\varepsilon)}f^{-1}(B_{d_E}(y,\varepsilon(y)))$$

因为任何在某拓扑上的开集的并集都是在该拓扑上的开集,所以,集合 $f^{-1}(B_{d_E}(f(x_0),\varepsilon))$ 在 $\mathcal{T}_X$ 上一定是开放的。

怎么从定义 5.15 推导出定理 5.1 呢?考虑任意一个球 $B_{d_E}(y,\varepsilon(y))$,因为 f 的陪域是实线,所以该球只是实线上的一个开区间:

$$B_{d_E}(y,\varepsilon(y))=\{y'\in Y|d_E(y,y')<\varepsilon(y)\}$$
$$=(y-\varepsilon(y),y+\varepsilon(y))$$
$$=(-\infty,y+\varepsilon(y))\bigcap(y-\varepsilon(y),\infty)$$

因此,当且仅当两个集合$(-\infty,y+\varepsilon(y))$和$(y-\varepsilon(y),\infty)$都是 E^1 上的开集时,$B_{d_E}(y,\varepsilon(y))$ 是 E^1 上的开集。当且仅当 f 在 $f^{-1}(y+\varepsilon(y))$ 处是上半连续的且在 $f^{-1}(y-\varepsilon(y))$ 处是下半连续的时,这两个集合才是 E^1 上的开集。

现在任意考虑一个 E^1 上的开集 $O\subset Y$。这个子集只包括集合内部的点,在 $\Re$ 上的欧几里得度量拓扑中,这意味着每个点 $y\in O$ 都在一个开球 $B_{d_E}(y,\varepsilon(y))$ 中,而这个开球本身是完全被包含于 O 中的。此外,O 必须是所有这些球的并集。因此,

$$O = \bigcup_{y \in O} B_{d_E}(y, \varepsilon(y))$$
$$= \bigcup_{y \in O} \{(y - \varepsilon(y), \infty) \cap (-\infty, y + \varepsilon(y))\}$$

当且仅当对每个 $y \in O$，区间 $(y - \varepsilon(y), \infty)$ 和 $(y - \varepsilon(y), \infty)$ 都是 E^1 上的开集时，O 才是 E^1 上的开集。为了使 f 在 X 上连续，任意一个这样的子集 O 都应该是 E^1 上的开集，而当且仅当 f 在每个点 $y \in Y$ 处既是上半连续的又是下半连续的时，这一点才成立。至此，对定理 5.1 的证明就结束了。

5.4　拟连续性和连续性

拟上半连续性和拟下半连续性的概念与上半连续性和下半连续性的关系不大，不要把这两对概念混淆了。需要注意的是，在一些比较早的文献中，半连续性曾被用来表示我们这里所说的拟连续性，当你遇到半连续性一词时要谨慎一点，花点时间读懂作者要表达的意思。

和连续性一样，拟上半连续性和拟下半连续性也是针对拓扑而定义的概念，它们是更具有一般性的概念。但是我们稍后会发现，它们并不适用于所有类型的集值映射。拟半连续性的概念本身是比完全连续性更一般的概念，因为一个集值映射要完全连续就必须既是拟上半连续的又是拟下半连续的，而拟上半连续的集值映射和拟下半连续的集值映射都不需要是（完全）连续的。

为什么我们要考虑这些拟连续性的概念呢？它们有什么实际价值吗？当我们只考虑函数时，连续性的含义是非常简单的。如果一个函数（别忘了，函数是单值映射）在某个点 $x_0 \in X$ 处是连续的，它必须满足的条件是：当且仅当对于每个陪域上的拓扑的开集 $O \subset Y$ 且 $f(x_0) \in O$，其逆像集 $f^{-1}(O)$ 在定义域上的拓扑上是开集，并且 $x_0 \in f^{-1}(O)$。当 f 是函数时，$f^{-1}(O)$ 只有一个含义，即映射到 O 中的定义域中的所有元素组成的集合。不幸的是，当映射是集值映射 F 而不是函数时，情况就复杂些了，有两种方式来理解逆像集 $f^{-1}(O)$。下面的几个例子会帮助你理解这两种方式。

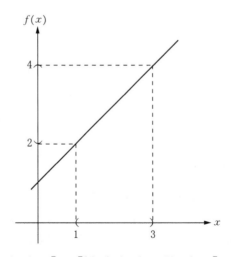

图 5.5　$f^{-1}(2, 4) = (1, 3) = \{x \in [0, 4] \mid \{x + 1\} \subset (2, 4)\} = \{x \in [0, 4] \mid \{x + 1\} \cap (2, 4) \neq \varnothing\}$

首先考虑一个函数 $f:[0,4]\mapsto[1,5]$,它的表达式是 $f(x)=x+1$。令 $O=(2,4)$,陪域的子集 O 是欧几里得度量拓扑上的开集。集合 $f^{-1}(O)=(1,3)$ 是欧几里得度量拓扑上定义域中的开子集。集合 $f^{-1}(O)$ 的表达式是没有任何问题的,但是有两种方式来解释它的含义,如图 5.5 所示。一种解释是,包含在 $(2,4)$ 中的像集 $f(x)$ 所对应的点 $x\in[0,4]$ 所构成的集合就是 $f^{-1}(O)$,也就是说,当且仅当 $\{f(x)\}\subset O$ 时,$x\in f^{-1}(O)$。另一种表述是,$f^{-1}(O)$ 是由使得像集 $f(x)$ 与 $(2,4)$ 的交集是非空集合的那些点 $x\in[0,4]$ 所组成的集合,也就是说,当且仅当 $\{f(x)\}\bigcap O\neq\varnothing$ 时,$x\in f^{-1}(O)$。因为 f 是单值函数,所以集合 $O=(2,4)$ 的逆像集在两种不同表述下的结果是一样的——区间 $(1,3)$,所以我们不用考虑哪一种表述是"正确"的。在阅读接下来的内容之前请确保自己理解了本段的内容。

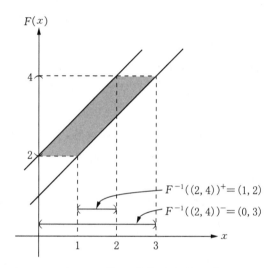

图 5.6　$F^{-1}((2,4))^+=\{x\in[0,4]|[x+1,x+2]\subset(2,4)\}=(1,2)$,
但 $F^{-1}((2,4))^-=\{x\in[0,4]|[x+1,x+2]\bigcap(2,4)\neq\varnothing\}=(0,3)$

现在考虑集值映射 $F:[0,4]\mapsto[1,6]$,其表达式为 $F(x)=[x+1,x+2]$。同样令 $O=(2,4)$。请看图 5.6,现在的 $F^{-1}(O)$ 是什么呢? 假设我们用第一种逆像集的理解方式,包含在 $(2,4)$ 中的像集 $F(x)$ 所对应的点 $x\in[0,4]$ 所组成的集合就是 $F^{-1}(O)$,也就是说,当且仅当 $\{F(x)\}\subset O$ 时,$x\in F^{-1}(O)$,那么,我们可以得到 $F^{-1}((2,4))=(1,2)$。如果用第二种理解方式,由使得像集 $f(x)$ 与 $(2,4)$ 的交集是非空集合的那些点 $x\in[0,4]$ 所组成的集合就是 $F^{-1}(O)$,也就是说,当且仅当 $\{f(x)\}\bigcap O\neq\varnothing$ 时,$x\in f^{-1}(O)$,那么,我们可以得到 $F^{-1}((2,4))=(0,3)$。很明显,$(1,2)$ 和 $(0,3)$ 是两个不同的集合。在这种情况下,我们理解逆像集的方式就非常重要了。正如你马上会看到的,第一种表述引出的是拟上半连续的概念,第二种表述引出的是拟下半连续的概念。

当逆像集被理解为由那些像集被包含在集合 O 中的定义域 X 中的元素 x 所组成的集合时,得到的集合被称为 F 在集合 O 上的上逆像集(upper inverse),用 $F^{-1}(O)^+$ 表示:

$$F^{-1}(O)^+=\{x\in X|F(x)\subset O\}\tag{5.2}$$

这是定义域中某些元素的一个集合,这些元素映射到的陪域中的集合只包含集合 O 中的元素。因此,当且仅当对每个在 F 的陪域拓扑上的开集 O 包含 $F(x_0)$,它的上逆像集 $F^{-1}(O)^+$ 是 F 的定义域拓扑上的开集时,我们说集值映射 F 在点 $x_0 \in X$ 处是"连续"的。由 F 的上逆像集推出的"连续性"被称为拟上半连续性(upper-hemi-continuity)。

当逆像集 $F^{-1}(O)$ 被理解为使像集 $F(x)$ 与 O 有交集的定义域中的元素 x 的集合时,得到的集合被称为 F 在集合 O 上的下逆像集(lower inverse),用 $F^{-1}(O)^-$ 表示:

$$F^{-1}(O)^- = \{x \in X \mid F(x) \bigcap O \neq \varnothing\} \tag{5.3}$$

这是定义域中所有满足如下条件的元素所组成的集合:这些元素映射到陪域中的集合至少包含集合 O 中的一个元素。因此,我们可以换一种方式定义集值映射 F 的连续性:当且仅当对于每一个 F 的陪域拓扑上的开集 O 包含 $F(x_0)$,下逆像集 $F^{-1}(O)^-$ 在 F 的陪域拓扑上都是开集时,我们说集值映射 F 在点 $x_0 \in X$ 处是"连续"的。由 F 的下逆像集所得到的"连续性"被称为拟下半连续性(lower-hemi-continuity)。

对于任意一个非空的像集 $F(x)$,如果 $F(x) \subset O$,那么 $F(x) \bigcap O \neq \varnothing$,但反过来是不成立的。因此,$F$ 在 O 上的上逆像集始终是 F 在 O 上的下逆像集的子集,即 $F^{-1}(O)^+ \subseteq F^{-1}(O)^-$。

"连续的集值映射"要求集值映射既是拟上半连续的,又是拟下半连续的。因此,要想理解什么是集值映射的(完全)连续性,我们需要理解拟上半连续性和拟下半连续性的含义。我们先看拟上半连续性。

定义 5.16(拟上半连续的集值映射) 令 $(X, \mathcal{T}_X)$ 和 $(Y, \mathcal{T}_Y)$ 为拓扑空间,令 $F: X \mapsto Y$。对于 $(X, \mathcal{T}_X)$ 和 $(Y, \mathcal{T}_Y)$,F 在满足如下条件时在点 $x_0 \in X$ 处是拟上半连续的:当且仅当对每个在 $\mathcal{T}_Y$ 上开放且包含 $F(x_0)$ 的集合 O,存在在 $\mathcal{T}_X$ 上的开集 $V \subset X$ 且 $x \in V$,使得 $F(x) \subset O$。当且仅当 F 在每个 $x \in X$ 处都拟上半连续时,我们称 F 在 X 上是拟上半连续的。

该定义采用的是式(5.2)所表示的对逆像集 $F^{-1}(O)$ 的理解。其想法相当简单。如图 5.7 所示,在 F 的定义域上取一个点 x_0,观察它的像集 $F(x_0)$,这是一个在值域 Y 上的集合。现在任意取一个包含了集合 $F(x_0)$ 的开集 O,把 O 当成为 $F(x_0)$ 设置的边界。笼统地说,当且仅当对每个接近 x_0 的 x,集合 $F(x)$ 的外部都有一个类似于 O 的边界[O 完全包含了 $F(x)$]时,F 在点 x_0 处是拟上半连续的。由于 O 是 Y 中任意一个包含了 $F(x_0)$ 的集合,所以,我们可以考虑那些包含了 $F(x_0)$ 的,但几乎与 $F(x_0)$ 相同的开集 O [如图 5.7 所示,它们把 $F(x_0)$ "紧紧包裹"起来:每一个以 x_0 为球心且以 ε 为半径的开球中的 x 都满足 $F(x) \subset O$。随着 ε 变得越来越小,O 把 $F(x_0)$ 包裹得越来越紧]。这意味着集合 $F(x_0)$ 确定了一个前文提到的外部边界,F 在 x_0 处拟上半连续所要求的条件为:当且仅当对于每个与 x_0 非常接近的 $x \in X$,如果集合 $F(x)$ 和集合 $F(x_0)$ 都向任意方向延伸,那么,集合 $F(x)$ 延伸的幅度相对更大——如图 5.7 中比 x_0 大的 x 所对应的集合 $F(x)$。但是对于接近 x_0 的 x,集合 $F(x)$ 可能突然比集合 $F(x_0)$ 要小很多——如图 5.7 中比 x_0 小的 x 所对应的集合 $F(x)$。

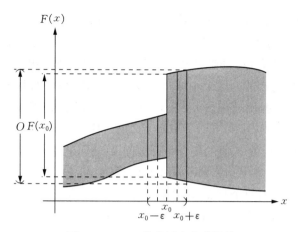

图 5.7 $x = x_0$ 处的拟上半连续性

拟下半连续性与拟上半连续性的含义相反。当 F 在点 $x_0 \in X$ 处拟下半连续时,对于每个接近 x_0 的 x,集合 $F(x_0)$ 确定了集合 $F(x)$ 的内部边界。具体地说,对每个与 x_0 非常接近的 $x \in X$,集合 $F(x)$ 和集合 $F(x_0)$ 都向任意方向延伸,但集合 $F(x)$ 延伸的幅度相对小些——如图 5.8 中比 x_0 大的 x 所对应的集合 $F(x)$。但是对于接近 x_0 的 x,集合 $F(x)$ 可能突然比集合 $F(x_0)$ 要大很多——如图 5.8 中比 x_0 小的 x 所对应的集合 $F(x)$。

定义 5.17(拟下半连续的集值映射) 令 $(X, \mathcal{T}_X)$ 和 $(Y, \mathcal{T}_Y)$ 为拓扑空间,$F: X \mapsto Y$。相对于 $(X, \mathcal{T}_X)$ 和 $(Y, \mathcal{T}_Y)$,F 在点 $x_0 \in X$ 处拟下半连续的条件为:当且仅当对每个在 $\mathcal{T}_Y$ 上开放且与 $F(x_0)$ 交集非空的集合 O,存在在 $\mathcal{T}_X$ 上的开集 $V \subset X$ 且 $x \in V$,使得 $F(x) \bigcap O \neq \varnothing$。当且仅当 F 在每个 $x \in X$ 处都是拟下半连续时,F 在 X 上是拟下半连续的。

该定义采用的是式(5.3)所表达的对逆像集 $F^{-1}(O)$ 的理解。为了更直观地理解拟下半连续性的概念,我们来看一个例子。如图 5.8 所示,把 $F(x_0)$ 视为 Y 上的一个区间。然后,考虑由很小的开集 $\{O_j\}_{j=1}^n$ 所构成的很长但有限的一个序列,这些集合都与 $F(x_0)$ 相交,而且它们的并集包含(即覆盖)了 $F(x_0)$:

$$F(x_0) \bigcap O_j \neq \varnothing, \ \forall j = 1, \cdots, n \ \text{且} \ F(x_0) \subset \bigcup_{j=1}^n O_j$$

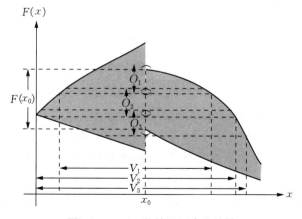

图 5.8 $x = x_0$ 处的拟下半连续性

119

拟下半连续性的含义是:对每个开放且与 $F(x_0)$ 相交的集合 O_j 和每个与 x_0 非常接近的点 x,集合 $F(x)$ 一定与每个开集 O_j 相交。你脑中 $F(x_0)$ 的图形应该是纵轴上一个长度有限的区间,每个开集 O_j 都是纵轴上以 $F(x_0)$ 中的(区间内的)某个点为球心的非常小的球,这些小的开球与相邻的两个小球有重叠,所有这些小球的并集就像一连串相互重叠的环一样,完全覆盖(也就是包含)了集合 $F(x_0)$。在图 5.8 中,重叠的区间(球)O_1、O_2 和 O_3 的并集包含了 $F(x_0)$。$F(x) \bigcap O_1 \neq \varnothing$ 所对应的 x 值的集合是开区间 V_1。类似地,$F(x) \bigcap O_2 \neq \varnothing$ 所对应的 x 值的集合是开区间 V_2,$F(x) \bigcap O_3 \neq \varnothing$ 所对应的 x 值的集合是开区间 V_3。如果 $O = O_1 \bigcup O_2 \bigcup O_3$,那么 $V = V_1 \bigcup V_2 \bigcup V_3$。

拟下半连续性要求,对每个与 x_0 非常接近的点 x,集合 $F(x)$ 必须与和 $F(x_0)$ 相交的开集 O_j 相交。于是,$F(x)$ 与每个开集 O_j 都相交,因此,$F(x)$ 要么与 $F(x_0)$ 几乎相同,要么完全包含了 $F(x_0)$。在这种情况下,$F(x_0)$ 就像是每个集合 $F(x)$ 的"内界"一样。再看看图 5.8,每个 V_1 中与 x_0 非常接近的 x 所对应的像集 $F(x)$ 都与 O_1、O_2 和 O_3 相交。同样,对 $j = 2, 3$,每个 V_j 中与 x_0 非常接近的 x 所对应的像集 $F(x)$ 都与 O_1、O_2 和 O_3 相交。我们所选择的区间 O_1、O_2 和 O_3 的并集是一个开集,它实际上限制了与 x_0 非常接近的 x 所对应的映像 $F(x)$ 所处的范围。

那么,集值映射的连续性的含义到底是什么呢? 连续性的基本含义是:x 的微小变化,比如从原始的 x' 到新的 x'' 的变化所带来的结果是,新的像集 $F(x'')$ 与原始的像集 $F(x')$ 并没有很大的差异。换句话说,x 的微小变化只会引起 $F(x)$ 的微小变化。我们已经知道了拟上半连续性意味着 x' 到 x'' 的微小变化可以引起像集 F 的突然扩张,但扩张的幅度不大,因为无论 $F(x)$ 的大小或位置如何突然变化,其外部都会有一个恰好包含了集合 $F(x_0)$ 的开集作为其边界。我们也知道了拟下半连续性意味着 x' 到 x'' 的微小变化可以引起像集 F 的突然收缩,但收缩的幅度不大,因为无论 $F(x)$ 的大小或位置如何突然变化,其内部都会有一个恰好包含了集合 $F(x_0)$ 的开集作为其边界。我们有理由认为,当且仅当 x 的微小变化既不会引起像集的扩张,也不会引起像集的收缩时,集值映射 F 是完全连续的。换句话说,我们将集值映射在点 x_0 处的连续性定义为,集值映射在 x_0 处既是拟上半连续的,又是拟下半连续的。

定义 5.18(连续的集值映射) 令 $(X, \mathcal{T}_X)$ 和 $(Y, \mathcal{T}_Y)$ 为拓扑空间,$F: X \mapsto Y$。相对于 $(X, \mathcal{T}_X)$ 和 $(Y, \mathcal{T}_Y)$,当且仅当 F 在点 $x_0 \in X$ 处既是拟上半连续的,又是拟下半连续的时,我们称 F 在点 $x_0 \in X$ 处连续。当且仅当 F 在每个 $x \in X$ 处都连续时,我们称 F 在 X 上连续。

定义 5.18 表面上看起来与定义 5.11 没什么关系。为了让大家看清楚,下面我将重新表述定义 5.11。这两个定义实际上是对同一个概念的界定,即集值映射在其定义域上的某一点处的连续性。因此,这两个定义完全等价。

定义 5.11′(连续的集值映射) 令 $(X, \mathcal{T}_X)$ 和 $(Y, \mathcal{T}_Y)$ 为拓扑空间,$F: X \mapsto Y$。相对于 $(X, \mathcal{T}_X)$ 和 $(Y, \mathcal{T}_Y)$,当且仅当对每个 $\mathcal{T}_Y$ 上的开集 $O \subset Y$,集合 $F^{-1}(O)$ 都是 $\mathcal{T}_X$ 上的开集时,F 是连续的。

根据定义 5.18,当且仅当定义 5.16 和定义 5.17 中的条件同时被满足时,集值映射在定义域上的点 x_0 处是连续的。这句话的意思是:对于每个在 F 的陪域上且包含了

$F(x_0)$的开集 $O \subset Y$,必定存在一个在 F 的定义域上的开集 $V \subset X$,使得 $x \in V$ 意味着 $F(x) \subset O$;对于每个在 F 的陪域上且与 $F(x_0)$ 的交集非空的开集 $O' \subset Y$ 而言,必定存在一个在 F 的定义域上的开集 $V' \subset X$,使得 $x \in V'$ 意味着 $F(x) \bigcap O \neq \varnothing$。这两个条件等价于定义 5.11 的内容。为什么呢?

条件 $F(x) \bigcap O \neq \varnothing$ 确保了 $F(x) \neq \varnothing$,也就是说 x 一定位于 F 的定义域内。但是这个条件为什么能反映在 x 非常接近 x_0 时,像集 $F(x_0)$ 与 $F(x)$ 相比没有发生突然的形状与位置的变化呢?再次考虑一个很长但有限的序列 $\{O_j\}_{j=1}^n$,它在陪域拓扑上是开放的,并且具有以下性质:

$$O_j \bigcap F(x_0) \neq \varnothing \ \forall j=1, \cdots, n, \ \bigcup_{j=1}^n O_j = O, \ F(x_0) \subset O \qquad (5.4)$$

它的图形也是由很多小的圆 O_j 构成的一个长链条,每一个圆都与 $F(x_0)$ 有重叠,且它们的并集 O 完全覆盖了 $F(x_0)$,但只是恰好覆盖。将 O 视为 $F(x_0)$ 的"缩包"。再来看看式(5.4),$F(x_0)$ 就是这样的一个集合——请画出该图形以便于你理解接下来的内容。

假设有一个非常接近 x_0 的 x,其像集 $F(x)$ 明显小于 $F(x_0)$,那么,存在一些与 $F(x)$ 不相交的小圆 O_j。但是,如果 F 在 x_0 处也是连续的,那么根据式(5.4)可知,这是不可能发生的。

再假设有另一个非常接近 x_0 的 x,其像集 $F(x)$ 明显大于 $F(x_0)$,于是有 $F(x) \not\subset O$。但 F 在 x_0 处是连续的,根据式(5.4)可知,这种情况不可能发生。

一旦你把上述两个段落的结论放在一起,F 在 x_0 处的连续性就很好理解了,它意味着当 x_0 的邻值 x 非常接近 x_0 时,像集 $F(x)$ 一定非常接近 $F(x_0)$。

一些集值映射的例子会帮助你理解得更清楚。考虑一个集值映射:

$$F_1: \Re \mapsto \Re, \ F_1(x) = [1, 2], \ \forall x \in \Re \qquad (5.5)$$

在阅读接下来的内容之前,请先画出它的图形。这个集值映射在某个点 $x_0 \in \Re$ 处是拟上半连续的吗?像集为 $F_1(x_0) = [1, 2]$。取 E^1 上值域的任意一个开集 O,O 包含了闭区间 $[1, 2]$。因为 O 是开集,而 $[1, 2]$ 是闭集,所以 O 一定严格包含了 $[1, 2]$,即在纵轴方向上,O 的两端一定比 $[1, 2]$ 的两端稍微多伸长一点。那么,O 的上逆像集是什么呢?其上逆像集是:

$$F_1^{-1}(O)^+ = \{x \in \Re | F_1(x) \subset O\} = \Re \qquad (5.6)$$

$\Re$ 是 E^1 上的定义域 $\Re$ 的一个开子集,F_1 在 x_0 处是拟上半连续的。因为 x_0 是从 $\Re$ 中取的任意一个值,所以 F_1 在 $\Re$ 上是拟上半连续的。这个集值映射在某个点 $x_0 \in \Re$ 处是拟下半连续的吗?像集为 $F_1(x_0) = [1, 2]$,取 E^1 上陪域的任意一个开集 O',O' 与闭区间 $[1, 2]$ 相交,且 $O' \bigcap [1, 2] \neq \varnothing$。$O'$ 的下逆像集是什么呢?其下逆像集是:

$$F_1^{-1}(O')^- = \{x \in \Re | F_1(x) \bigcap O' \neq \varnothing\} = \Re \qquad (5.7)$$

$\Re$ 是 E^1 上定义域 $\Re$ 的一个开子集,F_1 在 x_0 处是拟下半连续的。因为 x_0 是从 $\Re$ 中取的任意一个值,所以 F_1 在 $\Re$ 上是拟下半连续的。因此,集值映射 F_1 在 $\Re$ 上是(完全)连续的。你应该不会对此感到惊讶,取值固定不变的任何集值映射都是连续的。

现在考虑下面一个集值映射：

$$F_2: \Re \mapsto \Re, F_2(x) = [x, x+k], \text{其中} k > 0, \forall x \in \Re \tag{5.8}$$

在阅读接下来的内容之前，请先画出它的图形。这个集值映射在某个点 $x_0 \in \Re$ 处是拟上半连续的吗？像集为 $F_2(x_0) = [x_0, x_0+k]$。取 E^1 上值域里的任意一个包含了闭区间 $[x_0, x_0+k]$ 的开集 O。因为 O 是开集，$[x_0, x_0+k]$ 是闭集，所以 O 一定严格包含了 $[x_0, x_0+k]$，即在纵轴方向上，O 的两端一定比 $[x_0, x_0+k]$ 的两端稍微伸长了一点。于是取 $O = (a, b)$，其中，$a < x_0$，$x_0+k < b$。那么，O 的上逆像集是什么呢？其上逆像集是：

$$F_2^{-1}(O)^+ = \{x \in \Re | F_2(x) \subset (a, b)\} = (a, b-k) \tag{5.9}$$

$(a, b-k)$ 是 E^1 上定义域 $\Re$ 的一个开子集。我们可以对任意包含了 $[x_0, x_0+k]$ 的开子集 O 做相同的论述，F_2 在 x_0 处是拟上半连续的。因为 x_0 是从 $\Re$ 中取出的任意一个值，所以 F_2 在 $\Re$ 上是拟上半连续的。这个集值映射在某个点 $x_0 \in \Re$ 处是拟下半连续的吗？像集为 $F_2(x_0) = [x_0, x_0+k]$。取 E^1 上陪域的任意一个开集 O'，O' 与闭区间 $[x_0, x_0+k]$ 相交，即 $O' \cap [x_0, x_0+k] \neq \varnothing$。取 $O' = (c, d)$，其中 $c < x_0 < d < x_0+k$。O' 的下逆像集是什么呢？其下逆像集是：

$$F_2^{-1}(O')^- = \{x \in \Re | [x, x+k] \cap (c, d) \neq \varnothing\} = (c-k, d) \tag{5.10}$$

$(c-k, d)$ 是 E^1 上定义域 $\Re$ 的一个开子集。我们可以对任意包含了 $[x_0, x_0+k]$ 的开子集 O 做相同的论述，F_2 在 x_0 处是拟下半连续的。因为 x_0 是从 $\Re$ 中取出的任意一个值，所以 F_2 在 $\Re$ 上是拟下半连续的。因此，集值映射 F_2 在 $\Re$ 上是（完全）连续的。

请注意，我们刚才考虑的这两个集值映射都是闭值的，即它们定义域中的每个点 x 对应的 $F_1(x)$ 和 $F_2(x)$ 在陪域上都是闭集。这对结论有影响吗？考虑如下一个集值映射：

$$F_3: \Re \mapsto \Re, F_3(x) = (1, 2), \forall x \in \Re \tag{5.11}$$

在阅读接下来的内容之前，请先画出它的图形。这个集值映射在某个点 $x_0 \in \Re$ 处是拟上半连续的吗？像集为 $F_3(x_0) = (1, 2)$。取 E^1 上陪域的任意一个包含了开区间 $(1, 2)$ 的开集 O。因为 O 是开集，$(1, 2)$ 也是开集，最小的集合 O 就是 $(1, 2)$ 本身，所以取 $O = (a, b)$，其中，$a \leqslant 1$，$2 \leqslant b$。O 的上逆像集是什么呢？其上逆像集是：

$$F_3^{-1}(O)^+ = \{x \in \Re | F_3(x) = (1, 2) \subset (a, b)\} = \Re \tag{5.12}$$

$\Re$ 是 E^1 上定义域 $\Re$ 的一个开集，F_3 在 x_0 处是拟上半连续的。因为 x_0 是从 $\Re$ 中取出的任意一个值，所以 F_3 在 $\Re$ 上是拟上半连续的。这个集值映射在某个点 $x_0 \in \Re$ 处是拟下半连续的吗？像集为 $F_3(x_0) = (1, 2)$。取 E^1 上陪域的任意一个开集 O'，O' 与开区间 $(1, 2)$ 相交，即 $O' \cap (1, 2) \neq \varnothing$。$O'$ 的下逆像集是什么呢？其下逆像集是：

$$F_3^{-1}(O')^- = \{x \in \Re | F_3(x) \cap O' = (1, 2) \cap O' \neq \varnothing\} = \Re \tag{5.13}$$

$\Re$ 是 E^1 上定义域 $\Re$ 的一个开集，F_3 在 x_0 处是拟下半连续的。因为 x_0 是从 $\Re$ 中取出的任意一个值，所以 F_3 在 $\Re$ 上是拟下半连续的。因此，集值映射 F_3 在 $\Re$ 上是（完全）连续的。这个例子证明了,无论是拟上半连续集值映射、拟下半连续集值映射,还是连续集值映射,都不需要是闭值的。

再看另一个集值映射的例子:

$$F_4 : \Re \mapsto \Re, \ F_4(x) = (x, \ x+k), \text{其中} k > 0, \ \forall x \in \Re \qquad (5.14)$$

在阅读接下来的内容之前,请先画出它的图形。这个集值映射在某点 $x_0 \in \Re$ 处是拟上半连续的吗?像集为 $F_4(x_0) = (x_0, x_0+k)$。取 E^1 上陪域的任意一个开子集 O,O 包含了开区间 (x_0, x_0+k)。取 $O = (x_0, x_0+k)$。O 的上逆像集是什么呢?其上逆像集是:

$$F_4^{-1}(O)^+ = \{x \in \Re \mid F_4(x) \subset (x_0, \ x_0+k)\} = \{x_0\} \qquad (5.15)$$

$\{x_0\}$ 是 E^1 上定义域 $\Re$ 的一个闭子集,F_4 在点 x_0 处不是拟上半连续的,所以在 $\Re$ 上也不是拟上半连续的。因此,F_4 在 $\Re$ 上是不连续的。这个集值映射在某个点 $x_0 \in \Re$ 处是拟下半连续的吗?像集为 $F_4(x_0) = (x_0, x_0+k)$。取任意 E^1 上陪域的一个开子集 O',O' 与开区间 (x_0, x_0+k) 相交,即 $O' \bigcap (x_0, x_0+k) \neq \varnothing$。假设 $O' = (c, d)$,其中 $c < x_0 < d < x_0+k$。O' 的下逆像集是什么呢?其下逆像集是:

$$F_4^{-1}(O')^- = \{x \in \Re \mid (x, \ x+k) \bigcap (c, \ d) \neq \varnothing\} = (c-k, \ d) \qquad (5.16)$$

$(c-k, d)$ 是 E^1 上定义域 $\Re$ 的一个开子集。我们可以对任意包含了 (x_0, x_0+k) 的开子集 O 做类似的论述,F_4 在 x_0 处是拟下半连续的。因为 x_0 是从 $\Re$ 中取出的任意一个值,所以 F_2 在 $\Re$ 上是拟下半连续的。

最后,你还记得本章中之前的例子(如图 5.5 所示)吗?我们得出的结论是,函数的上逆像集和下逆像集是相同的。这个结论对所有函数都成立。根据这个结论可以证明如下定理,这个证明很简单。

定理 5.2(拟半连续的函数是连续的) 令 $(X, \mathcal{T}_X)$ 和 $(Y, \mathcal{T}_Y)$ 为拓扑空间,函数 $f: X \mapsto Y$。

(1) 如果 f 对于 $\mathcal{T}_X$ 和 $\mathcal{T}_Y$ 在 X 上是拟上半连续的,那么它对于 $\mathcal{T}_X$ 和 $\mathcal{T}_Y$ 在 X 上是连续的。

(2) 如果 f 对于 $\mathcal{T}_X$ 和 $\mathcal{T}_Y$ 在 X 上是拟下半连续的,那么它对于 $\mathcal{T}_X$ 和 $\mathcal{T}_Y$ 在 X 上是连续的。

5.5 拟上半自连续

所有集值映射的性质在很大程度上都取决于其定义域和值域的拓扑类型。在很多情况下,经济学家喜欢研究从一个度量空间到另一个度量空间的映射。事实证明,当定义域的度量拓扑与值域的度量拓扑不一样时,拟上半连续的集值映射有一些相当良好的性质。下面列举出了一些性质。

我们先来理解集值映射 $F: X \mapsto Y$ 是"紧值"(compact-valued)映射的含义。它的意思是,对于定义域中的任意一个元素 $x \in X$,其像集 $F(x)$ 在陪域 Y 上的拓扑上是一个紧集。在本章中,我们会经常提到这样的集值映射。下面介绍一个重要的定理,它是很多其他理论的基础。

定理 5.3 令 $(X, \mathcal{T}_X)$ 和 $(Y, \mathcal{T}_Y)$ 为拓扑空间,令 $F: X \mapsto Y$ 是一个拟上半连续的集值映射。如果 $K \subset X$ 对于 X 的度量拓扑是紧的,那么 $F(K)$ 对于 Y 的度量拓扑也是紧的。

现在我们可以开始探讨从一个度量空间映射到另一个度量空间的拟上半连续集值映射的最常用的一个性质。

定理 5.4 令 (X, d_X) 和 (Y, d_Y) 为度量空间,令 $F: X \mapsto Y$ 是一个拟上半连续的集值映射。

(a) 给定任意一个数列 $\{x_n\}_{n=1}^{\infty}$,其中,对每个 $n \geqslant 1$, $x_n \in X$,且 $x_n \to x_0$。如果任意一个由 $y_n \in F(x_n)$ ($n \geqslant 1$) 组成的数列 $\{y_n\}_{n=1}^{\infty}$ 都有一个子序列 $\{y_{n_k}\}_{k=1}^{\infty}$ 满足 $y_{n_k} \to y_0 \in F(x_0)$,那么,$F$ 在 $x_0 \in X$ 处是拟上半连续的。

(b) 如果 F 是紧值的集值映射,那么 (a) 的逆命题是正确的。也就是说,给定任意一个数列 $\{x_n\}_{n=1}^{\infty}$,其中,对每个 $n \geqslant 1$, $x_n \in X$,且 $x_n \to x_0$。只有当任意一个由 $y_n \in F(x_n)$ ($n \geqslant 1$) 组成的数列 $\{y_n\}_{n=1}^{\infty}$ 都有一个子序列 $\{y_{n_k}\}_{k=1}^{\infty}$ 满足 $y_{n_k} \to y_0 \in F(x_0)$ 时,F 在 $x_0 \in X$ 处是拟上半连续的。

(a) 部分是表达的是充分条件,(b) 部分表达的是必要条件。我们稍后再证明这两个结论,现在需要注意的是,我们并没有宣称从一个度量空间映射到另一个度量空间的集值映射 F 在 $x_0 \in X$ 处是拟上半连续的充分必要条件是:"给定任意一个数列 $\{x_n\}_{n=1}^{\infty}$,其中,对每个 $n \geqslant 1$, $x_n \in X$,且 $x_n \to x_0$。如果任意一个由 $y_n \in F(x_n)$ ($n \geqslant 1$) 组成的数列 $\{y_n\}_{n=1}^{\infty}$ 都有一个子数列 $\{y_{n_k}\}_{k=1}^{\infty}$ 满足 $y_{n_k} \to y_0 \in F(x_0)$。"实际上,这个说法是错的。

我们来仔细看看定理 5.4 的 (a) 部分,图 5.9 对它进行了说明。给定任意一个数列 $\{x_n\}_{n=1}^{\infty}$,其中,对每个 $n \geqslant 1$, $x_n \in X$,且 $x_n \to x_0$。如果任意一个由 $y_n \in F(x_n)$ ($n \geqslant 1$) 组成的数列 $\{y_n\}_{n=1}^{\infty}$ 都有一个子序列 $\{y_{n_k}\}_{k=1}^{\infty}$ 满足 $y_{n_k} \to y_0 \in F(x_0)$——我们假设这个是成立的。为什么 F 在 x_0 处一定是拟上半连续的呢?因为数列 $x_n \to x_0$。它生成一个由像集 $F(x_n)$ 所组成的数列。我们可以从每个集合 $F(x_n)$ 中任意选出一个 y_n,并确保由 $y_n \in F(x_n)$ 构成的数列有一个收敛于 $y_n \in F(x_n)$ 的子数列 $y_{n_k} \in F(x_{n_k})$。因此,存在一个整数 K,对每个 $k > K$,有 $y_{n_k} \in F(x_0)$。在图 5.9 中,数列 x_1, x_2,……$\to x_0$,数列 y_1, y_2,…… 不需要收敛,但它包含一个收敛于某个元素 $y_0' \in F(x_0)$ 的子序列 y_1', y_2',……。因为对每个

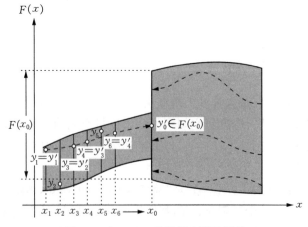

图 5.9 点 $x = x_0$ 处的拟上半连续性

数列 x_n 和任意 $y_n \in F(x_n)$,这个条件都是成立的,所以我们可以推出这样一个结论:每个可能的极限 y_0 都属于 $F(x_0)$。这个结论只有当每个像集 $F(x_{n_k})$ 要么被包含在 $F(x_0)$ 中[如图 5.9 所示,集合 $F(x_n)$ 位于 $F(x_0)$ 的左边],要么几乎与 $F(x_0)$ 相同[如图 5.9 所示,集合 $F(x_n)$ 位于 $F(x_0)$ 的右边]时才成立。这就是 F 在 x_0 处拟上半连续的含义。

现在我们来研究定理 5.4 的(b)部分。取某个 $x_0 \in X$ 和 X 中的一个数列 $\{x_n\}_{n=1}^{\infty}$,且 $x_n \rightarrow x_0$。由它生成的像集 $F(x_n)$ 构成一个数列。对于每一个 n,从 $F(x_n)$ 中选出任意的 y_n,因为 F 是紧值的,所以数列 $\{y_n\}_{n=1}^{\infty}$ 一定有一个收敛的子数列 $\{y_{n_k}\}_{n=1}^{\infty}$。令其极限值为 y_0,y_0 一定属于 $F(x_0)$ 吗?假设 $y_0 \notin F(x_0)$,那么,F 在 x_0 处是拟上半连续的吗?不是!为什么不是?因为由 y_{n_k} 组成的子数列收敛于 y_0。每个 y_{n_k} 都对应定义域的一个值 x_{n_k},每个 x_{n_k} 都属于收敛于 x_0 的 x_n 数列。根据推论 4.1,收敛数列的每个子数列都收敛于同一极限。因此,$x_{n_k} \rightarrow x_0$。现在,由于 $y_0 \notin F(x_0)$ 且 $y_{n_k} \rightarrow y_0$,所以存在一个整数 K,使得对每个 $k > K$ 都有 $y_{n_k} \notin F(x_0)$(请画出图形)。因此,对每个 $k > K$,都有 $F(x_{n_k}) \not\subset F(x_0)$。现在你脑中的图形应该是,由非常接近 x_0 的 x_{n_k} 所对应的像集 $F(x_{n_k})$ 组成的数列不完全被包含在 $F(x_0)$ 中。因此,F 在 x_0 处不可能是拟上半连续的。

定理 5.5 令 (X, d_X) 和 (Y, d_Y) 为度量空间,如果 $F: X \mapsto Y$ 为紧值的拟上半连续集值映射,那么,F 是一个闭值集值映射。

这个定理的意思是:如果 F 既是紧值的,又是拟上半连续的,那么,对于每个 $x \in X$,像集 $F(x)$ 在定义在 Y 上的度量拓扑上是一个闭集。比如,考虑一个常值集值映射 $F: \Re \mapsto \Re$,其表达式为:

$$F(x) = (1, 2), \quad \forall x \in \Re$$

对于任意 $x \in \Re$,像集 $(1, 2)$ 在 E^1 上不是封闭的。另外,我们已经知道这个集值映射是(完全)连续的而不只是拟上半连续的。那么,这个例子与定理 5.5 矛盾吗?不矛盾,因为 F 不是一个紧值的集值映射。

在分析拟上半连续对应的图时,会产生一些常见的误解,我们现在来看看集值映射的图。定义 5.10 说明了集值映射的图的含义,为了方便起见,我再重复一遍。

定义 5.10'(集值映射的图) 集值映射 $F: X \mapsto Y$ 的图 G_F 是

$$G_F = \{(x, y) | x \in X, y \in F(x)\}$$

定义 5.19(闭合图) 令 $(X, \mathcal{T}_X)$ 和 $(Y, \mathcal{T}_Y)$ 为拓扑空间,集值映射 $F: X \mapsto Y$。当且仅当集合 $G_F = \{(x, y) | x \in X, y \in F(x)\}$ 在直积空间 $X \times Y$ 上的拓扑上是闭集时,F 有一个闭合图。

如果我们只考虑从一个度量空间映射到另一个度量空间的集值映射,那么,定义 5.19 与下文的表述等价。

定义 5.20(度量空间的闭合图) 令 (X, d_X) 和 (Y, d_Y) 为度量空间,集值映射 $F: X \mapsto Y$。令 $x_0 \in X$,F 在 x_0 处是闭值的充分必要条件为:对每个数列 $\{x_n\}_{n=1}^{\infty}[x_n \in X, n \geq 1,$ 且 $x_n \rightarrow x_0]$ 和每个数列 $\{y_n\}_{n=1}^{\infty}[y_n \in F(x_n), n \geq 1,$ 且 $y_n \rightarrow y_0]$,都有 $y_0 \in F(x_0)$。当且仅当 $F(x_0)$ 在每个点 $x_0 \in X$ 处都对于 (X, d_X) 是闭集时,F 是闭值的集值映射。

定义 5.20 的表述和下面的表述完全相同。

定义 5.20′（度量空间的闭合图） 令 (X, d_X) 和 (Y, d_Y) 为度量空间，集值映射 $F:$ $X \mapsto Y$。F 有一个闭合图 G_F 的充分必要条件为：对每个数列 $\{(x_n, y_n)\}_{n=1}^{\infty}$ $[n \geqslant 1, x_n \in X, y_n \in F(x_n); x_n \to x_0$ 且 $y_n \to y_0]$，都有 $(x_0, y_0) \in G_F$。

这对于大多习惯在欧几里得拓扑背景下工作和思考的人来说，理解起来比较容易，一个集合是闭集的充分必要条件是：它包含其所有极值点，也就是既包括内部极值点，也包括边界极值点。这就是上面两个定义所表达的意思，在两个定义中，定义域中的一些元素收敛于定义域中的某个点 x_0，它们构成数列 x_n。对于每个 n，值域中存在一个元素 y_n。数列 $\{y_n\}_{n=1}^{\infty}$ 可能是收敛的，也可能不是收敛的，但是如果是，它的极限为像集 $F(x_0)$ 中的某个点 y_0。因此，任意一个这样的收敛数列 y_n 的极限点都在像集 $F(x_0)$ 中。图 5.9 展示了在点 x_0 处拟上半连续的对应图形。

人们常常说，一个集值映射 $F: X \mapsto Y$ 是拟上半连续的充分必要条件是：F 的图是定义在直积空间 $X \times Y$ 的拓扑上的一个闭集。这种表述在一般情况下是不正确的。再来看看式(5.11)所表示的集值映射。F_3 的图是集合：

$$G_{F_3} = \{(x, y) \mid x \in \mathfrak{R}', 1 < y < 2\}$$

这在 $\mathfrak{R} \times \mathfrak{R} = \mathfrak{R}^2$ 的欧几里得拓扑上是开集，而 F_3 是拟上半连续的。事实上，一个拟上半连续对应的图可能是封闭的，但不一定是；闭合图所代表的集值映射可能是拟上半连续的，但也不一定是。第一种情况的例子就是 F_3。第二种情况的例子呢？我们可以考虑一个集值映射 $F_5: \mathfrak{R} \mapsto \mathfrak{R}$，其表达式为：

$$F_5(x) = \begin{cases} \{1, 4\}; & x \neq 2 \\ \{2, 3\}; & x = 2 \end{cases}$$

这个集值映射的图在 E^2 上是封闭的，但这个集值映射不是拟上半连续（F_5 也不是拟下半连续的）。当没有理解下述定理时，这一困惑往往会产生。

定理 5.6（闭图定理） 令 (X, d_X) 和 (Y, d_Y) 为度量空间，集值映射 $F: X \mapsto Y$。

(a) 如果 F 的图在 $X \times Y$ 上的拓扑上是封闭的，值域 Y 在 Y 的拓扑上是紧凑的，那么，F 在 X 上是拟上半连续的。

(b) 如果 F 在 X 上是拟上半连续且是闭值的，那么，F 的图形在 $X \times Y$ 的拓扑上是封闭的。

关于上述定理的(a)部分，有一个经常被引用的例子，它强调了值域 Y 紧凑的重要性，如下所示。令 $F_6: [0, 2] \mapsto \mathfrak{R}_+$，其中：

$$F_6(x) = \begin{cases} \{0\}; & x = 0 \\ \left\{0, \dfrac{1}{x}\right\}; & 0 < x \leqslant 2 \end{cases}$$

F_6 的图形是 $\mathfrak{R}_+^2$ 的一个闭合（但没有边界的）子集，F_6 在 $x = 0$ 处不是拟上半连续的，但是拟下半连续的。请注意，F_6 的值域是 $\mathfrak{R}_+$，这是一个封闭但没有边界的集合，所以，它不是 E^1 上的紧集。

如果我们把 F_6 的条件修改一下,使它的值域 Y 为 $\mathfrak{R}_+$ 的某个有界的子集,情况会变成什么样呢? 令 $Y=[0,10]$,现在我们需要知道的是"定义域中的元素 $x\in\left(0,\dfrac{1}{10}\right)$ 的像集是什么?"假设所有这些像集都等于双元素集 $\{0,10\}$,那么,新的集值映射为 $F_7:[0,2]\mapsto[0,10]$,其中:

$$F_7(x)=\begin{cases}\{0\}; & x=0\\[2mm]\{0,10\}; & 0<x<\dfrac{1}{10}\\[2mm]\left\langle 0,\dfrac{1}{x}\right\rangle; & \dfrac{1}{10}\leqslant x\leqslant 2\end{cases}$$

F_7 的图是 $\mathfrak{R}_+^2$ 的有界但不闭合的集合(不是紧凑的),它在 $x=0$ 处也不是拟上半连续的。

我们再修改一下,将 F_7 在 $x=0$ 处的像集从单元素集 $\{0\}$ 改为双元素集 $\{0,10\}$,这就得到了一个新的集值映射 $F_8:[0,2]\mapsto[0,10]$,其中:

$$F_8(x)=\begin{cases}\{0,10\}; & 0\leqslant x<\dfrac{1}{10}\\[2mm]\left\langle 0,\dfrac{1}{x}\right\rangle; & \dfrac{1}{10}\leqslant x\leqslant 2\end{cases}$$

F_8 的图是 $\mathfrak{R}_+^2$ 的既有界也闭合的集合(是紧凑的),F_8 在 $x\in[0,2]$ 上的每个点处都是拟上半连续的。

5.6 函数的联合连续性

函数的联合连续性是什么意思呢?

定义 5.21(联合连续函数) 令 $f:X\times\Gamma\mapsto Y$ 为一个函数。当且仅当对于 Y 上拓扑 $\mathcal{T}_Y$ 的每个开集 $O\subset Y$,集合 $f^{-1}(O)\subset X\times\Gamma$ 对于 $X\times\Gamma$ 上的拓扑 $\mathcal{T}_{X\times\Gamma}$ 是开集时,f 在点 $(x_0,\gamma_0)\in X\times\Gamma$ 处对于 (x,γ) 是联合连续的。

当我们只考虑从一个度量空间到另一个度量空间的映射时,定义 5.21 与下面的表述等价。

定义 5.22(度量空间中的联合连续函数) 令 (X,d_X)、(Γ,d_Γ) 和 (Y,d_Y) 为度量空间。令 $f:X\times\Gamma\mapsto Y$ 为一个函数。当且仅当对每个数列 $\{(x_n,\gamma_n)\}_{n=1}^{\infty}[n\geqslant 1,(x_n,\gamma_n)\in X\times\Gamma$ 且 $(x_n,\gamma_n)\to(x_0,\gamma_0)]$,都有 $\lim\limits_{n\to\infty}f(x_n,\gamma_n)=f(x_0,\gamma_0)$ 时,f 在点 $(x_0,\gamma_0)\in X\times\Gamma$ 处对于 (x,γ) 是联合连续的。

你应该清楚,如果一个函数 $f(x,\gamma)$ 对于 (x,γ) 是联合连续的,那么,当 γ 是常数时,该函数对于 x 是连续的;当 x 是常数时,该函数对于 γ 是连续的(建议你尝试简单证明这两个结论)。我们很容易想到相反的命题:如果函数 $f(x,\gamma)$ 在 γ 固定时对于 x 是连续的,在 x 固定时对于 γ 是连续的,那么该函数对于 (x,γ) 一定是联合连续的。但是,这个命题是错的。一个常见的反例是函数 $f:\mathfrak{R}_+^2\mapsto\mathfrak{R}_+$,其表达式为:

$$f(x, \gamma) = \begin{cases} \dfrac{x\gamma}{x^2 + \gamma^2}, & \text{对于 } (x, \gamma) \neq (0, 0) \\ 0, & \text{对于 } (x, \gamma) = (0, 0) \end{cases}$$

很明显,将 γ 固定在任意值时,该函数对于 $x \in \Re_+$ 是连续的。将 x 固定在任意值时,该函数对于 $\gamma \in \Re_+$ 也是连续的。但是,函数在 (x, γ) 处是联合连续的吗?考虑一个数列 $\{(x_n, \gamma_n)\}_{n=1}^{\infty}$,$n \geqslant 1$ 时,$(x_n, \gamma_n) \in X \times \Gamma$ 且 $(x_n, \gamma_n) \to (x_0, \gamma_0)$。那么,

$$\lim_{n \to \infty} f(x_n, \gamma_n) = \frac{1}{2} \neq f(0, 0) = 0$$

因此,f 在 $(x, \gamma) = (0, 0)$ 处不是联合连续的,它在 $\Re_+^2$ 上不是联合连续的。

5.7 连续性的应用

这一章的内容比较难,所以我们需要用一个很好的理由来说明吃苦头来学习本章是值得的。之后的每一章我们都会大量使用连续性的概念。在讨论有约束的最优化问题的过程中经常要用到连续性的概念,有时是假设连续性存在,有时必须证明它的存在性。在下一章,我们将探讨两个集合什么时候可以被"分开"。集合的分离是有约束的最优化的核心思想。我们会试着用一个叫作"超平面"的连续函数来实现这种分离。(你可能还不知道这个概念,但如果你学过中级经济学,就可能已经接触过这个古老的概念。)连续性是我们用来分离集合的工具的一个关键性质。事实上,如果你不理解连续性,那么,你将无法真正理解有约束的最优化问题及其求解方法。这就是为什么本章如此重要,为理解本章所做的一切努力都是值得的。

5.8 习题

定义 5.23 令 X 为 $\Re^n$ 的一个子集,令 $f: X \mapsto \Re$ 为一个函数,令 $\alpha \in \Re$。f 的水平为 α 的等值集是集合 $\{x \in X \mid f(x) = \alpha\}$。

定义 5.24 令 X 为 $\Re^n$ 的一个子集,令 $f: X \mapsto \Re$ 为一个函数,令 $\alpha \in \Re$。f 的水平为 α 的上等值集是集合 $\{x \in X \mid f(x) \geqslant \alpha\}$。

定义 5.25 令 X 为 $\Re^n$ 的一个子集,令 $f: X \mapsto \Re$ 为一个函数,令 $\alpha \in \Re$。f 的水平为 α 的下等值集是集合 $\{x \in X \mid f(x) \leqslant \alpha\}$。

定义 5.26 令 X 为 $\Re^n$ 的一个子集,令 $f: X \mapsto \Re$ 为一个函数。当且仅当 f 的上等值集在 E^n 上是闭合的时,f 在 X 上是上半连续的。

定义 5.27 令 X 为 $\Re^n$ 的一个子集,令 $f: X \mapsto \Re$ 为一个函数,当且仅当 f 的下等值集在 E^n 上是闭合的时,f 在 X 上是下半连续的。

习题 5.1 请写出一个上半连续但不连续的函数。

习题 5.2 请写出一个下半连续但不连续的函数。

习题 5.3 令 X 为 $\Re^n$ 的一个子集,令 $f: X \mapsto \Re$ 为一个函数。证明当且仅当 f 在 X

上是下半连续的时,f 在 X 上是上半连续的。

习题 5.4 令 X 为 $\Re^n$ 的一个子集,令 $f: X \mapsto \Re$ 为一个函数。证明当且仅当 f 在 X 上既是上半连续的,又是下半连续的时,它在 X 上是连续的。

习题 5.5 令 X 为 $\Re^n$ 的一个子集,令 $f: X \mapsto \Re$ 为一个函数。证明当且仅当 f 的每个上等值集和下等值集都是 E^n 上的闭集时,它在 X 上是连续的。

习题 5.6 图 5.10 在图 5.3 的基础上添加了一条水平线。这条线在纵轴方向上的高度是 $f(x)$ 在 $x \to x_0$ 时的右极限,即 $\lim\limits_{x \to x_0^+} f(x)$。判断"因为集合 $\{x \mid f(x) < \lim\limits_{x \to x_0^+} f(x)\} = (-\infty, x') \bigcup \{x_0\}$ 在 E^1 上不是开放的,所以 f 在 $x = x_0$ 处不是上半连续的"这个说法是否正确,并给出解释。

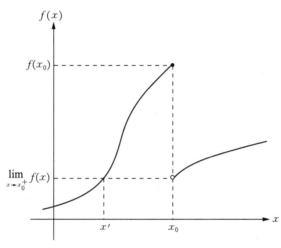

图 5.10 习题 5.6 的图

习题 5.7(上半连续函数的魏尔斯特拉斯定理) 令 X 为 $\Re^n$ 的非空且紧凑的子集,令 $f: X \mapsto \Re$ 为上半连续的函数。请证明 f 在 X 上有最大值。

习题 5.8 令 X 为 $\Re^n$ 的非空且紧凑的子集,令 $f: X \mapsto \Re$ 为下半连续的函数。请举例证明 f 在 X 上可能没有最大值。

习题 5.9(下半连续函数的魏尔斯特拉斯定理) 令 X 为 $\Re^n$ 的非空且紧凑的子集合,令 $f: X \mapsto \Re$ 为下半连续的函数。请证明 f 在 X 上有最小值。

习题 5.10 令 X 为 $\Re^n$ 的非空且紧凑的子集,令 $f: X \mapsto \Re$ 为上半连续的函数。请举例证明 f 在 X 上可能没有最小值。

习题 5.11(连续函数的魏尔斯特拉斯定理) 令 X 为 $\Re^n$ 的非空且紧凑的子集,令 $f: X \mapsto \Re$ 为连续函数。请证明 f 在 X 上既有最大值又有最小值。

习题 5.12 集合 X 和集合 Y 为:

$$X = \{锤子, 锯子, 指甲, 钻头, 铅笔, 钉子\}, Y = \{鸟, 蜜蜂, 蜗牛\}$$

（1）证明集族

$\mathcal{T}_X = \{\varnothing, \{锯子\}, \{指甲\}, \{锤子\}, \{指甲, 钻头\}, \{指甲, 锯子\}, \{指甲, 锤子\}, \{锯子,$

锤子}{锯子,指甲,钻头},{锯子,指甲,锤子},{指甲,钻头,锤子},{指甲,钻头,锯子,锤子},X}

是 X 上的拓扑,而集族

$$\mathcal{T}_Y=\{\varnothing,\{鸟\},\{蜜蜂\},\{蜗牛\},\{鸟,蜜蜂\},\{鸟,蜗牛\},\{蜜蜂,蜗牛\},Y\}$$

是 Y 上的拓扑。

（2）将映射 $f: X \mapsto Y$ 定义为

$$f(锯子)=鸟$$
$$f(钻头)=蜜蜂$$
$$f(指甲)=蜗牛$$
$$f(锤子)=鸟$$

f 的定义域是什么？值域是什么？像集是什么？f 是函数吗？是满射吗？是单射吗？是双射吗？f 的图是什么？f 的图被包含在哪个空间里？

（3）f 在拓扑 $\mathcal{T}_X$ 和 $\mathcal{T}_Y$ 上是连续的吗？

习题 5.13 考虑一个集值映射 $F: \mathfrak{R}_+ \mapsto \mathfrak{R}$,其表达式为：

$$F(x)=\pm\sqrt{x}，即 x\geqslant 0，F(x)=\{-\sqrt{x}，+\sqrt{x}\}$$

（1）该集值映射的像集是什么？它的像集与陪域相同吗？这个集值映射是满射吗？是单射吗？是双射吗？它的图是什么？该图是闭集吗？如果是闭集,那么它是哪个拓扑上的闭集呢？

（2）集值映射 F 是凸值的吗？F 的图是凸集吗？

（3）集值映射 F 在 $\mathfrak{R}_+$ 上是闭值的吗？

（4）集值映射 F 在 $\mathfrak{R}_+$ 上是紧值的吗？F 的值域是紧凑的吗？F 的图是紧集吗？

（5）请证明 F 在 $\mathfrak{R}_+$ 上对 E^2 是拟上半连续的。

（6）请证明 F 在 $\mathfrak{R}_+$ 上对 E^2 是拟下半连续的。

（7）请证明 F 在 $\mathfrak{R}_+$ 上对 E^2 是连续的。

（8）闭图定理能被用来证明 F 在 $\mathfrak{R}_+$ 上对 E^2 是拟上半连续的吗？判断并说明理由。

习题 5.14 令 $X\subset R^n$, $Y\subset R^m$。令 $F: X \mapsto Y$, $G: X \mapsto Y$ 为两个集值映射。将集值映射 $\Theta: X \mapsto Y$ 和 $\Psi: X \mapsto Y$ 分别定义为：

$$\Theta(x)=F(x)\bigcup G(x) 和 \Psi(x)=F(x)\bigcap G(x) \quad \forall x\in X$$

（1）如果 F 和 G 是 X 上的凸值集值映射,那么 Θ 是 X 上的凸值集值映射吗？

（2）如果 F 和 G 是 X 上的凸值集值映射,那么 Ψ 是 X 上的凸值集值映射吗？

（3）如果 F 和 G 是 X 上的紧值集值映射,那么 Θ 是 X 上的紧值集值映射吗？

（4）如果 F 和 G 是 X 上的紧值集值映射,那么 Ψ 是 X 上的紧值集值映射吗？

（5）如果 F 和 G 在 X 上是拟上半连续的,那么 Θ 在 X 上是拟上半连续的吗？

（6）如果 F 和 G 在 X 上是拟下半连续的,那么 Θ 在 X 上是拟下半连续的吗？

（7）如果 F 和 G 在 X 上是拟上半连续的,那么 Ψ 在 X 上是拟上半连续的吗？

(8) 如果 F 和 G 在 X 上是拟下半连续的,那么 Ψ 在 X 上是拟下半连续的吗?

(9) 如果 F 和 G 在 X 上连续,那么 Θ 在 X 上连续吗?

(10) 如果 F 和 G 在 X 上连续,那么 Ψ 在 X 上连续吗?

(11) 如果 F 和 G 对于 E^{m+n} 是闭合的,那么 Θ 的图是闭合的吗? 如果是,Θ 在 X 上是拟上半连续的吗? 如果你的回答是:Θ 不一定是拟上半连续的,请写出其他确保 Θ 是拟上半连续的条件。

(12) 如果 F 和 G 对于 E^{m+n} 是闭合的,那么 Ψ 的图是闭合的吗? 如果是,Ψ 在 X 上是拟上半连续的吗? 如果你的回答是:Ψ 不一定是拟上半连续的,请写出其他确保 Ψ 是拟上半连续的条件。

5.9 答案

答案 5.1 下面是三个例子:

$$g(x)=\begin{cases}x, & 0\leqslant x<2\\ x+1, & 2\leqslant x\leqslant4\end{cases}$$

$$h(x)=\begin{cases}x+2, & 0\leqslant x\leqslant2\\ 3-x, & 2<x\leqslant4\end{cases}$$

$$i(x)=\begin{cases}x, & 0\leqslant x<2\\ 5, & x=2\\ x, & 2<x\leqslant4\end{cases}$$

答案 5.2 下面是三个例子:

$$u(x)=\begin{cases}x, & 0\leqslant x\leqslant2\\ x+1, & 2<x\leqslant4\end{cases}$$

$$v(x)=\begin{cases}x+2, & 0\leqslant x<2\\ 3-x, & 2\leqslant x\leqslant4\end{cases}$$

$$w(x)=\begin{cases}x, & 0\leqslant x<2\\ 1, & x=2\\ x, & 2<x\leqslant4\end{cases}$$

答案 5.3

证明: 对每个 $\alpha\in\Re$,集合 $\{x\in X\,|\,f(x)\geqslant\alpha\}$ 在 X 上是闭合的,等价于对每个 $-\alpha\in\Re$,集合 $\{x\in X\,|-f(x)\leqslant-\alpha\}$ 在 X 上是闭合的。

答案 5.4

证明: 首先我们假设 f 在 X 上既是上半连续的,又是下半连续的。任取 $x_0\in X$。从 f 的陪域中任取一个包含了 $f(x_0)$ 的开球,即对任意 $\delta>0$,考虑 f 的陪域中的区间 $O=(f(x_0)-\delta, f(x_0)+\delta)$。我们需要证明的是,在 x_0 处,O 的逆像集在 f 的定义域上是开放的。

$$f^{-1}(O) = f^{-1}(f(x_0) - \delta, \ f(x_0) + \delta)$$
$$= \{x \in X | f(x) < f(x_0) + \delta\} \bigcap \{x \in X | f(x_0) - \delta < f(x)\}$$

其中,集合$\{x \in X | f(x) < f(x_0) + \delta\}$在$f$的定义域上是开放的,因为$f$在$X$上是上半连续的。集合$\{x \in X | f(x_0) - \delta < f(x)\}$在$f$的定义域上是开放的,因为$f$在$X$上是下半连续的。又因为两个开集的交集是开集,所以$f^{-1}(O)$在$x_0$处是开放的。因为$x_0$是从$X$中任选的一个点,所以$f$在$X$上是连续的。

现在我们知道了f在X上是连续的,任取$x_0 \in X$和$\delta > 0$,考虑f在值域上的开球,即区间$O = (f(x_0) - \delta, \ f(x_0) + \delta)$。因为$f$在$x_0$处连续,所以$O$的逆像集在$f$的定义域上是开放的。也就是说,

$$f^{-1}(O) = \{x \in X | f(x_0) - \delta < f(x) < f(x_0) + \delta\}$$
$$= \{x \in X | f(x) < f(x_0) + \delta\} \bigcap \{x \in X | f(x) > f(x_0) - \delta\}$$

在f的定义域上是开放的,这要求集合$\{x \in X | f(x) < f(x_0) + \delta\}$和集合$\{x \in X | f(x) > f(x_0) - \delta\}$在$f$的定义域上都是开放的。因此,$f$在$x_0$处既是上半连续的,又是下半连续的,由于$x_0$是从$X$中任选的一个点,所以$f$在$X$上既是上半连续的,又是下半连续的。 □

答案 5.5

证明:f在X上连续的充分必要条件是,它在X上既是上半连续的,又是下半连续的。但是,f在X上是上半连续的充分必要条件是,f的所有上等值集都是E^n上的闭集;f在X上是下半连续的充分必要条件是,f的所有下等值集都是E^n上的闭集。 □

答案 5.6 该说法不正确。集合

$$\{x | f(x) < \lim_{x \to x_0^+} f(x)\} = (-\infty, \ x')$$

在E^1上是开放的。 □

答案 5.7

证明:令$\bar{f} = \sup_{x \in X} f(x)$,我们需要证明存在一个$x \in X$,其$f$的取值为$\bar{f}$。

因为$\bar{f} = \sup_{x \in X} f(x)$,所以存在一个数列$\{x_n\}_{n=1}^{\infty}$,使得:

$$f(x_n) \to \bar{f} \tag{5.17}$$

因为X是紧的,所以该数列一定包含一个收敛的子序列$\{x_{n_k}\}_{k=1}^{\infty}$。令$\bar{x} = \lim_{k \to \infty} x_{n_k}$。$\bar{x}$之所以属于$X$,是因为$X$是一个闭集。又因为$f$在$X$上是上半连续的,于是有:

$$\lim_{k \to \infty} f(x_{n_k}) \leqslant f(\bar{x}) \tag{5.18}$$

比较式(5.17)和式(5.18)可知$f(\bar{x}) = \bar{f}$。 □

答案 5.8 令$X = [0, \ 4]$,令函数为:

$$v(x) = \begin{cases} x, & 0 \leqslant x \leqslant 2 \\ 5 - x, & 2 < x \leqslant 4 \end{cases}$$

该函数在[0，4]上是下半连续的且没有最大值。 □

答案 5.9

证明：令 $\underline{f}=\inf\limits_{x\in X}f(x)$。我们需要证明存在一个 $x\in X$，其 f 的取值为 $\underline{f}$。

因为 $\underline{f}=\inf\limits_{x\in X}f(x)$，所以存在一个数列 $\{x_n\}_{n=1}^{\infty}$，使得：

$$f(x_n)\to\underline{f} \tag{5.19}$$

因为 X 是紧集，所以该数列一定包含一个收敛的子序列 $\{x_{n_k}\}_{k=1}^{\infty}$。令 $\underline{x}=\lim\limits_{k\to\infty}x_{n_k}$。$\underline{x}$ 之所以属于 X，是因为 X 是一个闭集。因为 f 在 X 上是上半连续的，于是有：

$$\lim_{k\to\infty}f(x_{n_k})\geqslant f(\underline{x}) \tag{5.20}$$

比较式(5.19)和式(5.20)可知 $f(\underline{x})=\underline{f}$。 □

答案 5.10　令 $X=[0，4]$，令函数为：

$$t(x)=\begin{cases}5-x，&0\leqslant x\leqslant2\\x，&2<x\leqslant4\end{cases}$$

该函数在[0，4]上是下半连续的且没有最小值。 □

答案 5.11　函数连续的充分必要条件是，它既是上半连续的，又是下半连续的，故根据习题 5.7 和习题 5.9 的答案就可以得出结论。 □

答案 5.12

(1) 因为 $\mathcal{T}_X$ 中的集合的所有并集都是 $\mathcal{T}_X$ 中的集合，$\mathcal{T}_X$ 中的集合的所有有限交集都是 $\mathcal{T}_X$ 中的集合，所以，$\mathcal{T}_X$ 是 X 上的拓扑。因为 $\mathcal{T}_Y$ 中的集合的所有并集都是 $\mathcal{T}_Y$ 中的集合，$\mathcal{T}_Y$ 中的集合的所有有限交集都是 $\mathcal{T}_Y$ 中的集合，所以 $\mathcal{T}_Y$ 是 Y 上的拓扑。实际上，$\mathcal{T}_Y$ 是 Y 的所有可能的子集的集合，所以 $\mathcal{T}_Y$ 是 Y 的离散拓扑。

(2) f 的定义域为：

$$\{x\in X\,|\,f(x)\neq\varnothing\}=\{锯子,钻头,指甲,锤子\}$$

f 的值域/像集为：$f(x)=\{鸟,蜜蜂,蜗牛\}$。

f 是一个函数，因为对于 f 的定义域中的每个 x，$f(x)$ 都是单元素集。又因为 f 的陪域和像集是同一个集合，所以 f 是满射的。f 的像集中的元素"鸟"被定义域中的不止一个元素映射到了，所以 f 不是单射的。$f($锯子$)=f($锤子$)=$鸟，所以 f 不是双射的。

f 的图为集合：

$$\begin{aligned}G_f&=\{(x，y)\,|\,x\in X，y=f(x)\}\\&=\{(锯子,鸟),(钻头,蜜蜂),(指甲,蜗牛),(锤子,鸟)\}\end{aligned}$$

这个集合被包含在定义域和值域的直积里，

$X\times Y=\{($锯子,鸟$),($锤子,蜜蜂$),($锤子,蜗牛$),($锯子,鸟$),($锯子,蜜蜂$),($锯子,蜗牛$),($指甲,鸟$),($指甲,蜜蜂$),($指甲,蜗牛$),($钻头,鸟$),($钻头,蜜蜂$),($钻头,蜗牛$),($铅笔,鸟$),($铅笔,蜜蜂$),($铅笔,蜗牛$),($钉子,鸟$),($钉子,蜜蜂$),($钉子,蜗牛$)\}$

（3）不是。集合{蜜蜂}和{鸟,蜜蜂}在 $\mathcal{T}_Y$ 上是开放的,它们的逆像集分别为:

$$f^{-1}(蜜蜂)=\{钻头\}$$

$$f^{-1}(\{鸟,蜜蜂\})=\{锯子,钻头,锤子\}$$

逆像集{钻头}和{锯子,钻头,锤子}在 $\mathcal{T}_X$ 上都不是开放的,因此 f 相对于 $\mathcal{T}_X$ 和 $\mathcal{T}_Y$ 不是连续的。 □

答案 5.13

（1）值域/像集是实线 $\Re$,这同时也是该集值映射的陪域,因此该集值映射是满射的。任意一个像集 $\{-\sqrt{x},+\sqrt{x}\}$ 都被此集值映射的定义域中的某一个 x 映射到了,也就是说,对任意 x', $x''\in\Re$ 且 $x'\neq x''$,都有 $F(x')\bigcap F(x'')=\varnothing$,该集值映射是单射。因为该集值映射既是满射又是单射,所以它是双射的。该集值映射的图形是集合

$$G_F=\{(x,y)|x\in\Re_+,y\in\{-\sqrt{x},+\sqrt{x}\}\}$$

G_F 是 $\Re_+\times\Re$ 的子集且在 $\Re_+\times\Re$ 上的欧几里得拓扑上是闭集。

（2）该集值映射不是凸值集值映射。对任意 $x\neq0$,f 的像集包括 $\Re$ 上两个不同的点 $-\sqrt{x}$ 和 $+\sqrt{x}$。这不是凸集。同样,该图形也不是 $\Re_+\times\Re$ 的凸子集。

（3）$F(0)=\{0\}$ 是单元素集,它是在 E^1 上的闭集。对任意 $x\neq0$,$F(x)$ 是一个由 $\Re$ 上两个不同的点构成的集合,这样的集合都是 E^1 上的闭集。因此,F 定义域上的每个元素对应的 $F(x)$ 都是 E^1 上的闭集,这也意味着该集值映射是在 E^1 上的闭值集值映射。

（4）很明显,$F(0)=\{0\}$ 在 E^1 上是一个有界闭集,它也是一个紧集。对任意 $x\neq0$,$F(x)$ 在 E^1 上是闭合的,数值 $M(x)=+2\sqrt{x}$ 是集合中的点之间的欧几里得距离的有限上界。于是,$F(x)$ 在 E^1 上有界,因此,它在 E^1 上是紧的。由于对 F 的定义域上的每个 x,$F(x)$ 在 E^1 上都是紧的,所以 F 是 E^1 上的紧值集值映射。F 的值域是 $\Re$,$\Re$ 是无界的,所以值域在 E^1 上不是紧的。F 的图 G_F 是 $\Re_+\times\Re$ 的无界子集,所以它在 $\Re_+\times\Re$ 上的欧几里得拓扑上不是紧的。

（5）**证明 1:** F 在 $\Re_+$ 上是拟上半连续的充分必要条件是,$\Re$ 中的任意开集 O 的上逆像集 V 是 $\Re_+$ 中的开集,且对于任意 $x\in V$ 都有 $F(x)\subset O$。从 F 的值域 $\Re$ 上任取一个在 E^1 上非空的子集 O,再任取 $y\in O$,那么,存在一个以 y 为球心、以大于零的 $\epsilon(y)$ 为半径且完全被包含在 O 里的球,这个球是集合 $B_{d_E}(y,\epsilon(y))=\{y'\in\Re|y-\epsilon(y)<y'<y+\epsilon(y)\}$。

$$y-\epsilon(y)<\sqrt{x}<y+\epsilon(y)\Leftrightarrow(y-\epsilon(y))^2<x<(y+\epsilon(y))^2$$

$B_{d_E}(y,\epsilon(y))$ 在 F 中的上逆像集为:

$$F^{-1}(B_{d_E}(y,\epsilon(y)))^+=\{x|x\in\Re_+,F(x)\subset B_{d_E}(y,\epsilon(y))\}$$
$$=\{x|x\in\Re_+,(y-\epsilon(y))^2<x<(y+\epsilon(y))^2\}$$

该上逆像集在 $\Re_+$ 上的欧几里得拓扑上是开放的。整个集合 O 的上逆像集是构成 O 的所有球的上逆像集的并集:

$$F^{-1}(O)^+ = \bigcup_{y \in O} F^{-1}(B_{d_E}(y, \epsilon(y)))^+$$

这个并集在 $\Re_+$ 上的欧几里得拓扑上是开放的，$F^{-1}(O)^+$ 在该拓扑上是开放的，因此，F 在 $\Re_+$ 上是拟上半连续的。 □

证明 2：因为 F 是从欧几里得度量空间 $(\Re_+, d_E)$ 到欧几里得度量空间 $(\Re, d_E)$ 的紧值集值映射，所以，F 在 $x_0 \in \Re_+$ 处拟上半连续的充分必要条件是，对于任意数列 $\{x_n\}_{n=1}^{\infty}$ ($x_n \in \Re_+$，$n \geq 1$ 且 $x_n \to x_0$)，任意数列 $\{y_{n_k}\}_{k=1}^{\infty}$ [$y_n \in F(x_n)$，$n \geq 1$] 都有一个收敛的子数列 $\{y_{n_k}\}_{k=1}^{\infty}$ 满足 $y_{n_k} \to y_0 \in F(x_0)$。

任取一个 $x_0 \in \Re_+$ 和任意一个满足 $x_n \in \Re_+$ ($n \geq 1$) 的数列 $\{x_n\}_{n=1}^{\infty}$。当 $n \geq 1$ 时，$F(x_n) = \{-\sqrt{x_n}, +\sqrt{x_n}\}$。选择数列 $y_n = +\sqrt{x_n}$。当 $x_n \to x_0$ 时，$y_n \to y_0 = -\sqrt{x_n} \in F(x_0)$。因此，$F$ 在 $\Re_+$ 上对 $\Re_+$ 和 $\Re$ 上的欧几里得度量拓扑是拟上半连续的。 □

(6) **证明 1：**F 在 $x_0 \in \Re_+$ 处拟下半连续的充分必要条件是，E_1 中的任意一个满足 $F(x_0) \bigcap O \neq \emptyset$ 的开集 O 的下逆像集是 $\Re_+$ 中的开集，且对于任意 $x \in V$ 都有 $F(x) \bigcap O \neq \emptyset$。于是，从 F 的值域 $\Re$ 上任取一个定义在 E^1 上的非空子集 O，使得 $\{-\sqrt{x_0}, +\sqrt{x_0}\} \bigcap O \neq \emptyset$。于是，要么 $y_0^- = -\sqrt{x_0} \in O$ 成立，要么 $y_0^+ = +\sqrt{x_0} \in O$ 成立，要么二者同时成立。假设 $y_0^+ \in O$，那么，存在一个以 y_0^+ 为球心、以大于零的 $\epsilon(y_0^+)$ 为半径且完全被包含在 O 里的球，这个球是集合 $B_{d_E}(y_0^+, \epsilon(y_0^+)) = \{y' \in \Re | y_0^+ - \epsilon(y_0^+) < y' < y_0^+ + \epsilon(y_0^+)\}$。

$$y_0^+ - \epsilon(y_0^+) < +\sqrt{x} < y_0^+ + \epsilon(y_0^+) \Leftrightarrow (y_0^+ - \epsilon(y_0^+))^2 < x < (y_0^+ + \epsilon(y_0^+))^2$$

$B_{d_E}(y_0^+, \epsilon(y_0^+))$ 的下逆像集为：

$$F^{-1}(B_{d_E}(y_0^+, \epsilon(y_0^+)))^-$$
$$= \{x | x \in \Re_+, F(x) \bigcap B_{d_E}(y_0^+, \epsilon(y_0^+)) \neq \emptyset\}$$
$$= \{x | x \in ((y_0^+ - \epsilon(y_0^+))^2, (y_0^+ + \epsilon(y_0^+))^2), \{-\sqrt{x}, +\sqrt{x}\} \bigcap O \neq \emptyset\}$$

该下逆像集包含 x_0，它是非空的。此外，它对 $\Re_+$ 上的欧几里得拓扑是开放的。整个集合 O 的上逆像集是构成 O 的所有球的上逆像集的并集：

$$F^{-1}(O)^- = \bigcup_{y \in O} F^{-1}(B_{d_E}(y, \epsilon(y)))^-$$

因为它是开集的并集，所以它也是开放的。因此，F 在 $\Re_+$ 上是拟下半连续的。 □

证明 2：因为 F 是从欧几里得度量空间 $(\Re_+, d_E)$ 到欧几里得度量空间 $(\Re, d_E)$ 的紧值集值映射，所以，F 在 $x_0 \in \Re_+$ 处拟下半连续的充分必要条件是，对于任意数列 $\{x_n\}_{n=1}^{\infty}$ ($x_n \in \Re_+$，$n \geq 1$ 且 $x_n \to x_0$) 和任意 $y_0 \in F(x_0)$，存在一个数列 $\{y_n\}_{n=1}^{\infty}$，其中，对于每一个 $n \geq 1$ 和 $y_n \to y_0$，$y_n \in F(x_n)$。

任取一个 $x_0 \in \Re_+$ 和任意数列 $\{x_n\}_{n=1}^{\infty}$，其中，对于每一个 $n \geq 1$ 和 $x_n \to x_0$，$x_n \in \Re_+$。$F(x_0) = \{-\sqrt{x_0}, +\sqrt{x_0}\}$。当 $n \geq 1$ 时，$F(x_n) = \{-\sqrt{x_n}, +\sqrt{x_n}\}$。取 $y_0^+ = +\sqrt{x_0}$。当 $n \to \infty$ 时，对于所有的 $n \geq 1$，数列 $y_n = +\sqrt{x_0}$ 收敛于 y_0^+。取 $y_0^- = -\sqrt{x_0}$。当 $n \to \infty$ 时，数列 $y_n = -\sqrt{x_0}$ 收敛于 y_0^-。因此，F 在 x_0 处拟下半连续。x_0 是从 $\Re_+$ 中取的任意一

个点,F 在 $\Re_+$ 上是拟下半连续的。 □

(7) **证明**:F 在 $\Re_+$ 上连续的充分必要条件是,F 在 $\Re_+$ 上既是拟上半连续的,又是拟下半连续的。因此,根据第(5)问和第(6)问可知,F 在 $\Re_+$ 上是连续的。 □

(8) 不能。闭图定理要求 F 的值域是紧集。而 F 的值域是 $\Re$,$\Re$ 不是 E^1 上的紧集。 □

答案 5.14

(1) F、G 在 X 上是凸值的 $\nRightarrow$ Θ 在 X 上是凸值的。

证明:对任意 $x\in X$,集合 $F(x)$ 和 $G(x)$ 是 $\Re^m$ 的凸子集。因为两个凸集的并集不一定是凸集,所以 $\Theta(x)$ 不一定是 $\Re^m$ 的凸子集。因此,Θ 不一定是凸值集值映射。 □

(2) F、G 在 X 上是凸值的 $\Rightarrow$ Ψ 在 X 上是凸值的。

证明:对任意 $x\in X$,集合 $F(x)$ 和 $G(x)$ 是 $\Re^m$ 的凸子集。两个凸集的交集一定是凸集,所以 $\Psi(x)$ 是 $\Re^m$ 的凸子集。因此,Ψ 是凸值集值映射。 □

(3) F、G 在 X 上是紧值的 $\Rightarrow$ Θ 在 X 上是紧值的。

证明:对任意 $x\in X$,集合 $F(x)$ 和 $G(x)$ 是 E^m 的紧子集。因为两个紧集的并集一定是凸集,所以 $\Theta(x)$ 也是 E^m 的紧子集。因此,Θ 是紧值集值映射。 □

(4) F、G 在 X 上是紧值的 $\Rightarrow$ Ψ 在 X 上是紧值的。

证明:对任意 $x\in X$,集合 $F(x)$ 和 $G(x)$ 是 E^m 的紧子集。因为两个紧集的交集一定是凸集,所以 $\Psi(x)$ 是 E^m 的紧子集。因此,Ψ 是紧值集值映射。 □

(5) F、G 在 X 上是拟上半连续的 $\Rightarrow$ Θ 在 X 上是拟上半连续的。

证明:从 Θ 的陪域中任取 E^m 上的开集 O,且对某些 $x\in X$,有 $\Theta(x)\subset O$。O 的上逆像集为:

$$\begin{aligned}\Theta^{-1}(O)^+ &=\{x\in X\,|\,\Theta(x)\subset O\}\\ &=\{x\in X\,|\,(F(x)\bigcup G(x))\subset O\}\\ &=\{x\in X\,|\,F(x)\subset O\}\bigcup\{x\in X\,|\,G(x)\subset O\}\\ &=F^{-1}(O)^+\bigcup G^{-1}(O)^+\end{aligned}$$

因为 F 是拟上半连续的,所以 O 在 F 中的上逆像集 $F^{-1}(O)^+$ 是 X 上的开集。同样,$G^{-1}(O)^+$ 也是 X 上的开集。因此,$\Theta^{-1}(O)^-$ 也是 X 上的开集,说明 Θ 在 X 上是拟上半连续的。 □

(6) F、G 在 X 上是拟下半连续的 $\Rightarrow$ Θ 在 X 上是拟下半连续的。

证明:从 Θ 的陪域中任取 E^m 上的开集 O,且对某些 $x\in X$,有 $\Theta(x)\bigcap O\neq\varnothing$。$O$ 的下逆像集为:

$$\begin{aligned}\Theta^{-1}(O)^- &=\{x\in X\,|\,\Theta(x)\bigcap O\neq\varnothing\}\\ &=\{x\in X\,|\,(F(x)\bigcup G(x))\bigcap O\neq\varnothing\}\\ &=\{x\in X\,|\,F(x)\bigcap O\neq\varnothing\}\bigcup\{x\in X\,|\,G(x)\bigcap O\neq\varnothing\}\\ &=F^{-1}(O)^-\bigcup G^{-1}(O)^-\end{aligned}$$

因为 F 是拟下半连续的,所以 O 在 F 中的下逆像集 $F^{-1}(O)^-$ 是 X 上的开集。同样,$G^{-1}(O)^-$ 也是 X 上的开集。因此,$\Theta^{-1}(O)^-$ 也是 X 上的开集,说明 Θ 在 X 上是拟下半连续的。 □

(7) F、G 在 X 上是拟上半连续的⇒Ψ 在 X 上是拟上半连续的。

证明: 从 Ψ 的陪域中任取 E^m 上的开集 O,O 的上逆像集为:

$$
\begin{aligned}
\Psi^{-1}(O)^+ &= \{x \in X \mid \Psi(x) \subset O\} \\
&= \{x \in X \mid (F(x) \cap G(x)) \subset O\} \\
&= \{x \in X \mid F(x) \subset O\} \cap \{x \in X \mid G(x) \subset O\} \\
&= F^{-1}(O)^+ \cap G^{-1}(O)^+
\end{aligned}
$$

因为 F 是拟上半连续的,所以 O 在 F 中的上逆像集 $F^{-1}(O)^+$ 是 X 上的开集。同样,$G^{-1}(O)^+$ 也是 X 上的开集。因此,$\Psi^{-1}(O)^+$ 也是 X 上的开集,说明 Ψ 在 X 上是拟上半连续的。 □

(8) F、G 在 X 上是拟下半连续的⇒Ψ 在 X 上是拟下半连续的。

证明: 从 Ψ 的陪域中任取 E^m 上的开集 O,对某些 $x \in X$,$\Psi(x) \cap O \neq \varnothing$。$O$ 的下逆像集为:

$$
\begin{aligned}
\Psi^{-1}(O)^- &= \{x \in X \mid \Psi(x) \cap O \neq \varnothing\} \\
&= \{x \in X \mid (F(x) \cap G(x)) \cap O \neq \varnothing\} \\
&= \{x \in X \mid F(x) \cap O \neq \varnothing\} \cap \{x \in X \mid G(x) \cap O \neq \varnothing\} \\
&= F^{-1}(O)^- \cap G^{-1}(O)^-
\end{aligned}
$$

因为 F 是拟下半连续的,所以 O 在 F 中的下逆像集 $F^{-1}(O)^-$ 是 X 上的开集。同样,$G^{-1}(O)^-$ 也是 X 上的开集。因此,$\Psi^{-1}(O)^-$ 也是 X 上的开集,说明 Ψ 在 X 上是拟下半连续的。 □

(9) F、G 在 X 上是连续的⇒Θ 在 X 上是连续的。

证明: F、G 都在 X 上是连续的,因此它们在 X 上既是拟上半连续的,又是拟下半连续的。因此,根据第(5)问和第(6)问可知,Θ 在 X 上既是拟上半连续的,又是拟下半连续的,故 Θ 在 X 上是连续的。 □

(10) F、G 在 X 上是连续的⇒Ψ 在 X 上是连续的。

证明: F、G 都在 X 上是连续的,因此它们在 X 上既是拟上半连续的,又是拟下半连续的。因此,根据第(7)问和第(8)问可知,Ψ 在 X 上既是拟上半连续的,又是拟下半连续的,故 Ψ 在 X 上是连续的。 □

(11) Θ 的图为集合

$$
\begin{aligned}
G_\Theta &= \{(x, y) \mid x \in X, y \in \Theta(x)\} \\
&= \{(x, y) \mid x \in X, y \in F(x) \cup G(x)\} \\
&= \{(x, y) \mid x \in X, y \in F(x)\} \cup \{(x, y) \mid x \in X, y \in G(x)\} \\
&= G_F \cup G_G
\end{aligned}
$$

G_{Θ} 是两个闭集的并集,因此 G_{Θ} 是闭集。就其本身而言,这并不能保证 Θ 在 X 上是拟上半连续的。但如果 Θ 的值域为紧集,那么当且仅当 Θ 的图是 $X \times Y$ 的闭合子集时,Θ 在 X 上是拟上半连续的。□

（12）Ψ 的图为集合

$$
\begin{aligned}
G_{\Psi} &= \{(x, y) \mid x \in X, y \in \Psi(x)\} \\
&= \{(x, y) \mid x \in X, y \in F(x) \bigcap G(x)\} \\
&= \{(x, y) \mid x \in X, y \in F(x)\} \bigcap \{(x, y) \mid x \in X, y \in G(x)\} \\
&= G_F \bigcap G_G
\end{aligned}
$$

G_{Ψ} 是两个闭集的交集,因此是闭集。就其本身而言,这并不能保证 Ψ 在 X 上是拟上半连续的。但如果 Ψ 的值域为紧集,那么当且仅当 Ψ 的图是 $X \times Y$ 的闭合子集时,Ψ 在 X 上是拟上半连续的。□

超平面与集合的分离

有约束的最优化问题的整体思想是把集合分离开来。如果你觉得这句话读起来很奇怪,那就看看下面这些经济学家非常熟悉的例子。

需求理论的核心观点是,消费者可以从可供其选择(能负担得起)的所有商品组合中选择一个最喜欢的商品组合。图 6.1 是一个经典图形,图中的直线是分离了 S_1 和 S_2 这两个集合的预算约束线。在这个背景下,$S_1 = \{x \in \Re_+^2 \mid x \succsim x^*\}$ 表示的是,消费者偏好程度大于等于商品组合 x^* 的所有商品组合所组成的集合;$S_2 = \{x \in \Re_+^2 \mid p_1 x_1 + p_2 x_2 \leqslant y\}$ 则为消费者的预算集。集合 $H = \{x \in \Re_+^2 \mid p_1 x_1 + p_2 x_2 = y\}$ 是预算约束线,也是在 $\Re_+^2$ 中分离了集合 S_1 和 S_2 的超平面。

企业理论的核心思想之一是,任何一个企业都力求以尽可能小的总成本来生产某个数量的商品,比如说 y 单位。这个情况也可以用图 6.1 来表示。在这种情况下,$S_1 = \{x \in \Re_+^2 \mid f(x) \geqslant y\}$ 表示生产至少 y 单位商品所需要的投入要素组合(f 是企业的生产函数);$S_2 = \{x \in \Re_+^2 \mid w_1 x_1 + w_2 x_2 \leqslant w_1 x_1^* + w_2 x_2^*\}$ 是总成本不高于某个能生产出 y 单

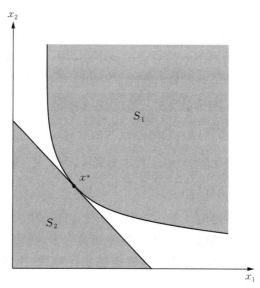

图 6.1 分离了两个集合的超平面

位产品的投入要素组合 x^* 所代表的生产成本的所有投入要素组合。w_1 和 w_2 分别表示两种投入要素的单价。集合 $H=\{x\in\Re_+^2\,|\,w_1x_1+w_2x_2=w_1x_1^*+w_2x_2^*\}$ 是等成本线,也是在 $\Re_+^2$ 中分离了集合 S_1 和 S_2 的超平面。

如果用有约束的最优化问题的形式来描述这些问题的话,你可能会更加熟悉。例如,消费者希望在预算约束下将其效用最大化;企业希望以最低的成本生产出某一具体数量的商品。读到这里,你应该明白有约束的最优化问题和集合的分离之间存在紧密的联系。正是因为存在这种联系,我们将用一整章来讨论怎样和在什么情况下用一个超平面来分离集合。让我们从超平面这一术语的含义开始学起。

6.1 超平面

定义 6.1 给定向量 $p\in\Re^n$,$p\neq\underline{0}$ 且 $\|\,p\,\|_E<\infty$,向量 $\alpha\in\Re$,那么,集合

$$H(p,\alpha)=\{x\in\Re^n\,|\,p\cdot x=\alpha\}\tag{6.1}$$

是 $\Re^n$ 中以 p 为法向量且水平为 α 的超平面。

你应该对此很熟悉。在二维空间 $\Re^2$ 中,超平面是一条(一维的)直线,其方程为 $p_1x_1+p_2x_2=\alpha$;在三维空间 $\Re^3$ 中,超平面是一个(二维的)平面,其方程为 $p_1x_1+p_2x_2+p_3x_3=\alpha$。在 $\Re^n$ 中,超平面通常是一个 $n-1$ 维的平面。

超平面的法向量 p 是函数 $p\cdot x$ 关于 x 的梯度向量,也就是说,

$$\nabla_x p\cdot x=\left(\frac{\partial(p_1x_1+\cdots+p_nx_n)}{\partial x_1},\ \cdots,\ \frac{\partial(p_1x_1+\cdots+p_nx_n)}{\partial x_n}\right)=(p_1,\ \cdots,\ p_n)=p^T$$

如果我们从超平面中取两个点 x' 和 $x'+\Delta x$,那我们会得到 $p\cdot x'=\alpha$ 和 $p\cdot(x'+\Delta x)=\alpha$,因此 $p\cdot\Delta x=0$。p 与任意一个 Δx 都是正交的(即 p 为法向量),Δx 是从超平面中任意一点到超平面中另外一个点的"微小变动"。

与任意一个映射到实线上的函数一样,函数 $p\cdot x$ 有一些等值集——上等值集和下等值集。对于给定的 α,$p\cdot x$ 的水平为 α 的等值集合就是超平面本身。超平面的上下等值集叫作半空间,因为超平面将一个空间分成了两个部分。其实正确的表达方式应该是超平面将空间"分离"成了两个半空间,我们会在下一节进一步讨论这一说法。

定义 6.2(半空间) 给定向量 $p\in\Re^n$,$p\neq\underline{0}$ 且 $\|\,p\,\|_E<\infty$,向量 $\alpha\in\Re$,那么,集合

$$UH(p,\alpha)=\{x\in\Re^n\,|\,p\cdot x\geqslant\alpha\}$$

是超平面 $H(p,\alpha)=\{x\in\Re^n\,|\,p\cdot x=\alpha\}$ 的上半空间;而集合

$$LH(p,\alpha)=\{x\in\Re^n\,|\,p\cdot x\leqslant\alpha\}$$

则为超平面 $H(p,\alpha)$ 的下半空间。

$\Re^n$ 中的半空间是一个封闭的弱凸集。顺便强调一下,我们在这一章只考虑实向量空间 $\Re^n$ 的子集,开放、封闭、有界、紧凑等术语都是针对 $\Re^n$ 上的欧几里得度量空间而言的。

6.2 集合的分离

"用超平面分离两个集合"是什么意思呢？它的意思是,其中一个集合完全落在超平面的一个半空间内,另一个集合完全落在超平面的另一个半空间内。

定义 6.3(集合的分离)　令 S_1 和 S_2 为 $\mathfrak{R}^n$ 上的非空子集。令 $H(p,\alpha)$ 为 $\mathfrak{R}^n$ 中的一个超平面,如果

$$p \cdot x \geqslant \alpha \geqslant p \cdot y \quad \forall x \in S_1, \ \forall y \in S_2 \tag{6.2}$$

我们称 $H(p,\alpha)$ 分离了 S_1 和 S_2。

图 6.2 展示了一些被分离的集合的例子。看图不难发现,当两个闭集被分离时,它们可能还会有一个或多个共同的边界点(如图中 A 部分所示)。但是如果两个分离集中至少有一个是开集,那两个集合必然是不相交的(如图中 C 部分所示)。

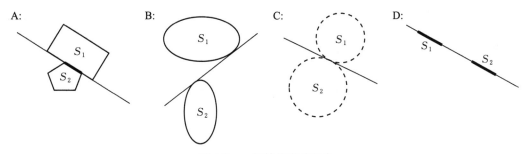

图 6.2　一些被分离的集合

我们还注意到,图中 D 部分展示了另一种可能性,即两个分离集合都在超平面内。也就是说,根据定义 6.3,可能存在 $S_1 \cup S_2 \in H$ 的情况。有些人可能觉得这不是真正意义上的分离,我们也可以做出某种规定,以排除这种情况。在这种规定下,我们可以得到适当分离集合 S_1 和 S_2 的概念。

定义 6.4(集合的适当分离)　令 S_1 和 S_2 为 $\mathfrak{R}^n$ 上的非空子集。令 $H(p,\alpha)$ 为 $\mathfrak{R}^n$ 中的一个超平面。如果

(1) $H(p,\alpha)$ 能把 S_1 和 S_2 分离开,

(2) $S_1 \cup S_2$ 不是 $H(p,\alpha)$ 的子集,

则称 $H(p,\alpha)$ 能将集合 S_1 与 S_2 适当分离。

图 6.2 中的 A、B、C 部分都展示了 S_1 和 S_2 被适当分离的情况,但在 D 部分中集合 S_1 和 S_2 只是被分离了,而不是被适当分离。

但你可能又会觉得,只有对于任意 $x \in X$ 与 $y \in Y$ 来说,$p \cdot x$ 的值严格大于 $p \cdot y$ 的值时,集合 X 和集合 Y 才是被严格分离开了。比如说,在图 6.2 中的 A 部分,集合 S_1 和 S_2 有共同的边界点,你认为这两个集合没有被真正分离开。这个观点也很合理,于是我们把这个概念命名为严格分离。

定义 6.5(集合的严格分离)　令 S_1 和 S_2 为 $\mathfrak{R}^n$ 上的非空子集。令 $H(p,\alpha)$ 为 $\mathfrak{R}^n$ 中

的一个超平面。如果

$$p \cdot x > \alpha > p \cdot y \quad \forall\, x \in S_1, \; \forall\, y \in S_2 \tag{6.3}$$

我们称 $H(p, \alpha)$ 能将集合 S_1 与 S_2 严格分离。

图 6.3 展示了集合被严格分离的一些例子。如图所示,图 6.2 和图 6.3 中的 B 部分和 C 部分里的集合 S_1、S_2 是一样的,但是超平面不同。因此,超平面的位置不同,相同的集合被分离的方式也不同,有可能只是被分离了,也有可能被严格分离。同样,我们可以看到,图 6.2 和图 6.3 中的 C 部分里的集合是完全一样的,由于 S_1 和 S_2 都是开集,所以 S_1 和 S_2 被严格分离开来。因此,这两个集合不相交,也与超平面没有共同的交点,用数学语言来表示就是:$S_1 \bigcap S_2 = \varnothing$,$S_1 \bigcap H = \varnothing$,$S_2 \bigcap H = \varnothing$。

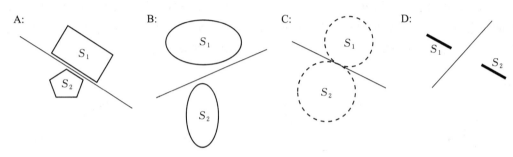

图 6.3　一些被严格分离的集合

即便如此,你也还是会有其他的看法,认为 C 部分中的集合没有被真正分离是因为两个集合中分别存在可以无限接近彼此的点,只有两个集合中最靠近的点之间有严格正的距离才能说明这两个集合被真正分离。这个概念也有自己的名字,叫作强分离。

定义 6.6(集合的强分离)　令 S_1 和 S_2 为 $\mathfrak{R}^n$ 上的非空子集。令 $H(p, \alpha)$ 为 $\mathfrak{R}^n$ 中的一个超平面。如果对某个 $\varepsilon > 0$,有

$$p \cdot x \geqslant \alpha + \varepsilon > \alpha - \varepsilon \geqslant p \cdot y \quad \forall\, x \in S_1, \; \forall\, y \in S_2 \tag{6.4}$$

则称 S_1 与 S_2 是被超平面 $H(p, \alpha)$ 强分离的集合。

图 6.3 中的 A、B、D 部分展示了集合被强分离的情况,而 C 部分中的集合只是被严格分离。

在下面的定义中,我们用 $\bar{S}$ 来表示集合 S 的闭合集(closure),即集合 S 与其边界点所构成的集合。如果 S 是闭集,那么 $S = \bar{S}$;否则,$S \subset \bar{S}$。

定义 6.7(支撑超平面与支撑点)　令 S_1 和 S_2 为 $\mathfrak{R}^n$ 上的非空子集。令 $H(p, \alpha)$ 为 $\mathfrak{R}^n$ 中的一个超平面。如果 $x' \in \bar{S}$ 使得 $p \cdot x' = \alpha$,且对任意 $x \in S$ 都有 $p \cdot x \geqslant \alpha$ 或者 $p \cdot x \leqslant \alpha$,那么 x' 被称为 H 中 S 的一个支撑点,H 则为 S 的一个支撑超平面。

换句话说,如果 S 完全被包含在超平面的一个半空间(要么是上空间,要么是下空间)内,且 x' 为 S 中的一个边界点,那我们就称超平面中的点 x' 为集合 S 的支撑点。

支撑点总是属于支撑超平面,但不总是属于被支撑的集合。如图 6.2 中的 A 部分所示,粗线所表示的区间内的所有点都是闭集 $S_1 = \bar{S}_1$ 和 $S_2 = \bar{S}_2$ 的超平面中的支撑点。矩形 S_1 下边界上的不属于五边形 S_2 的点是超平面中只支撑 S_1 的支撑点,该超平面同时支

撑这两个集合。B 部分的超平面 H 中有两个支撑点,一个支撑闭集 $S_1 = \bar{S}_1$,另一个支撑闭集 $S_2 = \bar{S}_2$,该超平面也同时支撑这两个集合。在 C 部分中的集合 S_1、S_2 都是开集,超平面中存在一个同时支撑两个集合的点,但该点不属于任何一个集合,它属于 S_1、S_2 的闭合 $\bar{S}_1$、$\bar{S}_2$(它是这两个集合的边界上的点)。在 D 部分中,超平面严格分离了集合 S_1 与 S_2,但没有一个支撑点,因为 S_1 与 S_2 的边界点都不在超平面上,这也是超平面严格分离两个集合但不包含支撑点的一个例子。

6.3 从集合中分离出一个点

我们从一个相对简单的问题开始讨论——如何把集合和一个不属于该集合的点分离开。这个简单问题的答案是所有更为复杂的用超平面分离集合的问题的基础。

定理 6.1(从一个闭集中分离出一个单元素集) 令 $S \subset \mathfrak{R}^n$ 为非空集合,且在 E^n 上是闭合的。令 $x_0 \in \mathfrak{R}^n$,且 $x_0 \notin S$。那么,(1)存在 $x' \in S$,对于任何 $x \in S$ 都有 $0 < d_E(x_0, x') \leqslant d_E(x_0, x)$。此外,如果 S 是一个闭集,那么,(2)x' 是唯一的,且存在一个超平面,其法向量 $p \in \mathfrak{R}^n$,$p \neq \underline{0}$ 且 $\parallel p \parallel < \infty$ 满足

$$p \cdot x > p \cdot x_0 \quad \forall x \in S$$

现在我们只考虑定理的第(1)部分。x_0 不是集合 S 中的点。由于 S 是一个闭集,x_0 不是集合 S 边界上的点,故它与 S 中的所有点之间的距离一定为正。因此,对所有 $x \in S$,都有 $0 < d_E(x_0, x)$。第(1)部分还提到,闭集 S 中存在至少一个点 x',它与 x_0 的距离是最小的。图 6.4 清楚地说明了为什么这些说法是正确的。

当我们用欧几里得度量方法来衡量 $\mathfrak{R}^2$ 中的距离时,与 x_0 距离相等的点组成的集合是一个圆,这些点到 x_0 的距离都是该圆的半径。那么,很明显,一定会存在一个距离,在这个距离上,以 x_0 为圆心的某个圆会与 S 的边界有交点,交点可能不止一个,如图 6.4 所示。因此,x' 和 x'' 均为 S 内的点,且都是集合 S 中距离点 x_0 最近的点。也就是说,

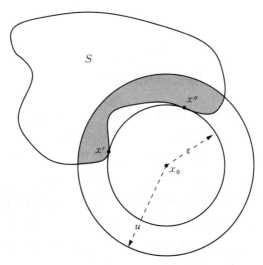

图 6.4 定理 6.1 的第(1)部分

$d_E(x_0, x')=d_E(x_0, x'')\leqslant d_E(x_0, x)$对所有$x\in S$都成立。由于$x'$和$x''$都不同于点$x_0$,故这个最小距离是严格大于零的,也就是说$d_E(x_0, x')=d_E(x_0, x'')>0$。现在我们已经了解了第(1)部分的含义,下面我们对它进行证明。

定理6.1的第(1)部分的证明:任意选择一个半径$\mu>0$,使得封闭球

$$\bar{B}_{d_E}(x_0, \mu)=\{x\in\Re^n\,|\,d_E(x_0, x)\leqslant\mu\}\bigcap S\neq\varnothing$$

因为$\bar{B}_{d_E}(x_0, \mu)$和S都是闭集,所以它们的交集$\bar{B}_{d_E}(x_0, \mu)\bigcap S$(如图6.4中的阴影部分所示)也是一个闭集。同时,$\bar{B}_{d_E}(x_0, \mu)\bigcap S$也是一个有界集,因为它完全被包含在球$\bar{B}_{d_E}(x_0, \mu)$内。因此,$\bar{B}_{d_E}(x_0, \mu)\bigcap S$是一个非空的紧集。

欧几里得度量函数$d_E(x_0, x)$是关于x的连续函数,因此,根据魏尔斯特拉斯定理,该函数可以在某个点$x'\in\bar{B}_{d_E}(x_0, \mu)\bigcap S$处取得最小值。也就是说,$\bar{B}_{d_E}(x_0, \mu)\bigcap S$中存在点$x'$,它到$x_0$的距离是最小的:

$$\varepsilon=d_E(x_0, x')\leqslant d_E(x_0, x),\quad\forall x\in\bar{B}_{d_E}(x_0, \mu)\bigcap S \tag{6.5}$$

其中,$\varepsilon>0$。因为$x'\in S$且$x_0\notin S$,所以$x'\neq x_0$。

我们选择在集合S内的但不被包含在交集$\bar{B}_{d_E}(x_0, \mu)\bigcap S$内的任意一个点$x$。于是,有$x\notin\bar{B}_{d_E}(x_0, \mu)$。因此,$d_E(x_0, x)>d_E(x_0, x')$。

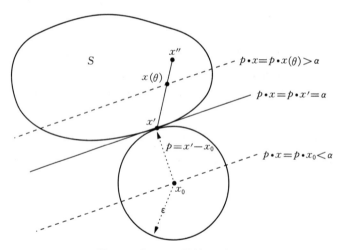

图6.5 定理6.1的第(2)部分

我们再来看看这个定理的第(2)部分。在图6.5中,S是一个凸集,以x_0为圆心的封闭球刚好与S相切,且只有一个切点,$x=x'$。容易看出,存在很多可以将单元素闭集$\{x_0\}$与闭集S分离开的超平面,而其中一个超平面会经过点x'。在证明时我们不用理会点x''及x'与x''之间的连线。证明并不复杂。我们先构造一个特定的超平面,再证明这个超平面具有定理6.1的第(2)部分所描述的性质即可。这个特定超平面的法向量是图6.5中所展示的向量$p=x'-x_0$,超平面的水平是$\alpha=p\cdot x'=(x'-x_0)\cdot x'$。图6.5用实线$p\cdot x=\alpha$表示了经过$x'$的超平面。从图中很容易能看出,$S$中的每个点都在超平面的上半空间内,但$x_0$位于$S$的下半空间内,所以$p\cdot x=(x'-x_0)\cdot x\geqslant\alpha>p\cdot x_0=(x'-x_0)\cdot$

x_0。现在我们开始证明定理 6.1 的第(2)部分。

定理 6.1 的第(2)部分的证明：选择一个向量 $p=x'-x_0$ 和 $\alpha=p \cdot x'=(x'-x_0) \cdot x'$，由第(1)部分可知，$x' \neq x_0$，故 $p \neq \underline{0}$。此外，由于 x' 与 x_0 之间的距离是有限的，所以 $\|p\|_E=\|x'-x_0\|_E<\infty$。

我们先来证明 $p \cdot x_0 < \alpha$。

$$\begin{aligned} p \cdot x_0 &= (x'-x_0) \cdot x_0 = (x'-x_0) \cdot (x_0-x'+x') \\ &= -(x'-x_0) \cdot (x'-x_0)+(x'-x_0) \cdot x' \end{aligned}$$

因为 $x' \neq x_0$，故 $(x'-x_0)(x'-x_0)>0$。因此，

$$p \cdot x_0 < (x'-x_0) \cdot x' = p \cdot x' = \alpha$$

现在再来证明对于每个 $x \in S$ 都有 $p \cdot x \geqslant \alpha$。任意选择一个点 $x'' \in S$。我们必须证明 $p \cdot x'' \geqslant \alpha=p \cdot x'$。由于 S 是一个凸集且 $x' \in S$，如图 6.5 所示，对任意 $\theta \in (0,1]$（注意，此处 θ 不能为 0），点 $x(\theta)=\theta x''+(1-\theta)x' \in S$。因为在定理 6.1 的第(1)部分，我们已经确定了 x' 至少要比其他的点[比如 $x(\theta)$]更接近 x_0，所以

$$d_E(x_0, x')=\|x'-x_0\|_E$$

$$\leqslant d_E(x_0, x(\theta))=\|\theta x''+(1-\theta)x'-x_0\|_E=\|\theta(x''-x_0)+(1-\theta)(x'-x_0)\|_E$$

对式子两边平方我们可以得到：

$$(x'-x_0) \cdot (x'-x_0)$$

$$\leqslant \theta^2(x''-x_0) \cdot (x''-x_0)+2\theta(1-\theta)(x''-x_0) \cdot (x'-x_0) \cdot (1-\theta)^2(x'-x_0) \cdot (x'-x_0)$$

也就是，

$$0 \leqslant \theta^2(x''-x_0) \cdot (x''-x_0)+2\theta(1-\theta)(x''-x_0) \cdot (x'-x_0)-\theta(2-\theta)(x'-x_0) \cdot (x'-x_0)$$

由于 $\theta>0$（记住，$\theta=0$ 是不被允许的），所以我们可以两边同时除以 θ，然后得到：

$$0 \leqslant \theta(x''-x_0) \cdot (x''-x_0)+2(1-\theta)(x''-x_0) \cdot (x'-x_0)-(2-\theta)(x'-x_0) \cdot (x'-x_0) \tag{6.6}$$

式(6.6)的右边是 θ 的一个连续函数，令 $\theta \to 0$，我们可以得到：

$$0 \leqslant (x'-x_0) \cdot (x''-x_0)-(x'-x_0) \cdot (x'-x_0)=(x'-x_0) \cdot (x''-x')$$

由于 $p=(x'-x_0)$，所以我们得到 $p \cdot x'' \geqslant p \cdot x'=\alpha$。

接下来我们就只用证明 x' 是唯一的。假设 x' 不唯一，那么一定存在另一个点 $\tilde{x} \neq x'$，使得 $d_E(x_0, x')=d_E(x_0, \tilde{x})$。请注意，封闭球 $\bar{B}_{d_E}(x_0, \varepsilon)$ 是一个严格凸集。因为 x'，$\tilde{x} \in \bar{B}_{d_E}(x_0, \varepsilon)$，所以，对任意 $\theta \in (0,1)$，点 $\hat{x}=\theta x'+(1-\theta)\tilde{x}$ 也位于 $\bar{B}_{d_E}(x_0, \varepsilon)$ 的内部，故 $d_E(x_0, \hat{x})<\varepsilon$。因为 S 是凸集，所以 $\hat{x} \in S$。但是，这样的话，x' 和 $\tilde{x}$ 就都不是 S 中最接近 x_0 的点了，与假设矛盾。因此，x' 是唯一的。 □

现在我们需要使定理 6.1 第(2)部分的结论一般化，去掉 S 必须为闭集的条件，考虑一个更为一般化的问题，即把 $\Re^n$ 中任意一个非空的凸集 S 与点 x_0 分离开来（S 可能是开

集、闭集,或者两者都不是)。每当考虑关于一个更一般化的问题的定理时,我们都应该预料到其结果所包含的信息将比这个问题的特殊情况的结果所包含的信息更少,那么,你觉得以上问题的一般化定理是什么呢? 想一想。(提示:画出 S 为开集时的情况。)

与特殊情况不同的是,第(2)部分中的严格不等式变成了弱不等式。

定理 6.2(将任意一个非空凸集与一个点分离)   令 $S \in \Re^n$ 为非空凸集,令 $x_0 \in \Re^n$ 且 $x_0 \notin S$。存在一个超平面,其法向量 $p \in \Re^n$,$p \neq \underline{0}$ 且 $\| p \|_E < \infty$,使得

$$p \cdot x \geqslant p \cdot x_0, \ \forall x \in S$$

为什么这里没有定理 6.1 的第(1)部分了呢? 那是因为,我们在证明定理 6.1 的第(1)部分时用到了魏尔斯特拉斯定理来确定 S 中存在最接近 x_0 的点 x',这样做的前提是 $\bar{B}_{d_E}(x_0, \mu) \bigcap S$ 是一个有界的闭集。但是在更一般的情形中,这一交集是有界集,但不一定是闭集。这样,点 x' 可能不存在(请思考一下,为什么点 x' 可能不存在呢?)

为什么在更一般的情形中定理 6.2 的第(2)部分中的严格不等式变成了弱不等式呢? 请观察一下图 6.6。如果集合 S 是开集,那么点 $x_0 \notin S$ 就可以是 S 的边界点,在这种情况下,我们只能说 $p \cdot x \geqslant \alpha = p \cdot x_0$。

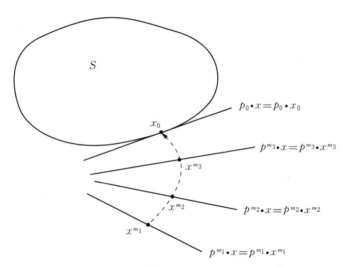

图 6.6 第(2)种情况,x_0 为开集 S 的边界点

定理 6.2 的证明需要考虑两种情况:(1)x_0 不是开集 S 的边界点;(2)x_0 是 S 的边界点(如图 6.6 所示)。在证明过程中,我们仍将使用 $\bar{S}$ 来表示 S 的闭合集。

证明:(1) $x_0 \notin \bar{S}$。$\bar{S}$ 是一个闭集,根据定理 6.1 的第(2)部分可知,存在一个超平面,其法向量 $p \in \Re^n$,$p \neq \underline{0}$ 且 $\| p \|_E < \infty$,使得 $p \cdot x > p \cdot x_0$,$\forall x \in \bar{S}$。又因为 $S \subseteq \bar{S}$,所以 $p \cdot x > p \cdot x_0$ 对所有 $x \in S$ 都成立。

(2) $x_0 \in \bar{S}$ 但 $x_0 \notin S$,即 x_0 是 S 的边界点。以 x_0 为圆心的所有开球都应该既包含集合 $\bar{S}$ 中的一些点,又包含不在集合 $\bar{S}$ 中的一些点。我们可以用开球中不被包含在 $\bar{S}$ 中的点构造出一个收敛于 x_0 的数列 $\{x^m\}_{m=1}^{\infty}$,所有点 x^m 都在闭凸集 $\bar{S}$ 的外部,我们可以将定理 6.1 的第(2)部分依次用于每个 x^m。也就是说,对于每个 x^m,都存在一个超平面,其法

向量是 $p^m \in \Re^m$，$p^m \neq 0$ 且 $\|p^m\|_E < \infty$，使得 $p^m \cdot x > p^m \cdot x^m$ 对每个 $x \in \bar{S}$ 都成立。现在我们得到了两个数列：$\{x^m\}_{m=1}^{\infty}$ 和 $\{p^m\}_{m=1}^{\infty}$，进而可以得到一系列的超平面，如图 6.6 所示。下面我们要证明这些超平面所组成的序列中存在一个子序列，它收敛于在点 x_0 处支撑 $\bar{S}$ 的超平面。我们不能保证数列 $\{p^m\}_{m=1}^{\infty}$ 是收敛的，但马上就会发现，这个数列一定存在一个收敛的子序列。

在不失一般性的条件下，我们把向量 p^m 的"长度"（实际上应该是范数——离原点的距离）限制为不大于单位 1：$\|p\|_E \leqslant 1$（这一步只是相当于重新调整测量单位而已，对结果没有实质性影响）。于是，向量 p^m 都在以 $0 \in \Re_n$ 为原点且以单位向量为半径的闭球内。紧集里的任何序列都有一个收敛子序列，因此 $\{p^m\}_{m=1}^{\infty}$ 也有一个收敛的子序列，我们把它记为 $\{p^{m_k}\}_{k=1}^{\infty}$，用 p_0 表示其极限，$p^{m_k} \to p_0$。与 $\{p^{m_k}\}_{k=1}^{\infty}$ 对应的子序列是 $\{x^{m_k}\}_{k=1}^{\infty}$，其母序列 $\{x^m\}_{m=1}^{\infty}$ 收敛于 x_0，它的子序列也收敛于 x_0，$x^{m_k} \to x_0$。

函数 $p \cdot x$ 对 p 和 x 是联合连续的，

$$\lim_{k \to \infty}(p^{m_k} \cdot x^{m_k}) = (\lim_{k \to \infty} p^{m_k}) \cdot (\lim_{k \to \infty} x^{m_k}) = p_0 \cdot x_0 \tag{6.7}$$

此外，对于每个 $k = 1, 2, \cdots$ 和 $x \in \bar{S}$ 都有 $p^{m_k} \cdot x > p^{m_k} \cdot x^{m_k}$，

$$\lim_{k \to \infty}(p^{m_k} \cdot x) \geqslant \lim_{k \to \infty}(p^{m_k} \cdot x^{m_k}), \ \forall x \in \bar{S} \tag{6.8}$$

比较式 (6.7) 和式 (6.8) 可得：

$$\lim_{k \to \infty}(p^{m_k} \cdot x) = (\lim_{k \to \infty} p^{m_k}) \cdot x = p_0 \cdot x \geqslant p_0 \cdot x_0, \ \forall x \in \bar{S} \tag{6.9}$$

因为 $S \subseteq \bar{S}$，所以我们可以由式 (6.9) 得出：

$$p_0 \cdot x \geqslant p_0 \cdot x_0, \ \forall x \in S \qquad \square$$

6.4　将一个集合与另一个集合分离

定理 6.1 和定理 6.2 讨论了两个集合的分离，但其中一个集合是单元素集。现在我们要分离两个更一般化的集合。对经济学家来说，有一个很有用且更为一般化的分离定理——任何一对非空、不相交的凸集都可以被一个超平面分离开来。该定理是由赫尔曼·闵可夫斯基 (Hermann Minkowski) 提出的，这一结论在几何图形中很容易被看出来（如图 6.2 和图 6.3 所示）。有约束的最优化理论和一般均衡理论主要由肯尼斯·阿罗 (Kenneth Arrow)、吉拉德·德布鲁 (Gerard Debreu)、莱昂内尔·麦肯齐 (Lionel McKenzie) 建立，其大部分内容是以闵可夫斯基定理为基础推导出来的。

定理 6.3（闵可夫斯基定理）　令 S_1 和 S_2 为 $\Re^n$ 的非空且不相交的凸集，那么，存在一个超平面，其法向量 $p \in \Re^n$，$p \neq 0$ 且 $\|p\|_E < \infty$，水平 $\alpha \in \Re^n$，使得

$$p \cdot x \geqslant \alpha \geqslant p \cdot y, \ \forall x \in S_1, \ \forall y \in S_2$$

此定理的证明只需要简单运用定理 6.2 即可。提示一下，集合 S_1 和 S_2 没有共同的元素，那么，集合 $S_1 + (-S_2)$ 是否包含原点 0 呢？请仔细想想。如果你已经忘记了集合 S

的负集合－S 的含义,那就先回顾一下第 2.5 节的内容吧。

如果 $0\in S_1+(-S_2)$,那么,存在元素 $x\in S_1$ 和元素 $-x\in -S_2$,就意味着 $x\in S_1$ 且 $x\in S_2$,这样的话,集合 S_1 和 S_2 就相交了,与给定的条件矛盾,$0\notin S_1+(-S_2)$。令 $x_0=0$,根据定理 6.2 我们知道存在一个超平面,其法向量为 p,对于所有 $x+(-y)\in S_1+(-S_2)$ 都有 $p\cdot(x+(-y))\geqslant p\cdot 0=0$。这相当于说,对任意 $x\in S_1$ 和任意 $y\in S_2$ 都有 $p\cdot x\geqslant p\cdot y$。据此可以推出 $\inf_{x\in S_1}p\cdot x\geqslant\sup_{y\in S_2}p\cdot y$,所以我们只需要选择一个任意在区间 $[\sup_{y\in S_2}p\cdot y,\ \inf_{x\in S_1}p\cdot x]$ 中的 α 值即可完成证明。

6.5 怎样运用本章学到的知识?

我们可以将本章学到的分离超平面的相关知识应用于两个不同但都非常有价值的方向。第一个是利用分离超平面来实现有约束的最优化问题求解过程中的数值计算的计算机算法,但本书不讨论此话题;第二个是用超平面来分离一种叫作凸锥的集合,这种分离用于求解有约束的最优化问题,在这种求解方法中我们可能会使用到微积分知识。如果你以前遇到过有约束的最优化问题,你大概率是用微分法求解的。其实,这样的解题方法从本质上来讲就是用超平面来分离两个凸锥。当有约束的最优化问题要求出的解是一个代数式而不是数值时,用超平面分离凸锥就是最常用的方法之一。举个例子,如果我们要分析消费者的需求问题,那么求出来的是需求函数,而不是需求量的数值,我们一般会用微分法求出这些方程。或者,如果我们要分析企业的利润最大化问题,那么求出来的是产品供给函数和要素需求函数,而不是产品供给的数量和要素需求数量。分离超平面是经济学家们最常使用的方法,我们会在后面的章节中重点讲解。在下一章,我们将学习刚刚提到的一些特殊集合,也就是锥和凸锥。别担心,这些概念都很简单。

6.6 习题

习题 6.1 考虑一个消费者的决策问题,他所拥有的禀赋为 $\omega=(10,5)$,面对的商品价格为 $p=(3,2)$,他的直接效用函数为 $U(x_1,x_2)=x_1^{1/3}x_2^{1/3}$。

(1)请计算出消费者对两种商品的需求量和净交易向量 z。请在图中准确地画出向量 p 和向量 z,并证明 p 和 z 是正交的。

(2)现在假设消费者的效用函数为 $U(x_1,x_2,x_3)=x_1^{1/3}x_2^{1/3}x_3^{1/3}$,所拥有的禀赋为 $\omega=(10,5,4)$,面对的价格为 $p=(3,2,2)$。现在消费者的净交易向量 z 是什么?请证明 p 和 z 是正交的,并在三维空间中画出 p 和 z。

(3)在以上两小问中,哪个超平面分离了哪些集合? 相应的支撑点又是什么?

习题 6.2 为什么我们在定义 $\Re^n$ 上的超平面时强调超平面的法向量 p 不是一个 n 维零向量? 先思考一下什么样的集合可以成为法向量为零向量的"超平面",然后再回答这个问题。

习题 6.3 考虑 $\Re^2$ 的一个闭凸集 $X=\{(x_1,x_2)|2x_1^2+x_2^2\leqslant 9\}$,这是一个以 $(0,0)$ 为圆心且边界为椭圆的集合。再考虑一个点 $x_0=(8,2)$。

(1) 请证明 x_0 在集合 X 的外部。

(2) 如果用欧几里得度量方法来衡量距离，找出一个与 x_0 的距离最近的点 $x' \in X$。

(3) 请写出在点 x' 处支撑集合 X 的超平面。

习题 6.4 分离定理表明：如果 X 是 $\mathfrak{R}^n$ 的一个非空的闭凸子集，$x_0 \notin X$，那么，存在一个向量 $p \in \mathfrak{R}^n$，$p \neq \underline{0}$ 且 $\|p\|_E < \infty$ 和一个标量 $\alpha \in \mathfrak{R}$，使得

$$p \cdot x_0 < \alpha \leqslant p \cdot x, \quad \forall x \in X, \tag{6.10}$$

如果 X 不是一个闭集的话，这个结论还成立吗？

习题 6.5 闵可夫斯基的分离超平面定理表明：如果 X 和 Y 是 $\mathfrak{R}^n$ 的非空且不相交的凸子集，那么，存在一个 $p \in \mathfrak{R}^n$，$p \neq \underline{0}$ 且 $\|p\|_E < \infty$ 和 $\alpha \in \mathfrak{R}$，使得对任意 $x \in X$ 和任意 $y \in Y$ 都有 $p \cdot x \leqslant \alpha$ 和 $\alpha \leqslant p \cdot y$。这里的集合 X 和 Y 是不相交的，且至少为弱凸集，那么为什么闵可夫斯基不进一步推出更强的结论——在给定上述条件的情况下，以下关系总有一个成立：

(1) $p \cdot x \leqslant \alpha < p \cdot y, \quad \forall x \in X, \quad \forall y \in Y,$

(2) $p \cdot x < \alpha \leqslant p \cdot y, \quad \forall x \in X, \quad \forall y \in Y?$

习题 6.6 令 X_1 和 X_2 为 $\mathfrak{R}^n$ 的两个非空的凸集，超平面的法向量 $p \in \mathfrak{R}^n$，$p \neq \underline{0}$ 且 $\|p\|_E < \infty$，水平为 α，该法向量在点 x_1^* 处支撑 X_1，在点 x_2^* 处支撑 X_2。令 $X = X_1 + X_2$，以 p 为法向量、2α 为水平的超平面是否在点 $x^* = x_1^* + x_2^*$ 处支撑 X？请给出证明。

6.7 答案

答案 6.1 消费者的效用函数为 $U(x_1, x_2) = x_1^{1/3} x_2^{1/3}$，他所拥有的禀赋为 $\omega = (10, 5)$，面对的商品价格为 $p = (3, 2)$。

(1) 消费者的需求函数为：

$$x_1^*(p_1, p_2, \omega_1, \omega_2) = \frac{p_1\omega_1 + p_2\omega_2}{2p_1} \text{ 和 } x_2^*(p_1, p_2, \omega_1, \omega_2) = \frac{p_1\omega_1 + p_2\omega_2}{2p_2}$$

消费者的净需求函数为：

$$z_1^*(p_1, p_2, \omega_1, \omega_2) = x_1^*(p_1, p_2, \omega_1, \omega_2) - \omega_1 = \frac{p_1\omega_1 + p_2\omega_2}{2p_1} - \omega_1$$

$$\text{和 } z_2^*(p_1, p_2, \omega_1, \omega_2) = x_2^*(p_1, p_2, \omega_1, \omega_2) - \omega_2 = \frac{p_1\omega_1 + p_2\omega_2}{2p_2} - \omega_2$$

带入 $(\omega_1, \omega_2) = (10, 5)$ 和 $p = (3, 2)$ 可得到需求量和净需求量分别为：

$$x_1^* = \frac{20}{3}, \ x_2^* = 10$$

$$z_1 = \frac{20}{3} - 10 = -\frac{10}{3}, \ z_2 = 10 - 5 = 5$$

图 6.7 展示了第(1)问所涉及的标准的理性决策问题。可实现的最大效用在消费预算线

149

（这条线是分离了 S_1 和 S_2 的超平面）上的点 $(x_1^*,x_2^*)=(20/3,10)$ 处取得，点 (x_1^*,x_2^*) 是预算集 S_1 和由弱偏好于 (x_1^*,x_2^*) 的商品组合所组成的集合 S_2 的支撑点。这两个集合就是两个被超平面分离的集合。图 6.8 展示了净交易向量 $z=(z_1,z_2)=(-10/3,5)$ 和分离超平面的法向量——价格向量 $p=(3,2)$，这两个向量的欧几里得内积为 0，也就证明了 p 和 z 是正交的。

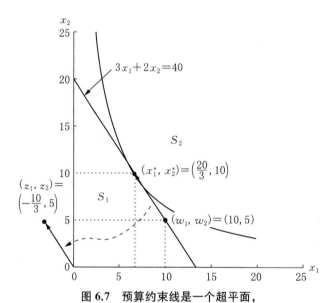

图 6.7 预算约束线是一个超平面，
它分离了预算集 S_1 和弱偏好于 $(20/3,10)$ 的商品组合所构成的集合 S_2

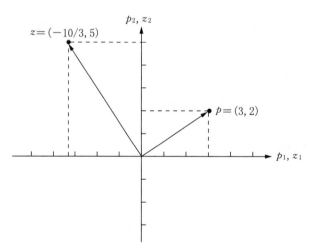

图 6.8 超平面的法向量 p 和净交易向量 z 是正交的

（2）消费者的需求函数为：

$$x_1^*(p_1,p_2,p_3,\omega_1,\omega_2,\omega_3)=\frac{p_1\omega_1+p_2\omega_2+p_3\omega_3}{3p_1}$$

$$x_2^*(p_1,p_2,p_3,\omega_1,\omega_2,\omega_3)=\frac{p_1\omega_1+p_2\omega_2+p_3\omega_3}{3p_2}$$

$$x_3^*(p_1, p_2, p_3, \omega_1, \omega_2, \omega_3) = \frac{p_1\omega_1 + p_2\omega_2 + p_3\omega_3}{3p_3}$$

消费者的净需求函数为：

$$z_1(p_1, p_2, p_3, \omega_1, \omega_2, \omega_3) = x_1^*(p_1, p_2, p_3, \omega_1, \omega_2, \omega_3) - \omega_1$$
$$= \frac{p_1\omega_1 + p_2\omega_2 + p_3\omega_3}{3p_1} - \omega_1$$
$$z_2(p_1, p_2, p_3, \omega_1, \omega_2, \omega_3) = x_2^*(p_1, p_2, p_3, \omega_1, \omega_2, \omega_3) - \omega_2$$
$$= \frac{p_1\omega_1 + p_2\omega_2 + p_3\omega_3}{3p_2} - \omega_2$$
$$z_3(p_1, p_2, p_3, \omega_1, \omega_2, \omega_3) = x_3^*(p_1, p_2, p_3, \omega_1, \omega_2, \omega_3) - \omega_3$$
$$= \frac{p_1\omega_1 + p_2\omega_2 + p_3\omega_3}{3p_3} - \omega_3$$

代入$(\omega_1, \omega_2, \omega_3) = (10, 5, 4)$，$(p_1, p_2, p_3) = (3, 2, 2)$，需求量和净需求量分别为：

$$x_1^* = \frac{16}{3}, \ x_2^* = 8, \ x_3^* = 8$$

$$z_1 = \frac{16}{3} - 10 = -\frac{14}{3}, \ z_2 = 8 - 5 = 3, \ z_3 = 8 - 4 = 4$$

图 6.9 中的两个图形展示了第 (2) 问所涉及的标准的理性决策问题。其中，可实现的最大效用在消费预算线（分离超平面）上的点 $(x_1^*, x_2^*, x_3^*) = (16/3, 8, 8)$ 处取得，点 (x_1^*, x_2^*, x_3^*) 是预算集和弱偏好于该点的商品组合所构成的集合的支撑点，这两个集合就是被超平面分离的集合。图 6.10 展示了净交易向量 $z = (z_1, z_2, z_3) = (-14/3, 3, 4)$ 和分离超平面的法向量——价格向量 $p = (3, 2, 2)$。这两个向量的欧几里得内积为 0，p 和 z 是正交的。

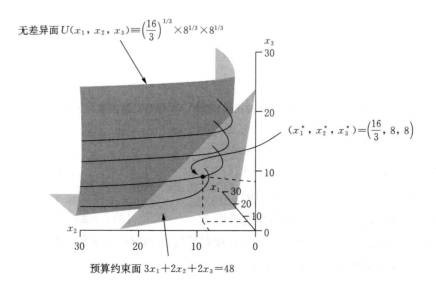

无差异面 $U(x_1, x_2, x_3) \equiv \left(\frac{16}{3}\right)^{1/3} \times 8^{1/3} \times 8^{1/3}$

$(x_1^*, x_2^*, x_3^*) = \left(\frac{16}{3}, 8, 8\right)$

预算约束面 $3x_1 + 2x_2 + 2x_3 = 48$

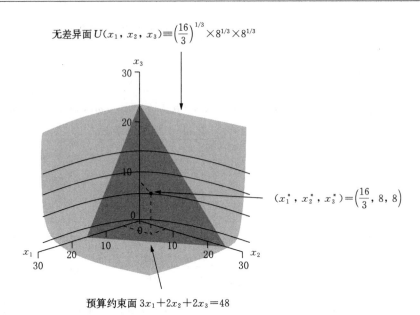

无差异面 $U(x_1, x_2, x_3) \equiv \left(\dfrac{16}{3}\right)^{1/3} \times 8^{1/3} \times 8^{1/3}$

$(x_1^*, x_2^*, x_3^*) = \left(\dfrac{16}{3}, 8, 8\right)$

预算约束面 $3x_1 + 2x_2 + 2x_3 = 48$

**图 6.9　预算约束是一个分离了预算集 S_1 和弱偏好于
最优选择 $(16/3, 8, 8)$ 的商品组合所构成的集合 S_2 的超平面**

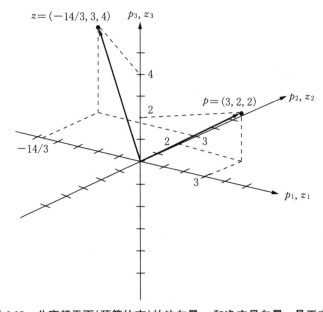

$z = (-14/3, 3, 4)$

$p = (3, 2, 2)$

图 6.10　分离超平面(预算约束)的法向量 p 和净交易向量 z 是正交的

(3) 如图 6.7 所示,在第(1)问中,预算超平面 $\mathcal{H} = \{x \in \Re_+^2 \mid 3x_1 + 2x_2 = 40\}$ 分离了预算集 $\mathcal{B} = \{x \in \Re_+^2 \mid 3x_1 + 2x_2 \leqslant 40\}$ 和弱偏好集 $\mathcal{WP} = \{x \in \Re_+^2 \mid U(x_1, x_2) \geqslant (200/3)^{1/3}\}$,相应的支撑点为 $(x_1^*, x_2^*) = (20/3, 10)$。

如图 6.9 所示,在第(2)问中,预算超平面 $\mathcal{H} = \{x \in \Re_+^3 \mid 3x_1 + 2x_2 + 2x_3 = 48\}$ 分离了预算集 $\mathcal{B} = \{x \in \Re_+^3 \mid 3x_1 + 2x_2 + 2x_3 \leqslant 48\}$ 和弱偏好集 $\mathcal{WP} = \{x \in \Re_+^3 \mid U(x_1, x_2, x_3) \geqslant (1\,024/3)^{1/3}\}$,相应的支撑点为 $(x_1^*, x_2^*, x_3^*) = (16/3, 8, 8)$。　□

答案 6.2 在 $\Re^n$ 中,以 $p=\underline{0}$ 为法向量的超平面可以是以下形式的集合:

$$\mathcal{H}=\{(x_1,\cdots,x_n)\,|\,0\times x_1+\cdots+0\times x_n=\alpha\}$$

其中 α 是超平面的水平。显然,一定有 $\alpha=0$。那么 $\Re^n$ 的哪个子集是以下这个超平面呢?

$$\mathcal{H}=\{(x_1,\cdots,x_n)\,|\,0\times x_1+\cdots+0\times x_n=0\}$$

答案是"整个 $\Re^n$",它不是常规意义上的表示一个超平面的集合。 □

答案 6.3

(1) $x_0=(x_1,x_2)=(8,2)$,$2x_1^2+x_2^2=132>9$,点 $(8,2)$ 在集合 X 的外部。

(2) $x'=(x_1',x_2')$ 是集合 X 的边界点,所以 $2(x_1)^2+(x_2)^2=9$。点 $x_0=(8,2)$ 和点 (x_1',x_2') 之间的欧几里得距离为:

$$d_E((x_1',x_2'),(8,2))=+\sqrt{(x_1'-8)^2+(x_2'-2)^2}$$

所以,需要求解的问题是有等式约束的最小化问题:

$$\min_{x_1,x_2}+\sqrt{(x_1-8)^2+(x_2-2)^2}$$
$$\text{s.t.}\quad g(x_1,x_2)=2x_1^2+x_2^2=9$$

该问题的求解方法之一是根据约束条件 $2x_1^2+x_2^2=9$ 把 x_2 替换成用 x_1 表示的函数,代入目标方程中,然后对 x_1 求导,得出来的结果可能是问题的全局最小解。另一种方法如图 6.11 所示。在图中,我们找到的点 (x_1',x_2') 不仅是椭圆的边界点,而且椭圆在该点处的边际替代率(切线的斜率)和以 $(8,2)$ 为球心且以 r 为半径的闭球 B 的 $h(x_1,x_2)=(x_1-8)^2+(x_2-2)^2=r^2$ 在该点处的边际替代率(切线的斜率)是相等的。这两个边际替代率的表达式分别为:

$$\mathrm{MRS}_g(x_1,x_2)=\frac{\mathrm{d}x_2}{\mathrm{d}x_1}\bigg|_{g\equiv9}=-\frac{2x_1}{x_2}\ \text{和}\ \mathrm{MRS}_h(x_1,x_2)=\frac{\mathrm{d}x_2}{\mathrm{d}x_1}\bigg|_{h\equiv r^2}=-\frac{x_1-8}{x_2-2}$$

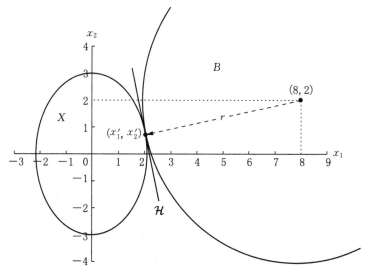

图 6.11 找出 X 中最接近点 $x_0=(8,2)$ 的点 (x_1',x_2')

在点 (x_1', x_2') 处这两个式子相等,于是

$$\frac{2x_1'}{x_2'} = \frac{x_1' - 8}{x_2' - 2} \Rightarrow x_2' = \frac{4x_1'}{x_1' + 8}$$

因为 (x_1', x_2') 在椭圆的边界上,于是

$$9 = 2(x_1')^2 + \left(\frac{4x_1'}{x_1' + 8}\right)^2 \Rightarrow 2(x_1')^4 + 32(x_1')^3 + 135(x_1')^2 - 144x_1' - 576 = 0$$

这个方程有四个根。其中两个是复数,可以忽略。另外两个中的一个是负数,我们也可以忽略。剩下的一个根为 $x_1' = 2.04187$,

$$x_2' \approx \frac{4 \times 2.04187}{2.04187 + 8} = 0.81334$$

因此,X 中最接近 $x_0 = (8, 2)$ 的点为 $(x_1', x_2') \approx (2.04187, 0.81334)$。

(3) 我们要找的法向量为 $p = x' - x_0 \approx (2.04187, 0.81334) - (8, 2) = (-5.95813, -1.18666)$。$x'$ 被包含在超平面内(超平面在图 6.11 中由 $\mathcal{H}$ 表示),这个超平面的水平为:

$$\alpha = p \cdot x' \approx (-5.95813, -1.18666) \cdot (2.04187, 0.81334) = -13.13088$$

从图 6.11 中可以很清楚地看到,存在很多能严格分离 x_0 和集合 X 的超平面。 □

答案 6.4 答案是"否"。也就是说,这个结论不能拓展到 $\mathfrak{R}^n$ 的所有非闭子集。对于某些非闭子集来说,结论是正确的。

我们先考虑当子集 X 是 E^n 上的一个既不开放也不封闭的集合时结论成立的情况。举个例子,令 $x_0 = (1, 1)$,$X = [2, 3] \times [2, 3]$,但要从 X 中去掉点 $(3, 3)$。请画出这个图形。X 不是闭集,它不包含点 x_0。在这种情况下,结论是成立的,甚至当我们把 X 变为开集 $(2, 3) \times (2, 3)$ 时结论也是成立的。

最值得我们关注的是 X 为非闭集(但不一定是开集)且有一个边界点 x_0 的情况。在这种情况下,集合 X 和集合 $\{x_0\}$ 不相交,但与彼此"无限接近"。举个例子,令 $x_0 = (1, 1)$,$X = [1, 2] \times [1, 2]$,但要从 X 中去掉点 $(1, 1)$。我们将证明在这种情况下不存在一对 (p, α),能构成以 $p \in \mathfrak{R}^2$($p \neq 0$ 且 $\| p \|_E < \infty$)为法向量、水平为 $\alpha \in \mathfrak{R}$ 且使得任何 $x \in X$ 都满足 $p \cdot x_0 < \alpha \leqslant p \cdot x$ 的超平面。也就是说,在这种特殊情况下,结论是不成立的。

考虑任意的 p 和 α,x_0 和 X 不在它们所构成的超平面的同一半空间中。请画出图形 [为了简单起见,你可以用 $p = (1, 1)$ 来作图]。你的图应该能表明,只有在超平面包含了点 x_0 时,它才能把 $x_0 = (1, 1)$ 和集合 X 分离开。但如果我们像要求的那样选择一个水平 α,使得 $p \cdot x_0 < \alpha$,那么,超平面一定会经过 X 的内部,这样的话,X 中就会存在一些与边界点 $(1, 1)$ 足够接近的点,满足 $p \cdot x < \alpha$。这违背了每个 $x \in X$ 都要满足 $\alpha \leqslant p \cdot x$ 的条件。因此,在这个例子中,结论是不成立的。 □

答案 6.5 习题 6.4 的答案中举的例子就是(1)和(2)的反例。 □

答案 6.6 一般来说,答案是否定的,下面举出反例。考虑 $n = 2$ 的情况,令 X_1 为一个边长为 1 且顶点为原点和 $(1, 1)$ 的封闭正方形,也就是 $X_1 = \{(x_1, x_2) \mid 0 \leqslant x_1 \leqslant 1, 0 \leqslant$

$x_2 \le 1\}$；令 X_2 为边长为 1 且顶点为 $(1,1)$ 和 $(2,2)$ 的封闭正方形，也就是 $X_2 = \{(x_1,$ $x_2) \mid 1 \le x_1 \le 2, 1 \le x_2 \le 2\}$。请画出这两个正方形。它们的和 $X_1 + X_2$ 是顶点为 $(1,1)$ 和 $(3,3)$ 且边长为 2 的正方形。考虑一个法向量 $p = (1,1)$ 且水平 $\alpha = 2$ 的超平面，也就是说 $p_1 x_1 + p_2 x_2 = 2$，这一超平面弱分离了 X_1 和 X_2。请注意，X_1 和 X_2 不在超平面所确定的同一个半空间内，但支撑点是同一点 $x_1^* = x_2^* = (1,1)$，$x_1^* + x_2^* = (1,1) + (1,1) = (2,$ $2)$。但是 $(2,2)$ 是集合 $X = X_1 + X_2$ 内部的点，它不可能是 $X_1 + X_2$ 的支撑点。请利用画的图展示上述讨论。

在以下的情形中，该结论成立。但它是需要证明的。

需要证明的是： 令 X_1 和 X_2 为 $\Re^n$ 的两个非空的凸子集，超平面的法向量 $p \in \Re^n$，$p \ne 0$ 且 $\|p\|_E < \infty$，水平为 α，这个超平面在点 x_1^* 处支撑 X_1，在点 x_2^* 处支撑 X_2。当且仅当 X_1 和 X_2 位于超平面的同一半空间时，以 p 为法向量且水平为 2α 的超平面在点 $x^* = x_1^* + x_2^*$ 处支撑 $X_1 + X_2$。

证明： 我们首先要证明，如果 X_1 和 X_2 在同一个半空间内，且该半空间是水平为 α 的超平面所形成的，那么，x^* 就是水平为 2α 的超平面中支撑 $X_1 + X_2$ 的点。由于超平面支撑 X_1 和 X_2 且两个集合在该超平面的同一个半空间内，所以，在不失一般性的情况下，一定会有

$$p \cdot x_1 \le \alpha, \ \forall x_1 \in X_1 \text{ 和 } p \cdot x_2 \le \alpha, \ \forall x_2 \in X_2 \tag{6.11}$$

以及

$$p \cdot x_1^* = \alpha = p \cdot x_2^* \tag{6.12}$$

由式 (6.11) 和式 (6.12) 可以得出，对于所有 $x_1 \in X_1$ 和 $x_2 \in X_2$，有

$$p \cdot (x_1 + x_2) \le 2\alpha \text{ 且 } p \cdot (x_1^* + x_2^*) = 2\alpha$$

也就是说，法向量为 p 且水平为 2α 的超平面在点 $x^* = x_1^* + x_2^*$ 处支撑集合 $X_1 + X_2$。

现在我们假设超平面在点 x_1^* 处支撑 X_1，在点 x_2^* 处支撑 X_2，在点 $x^* = x_1^* + x_2^*$ 处支撑集合 $X_1 + X_2$，在不失一般性的情况下，假设

$$p \cdot x \le 2\alpha, \ \forall x \in X_1 + X_2 \tag{6.13}$$

因为 x_1^* 和 x_2^* 是超平面上的点，所以

$$p \cdot x_1^* = \alpha = p \cdot x_2^* \tag{6.14}$$

假设对于某些 $x_1' \in X_1$，有 $p \cdot x_1' > \alpha$。那么，由式 (6.14) 可知，$x' = x_1' + x_2^* \in X_1 + X_2$，但 $p \cdot x' > 2\alpha$，这与式 (6.13) 矛盾。同样，如果对于某些 $x_2'' \in X_2$，有 $p \cdot x_2'' > 2\alpha$，那么，$x'' = x_1^* + x_2'' \in X_1 + X_2$，但 $p \cdot x'' > 2\alpha$，这也与式 (6.13) 矛盾。因此，X_1 和 X_2 一定位于超平面的同一个半空间内。 □

如果 $X_1, \cdots, X_n$ 都是 $\Re^n$ 的非空凸子集，存在一个法向量为 $p \in \Re^n$ 且水平为 α 的超平面，其支撑点分别为 $x_1^*, \cdots, x_n^*$。如果 $X = \sum_{i=1}^{n} X_i$，那么，法向量为 p 且水平为 $n\alpha$ 的超平面会在 $\sum_{i=1}^{n} x_i^*$ 处支撑集合 X 吗？

答案:同理可知,在一般情况下答案是否定的。用上面给出的反例即可证明。

在以下情形中,答案是肯定的。但它是需要证明的。

需要证明的是:令 $X_1, \cdots, X_n$ 为 $\mathfrak{R}^n$ 的非空凸子集,超平面的法向量为 $p \in \mathfrak{R}^n$,$p \neq \underline{0}$ 且 $\| p \|_E < \infty$,水平为 α,该超平面在点 x_i^* 处支撑 X_i,$i = 1, \cdots, n$。令 $X = \sum_{i=1}^{n} X_i$,当且仅当 $x_1, \cdots, x_n$ 位于超平面的同一个半空间内时,以 p 为法向量且水平为 $n\alpha$ 的超平面在点 $x^* = \sum_{i=1}^{n} x_1^*$ 处支撑 X。

证明:由于水平为 α 的超平面支撑 $X_1, \cdots, X_n$ 且这些集合在该超平面的同一半空间内,所以,在不失一般性的情况下,一定会有:

$$p \cdot x_i \leqslant \alpha, \quad \forall x_i \in X_i, \quad \forall i = 1, \cdots, n \tag{6.15}$$

以及

$$p \cdot x_i^* = \alpha, \quad \forall i = 1, \cdots, n \tag{6.16}$$

因此,从式(6.15)和式(6.16)可以得出,对于所有 $x_i \in X_i$ 和 $i = 1, \cdots, n$,有:

$$p \cdot (x_1 + \cdots + x_n) \leqslant n\alpha \ \text{和} \ p \cdot (x_1^* + \cdots + x_n^*) = n\alpha \tag{6.17}$$

也就是说,法向量为 p 且水平为 $n\alpha$ 的超平面在点 $x^* = x_1^* + \cdots + x_n^*$ 处支撑集合 X。

现在我们假设超平面分别在点 $x_1^*, \cdots, x_n^*$ 处支撑 $X_1, \cdots, X_n$,在点 $x^* = x_1^* + \cdots + x_n^*$ 处支撑集合 $X = X_1 + \cdots + X_n$,在不失一般性的情况下,假设:

$$p \cdot x \leqslant n\alpha, \quad \forall x \in X \tag{6.18}$$

因为 $x_1^*, \cdots, x_n^*$ 是超平面上的点,所以,

$$p \cdot x_1^* = \cdots = p \cdot x_n^* = \alpha \tag{6.19}$$

假设对于某些 $x_1' \in X_1$,有 $p \cdot x_1' > \alpha$。那么,由式(6.19)可知,$x' = x_1' + x_2^* + \cdots x_n^* \in X$,但 $p \cdot x' > n\alpha$,这与式(6.18)矛盾。依次对 $X_2, \cdots, X_n$ 做同样的讨论,我们可以得出,对每个 $x_i \in X_i (i = 1, \cdots, n)$,一定会有 $p \cdot x_i \leqslant \alpha$,也就是说,$X_1, \cdots, X_n$ 一定都在超平面的同一个半空间内。 □

锥

在求解可微且有约束的最优化问题的相关理论中,最著名的是 KKT 定理和弗里茨·约翰定理(Fritz John's Theorem)。这两个定理的结论都涉及判断一个具体的梯度向量是否被包含在一个叫作凸锥的集合中,我们需要知道这种集合到底是什么。这一章将讨论锥和凸锥的含义,然后解释并证明福科什引理(Farkas's Lemma)和戈丹引理(Gordan's Lemma)。这两个引理在线性代数中的应用非常广泛,也非常重要。对我们来说,它们的主要作用是用来证明 KKT 定理及弗里茨·约翰的定理。第 8 章将重点介绍这两个重要定理并给出相应的证明。现在,我们从认识这个叫作"锥"的集合开始第 7 章的学习。

7.1 锥

定义 7.1(锥) 令 $a^1, \cdots, a^m \in \mathfrak{R}^n$。以原点 $\underline{0} \in \mathfrak{R}^n$ 为顶点,由向量 $a^1, \cdots, a^m$ 所形成的锥用以下集合表示:

$$K(a^1, \cdots, a^m) = \{x \in \mathfrak{R}^n \mid x = \mu a^i, \mu \geq 0, i = 1, \cdots, m\}$$

该定义表明,要构造一个锥,我们首先要从给定的任意一个向量 a^i 开始,收集所有的非负数 μ 与 a^i 的乘积。这样做会得到什么?想一想。你也可以尝试画一个 $n=2$ 时的图,然后再往下阅读。

想好了吗?我们接着往下学习。因为 μ 可以为零,所以原点处的零向量 $\underline{0}$ 是锥的一部分。又因为 μ 可以取所有的正数,所以我们要收集 a^i 的所有正数倍乘积。把所有这些收集到的点放在一起,我们就构造了一条从原点出发,经过点 a^i 的射线。对每个给定的向量 $a^1, \cdots, a^m$ 重复以上操作,我们可以得到一个锥:由从原点出发且经过 $a^1, \cdots, a^m$ 这些点的射线构成的集合。举个简单的例子,给定向量 $a^1 = (-1, 2)$ 和 $a^2 = (2, 3)$,这两个向量构成的锥是什么样的?请看图 7.1,你觉得应该是左图表示的集合还是右图表示的集合?思考一下并做出回答。

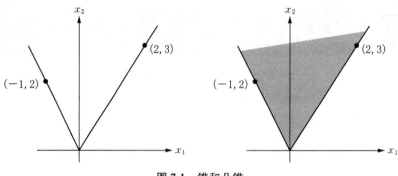

图 7.1 锥和凸锥

锥 $K=\{x\in\mathfrak{R}^2|x=\mu(-1,2)$ 或 $x=\mu(2,3)$，$\mu\geqslant0\}$ 是左图中表示的集合。它是所显示的两条射线的组合。特别值得注意的是，它不包含右边图形中阴影部分里的任何一点。通过前面的学习，相信大家能清楚地知道，锥在欧几里得度量拓扑上是一个闭集。

为什么我们说锥有一个"位于原点的顶点"？换句话说，为什么锥的"尖角"位于原点处？其实，我们可以定义一个以任何向量 v 为顶点的锥，只需把顶点位于原点的锥 K 中的每一个元素都加上向量 v，这样的锥被称为仿射锥（affine cones）。举个例子，"移动"图7.2 左边的锥，然后把向量 $v=(1,1)$ 加到 K 中的每个元素上。现在我们得到的就是图7.2 的右侧图形上的集合，这是一个仿射锥，其顶点为 $v=(1,1)$。我们只讨论这些顶点在原点的锥。

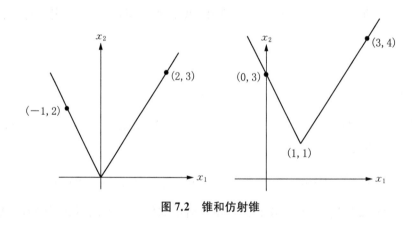

图 7.2 锥和仿射锥

练习：$\mathfrak{R}^2$ 中的单元素集$\{(0,0)\}$是顶点在$(0,0)$的锥吗？
答案：是的。
练习：除了$\{(0,0)\}$以外，$\mathfrak{R}^2$ 中还有没有其他单元素集是顶点在 $(0,0)$的锥？
答案：没有。

7.2 凸锥

图 7.1 中的右图描述的集合不是由图中的两个向量所生成的锥，它是顶点在原点处的一个凸锥。

定义 7.2(凸锥) 令 K 为 $\Re^n$ 中的一个锥,那么集合

$$CK = \{x \in \Re^n \mid x = y + z, \text{对于所有 } y, z \in K\}$$

就是由锥 K 生成的凸锥。

先来看一个类似于图 7.1 中左图的锥,在锥内任取两点,将它们相加,就能得到一个叫作凸锥的集合中的点。例如,$(-1, 2)$ 和 $(2, 3)$ 都属于这个锥。而这两点的和 $(1, 5)$ 并不属于这个锥,而是位于图 7.1 中右图显示的阴影部分之内。你可以自己多试一些点。从左图的锥中选取任意两点,将它们相加,你将会得到右图集合里的一个元素。因此,由锥生成的凸锥是原锥与位于构成原锥的射线之间的所有点的组合。因此,凸锥往往是一个(弱)凸集。图 7.1 中右图的集合是由左图中的锥所生成的凸锥。

同样,我们可以将由锥 K 生成的凸锥定义为 K 的凸壳或凸包(convex hull),也就是说,由锥 K 生成的凸锥是包含 K 的最小凸集。

需要注意的是,锥不一定是凸锥,但凸锥一定是锥。很明显,在图 7.1 中,左图表示的锥不是凸集,所以它不是凸锥。右图中的凸锥则是锥。为什么呢?因为对于凸锥中的任何一点来说,从原点出发经过该点的射线都在这个凸锥中。因此,凸锥是锥,特别地,还是一个由无限多个向量 a^i 所形成的锥体,这些向量是位于边界向量之间的那些射线。图 7.1 展示了一种典型的情况,但一个锥和由它生成的凸锥也有可能是同一个集合。你知道什么时候会出现这种情况吗?仔细思考一下。别忘了,凸锥一般都是弱凸集。

想好了吗?如果没想好,我再给你一个提示。考虑一个只由一条射线组成的锥——比如说,从原点出发经过 $(1, 1)$ 的射线,现在你有想法了吗?再试试找出答案。

让我来看看你是怎么做的。希望你已经注意到了,只由一条射线构成的锥是一个凸集,而且是由此锥生成且包含此锥的最小凸集。当锥是其本身的凸包时,这个锥和由它生成的凸锥是同一个集合。因为只有在凸包的内部为空时才会出现这种情况,所以只有三种可能性——哪三种呢?

第一,由一条从原点出发的射线构成的锥;第二,由两条从原点出发但方向相反的射线构成的锥(这个锥是一个经过原点的超平面);第三种情况是由单元素集 $\{0\}$ 构成的凸锥。

通常,一个凸锥可以由很多不同的锥构成。看看图 7.1 中左边图形所展示的凸锥,现在,在它原有的两条射线之间加上第三条射线,比如纵轴,由这个新的锥生成的凸锥仍然是右图中的凸锥。我们也可以在左图中原有的两条射线之间加上无数条射线,由这些新的锥所形成的凸锥也都是右图中所展示的凸锥。

不过,有的时候,当我们给一个锥加上新的射线时,所形成的新凸锥会发生很大的变化。再来看图 7.1 中左边图形展示的凸锥,这次我们添加一条从原点出发且经过 $(0, -1)$ 的射线。这个新的锥生成的凸锥是什么?能包含这个新锥的最小凸集是什么?请仔细想一会儿。

答案是 $\Re^2$。可见,只加了一个新的向量,凸锥的大小就发生了巨大的变化。

和锥一样,凸锥在欧几里得拓扑上也是闭合的。你注意到了吗?

那么,锥有哪些应用呢?你可能会觉得不可思议,其实大部分可微且有约束的最优化理论都大量地使用到了锥,大多数与有约束的最优化相关的定理也都与锥相关。举个例

子,著名的有约束的最优化理论——KKT 定理就讨论了"某一特定向量位于某一特定凸锥内"的条件,与其类似的定理——弗里茨·约翰定理也讨论了同样的内容。

我们需要掌握两个非常重要的定理——福科什引理和戈丹引理,它们都是"择一性定理"的例子。类似的定理有很多,它们的形式都是一样的,都是给出两个选项 A 和 B,其中必然有一个是正确的,当 A 正确时,B 一定是错误的,反之亦然。因此,选项 A 和 B 是相互排斥的。举个简单易懂的例子:选项 A 为"地球是平的";选项 B 为"地球不是平的"。虽然有点可笑,但毫无疑问是正确的,择一性定理指出:当且仅当 B 不正确时,A 是正确的,且 A 和 B 之中必然有一个是正确的。现在我们就开始学习上面提到的两个引理,先从简单的那个开始学起。

7.3 福科什引理

古拉·福科什(Gyula Farkas)是匈牙利物理学家、数学家,他在 1902 年发表了这个以他的名字命名的引理。

引理 7.1(福科什引理) 给定向量 a^1, $\cdots$, a^m, $b \in \mathfrak{R}^n$ 且 $b \neq \underline{0}$,以下两个命题有且仅有一个是正确的:

(1) 存在非负且不全为零的 λ^1, $\cdots$, $\lambda^m \in \mathfrak{R}$,使得

$$b = \lambda_1 a^1 + \cdots + \lambda_m a^m \tag{7.1}$$

(2) 存在 $x \in \mathfrak{R}$,使得

$$a^1 \cdot x \geqslant 0, \cdots, a^m \cdot x \geqslant 0 \text{ 且 } b \cdot x < 0 \tag{7.2}$$

我第一眼看到这个引理时的心理活动是:"这到底在表达什么? 为什么我要知道这些?"可能你想的和我一样,我们先不对这个引理进行证明,先来弄清楚它到底在说什么。其实,它表达的意思很简单,图 7.3 可以帮助你理解。

左图展示了三个向量,向量 a^1 和 a^2 形成了一个凸锥,向量 b 位于凸锥内,这也就是命题(1),它的意思是 b 可以被写成 a^1 和 a^2 的非负线性组合。任何由 a^1 和 a^2 的非负线性组合构造而成的向量都在一条从原点出发的射线上,这条射线位于两条包含向量 a^1 和

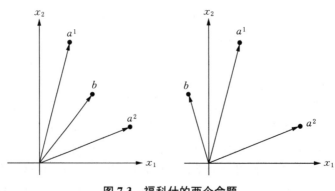

图 7.3 福科什的两个命题

a^2 的射线之间(回顾一下图 2.4——向量相加的平行四边形法则)。由于当命题(1)是错的时,命题(2)一定是正确的,所以命题(2)一定描述了 b 不位于由向量 a^1 和 a^2 形成的凸锥内的情况,如图 7.3 中的右图所示。我知道你可能仍然不太清楚为什么式(7.2)描述的是这样的情况,我画了图 7.4 来帮助你理解。图 7.4 和图 7.3 基本相同,只是增加了几条虚线,这些虚线分别与向量 b、a^1 及 a^2 正交。

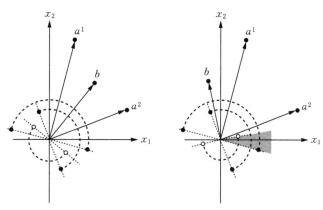

图 7.4   福科什的命题(2)

在图 7.4 中,"封闭"(可取到端点)的半圆表示点 x 在满足 $a^1 \cdot x \geqslant 0$ 和 $a^2 \cdot x \geqslant 0$ 时所处的区域,"开放"(端点为空)的半圆表示点 x 在满足 $b \cdot x < 0$ 时所处的区域。左图中的三个半圆没有重叠部分,表明使命题(1)正确的 x 不能使式(7.2)成立。右图中的阴影部分表示的区域是三个半圆都重叠的部分,表明使命题(1)正确的 x 中有很多能使式(7.2)成立,从而使命题(2)成立。而之所以会这样,是因为 b 不位于由向量 a^1 和 a^2 生成的凸锥之内。因此当且仅当命题(1)是错的时,命题(2)才能是正确的。

在了解福科什引理的证明之前,先尝试做一个小练习。假设命题(2)的 $b \cdot x < 0$ 变成了 $b \cdot x \leqslant 0$,那么,命题(1)和命题(2)有可能同时是正确的吗?请画出一个与图 7.4 类似的示意图,想一想为什么答案是"有可能"。

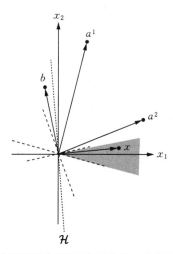

图 7.5   福科什引理的命题(2)表示的是一个经过原点的超平面
分离了单元素集 $\{b\}$ 和向量 a^1 和 a^2 所生成的凸锥

161

现在该证明该引理了。但你别担心，其实证明起来并不困难。事实上，此证明的核心思想已经在图 7.4 的右图中展现出来了，我们把它放在了图 7.5 中。请注意，当命题（1）是错的（不成立）时，点 b 不位于由向量 a^1 和 a^2 所生成的凸锥之内，单元素集 $\{b\}$ 和凸锥都是非空的闭凸集，但这两个集合是不相交的。因此，（根据定理 6.1）我们可以知道，一定存在一个可以分离这两个集合的超平面。其中一个超平面是法向量为 x 且经过原点的超平面（即图 7.5 中用 $\mathcal{H}$ 标记的虚线）。这个超平面的表达式为 $\mathcal{H} = \{z \in \mathfrak{R}^2 \mid x \cdot z = 0\}$，而且，可以很清楚地看到，所有位于超平面右侧（也就是上半空间）的点都满足 $x \cdot b < 0$ 和 $x \cdot z \geqslant 0$，这些点包括了由 a^1 和 a^2 形成的锥里的所有点。令 z 等于 a^1 和 a^2，这些不等式就是福科什引理中命题（2）的内容。

福科什引理的证明：我们先证明当且仅当命题（1）错误时命题（2）才是正确的。如果命题（1）正确，命题（2）也正确，那么，将不存在能将 b 写成式（7.1）那样的线性组合的非负且不全为零的标量 $\lambda_1, \cdots, \lambda_m$。我们用 CK 来表示由 $a^1, \cdots, a^m$ 生成的凸锥。因为式（7.1）指出 b 是一个在 CK 中的向量，而式（7.1）又是错误的，所以 b 一定是位于 CK 之外的向量，也就是说，单元素集 $\{b\}$ 与 CK 不相交。而 $\{b\}$ 与 CK 都是非空的闭凸集，由定理 6.1 可知，存在一个可以分离这两个集合的超平面，其法向量 $x \in \mathfrak{R}^n$，$x \neq \underline{0}$，$\|x\|_E < \infty$，$x \cdot b < 0$，所有 $z \in CK$ 都满足 $x \cdot z \geqslant 0$。因为 $a^1, \cdots, a^m \in CK$，所以我们证明了如果命题（1）是错的，那么命题（2）一定是对的。

现在我们来证明命题（2）正确时，命题（1）一定是错误的。由于至少存在一个点 $x \in \mathfrak{R}^n$ 使式（7.2）正确，如果式（7.1）也是正确的，那么，

$$x \cdot b = \lambda_1 x \cdot a^1 + \cdots + \lambda_m x \cdot a^m \tag{7.3}$$

因为命题（2）正确，所以 $x \cdot a^1 \geqslant 0, \cdots, x \cdot a^m \geqslant 0$。如果命题（1）也正确，那么 $\lambda_1 \geqslant 0, \cdots, \lambda_m \geqslant 0$，式（7.3）的右边一定是非负的，即 $x \cdot b \geqslant 0$。这与命题（2）矛盾，因此，当命题（2）正确时，命题（1）是不可能成立的。

福科什引理有非常多的有价值的应用，它是线性代数中最基础的引理之一。但本书中只讲了它的一个应用，也就是证明 KKT 定理中的最优化的必要条件，这个定理可以用来解可微的最优化问题。我将在第 8 章中详细讨论它，你将会发现，KKT 定理假设了一个叫作"约束规范性条件"（constraint qualification）* 的东西，在求解一些最优化问题时会有些麻烦。不过幸运的是，还有另一个关于最优化的必要条件的定理——弗里茨·约翰定理，它不要求约束规范性条件被满足。这个定理的内容与证明也将在有约束的最优化那章介绍。在此处提到它是因为它的证明需要用到另一个"择一性定理"——戈丹引理，这个定理也讨论了一些关于凸锥的问题。弗里茨·约翰定理非常有用，而要理解它就需要理解戈丹引理。

---

* 约束规范性条件限制了最大化问题的约束函数的性质，确保当 KKT 条件不被满足时，可行集中不存在问题的局部最优解。——译者注

7.4　戈丹引理

刚才我们提到,和福科什引理一样,戈丹引理也是择一性定理的一种。它同样讨论了某一特定的向量是否位于某一特定凸锥内部的问题。

引理 7.2(戈丹引理)　给定向量 $a^1, \cdots, a^m \in \Re^n$,以下两个命题有且仅有一个是正确的:

(1) 存在非负且不全为零的 $\lambda_1, \cdots, \lambda_m \in \Re^n$,使得:

$$\lambda_1 a^1 + \cdots + \lambda_m a^m = \underline{0} \tag{7.4}$$

(2) 存在 $x \in \Re^n$,使得:

$$a^1 \cdot x > 0, \cdots, a^m \cdot x > 0 \tag{7.5}$$

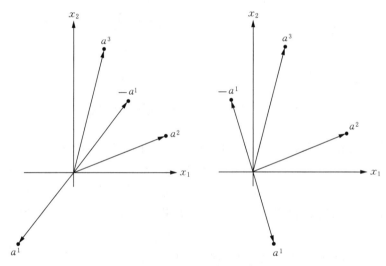

图 7.6　戈丹引理的两个命题

乍一看,图 7.6 好像没什么意义,但它对我们理解接下来内容很有帮助,它展示的是 $\Re^2$ 中 $m = 3$ 的情况。

假设命题(1)是正确的,那么首先我们知道,存在不全为零的标量 $\lambda_1 \geqslant 0$、$\lambda_2 \geqslant 0$ 和 $\lambda_3 \geqslant 0$,它们中至少有一个是严格大于零的,不妨假设 $\lambda_1 > 0$。由于

$$\lambda_1 a^1 + \lambda_2 a^2 + \lambda_3 a^3 = \underline{0} \tag{7.6}$$

且 $\lambda_1 \neq 0$,我们可以把式(7.6)写成:

$$-a^1 = \frac{\lambda_2}{\lambda_1} a^2 + \frac{\lambda_3}{\lambda_1} a^3 \tag{7.7}$$

式(7.7)说明了什么? 我们知道 $\lambda_2 / \lambda_1 \geqslant 0$ 且 $\lambda_3 / \lambda_1 \geqslant 0$,

$$\frac{\lambda_2}{\lambda_1} a^2 + \frac{\lambda_3}{\lambda_1} a^3$$

是一个由向量 a^2 和 a^3 构成的非负线性组合,故它被包含在由 a^2 和 a^3 生成的凸锥内。而式(7.7)表明,这个非负线性组合就是向量 $-a^1$。图 7.6 中的左图展示了这种情况。如果命题(1)是错误的,那 $-a^1$ 就不在由 a^2 和 a^3 形成的凸锥内,图 7.6 中的右图展示了这种情况。但你可能不明白,为什么式(7.5)中的点积表示了右图所表示的情况。我画了图 7.7 来帮助你理解,图 7.7 比图 7.6 多标注了几条虚线,这些虚线分别与向量 a^1、a^2 及 a^3 正交。

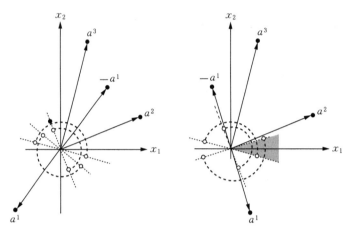

图 7.7　戈丹引理的两个命题的另一种视图

先看左图,它描述了命题(1)正确时的情况,每个半圆所表示的区域(实际上是开放的半空间)中都有一些点 x,它们与向量 a^i 的内积都是严格大于零的(每个半圆的端点都是"开放"的,因为内积在端点处为零)。由图可知,这三个半圆没有重叠部分。换句话说,不存在与 a^1、a^2 和 a^3 的内积严格大于零的 x。如果命题(1)是正确的,那命题(2)一定是错误的。

现在再看右图,它描述了命题(1)错误时的情况,因为 $-a^1$ 不在由 a^2 和 a^3 形成的凸锥内。很明显,现在三个半圆有重叠的部分,如阴影部分所示。在此区域内,x 与 a^1、a^2 和 a^3 的内积都严格大于零,因此命题(2)是正确的。

希望你已经了解了戈丹引理的内容,但即便如此,你可能还是会觉得这个引理没有多大用处,但我向你保证,它的用处非常大,值得我们花费精力去证明。下面我们就来证明该引理。

戈丹引理的证明:我们先证明当命题(2)错误时,命题(1)是正确的。如果命题(2)错误,那就不存在 $x \in \mathfrak{R}^n$,使得 $a^1 \cdot x > 0$, $\cdots$, $a^m \cdot x > 0$。换句话说,

$$\text{对于每个 } x \in \mathfrak{R}^n,\text{至少有一个 } i \in \{1, \cdots, m\} \text{ 使得 } a^i \cdot x \leqslant 0 \qquad (7.8)$$

定义一个集合:

$$V = \{(a^1 \cdot x, \cdots, a^m \cdot x) \mid x \in \mathfrak{R}^n\} \qquad (7.9)$$

请注意,每个 $v \in V$ 都有 m 个(而不是 n 个)元素,从 $a^1 \cdot x$ 一直到 $a^m \cdot x$,v 属于 $\mathfrak{R}^m$ 而不是 $\mathfrak{R}^n$。n 维向量 $a^1, \cdots, a^m$ 是给定的。V 包含了所有向量 $a^1, \cdots, a^m$ 和每个 n 维向量

$x \in \Re^n$ 的内积。命题(2)是错的,由式(7.8)可知,V 中不存在严格正的向量,也就是说,$v \gg 0 \ \forall v \in V$。(不要错误地认为 V 中的每个向量都只由零或负的元素构成。V 中的向量可以取正,但每个向量中一定至少有一个元素要么是零,要么是负数)。

现在再定义一个集合

$$P = \{y \in \Re^m \mid y \gg 0\} \tag{7.10}$$

你需要清楚地知道,集合 V 和集合 P 都是 $\Re^m$(而不是 $\Re^n$)的子集,所有向量 $y \in P$ 都只包含严格大于零的元素。可以推出 V 和 P 是不相交的。此外,我们还能发现,$0_m \notin P$,$0_m \in V$[因为当 $x = 0_n$ 时,$(a^1 \cdot x, \cdots, a^m \cdot x) = 0_m$]。

现在,尝试着画出 $\Re^2$ 中的集合 P 和 V。这个小练习很重要,你需要花时间思考并做出图形。P 其实很好画,就是 $\Re^2_{++}$,需要思考的是怎样画出 V。提醒你一下,很多人都画错了,这也是我为什么强调让你尽量画出图形,以便我稍后告诉你怎么用图来分析。请在进一步阅读前认真地画出图形。(提示:记住 $0_m \in V$。)

显然,P 是一个非空且在 E^m 上开放的凸集,V 是一个非空且在 E^m 上封闭的凸集。V 也是 $\Re^m$ 的凸集,但这点可能就不那么明显了。为什么 V 是 $\Re^m$ 的凸集呢?任取两个向量 v',$v'' \in V$,那么,存在 x',$x'' \in \Re^n$ 使得:

$$v' = (a^1 \cdot x', \cdots, a^m \cdot x') \text{和} v'' = (a^1 \cdot x'', \cdots, a^m \cdot x'') \tag{7.11}$$

对任意 $\theta \in [0, 1]$,

$$
\begin{aligned}
v(\theta) &= \theta v' + (1-\theta) v'' \\
&= \theta(a^1 \cdot x', \cdots, a^m \cdot x') + (1-\theta)(a^1 \cdot x'', \cdots, a^m \cdot x'') \\
&= (a^1 \cdot (\theta x' + (1-\theta) x''), \cdots, a^m \cdot (\theta x' + (1-\theta) x''))
\end{aligned} \tag{7.12}
$$

因为 $\Re^n$ 是一个凸空间且 x',$x'' \in \Re^n$,所以 $\theta v' + (1-\theta) v'' \in \Re^n$。因此,$v(\theta) \in \Re^m$,也就是说 V 是 $\Re^m$ 的一个凸子集。

现在看看你刚才画的 $\Re^2$ 上的 P 和 V。你大概率画出了图 7.8 中的某个图。

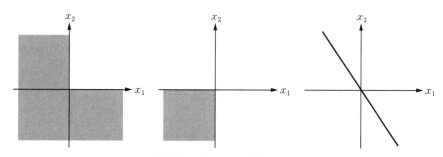

图 7.8 哪一个才是集合 V?

如果你画的是最左边的图,那你就犯了大多数初学者犯过的错误(比如我)。V 是一个凸集,但最左边的图显示的是 $\Re^2$ 除去 $\Re^2_{++}$ 的区域,该区域不是凸集。那中间表示 $\Re^2_{--}$ 的图呢?$\Re^2$ 的负象限?也不是。为什么呢?因为 V 中的向量里的元素是可以取正值的。我们寻找的是一个既包含原点,又不与 $P = \Re^2_{++}$ 相交的凸集。如最右边的图所示,它只是一个经过原点且不与 $\Re^2_{++}$ 相交的超平面。花点时间验证一下,除此之外没有其他的可能了。接着我们画出 $\Re^3$ 中的 P 和 V。你会发现 $P=\Re^3_{++}$,V 为一个(二维的)经过三维空间 $\Re^3$ 的原点且不与 $\Re^3_{++}$ 相交的超平面。现在你应该慢慢明白,通常情况下,V 是 $\Re^m$ 中一个 $(m-1)$ 维的超平面,该超平面经过 $\underline{0}_m$ 且不与 $\Re^m_{++}$ 相交。如果你已经对此很清楚了,那恭喜你,最困难的部分已经结束了,接下来我们开始完成证明部分。

　　P 和 V 都是 $\Re^m$ 的非空凸子集,且彼此不相交,我们可以运用闵可夫斯基分离定理得出结论:至少存在一个(法)向量 $\lambda \in \Re^m$,$\lambda \neq \underline{0}_m$ 且 $\|\lambda\|_E < \infty$,以及一个水平 α,满足

$$\text{对所有 } v\in V,\ \lambda\cdot v\leq\alpha\ \text{且对所有 } y\in P,\ \lambda\cdot y\geq\alpha \tag{7.13}$$

　　重新选择一个 $\underline{0}_m\in V$,从式(7.13)中可以推出,分离超平面的水平 $\alpha\geq 0$。再回到图 7.8 中右侧的图形,V 是一个经过原点的超平面,这样的超平面的水平是多少呢?一定是零。(回顾一下,超平面是一个集合 $\{x\in\Re^m\mid p\cdot x=\alpha\}$,$p$ 是法向量,α 是它的"水平")。这说明式(7.13)中的 α 可能为零。情况也的确如此,现在我们要用反证法来证明 α 不可能是严格大于零的。假设 $\alpha>0$,那么对所有元素 $v\in V$,它们与 λ 的内积 $\lambda\cdot v$ 都有一个严格大于零的上边界,V 中一定存在某一个元素 v',满足 $\lambda\cdot v'>0$。对任意 $\mu>0$,$v'\in V$ 意味着 $\mu v'\in V$[因为对 $x'\in\Re^n$,有 $v'=(a^1\cdot x',\cdots,a^m\cdot x')$,而 $x'\in\Re^n$ 意味着 $\mu x'\in\Re^n$,因此,$\mu v'=(a^1\cdot x',\cdots,a^m\cdot x')\in V$]。只要选择一个尽可能大的 μ,我们就可以让 $\lambda\cdot\mu v'$ 尽可能地大,在这种情况下,这些内积的值不可能存在一个严格的正上边界,与假设矛盾。因此,$\alpha\not>0$。又因为 $\alpha\geq 0$,所以 $\alpha=0$。

　　现在我们知道了,对所有 $v\in V$ 都有 $\lambda\cdot v\leq 0$。下一步需要证明 $\lambda\cdot v<0$ 是不可能的。假设存在一个 $v\in V$ 满足 $\lambda\cdot v<0$,那么就会存在一个 $x\in\Re^n$,使得 $v=(a^1\cdot x,\cdots,a^m\cdot x)$。$x\in\Re^n$ 意味着 $-x\in\Re^n$,因此 $a^1\cdot(-x),\cdots,a^m\cdot(-x)=-v\in V$。但是,这样的话,就有 $\lambda\cdot(-v)>0$,与"对所有 $v\in V$ 都有 $\lambda\cdot v\leq 0$"这一条件矛盾。因此,不存在 $v\in V$ 使得 $\lambda\cdot v<0$。最终,我们得出结论:对每个 $v\in V$ 都有 $\lambda\cdot v=0$。这也就证明了集合 V 是在 $\Re^m$ 上经过原点的一个子集。

　　我们花点时间整理一下思路,看看还有什么需要证明的。到目前为止,我们已经证明了,存在一个 $\lambda\in\Re^m$,对每个 $v\in V$ 都有 $\lambda\cdot v=0$。根据我们的构造,V 的其中一个元素是向量 $v=(a^1\cdot x,\cdots,a^m\cdot x)$,其中,$x\in\Re^n$。我们还需要证明的是 $\lambda_1\geq 0,\cdots,\lambda_m\geq 0$ 且至少有一个 $\lambda_i>0$,以及式(7.4)是成立的。

　　首先,不可能所有 λ_i 都为零,因为闵可夫斯基定理告诉我们 $\lambda\neq\underline{0}_m$。

　　其次,假设至少存在一个 $i\in\{1,\cdots,m\}$ 使 $\lambda_i<0$。我们知道集合 P 包含了向量 y,y 的第 i 个元素都是严格大于零的值 μ,而其他元素的值都等于单位 1,在这种情况下 μ 可以取任意大的值。$\lambda\cdot y=\sum_{\substack{j=1\\j\neq i}}^{n}\lambda_j+\lambda_i\mu$,当 μ 的值足够大时,就可以使 $\lambda\cdot y<0$,这与对每个 $y\in P$,$\lambda\cdot y\geq 0$ 矛盾。因此,$\lambda_i\geq 0$,$i=1,\cdots,m$。

　　现在只需要证明式(7.4)是正确的。我们可以选择任意的 $x\in\Re^n$ 来构造集合 V 中的元素,令 $x''=\lambda_1 a^1+\cdots+\lambda_m a^m$,那么

$$0=\lambda\cdot(a^1\cdot x'',\cdots,a^m\cdot x'')$$

$$= (\lambda_1, \cdots, \lambda_m) \begin{pmatrix} a^1 \cdot x'' \\ \vdots \\ a^m \cdot x'' \end{pmatrix}$$

$$= \lambda_1 a^1 \cdot x'' + \cdots + \lambda_m a^m \cdot x''$$

$$= (\lambda_1 a^1 + \cdots + \lambda_m a^m) \cdot x''$$

$$= (\lambda_1 a^1 + \cdots + \lambda_m a^m) \cdot (\lambda_1 a^1 + \cdots + \lambda_m a^m) \qquad (7.14)$$

因此,

$$\lambda_1 a^1 + \cdots + \lambda_m a^m = \underline{0}_n \qquad (7.15)$$

到这里我们就能明白,当命题(2)是错的时,命题(1)是正确的。

这是一个相当长的证明过程,但到这里你可以松一口气了,因为接下来的证明就很简单了,我们可以很快就证明当命题(1)正确时命题(2)是错的。假设命题(1)是正确的,那么至少存在一个 $\lambda_i > 0$,在不失一般性的情况下,假设 $\lambda_1 > 0$,式(7.4)就可以变形为:

$$a^1 = -\frac{\lambda_2}{\lambda_1} a^2 - \cdots - \frac{\lambda_m}{\lambda_1} a^m \qquad (7.16)$$

于是可以得到:

$$a^1 \cdot x = -\frac{\lambda_2}{\lambda_1} a^2 \cdot x - \cdots - \frac{\lambda_m}{\lambda_1} a^m \cdot x \qquad (7.17)$$

假设命题(2)也正确,那么至少存在一个 $x \in \Re^n$,使得 $a^1 \cdot x > 0$, $a^2 \cdot x > 0$, $\cdots$, $a^m \cdot x > 0$。此时,式(7.17)的右边就不是正数,与 $a^1 \cdot x > 0$ 矛盾。因此,如果命题(1)是正确的,那么命题(2)一定是错的。

目前,我并不打算费心思地说服你,为了证明福科什引理和戈丹引理所付出的一切努力都是值得的。等到我们解有约束的最优化问题时你自然就会理解了。

7.5　小结

至此,我们已经完成了所有预备内容的学习。在下一章,我将介绍一些经济学家最容易遇到的有约束的最优化问题。求解这些问题时会用到有关超平面和锥的所有内容。如果你已经掌握了上述内容,理解求解有约束的最优化问题的各种方法就不是什么难事了。我们在理解超平面和锥方面已经做了很多准备工作,接下来我们需要做的大部分工作是将我们已经学到的东西应用到有约束的最优化问题的特定背景中。在下一章,我们将介绍并证明两个核心定理,即卡罗需、库恩和塔克及弗里茨·约翰提出的一阶必要条件,这两个定理通常被用于解有约束的最优化问题。我们将用这两个定理来分析各种问题,并绘制大量图形,到时候你就会发现,用相当简单的几何图形就能解释这两个定理及它们的应用。在我看来,这些知识学起来是非常愉快的。

学完这两个定理之后,还有一项对经济学家而言非常重要的任务。经济学家对有约束的优化问题的解的性质特别感兴趣。例如,经济学家想知道需求量是否随着价格上涨而减少,也想知道需求量如何随着消费者的可支配收入变化而变化。类似地,经济学家还想知道产品供应量随着价格变化而变化的比率。要想回答这类问题,就需要知道有约束的最优化问题的最优解的性质。要想判断最优解的性质,我们还需要获取更多的信息,而KKT定理和弗里茨·约翰定理就可以提供这些信息。除此之外,我们还需要由二阶必要条件推出的信息。二阶必要条件的推导会用到一种叫作拉格朗日函数的工具,在下一章之后,我们将学习拉格朗日函数,然后仔细研究二阶必要条件。然后,我们就可以弄清最优解的性质了,这项任务被安排在了本书的最后三章。

让我们继续学习吧,相信我们最终一定会掌握求解有约束的最优化问题的所有方法和相关知识。

7.6　习题

习题 7.1

$$a^1=\begin{bmatrix}2\\1\end{bmatrix},\ a^2=\begin{bmatrix}0\\1\end{bmatrix},\ a^3=\begin{bmatrix}-1\\2\end{bmatrix},\ b=\begin{bmatrix}1\\0\end{bmatrix} \qquad (7.18)$$

(1) 请画出顶点在原点且由向量 a^1、a^2 和 a^3 生成的凸锥。

(2) 请在图中标出向量 b。

(3) 在当前条件下,福科什的哪一个命题是正确的?

(4) 如果福科什的第一个命题是正确的,那么,请找出方程 $A\lambda=b$ 的至少两个解,并确保每个 $\lambda \geq \underline{0}$。如果福科什的第二个命题是正确的,那么,请找出至少两个 $x \in \mathfrak{R}^2$ 使 $A\lambda \geq \underline{0}$ 且 $b \cdot x < 0$。

(5) 现在令 $b=\begin{bmatrix}1\\1\end{bmatrix}$,请重新回答前四问。

习题 7.2

$$a^1=\begin{bmatrix}2\\1\end{bmatrix},\ a^2=\begin{bmatrix}-6\\-3\end{bmatrix}$$

(1) 由向量 a^1 和 a^2 形成的凸锥是什么?

(2) 是否存在 $x \in \mathfrak{R}^2$ 使得 $a^1 \cdot x \geq 0$ 且 $a^2 \cdot x \geq 0$? 如果存在,请列出所有满足条件的向量 x。如果不存在,请说明理由。

习题 7.3　福科什引理还有一种表述方式:给定向量 $a^1,\ \cdots,\ a^m \in \mathfrak{R}^n$,令 $b \in \mathfrak{R}^n$ 且 $b \neq \underline{0}$。下面两个命题有且仅有一个是正确的:

(1) 存在非负且不全为零的 $\lambda^1,\ \cdots,\ \lambda^m \in \mathfrak{R}$,满足:

$$b=\sum_{j=1}^{m}\lambda_j a^j$$

(2) 存在 $x \in \mathfrak{R}^n$,使得:

$$b \cdot x < 0\ 且对所有\ j=1,\ \cdots,\ m\ 都有\ a^j \cdot x \geq 0$$

请用福科什引理证明:如果 A 是一个 $(n \times m)$ 矩阵,且 $b \in \Re^n$, $b \neq \underline{0}$,那么,线性方程组 $A\lambda = b$ 要么至少有一个非零且非负的解 λ,要么存在一个 $x \in \Re^n$,使 $x^T A \geq \underline{0}$ 且 $b \cdot x < 0$。

习题 7.4 a^2, $a^3 \in \Re^2$ 是两个非零且负共线的向量,非零向量 $a^1 \in \Re^2$ 且不与 a^2 和 a^3 共线。请解释为什么在这种情况下,

(1) 不存在 $\lambda_2 \geq 0$ 和 $\lambda_3 \geq 0$(λ_2 和 λ_3 不同时为零),使 $a^1 = \lambda_2 a^2 + \lambda_3 a^3$;

(2) 存在 $\lambda_1 \geq 0$, $\lambda_2 \geq 0$ 和 $\lambda_3 \geq 0$(三者不全为零),使 $\lambda_1 a^1 + \lambda_2 a^2 + \lambda_3 a^3 = \underline{0}$。

习题 7.5 a^1, a^2, $a^3 \in \Re^2$ 都是非零向量。假设存在 $x \in \Re^n$ 满足 $a^1 \cdot x = 0$, $a^2 \cdot x > 0$ 和 $a^3 \cdot x > 0$,请解释为什么在这种情况下,

(1) 不存在标量 $\lambda_1 = 1$、非负且不同时为零的 λ_2 和 λ_3,使得 $\lambda_1 a^1 = \lambda_2 a^2 + \lambda_3 a^3$;

(2) 不存在标量 $\mu_1 = 1$、非负且不同时为零的 μ_2 和 μ_3,使得 $\mu_1 a^1 + \mu_2 a^2 + \mu_3 a^3 = \underline{0}$。

请准确地画出以上两部分的图并做出标记以说明你的理由。

7.7　答案

答案 7.1

(1)和(2)如图 7.9 的上半部分所示。

(3)和(4)向量 $b = (1, 0)^T$ 不在由向量 a^1、a^2 和 a^3 所形成的凸锥内。因此,福科什引理的命题(2)正确,命题(1)错误。也就是说,不存在全部非负且不全为零的标量 λ_1、λ_2 和 λ_3,使得:

$$\lambda_1 \begin{bmatrix} 2 \\ 1 \end{bmatrix} + \lambda_2 \begin{bmatrix} 0 \\ 1 \end{bmatrix} + \lambda_3 \begin{bmatrix} -1 \\ 2 \end{bmatrix} = \begin{bmatrix} 1 \\ 0 \end{bmatrix} \tag{7.19}$$

同理,至少存在一个点 (x_1, x_2),使得:

$$a^1 \cdot x = (2, 1) \begin{bmatrix} x_1 \\ x_2 \end{bmatrix} \geq 0, \quad a^2 \cdot x = (0, 1) \begin{bmatrix} x_1 \\ x_2 \end{bmatrix} \geq 0,$$

$$a^3 \cdot x = (-1, 2) \begin{bmatrix} x_1 \\ x_2 \end{bmatrix} \geq 0, \quad b \cdot x = (1, 0) \begin{bmatrix} x_1 \\ x_2 \end{bmatrix} < 0 \tag{7.20}$$

式(7.19)的解为 $\lambda_2 = 2 - 5\lambda_1$ 和 $\lambda_3 = 2\lambda_1 - 1$。当 $\lambda_1 \leq 2/5$ 时,$\lambda_2 \geq 0$,但是,当 $\lambda_1 \geq 1/2$ 时,$\lambda_3 \geq 0$。因此,不存在全部非负且不全为零的 λ_1、λ_2 和 λ_3 使式(7.19)成立。$x = (-1, 3)$ 就是满足式(7.20)的很多点之中的一个。

(5)在图 7.9 的下半部分中,向量 $b = (1, 1)^T$ 在由向量 a^1、a^2 和 a^3 所形成的凸锥内,福科什引理的命题(1)正确,命题(2)错误。此时存在全部非负且不全为零的 λ_1、λ_2 和 λ_3,使得:

$$\lambda_1 \begin{bmatrix} 2 \\ 1 \end{bmatrix} + \lambda_2 \begin{bmatrix} 0 \\ 1 \end{bmatrix} + \lambda_3 \begin{bmatrix} -1 \\ 2 \end{bmatrix} = \begin{bmatrix} 1 \\ 1 \end{bmatrix} \tag{7.21}$$

同理,不存在任何点 (x_1, x_2),使得:

$$a^1 \cdot x = (2, 1)\begin{bmatrix} x_1 \\ x_2 \end{bmatrix} \geqslant 0, \ a^2 \cdot x = (0, 1)\begin{bmatrix} x_1 \\ x_2 \end{bmatrix} \geqslant 0,$$

$$a^3 \cdot x = (-1, 2)\begin{bmatrix} x_1 \\ x_2 \end{bmatrix} \geqslant 0, \ b \cdot x = (1, 1)\begin{bmatrix} x_1 \\ x_2 \end{bmatrix} < 0 \tag{7.22}$$

式(7.21)的解为 $\lambda_2 = 3 - 5\lambda_1$ 和 $\lambda_3 = 2\lambda_1 - 1$。当 $\lambda_1 \leqslant 3/5$ 时,$\lambda_2 \geqslant 0$,而当 $\lambda_1 \geqslant 1/2$ 时,$\lambda_3 \geqslant 0$。因此,使式(7.21)成立的非负且不全为零的 λ_1、λ_2 和 λ_3 要满足的条件是 $1/2 \leqslant \lambda_1 \leqslant 3/5$。不存在满足式(7.22)的 (x_1, x_2)。 □

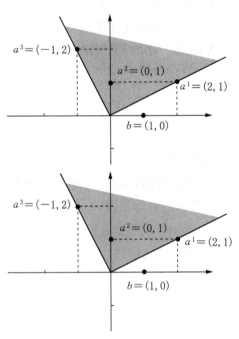

图 7.9 习题 7.1 的图形

答案 7.2

(1) 该凸锥是法向量为 $p = (1, -2)$ 且水平为 $\alpha = 0$ 的超平面。

(2) x 为任意与上述超平面正交的向量。举个例子,$x = p = (1, -2)$。这样的向量集为集合 $\{(x_1, x_2) | (x_1, x_2) = \mu(1, -2), \ \forall \mu \in \Re\}$。 □

答案 7.3 将矩阵方程

$$A\lambda = \begin{bmatrix} a_{11} & a_{12} & \cdots & a_{1m} \\ a_{21} & a_{22} & \cdots & a_{2m} \\ \vdots & \vdots & \ddots & \vdots \\ a_{n1} & a_{n2} & \cdots & a_{nm} \end{bmatrix} \begin{bmatrix} \lambda_1 \\ \lambda_2 \\ \vdots \\ \lambda_m \end{bmatrix} = b = \begin{bmatrix} b_1 \\ b_2 \\ \vdots \\ b_n \end{bmatrix}$$

展开可得

$$a_{11}\lambda_1 + a_{12}\lambda_2 + \cdots + a_{1m}\lambda_m = b_1$$

$$a_{21}\lambda_1 + a_{22}\lambda_2 + \cdots + a_{2m}\lambda_m = b_2$$
$$\vdots \qquad\qquad \vdots$$
$$a_{n1}\lambda_1 + a_{n2}\lambda_2 + \cdots + a_{nm}\lambda_m = b_n$$

这与向量方程

$$\lambda_1 \begin{pmatrix} a_{11} \\ a_{21} \\ \vdots \\ a_{n1} \end{pmatrix} + \lambda_2 \begin{pmatrix} a_{12} \\ a_{22} \\ \vdots \\ a_{n2} \end{pmatrix} + \cdots + \lambda_m \begin{pmatrix} a_{1m} \\ a_{2m} \\ \vdots \\ a_{nm} \end{pmatrix} = \lambda_1 a^1 + \lambda_2 a^2 + \cdots + \lambda_m a^m = \begin{pmatrix} b_1 \\ b_2 \\ \vdots \\ b_n \end{pmatrix} \tag{7.23}$$

是等价的。福科什引理说明,存在使式(7.23)成立的非负且不全为零的标量 $\lambda_1,\cdots,\lambda_m$ 的充分必要条件是:满足

$$b \cdot x < 0 \text{ 和 } a^j \cdot x = x \cdot a^j \geqslant 0 \quad \forall j = 1,\cdots,m$$

的点 $x = (x_1, x_2, \cdots, x_n)$ 不存在。也就是说,不存在满足

$$b \cdot x < 0 \text{ 和 } (x_1, x_2, \cdots, x_n) \begin{pmatrix} a_{11} & a_{12} & \cdots & a_{1m} \\ a_{21} & a_{22} & \cdots & a_{2m} \\ \vdots & \vdots & \ddots & \vdots \\ a_{n1} & a_{n2} & \cdots & a_{nm} \end{pmatrix} \geqslant \begin{pmatrix} 0 \\ 0 \\ \vdots \\ 0 \end{pmatrix}$$

的 x。 □

答案 7.4

(1) 因为 a^2 和 a^3 是非零且负向共线的向量,所以它们形成的凸锥是经过了原点的超平面。向量 a^1 不被包含在这个凸锥内。因为 a^1 非零且不与 a^2 或 a^3 共线,所以无论权数 λ_2 和 λ_3 是多少,a^1 都不能被写成线性组合 $\lambda_2 a^2 + \lambda_3 a^3$。

(2) 因为 a^2 和 a^3 是非零且负向共线的向量,所以存在某个 μ,使得 $a^2 + \mu a^3 = \underline{0}$。令 $\lambda_3/\lambda_2 = \mu$,$\lambda_2 > 0$,我们可以得到 $\lambda_3 = \mu\lambda_2 > 0$,于是有 $\lambda_2 a^2 + \lambda_3 a^3 = \underline{0}$。现在令 $\lambda_1 = 0$,我们就能得到满足 $\lambda_1 a^1 + \lambda_2 a^2 + \lambda_3 a^3 = \underline{0}$ 的非负不全为零的 λ_1、λ_2 和 λ_3。 □

答案 7.5 在图 7.10 的两幅图中,满足 $a^2 \cdot x > 0$ 和 $a^3 \cdot x > 0$ 的点 x 的集合 S 是以超平面 $a^2 \cdot x = 0$ 和 $a^3 \cdot x = 0$ 为边界的阴影区域,这个集合不包含超平面上的点。

(1) 观察图 7.10 的上方图形。满足 $a^1 = \lambda_2 a^2 + \lambda_3 a^3$,$\lambda_2 \geqslant 0$,$\lambda_3 \geqslant 0$ 且 λ_2 和 λ_3 不同时为零的点 a^1 的集合为凸锥 K(除掉原点),其边界为包含了 a^2 和 a^3 的射线。问题是:"为什么集合 S 中不存在某个点 x 与锥 K 中的某个向量 a^1 正交呢?"从图中可以清楚地看到,与锥 K 中的某个向量正交的那些向量都被包含在 $\mathfrak{R}^2$ 的子集"区域 1"和"区域 2"内,这两个区域包含了超平面 $a^2 \cdot x = 0$ 和 $a^3 \cdot x = 0$ 中的向量。因为 S 不包含超平面 $a^2 \cdot x = 0$ 和 $a^3 \cdot x = 0$ 中的向量,所以集合 S 与区域 1 和区域 2 都没有共同的向量。

(2) 观察图 7.10 下半部分的图形。满足 $a^1 + \lambda_2 a^2 + \lambda_3 a^3 = 0$,$\lambda_2 \geqslant 0$,$\lambda_3 \geqslant 0$ 且 λ_2 和 λ_3 不同时为零的点 a^1 的集合为凸锥 $-K$,因为这个集合就是前一问中集合 K 的负集合。问题是:"为什么集合 S 中不存在某个点 x 与锥 $-K$ 中的某个向量 a^1 正交呢?"与锥 $-K$

中的向量正交的那些向量都被包含在 $\Re^2$ 的子集"区域 1"和"区域 2"内,这两个子集包含了超平面 $a^2 \cdot x = 0$ 和 $a^3 \cdot x = 0$ 中的向量。因为 S 不包含超平面 $a^2 \cdot x = 0$ 和 $a^3 \cdot x = 0$ 中的向量,所以集合 S 与区域 1 和区域 2 都没有共同的向量。 □

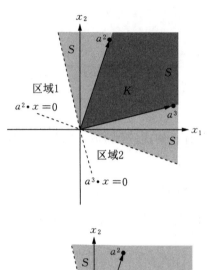

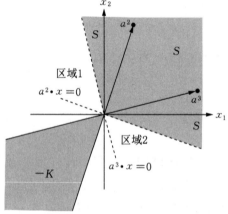

图 7.10　习题 7.5 的图形

▶8

有约束的最优化 Ⅰ

8.1 有约束的最优化问题

有约束的最优化方法是经济学家用来建立模型研究理性选择问题的主要工具,是现代经济学的基础。因此,本章的内容对于你理解大多数经济学理论来说是非常重要的。好消息是,有约束的最优化的核心思想相当容易理解。让我们先来阐述一下有约束的最优化问题的含义。

定义 8.1(有约束的最优化问题) 给定一个非空集合 $\mathcal{C}$,令 $f:\mathcal{C} \mapsto \Re$ 为一个函数。那么,

$$\max_{x \in \mathcal{C}} f(x) \equiv \max_{x} f(x) \quad \text{s.t.} \quad x \in \mathcal{C} \tag{8.1}$$

就是一个有约束的最优化问题。

将决策者可以从中挑选的所有选择的集合用 $\mathcal{C}$ 来表示,这被称为"选择集""约束集"或"可行集"。但是,"约束集"一词不太恰当,因为 $\mathcal{C}$ 不是由约束条件构成的集合,其他两个名称则非常合理,因此我们将遵循惯例把 $\mathcal{C}$ 称为可行集。当且仅当某个选择 x 满足施加在决策者行为上的所有约束条件时,这个选择是"可行"的(可供选择的)。经济学中一个常见的例子是预算为 y 美元的消费者的可行商品组合(选择)的集合 $x=(x_1, \cdots, x_n)$,他面对的价格为 $p=(p_1, \cdots, p_n)$,

$$\mathcal{C}(p_1, \cdots, p_n, y) = \{(x_1, \cdots, x_n) \mid x_1 \geqslant 0, \cdots, x_n \geqslant 0, p_1 x_1 + \cdots + p_n x_n \leqslant y\}$$

另一个例子是生产计划$(x_1, \cdots, x_n, y)$,它在由生产函数 g 定义的生产技术下是可行的,这通常被称为技术集

$$T(g) = \{(x_1, \cdots, x_n, y) \mid x_1 \geqslant 0, \cdots, x_n \geqslant 0, 0 \leqslant y \leqslant g(x_1, \cdots, x_n)\}$$

生产函数 $g:\Re_+^m \mapsto \Re_+$ 表明了工厂在给定的投入品向量$(x_1, \cdots, x_n)$下能获得的最大产出水平 y,其中 x_i 是投入品 i 的使用量。本章经常会假设 $\mathcal{C}$ 是一个实数集或实数向量,即 $\mathcal{C} \subseteq \Re^n$。但你要明白,这个假设不是必需的。原则上讲,$\mathcal{C}$ 可以包含决策者可以选择的任

何事物,比如汽车、书、歌曲或工作。

函数 f 根据每个可行选择所带来的好处的大小对它们进行排序。因为问题(8.1)是一个最大化的问题,所以当且仅当 $f(x')>f(x'')$ 时,可行选择 $x'\in\mathcal{C}$ 严格偏好于另一个可行选择 $x''\in\mathcal{C}$。同样,当且仅当 x' 和 x'' 的偏好相同时,有 $f(x')=f(x'')$,这时我们说决策者对 x' 和 x'' 的偏好是无差异的。如果 $f(x')\geqslant f(x'')$,那么,x' 和 x'' 要么偏好相同,要么 x' 严格偏好于 x''。更简要的表述是:x' 弱偏好于 x''。函数 f 表达了决策者的目标,即从可行集 $\mathcal{C}$ 中选出一个偏好程度尽可能大的选择(也就是 f 的值尽可能地大),因此,f 也被称为问题(8.1)的目标函数。

你可能想知道我们是否需要把最小化问题与最大化问题分开考虑,答案是"不需要"。原因很好理解。考虑一个最小化问题:

$$\min_{x\in\mathcal{C}} h(x) \tag{8.2}$$

现在令 $f(x)\equiv-h(x)$。看! 你现在已经得到了最大化问题(8.1)! 因为任何使 $h(x)$ 最小化的 x 一定会使 $-h(x)$ 最大化。任何一个最小化问题都可以被写成一个最大化问题,反之亦然。

很多有约束的最优化问题是没有解的。比如说,你能够在集合 $\mathcal{C}=\{x\mid x\geqslant0\}$ 中找到使 $f(x)=x$ 最大的值吗? 显然不能。但是,在集合 $\mathcal{C}=\{x\mid x\leqslant0\}$ 中找到使 $f(x)=x$ 最大的值就有一个唯一的解,对吧?

有时候可行集 $\mathcal{C}$ 是有限的,也就是说它包含了有限个元素,比如 $\{1,2,3\}$。任何可行集有限的有约束的最优化问题都一定有一个最大解(也有一个最小解),因为集合中至少存在一个元素使目标函数取得可能的最大(最小)值。举个例子,如果 $\mathcal{C}=\{x_1,x_2,\cdots,x_n\}$,那么目标函数只会有 n 个值 $f(x_1),f(x_2),\cdots,f(x_n)$,其中一定会有一个至少跟所有其他值一样大,而使 f 取得最大值的一个或多个 x 的值就是该问题的最优解。

我们讨论的是有约束的最优化问题的可行解和最优解。"可行解"的意思与"可行选择"相同,也就是说,如果 $x\in\mathcal{C}$,那么 x 就是一个可行解。"最优解"可以从两个方面来考虑:全局和局部。

全局最优解是整个可行集 $\mathcal{C}$ 中使 f 取得最大值的可行选择。

定义 8.2(全局最优解) 当且仅当对每个 $x\in\mathcal{C}$,都有 $f(x^*)\geqslant f(x)$ 时,$x^*\in\mathcal{C}$ 是问题(8.1)的全局最优解。

简单地说,x^* 是所有可行选择中最被偏好的那个可行选择。有时候一个有约束的最优化问题只有一个最优解,在这种情况下,我们说该问题的最优解是唯一的。例如,问题 $\max f(x)=x$,$x\in\mathcal{C}=\{1,2,3\}$ 有唯一最优解 $x^*=3$。在另外一些情况下,问题有不唯一的或者说多个最优解。比如,问题 $\max f(x)=x^2$,$x\in\mathcal{C}=\{-2,-1,0,1,2\}$ 有两个全局最优解:$x^*=-2$ 和 $x^{**}=2$。问题 $\max f(x)=\cos x$,$x\in\mathcal{C}=\Re$ 有无数个全局最优解:$x^*=n\pi(n=0,\pm2,\pm4,\cdots)$。

局部最优解是这样一个可行选择:它使 f 在可行集的某个局部(即一个邻域内)取得最大值,局部最优解可以是全局最优解,也可以不是,但全局最优解必须是局部最优解。考虑一个目标函数

$$f(x)=\begin{cases} x, & x\leqslant 1 \\ 2-x, & 1<x\leqslant 2 \\ x-2, & 2<x<4 \\ 6-x, & x\geqslant 4 \end{cases}$$

令可行集为 $\mathcal{C}=\Re$，那么，这个问题有两个局部最大值点，$x=1$ 和 $x=4$，其中 $x=4$ 是全局最大值点。

定义 8.3（局部最优解） 当且仅当 $x'\in N$ 且对每个 $x\in N$ 都有 $f(x')\geqslant f(x)$ 时，$x'\in\mathcal{C}$ 是问题(8.1)在非空邻域 $N\subseteq\mathcal{C}$ 中的局部最优解。

刚才 $f(x)=\cos x$ 这个例子很有趣，因为当可行集是整条实线 $\Re$ 时，这个函数有无数个局部最大值，每个局部最大值也是全局最大值。

8.2 经典问题

我们可以考虑的特殊问题有很多，但是经济学家基本只思考少数几个，我们应该把注意力放在这些经济学家经常考虑的那些问题上。最让人感兴趣的问题有两个重要的性质，我们把这种问题称为"经典问题"。

定义 8.4（经典问题） 经典的有约束的最优化问题是：

$$\max_{x\in\mathcal{C}} f(x) \tag{8.3}$$

其中，$f:\mathcal{C}\mapsto\Re$ 在 $\mathcal{C}$ 上是连续的，$\mathcal{C}\neq\varnothing$、$\mathcal{C}\subset\Re^n$ 且 $\mathcal{C}$ 是在 E^n 上的紧集。

这些表述有什么含义呢？我们从 $\mathcal{C}$ 开始理解。首先，我们将可行选择限定为实数或实数向量，我们可以用它表示不同的颜色或不同的家具数量。其次，我们只考虑实数的子集，当且仅当这个集合是闭合且有界的时，它是紧集（在 E^n 上的欧几里得拓扑上）。你如果看懂了第 3 章，应该对此很熟悉。如果还没有，那么知道如下这些内容就可以了：如果一个集合被完全包含在一个半径有限的球里（也就是说，这个集合不会在某个方向上不断延伸），那么这个集合是有界的；当且仅当一个非空集合包含了其边界上的所有点时，这个非空集合是闭合的（在 E^n 上的欧几里得拓扑上）。

目标函数 f 的连续性是什么意思呢？如果你认真学习了第 5 章，就应该知道它的意思了。如果还没有学，那你现在需要知道的是：如果在 $x\in X$ 处的微小变动不会引起 f 值的大幅变动，那么，我们就说从由实数 x 组成的一个子集 X 映射到实线上的函数 f 在 X 上是连续的。换句话说，x 的任意微小变化只会让 f 的值发生非常小的变化。（这是一种不严谨的表述，如果你没有学习第 5 章的话，我强烈建议你去看看。函数及其他类型映射的连续性是非常重要的概念。）此处还需注意的是，任何可微函数都是连续的，但有很多连续函数不是处处可微的。举个例子，

$$f(x)=\begin{cases} 2; & x<2 \\ x; & 2\leqslant x \end{cases}$$

这个函数在 $\Re$ 上处处连续,但在点 $x=2$ 处不可微。

连续函数的魏尔斯特拉斯定理确保了经典问题具有一个良好的性质,即该问题一定有一个全局最优解(但不一定是唯一解)。

8.3 一阶必要条件

现在我们来谈谈核心问题。我们想知道的是有约束的最优化问题的最优解都需要满足哪些条件。也就是说,我们需要找出当点 x^* 是问题(8.3)的最优解时必须要被满足的那些条件,我们将用这些条件来求解。

在局部最大值点处,有两种必要条件需要被满足,即一阶必要条件和二阶必要条件。在本章中,我们只讨论一阶必要条件,二阶必要条件将在第 10 章中讨论。

接下来我们只考虑具有以下形式的问题:

$$
\max_{x_1, \cdots, x_n} f(x_1, \cdots, x_n)
$$
$$
\text{s.t.} \quad g_1(x_1, \cdots, x_n) \leqslant b_1
$$
$$
\vdots \qquad \vdots
$$
$$
g_m(x_1, \cdots, x_n) \leqslant b_m \tag{8.4}
$$

其中,所有函数 $f, g_1, \cdots, g_m$ 都是连续可微的函数。这个假设的直接含义是,函数 $g_1, \cdots, g_m$ 都是连续的。这确保了可行集

$$
\mathcal{C} = \{x \in \Re^n \mid g_1(x) \leqslant b_1, \cdots, g_m(x) \leqslant b_m\} = \bigcap_{j=1}^{m} \{x \in \Re^n \mid g_j(x) \leqslant b_j\}
$$

是一个闭集。为什么呢?请尝试证明它。

请看图 8.1,该图展示了一个紧可行集 $\mathcal{C}$ 和问题(8.4)的解 $x^* \in \mathcal{C}$。在点 x^* 处有两个限制性约束条件 g_1 和 g_2,它们分别表示 $g_1(x^*) = b_1$ 和 $g_2(x^*) = b_2$。可能还存在其他的松弛约束条件,但它们可以被忽略——只用考虑限制性约束条件。图上画出了三个梯度向量(事实上,由第 2.14 节可知,这些梯度向量应该是关于原点的而不是关于点 x^* 的)。$\nabla f(x^*)$ 是目标函数的梯度向量在 x^* 处的值,这个向量与等值集 $\{x \in \Re^n \mid f(x) = f(x^*)\}$ 中的 x^* 及其邻值 $(x^* + \Delta x)$ 之间的微小变化向量 Δx 正交。曲线 $\{x \in \Re^n \mid g_1(x) = b_1\}$ 是第一个限制性约束函数 g_1 在 b_1 水平上的等值集,所以它在点 $x = x^*$ 处的梯度向量值 $\nabla g_1(x^*)$ 与等值集 $\{x \in \Re^n \mid g_1(x) = b_1\}$ 中的 x^* 及其邻值 $(x^* + \Delta x)$ 之间的微小变化向量 Δx 正交。同样,第二个限制性约束函数 g_2 在点 $x = x^*$ 处的梯度向量值 $\nabla g_2(x^*)$ 与等值集 $\{x \in \Re^n \mid g_2(x) = b_2\}$ 中的 x^* 及其邻值 $x^* + \Delta x$ 之间的微小变化向量 Δx 正交。图中呈现了一个重要的特征,即向量 $\nabla f(x^*)$ 位于由向量 $\nabla g_1(x^*)$ 和 $\nabla g_2(x^*)$ 形成的凸锥之内。根据福科什引理的命题(1)可知,这个特征意味着一定存在两个不同时为零的非负数,令它们为 λ_1 和 λ_2,使得 $\nabla f(x^*) = \lambda_1 \nabla g_1(x^*) + \lambda_2 \nabla g_2(x^*)$ 成立。你很快就会看到,这个命题是著名的 KKT 必要条件,即 x^* 是 f 在 $\mathcal{C}$ 上局部最大值点的条件。

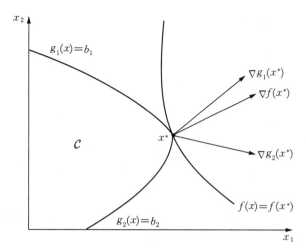

图 8.1 x^* 是 f 在 $\mathcal{C}$ 上的局部最大值点

为什么这个条件是必要的呢？我们先假设该条件不成立,也就是说目标函数的梯度向量 $\nabla f(x^*)$ 不位于由向量 $\nabla g_1(x^*)$ 和 $\nabla g_2(x^*)$ 形成的凸锥之内。图 8.2 展示了这种情况。因为 $\nabla f(x^*)$ 与等值集 $\{x \in \mathfrak{R}^n \mid f(x) = f(x^*)\}$ 中的 x^* 及其附近点 $(x^* + \Delta x)$ 之间的微小变化向量 Δx 正交,所以,$\nabla f(x^*)$ 位于凸锥之外的结果就是等值集 $f(x) = f(x^*)$ "切入"了可行集 $\mathcal{C}$。因此,一定存在某个可行点,比如 $x = x'$,使得 $f(x') > f(x^*)$,这与 x^* 是 f 在 $\mathcal{C}$ 上的局部最大值点矛盾。这几乎就是 KKT 定理的全部内容,除了约束规范性条件外(我们暂时不讨论这个细节)。阿尔伯特·塔克(Albert Tucker)和哈罗德·库恩(Harold Kuhn)在 1951 年发表了他们的定理[详见 Kuhn 和 Tucker(1951)],在其后的一段时间,他们被视为该定理的提出者,直到后来人们才知道,威廉·卡罗需(William Karush)在 1939 年就已经在芝加哥大学的一篇硕士论文中提出了这个结论[详见 Karush(1939)]。而一个类似的成果——弗里茨·约翰定理也在 1948 年被公开发表。

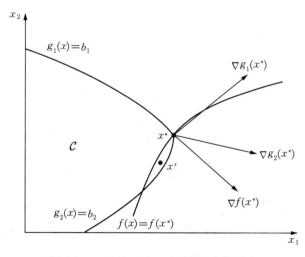

图 8.2 x^* 不是 f 在 $\mathcal{C}$ 上的局部最大值点

定理 8.1(KKT 必要定理) 考虑问题

$$\max_{x \in \mathfrak{R}^n} f(x) \quad \text{s.t.} \quad g_j(x) \leqslant b_j, \; j=1, \cdots, m$$

其中,目标函数 f 和约束函数 $g_1, \cdots, g_m$ 都对 x 连续可微,可行集

$$\mathcal{C} = \{x \in \mathfrak{R}^n \mid g_j(x) \leqslant b_j, \; \forall j=1, \cdots, m\}$$

是非空的。令 x^* 为该问题的局部最优点。用 k 来表达 $x = x^*$ 处的限制性约束条件的个数,令 $I(x^*)$ 为 $x = x^*$ 处由构成限制性约束的约束条件的编号(序号)所组成的集合。

如果 $k=0$,那么,有 $I(x^*) = \varnothing$ 和 $\nabla f(x^*) = \underline{0}$。

如果 $1 \leqslant k \leqslant m$ 且 $\mathcal{C}$ 在 x^* 处满足一个约束规范性条件,那么,存在不同时为零的非负标量 $\lambda_1^*, \cdots, \lambda_m^*$,当 $j \in I(x^*)$ 时,有 $\lambda_j^* \geqslant 0$,当 $j \notin I(x^*)$ 时,有 $\lambda_j^* = 0$,它们使得

$$\nabla f(x^*) = \lambda_1^* \nabla g_1(x^*) + \cdots + \lambda_m^* \nabla g_m(x^*) \tag{8.5}$$

$$\lambda_j^* (b_j - g_j(x^*)) = 0, \; \forall j = 1, \cdots, m \tag{8.6}$$

式(8.5)被称为 KKT 必要条件。式(8.6)中的 m 个条件为约束规范性条件。这个著名定理的证明就是福科什引理的简单应用。在证明之前我要提醒大家的是,该定理涉及一个我们没有讨论过的概念——约束规范性条件。在大多数情况下,介绍一个包含了没有被清晰界定的概念的定理是不好的做法,但在这里我打算先讨论定理,把对约束规范性条件含义的解释留到下一节。

证明:如果 $k=0$,那么,在 $x = x^*$ 处没有任何限制性约束,$I(x^*) = \varnothing$,也就是说,点 $x = x^*$ 在 $\mathcal{C}$ 的内部。那么,$\nabla f(x^*)$ 必然为 $\underline{0}$。

再假设 $1 \leqslant k \leqslant m$。此时,$I(x^*) \neq \varnothing$。在不失一般性的情况下,用 $j = 1, \cdots, k$ 来表示那些限制性约束条件的编号,$I(x^*) = \{1, \cdots, k\}$。因为 x^* 是该问题的一个局部最大解,所以 $f(x^*)$ 一定至少与其周围的可行选择点 $x^* + \Delta x$ 所对应的 f 值一样大,即对足够小的 Δx,以下条件必须成立:

$$f(x^*) \geqslant f(x^* + \Delta x) \; \forall \Delta x \text{ 使得 } g_j(x^* + \Delta x) \leqslant g_j(x^*) = b_j \; \forall j = 1, \cdots, k \tag{8.7}$$

假设式(8.5)不成立,也就是说,不存在不同时为零的非负标量 $\lambda_1^*, \cdots, \lambda_k^*$,使得:

$$\nabla f(x^*) = \lambda_1^* \nabla g_1(x^*) + \cdots + \lambda_k^* \nabla g_k(x^*) \tag{8.8}$$

可行集 $\mathcal{C}$ 满足约束规范性条件,于是,可以应用福科什引理(第 8.6 节介绍了这个引理)。式(8.8)其实就是福科什引理的命题(1),其中 $a^j = -\nabla g_j(x^*)$, $b = -\nabla f(x^*)$。因为我们假设了命题(1)是错的,所以由定理的命题(2)可知,存在一个 Δx,使得

$$-\nabla g_1(x^*) \cdot \Delta x \geqslant 0, \cdots, -\nabla g_k(x^*) \cdot \Delta x \geqslant 0, -\nabla f(x^*) \cdot \Delta x < 0$$

也就是说,存在一个 Δx,使得

$$\nabla g_1(x^*) \cdot \Delta x \leqslant 0, \cdots, \nabla g_k(x^*) \cdot \Delta x \leqslant 0, \nabla f(x^*) \cdot \Delta x > 0 \tag{8.9}$$

因为 f 和 $g_1, \cdots, g_m$ 对足够小的 Δx 都是连续可微的,所以

$$f(x^*+\Delta x)=f(x^*)+\nabla f(x^*)\cdot \Delta x$$

$$g_j(x^*+\Delta x)=g_j(x^*)+\nabla g_j(x^*)\cdot \Delta x,\ \forall j=1,\cdots,k$$

因此,对足够小的 Δx,式(8.9)可以表述为:

$$f(x^*+\Delta x)>f(x^*),\ g_1(x^*+\Delta x)\leqslant g_1(x^*)=b_1,\cdots,\ g_k(x^*+\Delta x)\leqslant g_k(x^*)=b_k$$

$$(8.10)$$

式(8.10)说明,存在一个接近 x^* 的可行选择 $x^*+\Delta x$,它对应的目标函数值比 x^* 处的目标函数值要大。但这样的话 x^* 就不是局部最大值点了。式(8.10)与式(8.7)矛盾。因此,如果 x^* 是局部最优解,那么式(8.8)一定成立。现在令 $\lambda_{k+1}^*=\cdots=\lambda_m^*=0,j=k+1,\cdots,m$,我们已经证明了如果 x^* 是局部最优解,那么式(8.5)一定成立。

式(8.6)是由 $b_j-g_j(x^*)=0(j=1,\cdots,k)$ 和 $\lambda_j^*=0(j=k+1,\cdots,m)$ 得出的。

在进行下一步的讨论之前,我要先做几点说明。第一,直到现在我还没有提到拉格朗日函数(我们之后再研究),如果你以为要用拉格朗日函数来表示或解出 KKT 条件的话,请你丢掉这种想法——因为它是错误的。

第二,该定理并没有列出所有的必要条件,还应该有一个二阶必要条件,我将在第 10 章介绍它。

第三,一阶最优条件(8.5)和(8.6)可能存在不止一个解 $(x_1^*,\cdots,x_n^*,\lambda_1^*,\cdots,\lambda_m^*)$,它们只是任意局部最优解都必须满足的条件。在所有满足一阶条件的可行选择中,有的是局部最优解,有的并不是。

第四,该定理要求可行集 $\mathcal{C}$ 在 x^* 处满足一个约束规范性条件。这意味着不是每个类型为问题(8.4)的最优化问题都能用 KKT 定理解出来。在下一节中,我们将讨论约束规范性条件的概念。

第五,运用福科什引理证明 KKT 定理时需要一个前提条件,即该问题满足约束规范性条件。在知道什么是约束规范性条件之前,我不能对此进行解释,先把这句话暂时放在这里,等到第 8.6 节时我再解释它。

8.4 什么是约束规范性条件?

在这里,"规范性"的意思是"限制",所以任何约束规范性条件都是对该最大化问题的约束函数 $g_1,\cdots,g_m$ 的性质的限制,与该问题的目标函数 f 没有任何关系。每个约束规范性条件都有一个相同的目的,即确保当 KKT 条件不被满足时,可行集 $\mathcal{C}$ 中不存在问题(8.4)的局部最优解。更确切地说,当且仅当可行点 $x\in\mathcal{C}$ 不满足 KKT 条件时,被称为不规则点(irregularities)。这等价于,当且仅当可行点 $x\in\mathcal{C}$ 满足 KKT 条件时,被称为规则点。我们最常讨论的不规则点是尖点(cusp)。什么是尖点?为什么它很重要?请看图 8.3。

如图所示,可行集 $\mathcal{C}$ 是紧凑的,但点 x^* 现在位于 $\mathcal{C}$ 边界上"针尖状"的顶点处,由 $x=x^*$ 处两个或更多可行集的边界的切线形成,这样的点被称为尖点。假设 x^* 是 f 在 $\mathcal{C}$ 上的局部最大值点。x^* 是尖点会带来什么麻烦吗?请再看一下图 8.3,想一想 $x=x^*$ 处约

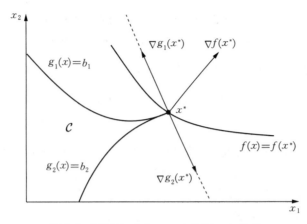

图 8.3 可行集 $\mathcal{C}$ 在 $x=x^*$ 处有一个尖点

束条件的梯度向量 $\nabla g_1(x)$ 和 $\nabla g_2(x)$ 的值。约束条件的等值集 $\{x\in\Re^2\,|\,g_1(x)=b_1\}$ 和 $\{x\in\Re^2\,|\,g_2(x)=b_2\}$ 在尖点处是相切的,那么梯度向量 $\nabla g_1(x^*)$ 和 $\nabla g_2(x^*)$ 有什么关系? 思考一下,这就是关键点所在! 别忘了,在等值集中,x^* 与其附近点 $x^*+\Delta x$ 之间的微小变动 Δx 与梯度向量是正交的。

曲线 $g_1(x)=b_1$ 和 $g_2(x)=b_2$ 在 x^* 处相切的结果是使得 $\nabla g_1(x^*)$ 和 $\nabla g_2(x^*)$ 负向共线,也就是说,这两个向量指向完全相反的方向。再问你一个重要的问题,$\nabla g_1(x^*)$ 和 $\nabla g_2(x^*)$ 形成的凸锥是什么? 在阅读下一段之前,请想好答案。

它们形成的凸锥是包含了这两个向量的超平面,如图 8.3 中的虚线所示(这个超平面实际上是经过原点的)。目标函数的梯度向量 $\nabla f(x)$ 在 x^* 处的值不在该超平面内。其结果是,不存在使 $\nabla f(x^*)=\nabla g_1(x^*)+\nabla g_2(x^*)$ 成立的 λ_1 和 λ_2。如果有约束的最优化问题在可行集中的局部最优解是一个尖点(或者其他类型的不规则点),那么,KKT 一阶必要条件(8.5)就有可能不成立。

这就带来了一个比较棘手的问题:"哪些特定类型的有约束的最优化问题在其局部最优解处一定满足 KKT 条件呢?"辨别这种类型的问题的条件就是约束规范性条件——这是约束规范性条件的唯一用途。

尖点不是不规则点的唯一类型。举另一个例子[由斯莱特(Slater)提出]。考虑一个简单的最大化问题 $f(x)=x$,其约束条件为 $g(x)=x^2\leqslant 0$,x 为实值。那么,这个可行集只有一个点,$x=0$,因此这个点一定是最优解。计算出 f 和 g 在 $x=0$ 处的梯度向量为 $f'(0)=1$ 和 $g'(0)=0$。很明显,没有一个 λ 值能使 $f'(0)=\lambda g'(0)$ 成立,所以 KKT 条件不成立。因为这个最大化问题中只有一个约束条件,所以可行集中没有尖点。问题出在哪里呢? 为什么 KKT 条件不成立? 在回答这个问题之前,我们先假设约束条件变为 $g(x)=x^2\leqslant\varepsilon$,$\varepsilon$ 为大于零的任意值。这时可行集变成了区间 $(-\sqrt{\varepsilon}\,,\,+\sqrt{\varepsilon}\,)$,而不是一个点。最优解变成了 $x=+\sqrt{\varepsilon}$。在 $x=+\sqrt{\varepsilon}$ 处计算可得:$f'(+\sqrt{\varepsilon})=1$, $g'(+\sqrt{\varepsilon})=+2\sqrt{\varepsilon}$,于是,存在一个正数 $\lambda=1/2\sqrt{\varepsilon}$,使得 $f'(+\sqrt{\varepsilon})=\lambda g'(+\sqrt{\varepsilon})$ 成立。在可行集中增加一些额外的元素好像让不规则点消失了。我们该如何理解这种情况呢? 回顾一下 KKT 必要定理的证明,特别值得注意的是,在该证明中我们用到了局部最优的概念,即目标函数在 $x=$

x^* 处的值至少与 f 在 x^* 附近的可行值 $x=x^*+\Delta x$ 处的值一样大。因此,我们假设 x^* 附近的可行值是存在的。如果不存在这样的邻值,那么该定理不适用了,就像斯莱特的例子一样。

8.5 弗里茨·约翰定理

现在我们要考虑一些实际的问题。第一,如何判断一个问题的可行集中是否包含不规则点? 如果一个最优化问题只涉及几个变量和几个约束条件,那么,找出不规则点并不困难。但是,如果所涉及的变量和约束条件非常多的话,在其可行集的边界上找到一个可能的不规则点就不那么容易了,即使能找到,也要花费大量时间。第二,不规则点通常不会给我们带来麻烦,除非它是最优化问题的局部最优解。这就让我们左右为难了。如果最优解是在不规则点处取得的,那么,我们就不能用 KKT 必要定理来求出最优解,但如果不使用该定理的话,要找到最优解就要进行大量的受运气因素影响的计算。在这种情况下我们该怎么办呢? 或许我们需要一个类似于 KKT 定理的工具。幸运的是,确实存在这样的工具,那就是弗里茨·约翰定理[见 John(1948)]。即使最优解位于不规则点处,该定理也适用,它是解决可微有约束的最优化问题的重要定理之一,让我们来看看它的内容吧。

定理 8.2(弗里茨·约翰定理) 考虑一个不等式约束问题:

$$\max_{x\in\Re^n} f(x) \quad \text{s.t.} \quad g_j(x)\leqslant b_j, \ j=1, \cdots, m$$

其中,目标函数 f 和约束函数 $g_1, \cdots, g_m$ 都对 x 连续且可微,可行集

$$\mathcal{C}=\{x\in\Re^n \,|\, g_j(x)\leqslant b_j, \ \forall j=1, \cdots, m\}$$

是非空的。令 x^* 为该问题的局部最优解,用 k 来表示 $x=x^*$ 处限制性约束条件的个数,令 $I(x^*)$ 为 $x=x^*$ 处限制性约束的编号集合。

如果 $k=0$,那么 $I(x^*)=\varnothing$,$\nabla f(x^*)=\underline{0}$。

如果 $1\leqslant k\leqslant m$,那么 $I(x^*)\neq\varnothing$,存在不全为零的非负参数 $\lambda_0^*, \lambda_1^*, \cdots, \lambda_m^*$,当 $j\in I(x^*)$ 时,有 $\lambda_0^*\geqslant0$ 和 $\lambda_j^*\geqslant0$,当 $j\notin I(x^*)$ 时,有 $\lambda_j^*=0$,它们使得:

$$\lambda_0^* \nabla f(x^*)=\lambda_1^* \nabla g_1(x^*)+\cdots+\lambda_m^* \nabla g_m(x^*) \tag{8.11}$$

$$\lambda_j^*(b_j-g_j(x^*))=0, \ \forall j=1, \cdots, m \tag{8.12}$$

现在是你回顾 KKT 必要定理的好机会,请把它与弗里茨·约翰定理逐字进行对比,对比之后再阅读下面的内容。

你应该已经注意到了式(8.12)中的 m 个条件与 KKT 定理描述的式(8.6)中的 m 个条件是相同的互补松弛条件。弗里茨·约翰必要条件(8.11)与 KKT 必要条件(8.5)只有一处不同,即 f 在 x^* 处的梯度向量前多了一个乘数 λ_0^*。实际上,如果 $\lambda_0^*=1$,那么,弗里茨·约翰必要条件就是 KKT 必要条件。请注意,所有的互补松弛条件都不包含 λ_0^*。还应注意的是,弗里茨·约翰定理不要求问题的可行集 $\mathcal{C}$ 满足约束规范性条件,这意味着弗

里茨·约翰定理可以用于局部最大值点 x^* 是不规则点的情况,而 KKT 定理则不适用于这种情况。不举几个例子很难理解上述内容。先从一个简单的例子开始,这个最优化问题的可行集不包含尖点或其他任何类型的不规则点:

$$\max_{x_1, x_2} 5x_1 + x_2 \quad \text{s.t.} \quad g_1(x_1, x_2) = -x_1 \leqslant 0$$
$$g_2(x_1, x_2) = -x_2 \leqslant 0, \quad g_3(x_1, x_2) = x_1 + 2x_2 \leqslant 2$$

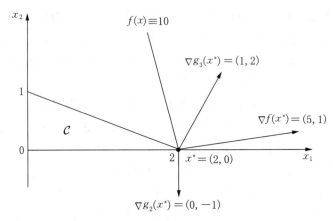

图 8.4   最优解 $x^* = (2, 0)$ 是一个规则点

图 8.4 展示了这个最优化问题。其最优解为 $(x_1^*, x_2^*) = (2, 0)$。约束 g_1 在 $(2, 0)$ 处是松弛的,约束 g_2 和 g_3 在 $(2, 0)$ 处是有限制性的,所以 $I(x^*) = \{2, 3\}$。f、g_2 和 g_3 在 $(2, 0)$ 处的梯度向量值分别为:

$$\nabla f(2, 0) = (5, 1), \quad \nabla g_2(2, 0) = (0, -1), \quad \nabla g_3(2, 0) = (1, 2)$$

因此,弗里茨·约翰必要条件(8.11)为:

$$\lambda_0 \times 5 = \lambda_2 \times 0 + \lambda_3 \times 1$$
$$\lambda_0 \times 1 = \lambda_2 \times (-1) + \lambda_3 \times 2$$

于是,我们得出了无穷解的集合 $\lambda_2 = 9\lambda_0$ 和 $\lambda_3 = 5\lambda_0$,其中 λ_0 可以取任意的正值(注意这里是取正值,不能取 0,因为我们不希望 λ_0, λ_1, λ_2 和 λ_3 都为 0)。KKT 必要条件(8.5)为:

$$5 = \lambda_2 \times 0 + \lambda_3 \times 1$$
$$\text{和} \quad \lambda_0 \times 1 = \lambda_2 \times (-1) + \lambda_3 \times 2$$

这样,我们就得到唯一解 $\lambda_2 = 9$ 和 $\lambda_3 = 5$。这是令 $\lambda_0 = 1$ 时得出的弗里茨·约翰特别解。实际上,只要问题的解是一个规则点,我们就可以令 $\lambda_0 = 1$,然后利用 KKT 定理求解。现在我们再来考虑最优解是可行集中的不规则点——尖点的情况:

$$\max_{x_1, x_2} 5x_1 + x_2 \quad \text{s.t.} \quad g_1(x_1, x_2) = -x_1 \leqslant 0$$
$$g_2(x_1, x_2) = -x_2 \leqslant 0, \quad g_3(x_1, x_2) = x_2 + (x_1 - 2)^2 \leqslant 2$$

图 8.5 展示了这个问题。最优解仍为 $(x_1^*, x_2^*) = (2, 0)$。请证明这个点是该问题的可行集中的尖点。约束 g_1 在 $(2, 0)$ 处是松弛的,约束 g_2 和 g_3 在 $(2, 0)$ 处是有限制性的,

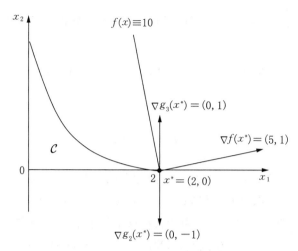

图 8.5 最优解 $x^* = (2, 0)$ 是一个尖点

所以 $I(x^*) = \{2, 3\}$。f、g_2 和 g_3 在 $(2, 0)$ 处的梯度向量值分别为：

$$\nabla f(2, 0) = (5, 1), \quad \nabla g_2(2, 0) = (0, -1), \quad \nabla g_3(2, 0) = (0, 1)$$

因此,弗里茨·约翰必要条件(8.11)为：

$$\lambda_0 \times 5 = \lambda_2 \times 0 + \lambda_3 \times 0$$
$$\lambda_0 \times 1 = \lambda_2 \times (-1) + \lambda_3 \times 1$$

这个方程组有无穷多个解,解的形式为 $\lambda_0 = 0$ 和 $\lambda_2 = \lambda_3$。这里有两个地方需要注意:首先,弗里茨·约翰条件的解至少有一个;其次,对每个解都有 $\lambda_0 = 0$。KKT 必要条件 (8.5)为：

$$5 = \lambda_2 \times 0 + \lambda_3 \times 0$$
$$1 = \lambda_2 \times (-1) + \lambda_3 \times 1$$

这个方程组是无解的。这证明了弗里茨·约翰必要最优条件是通用性更强的,无论问题的可行集是否有一个不规则点,它都可以被用来求解最优化问题。如果弗里茨·约翰必要条件中的 $\lambda_0 = 0$,则表明问题的最优解是不规则点。$\lambda_0 = 0$ 到底有什么含义呢? 要回答这个问题,就需要理解 KKT 必要条件的思想是什么。它的核心思想是,在最优化问题的任意一个规则的最优解处,一定存在一个非零且非负的向量 $\lambda = (\lambda_1, \cdots, \lambda_m)$,使得 $\nabla f(x^*) = \sum_{j=1}^{m} \lambda_j \nabla g(x^*)$。只有在这种情况下,目标函数在 x^* 处的梯度向量值 $\nabla f(x^*)$ 才位于由那些限制性约束条件的梯度向量值 $\nabla g_j(x^*)$ 所构成的凸锥内,其中,$j \in I(x^*)$。当 x^* 处是一个尖点时,这个凸锥通常不包含 $\nabla f(x^*)$,$\lambda_0 \nabla f(x^*) = \sum_{j=1}^{m} \lambda_j \nabla g(x^*)$ 的解都要求 $\lambda_0 = 0$。这实际上可以概括为:$\nabla f(x^*)$ 不能被写成 $\nabla g_j(x^*) [j \in I(x^*)]$ 的非零且非负的线性组合。或者如果你愿意的话,可以直接用零乘上 $\nabla f(x^*)$ 来构成一个零向量,这样就能得到一个被包含在通过原点的超平面内的向量 $\lambda_0 \nabla f(x^*)$,该超平面是由尖点处的限制性约束条件的负向共线的那些梯度向量所构成的凸锥。

但是为什么 $\lambda_0^* = 0$ 能告诉我们 $x = \hat{x}$ 处有一个不规则点呢? 现在我们来考虑有两个

限制性约束 g_1 和 g_2 的情况,并在 $\hat{x}$ 处构造一个尖点。如果 $\lambda_0^* = 0$,那么弗里茨·约翰必要条件为:

$$\lambda_0^* \, \nabla f(x^*) = \underline{0} = \lambda_1^* \, \nabla g_1(x^*) + \lambda_2^* \, \nabla g_2(x^*)$$

由此可以推出:

$$\nabla g_1(x^*) = -\frac{\lambda_2^*}{\lambda_1^*} \nabla g_2(x^*)$$

只有当向量 $\nabla g_1(x^*)$ 和 $\nabla g_2(x^*)$ 共线且方向相反时(因为 $-\lambda_2^*/\lambda_1^* \leqslant 0$), $\lambda_0^* = 0$。因此,当 $x = \hat{x}$ 是一个尖点时, $\nabla g_1(x^*)$ 和 $\nabla g_2(x^*)$ 形成了一个超平面。

现在我们来考虑斯莱特的例子。为什么在这个例子中 $\lambda_0^* = 0$ 是必要的呢?该问题的可行集只包含了一个点 $x^* = 0$,在该点处, $\nabla f(0) = 1$, $\nabla g(0) = 0$。满足弗里茨·约翰必要条件的唯一途径是存在非负且不同时为零的标量 λ_0^* 和 λ_1^*,使得 $\lambda_0^* \, \nabla f(0) = \lambda_1^* \, \nabla g(0)$ 成立。 $\lambda_0^* = 0$ 意味着 $\nabla f(0)$ 不是 $\nabla g(0)$ 正的倍数,也就是说,在斯莱特的例子中,KKT 条件所要求的条件不可能被满足。

KKT 必要条件是弗里茨·约翰必要条件在 $\lambda_0 = 1$ 时的特殊情况,所以完全有理由猜测:既然我们用福科什引理来证明 KKT 定理,那么,就一定要用福科什引理去证明弗里茨·约翰定理。事实并非如此,我们将用戈丹引理来进行证明。在研究以下证明之前,我们可能需要花几分钟的时间复习一下戈丹引理。

弗里茨·约翰定理的证明: 如果 $k = 0$,那么 $x = x^*$ 处没有限制性约束条件,也就是说, $I(x^*) = \varnothing$,且 $x = x^*$ 在 C 的内部。很明显,一定会有 $\nabla f(x^*) = \underline{0}$。

假设 $1 \leqslant k \leqslant m$,在不失一般性的情况下,用 $j = 1, \cdots, k$ 来表示限制性约束条件的编号, $I(x^*) = \{1, \cdots, k\}$。假设不存在非负且不全为零的 $\lambda_0^*, \lambda_1^*, \cdots, \lambda_k^*$,满足:

$$\lambda_0^* \, \nabla f(x^*) + \lambda_1^* (-\nabla g_1(x^*)) + \cdots + \lambda_k^* (-\nabla g_k(x^*)) = \underline{0} \tag{8.13}$$

那么,戈丹引理的命题(1)是错的,由戈丹引理的命题(2)可知,存在一个 Δx,满足:

$$\nabla f(x^*) \cdot \Delta x > 0, \ -\nabla g_1(x^*) \cdot \Delta x > 0, \ \cdots, \ -\nabla g_k(x^*) \cdot \Delta x > 0 \tag{8.14}$$

即

$$\nabla f(x^*) \cdot \Delta x > 0, \ \nabla g_1(x^*) \cdot \Delta x < 0, \ \cdots, \ \nabla g_k(x^*) \cdot \Delta x < 0 \tag{8.15}$$

这也说明,对于足够小的 Δx,在 x^* 附近存在一个位于可行集中的可行点 $(x^* + \Delta x)$,且满足 $f(x^* + \Delta x) > f(x^*)$。由于 x^* 是局部最优解,所以一定会存在非负且不全为零的 $\lambda_0^*, \lambda_1^*, \cdots, \lambda_k^*$,使得:

$$\lambda_0^* \, \nabla f(x^*) = \lambda_1^* \, \nabla g_1(x^*) + \cdots + \lambda_k^* \, \nabla g_k(x^*) \tag{8.16}$$

再令 $\lambda_{k+1}^* = \cdots = \lambda_m^* = 0$。此时,式(8.11)和式(8.12)都是成立的。

证明中有一个容易被忽略的细节:式(8.15)中的不等式 $\nabla g_j(x^*) \cdot \Delta x < 0$ 是严格不等式,而不是弱不等式。所以该证明依赖于 x^* 附近的位于可行集内部的点 $(x^* + \Delta x)$ 的存在,即因为 $\nabla g_j(x^*) \cdot \Delta x < 0$ 而使 $g_j(x^* + \Delta x) = g_j(x^*) + \nabla g_j(x^*) \cdot \Delta x = b_j +$

$\nabla g_j(x^*) \cdot \Delta x < b_j$（注意：是$<b_j$而不是$\leq b_j$）成立的附近点$x^*+\Delta x$。要使这样的附近点存在，可行集必须要有一个非空的内部，这就要求在x^*处的约束都不是等式约束。这也就是约翰的论文题目是《以不等式为辅助条件的极值问题》的原因。即使有约束的最优化问题在局部最优解处只有一个等式约束，弗里茨·约翰必要条件也不适用。

KKT 定理适用于具有等式约束和不等式约束的混合问题，所以，KKT 定理在这方面比弗里茨·约翰定理更具有一般性。但 KKT 定理只能用于可行集满足约束规范性条件时的情况，而弗里茨·约翰定理在这方面更具有一般性。这是因为 KKT 定理的证明过程用到福科什引理，但只有在可行解处满足约束规范性条件的情况下，福科什引理才能被用来推出 KKT 一阶必要条件在某个可行点处成立。我将在下一节对此进行详细解释。

8.6 约束规范性条件与福科什引理

在证明 KKT 必要定理时我留下了一个问题，现在是时候对它进行解释了。我在证明时说："可行集 $\mathcal{C}$ 满足一个约束规范性条件，可以使用福科什引理。"请再重新审视这个表述，确保你知道它表达的是什么意思。这段话告诉你只有满足约束规范性条件时才能运用该引理了吗？没有。那为什么会要求在使用该引理前要确保约束规范性条件被满足呢？

答案不在于福科什引理，而在于有约束的最优化问题。KKT 定理旨在说明，如果$x=x^*$是f在x^*附近的所有可行点中的一个最大值点，那么 KKT 条件（8.5）必然被满足。但是，正如我们所看到的，该条件并不总被满足，尤其是当$x=x^*$为可行集 $\mathcal{C}$ 中的一个不规则点时。这与福科什引理有什么关系呢？

现在我们假设最优解x^*是一个尖点，如图 8.6 所示。因为两个限制性约束的梯度向量是负线性相关的，满足$\nabla g_1(x^*)\cdot\Delta x\leq 0$和$\nabla g_2(x^*)\cdot\Delta x\leq 0$的$x^*$的微小变化$\Delta x$的集合为$H=\{\Delta x\,|\,\nabla g_1(x^*)\cdot\Delta x\leq 0,\ \nabla g_2(x^*)\cdot\Delta x\leq 0\}$。这个集合是一个经过了原点的超平面。超平面中的微小变化Δx形成了包括点$x^*+\Delta x$的直线区域，如图中的虚线所示。在直线区域中，有一些点，比如$(x^*+\Delta x')$，位于可行集的内部，也有一些点，比如$(x^*+\Delta x'')$，位于可行集的外部。由于

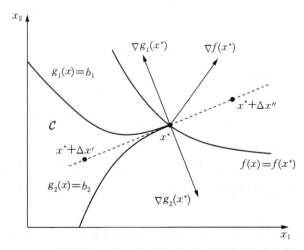

图 8.6 可行集在最优解处有一个尖点，福科什的第二个命题是正确的

$$\nabla g_1(x^*) \cdot \Delta x''=0, \quad \nabla g_2(x^*) \cdot \Delta x''=0, \quad \nabla f(x^*)\Delta x''>0$$

所以,我们至少找到了一个满足福科什引理的命题(2)[$a^1=-\nabla g_1(x^*)$, $a^2=-\nabla g_2(x^*)$, $b=-\nabla f(x^*)$]的 Δx 值。因为命题(1)是错误的,而我们正是用命题(1)来证明 KKT 必要最优条件的,所以为了证明 KKT 结论,我们必须把问题限定为命题(2)不成立时的那些有约束的最优化问题,这些最优化问题正是最优解为规则点的那些最优化问题。比较好的做法是,我们只考虑可行集中的局部最优解不是尖点的那些问题。而约束规范性条件能告诉我们哪些是这种问题。

8.7 特定的约束规范性条件

约束规范性条件有很多种,本书只介绍其中有代表性的几个。只要你理解了约束规范性条件的作用,就可以放心地跳过本节。但是,了解下文介绍的几个约束规范性条件是有好处的,因为经济学家们经常要用到它们。

斯莱特约束规范性条件:有约束的最优化问题的可行集 C 是 E^n 上的紧凸集,且内部非空。

图 8.1 和图 8.4 展示的是这样的可行集,而图 8.6 不是。可行集是内部非空的意味着,可行集既不是空集也不是单元素集(因而避免了斯莱特例子中的麻烦)。集合的凸性和非空内部意味着,这个集合中不可能存在尖点。下面所说的卡林约束规范性条件与斯莱特的条件是等价的,虽然乍一看并非如此。

卡林约束规范性条件:给定任意 $p \in \Re^m_+$, $p \neq \underline{0}$ 且 $\|p\|_E<\infty$,存在一个 $x' \in C$,使得 $p \cdot (b-g(x'))= \sum_{j=1}^m p_j(b_j-g_j(x'))>0$。

其实,不难看出为什么斯莱特和卡林的表述是等价的。图 8.7 和以下文字对此进行了阐述。在可行集 C 的边界上任取一点 $\hat{x}$,那么,至少有一个 $j \in \{1, \cdots, n\}$ 使 $g_j(\hat{x})=b_j$ 成立,而当 $k \in \{1, \cdots, n\}$ 且 $k \neq j$ 时,$g_k(\hat{x}) \leqslant b_k$ 成立。也存在一个法向量 $\hat{p}$,使得 $\hat{p} \cdot x = \hat{p} \cdot \hat{x}$ 在 $\hat{x}$ 处与 C 是相切的。因为 $p \in \Re^m_+$,$p \neq 0_m$,所以,在 $p_1, \cdots, p_m \geqslant 0$ 中至少有一个是严格大于零的。因此,$p \cdot (b-g(x')) \geqslant 0$。卡林必要条件是 C 的内部一定存在另一个点 x',对每个 $j=1, \cdots, m$,$g_j(x')<b_j$,$p \cdot (b-g(x'))>0$。这其实也就是斯莱特条件所要求的 C 是内部非空的。为什么卡林条件还确保了 C 是一个凸集呢?因为它要求 C 的所有内部点都位于超平面的下半空间中,该超平面与可行集 C 是相切的(支撑 C)。换句话说,C 的内部一定是所有这样的下半空间的交集。半空间是凸集,它们的交集也是凸集。斯莱特必要条件的其他要求如图 8.7 所示。

由于我们真正需要的是保证在点 $x=x^*$ 处约束限制性条件的梯度向量之间是线性无关的,所以我们可以直接通过规定这一点来构造一个约束规范性条件,这也就是秩约束规范性条件。

秩约束规范性条件:如果在 $\hat{x}$ 处的限制性约束的个数是 $k \geqslant 1$,那么由在 $\hat{x}$ 处的所有限制性约束的梯度向量所构成的雅可比矩阵的秩为 k。

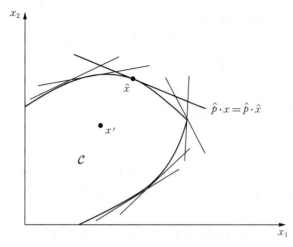

图 8.7　斯莱特/卡林约束规范性条件

雅可比矩阵经常被简写为：

$$J(\hat{x}) = (\nabla g_j(\hat{x}))_{j \in I(\hat{x})}$$

考虑一个由 5 个变量 $x_1, \cdots, x_5$ 和 4 个约束条件(用 $j = 1, 2, 3, 4$ 表示)构成的最优化问题。假设第 4 个约束条件在 $x = \hat{x}$ 处是松弛的，那么，限制性约束的编号集合为 $I(\hat{x}) = \{1, 2, 3\}$，雅可比矩阵为：

$$J(\hat{x}) = \begin{pmatrix} \nabla g_1(x) \\ \nabla g_2(x) \\ \nabla g_3(x) \end{pmatrix}\Bigg|_{x=\hat{x}} = \begin{pmatrix} \dfrac{\partial g_1(x)}{\partial x_1} & \dfrac{\partial g_1(x)}{\partial x_2} & \dfrac{\partial g_1(x)}{\partial x_3} & \dfrac{\partial g_1(x)}{\partial x_4} & \dfrac{\partial g_1(x)}{\partial x_5} \\ \dfrac{\partial g_2(x)}{\partial x_1} & \dfrac{\partial g_2(x)}{\partial x_2} & \dfrac{\partial g_2(x)}{\partial x_3} & \dfrac{\partial g_2(x)}{\partial x_4} & \dfrac{\partial g_2(x)}{\partial x_5} \\ \dfrac{\partial g_3(x)}{\partial x_1} & \dfrac{\partial g_3(x)}{\partial x_2} & \dfrac{\partial g_3(x)}{\partial x_3} & \dfrac{\partial g_3(x)}{\partial x_4} & \dfrac{\partial g_3(x)}{\partial x_5} \end{pmatrix}\Bigg|_{x=\hat{x}}$$

其中每个微分都是在 $x = \hat{x}$ 处进行计算的。这个矩阵的秩最大为 3。假设 $\hat{x}$ 是一个尖点，那么，$\nabla g_j(\hat{x})(j = 1, 2, 3)$ 中至少有两个梯度向量是共线的，也就是线性相关的，所以 $J(\hat{x})$ 的秩最大为 2，而不是 3。相反，假设 $J(\hat{x})$ 的秩为 3，那么，所有的梯度向量都是线性无关的，故 $\hat{x}$ 不是尖点。再回顾一下图 8.6，图中 $x = \hat{x}$ 是一个尖点，可以发现：

$$I(x^*) = \{1, 2\}, \quad J(x^*) = \begin{vmatrix} \dfrac{\partial g_1(x)}{\partial x_1} & \dfrac{\partial g_1(x)}{\partial x_2} \\ \dfrac{\partial g_2(x)}{\partial x_1} & \dfrac{\partial g_2(x)}{\partial x_2} \end{vmatrix}\Bigg|_{x=x^*}, \text{秩 } J(x^*) = 1 < 2$$

我多么希望我可以告诉你所有的约束规范性条件都和以上 3 个一样容易理解，但不幸的是，有些约束规范性条件就没那么简单易懂了。其中，非常重要且完全不能被忽视的一个就是库恩-塔克约束规范性条件(Kuhn-Tucker Constraint Qualitification)，它通常被简写为 KTCQ。为了理解这个条件，我们首先要介绍约束方向(constrained direction)和约束路径(constrained path)这两个术语。然后，我将介绍 KTCQ，并借助一两张图来说明它的意思以及为什么满足条件的可行解是一个规则点。

定义 8.5（约束方向） 令 $x' \in \mathcal{C}$，用 $I(x')$ 表示限制性约束 $g_1(x) \leqslant b_1$，…，$g_m(x) \leqslant b_m$ 在 $x = x'$ 处的编号集合。如果 $\nabla g_j(x') \cdot \Delta x \leqslant 0 \ \forall j \in I(x')$，那么，向量 $\Delta x \in \Re^n$ 是始于 x' 的约束方向。

从 x' 开始的约束方向 Δx 所组成的集合是一个闭合的凸锥，我们将其表示为：

$$\mathrm{CD}(x') = \{ \Delta x \in \Re^n \mid \nabla g_j(x') \cdot \Delta x \leqslant 0, \ \forall j \in I(x') \}$$

图 8.8 中阴影部分表示了由这样的凸锥形成的所有点 $x' + \Delta x$。图 8.8 还说明，由约束方向的凸锥生成的点不都是位于该问题的可行集 $\mathcal{C}$ 的内部的。注意，当 x' 是一个规则的可行点时，点 $x' + \Delta x$ 的集合是"从 x' 指向 $\mathcal{C}$ 的内部"的。如果 x' 是一个不规则的可行点，或许是一个尖点，那么，约束方向的集合仍然是一个封闭的锥，但形状有很大差异。图 8.9 展示了 x' 为尖点时的锥。有一点需要特别注意的是，在这种情况下，凸锥是一个超平面，它包含了 x' 附近的点，这些点有的在 $\mathcal{C}$ 内，有的在 $\mathcal{C}$ 外。

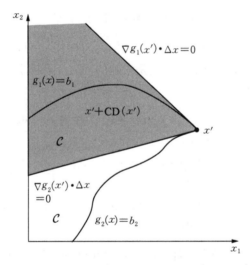

图 8.8 规则点 $x = x'$ 处的仿射闭凸集 $x' + \mathrm{CD}(x')$

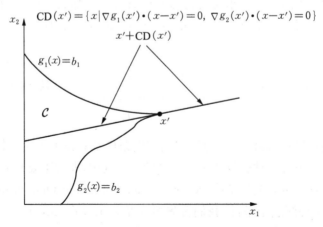

图 8.9 尖点 $x = x'$ 处的仿射闭凸集 $x' + \mathrm{CD}(x')$

你还记得斯莱特的例子吗？在这个例子中，可行集只有一个元素。在这种情况下，约束方向的闭合凸锥是什么呢？再看看图 8.8，这次假设两个约束是等式约束，也就是说，假设约束分别为 $g_1(x_1,x_2)=b_1$ 和 $g_2(x_1,x_2)=b_2$。那么，可行集是单元素集 $\{x'\}$。现在的集合 $x'+\mathrm{CD}(x')$ 是什么呢？我将给你一个提示。请回头再看看定义 8.5。一个变化 Δx 不一定会使 $x'+\Delta x$ 成为可行点。图 8.8 中的哪一部分是集合 $x'+\mathrm{CD}(x')$ 呢？

答案见图 8.8，集合 $x'+\mathrm{CD}(x')$ 如图所示。将可行集变为单元素集并不改变凸锥的位置，因为点 $x'+\Delta x$ 可以不是可行点。

现在来看看我们需要知道的第二个概念，即约束路径。

定义 8.6（约束路径） 令 $x'\in\mathcal{C}$，$\Delta x\in\mathfrak{R}^n$，且 $\Delta x\neq\underline{0}$。由 x' 出发且方向为 Δx 的一个约束路径是函数 $h:[0,1)\mapsto\mathfrak{R}^n$，该函数是一阶连续可微的，且具有以下性质：

(1) $h(0)=x'$；

(2) $h'(0)=\alpha\Delta x$，其中，标量 $\alpha>0$；

(3) 对所有 $t\in[0,1)$，都有 $h(t)\in\mathcal{C}$。

由 x' 出发且方向为 Δx 的约束路径是始于 $x=x'$ 的平滑（因为它可微）曲线，它被完全包含于 $\mathcal{C}$ 中，且在 x' 处与向量 Δx 相切。对于给定的 x' 和 Δx，这样的路径可以有很多条。图 8.10 展示了两条约束路径：$h^1(t)$ 和 $h^2(t)$。

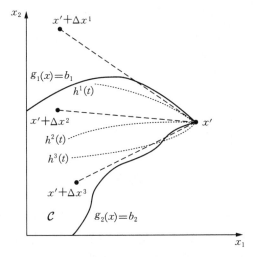

图 8.10 h^1 和 h^2 都是始于 $x=x'$ 的约束路径，h^3 则不是

请注意，虽然 $x'\in\mathcal{C}$，但有些点 $x=x'+\alpha\Delta x$ 可能不位于 $\mathcal{C}$ 内，图 8.10 中就有这样一个例子，即 $x=x'+\Delta x^1\notin\mathcal{C}$。然而，路径 $h^1(t)$ 是完全位于 $\mathcal{C}$ 内的，它收敛于 $x=x'$，并在收敛于 x' 时与从 x' 到 $(x'+\Delta x^1)$ 的直线相切，因此曲线 $h^1(t)$ 是一条始于 x' 且方向为 Δx^1 的约束路径。同样，路径 $h^2(t)$ 是完全位于 $\mathcal{C}$ 内的，也收敛于 $x=x'$，并在收敛于 x' 时与从 x' 到 $(x'+\Delta x^2)$ 的直线相切，因此曲线 $h^2(t)$ 也是一条始于 x' 且方向为 Δx^2 的约束路径。曲线 $h^3(t)$ 不是约束路径，因为它沿着方向 Δx^3 接近 x' 时，为了与从 x' 到 $(x'+\Delta x^3)$ 的直线相切，有一部分曲线位于 $\mathcal{C}$ 的外部。要清楚的是，在给定 t 值时，约束路径 h 的值是 $\mathfrak{R}^n$ 中的一个向量。也就是说，$h(t)=(h_1(t),\cdots,h_n(t))$，其中，$h_1(t),\cdots,h_n(t)$ 都是实数。

举个例子,在图 8.10 中,$n=2$,$h^1(0)=x'=(x'_1,x'_2)$且对 $0<t<1$,$h^1(t)=(h^1_1(t),h^2_2(t))$是直线 $h^1(t)$上的点(x_1,x_2)。现在我们终于可以开始学习 KTCQ 了。

卡恩-塔克约束规范性条件(KTCQ): 令 $x'\in\mathcal{C}$ 是使得约束 $g_1(x)\leqslant b_1$,…,$g_m(x)\leqslant b_m$ 中至少有一个是限制性约束的点。用 $I(x')$ 表示这些在 $x=x'$ 处的限制性约束的编号集合。令 $\Delta x\in\mathfrak{R}^n$ 为始于 x' 的一个约束方向。那么,存在一个始于 x' 且方向为 Δx 的约束路径。

大多数人在读这段话时可能会觉得它非常晦涩难懂。但其实看两张图就能清楚地知道它要表达什么意思了。首先来看图 8.11。在图中,$x=x'$ 是一个规则点,限制性约束在 x' 处的编号集合为 $I(x')=\{1,2\}$。包含了所有始于 x' 的约束方向的闭合凸锥 CD(x') 与 x' 相加后得到了阴影区域 $x'+$CD(x')。从 $x'+$CD(x') 中任取一个点,比如$(x'+\Delta x^1)$或 $(x'+\Delta x^2)$,总会至少存在一个起始点为 x' 且方向为 Δx 的约束路径。因此,只要 x' 是一个规则的可行点,KTCQ 就一定会成立。

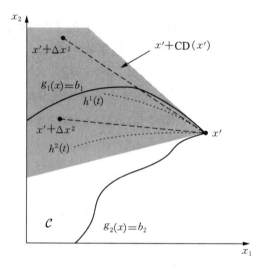

图 8.11 KTCQ 在 $x=x'$ 处成立

现在再来看图 8.12,图中的 x' 是一个尖点。约束方向的闭合凸锥是一个经过原点的超平面 CD$(x')=\{\Delta x\mid \boldsymbol{\nabla} g_1(x')\Delta x=0,\boldsymbol{\nabla} g_2(x')\Delta x=0\}$。集合 $x'+$CD(x') 是经过了 x' 的一条直线,包含类似于$(x'+\Delta\hat{x})$和$(x'+\Delta\tilde{x})$的那些点。

如果我们选择某一个约束方向,比如$\Delta\hat{x}$,使得$(x'+\Delta\hat{x})$在处于 $\mathcal{C}$ 的"内部"的直线 $x'+$CD(x')上。那么,我们总能找到至少一个约束路径,比如说 $\hat{h}(t)$,它的起点为 x' 且方向为 $\Delta\hat{x}$——如图所示。但是,如果我们选择某一个约束方向,比如$\Delta\tilde{x}$,使$(x'+\Delta\tilde{x})$在处于 $\mathcal{C}$ 的"外部"的直线 $x'+$CD(x')上,我们就找不到一条起点为 x' 且方向为 $\Delta\tilde{x}$ 的约束路径——如图中的曲线 $\tilde{h}(t)$所示。尽管这条平滑的(别忘了,它是可微的)曲线始于 $\mathcal{C}$ 的内部,但它最终一定会经过 $\mathcal{C}$ 的外部,以便从 $\Delta\tilde{x}$ 的方向接近 x'。因此,曲线 $\tilde{h}(t)$ 不是一个约束路径。通过要求从 x' 出发的每一个约束方向必须有至少一条约束路径,KTCQ 实际上要求了 x' 不是一个尖点。

我们再来看看斯莱特的例子,它的可行集是一个单元素集。它为什么不满足 KTCQ

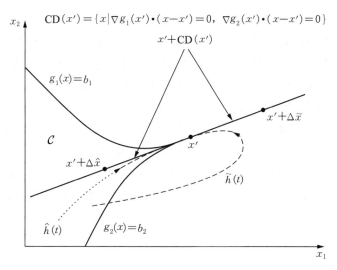

$$CD(x') = \{x \mid \nabla g_1(x') \cdot (x - x') = 0, \ \nabla g_2(x') \cdot (x - x') = 0\}$$

图 8.12　KTCQ 在 $x = x'$ 处不成立

呢? 再来看看定义 8.6。请注意,任何约束路径必须完全位于可行集 $\mathcal{C} = \{x'\}$ 之内,因此,对于所有的 $t \in [0, 1)$,都有 $h(t) \equiv x'$(也就是说 h 是固定不变的)。因此,它对所有 t 求导所得的导数都是 $\underline{0}$ 向量,包括当 $t = 0$ 时。因此,$h'(0) = \underline{0}$。定义 8.6 的第(2)部分要求,对于一个从 x' 出发的约束方向 $\Delta x \neq \underline{0}$ 和一个 $\alpha > 0$,有 $h'(0) = \alpha \Delta x$。但是,当 $h'(0) = \underline{0}$ 时,$h'(0) = \alpha \Delta x$ 是不可能成立的。因此,KTCQ 实际上要求可行集不能是单元素集。

正如我之前所说的,本节所讨论的几个约束规范性条件是众多约束规范性条件中的一部分,我之所以选择上面那些条件是因为它们对经济学家非常有用。也许这里介绍的几种规范性条件不能满足你的需要,但不要灰心——还有很多其他的约束规范性条件,总有一个能满足你的需要。

8.8　小结

至此,我们对有约束的最优化问题的一阶最优条件的讨论就结束了。这章涵盖了很多内容,我们在处理各种细节时,很容易就会忘了要点是什么。因此,让我们花点时间回顾一下在本章所学到的东西,并为接下来要学的知识做好准备。

有一个重要观点:在经济学家们感兴趣的大多数有约束的最优化问题中,只有当目标函数在 x^* 处的梯度向量值被包含在由限制性约束函数的梯度向量在 x^* 处的值所形成的凸锥中时,可行点 x^* 才是局部最优点。这就是 KKT 和弗里茨·约翰一阶必要条件的含义。而对于每个约束条件,不管是否具有限制性,都必须满足另外一组条件,即互补松弛条件。所有的必要条件都必须在局部最优处成立,缺一不可,如果其中某一个必要条件在 x^* 处不成立,x^* 就不能是局部最优点。

我们还了解到,KKT 定理和弗里茨·约翰定理分别适用于不同类型的有约束的最优化问题。KKT 定理的优点在于,它适用于包括等式约束和/或不等式约束的混合约束的最优化问题。但其局限性是,当 KKT 必要条件不成立时,可行的最优点并不一定不存在。

我们提出要根据"约束条件中至少有一个成立"来判断不存在不规则点。KKT 定理只适用于没有不规则点的这类问题。弗里茨·约翰定理也有优点和局限性。其局限性是,该定理只适用于有不等式约束的最优化问题,而不适用于等式约束。其优点是,弗里茨·约翰的必要条件在任何可行点上(无管它是否是不规则点)都适用。因此,这两个定理是相互补充的,两者都不是对方的特例。

我们在本章中所介绍方法都有一个明显的不足。我们所找到的一阶局部最优条件也适用于非局部最大值点(例如局部最小值点),因此,我们还需要找到一种方法来区分局部最大值点和非局部最大值点,如果它们都满足一阶必要条件。这就是第 10 章要讨论的核心问题。第 10 章所介绍的思想将大量地使用拉格朗日函数,因此,我将在第 9 章介绍这些函数以及应用。

8.9　习题

习题 8.1　下面是一个有约束的最优化问题:

$$\max_{x_1, x_2} f(x_1, x_2) = 4x_1 + x_2$$

s.t. $\quad g_1(x_1, x_2) = -2 - 2x_1 + \dfrac{(x_1 - 20)^3}{500} + x_2 \leqslant 0, \ g_2(x_1, x_2) = 2x_1 - x_2 \leqslant 0,$

$\quad g_3(x_1, x_2) = -x_1 \leqslant 0, \ g_4(x_1, x_2) = -x_2 \leqslant 0$

(1) 请用 KKT 必要条件来求解。提示:全局最优解为 $x^* = (x_1^*, x_2^*) = (30, 60)$。

(2) 请用弗里茨·约翰必要条件来求解。

(3) 第(1)问和第(2)问使用的方法不同,它们的结果有区别吗?

(4) 请画出可行集,并证明:点 $x^* = (30, 60)$ 是一个规则点;目标函数在点 $x^* = (30, 60)$ 处的梯度向量 $\nabla f(x^*) = (4, 1)$ 被包含在该点处限制性约束函数的梯度向量 $\nabla g_1(x^*) = (-7/5, 1)$ 和 $\nabla g_2(x^*) = (2, -1)$ 所形成的凸锥内。

(5) 该有约束的最优化问题的可行集满足斯莱特/卡林约束规范性条件吗? 可行解 $(x_1, x_2) = (30, 60)$ 满足秩约束规范性条件吗?

习题 8.2　下面的问题与习题 8.1 的问题基本相同,只是对约束函数 g_1 稍微做了点改变:

$$\max_{x_1, x_2} f(x_1, x_2) = 4x_1 + x_2$$

s.t. $\quad g_1(x_1, x_2) = -2x_1 + \dfrac{(x_1 - 20)^3}{500} + x_2 \leqslant 0, \ g_2(x_1, x_2) = 2x_1 - x_2 \leqslant 0,$

$\quad g_3(x_1, x_2) = -x_1 \leqslant 0, \ g_4(x_1, x_2) = -x_2 \leqslant 0$

(1) 请用 KKT 必要条件求解。提示:全局最优解为 $x^* = (x_1^*, x_2^*) = (20, 40)$。

(2) 请用弗里茨·约翰必要条件求解。

(3) 第(1)问和第(2)问使用的方法不同,它们的结果有区别吗?

(4) 请画出可行集,并证明:点 $x^* = (20, 40)$ 是一个规则点;目标函数在点 $x^* =$

(20，40)处的梯度向量 $\nabla f(x^*) = (4，1)$ 不被包含在该点处限制性约束函数的梯度向量 $\nabla g_1(x^*) = (-2，1)$ 和 $\nabla g_2(x^*) = (2，-1)$ 所形成的凸锥内。

(5) 该有约束的最优化问题的可行集满足斯莱特/卡林约束规范性条件吗？可行解 $(x_1，x_2) = (20，40)$ 满足秩约束规范性条件吗？

习题 8.3 下面是另一个有约束的最优化问题：

$$\max_{x_1，x_2} f(x_1，x_2) = -4(x_1 - 2)^2 + x_2$$

s.t. $g_1(x_1，x_2) = (x_1 - 2)^3 + x_2 \leqslant 8$，$g_2(x_1，x_2) = (x_1 - 2)^3 - x_2 \leqslant -8$，

$g_3(x_1，x_2) = -x_1 \leqslant 0$，$g_4(x_1，x_2) = -x_2 \leqslant 0$

(1) 请用 KKT 必要条件求解。提示：全局最优解为 $x^* = (x_1^*，x_2^*) = (2，8)$。画出包含点 (2，8) 的可行集和目标函数的等值集。

(2) 在这个问题中，虽然全局最优解是一个尖点，但 KKT 必要条件仍然适用，为什么？请在你的可行集图形中画出点 (2，8) 处目标函数的梯度向量和两个限制性约束的梯度向量，你发现了什么？

(3) 请用弗里茨·约翰必要条件求解。

习题 8.4 考虑一个有约束的最优化问题：

$$\max_{x \in \mathcal{C}} f(x)，其中 \mathcal{C} = \{x \in \mathfrak{R}^n \mid g_j(x) \leqslant b_j，j = 1，\cdots，m\}$$

f，g_1，$\cdots$，g_m 都是定义在 $\mathfrak{R}^n$ 上的函数，该问题的局部最优解用 x^* 来表示。

(1) 在 x^* 处满足约束规范性条件是该问题有局部最优解 x^* 的必要条件吗？请做出判断和解释。

(2) 在 x^* 处满足约束规范性条件是该问题有局部最优解 x^* 的充分条件吗？请做出判断和解释。

(3) 在 x^* 处满足约束规范性条件是 KKT 必要条件适用的必要条件吗？请做出判断和解释。

(4) 在 x^* 处满足约束规范性条件是 KKT 必要条件适用的充分条件吗？请做出判断和解释。

习题 8.5 考虑以下有约束的最优化问题：

$$\max_{x_1，x_2} f(x_1，x_2) = +\sqrt{x_1} + x_2$$

s.t. $g_1(x_1，x_2) = x_1^2 + x_2^2 \leqslant 16$，$g_2(x_1，x_2) = x_1 + x_2 \leqslant 5$，

$g_3(x_1，x_2) = -x_1 \leqslant 0$，$g_4(x_1，x_2) = -x_2 \leqslant 0$

注意：计算 f 时只取 x_1 平方根的正值。

(1) 请画出可行集

$$\mathcal{C} = \{(x_1，x_2) \mid x_1 \geqslant 0，x_2 \geqslant 0，x_1^2 + x_2^2 \leqslant 16，x_1 + x_2 \leqslant 5\}$$

的图形。

(2) $\mathcal{C}$ 具有哪些性质？

(3) 该有约束的最优化问题一定有最优解吗?

(4) 请在你的图中加上目标函数的一个等值集。

(5) 请用 KKT 必要条件找出 f 在 $\mathcal{C}$ 上可能的局部最大值点。

习题 8.6 考虑以下有约束的最优化问题:

$$\max_{x_1, x_2} f(x_1, x_2) = x_1^2 - \frac{33}{4} x_1 + 21 + x_2$$

s.t. $\quad g_1(x_1, x_2) = -\sqrt{x_1} - x_2 \leqslant -6, \quad g_2(x_1, x_2) = x_1 + 4x_2 \leqslant 20,$

$\qquad g_3(x_1, x_2) = -x_1 \leqslant 0, \quad g_4(x_1, x_2) = -x_2 \leqslant 0$

(1) 请画出可行集的图形。

(2) 该问题的最优解为 $(x_1^*, x_2^*) = (4, 4)$。你能写出该点处的 KKT 必要条件吗?为什么?

习题 8.7 考虑以下有约束的最优化问题:

$$\max_{x_1, x_2} f(x_1, x_2) = x_1 + x_2$$

s.t. $\quad g_1(x_1, x_2) = (x_1 - 4)^2 + x_2 \leqslant 7, \quad g_2(x_1, x_2) = (x_1 - 5)^3 - 12x_2 \leqslant -60$

(1) 请画出可行集的图形。

(2) 请写出 KKT 必要条件和互补松弛条件。

(3) 请求出最优解。

8.10　答案

答案 8.1

(1) 如图 8.13 所示。在点 $x^* = (30, 60)$ 处,约束 g_3 和 g_4 是松弛的,约束 g_1 和 g_2 是有限制性的。目标函数和约束函数 g_1、g_2 的梯度向量为:

$$\nabla f(x) = (4, 1), \quad \nabla g_1(x) = \left(-2 + \frac{3(x_1 - 20)^2}{500}, 1\right), \quad \nabla g_2(x) = (2, -1)$$

把点 $x^* = (30, 60)$ 带入上式计算可知,这些梯度向量的值为:

$$\nabla f(x^*) = (4, 1), \quad \nabla g_1(x^*) = \left(-\frac{7}{5}, 1\right), \quad \nabla g_2(x^*) = (2, -1)$$

限制性约束的梯度向量 $\nabla g_1(x^*)$ 和 $\nabla g_2(x^*)$ 不共线,可行点 $x^* = (30, 60)$ 是规则点。于是,我们可以根据 KKT 一阶必要条件写出:

$$(4, 1) = \lambda_1 \left(-\frac{7}{5}, 1\right) + \lambda_2 (2, -1) \Rightarrow \lambda_1^* = 10, \lambda_2^* = 9$$

λ_1^* 和 λ_2^* 的值都是非负数且至少有一个是严格大于零的。

(2) 弗里茨·约翰一阶必要条件为:

$$\lambda_0(4,1) = \lambda_1\left(-\frac{7}{5},1\right) + \lambda_2(2,-1) \Rightarrow \lambda_1^* = 10\lambda_0,\ \lambda_2^* = 9\lambda_0$$

很明显,存在无数个正的 λ_0 使 λ_1^* 和 λ_2^* 的值也同时为正。

(3)KKT 方法要求目标函数的乘数 $\lambda_0 = 1$,而在弗里茨·约翰方法中,λ_0 可以被指定为任意的正值,其他的乘数也由 λ_0 的值决定。

(4)见图 8.13。

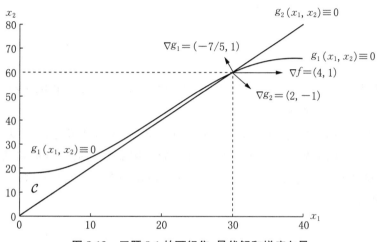

图 8.13 习题 8.1 的可行集、最优解和梯度向量

(5)可行集 $\mathcal{C}$ 的内部非空,但不是一个凸集,该问题的可行集不满足斯莱特/卡林约束规范性条件。由点 $(x_1,x_2) = (30,60)$ 处限制性约束的梯度向量值所计算出的雅可比矩阵为:

$$J_g(30,60) = \begin{bmatrix} \boldsymbol{\nabla} g_1(x_1,x_2) \\ \boldsymbol{\nabla} g_2(x_1,x_2) \end{bmatrix}\Bigg|_{(x_1,x_2)=(30,60)} = \begin{bmatrix} -7/5 & 1 \\ 2 & -1 \end{bmatrix}$$

该矩阵的行向量是线性无关的,也就是说,该矩阵的秩为 2,与点 $(30,60)$ 处的约束个数相等。$(30,60)$ 处满足秩约束规范性条件,这也证明了 $(x_1,x_2) = (30,60)$ 是一个规则的可行解。 □

答案 8.2

(1)如图 8.14 所示。在点 $x^* = (20,40)$ 处,约束 g_3 和 g_4 是松弛的,g_1 和 g_2 是有限制性的。目标函数和约束函数 g_1 和 g_2 的梯度向量为:

$$\boldsymbol{\nabla} f(x) = (4,1),\quad \boldsymbol{\nabla} g_1(x) = \left(-2 + \frac{3(x_1-20)^2}{500},1\right),\quad \boldsymbol{\nabla} g_2(x) = (2,-1)$$

把点 $x^* = (20,40)$ 带入上式计算可知,这些梯度向量的值分别为:

$$\boldsymbol{\nabla} f(x^*) = (4,1),\quad \boldsymbol{\nabla} g_1(x^*) = (-2,1),\quad \boldsymbol{\nabla} g_2(x^*) = (2,-1)$$

限制性约束的梯度 $\boldsymbol{\nabla} g_1(x^*)$ 和 $\boldsymbol{\nabla} g_2(x^*)$ 是负向共线的,所以可行点 $x^* = (20,40)$ 是不规则点(实际上就是尖点)。因此,我们可以根据 KKT 一阶必要条件写出:

$$(4,1)=\lambda_1(-2,1)+\lambda_2(2,-1)$$

即

$$4=-2\lambda_1+2\lambda_2, \quad 1=\lambda_1-\lambda_2$$

这两个方程是矛盾的,所以没有可以满足 KKT 必要条件的 λ_1^* 和 λ_2^*。

(2)弗里茨·约翰一阶必要条件是存在非负且不全为零的标量 λ_0、λ_1 和 λ_2 使得

$$\lambda_0(4,1)=\lambda_1(-2,1)+\lambda_2(2,-1) \Rightarrow \lambda_1^*=10\lambda_0, \quad \lambda_2^*=9\lambda_0$$

即

$$4\lambda_0=-2\lambda_1+2\lambda_2, \quad \lambda_0=\lambda_1-\lambda_2$$

该方程的解集为 $\lambda_0=0$,$\lambda_1=\lambda_2>0$(因为 λ_0、λ_1 和 λ_2 不全为 0)。弗里茨·约翰条件有无数个解,每个解中的 λ_0 都为 0。

(3)点 $x^*=(20,40)$ 处 KKT 必要条件不被满足,该条件要求(满足约束规范性条件) $x^*=(20,40)$ 处目标函数的梯度向量位于该点处的限制性约束梯度向量所形成的凸锥内,但本题不符合要求。由弗里茨·约翰必要条件解出的 $\lambda_0=0$ 说明了这一点。

(4)见图 8.14。

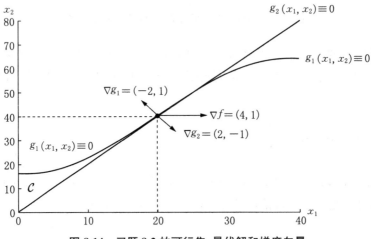

图 8.14 习题 8.2 的可行集、最优解和梯度向量

(5)可行集 $\mathcal{C}$ 的内部非空,但不是一个凸集,所以该问题的可行集不满足斯莱特/卡林约束规范性条件。由点 $(x_1,x_2)=(20,40)$ 处限制性约束的梯度向量值所计算出的雅可比矩阵为:

$$J_g(20,40)=\begin{bmatrix} \boldsymbol{\nabla}g_1(x_1,x_2) \\ \boldsymbol{\nabla}g_2(x_1,x_2) \end{bmatrix}\bigg|_{(x_1,x_2)=(20,40)}=\begin{bmatrix} -2 & 1 \\ 2 & -1 \end{bmatrix}$$

该矩阵的行向量是线性相关的,是彼此的 -1 倍,故该矩阵的秩为 1,小于 $(20,40)$ 处的约束个数 2,所以秩约束规范性条件在 $(20,40)$ 处不成立。 □

答案 8.3

(1) 如图 8.15 所示。在点 $x^* = (2, 8)$ 处,约束 g_3 和 g_4 是松弛的,约束 g_1 和 g_2 是有限制性的。图 8.15 展示了该问题的可行集。

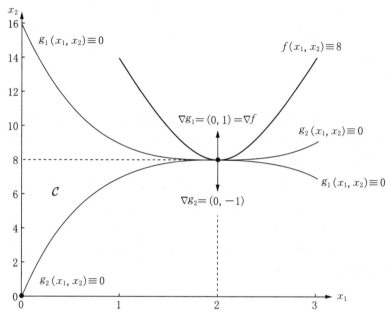

图 8.15　习题 8.3 的可行集、最优解和梯度向量

目标函数和约束函数 g_1 和 g_2 的梯度向量分别为:

$$\nabla f(x) = (-8(x_1 - 2), 1), \quad \nabla g_1(x) = (3(x_1 - 2)^2, 1), \quad \nabla g_2(x) = (3(x_1 - 2)^2, -1)$$

把点 $x^* = (2, 8)$ 带入上式计算可知,这些梯度向量的值分别为:

$$\nabla f(x^*) = (0, 1), \quad \nabla g_1(x^*) = (0, 1), \quad \nabla g_2(x^*) = (0, -1)$$

请注意,限制性约束的梯度 $\nabla g_1(x^*)$ 和 $\nabla g_2(x^*)$ 是负向共线的,KKT 一阶必要条件为:存在非负且不同时为零的 λ_1 和 λ_2,满足:

$$(0, 1) = \lambda_1(0, 1) + \lambda_2(0, -1)$$

该方程有很多解,其结构为 $(\lambda_1, \lambda_2) = (\lambda_1, \lambda_1 - 1)$,例如,$\lambda_1 = 2$,$\lambda_2 = 1$。这些 λ_1^* 和 λ_2^* 是非负的,且至少有一个值严格大于零。因此,即使可行点(也是局部最优值点)$(2, 8)$ 是一个尖点,KKT 必要条件也能被满足。这看起来似乎有些矛盾。但别忘了,任何约束规范性条件都是 KKT 必要条件在局部最优点处成立的充分条件,而不是必要条件。

(2) 两个限制性约束的梯度 $(0, 1)$ 和 $(0, -1)$ 在点 $(2, 8)$ 处是负向共线的,所以它们形成的凸锥是超平面 $\{(x_1, x_2) \mid x_1 = 0\}$。在该问题中,目标函数在 $(2, 8)$ 处的梯度向量恰好位于该超平面内,这就是 KKT 必要条件能被满足的原因。只有当目标函数的梯度向量不位于限制性约束的梯度向量所形成的凸锥内时,KKT 必要条件才不适用。

(3) 弗里茨·约翰一阶必要条件是存在非负且不全为零的标量 λ_0、λ_1 和 λ_2,使得

$$\lambda_0(0,1)=\lambda_1(0,1)+\lambda_2(0,-1)$$

存在无数个非负且不全为零的标量 λ_0、λ_1 和 λ_2 满足上述弗里茨·约翰条件,解的形式为 $(\lambda_0,\lambda_1,\lambda_2)=(\lambda_0,\lambda_1,\lambda_1-\lambda_0)$,其中,$\lambda_0\geqslant0$,$\lambda_1\geqslant\lambda_0$,比如 $(\lambda_0,\lambda_1,\lambda_2)=(1,2,1)$ 和 $(\lambda_0,\lambda_1,\lambda_2)=(0,1,0)$。请注意,即使 $(2,8)$ 是一个尖点,λ_0 也不一定为零。为什么呢? 只有当目标函数的梯度向量不位于限制性约束的梯度向量所形成的凸锥内时,λ_0 才为零。 但在此问题中,因为目标函数在 $(2,8)$ 处的梯度向量 $(0,1)$ 恰好位于限制性约束的梯度向量所形成的凸锥内,所以 λ_0 不一定为零。 □

答案 8.4

(1) 不是。约束规范性条件没有对有约束的最优化问题的最优解做出规定,它只涉及可行集的边界的形状。有约束的最优化问题的最优解的存在性与任何约束规范性条件都无关。唯一的麻烦在于,在不规则的可行点处,KKT 一阶必要条件不一定适用。

有些约束规范性条件对整个可行集施加了限制,比如斯莱特/卡林约束规范性条件。还有些约束规范性条件只对可行集中的某些特定点施加了限制,比如秩约束规范性条件。假设 C 包含了一个不规则点,但该点不是这个有约束的最优化问题的最大值点,那么,斯莱特/卡林约束规范性条件就派不上用场了,但秩约束规范性条件还是可以用的,所以 KKT 一阶必要条件在该点处也是适用的。

(2) 不是。考虑一个有约束的最优化问题:

$$\max_{x_1,x_2} f(x_1,x_2)=x_1+x_2 \quad \text{s.t.} \quad x_1\geqslant0,\ x_2\geqslant0$$

可行集 $C=\{(x_1,x_2)\mid x_1\geqslant0,\ x_2\geqslant0\}$,该集合只包含规则点,所以满足所有的约束规范性条件。即使如此,这个有约束的最优化问题没有一个最大值解,因为目标函数是严格递增的,而可行集没有上界。

(3) 不是。再次考虑问题 8.3,这个有约束的最优化问题的最优解是一个尖点,这个点不满足任何约束规范性条件,但是 KKT 一阶必要条件在该点处是适用的。关键是,任意一个约束规范性条件在局部最优解点处成立是判断局部最优解点是规则点的充分条件而不是必要条件,而在最优解点是规则点的情况下,KKT 一阶必要条件是适用的。

(4) 是的。根据定义,如果一个局部最优解点满足约束规范性条件,那么该点是规则点且 KKT 一阶必要条件在该点处是适用的。 □

答案 8.5

(1) $S_1=\{(x_2,x_2)\mid x_1^2+x_2^2\leqslant16\}$ 是以原点为圆心且以 4 为半径的圆。$S_2=\{(x_1,x_2)\mid x_1+x_2\leqslant5\}$ 是 $\mathfrak{R}^2$ 上法向量为 $(1,1)$、包含了点 $(0,5)$ 和 $(5,0)$ 的超空间平面的下半空间。$S_3=\{(x_1,x_2)\mid x_1\geqslant0\}$ 是 $\mathfrak{R}^2$ 上法向量为 $(1,0)$、包含了原点 $(0,0)$ 的超空间平面的上半空间。$S_4=\{(x_1,x_2)\mid x_2\geqslant0\}$ 是 $\mathfrak{R}^2$ 上法向量为 $(0,1)$、包含了原点 $(0,0)$ 的超空间平面的上半空间。可行集 $C=S_1\bigcap S_2\bigcap S_3\bigcap S_4$ 如图 8.16 中上图的阴影区域所示。

(2) 因为 $g_1(x_1,x_2)=x_1^2+x_2^2$ 在 $\mathfrak{R}^2$ 上连续,所以 S_1 是 E^2 上的闭集。同样,S_2、S_3 和 S_4 也是 E^2 上的闭集。因此,$C=S_1\bigcap S_2\bigcap S_3\bigcap S_4$ 是 E^2 上的闭集。

S_1 是严格凸集,S_2、S_3 和 S_4 是弱凸集,因此 $S_1\bigcap S_2\bigcap S_3\bigcap S_4$ 是(弱)凸集。

S_2、S_3 和 S_4 不是有界集,但 S_1 在 E^2 上有界,因此 $S_1 \cap S_2 \cap S_3 \cap S_4$ 在 E^2 上有界。因为 $\mathcal{C}$ 在 E^2 上既有界又是凸集,所以 $\mathcal{C}$ 是 E^2 上的紧集。

最后,很容易看出 $\mathcal{C}$ 不是空集,且内部非空。

(3) 是的。目标函数在整个可行集上都是连续的,且可行集是 E^2 上的非空紧集,由魏尔斯特拉斯定理可知,$\mathcal{C}$ 中一定至少存在一个元素使 f 取得最大值。

(4) 如果水平 $k=0$,那么目标函数的等值集就是只包含原点的单元素集。对于任意 $k>0$,目标函数的等值集为:

$$S(k) = \{(x_1, x_2) \mid +\sqrt{x_1} + x_2 = k,\ x_1 \geqslant 0,\ x_2 \geqslant 0\}$$

这个集合由 $\mathfrak{R}_+^2$ 上的曲线 $x_2 = k - \sqrt{x_1}$ 表示,很容易看出这个上等值集始终是 $\mathfrak{R}_+^2$ 上的弱凸子集,因此 f 是 $\mathfrak{R}_+^2$ 上的拟凹函数。图 8.16 中的下图展示了目标函数的两个等值集。

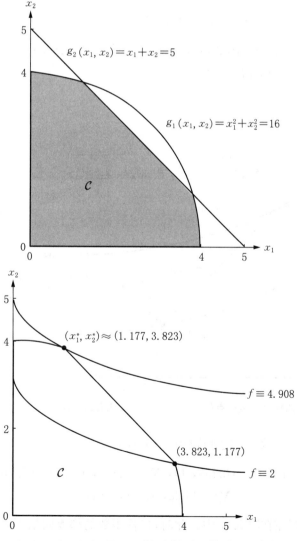

图 8.16 习题 8.5 的可行集和目标函数的两个等值集

（5）目标函数 f 和约束函数 g_1、g_2 的梯度向量分别为：

$$\nabla f(x_1, x_2) = \left(\frac{1}{2\sqrt{x_1}}, 1\right), \quad \nabla g_1(x_1, x_2) = (2x_1, 2x_2), \quad \nabla g_2(x_1, x_2) = (1, 1)$$

因为目标函数是随着 x_1 和 x_2 的变大而严格递增的,所以,首先要查看的可能的局部最大值点是约束 g_1 和 g_2 边界的交点。$x_1 + x_2 = 5$、$x_1^2 + x_2^2 = 16$ 的解为点 $(x_1, x_2) = ((5 - \sqrt{7})/2, (5 + \sqrt{7})/2) \approx (1.177, 3.823)$ 和点 $(x_1, x_2) = ((5 + \sqrt{7})/2, (5 - \sqrt{7})/2) \approx (3.823, 1.177)$。上述梯度向量在点 $(1.177, 3.823)$ 处的值分别为：

$$\nabla f(1.177, 3.823) = (0.461, 1), \quad \nabla g_1(1.177, 3.823) = (2.354, 7.646),$$
$$\nabla g_2(1.177, 3.823) = (1, 1)$$

图 8.17 中标出了这些梯度向量。由于目标函数的梯度向量被包含在由两个限制性约束的梯度向量所形成的凸锥内部,所以一定存在两个正数 λ_1 和 λ_2,使得

$$(0.461, 1) = \lambda_1(2.354, 7.646) + \lambda_2(1, 1)$$

解出 $\lambda_1 = 0.102$,$\lambda_2 = 0.221$。因此,点 $(x_1, x_2) = (1.177, 3.823)$ 满足 KKT 必要条件,该点有可能是 f 在 $\mathcal{C}$ 上的局部最大值点。

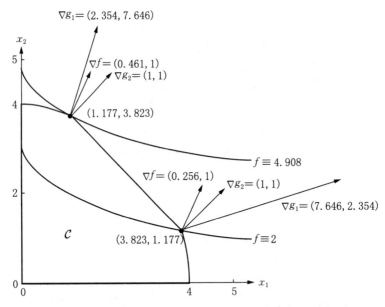

图 8.17 f、g_1 和 g_2 的梯度向量在点 $(x_1, x_2) = (1.177, 3.823)$ 和点 $(x_1, x_2) = (3.823, 1.177)$ 处的值

在点 $(3.823, 1.177)$ 处,上述梯度向量值分别为：

$$\nabla f(3.823, 1.177) = (0.256, 1), \quad \nabla g_1(3.823, 1.177) = (7.646, 2.354),$$
$$\nabla g_2(3.823, 1.177) = (1, 1)$$

这些梯度向量也被标注在图 8.17 中。此时,目标函数的梯度向量不位于由两个限制性约束的梯度向量所形成的凸锥内部,也就是说 KKT 必要条件在点 $(x_1, x_2) = (3.823,$

1.177)处不能成立,因此该点一定不是 f 在 $\mathcal{C}$ 上的局部最大值点。

我们如何确定点$(x_1, x_2)=(1.177, 3.823)$就是局部最大值点呢? 为什么它不是一个局部最小值点呢? 目标函数的上等值集是凸集,可行集 $\mathcal{C}$ 是凸集,再加上目标函数是严格递增的,上等值集在点$(1.177, 3.823)$处是局部严格凸的,故$(1.177, 3.823)$是一个局部最大值点,它也是 f 在 $\mathcal{C}$ 上唯一的局部最大值点。因此,$(x_1, x_2)=(1.177, 3.823)$是 f 在 $\mathcal{C}$ 上的全局最大值点。 □

答案 8.6

（1）如图 8.18 所示。可行集是单元素集 $\mathcal{C}=\{(4, 4)\}$。

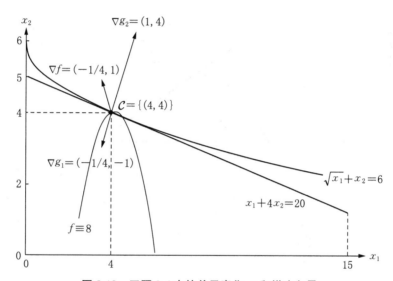

图 8.18　习题 8.6 中的单元素集 $\mathcal{C}$ 和梯度向量

（2）在点$(x_1, x_2)=(4, 4)$处,约束 g_1 和 g_2 是有限制性的,约束 g_3 和 g_4 是松弛的。目标函数 f 和约束函数 g_1、g_2 的梯度向量分别为:

$$\nabla f(x_1, x_2)=\left(2x_1-\frac{33}{4},\ 1\right),\ \nabla g_1(x_1, x_2)=\left(-\frac{1}{2\sqrt{x_1}},\ -1\right),\ \nabla g_2(x_1, x_2)=(1, 4)$$

在点$(x_1, x_2)=(4, 4)$处这些梯度向量的值分别为:

$$\nabla f(4, 4)=\left(-\frac{1}{4},\ 1\right),\ \nabla(4, 4)=\left(-\frac{1}{4},\ -1\right),\ \nabla g_2(4, 4)=(1, 4)$$

限制性约束的两个梯度向量之间是负向共线的,所以它们形成的凸锥是法向量为$(-4, 1)$且包含原点的超平面。目标函数的梯度向量$(-1/4, 1)$不被包含在该凸锥(超平面)内,所以 KKT 必要条件在点$(x_1, x_2)=(4, 4)$处不被满足。如果我们还是想用 KKT 必要条件来求解的话,就需要找到非负且不全为零的标量 λ_1 和 λ_2,使得:

$$\nabla f(4, 4)=\left(-\frac{1}{4},\ 1\right)=\lambda_1\nabla g_1(4, 4)+\lambda_2\nabla g_2(4, 4)=\lambda_1\left(-\frac{1}{4},\ -1\right)+\lambda_2(1, 4)$$

也就是求解

$$-\frac{1}{4}=-\frac{1}{4}\lambda_1+\lambda_2 \text{ 和 } 1=-\lambda_1+4\lambda_2$$

这两个方程矛盾,表明 KKT 条件在该问题的最优解处不存在。这就是斯莱特提出的一个例子,这也是为什么在证明 KKT 定理的过程中要假设问题的局部最大值附近存在可行集中的其他点。因为本题中的最优化问题不满足这个假设,所以 KKT 必要条件不适用。□

答案 8.7

(1) 图 8.19 画出了该最优化问题的可行集。最优解为 $(x_1^*, x_2^*)=(9/2, 27/4)$,$g_1$ 是在最优解处唯一的限制性约束。

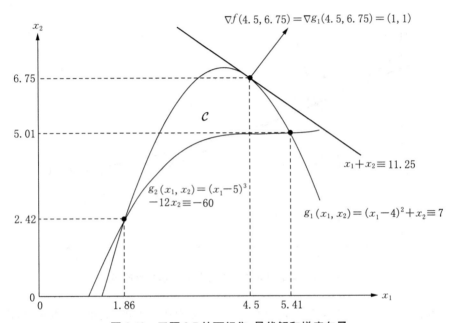

图 8.19 习题 8.7 的可行集、最优解和梯度向量

(2) 完整的一阶必要最大化条件包括了 KKT 条件和两个互补松弛条件。KKT 条件为:存在非负且不全为零的标量 λ_1 和 λ_2,在局部最大值点 (x_1, x_2) 处使得:

$$\nabla f(x_1, x_2)=\lambda_1 \nabla g_1(x_1, x_2)+\lambda_2 \nabla g_2(x_1, x_2)$$

即

$$(1, 1)=\lambda_1(2(x_1-4), 1)+\lambda_2(3(x_1-5)^2, -12) \tag{8.17}$$

互补松弛条件为:

$$\lambda_1(7-(x_1-4)^2-x_2)=0 \text{ 和 } \lambda_2(-60-(x_1-5)^3+12x_2)=0 \tag{8.18}$$

假设我们无法画出图 8.19,只能依靠式(8.17)和式(8.18)来确定局部最大值。我们该如何用这些方程求解呢? 有四种可能性。第一种可能性是两个约束都是松弛的,但是这样就没有意义了,因为目标函数是严格递增的,不可能存在局部最大值。

第二种可能性是两个约束都是有限制性的,为了找出局部最大值,我们需要找出同时满足以下两个方程的点：

$$(x_1-4)^2+x_2=7 \text{ 和} (x_1-5)^3-12x_2=-60$$

这个方程组有两个解：$(x_1, x_2)\approx(1.860, 2.420)$ 和 $(x_1, x_2)\approx(5.412, 5.006)$。我们需要检验这两个解中的至少一个是否满足 KKT 条件。

在点 $(x_1, x_2)=(1.860, 2.420)$ 处，KKT 条件 (8.17) 为：

$$(1, 1)=\lambda_1(-4.28, 1)+\lambda_2(29.6, -12)\Rightarrow\lambda_1=-1.91, \lambda_2=-0.243$$

因为 $\lambda_1<0, \lambda_2<0$，所以在 $(x_1, x_2)=(1.860, 2.420)$ 处，目标函数的梯度向量不位于由约束 1 和约束 2 的梯度向量所形成的凸锥内，因此 $(x_1, x_2)=(1.860, 2.420)$ 不是该有约束的最优化问题的局部最大值点。

在点 $(x_1, x_2)=(5.412, 5.006)$ 处，KKT 条件 (8.17) 为：

$$(1, 1)=\lambda_1(2.824, 1)+\lambda_2(0.509, -12)\Rightarrow\lambda_1=0.364, \lambda_2=-0.053$$

因为 $\lambda_2<0$，所以在 $(x_1, x_2)=(5.412, 5.006)$ 处，目标函数的梯度向量不位于由约束 1 和约束 2 的梯度向量所形成的凸锥内，因此 $(x_1, x_2)=(5.412, 5.006)$ 也不是该有约束的最优化问题的局部最大值点。

第三种可能性是只有 g_2 是限制性约束。如果是这样的话，那么 g_1 就是松弛的，λ_1 一定为 0。但由式 (8.17) 可以看出，$1=-12\lambda_2$ 一定成立，也就说明 λ_2 一定小于 0，这违背了 KKT 必要条件。

第四种可能性是，只有 g_1 是限制性约束，那么，g_2 是松弛的，$\lambda_2=0$。由式 (8.17) 可知 λ_1 一定为 1。现在，把 $\lambda_1=1$ 带入式 (8.17)，$1=2(x_1-4)$，故 $x_1=9/2$。因为 g_1 是限制性约束，所以

$$7=\left(\frac{9}{2}-4\right)^2+x_2\Rightarrow x_2=\frac{27}{4}$$

于是，我们求出了满足一阶必要条件的一个点——$(x_1, x_2)=(9/2, 27/4)$，它就是此问题的最优解。 □

▶9

拉格朗日函数

9.1 什么是拉格朗日函数？

在第 8 章讨论可微的有约束的最优化问题的一阶必要条件时，我们没有提到、也没使用拉格朗日函数。然而，很多关于解有约束的最优化问题的讨论在早期阶段就引入并大量使用了拉格朗日函数。对于解有约束的最优化问题来说，拉格朗日函数是必不可少的吗？显然不是，我们在上一章并没有用到它。但是，这样的函数必有其有用之处，否则，就不会有这么多人在讨论如何解决有约束的最优化问题时提到它。因此，让我们来了解拉格朗日函数的一些有价值的性质和用途。在第 10 章中，我们将看到，在推导和使用二阶必要条件时，拉格朗日函数非常有用。第 12 章和第 13 章则将介绍拉格朗日函数在比较静态分析中的作用。

伟大的数学家约瑟夫-路易斯·拉格朗日（Joseph-Louis Lagrange）于 1736 年出生在意大利都灵，原名为约瑟普·路吉·拉格朗日（Giuseppe Luigi Lagrange）。拉格朗日年轻时离开意大利到普鲁士生活和工作，在此期间他改了名字。最终，他搬到了法国，在那里他惊险地避开了与法国革命者的严重冲突。他于 1810 年去世，去世前不久获得了法国最高荣誉之一。

在本书中，我一直用小写字母，如 f 和 g 来表示函数，用大写字母，如 F 和 G 来表示集值映射。但我将用大写的 L 来表示拉格朗日函数，这是个例外，我保证我不会用 L 来表示拉格朗日函数以外的任何东西。为什么这样做呢？因为拉格朗日是一个专有名词（它是一个人的名字），而且，据我所知，在英语中每个专有名词都以大写字母开头。

定义 9.1（拉格朗日函数） 不等式约束的最优化问题

$$\max_{x_1, \cdots, x_n} f(x_1, \cdots, x_n) \quad \text{s.t.} \quad g_j(x_1, \cdots, x_n) \leqslant b_j, \ j=1, \cdots, m \quad (9.1)$$

的 KKT 拉格朗日函数是函数 $L: \Re^n \times \Re^m_+ \mapsto \Re$，其表达式为：

$$L(x_1, \cdots, x_n, \lambda_1, \cdots, \lambda_m) = f(x_1, \cdots, x_n) + \sum_{j=1}^{m} \lambda_j (b_j - g_j(x_1, \cdots, x_n)) \quad (9.2)$$

其中,$\lambda_1, \cdots, \lambda_m \geqslant 0$。

不等式约束的最优化问题(9.1)的弗里茨·约翰拉格朗日函数是函数$L: \Re^n \times \Re_+^{m+1} \longmapsto \Re$,其表达式为:

$$L(x_1, \cdots, x_n, \lambda_0, \lambda_1, \cdots, \lambda_m) = \lambda_0 f(x_1, \cdots, x_n) + \sum_{j=1}^m \lambda_j (b_j - g_j(x_1, \cdots, x_n))$$

(9.3)

其中,$\lambda_0, \lambda_1, \cdots, \lambda_m \geqslant 0$。

非负的标量变量$\lambda_0, \lambda_1, \cdots, \lambda_m$被称为拉格朗日乘数。请注意,在拉格朗日函数中,变量$x_1, \cdots, x_n$是不受约束的,函数定义域中"x的那部分"是整个$\Re^n$。与此相反,乘数$\lambda_0, \lambda_1, \cdots, \lambda_m$的值被限制为非负数(但是,在含有等式约束的最优化问题中乘数可以取负值)。拉格朗日函数L的某些性质继承了构成它的那些函数$f, g_1, \cdots, g_m$的性质。比如,如果这些构成函数对$x_1, \cdots, x_n$可微,那么L对$x_1, \cdots, x_n$也是可微的。

为了避免大量的重复,从现在开始,我们假设要讨论的问题都满足约束规范性条件,因此可以令$\lambda_0 = 1$,我们只讨论KKT拉格朗日函数。

直观来看,拉格朗日函数吸引人的地方在于它提供了一个写出KKT必要条件的简便方法。不幸的是,人们对拉格朗日函数的用途和性质的一些论断是错误的。我们必须弄清楚哪些说法是正确的,哪些说法是错误的。我们先从拉格朗日在1788年提出的以他的名字命名的函数开始讨论。

拉格朗日所感兴趣的问题是等式约束最优化问题,也就是形式为

$$\max_{x_1, \cdots, x_n} f(x_1, \cdots, x_n) \quad \text{s.t.} \quad g_j(x_1, \cdots, x_n) = b_j, \ j = 1, \cdots, k \qquad (9.4)$$

的问题。其中,$n > k$,且该问题满足一个约束规范性条件。这种问题的拉格朗日函数为:

$$L(x_1, \cdots, x_n, \lambda_1, \cdots, \lambda_k)$$
$$= f(x_1, \cdots, x_n) + \lambda_1(b_1 - g_1(x_1, \cdots, x_n)) + \cdots + \lambda_k(b_k - g_k(x_1, \cdots, x_n)) \quad (9.5)$$

这个方程的一阶导数为:

$$\frac{\partial L}{\partial x_1} = \frac{\partial f}{\partial x_1} - \lambda_1 \frac{\partial g_1}{\partial x_1} - \cdots - \lambda_k \frac{\partial g_k}{\partial x_1}$$
$$\vdots \qquad\qquad \vdots$$
$$\frac{\partial L}{\partial x_n} = \frac{\partial f}{\partial x_n} - \lambda_1 \frac{\partial g_1}{\partial x_n} - \cdots - \lambda_k \frac{\partial g_k}{\partial x_n}$$

(9.6)

$$\text{和} \frac{\partial L}{\partial \lambda_1} = b_1 - g_1(x_1, \cdots, x_n)$$
$$\vdots \qquad\qquad \vdots$$
$$\frac{\partial L}{\partial \lambda_k} = b_k - g_k(x_1, \cdots, x_n)$$

(9.7)

请注意,在式(9.7)中,任意可行点$(x_1, \cdots, x_n)$处(不一定是最优点)的偏导数的值都为零,因为问题(9.4)的约束条件是等式。现在假设$(x_1^*, \cdots, x_n^*)$是问题(9.4)的局部最大

值,那么根据 KKT 条件可知,式(9.6)中的 n 个偏导数的值也必然为零。因此,问题(9.4)的任意局部最优解必然是该问题的拉格朗日函数的临界点。

定理 9.1(拉格朗日定理)　如果$(x^*,\lambda^*)=(x_1^*,\cdots,x_n^*,\lambda_1^*,\cdots,\lambda_k^*)$是问题(9.4)的一个局部最优解,那么,$(x^*,\lambda^*)$是问题(9.4)的拉格朗日函数的临界点。

该定理并没有说明拉格朗日函数在(x^*,λ^*)处取得最大值还是最小值。实际上,这种说法本身就是错误的。该定理所表达的全部意思仅仅是拉格朗日函数在(x^*,λ^*)处的$n+k$个方向上的斜率必须全为零。

我们能将拉格朗日定理应用于不等式约束问题(9.1)吗? 可以,但要慎重。我们必须考虑到最优化问题中的某些约束条件在局部最优解处可能是松弛的。因此,假设(x^*,λ^*)是问题(9.1)的一个局部最优解,在该点处,m 个约束中有 k 个约束是限制性的,$k\in\{1,\cdots,m\}$。在不失一般性的情况下,假设 x^* 处的限制性约束的编号是 $j=1,\cdots,k$。于是,乘数为$(\lambda_1^*,\cdots,\lambda_k^*,\underbrace{0,\cdots,0}_{m-k\text{个}0})$时的不等式约束问题(9.1)的局部最优解$(x_1^*,\cdots,x_n^*)$就是乘数为$(\lambda_1^*,\cdots,\lambda_k^*)$时的等式约束问题(9.4)的局部最优解。拉格朗日定理正好是适用于这种等式约束问题的。

9.2　重新审视 KKT 条件

KKT 条件的另一种表述是:拉格朗日函数在 x-空间的梯度向量是 n 维的零向量,即

$$\nabla_x L(x,\lambda)=\left(\frac{\partial L}{\partial x_1},\cdots,\frac{\partial L}{\partial x_n}\right)=\left(\frac{\partial f}{\partial x_1}-\sum_{j=1}^m\lambda_j\frac{\partial g_i(x)}{\partial x_1},\cdots,\frac{\partial f}{\partial x_n}-\sum_{j=1}^m\lambda_j\frac{\partial g_j(x)}{\partial x_n}\right)=\underline{0}_n \quad(9.8)$$

这就是对 KKT 必要定理的重新表述。

定理 9.2(KKT 必要定理的重新表述)　考虑问题:

$$\max_{x\in\Re^n} f(x)\quad \text{s.t.}\quad g_j(x)\leqslant b_j,\ j=1,\cdots,m \quad(9.9)$$

其中,目标函数 f 和约束函数 $g_1,\cdots,g_m$ 都对 x 连续可微,可行集

$$\mathcal{C}=\{x\in\Re^n\,|\,g_j(x)\leqslant b_j\ \forall j=1,\cdots,m\}$$

是非空的。该问题的拉格朗日函数为:

$$L(x,\lambda)=f(x)+\lambda_1(b_1-g_1(x))+\cdots+\lambda_m(b_m-g_m(x))$$

令 x^* 为该问题的局部最优解,如果约束规范性条件在 x^* 处被满足,那么,存在非负且不全为零的 $\lambda_1^*,\cdots,\lambda_m^*$,使得:

$$\text{对所有}i=1,\cdots,n,\text{都有}\frac{\partial L(x;\lambda^*)}{\partial x_i}\Big|_{x=x^*}=0 \quad(9.10)$$

$$\text{以及对所有}j=1,\cdots,n,\text{都有}\lambda_j^*(b_j-g_j(x^*))=0 \quad(9.11)$$

式(9.10)的意思是,拉格朗日函数在 x 的任意临界点处,在 $x_1,\cdots,x_n$ 方向上的斜率都是零。但我们怎么知道这样的 x 是可行点呢? 互补松弛条件排除了不可行的 x 值,也

就是说,只有当 x^* 满足式(9.11)时,x^* 才是可行的。为什么呢?

假设在某个局部最优解 x^* 处至少有一个(假设是第一个)互补松弛条件是不成立的,那么,$\lambda_1^*(b_1 - g_1(x^*)) \neq 0$。我们假设 $\lambda_1^*(b_1 - g_1(x^*)) < 0$。因为 $\lambda_1^* \geqslant 0$,所以 $g_1(x^*) > b_1$,但这样的话 x^* 就不是可行解了。再假设 $\lambda_1^*(b_1 - g_1(x^*)) > 0$。于是,$\lambda_1^* > 0$,$g_1(x^*) < b_1$。但只有当 g_1 在 x^* 处是限制性约束时,$\lambda_1^* > 0$,与假设矛盾。

如果使用拉格朗日函数法求解有约束的最优化问题,我们需要写下一个拉格朗日函数,然后对其进行微分,最后推导出 KKT 条件和互补松弛条件。其实,这样做并没有让我们得到更多有价值的信息,还不如像第 8 章那样直接写下那些一阶必要条件。不过,至少有以下四个重要理由让我们考虑使用拉格朗日函数。第一,如果拉格朗日函数拥有一个特殊类型的鞍点,那么鞍点的"x 部分"就是这个有约束的最优化问题的全局解。第二,当考虑原始-对偶版本的有约束的最优化问题时,拉格朗日函数非常有用,我们将在第 12 章对此进行解释。第三,正如我们将在第 10 章看到的,拉格朗日函数简化了检查二阶必要条件的工作。第四,拉格朗日函数简化了关于有约束的最优化问题的最优解性质的某些比较静态分析的结果的推导,第 12 章和第 13 章会对此做出解释。

9.3 拉格朗日函数的鞍点

我们在第 2.19 小节讨论了鞍点,如果你没有看过这部分内容,或者已经忘记了它讲的是什么,你应该在阅读这一小节之前对它进行回顾。

因为问题(9.4)的拉格朗日函数有 $n+k$ 个变量,所以它可以有很多种鞍点 $(\hat{x}, \hat{\lambda}) = (\hat{x}_1, \cdots, \hat{x}_n, \hat{\lambda}_1, \cdots, \hat{\lambda}_k)$。其中一种鞍点非常有趣,当乘数的值被固定在 $\hat{\lambda}_1, \cdots, \hat{\lambda}_k$ 时,拉格朗日函数的值在点 $(\hat{x}_1, \cdots, \hat{x}_n)$ 处是最大的;当选择变量的值被固定在 $\hat{x}_1, \cdots, \hat{x}_n$ 时,拉格朗日函数的值在点 $(\hat{\lambda}_1, \cdots, \hat{\lambda}_k)$ 处是最小的。我们将这种鞍点称为"x-最大、λ-最小鞍点"。

定义 9.2(x-最大、λ-最小鞍点) 当且仅当对任意 $(x, \lambda) \in (\hat{x}, \hat{\lambda})$,都有

$$L^r(x_1, \cdots, x_n; \hat{\lambda}_1, \cdots, \hat{\lambda}_k) \leqslant L(\hat{x}_1, \cdots, \hat{x}_n, \hat{\lambda}_1, \cdots, \hat{\lambda}_k)$$
$$\leqslant L^r(\lambda_1, \cdots, \lambda_k; \hat{x}_1, \cdots, \hat{x}_n) \tag{9.12}$$

时,$(\hat{x}, \hat{\lambda}) = (\hat{x}_1, \cdots, \hat{x}_n, \hat{\lambda}_1, \cdots, \hat{\lambda}_k)$ 在邻域 $N(\hat{x}, \hat{\lambda}) \subset \mathfrak{R}^n \times \mathfrak{R}_+^k$ 内是拉格朗日函数(9.5)的局部 x-最大、λ-最小鞍点。

函数 $L^r(x; \hat{\lambda})$ 表示将乘数的值固定在 $\hat{\lambda}_1, \cdots, \hat{\lambda}_k$ 时的拉格朗日函数;函数 $L^r(\hat{x}; \lambda)$ 表示将选择变量的值固定在 $\hat{x}_1, \cdots, \hat{x}_n$ 时的拉格朗日函数。缩写 r 表示的是"受限的"。

另一种鞍点和这个很类似:当乘数的值被固定在 $\hat{\lambda}_1, \cdots, \hat{\lambda}_k$ 时,拉格朗日函数的值在点 $(\hat{x}_1, \cdots, \hat{x}_n)$ 处是最小的;当选择变量的值固定在 $\hat{x}_1, \cdots, \hat{x}_n$ 时,拉格朗日函数的值在点 $(\hat{\lambda}_1, \cdots, \hat{\lambda}_k)$ 处是最大的。我们将这种鞍点称为"x-最小、λ-最大鞍点"。

定义 9.3(x-最小、λ-最大鞍点) 当且仅当对任意 $(x, \lambda) \in (\hat{x}, \hat{\lambda})$,都有

$$L^r(x_1, \cdots, x_n; \hat{\lambda}_1, \cdots, \hat{\lambda}_k) \geqslant L(\hat{x}_1, \cdots, \hat{x}_n, \hat{\lambda}_1, \cdots, \hat{\lambda}_k)$$

$$\geqslant L^r(\lambda_1, \cdots, \lambda_k; \hat{x}_1, \cdots, \hat{x}_n) \tag{9.13}$$

时,$(\hat{x}, \hat{\lambda})=(\hat{x}_1, \cdots, \hat{x}_n, \hat{\lambda}_1, \cdots, \hat{\lambda}_k)$在邻域 $N(\hat{x}, \hat{\lambda}) \subset \Re^n \times \Re_+^k$ 内是拉格朗日函数 (9.5)的局部 x-最小、λ-最大鞍点。

在上述两个定义中,如果邻域是 $N(\hat{x}, \hat{\lambda})=\Re^n \times \Re_+^k$[也就是说,对所有 $x \in \Re^n$ 和 $\lambda \in \Re_+^k$,式(9.12)和式(9.13)都成立],那么,鞍点就是全局的鞍点。

我们来看看这两种鞍点的例子。考虑一个有约束最优化问题:使 $f(x)=+4\sqrt{x}$ 在 $x \in [0, 2]$ 上最大化。将该问题写成:

$$\max_x f(x)=+4\sqrt{x} \quad \text{s.t.} \quad g_1(x)=-x \leqslant 0, \ g_2(x)=x \leqslant 2 \tag{9.14}$$

全局最优解是 $x^*=2$,约束 g_1 在最优解处是松弛的,所以我们可以忽略它。约束 g_2 是最优解处的限制性约束,它的乘数为 $\lambda_2^*=+\sqrt{2}$。问题(9.14)与下列等式约束问题有相同的最优解:

$$\max_x f(x)=+4\sqrt{x} \quad \text{s.t.} \quad g_2(x)=x=2 \tag{9.15}$$

该等式约束问题的拉格朗日函数为:

$$L(x, \lambda_2)=+4\sqrt{x}+\lambda_2(2-x) \tag{9.16}$$

图 9.1 画出了拉格朗日函数(9.16)的图形。点 $(x^*, \lambda_2^*)=(2, \sqrt{2})$ 是该拉格朗日函数的全局 x-最大、λ-最小鞍点。

现在考虑一个类似的问题:使 $f(x)=x^2$ 在 $x \in [0, 2]$ 上最大化。将该问题写成:

$$\max_x f(x)=x^2 \quad \text{s.t.} \quad g_1(x)=-x \leqslant 0, \ g_2(x)=x \leqslant 2 \tag{9.17}$$

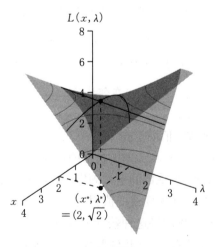

图 9.1 拉格朗日函数 $L(x, \lambda_2)=4\sqrt{x}+\lambda_2(2-x)$ 在 $(x, \lambda_2)=(2, \sqrt{2})$ 处有一个全局 x-最大、λ-最小鞍点

全局最优解是 $x^* = 2$,约束 g_1 在最优解处是松弛的,约束 g_2 是最优解处的限制性约束,它的乘数为 $\lambda_2^* = 4$。问题(9.17)与下列等式约束问题有相同的最优解:

$$\max_x f(x) = x^2 \quad \text{s.t.} \quad g_2(x) = x = 2 \tag{9.18}$$

该等式约束问题的拉格朗日函数为:

$$L(x, \lambda_2) = x^2 + \lambda_2(2-x) \tag{9.19}$$

图 9.2 画出了拉格朗日函数(9.19)的图形。点 $(x^*, \lambda_2^*) = (2, 4)$ 是该拉格朗日函数的全局 x-最小、λ-最大鞍点。

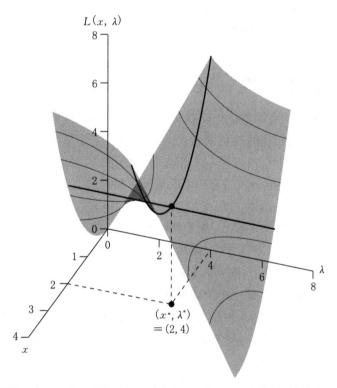

图 9.2 拉格朗日函数 $L(x, \lambda_2) = x^2 + \lambda_2(2-x)$ 在 $(x, \lambda_2) = (2, 4)$ 处有一个全局 x-最小,λ-最大鞍点

你可能会问:"这些关于拉格朗日函数的鞍点之类的东西重要吗?"答案是"重要",因为任意一个满足约束规范性条件且满足有约束的最优化问题的 KKT 条件和互补松弛条件的点,都是拉格朗日函数中的某种鞍点。

现在,我们来反驳两个错误的说法,这两个说法好像已经被经济学家们广泛接受了。第一个说法是:要求出一个有约束的最优化问题的局部最大值,我们必须使拉格朗日函数在局部"最大化"。这完全是错的。有约束的最优化问题的任意一个局部最优解 $(\hat{x}, \hat{\lambda})$ 都是拉格朗日函数的一个临界点,而这个临界点总是拉格朗日函数的某种鞍点,所以不可能是拉格朗日函数的局部最大值点。

另一个错误的说法是,当乘数被固定在 $\hat{\lambda} = (\hat{\lambda}_1, \cdots, \hat{\lambda}_k)$ 时,拉格朗日函数 $L^r(x; \hat{\lambda})$ 在有约束的最优化问题的局部最大值点 $(\hat{x}, \hat{\lambda})$ 处取得最大值。这个说法在某些特定的最优

化问题中是正确的,但是不具有一般性。再次考虑最优化问题(9.15),该问题的最优解是 $(\hat{x},\hat{\lambda})=(2,\sqrt{2})$。根据式(9.16)可知,受限拉格朗日函数 $L^r(x;\hat{\lambda})$ 为:

$$L^r(x;\lambda=\sqrt{2})=4\sqrt{x}+\sqrt{2}(2-x)$$

该函数在 $x=2$ 处取得最大值。在此例中,受限拉格朗日函数的确在 $\hat{x}=2$ 处取得最大值。但是,再看看问题(9.18),该最优化问题的最优解是 $(\hat{x},\hat{\lambda})=(2,4)$。根据式(9.19)可知,受限拉格朗日函数 $L^r(x;\hat{\lambda})$ 为:

$$L^r(x;\lambda=4)=x^2+4(2-x)$$

该函数在 $x=2$ 处取得最小值,这与说法"受限拉格朗日函数在有约束的最优化问题的最优解处取得局部最大值"是矛盾的。

9.4 鞍点与最优性

我们已经证明了有约束的最优化问题的局部最优点是该问题的拉格朗日函数的某种鞍点。那么,一个最优化问题的拉格朗日函数的鞍点一定是该问题的局部最优点吗? 答案为"不一定"。然而,的确存在这样一个相当著名的结论:如果鞍点是全局 x-最大、λ-最小鞍点,那么,该鞍点的 x-部分就是有约束的最优化问题的全局最优解。以下是该定理的内容。

定理 9.3(库恩-塔克鞍点定理) 如果有约束的最优化问题(9.1)的拉格朗日函数有一个全局 x-最大、λ-最小鞍点 (x^*,λ^*),那么,x^* 是问题(9.1)的全局最优解。

证明: 该证明共分为两步。第一步,证明全局 x-最大、λ-最小鞍点的性质意味着 x^* 是一个可行解;第二步,证明 x^* 是一个全局最优解。

因为 (x^*,λ^*) 是 L 的全局 x-最大、λ-最小鞍点,所以,对所有 $\lambda\in\Re_+^m$,都有 $L(x^*,\lambda^*)\leqslant L^r(\lambda;x^*)$。也就是说,对所有 $\lambda_j\geqslant0$ 和所有 $j=1,\cdots,m$,都有:

$$f(x^*)+\sum_{j=1}^m\lambda_j^*(b_j-g_j(x^*))\leqslant f(x^*)+\sum_{j=1}^m\lambda_j(b_j-g_j(x^*))$$

因此,有:

$$\sum_{j=1}^m\lambda_j^*(b_j-g_j(x^*))\leqslant\sum_{j=1}^m\lambda_j(b_j-g_j(x^*))\ \forall\lambda_j\geqslant0,\ \forall j=1,\cdots,m \quad (9.20)$$

请看清楚,式(9.20)的左边部分是恒定的值,因为 x^* 和 λ^* 是给定的向量。而式(9.20)的右边部分是 $\lambda_1,\cdots,\lambda_m$ 的线性函数,且 $\lambda_1,\cdots,\lambda_m$ 都是非负的(见定义9.1)。

哪怕存在一个 j,使得 $g_j(x^*)>b_j$,即 $b_j-g_j(x^*)<0$,式(9.20)就不可能成立。因为只要选择足够大的 λ_j 值,我们就可以使式(9.20)的右边部分等于任意大的一个负数。这与式(9.20)的右边部分有一个有限下界相矛盾,其有限下界就是式(9.20)的左边部分的那个恒定值。因此,对所有 $j=1,\cdots,m$,都有 $g_j(x^*)\leqslant b_j$,因此 x^* 是一个可行解。

现在我们要证明 x^* 是一个全局最优解。因为对所有 $j=1,\cdots,m$,都有 $\lambda_j^*\geqslant0$ 和

$b_j - g_j(x^*) \geqslant 0$，所以有：

$$\sum_{j=1}^{m} \lambda_j^* (b_j - g_j(x^*)) \geqslant 0 \tag{9.21}$$

现在我们要证明式(9.21)中的和不可能是严格大于零的，也就是说，这个和一定等于零。我们用反证法来证明。假设：

$$\sum_{j=1}^{m} \lambda_j^* (b_j - g_j(x^*)) = k > 0 \tag{9.22}$$

现在取 $\lambda_j = \lambda_j^*/2$，$j = 1, \cdots, m$。$\lambda_j^* \geqslant 0$ 意味着 $\lambda_j \geqslant 0$。但是这样的话，

$$\sum_{j=1}^{m} \lambda_j (b_j - g_j(x^*)) = \frac{k}{2} < k = \sum_{j=1}^{m} \lambda_j^* (b_j - g_j(x^*))$$

这与 $\lambda_1^*, \cdots, \lambda_m^*$ 是使 $L^r(\lambda, x^*)$ 最小的 $\lambda_1, \cdots, \lambda_m$ 值所矛盾，因此，只能有：

$$\sum_{j=1}^{m} \lambda_j^* (b_j - g_j(x^*)) = 0 \tag{9.23}$$

因为 (x^*, λ^*) 是 L 的全局 x-最大、λ-最小鞍点，所以，对所有 $x \in \Re^n$，都有 $L^r(x; \lambda^*) \leqslant L(x^*, \lambda^*)$。也就是说，根据式(9.23)可知：

$$f(x) + \sum_{j=1}^{m} \lambda_j^* (b_j - g_j(x)) \leqslant f(x^*) + \sum_{j=1}^{m} \lambda_j^* (b_j - g_j(x^*)) = f(x^*) \tag{9.24}$$

但是，对所有可行的 x，都有 $b_j - g_j(x^*) \geqslant 0$，所以，可行集 $\mathcal{C}$ 中处处都有 $f(x) \leqslant f(x^*)$。 □

这个结论有很多吸引人的地方。首先，它不要求函数 f，g_1，$\cdots$，g_m 是可微的。第二，它不要求有约束的最优化问题的可行集满足约束规范性条件。第三，它不要求 f，g_1，$\cdots$，g_m 有特定的曲率。与所有这些优点所对应的是，最优化问题的拉格朗日函数需要有一个全局 x-最大、λ-最小鞍点，这个要求是很苛刻的。

需要注意的是，该定理的证明与下列这个定理的证明非常类似，下面这个定理虽然没有上面的定理重要，但也十分有用，值得我们单独陈述。

定理 9.4(x-最大、λ-最小鞍点意味着互补松弛性) 如果有约束的最优化问题(9.1)的拉格朗日函数有一个 x-最大、λ-最小鞍点 (x^*, λ^*)，那么，对每个 $j = 1, \cdots, m$，都有 $\lambda_j^* (b_j - g_j(x^*)) = 0$。

证明：由定理 9.3 可知，x^* 是一个最优解，所以它是可行的，且对每个 $j = 1, \cdots, m$，都有 $\lambda_j^* \geqslant 0$ 和 $b_j - g_j(x^*) \geqslant 0$。因此，对每个 $j = 1, \cdots, m$，都有 $\lambda_j^* (b_j - g_j(x^*)) \geqslant 0$。如果对某个 j，乘积 $\lambda_j(b_j - g_j(x^*)) > 0$，那么，由式(9.23)可知，对某些 $k \neq j$，有 $\lambda_k(b_k - g_k(x^*)) < 0$，出现了矛盾。因此，对每个 $j = 1, \cdots, m$，都有 $\lambda_j^* (b_j - g_j(x^*)) = 0$。 □

9.5 凹规划问题

解决可微的有约束的最优化问题的常用方法是先求解一阶局部最优条件，然后根据二阶条件排除不是局部最优的解，再在每个局部最优解处赋值以比较出全局最优解。因为检验二阶条件的工作量通常很大，所以，如果一阶条件对于局部最优来说既是必要条件

又是充分条件就好了。一般情况下不是如此,但是,针对一种重要的有约束的最优化问题,一阶条件对于局部最优解而言既是必要条件又是充分条件,这就是凹规划问题。

定义 9.4(凹规划问题)   如果 f 是 x 的凹函数,每个约束函数 g_1,$\cdots$,g_m 都是 x 的凸函数,那么,有约束的最优化问题

$$\max_{x \in \Re^n} f(x) \quad \text{s.t.} \quad g_j(x) \leqslant b_j, \ j=1, \cdots, m \tag{9.25}$$

是一个凹规划问题。

定理 9.5(凹规划问题的解)   考虑一个凹规划问题(9.25),函数 f,g_1,$\cdots$,g_m 都是对 x_1,$\cdots$,x_n 可微的,且可行集的内部非空。令 (x^*, λ^*) 为该问题的一阶最优条件的解,那么,(x^*, λ^*) 是该问题的拉格朗日全局 x-最大、λ-最小鞍点,x^* 是该问题的全局最优解。如果 f 是 x 的严格凹函数,那么,x^* 是该问题的唯一全局最优解。

这个结论应该不会让你感到惊讶。我们来仔细看看这个结论。暂时假设该问题没有任何约束条件,那么,它的拉格朗日函数就只是 $L(x_1, \cdots, x_n)=f(x_1, \cdots, x_n)$,而且,在 f 的局部最大值点 $x=x^*$ 处 KKT 条件 $\nabla f(x^*)=\underline{0}$ 必然成立。该条件也是 $x=x^*$ 为全局最大值点的充分条件,因为 f 是 x 的凹函数。现在我们加上约束条件,该问题的拉格朗日函数变为:

$$L(x_1, \cdots, x_n, \lambda_1, \cdots, \lambda_m)=f(x_1, \cdots, x_n)+\sum_{j=1}^{m} \lambda_j(b_j-g_j(x_1, \cdots, x_n))$$

f 是 x 的凹函数,$-g_1$,$\cdots$,$-g_m$ 也是 x 的凹函数(在凸函数前面加上一个负号后得到的是凹函数),且 $\lambda_1 \geqslant 0$,$\cdots$,$\lambda_m \geqslant 0$,L 是一些凹函数的非负线性组合,因此,L 也是 x 的凹函数。任何可微的有约束的最优化问题的局部最优解必然是该问题的拉格朗日函数的临界点,拉格朗日函数对 x 的梯度向量是一个零向量。由于 L 是 x 的凹函数,所以,一阶零梯度条件是受限拉格朗日函数 $L^r(x; \lambda^*)$ 在 $x=x^*$ 处取得局部最大值的充分条件[也就是说,式(9.12)中左边的不等式成立]。最后,另一个受限拉格朗日函数

$$L^r(\lambda; x^*)=f(x^*)+\lambda_1(b_1-g_1(x^*))+\cdots+\lambda_m(b_m-g(x^*))$$

只是 λ_1,$\cdots$,λ_m 的仿射函数。因为 x^* 是可行解,所以每个 $\lambda_j \geqslant 0$ 且 $b_j-g_j(x^*) \geqslant 0$。因此,当 $\lambda_1(b_1-g_1(x^*))+\cdots+\lambda_m(b_m-g(x^*))=0$ 时,$L^r(\lambda; x^*)$ 取得最小值。互补松弛条件表明这必然成立,因此,式(9.12)中右边的不等式也成立。

定理 9.5 的证明:已知一阶最优条件在 (x^*, λ^*) 处成立。我们的任务是证明该信息意味着 x^* 是最优化问题(9.25)的全局最优解。

我们首先证明该问题的可行集满足斯莱特约束规范性条件。每个约束函数 g_j 都是 x 的凸函数,它们对 x 是连续且拟凸的。因此,每个下等值集 $\{x \in \Re^n \mid g_j(x) \leqslant b_j\}$ 都是闭凸集,该问题的可行集

$$\mathcal{C}=\{x \in \Re^n \mid g_1(x) \leqslant b_1, \cdots, g_m(x) \leqslant b_m\}=\bigcap_{j=1}^{m}\{x \in \Re^n \mid g_j(x) \leqslant b_j\}$$

是有限个闭凸集的交集,因此,这个可行集也是一个闭凸集。根据假设,它的内部是非空的,斯莱特约束规范性条件得到满足,KKT 条件在任意 $x \in \mathcal{C}$ 处都是适用的。

对于每个 $j=1,\cdots,m$，函数 $-g_j(x)$ 都是 x 的凹函数，又因为 $\lambda_j \geqslant 0$，拉格朗日函数

$$L(x,\lambda)=f(x)+\sum_{j=1}^{m}\lambda_j(b_j-g_j(x))$$

是 x 的凹函数的非负线性组合，该函数是 x 的凹函数。

因为 (x^*,λ^*) 是 KKT 条件的解，所以有：

$$\frac{\partial L^r(x;\lambda^*)}{\partial x_i}\bigg|_{x=x^*}=0,\ \forall\,i=1,\cdots,n$$

因为 $L^r(x;\lambda^*)$ 是 x 的凹函数，所以，对所有 $x\in\Re^n$ 和 $x\in\mathcal{C}$，都有 $L^r(x;\lambda^*)\leqslant L(x^*,\lambda^*)$。

因为对所有 $j=1,\cdots,m$，都有 $\lambda_j^*(b_j-g_j(x^*))=0$ 和 $\lambda_j(b_j-g_j(x^*))\geqslant 0$，所以，

$$L(x^*,\lambda^*)=f(x^*)=f(x^*)+\sum_{j=1}^{m}\lambda_j^*(b_j-g_j(x^*))$$

$$\leqslant f(x^*)+\sum_{i=1}^{m}\lambda_j(b_j-g_j(x^*))=L^r(\lambda;x^*),\ \forall\,\lambda\in\Re_+^m$$

现在我们证明了 (x^*,λ^*) 是该问题的拉格朗日函数的 x-最大、λ-最小鞍点，于是，由定理 9.3 可知，x^* 是该问题的全局最优解。

假设 f 关于 x 是严格凹的，我们用反证法来证明 x^* 是唯一解。假设点 (x',λ') 和 (x'',λ'') 都是该问题的一阶最优条件的解，且 $x'\neq x''$。那么 x' 和 x'' 都是全局最优解，因此也是该问题的可行解。$\mathcal{C}$ 是一个内部非空的凸集，对任意 $\theta\in(0,1)$，都有 $x(\theta)=\theta x'+(1-\theta)x''\in\mathcal{C}$。因为 f 是 x 的严格凹函数，所以 $f(x(\theta))>f(x')=f(x'')$。这与 x' 和 x'' 都是全局最优解矛盾，这个最优化问题的一阶最优条件只有一个解，它也是该最优化问题的唯一最优解。 □

定理 9.5 很容易被推广。让我们借助简单的几何来思考。上述结论的核心思想是什么？如果可行集 $\mathcal{C}$ 是一个内部非空的凸集，且目标函数是 x 的凹函数，那么，任意一个在局部使 f 最大化的 $x\in\mathcal{C}$，一定使 f 取得在 $\mathcal{C}$ 上的全局最大值。有一个不太严谨的办法可以确保可行集 $\mathcal{C}$ 是凸集，即要求每个约束函数 $g_1,\cdots,g_m$ 都是 x 的拟凸函数[一个定义在 $\Re^n$ 上的函数是拟凸函数的充分必要条件是它的所有下等值集都是拟（严格）凸集]。于是，$\mathcal{C}$ 是凸集的交集，也就是说，$\mathcal{C}$ 是一个凸集。没有必要用相对更严格的条件（即要求每个约束函数都是 x 的凸函数）对 $\mathcal{C}$ 进行限制（拟凸函数不一定是凸函数）。根据上述推理，我们可以得到以下结论。

定理 9.6　考虑最优化问题 (9.1)，其中目标函数 f 是 $x_1,\cdots,x_n$ 的可微凹函数，约束函数 $g_1,\cdots,g_m$ 是 $x_1,\cdots,x_n$ 的可微拟凸函数，可行集 $\mathcal{C}$ 的内部非空。令 $\mathcal{C}\in\Re_+^n$，如果 (x^*,λ^*) 是该问题的一阶最优条件的解，那么，x^* 是该问题的全局最优解。如果 f 是 x 的严格凹函数，那么，x^* 是该问题的唯一全局最优解。

如果你想了解这个定理的证明，推荐你阅读：Arrow 和 Enthoven(1961)。请注意，即使该定理对约束函数的要求没有定理 9.5 中的要求严格，它只要求约束函数为拟凸函数，但是，在这个定理中，x 只能为非负向量（即 $\mathcal{C}\in\Re_+^n$），这个条件比定理 9.5 严格。还要注

意，这里并没有提到 x-最大、λ-最小鞍点，理由很简单：当我们从凸约束函数推广到拟凸约束函数时，最大化问题的拉格朗日函数可能没有 x-最大、λ-最小鞍点。

9.6　小结

我们只探讨了拉格朗日函数的几个用途，其中最不重要的一个是拉格朗日函数可以让我们不假思索地用微分写出局部最优的 KKT 必要条件。其实，拉格朗日函数还有更多有价值的用途，我们将在后文的章节中讨论。其中第一个，也许是最重要的一个用途，将在下一章介绍。在下一章，我们将发现点 (x^*, λ^*) 是一个局部最优解这个信息也暗示了很有用的二阶必要条件，但我们迄今为止既没有寻找过也没有利用过这种二阶必要条件。我们可以用二阶必要条件推导出最优解所拥有的多种性质，大多数经济学家在应用经济理论分析现实问题时都会依赖这些性质，比如利用这些性质预测税率变化或利率变化的各种影响。第 11 章、第 12 章和第 13 章将解释如何得到这些结论。

9.7　习题

习题 9.1　考虑一个理性消费者，他的效用满足柯布-道格拉斯直接效用函数，决策集为买得起的商品组合。最优化问题可写为：

$$\max_{x_1, x_2} U(x_1, x_2; \alpha) = x_1^\alpha x_2^\alpha \quad \text{s.t.} \quad g_1(x_1, x_2) = -x_1 \leqslant 0,$$
$$g_2(x_1, x_2) = -x_2 \leqslant 0, \ g_3(x_1, x_2) = p_1 x_1 + p_2 x_2 \leqslant y \tag{9.26}$$

给定 $\alpha > 0$，$p_1 > 0$，$p_2 > 0$，$y > 0$，最优解 $(x_1^*(p_1, p_2, y), x_2^*(p_1, p_2, y))$ 位于 $\Re_+^2$ 的内部，也就是说 $x_1^*(p_1, p_2, y) > 0$ 且 $x_2^*(p_1, p_2, y) > 0$。此外，这个最优解是唯一的。因此，该不等式约束问题（9.26）的最优解与以下等式约束问题的唯一解相同：

$$\max_{x_1, x_2} U(x_1, x_2; \alpha) = (x_1 x_2)^\alpha \quad \text{s.t.} \quad g_3(x_1, x_2) = p_1 x_1 + p_2 x_2 = y \tag{9.27}$$

问题（9.27）的一阶必要条件为：

$$(\alpha(x_1^*)^{\alpha-1}(x_2^*)^\alpha, \ \alpha(x_1^*)^\alpha(x_2^*)^{\alpha-1}) = \lambda_3^*(p_1, p_2), \ p_1 x_1^* + p_2 x_2^* = y \tag{9.28}$$

由此得出柯布-道格拉斯需求函数为：

$$x_1^*(p_1, p_2, y) = \frac{y}{2p_1}, \ x_2^*(p_1, p_2, y) = \frac{y}{2p_2} \tag{9.29}$$

对应的乘数 λ_3 的值为：

$$\lambda_3^*(p_1, p_2, y, \alpha) = \left(\frac{\alpha}{p_1}\right)^\alpha \left(\frac{\alpha}{p_2}\right)^\alpha \left(\frac{2\alpha}{y}\right)^{1-2\alpha} \tag{9.30}$$

等式约束问题（9.27）的拉格朗日函数为：

$$L(x_1, x_2, \lambda_3; \alpha) = (x_1 x_2)^\alpha + \lambda_3(y - p_1 x_1 - p_2 x_2) \tag{9.31}$$

拉格朗日定理表明,点$(x_1^*(p_1, p_2, y), x_2^*(p_1, p_2, y), \lambda_3^*(p_1, p_2, y, \alpha))$一定是拉格朗日函数(9.31)的临界点。我们知道这个临界点是该拉格朗日函数的某种类型的鞍点,让我们来研究一下它到底是什么类型的鞍点(比如x-最大、λ-最小鞍点)。

(1) 如果$0 < \alpha < \dfrac{1}{2}$,那么,$(x_1^*(p_1, p_2, y), x_2^*(p_1, p_2, y), \lambda_3^*(p_1, p_2, y, \alpha))$是拉格朗日函数(9.31)的$x$-最大、$\lambda$-最小鞍点吗?

(2) 如果$1 < \alpha$,那么,$(x_1^*(p_1, p_2, y), x_2^*(p_1, p_2, y), \lambda_3^*(p_1, p_2, y, \alpha))$是拉格朗日函数(9.31)的$x$-最大、$\lambda$-最小鞍点吗?

(3) 如果$\dfrac{1}{2} < \alpha < 1$,那么,$(x_1^*(p_1, p_2, y), x_2^*(p_1, p_2, y), \lambda_3^*(p_1, p_2, y, \alpha))$是拉格朗日函数(9.31)的$x$-最大、$\lambda$-最小鞍点吗?

习题 9.2　定理 9.3 只给出了x-最大、λ-最小鞍点的情况。假设现在某一个有约束的最优化问题的(x^*, λ^*)点是该问题的拉格朗日函数的x-最小、λ-最大鞍点,在这种情况下,是否存在和定理 9.3 类似的定理? 如果存在的话,这个定理的内容是什么呢? 如果你认为不存在,请说明理由。

习题 9.3　点$(x^*, \lambda^*) = (x_1^*, \cdots, x_n^*, \lambda_1^*, \cdots, \lambda_m^*)$是有约束的最优化问题(9.1)的拉格朗日函数的鞍点。

(1) 如果这个鞍点不是x-最大、λ-最小鞍点,那么,x^*有可能是问题(9.1)的全局最优解吗? 请做出判断并解释理由。

(2) 假设x^*是问题(9.1)的全局最优解,那么,(x^*, λ^*)一定是x-最大、λ-最小鞍点吗? 请做出判断并解释理由。

9.8　答案

答案 9.1　我们需要依次考虑受限拉格朗日函数$L^r(x_1, x_2; \lambda_3^*)$和$L^r(\lambda_3; x_1^*, x_2^*)$,然后判断这两个函数在该鞍点处是否被最大化或最小化。

(1) 答案为"是"。受限拉格朗日函数$L^r(x_1, x_2; \lambda_3^*)$的黑塞矩阵为:

$$H_{L^r(x_1, x_2; \lambda_3^*)}(x_1, x_2) = \begin{bmatrix} -\alpha(1-\alpha)x_1^{\alpha-2}x_2^{\alpha} & \alpha^2(x_1 x_2)^{\alpha-1} \\ \alpha^2(x_1 x_2)^{\alpha-1} & -\alpha(1-\alpha)x_1^{\alpha}x_2^{\alpha-2} \end{bmatrix} \tag{9.32}$$

这是一个对称矩阵。如果想判断其二次型是否有定性,我们只需要检验它的一阶和二阶主子式的符号。一阶和二阶主子式分别为:

$$M_1 = -\alpha(1-\alpha)x_1^{\alpha-2}x_2^{\alpha} \text{ 和 } M_2 = \alpha^2(1-2\alpha)(x_1 x_2)^{2(\alpha-1)}$$

如果$0 < \alpha < \dfrac{1}{2}$,那么有$M_1 < 0$, $M_2 > 0$,说明$L^r(x_1, x_2; \lambda_3^*)$是$x_1$和$x_2$的严格凹函数(等价的说法是,该黑塞矩阵对任意$x_1 > 0$和$x_2 > 0$都是负定的)。这样的函数的任意临界点一定是关于$x_1$和$x_2$的全局(请注意,是全局,而不是局部)最大值点。因此可以得

出,如果 $0 < \alpha < \frac{1}{2}$,则,

$$L^r(x_1, x_2; \lambda_3^*) < L^r(x_1^*, x_2^*; \lambda_3^*) = L(x_1^*, x_2^*, \lambda_3^*) \forall x_1,$$
$$x_2 \in \mathfrak{R}, \ (x_1, x_2) \neq (x_1^*, x_2^*) \tag{9.33}$$

受限拉格朗日函数 $L^r(\lambda_3; x_1^*, x_2^*) = (x_1^* x_2^*)^\alpha + \lambda_3(y - p_1 x_1^* - p_2 x_2^*) \equiv (x_1^* x_2^*)^\alpha$ 对 λ_3 是不变的,

$$L^r(\lambda_3; x_1^*, x_2^*) = L^r(\lambda_3^*; x_1^*, x_2^*) = L(x_1^*, x_2^*, \lambda_3^*), \ \forall \lambda_3 \geqslant 0 \tag{9.34}$$

把式(9.33)和式(9.34)结合起来,可以发现:当 $0 < \alpha < \frac{1}{2}$ 时,点 $(x_1^*(p_1, p_2, y), x_2^*(p_1, p_2, y), \lambda_3^*(p_1, p_2, y, \alpha))$ 是该拉格朗日函数(9.31)的 x-最大、λ-最小鞍点。

(2) 答案为"不是"。如果 $1 < \alpha$,那么有 $M_1 > 0$,$M_2 < 0$,说明受限拉格朗日函数 $L^r(x_1, x_2; \lambda_3^*)$ 的黑塞矩阵是不确定的(见定理 2.11)。在点 $(x_1, x_2) = (x_1^*, x_2^*)$ 处,关于 x_1 和 x_2 的受限拉格朗日函数既没有达到最大值,也没有达到最小值(其实该函数在整个 $\mathfrak{R}_+^2$ 上都不存在关于 x_1 和 x_2 的最大值)。实际上,如果 $1 < \alpha$,那么点 (x_1^*, x_2^*) 是受限拉格朗日函数 $L^r(x_1, x_2; \lambda_3^*)$ 关于 x_1 和 x_2 的鞍点(既不是最小值点,也不是最大值点),因此,当 $1 < \alpha$ 时,点 $(x_1^*(p_1, p_2, y), x_2^*(p_1, p_2, y), \lambda_3^*(p_1, p_2, y, \alpha))$ 不是拉格朗日函数(9.31)的 x-最大、λ-最小鞍点。

(3) 答案为"不是"。如果 $\frac{1}{2} < \alpha < 1$,那么有 $M_1 < 0$,$M_2 < 0$,说明受限拉格朗日函数 $L^r(x_1, x_2; \lambda_3^*)$ 的黑塞矩阵是不确定的(见定理 2.11)。在点 $(x_1, x_2) = (x_1^*, x_2^*)$ 处,关于 x_1 和 x_2 的受限函数既没有达到最大值,也没有达到最小值。如果 $\frac{1}{2} < \alpha < 1$,那么点 (x_1^*, x_2^*) 是受限拉格朗日函数 $L^r(x_1, x_2; \lambda_3^*)$ 关于 x_1 和 x_2 的鞍点(既不是最小值点,也不是最大值点),因此,当 $\frac{1}{2} < \alpha < 1$ 时,点 $(x_1^*(p_1, p_2, y), x_2^*(p_1, p_2, y), \lambda_3^*(p_1, p_2, y, \alpha))$ 不是拉格朗日函数(9.31)的 x-最大、λ-最小鞍点。 □

答案 9.2 拉格朗日函数为:

$$L(x_1, \cdots, x_n, \lambda_1, \cdots, \lambda_k)$$
$$= f(x_1, \cdots, x_n) + \sum_{j=1}^{k} \lambda_j (b - g_j(x_1, \cdots, x_n)) \tag{9.35}$$

(x^*, λ^*) 是该函数的一个全局 x-最小、λ-最大鞍点,也就是说,对所有 $x \in \mathfrak{R}^n$ 和 $\lambda \in \mathfrak{R}_+^k$,都有:

$$L^r(x_1, \cdots, x_n; \lambda_1^*, \cdots, \lambda_k^*) \geqslant L(x_1^*, \cdots, x_n^*, \lambda_1^*, \cdots, \lambda_k^*)$$
$$\geqslant L^r(\lambda_1, \cdots, \lambda_k; x_1^*, \cdots, x_n^*) \tag{9.36}$$

定理 9.3 的证明分为两个部分。首先要证明,x-最大、λ-最小鞍点中 λ-最小的性质意味着 x^* 是一个可行解。让我们来看看 x-最小、λ-最大鞍点中的 λ-最大性质是否也有类似

的含义。式(9.36)右边的不等式为:

$$f(x^*)+\sum_{j=1}^{k}\lambda_j^*(b_j-g_j(x^*))\geqslant f(x^*)+\sum_{j=1}^{k}\lambda_j(b_j-g_j(x^*))\;\forall\,\lambda_j\geqslant 0,\;j=1,\cdots,k$$

对所有 $\lambda_1\geqslant 0,\cdots,\lambda_k\geqslant 0$,有:

$$\sum_{j=1}^{k}\lambda_j^*(b_j-g_j(x^*))\geqslant\sum_{j=1}^{k}\lambda_j(b_j-g_j(x^*)) \tag{9.37}$$

式(9.37)的左边是一个固定值。与定理 9.3 的证明一样,现在我们要证明这个固定值为 0。如果它不为 0,先假设 $\sum_{j=1}^{k}\lambda_j^*(b_j-g_j(x^*))>0$。那么,因为 $\lambda_1^*\geqslant 0,\cdots,\lambda_k^*\geqslant 0$,所以对每个 $j=1,\cdots,k$,$\tilde{\lambda}_j=\mu\lambda_j^*\geqslant 0$,其中,$\mu>0$。通过取足够大的 μ 值,我们可以使式(9.37)的右边比其左边的固定值要大,使这个不等式不成立。因此,只能是 $\sum_{j=1}^{k}\lambda_j^*(b_j-g_j(x^*))\leqslant 0$。现在假设 $\sum_{j=1}^{k}\lambda_j^*(b_j-g_j(x^*))<0$。因为对每个 $j=1,\cdots,k$,都有 $\lambda_j\geqslant 0$,那么,一定存在至少一个 j 满足 $g_j(x^*)>b_j$,但是,这样的话,x^* 就不是可行解了。如果 x^* 是有约束的最优化问题的可行解的话,$\sum_{j=1}^{k}\lambda_j^*(b_j-g_j(x^*))\geqslant 0$ 是一定的。综合上述分析,我们可以得出 $\sum_{j=1}^{k}\lambda_j^*(b_j-g_j(x^*))=0$。

这个结论与式(9.36)的左边部分一起告诉我们:

$$f(x)+\sum_{j=1}^{k}\lambda_j^*(b_j-g_j(x))\geqslant f(x^*)+\sum_{j=1}^{k}\lambda_j^*(b_j-g_j(x^*))=f(x^*) \tag{9.38}$$

对于任何可行选择 x,都有 $\sum_{j=1}^{k}\lambda_j^*(b_j-g_j(x))\geqslant 0$,我们不能从式(9.38)推出 $f(x^*)\geqslant f(x)$。因此,关于拉格朗日函数(9.35)的 x-最小、λ-最大鞍点,不存在与定理 9.3 类似的定理。 □

答案 9.3

(1) 有可能。比如问题(9.17)和当 $\alpha>1$ 时的问题(9.26)。

(2) 不可能。定理 9.3 是一个充分条件,它说的是:如果 (x^*,λ^*) 是有约束的最优化问题的拉格朗日函数的一个全局 x-最大、λ-最小鞍点,那么,x^* 是该问题的全局最优解。该定理并没有说明其逆命题是正确的,也就是说,它并没有说:如果 x^* 是有约束的最优化问题的全局最优解,那么,有约束的最优化问题的拉格朗日函数在 (x^*,λ^*) 处的鞍点一定是 x-最小、λ-最大鞍点。问题(9.17)就是这个论断的反例。 □

▶ 10

有约束的最优化 Ⅱ

第 8 章所学的内容可以被概括为：一个有约束的最优化问题

$$\max_{x_1, \cdots, x_n} f(x_1, \cdots, x_n) \quad \text{s.t.} \quad g_1(x_1, \cdots, x_n) \leqslant b_1, g_m(x_1, \cdots, cx_n) \leqslant b_m \quad (10.1)$$

的局部最大值点一定满足一阶条件，其中，该问题的目标函数 f 和约束函数 $g_1, \cdots, g_m$ 对每个 $x_1, \cdots, x_m$ 都是连续可微的。在本章中，我们对这些函数的要求是二阶连续可微的。请记住：当且仅当一个函数的二阶导数都是 $x_1, \cdots, x_n$ 的连续函数时，该函数对 $x_1, \cdots, x_n$ 是二阶连续可微的。构成 KKT 条件的 $m+1$ 个一阶条件为：

$$\nabla f(x^*) = \lambda_1^* \nabla g_1(x^*) + \cdots + \lambda_m^* \nabla g_m(x^*) \quad (10.2)$$

其中，非负标量 $\lambda_1^*, \cdots, \lambda_m^*$ 不同时为零。互补松弛条件为：

$$\lambda_j^* (b_j - g_j(x^*)) = 0 \, \forall \, j = 1, \cdots, m \quad (10.3)$$

在局部最优点处，还有一个条件是必须成立的，即接下来要讲的二阶条件。在讨论完二阶条件之后，本章会讨论可行点为局部最优点的几个充分条件。

10.1　必要条件与充分条件

让我们花点时间来回顾一下最优必要条件和最优充分条件之间的本质区别。区别如下：最优必要条件是指在最优点处每个都必须单独成立的条件，其逻辑是，因为 $\tilde{x}$ 是一个局部最优点，所以条件 A、B 等在 $\tilde{x}$ 处一定（必然）成立。这等价于，如果条件 A、B 等有任何一个在 $x = \tilde{x}$ 处不成立，那么，$\tilde{x}$ 就不可能是局部最优点。当 $\tilde{x}$ 是局部最优点时，最优必要条件是每个都单独成立的。相反，如果一系列条件同时成立时能保证 $\tilde{x}$ 是局部最优点，那么，这些条件被称为 $\tilde{x}$ 是局部最优的充分条件。这等价于，如果 $x = \tilde{x}$ 不是局部最优点，那么至少有一个充分条件在 $\tilde{x}$ 处不被满足。这些概念很容易混淆，在阅读下面的内容之前，请花些时间来思考和理解它们。

我们先来讨论在局部最优点 $x = \tilde{x}$ 处需要成立的极具一般性的命题，也就是我们所说的一般"必要性命题"。

必要性命题：如果 f 在 $x=\hat{x}$ 处取得 $\mathcal{C}$ 上的局部最大值，那么，f 在 $\hat{x}$ 处的值一定至少大于 f 在 $\hat{x}$ 附近任意一点（$\hat{x}+\Delta x$）处的值。更规范的表述是，如果 f 在 $x=\tilde{x}$ 处取得 $\mathcal{C}$ 上的局部最大值，那么，必定会存在一个 $\varepsilon>0$，使得：

$$f(\tilde{x}+\Delta x)\leqslant f(\tilde{x}), \ \forall (\tilde{x}+\Delta x)\in B_{d_E}(\tilde{x},\varepsilon)\bigcap\mathcal{C} \tag{10.4}$$

如果式（10.4）不成立，那么，$\tilde{x}$ 就不是局部最大值。

由于 f 和 $g_1,\cdots,g_m$ 对每个 $x_1,\cdots,x_n$ 都是连续可微的，所以，对足够小的 ε（因此微小变化 Δx 也是足够小的），我们可以写出泰勒定理的一阶形式：

$$f(\tilde{x}+\Delta x)\approx f(\tilde{x})+\nabla f(\tilde{x})\cdot\Delta x \tag{10.5}$$

然后，对每个 $j=1,\cdots,m$，可以写出：

$$g_j(\tilde{x}+\Delta x)\approx g_j(\tilde{x})+\nabla g_j(\tilde{x})\cdot\Delta x \tag{10.6}$$

式（10.5）和式（10.6）可以让我们把式（10.4）改写为：如果 $\tilde{x}$ 是 f 在 $\mathcal{C}$ 上的局部最大值，那么，

对所有满足 $\nabla g_j(\tilde{x})\cdot\Delta x\leqslant 0$，$\forall j\in I(\tilde{x})$ 的 Δx，都有 $\nabla f(\tilde{x})\cdot\Delta x\leqslant 0$ (10.7)

其中，$I(\tilde{x})$ 为 $x=\tilde{x}$ 处限制性约束的编号集合，微小变动 Δx 的大小（也就是范数）小于 ε。命题（10.7）被用来推导第 8 章所介绍的一阶必要条件。一个必要性命题对应的是当 $\tilde{x}$ 是局部最优时必须每个都单独成立的一组完整条件。

充分性命题：请注意，充分性命题是"一些命题"而不是"单个命题"。我们通常可以找出不止一种能保证某个点是局部最优点的条件。比如，我可以说："如果在 x^* 处实现了全局最优，那么在 x^* 处也实现了局部最优。"同样我也可以说："如果 f 在 $x^*\in\mathcal{C}$ 处的值比 f 在 x^* 周围的所有可行点 x 处的值更大，那么，x^* 是局部最优点。"我相信你可以想出更多这样的充分性命题。我的观点是，首先，有不止一个命题能保证 x^* 是局部最优点。其次，每一个这样的命题通常都是由一些不同的条件组合起来构成的，它们一起保证 x^* 实现局部最优。那么，我们应该选择哪个充分性命题呢？我们通常会采用的命题是：

具体的充分性命题：如果 f 在 $\hat{x}$ 处的值严格大于 f 在 $\hat{x}$ 附近所有可行的集中的点（$\hat{x}+\Delta x$）处的值（$\Delta x\neq\underline{0}$），那么，$f$ 在 $\hat{x}$ 处取得 $\mathcal{C}$ 上的局部最大值。更规范的表述是：如果对某个 $\varepsilon>0$ 和微小变化 $\Delta x\neq\underline{0}$，都有（$x^*+\Delta x$）$\in B_{d_E}(x^*,\varepsilon)\bigcap\mathcal{C}$ 且 $f(x^*+\Delta x)<f(x^*)$，那么 f 在 x^* 处取得 $\mathcal{C}$ 上的局部最大值。

我们将在本章的后文部分根据这个命题推导出一组具体的条件，这些条件联合起来保证 x^* 是局部最优解。我之所以强调"联合"，是因为这些条件一起成立才能保证取得局部最优值。考虑一个简单的问题：使 $f(x)=-x^2$ 在 $\Re$ 上取得最大值。我们中的大多数人都会计算一阶导数来解这个问题，即，$f'(x)=-2x$，然后求出 $f'(x)=0$ 的解，得到 $x^*=0$。接下来再检验 $x^*=0$ 处的二阶导数，$f''(0)=-2$，这是一个负数。你能断言 $f''(\hat{x})<0$ 足以使 $x=\hat{x}$ 成为 $f(x)=-x^2$ 的局部最优点吗？我认为不能，因为你的断言可能是错的［$f''(x)$ 在 $x=1$ 也等于 -2，但 $x=1$ 不是局部最优点］。正确的表述是，

"$f'(x^*)=0$ 和 $f''(\hat{x})<0$ 一起被满足就可以保证 $x^*=0$ 是 $f(x)=-x^2$ 的局部最优点"。因此，我们通常不会说一个单独的条件就足以确保某点 x^* 处实现局部最优，而是讨论一组条件，它们共同构成了局部最优解的充分条件。

10.2 二阶必要条件

我们先来简单回顾一些基本运算。假设有一个二阶可微函数 $f:\mathfrak{R}\mapsto\mathfrak{R}$，它在 $x=x^*$ 处取得局部最优值，没有任何约束条件，让你计算出 x^*，你会怎么做？我猜想你会先求出该函数的一阶导，然后解方程 $f'(x)=0$，得到的解就是这个函数的临界点。如果只有一个临界点 $x=\tilde{x}$，我猜想你会接着算出该函数的二阶导 $f''(x)$，并计算出它在 $x=\tilde{x}$ 处的值，如果 $f''(x)<0$，那么，你会得出结论：$\tilde{x}$ 就是 x^*，即，它让 f 取得局部最优值。如果你的做法和我说的一样，那么，请你现在仔细地想一想，$x=\tilde{x}$ 是 f 上的局部最大值点能独立成立的所有必要条件。

我们知道 $f'(\tilde{x})=0$ 是一个必要条件，那么，$f''(\tilde{x})\leqslant0$ 也是吗？理由是什么呢？假设 $f''(\tilde{x})>0$，那么，$\tilde{x}$ 就不是 f 的局部最大值点，对吧？因此，如果 $\tilde{x}$ 是 f 的局部最大值点，那么，一定会有 $f''(\tilde{x})\not>0$。当我们用二阶泰勒展开式（这就是我们要求 f 二阶连续可微的原因）对必要性命题中的 $f(\tilde{x}+\Delta x)$ 进行近似时，原因就显而易见了。我们可以将 $f(\tilde{x}+\Delta x)\leqslant f(\tilde{x})$ 写为：

$$f(\tilde{x})+f'(\tilde{x})\Delta x+\frac{1}{2}f''(\tilde{x})(\Delta x)^2\leqslant f(\tilde{x})$$

因为 $f'(\tilde{x})$ 为 0，所以由 $\tilde{x}$ 是局部最大值点可知，必须有：

$$f''(\tilde{x})\leqslant0 \tag{10.8}$$

如果函数为 $f:\mathfrak{R}^n\mapsto\mathfrak{R}$ 呢？给定所有 $(\tilde{x}+\Delta x)\in B_{d_E}(\tilde{x},\epsilon)$ 和很小的 $\epsilon>0$，我们可以再次利用二阶泰勒展开式写出 $f(\tilde{x}+\Delta x)\leqslant f(\tilde{x})$，

$$f(\tilde{x})+\nabla f(\tilde{x})\cdot\Delta x+\frac{1}{2}\Delta x^T H_f(\tilde{x})\Delta x\leqslant f(\tilde{x})$$

因为 $\nabla f(\tilde{x})$ 为 $\underline{0}$，所以由 $\tilde{x}$ 是局部最大值点可知，必须有：

$$\Delta x^T H_f(\tilde{x})\Delta x\leqslant0,\ \forall\Delta x\ \text{使得}\ \tilde{x}+\Delta x\in B_{d_E}(\tilde{x},\epsilon) \tag{10.9}$$

H_f 为 f 的黑塞矩阵。$\Delta x^T H_f(x)\Delta x$ 是 $\Delta x_1,\cdots,\Delta x_n$ 的二次函数，也被称为"矩阵 H_f 的二次型"。该矩阵是 f 所有二阶导数的有序集合，即

$$H_f(x)=\begin{pmatrix}\dfrac{\partial^2 f(x)}{\partial x_1^2} & \cdots & \dfrac{\partial^2 f(x)}{\partial x_1\partial x_n}\\[2mm]\vdots & \ddots & \vdots\\[2mm]\dfrac{\partial^2 f(x)}{\partial x_n\partial x_1} & \cdots & \dfrac{\partial^2 f(x)}{\partial x_n^2}\end{pmatrix} \tag{10.10}$$

一个二次型从不取正值的矩阵被称为负半定矩阵,所以条件(10.9)表明,如果 $\tilde{x}$ 是 f 的局部最优点,那么 f 在 $x=\tilde{x}$ 处的黑塞矩阵必须是半负定矩阵。条件(10.8)就是该命题在 $n=1$ 时的表述。

条件(10.9)的含义很简单。必要条件 $\nabla f(\tilde{x})=\underline{0}$ 的意思是:在 $\tilde{x}$ 处,f 的图形在每个方向上都是水平的。条件(10.9)表明,如果 $\tilde{x}$ 是 f 的局部最优点,那么,在 $\tilde{x}$ 的很小的邻域内,f 的图形在任何方向上都不能"向上弯曲"。请看图 10.1,图中 $\tilde{x}=(1, 1)$ 是 f 的一个局部最大值点。在 $\tilde{x}$ 处,f 的所有方向上的斜率都是 $\hat{0}$,且 $\tilde{x}$ 向周围任何方向上的微小变化都不会让 f 向上弯曲。

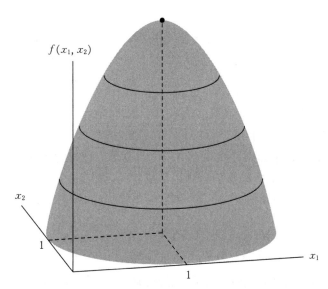

图 10.1　f 在 $\tilde{x}=(1, 1)$ 取得局部最大值时所满足的一阶和二阶必要条件

再来看看图 10.2。在 $\tilde{x}=(1, 1)$ 处,f 在所有方向上的斜率都是 $\hat{0}$,但是 $\tilde{x}$ 向周围某一个方向上的微小变化使 f 向上弯曲,因此,$\tilde{x}$ 不是 f 的局部最大值点。

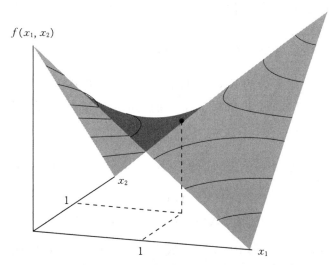

图 10.2　f 在 $\tilde{x}=(1, 1)$ 处满足一阶必要条件,但不满足二阶必要条件,因此 $\tilde{x}=(1, 1)$ 不是 f 的局部最大值点

到目前为止,我们所讨论都是无约束的最优化问题,现在我们开始讨论有约束的最优化问题(10.1)。假设我们已经根据一阶最优条件求出了 $\tilde{x}$,再次用 $I(\tilde{x})$ 表示在点 $\tilde{x}$ 处的限制性约束的编号集合。如果 $I(\tilde{x})=\varnothing$ 且 $\tilde{x}$ 是 f 的局部最大值点,那么我们解的仍然是无约束问题,局部最优的必要条件就是 $\nabla f(\tilde{x})=\underline{0}$ 和条件(10.9)。我们考虑 $\tilde{x}$ 处至少有一个限制性约束的问题,这要求 $I(\tilde{x})\neq\varnothing$。在不失一般性的情况下,假设 $\tilde{x}$ 处的前 k 个约束为限制性约束,也就是说,$I(\tilde{x})=\{1,\cdots,k\}$,$1\leqslant k\leqslant m$。

对于问题(10.1)那样的有约束的最优化问题来说,我们的必要性命题(10.4)变成了:如果 $\tilde{x}$ 是 f 的局部最大值点,f 受到的约束为 $g_1(x)\leqslant b_1,\cdots,g_m(x)\leqslant b_m$,那么,一定存在一个 $\varepsilon>0$,使得:

$$f(\tilde{x}+\Delta x)\leqslant f(\tilde{x}) \ \forall \Delta x,\text{其中}\ \tilde{x}+\Delta x\in B_{d_E}(\tilde{x},\varepsilon)$$
$$g_j(\tilde{x}+\Delta x)\leqslant b_j \ \forall j=1,\cdots,k \tag{10.11}$$

剩下的 $m-k$ 个约束在 $\tilde{x}$ 处是松弛的,也就是说,当 $j=k+1,\cdots,m$ 时,$g_j(\tilde{x})<b_j$。我们只考虑约束条件是 x 的连续函数的那些最优化问题,对于任意接近 0 的 ε 值,邻域 $B_{d_E}(\tilde{x},\varepsilon)$ 是非常小的,以至于在 $\tilde{x}$ 处的每个松弛约束对每个可行点 $\tilde{x}+\Delta x\in B_{d_E}(\tilde{x},\varepsilon)$ 也是松弛的。那么,在这个非常小的邻域中,我们也可以忽略这些松弛约束。因此,命题(10.11)告诉我们,下面这个更特殊的命题也是成立的:如果 $\tilde{x}$ 是 f 的局部最大值点,f 受到的约束为 $g_1(x)\leqslant b_1,\cdots,g_m(x)\leqslant b_m$,那么一定存在一个 $\varepsilon>0$,使得:

$$f(\tilde{x}+\Delta x)\leqslant f(\tilde{x}) \ \forall \Delta x,\text{其中}\ \tilde{x}+\Delta x\in B_{d_E}(\tilde{x},\varepsilon)$$
$$g_j(\tilde{x}+\Delta x)\leqslant b_j, \ \forall j=1,\cdots,k \tag{10.12}$$

当 ε 非常小时,我们可以将命题(10.12)按二阶泰勒展开式展开为:

$$\nabla f(\tilde{x})\cdot\Delta x+\frac{1}{2}\Delta x^T H_f(\tilde{x})\Delta x\leqslant 0, \ \forall \Delta x,\text{其中}(\tilde{x}+\Delta x)\in B_{d_E}(\tilde{x},\varepsilon)$$
$$g_j(\tilde{x}+\Delta x)\leqslant b_j, \ \forall j=1,\cdots,k \tag{10.13}$$

在这个有约束的情况下,KKT 条件不是 $\nabla f(\tilde{x})=\underline{0}$,而是:

$$\nabla f(\tilde{x})=\sum_{j=1}^m \tilde{\lambda}_j\nabla g_j(\tilde{x})=\sum_{j=1}^k \tilde{\lambda}_j\nabla g_j(\tilde{x}) \quad (\text{因为}\ \tilde{\lambda}_{k+1}=\cdots=\lambda_m=0) \tag{10.14}$$

其中,$\tilde{\lambda}_1,\cdots,\tilde{\lambda}_k$ 是根据 $\tilde{x}$ 处的 KKT 条件和互补松弛条件算出来的限制性约束的乘数。将式(10.14)带入式(10.13)可知:如果 $\tilde{x}$ 是 f 的局部最大值点,f 受到的约束为 $g_1(x)\leqslant b_1,\cdots,g_m(x)\leqslant b_m$,那么一定要存在一个 $\varepsilon>0$,使得:

$$\tilde{\lambda}_1\nabla g_1(\tilde{x})\cdot\Delta x+\cdots+\tilde{\lambda}_k\nabla g_k(\tilde{x})\cdot\Delta x+\frac{1}{2}\Delta x^T H_f(\tilde{x})\Delta x\leqslant 0, \ \forall \Delta x,$$
$$\text{其中}\ \tilde{x}+\Delta x\in B_{d_E}(\tilde{x},\varepsilon) \tag{10.15}$$
$$g_j(\tilde{x}+\Delta x)\leqslant b_j, \ \forall j=1,\cdots,k \tag{10.16}$$

对于两类微小变化 Δx,式(10.15)一定成立:第一,满足式(10.16)中小于号的 Δx;第二,满足式(10.16)中等号的 Δx。从现在开始我们只考虑满足式(10.16)中等号条件的微小变化。

根据二阶泰勒展开式的近似,我们将维持可行性要求(feasibility-preserving requirement)$g_j(\tilde{x}+\Delta x)=g_j(\tilde{x})=b_j(j=1,\cdots,k)$写为:

$$g_j(\tilde{x}+\Delta x)=g_j(\tilde{x})+\nabla g_j(\tilde{x})\cdot\Delta x+\frac{1}{2}\Delta x^T H_{g_j}(\tilde{x})\Delta x=g_j(\tilde{x})=b_j,\ j=1,\cdots,k$$

也就是说,对每个$j=1,\cdots,k$,有:

$$\nabla g_j(\tilde{x})\cdot\Delta x=-\frac{1}{2}\Delta x^T H_{g_j}(\tilde{x})\Delta x \tag{10.17}$$

因此,式(10.15)和式(10.17)提供了一个更特殊的必要性命题:如果$\tilde{x}$是f的局部最大值点,f受到的约束为$g_1(x)\leqslant b_1,\cdots,g_m(x)\leqslant b_m$,那么一定存在一个$\varepsilon>0$,使得:

$$\Delta x^T[H_f(\tilde{x})-\tilde{\lambda}_1 H_{g_1}(\tilde{x})-\cdots-\tilde{\lambda}_k H_{g_k}(\tilde{x})]\Delta x\leqslant 0,\ \forall\Delta x \tag{10.18}$$

$$\text{其中,}\tilde{x}+\Delta x\in B_{d_E}(\tilde{x},\varepsilon)\text{和}g_j(\tilde{x}+\Delta x)\leqslant b_j,\ \forall j=1,\cdots,k \tag{10.19}$$

式(10.18)括号里的矩阵是问题(10.1)的受限拉格朗日函数的黑塞矩阵(只对$x_1,\cdots,x_n$求导),即

$$L^r(x_1,\cdots,x_n;\tilde{\lambda}_1,\cdots,\tilde{\lambda}_k)$$

$$=f(x_1,\cdots,x_n)+\sum_{j=1}^{k}\tilde{\lambda}_j(b_j-g_j(x_1,\cdots,x_n)) \tag{10.20}$$

其中,拉格朗日乘数的值被固定在$\tilde{x}$处的满足KKT条件的值上。也就是说,对每个$j=1,\cdots,k$,有$\lambda_j=\tilde{\lambda}_j$;对每个$j=k+1,\cdots,m$,有$\lambda_j=0$。

式(10.18)指出,当在$\tilde{x}$处的微小变化满足式(10.19)时,函数$L^r(\tilde{x}+\Delta x;\tilde{\lambda})$在$\tilde{x}$处的值并不会超过$L^r(\tilde{x};\tilde{\lambda})$。为什么会这样呢?对于一个二阶近似(别忘了,拉格朗日乘数的值是固定的),有:

$$L^r(\tilde{x}+\Delta x;\tilde{\lambda})=$$

$$L^r(\tilde{x};\tilde{\lambda})+\nabla_x L^r(\tilde{x};\tilde{\lambda})|_{x=\tilde{x}}\cdot\Delta x+\frac{1}{2}\Delta x^T H_{L^r}(x;\tilde{\lambda})|_{x=\tilde{x}}\Delta x \tag{10.21}$$

KKT条件在$\tilde{x}$处一定成立,也就是说,

$$\nabla f(\tilde{x})=\sum_{j=1}^{k}\tilde{\lambda}_j\nabla g_j(\tilde{x})\Leftrightarrow\nabla_x L^r(x;\tilde{\lambda})|_{x=\tilde{x}}=\underline{0}_n \tag{10.22}$$

因此,$L^r(\tilde{x}+\Delta x;\tilde{\lambda})\leqslant L^r(\tilde{x};\tilde{\lambda})$意味着以下两个式子成立:

$$\nabla_x L^r(x;\tilde{\lambda})|_{x=\tilde{x}}=\underline{0}\ \text{和}\ \Delta x^T H_{L^r}(x;\tilde{\lambda})|_{x=\tilde{x}}\Delta x\leqslant 0 \tag{10.23}$$

其中,第二个式子实际上就是式(10.18),因为,

$$H_f(x)-\tilde{\lambda}_1 H_{g_1}(x)-\cdots-\tilde{\lambda}_k H_{g_k}(x)=H_{L^r}(x;\tilde{\lambda}) \tag{10.24}$$

完整地写出这个n阶矩阵:

$$H_{L^r}(x_1, \cdots, x_n; \widetilde{\lambda}_1, \cdots, \widetilde{\lambda}_k) = \begin{vmatrix} \dfrac{\partial^2 L^r(x; \widetilde{\lambda})}{\partial x_1^2} & \cdots & \dfrac{\partial^2 L^r(x; \widetilde{\lambda})}{\partial x_n \partial x_1} \\ \vdots & \ddots & \vdots \\ \dfrac{\partial^2 L^r(x; \widetilde{\lambda})}{\partial x_1 \partial x_n} & \cdots & \dfrac{\partial^2 L^r(x; \widetilde{\lambda})}{\partial x_n^2} \end{vmatrix}$$

$$= \begin{vmatrix} \dfrac{\partial^2 f(x)}{\partial x_1^2} - \sum_{j=1}^{k} \widetilde{\lambda}_j \dfrac{\partial^2 g_j(x)}{\partial x_1^2} & \cdots & \dfrac{\partial^2 f(x)}{\partial x_n \partial x_1} - \sum_{j=1}^{k} \widetilde{\lambda}_j \dfrac{\partial^2 g_j(x)}{\partial x_n \partial x_1} \\ \vdots & \ddots & \vdots \\ \dfrac{\partial^2 f(x)}{\partial x_1 \partial x_n} - \sum_{j=1}^{k} \widetilde{\lambda}_j \dfrac{\partial^2 g_j(x)}{\partial x_1 \partial x_n} & \cdots & \dfrac{\partial^2 f(x)}{\partial x_n^2} - \sum_{j=1}^{k} \widetilde{\lambda}_j \dfrac{\partial^2 g_j(x)}{\partial x_n^2} \end{vmatrix} \qquad (10.25)$$

让我们归纳一下到目前为止得到的结论。最开始的必要性命题(10.11)是一个相对小的命题:如果 $\widetilde{x}$ 是 f 的局部最大值点,约束条件为 $g_1(x) \leqslant b_1, \cdots, g_m(x) \leqslant b_m$,那么,一定存在一个 $\varepsilon > 0$,使得:

$$\Delta x^T H_{L^r}(x; \widetilde{\lambda})|_{x=\widetilde{x}} \Delta x \leqslant 0, \ \forall \Delta x \qquad (10.26)$$
$$\text{其中 } \widetilde{x} + \Delta x \in B_{d_E}(\widetilde{x}, \varepsilon) \text{ 和 } g_j(\widetilde{x} + \Delta x) \leqslant b_j, \ \forall j = 1, \cdots, k \qquad (10.27)$$

$L^r(x; \widetilde{\lambda})$ 由式(10.20)给出。

仔细一点,不要把式(10.26)和式(10.27)理解为该最优化问题的拉格朗日函数的黑塞矩阵在局部约束最优点 $\widetilde{x}$ 处一定是半负定矩阵,这种理解是错误的。首先,在该问题的拉格朗日函数 $L(x_1, \cdots, x_n, \lambda_1, \cdots, \lambda_n)$ 中,$x_1, \cdots, x_n$ 和 $\lambda_1, \cdots, \lambda_n$ 都是变量。而在式(10.26)中提到的受限拉格朗日函数中,只有 $x_1, \cdots, x_n$ 是变量,因为 $\lambda_1, \cdots, \lambda_k$,$\lambda_{k+1}, \cdots, \lambda_m$ 的值被固定在了 $\widetilde{\lambda}_1, \cdots, \widetilde{\lambda}_k, 0, \cdots, 0$ 上。其次,只有在足够小的微小变化 Δx 满足式(10.27)时,式(10.26)才一定成立。而 $L^r(x; \widetilde{\lambda})$ 的黑塞矩阵的半负定性则要求:对每个可能的 Δx,式(10.26)一定成立,无论 Δx 是否满足式(10.27)。

请记住,二阶必要条件(10.26)不仅依赖于一阶 KKT 条件,也依赖于互补松弛条件。式(10.26)之所以依赖于 KKT 条件是因为我们利用该条件把式(10.13)改写成了式(10.15);式(10.26)之所以依赖于互补松弛条件是因为计算 $\widetilde{\lambda}_1, \cdots, \widetilde{\lambda}_k$ 的值时用到了互补松弛条件和 KKT 条件。

根据本节讨论的内容,可以得出以下定理:

定理 10.1(局部最优的二阶必要条件) 令 $\widetilde{x}$ 为问题(10.1)的局部最优解。令 $I(\widetilde{x}) \neq \varnothing$ 为在 $\widetilde{x}$ 处的限制性约束的编号集合,令 $\widetilde{\lambda}_j[j \in I(\widetilde{x})]$ 为在 $\widetilde{x}$ 处满足 KKT 必要条件

$$\boldsymbol{\nabla} f(\widetilde{x}) = \sum_{j \in I(\widetilde{x})} \lambda_j \boldsymbol{\nabla} g_j(\widetilde{x})$$

和互补松弛条件

$$\lambda_j(b_j - g_j(\widetilde{x})) = 0, \ j \in I(\widetilde{x})$$

的解。令

$$L^r(x_1, \cdots, x_n; \widetilde{\lambda}_1, \cdots, \widetilde{\lambda}_k) = f(x_1, \cdots, x_n) + \sum_{j \in I(\widetilde{x})} \widetilde{\lambda}_j(b_j - g_j(x_1, \cdots, x_n))$$

那么一定存在一个 $\varepsilon > 0$，使得对所有满足 $\tilde{x} + \Delta x \in B_{d_E}(\tilde{x}, \varepsilon)$ 的 Δx，以及 $g_j(\tilde{x} + \Delta x) = b_j \; \forall j \in I(\tilde{x})$，$\Delta x^T H_{L^r}(x; \tilde{\lambda})\big|_{x=\tilde{x}} \Delta x \leq 0$ 都成立。

稍后我们将会看到，局部最优的二阶必要条件有很多有价值的用途。

10.3　二阶必要条件的几何表达

二阶必要条件(10.26)和(10.27)在几何上的含义是什么？我们已经知道了，只有当 f 在 $\tilde{x}$ 处所有方向上的斜率都是 0，且 $\tilde{x}$ 周围任何方向上的微小变化都不使 f 的图形"向上弯曲"时，点 $\tilde{x}$ 才是局部最大值点。但是这个表述是针对无约束的最优化问题的，它不适用于有约束的最优化问题。

一些例子可以帮你更好地理解。首先考虑一个之前见过的最优化问题：

$$\max_{x_1, x_2} f(x_1, x_2) = x_1^2 x_2^2 \quad \text{s.t.} \quad g_1(x_1) = -x_1 \leq 0,$$
$$g_2(x_1, x_2) = -x_2 \leq 0, \; g_3(x_1, x_2) = x_1 + x_2 \leq 2 \tag{10.28}$$

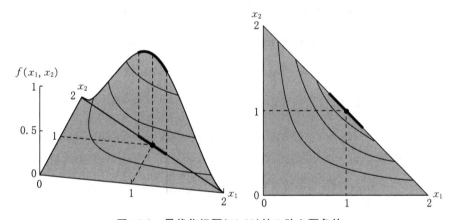

图 10.3　最优化问题(10.28)的二阶必要条件

图 10.3 展示了该问题的图形。$\tilde{x} = (1, 1)$ 是这个最优化问题的局部最优解。在因为 $\tilde{x} = (1, 1)$ 处只有第三个约束条件是限制性约束，所以 KKT 必要条件为：

$$\nabla f(\tilde{x}) = (2\tilde{x}_1 \tilde{x}_2^2, 2\tilde{x}_1^2 \tilde{x}_2) = (2, 2) = \tilde{\lambda}_3 \nabla g_3(\tilde{x}) = \tilde{\lambda}_3 (1, 1) \Rightarrow \tilde{\lambda}_3 = 2 > 0 \tag{10.29}$$

能维持可行性的微小变化为 $\Delta x = (\Delta x_1, \Delta x_2)$，限制性约束要在 $(1, 1)$ 的邻域内保持限制性就必须满足：

$$b_3 = 2 = g_3((1, 1) + \Delta x) = g_3(1, 1) + \nabla g_3(1, 1) \cdot \Delta x + \frac{1}{2} \Delta x^T H_{g_3}(x)\big|_{x=(1, 1)} \Delta x$$

其中，因为 $g_3(1, 1) = 2$，$\nabla g_3(1, 1) = (1, 1)$，$H_{g_3}(1, 1) = \begin{bmatrix} 0 & 0 \\ 0 & 0 \end{bmatrix}$，所以，每个 Δx 都要满足：

$$0 = \Delta x_1 + \Delta x_2 \Rightarrow \Delta x_1 = -\Delta x_2 \tag{10.30}$$

因此，对于 $\Delta x_1 = -\Delta x_2$[见式(10.30)]，局部最优的二阶必要条件为：

$$(\Delta x_1,\ \Delta x_2)\left[\left.\begin{pmatrix} 2\tilde{x}_2^2 & 4\tilde{x}_1\tilde{x}_2 \\ 4\tilde{x}_1\tilde{x}_2 & 2\tilde{x}_1^2 \end{pmatrix}\right|_{\tilde{x}=(1,\ 1)}-\tilde{\lambda}_3\left.\begin{pmatrix} 0 & 0 \\ 0 & 0 \end{pmatrix}\right|_{\tilde{\lambda}_3=2}\right]\begin{pmatrix} \Delta x_1 \\ \Delta x_2 \end{pmatrix}$$

$$=(\Delta x_1,\ \Delta x_2)\begin{pmatrix} 2 & 4 \\ 4 & 2 \end{pmatrix}\begin{pmatrix} \Delta x_1 \\ \Delta x_2 \end{pmatrix}$$

$$=2(\Delta x_1^2+4\Delta x_1\Delta x_2+\Delta x_2^2) \tag{10.31}$$

$$=-4(\Delta x_1)^2\leqslant 0 \tag{10.32}$$

这意味着什么呢？在$(1,1)$周围，保持可行性且保持限制性约束$x_1+x_2=2$的微小变化位于直线$x_1+x_2=2$上，因此$\Delta x_1=-\Delta x_2$。考虑$(1,1)$附近的直线上的区间，如图10.3中两个图中的短虚线所示。对于这个区间中的点$(x_1,\ x_2)$，目标函数的方程为：

$$\psi(x_1)\equiv f(x_1,\ x_2=2-x_1)=x_1^2(2-x_1)^2=x_1^4-4x_1^3+4x_1^2 \tag{10.33}$$

在$(x_1,\ x_2)=(1,\ 1)$处，这个函数的一阶导和二阶导的值分别为$\psi'(x_1)=4x_1^3-12x_1^2+8x_1=0$和$\psi''(x_1)=12x_1^2-24x_1+8=-4<0$。因此，在这个小区间内，局部最优的一阶必要条件和局部最优的二阶必要条件都得到满足了。请注意，当拉格朗日函数

$$L(x_1,\ x_2,\ \lambda_1,\ \lambda_2,\ \lambda_3)=x_1^2x_2^2+\lambda_1x_1+\lambda_2x_2+\lambda_3(2-x_1-x_2)$$

中λ的值被设定为$\lambda_1=\tilde{\lambda}_1=0$，$\lambda_2=\tilde{\lambda}_2=0$，$\lambda_3=\tilde{\lambda}_3=2$时，它就变成：

$$L^r(x_1,\ x_2;\ 0,\ 0,\ 2)=x_1^2x_2^2+2(2-x_1-x_2)$$

因此，在集合$\{(x_1,\ x_2)|x_1+x_2=2\}$上，受限拉格朗日函数为$L^r(x_1,\ x_2;\ 0,\ 0,\ 2)\equiv\psi(x_1)$。

现在再来考虑与第一个问题类似的新问题，区别就在于第三个约束条件有所不同：

$$\max_{x_1,\ x_2}f(x_1,\ x_2)=x_1^2x_2^2 \quad \text{s.t.} \quad g_1(x_1)=-x_1\leqslant 0,$$

$$g_2(x_1,\ x_2)=-x_2\leqslant 0,\ g_3(x_1,\ x_2)=x_1^2+x_2^2\leqslant 2 \tag{10.34}$$

图10.4展示了该问题的图形。$\tilde{x}=(1,\ 1)$仍为局部最优解。因为在$\tilde{x}=(1,\ 1)$处只有三个约束条件是限制性约束，所以KKT必要条件为：

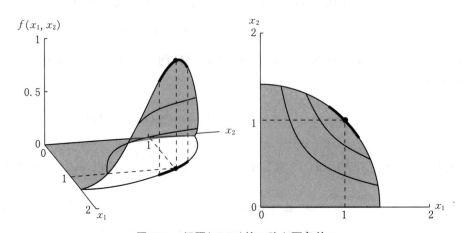

图10.4　问题(10.34)的二阶必要条件

$$\nabla f(\widetilde{x}) = (2\widetilde{x}_1\widetilde{x}_2^2, 2\widetilde{x}_1^2\widetilde{x}_2) = (2, 2) = \widetilde{\lambda}_3 \nabla g_3(\widetilde{x})$$
$$= \widetilde{\lambda}_3(2\widetilde{x}_1, 2\widetilde{x}_2) = \widetilde{\lambda}_3(2, 2) \Rightarrow \widetilde{\lambda}_3 = 1 > 0 \qquad (10.35)$$

维持可行性的微小变化为 $\Delta x = (\Delta x_1, \Delta x_2)$,限制性约束要在$(1, 1)$的邻域内保持约束的限制性就必须满足:

$$b_3 = 2 = g_3((1, 1) + \Delta x) = g_3(1, 1) + \nabla g_3(1, 1) \cdot \Delta x + \frac{1}{2}\Delta x^T H_{g_3}(x)|_{x=(1, 1)} \Delta x$$

其中,因为 $g_3(1, 1) = 2$,$\nabla g_3(1, 1) = (2, 2)$,$H_{g_3}(1, 1) = \begin{bmatrix} 2 & 0 \\ 0 & 2 \end{bmatrix}$,所以,每个 Δx 都要满足:

$$0 = 2\Delta x_1 + 2\Delta x_2 + (\Delta x_1)^2 + (\Delta x_2)^2 \qquad (10.36)$$

局部最优的二阶必要条件(10.18)为,对每个满足式(10.36)的微小变化$(\Delta x_1, \Delta x_2)$,都有:

$$Q = (\Delta x_1, \Delta x_2) \left(\begin{bmatrix} 2\widetilde{x}_2^2 & 4\widetilde{x}_1\widetilde{x}_2 \\ 4\widetilde{x}_1\widetilde{x}_2 & 2\widetilde{x}_1^2 \end{bmatrix} \bigg|_{\widetilde{x}=(1, 1)} - \widetilde{\lambda}_3 \begin{bmatrix} 2 & 0 \\ 0 & 2 \end{bmatrix} \bigg|_{\widetilde{\lambda}_3=1} \right) \begin{bmatrix} \Delta x_1 \\ \Delta x_2 \end{bmatrix}$$
$$= (\Delta x_1, \Delta x_2) \begin{bmatrix} 0 & 4 \\ 4 & 0 \end{bmatrix} \begin{bmatrix} \Delta x_1 \\ \Delta x_2 \end{bmatrix}$$
$$= 8\Delta x_1 \Delta x_2 \leqslant 0 \qquad (10.37)$$

重新整理式(10.36)可以得到:

$$\Delta x_2 = -1 + \sqrt{2 - (\Delta x_1 + 1)^2} \qquad (10.38)$$

把它代入式(10.37)可得:

$$Q = 8\Delta x_1 (-1 + \sqrt{2 - (\Delta x_1 + 1)^2})$$

很容易可以看出,当 $\Delta x_1 = 0$ 时,$Q = 0$;当 $\Delta x_1 \in [-1, 0) \bigcup (0, \sqrt{2} - 1]$时,$Q < 0$。所以,的确存在一个足够小且严格大于零的 ε 使得二阶必要条件成立。还有另一个方法可以证明这个结论。只定义在集合$\{(x_1, x_2) | x_1^2 + x_2^2 = 2\}$上的目标函数是函数

$$\theta(x_1) \equiv f(x_1, x_2 = \sqrt{2 - x_1^2}) = x_1^2(2 - x_1^2)$$

当 $x_1 = 0$ 和 $x_1 = 1$ 时,$\theta'(x_1) = 4x_1(1 - x_1^2) = 0$($x_1 = -1$ 违背了第一个约束)。当 $x_1 = 0$ 时,$\theta''(x_1) = 4(1 - 3x_1^2) > 0$,不过,$\theta''(1) < 0$。因此,$\theta(x_1)$ 在 $x_1 = 1$($x_2 = 1$)处取得了集合$\{(x_1, x_2) \in \mathfrak{R}_+^2 | x_1^2 + x_2^2 = 2\}$上的局部最大值。因为 $\widetilde{x} = (1, 1)$时,拉格朗日乘数的值为$\widetilde{\lambda}_1 = 0$,$\widetilde{\lambda}_2 = 0$,$\widetilde{\lambda}_3 = 1$,所以定义在集合$\{(x_1, x_2) \in \mathfrak{R}_+^2 | x_1^2 + x_2^2 = 2\}$上的受限拉格朗日函数为:

$$L^r(x_1, x_2; \widetilde{\lambda}_1, \widetilde{\lambda}_2, \widetilde{\lambda}_3) = x_1^2 x_2^2 + 2 - x_1^2 - x_2^2 \equiv \theta(x_1)$$

必要条件(10.32)和(10.37)不一样。为什么会不一样呢? 这两个问题的目标函数都是$f(x_1, x_2) = x_1^2 x_2^2$,局部最优解都是 $\widetilde{x} = (1, 1)$,都只有一个限制性约束,且两个问题中的

限制性约束在 $\tilde{x}=(1,1)$ 处的梯度向量的方向相同。第一个最优化问题的二阶必要条件告诉我们,当限定于直线 $x_1+x_2=2$ 上的点 $(x_1,x_2)=(1+\Delta x_1,1+\Delta x_2)$ 时,目标函数 $f(x_1,x_2)=x_1^2 x_2^2$ 一定是在点 $(1,1)$ 的足够小邻域内的弱凹函数。第二个问题的二阶必要条件告诉我们,对于点 $(1,1)$ 在路径 $x_1^2+x_2^2=2$ 上的微小变动,当限定在圆环 $x_1^2+x_2^2=2$ 上的点 $(x_1,x_2)=(1+\Delta x_1,1+\Delta x_2)$ 时,目标函数 $f(x_1,x_2)=x_1^2 x_2^2$ 一定是在点 $(1,1)$ 的足够小邻域内的弱凹函数。图 10.3 的左图展示了目标函数定义在 $x_1+x_2=2$ 上的图形,图 10.4 的左图展示了目标函数定义在 $x_1^2+x_2^2=2$ 上的图形。很明显,这两个图是不一样的,即使它们在同一个点 $(1,1)$ 处取得了同样的最大值 $f(1,1)=1$。

有的人认为,二阶必要条件意味着有约束的最优化问题的目标函数在局部最优点处是局部凹函数(至少是弱凹函数)。由上面两个例子可知,这种说法是不对的。观察位于从原点到 $(1,1)$ 的直线的上方的目标函数图形。在这条直线上,$x_1=x_2$,目标函数为 $f(x_1)=x_1^4$。这是一个包含了点 $(1,1)$ 和它附近的点的严格凸函数。因此,正确的说法是:"在局部最优点 $\tilde{x}$ 处,在从 $\tilde{x}$ 出发且使得所有约束在 $\tilde{x}$ 处都是限制性约束的任意路径上,目标函数一定是局部凹函数(至少是弱凹函数)。"

另一个错误的说法是,二阶必要条件说明有约束的最优化问题的受限拉格朗日函数在局部最优点处是局部凹函数(至少是弱凹函数)。上面的两个例子也都证明了这种说法是不正确的。再次观察这两个问题的位于从原点到 $(1,1)$ 的直线的上方的目标函数图形。在第一个例子中,受限于 $x_1=x_2$ 的拉格朗日函数 $L^r(x_1,x_2;\tilde{\lambda})$ 为:

$$L^r(x_1,x_1;0,0,2)=x_1^4+2(2-2x_1)=x_1^4-4x_1+4$$

该函数对任意 $x_1>0$(包括点 $x_1=1$ 和它周围的点)都是严格凸函数。同样,在第二个例子中,受限于 $x_1=x_2$ 的拉格朗日函数 $L^r(x_1,x_2;\tilde{\lambda})$ 为:

$$L^r(x_1,x_1;0,0,1)=x_1^4+2-2x_1^2$$

这个函数在点 $x_1=1$ 和它周围的点处也是严格凸函数。因此,正确的说法是:"在局部最优点 $\tilde{x}$ 处,在从 $\tilde{x}$ 出发且使得所有约束在 $\tilde{x}$ 处都是限制性约束的任意路径上,受限拉格朗日函数一定是局部凹函数(至少是弱凹函数)。"

尽管描述的对象不同,第一个讨论的是最优化问题的目标函数,而第二个讨论的是最优化问题的受限拉格朗日函数,但上面两个带引号的说法竟然如此相似,为什么会这样?这是因为这两个结论实际上是一样的。在从 $\tilde{x}$ 出发且使得所有约束在 $\tilde{x}$ 处都是限制性约束的任意路径上,最优化问题的目标函数 $f(x_1,x_2)$ 和受限拉格朗日函数 $L^r(x_1,x_2;\tilde{\lambda})$ 是一样的。为什么呢?请思考。

第三个例子能让你更好地理解二阶必要条件。问题是

$$\max_{x_1,x_2} f(x_1,x_2)=(x_1+1)^2+(x_2+1)^2$$
$$\text{s.t.} \quad g_1(x_1)=-x_1\leqslant 0, \ g_2(x_2)=-x_2\leqslant 0, \ g_3(x_1,x_2)=x_1^2+x_2^2\leqslant 2 \quad (10.39)$$

图 10.5 展示了该问题的图形。$\tilde{x}=(1,1)$ 是局部最优解。很明显,$\tilde{\lambda}_1=\tilde{\lambda}_2=0$。KKT 必要条件为:

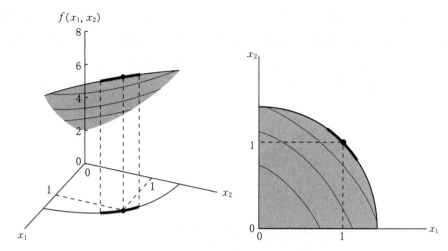

图 10.5　问题(10.39)的二阶必要条件

$$\nabla f(1,1)=(2(x_1+1),\,2(x_2+1))|_{x=(1,1)}=(4,4)=\tilde{\lambda}_3\nabla g_3(1,1)$$
$$=\tilde{\lambda}_3(2x_1,\,2x_2)|_{x=(1,1)}=\tilde{\lambda}_3(2,\,2)$$

因此，$\tilde{\lambda}_3=2>0$。此时，受限拉格朗日函数为：

$$L^r(x;\tilde{\lambda})=L^r(x_1,x_2;0,0,2)=(x_1+1)^2+(x_2+1)^2+2(2-x_1^2-x_2^2)$$

该函数的黑塞矩阵在 $\Re^2_+$ 上的值是恒定不变的，该矩阵为：

$$H_{L^r}(x;\tilde{\lambda})\equiv\begin{bmatrix}-2&0\\0&-2\end{bmatrix}$$

这个矩阵是负定矩阵(因此也是半负定矩阵)，二阶必要条件得到了满足。因为目标函数 $f(x_1,x_2)=(x_1+1)^2+(x_2+1)^2$ 在 $\Re^2_+$ 上处处都是严格凸函数。所以，这个例子证明了不是每个满足了二阶必要条件的有约束的最优化问题的目标函数都一定是弱凹函数。但是，该问题的目标函数在集合 $\{(\Delta x_1,\Delta x_2)\,|\,(1+\Delta x_1)^2+(1+\Delta x_2)^2=2\}$ 上是凹函数。让我们来看看为什么。根据式(10.38)可得：

$$\Gamma(\Delta x_1)\equiv f(1+\Delta x_1,1+\Delta x_2)=(2+\Delta x_1)^2+(2+\Delta x_2)^2$$
$$=6+2\Delta x_1+2\sqrt{2-(1+\Delta x_1)^2}$$

该函数的一阶导为：

$$\Gamma'(\Delta x_1)=2-\frac{2(1+\Delta x_1)}{\sqrt{2-(1+\Delta x_1)^2}}$$

当 $\Delta x_1=0$ 时，$\Gamma'(\Delta x_1)=0$。Γ 的二阶导为：

$$\Gamma''(\Delta x_1)=-\frac{4}{(2-(1+\Delta x_1)^2)^{3/2}}<0$$

其中，$-1-\sqrt{2}<\Delta x_1<\sqrt{2}-1$。因此，正如我们在前两个例子中看到的，当只考虑使约束

条件在局部最优解点 $\widetilde{x}$ 处都是限制性约束的可行点集时,这个问题的受限拉格朗日函数（$\widetilde{\lambda}$ 值被固定在一阶必要条件在 $\widetilde{x}$ 处被满足的值上）在 $\widetilde{x}$ 的邻域内一定至少是弱凹函数。

到目前为止,所有的例子都有一个共同点,即局部最优点处只有一个约束条件是限制性约束。下一个例子,也是最后一个例子,就不一样了。图 10.6 展示了该问题:

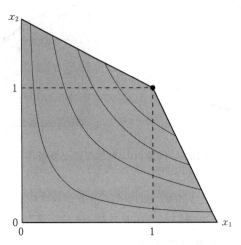

图 10.6　(0, 0)是唯一使两个约束都是限制性约束的微小变化

$$\max_{x_1,\,x_2} f(x_1,\,x_2) = x_1 x_2 \quad \text{s.t.} \quad g_1(x_1) = -x_1 \leqslant 0, \ g_2(x_2) = -x_2 \leqslant 0,$$
$$g_3(x_1,\,x_2) = x_1 + 2x_2 \leqslant 3, \ g_4(x_1,\,x_2) = 2x_1 + x_2 \leqslant 3 \tag{10.40}$$

局部最优解仍为 $\widetilde{x} = (1,\,1)$。在该点处,g_3 和 g_4 都是限制性约束,f、g_3 和 g_4 的梯度向量在该最优解处的值分别为:$\boldsymbol{\nabla} f(1,\,1) = (1,\,1)$,$\boldsymbol{\nabla} g_3(1,\,1) = (1,\,2)$,$\boldsymbol{\nabla} g_4(1,\,1) = (2,\,1)$。KKT 必要条件为:

$$(1,\,1) = (\widetilde{\lambda}_3,\,\widetilde{\lambda}_4)\begin{pmatrix} 1 & 2 \\ 2 & 1 \end{pmatrix} \Rightarrow \widetilde{\lambda}_3 = \widetilde{\lambda}_4 = \frac{1}{3}$$

因此,该问题在该局部最优处的受限拉格朗日函数 $L^r(x;\,\widetilde{\lambda})$ 为:

$$L^r\left(x_1,\,x_2;\,0,\,0,\,\frac{1}{3},\,\frac{1}{3}\right) = x_1 x_2 + \frac{1}{3}(3 - x_1 - 2x_2) + \frac{1}{3}(3 - 2x_1 - x_2)$$
$$= x_1 x_2 - x_1 - x_2 + 2$$

计算出 $\widetilde{x} = (1,\,1)$ 时该受限拉格朗日函数的黑塞矩阵为:

$$H_{L^r}(x;\,\widetilde{\lambda})\big|_{x=(1,\,1)} = \begin{pmatrix} 0 & 1 \\ 1 & 0 \end{pmatrix}$$

二阶必要条件为:存在一个 $\varepsilon > 0$,使得:

$$(\Delta x_1,\,\Delta x_2)\begin{pmatrix} 0 & 1 \\ 1 & 0 \end{pmatrix}\begin{pmatrix} \Delta x_1 \\ \Delta x_2 \end{pmatrix} = 2\Delta x_1 \Delta x_2 \leqslant 0 \tag{10.41}$$

$$\forall (\Delta x_1,\,\Delta x_2) \text{满足} (1 + \Delta x_1,\,1 + \Delta x_2) \in B_{d_E}((1,\,1),\,\varepsilon),$$

$$1+\Delta x_1+2(1+\Delta x_2)=3\Rightarrow\Delta x_1=-2\Delta x_2, \tag{10.42}$$

$$\text{和 } 2(1+\Delta x_1)+1+\Delta x_2=3\Rightarrow 2\Delta x_1=-\Delta x_2 \tag{10.43}$$

唯一满足式(10.42)和式(10.43)的 Δx_1 和 Δx_2 为 $\Delta x_1=\Delta x_2=0$。因此,在这种情况下,不存在维持可行性的微小变化 Δx。此时,二阶必要条件是成立的,但没什么实际意义。为什么会这样呢? 答案并不复杂。在本例中,在点(1,1)处有两个线性无关的仿射限制性约束函数 g_3 和 g_4。因为只有两个决策变量 x_1 和 x_2,两个约束函数也只有一个交点,所以唯一维持可行性的微小变化为"无变化",即 $\Delta x_1=\Delta x_2=0$。在前三个例子中,每个例子都有非零的微小变化能使限制性约束仍然具有限制性。如果和最后一个例子一样,约束只在局部最优点 $\tilde{x}$ 处有限制性,那么只能令维持可行性的微小变化为 $\Delta x_1=\cdots=\Delta x_n=0$,这样,二阶必要条件得到了满足,但没有提供有意义的信息。

10.4 检验二阶必要条件

假设我们已经求出了一个有约束的最优化问题的一阶最优条件的解且 $\tilde{x}$ 是其中一个解,那么,对于所有 $\tilde{x}$ 周围的足够小且使 $\tilde{x}$ 处的约束为限制性约束的微小变化 Δx,我们如何检验函数 $L^r(x;\tilde{\lambda})$ 的黑塞矩阵在 $x=\tilde{x}$ 处的值是否是半负定的呢? 刚才的几个例子已经展示了检验的方法。通常情况下,我们首先要找出一个足够小的 $\varepsilon>0$,使得微小变化的集合让约束条件在 $\tilde{x}$ 处保持限制性。这个集合是:

$$\Delta(\tilde{x},\varepsilon)\equiv\{\Delta x\in\mathfrak{R}^n\,|\,g_j(\tilde{x}+\Delta x)=b_j\,\forall j\in I(\tilde{x}),\,\tilde{x}+\Delta x\in B_{d_E}(\tilde{x},\varepsilon)\}$$

然后,需要判断函数 $L^r(\tilde{x}+\Delta x;\tilde{\lambda})$ 在集合 $\Delta(\tilde{x},\varepsilon)$ 上是否至少为弱凹函数。当问题比较复杂的时候,你可能需要借助数值运算。但是在某个特殊情况下,计算起来会比较容易——所有限制性约束在局部最优值处都是 $x_1,\cdots,x_n$ 的线性函数。也就是说,所有的限制性约束都是 $g_j(x)=a_{j_1}x_1+\cdots+a_{j_n}x_n$ 这种形式的,其中,$a_{j_1},\cdots,a_{j_n}$ 是常数。保持约束条件的有限制性的微小变化 Δx 需要满足的要求为:

$$b_j=g_j(\tilde{x}+\Delta x)=g_j(\tilde{x})+\nabla g_j(\tilde{x})\cdot\Delta x=b_j+\nabla g_j(\tilde{x})\cdot\Delta x$$
$$\Rightarrow\nabla g_j(\tilde{x})\cdot\Delta x=(a_{j_1},\cdots,a_{j_n})\cdot(\Delta x_1,\cdots,\Delta x_n)=0 \tag{10.44}$$

因此,当所有限制性约束在局部最优值处都是 $x_1,\cdots,x_n$ 的线性函数时,式(10.26)和式(10.27)就可以被表述为:如果 $\tilde{x}$ 是 f 的局部最大值点,f 受到的约束为 $g_1(x)\leqslant b_1,\cdots,g_m(x)\leqslant b_m$,那么,一定存在一个 $\varepsilon>0$,使得

$$\Delta x^T H_{L^r}(x;\tilde{\lambda})|_{x=\tilde{x}}\Delta x\leqslant 0 \tag{10.45}$$

其中 $\forall\Delta x$ 满足 $\tilde{x}+\Delta x\in B_{d_E}(\tilde{x},\varepsilon)$,和 $\forall j=1,\cdots,k$,$\nabla g_j(\tilde{x})\cdot\Delta x=0$ (10.46)

对任意 $j=1,\cdots,k$,$\nabla g_j(\tilde{x})\cdot\Delta x=0$ 与 $J_g(\tilde{x})=\underline{0}_k$ 是等价的,其中 $J_g(\tilde{x})$ 是在 $x=\tilde{x}$ 处的限制性约束的梯度向量形成的雅可比矩阵的值。稍后我将介绍一个定理,如果用这个定理来检验在式(10.46)的约束下式(10.45)是否成立,事情就相对简单多了。这个定理需要用到一种矩阵的行列式,我们把这种矩阵称为加边黑塞矩阵(bordered Hessian),用 $\bar{H}$

来表示。$\bar{H}$ 是在受限拉格朗日函数 $L^r(x;\hat{\lambda})$ 对 $x_1,\cdots,x_n$ 的黑塞矩阵的（左侧和上部）边上进行扩展而得到的，被加上的两个边是限制性约束在 $x=\tilde{x}$ 处的梯度向量，即在 $\tilde{x}$ 处构成雅可比矩阵的梯度向量。如果 $x=\tilde{x}$ 处没有限制性约束，那么这个黑塞矩阵就没有边，这个加边黑塞矩阵就是受限拉格朗日函数的无边黑塞矩阵。

定义 10.1（加边黑塞矩阵） 令 $\tilde{x}\in\mathcal{C}$，用 $I(\tilde{x})$ 表示 $\tilde{x}$ 处限制性约束 $g_1,\cdots,g_m$ 的编号集合，用 $\bar{H}_{L^r}(\tilde{x};\tilde{\lambda})$ 表示 $L^r(x;\tilde{\lambda})$ 的加边黑塞矩阵在 $x=\tilde{x}$ 处的值。

如果 $I(\tilde{x})=\varnothing$，那么，$\bar{H}_{L^r}(\tilde{x};\tilde{\lambda})=H_f(\tilde{x})$；如果 $I(\tilde{x})\neq\varnothing$，那么，令 $I(\tilde{x})=\{1,\cdots,k\}$，$1\leqslant k\leqslant m$。于是有：

$$
\bar{H}_{L^r}(\tilde{x};\tilde{\lambda})=\begin{vmatrix} 0 & \cdots & 0 & \dfrac{\partial g_1(x)}{\partial x_1} & \cdots & \dfrac{\partial g_1(x)}{\partial x_n} \\ \vdots & \ddots & \vdots & \vdots & & \vdots \\ 0 & \cdots & 0 & \dfrac{\partial g_k(x)}{\partial x_1} & \cdots & \dfrac{\partial g_k(x)}{\partial x_n} \\ \dfrac{\partial g_1(x)}{\partial x_1} & \cdots & \dfrac{\partial g_k(x)}{\partial x_1} & \dfrac{\partial^2 L^r(x;\tilde{\lambda})}{\partial x_1^2} & \cdots & \dfrac{\partial^2 L^r(x;\tilde{\lambda})}{\partial x_1\partial x_n} \\ \vdots & & \vdots & \vdots & \ddots & \vdots \\ \dfrac{\partial g_1(x)}{\partial x_n} & \cdots & \dfrac{\partial g_k(x)}{\partial x_n} & \dfrac{\partial^2 L^r(x;\tilde{\lambda})}{\partial x_n\partial x_1} & \cdots & \dfrac{\partial^2 L^r(x;\tilde{\lambda})}{\partial x_n^2} \end{vmatrix}
$$

$$
=\begin{vmatrix} 0 & \cdots & 0 & \dfrac{\partial g_1(x)}{\partial x_1} & \cdots & \dfrac{\partial g_1(x)}{\partial x_n} \\ \vdots & \ddots & \vdots & \vdots & & \vdots \\ 0 & \cdots & 0 & \dfrac{\partial g_k(x)}{\partial x_1} & \cdots & \dfrac{\partial g_k(x)}{\partial x_n} \\ \dfrac{\partial g_1(x)}{\partial x_1} & \cdots & \dfrac{\partial g_k(x)}{\partial x_1} & \dfrac{\partial^2 f(x)}{\partial x_1^2}-\sum_{j=1}^{k}\tilde{\lambda}_j\dfrac{\partial^2 g_j(x)}{\partial x_1^2} & \cdots & \dfrac{\partial^2 f(x)}{\partial x_n\partial x_1}-\sum_{j=1}^{k}\tilde{\lambda}_j\dfrac{\partial^2 g_j(x)}{\partial x_n\partial x_1} \\ \vdots & & \vdots & \vdots & \ddots & \vdots \\ \dfrac{\partial g_1(x)}{\partial x_n} & \cdots & \dfrac{\partial g_k(x)}{\partial x_n} & \dfrac{\partial^2 f(x)}{\partial x_1\partial x_n}-\sum_{j=1}^{k}\tilde{\lambda}_j\dfrac{\partial^2 g_j(x)}{\partial x_1\partial x_n} & \cdots & \dfrac{\partial^2 f(x)}{\partial x_n^2}-\sum_{j=1}^{k}\tilde{\lambda}_j\dfrac{\partial^2 g_j(x)}{\partial x_n^2} \end{vmatrix} \tag{10.47}
$$

其中，所有的偏导数都在 $x=\tilde{x}$ 处计算的。

加边黑塞矩阵是一个 $k+n$ 阶方阵，由四个部分组成：左上角的 $k\times k$ 部分是 k 阶零矩阵 0_k；右上角的 $k\times n$ 部分是由 $x=\tilde{x}$ 处限制性约束的梯度向量构成的雅可比矩阵；左下角的 $n\times k$ 部分是这一雅可比矩阵的转置矩阵 $J_g(\tilde{x})^T$；右下角的 $n\times n$ 部分是 $H_{L^r}(\tilde{x};\tilde{\lambda})$，也就是 $L^r(x;\tilde{\lambda})$ 的黑塞矩阵在 $x=\tilde{x}$ 处的值。为简便起见，我们通常将加边黑塞矩阵写为：

$$
\bar{H}_{L^r}(\tilde{x};\tilde{\lambda})=\begin{bmatrix} 0_k & J_g(x) \\ J_g(x)^T & H_{L^r}(x;\tilde{\lambda}) \end{bmatrix}\Bigg|_{x=\tilde{x}} \tag{10.48}
$$

有时候，我们把加边黑塞矩阵的边写在该矩阵的右边和下面，即：

$$\bar{H}_{L^r}(\tilde{x}\,;\,\tilde{\lambda}) = \begin{pmatrix} H_{L^r}(x\,;\,\tilde{\lambda}) & J_g(x)^T \\ J_g(x) & 0_k \end{pmatrix} \Bigg|_{x=\tilde{x}}$$

这种矩阵形式与式(10.48)的用处一样,你可以任意选择喜欢的写法。如果你选择第二种形式,那你需要自己对我稍后提到的行列式进行改写(这是一个简单的练习且可以加深你对它的理解)。

接下来的例子可以帮你理解上文所讲的方法。要解的问题是:

$$\max_{x \in \Re^3} f(x_1,\,x_2,\,x_3) = x_1 x_2 x_3 \quad \text{s.t.} \quad g_1(x_1) = -x_1 \leqslant 0,\ g_2(x_2) = -x_2 \leqslant 0,$$

$$g_3(x_3) = -x_3 \leqslant 0,\ g_4(x_1,\,x_2,\,x_3) = 3x_1 + x_2 + x_3 \leqslant 9 \tag{10.49}$$

请自行验证$(\tilde{x}_1,\,\tilde{x}_2,\,\tilde{x}_3) = (1,\,3,\,3)$是该问题的局部最优解,且在$\tilde{x} = (1,\,3,\,3)$处只有第四个约束条件是有限制性的,相应的乘数的值为$\tilde{\lambda}_1 = \tilde{\lambda}_2 = \tilde{\lambda}_3 = 0$ 和 $\tilde{\lambda}_4 = 3$,因此,该问题在$\tilde{x} = (1,\,3,\,3)$处的加边黑塞矩阵为:

$$\bar{H}_{L^r}(\tilde{x}\,;\,\tilde{\lambda}) = \begin{pmatrix} 0 & 3 & 1 & 1 \\ 3 & 0 & \tilde{x}_3 & \tilde{x}_2 \\ 1 & \tilde{x}_3 & 0 & \tilde{x}_1 \\ 1 & \tilde{x}_2 & \tilde{x}_1 & 0 \end{pmatrix} = \begin{pmatrix} 0 & 3 & 1 & 1 \\ 3 & 0 & 3 & 3 \\ 1 & 3 & 0 & 1 \\ 1 & 3 & 1 & 0 \end{pmatrix} \tag{10.50}$$

虽然看起来很奇怪,但加边黑塞矩阵完全表达了局部最优的二阶必要条件(10.45)和(10.46)。要想检验这些条件,就需要知道一些由加边黑塞矩阵中的元素组成的行列式的符号,这些行列式被称为加边黑塞矩阵的加边主子式。

定义 10.2(加边主子式) 令$\pi_i = \{l_1,\,\cdots,\,l_i\}$为集合$\{1,\,\cdots,\,n\}$中 i 个正数的任意排列,$i = 1,\,\cdots,\,n$。令

$$A(\pi_i) = \begin{vmatrix} \dfrac{\partial g_1}{\partial x_{l_1}} & \dfrac{\partial g_1}{\partial x_{l_2}} & \cdots & \dfrac{\partial g_1}{\partial x_{l_i}} \\[2ex] \dfrac{\partial g_2}{\partial x_{l_1}} & \dfrac{\partial g_2}{\partial x_{l_2}} & \cdots & \dfrac{\partial g_2}{\partial x_{l_i}} \\[1ex] \vdots & \vdots & & \vdots \\[1ex] \dfrac{\partial g_k}{\partial x_{l_1}} & \dfrac{\partial g_k}{\partial x_{l_2}} & \cdots & \dfrac{\partial g_k}{\partial x_{l_i}} \end{vmatrix}$$

令

$$B(\pi_i) = \begin{vmatrix} \dfrac{\partial^2 L^r(x\,;\,\tilde{\lambda})}{\partial x_{l_1}^2} & \dfrac{\partial^2 L^r(x\,;\,\tilde{\lambda})}{\partial x_{l_2} \partial x_{l_1}} & \cdots & \dfrac{\partial^2 L^r(x\,;\,\tilde{\lambda})}{\partial x_{l_i} \partial x_{l_1}} \\[2ex] \dfrac{\partial^2 L^r(x\,;\,\tilde{\lambda})}{\partial x_{l_1} \partial x_{l_2}} & \dfrac{\partial^2 L^r(x\,;\,\tilde{\lambda})}{\partial x_{l_2}^2} & \cdots & \dfrac{\partial^2 L^r(x\,;\,\tilde{\lambda})}{\partial x_{l_i} \partial x_{l_2}} \\[1ex] \vdots & \vdots & \ddots & \vdots \\[1ex] \dfrac{\partial^2 L^r(x\,;\,\tilde{\lambda})}{\partial x_{l_1} \partial x_{l_i}} & \dfrac{\partial^2 L^r(x\,;\,\tilde{\lambda})}{\partial x_{l_2} \partial x_{l_i}} & \cdots & \dfrac{\partial^2 L^r(x\,;\,\tilde{\lambda})}{\partial x_{l_i}^2} \end{vmatrix}$$

$k+i$ 阶行列式

$$\bar{M}(\pi_i) = \det \begin{bmatrix} 0_k & A(\pi_i) \\ A(\pi_i)^T & B(\pi_i) \end{bmatrix} \tag{10.51}$$

是 $\bar{H}_{L^r}(x;\tilde{\lambda})$ 的 $k+i$ 阶加边顺序主子式。

再次考虑加边黑塞矩阵 (10.50)。因为在这个矩阵中，$k=1$，$n=3$，所以 $i\in\{1,2,3\}$。我们从 $i=1$ 开始。从集合 $\{1,2,3\}$ 中选择一个元素，有 3 种排列方式：$\pi_1=\{1\}$，$\pi_1=\{2\}$，$\pi_1=\{3\}$。因此，有 3 个二阶加边顺序主子式：

$$\bar{M}(\{1\}) = \det \left. \begin{bmatrix} 0 & \dfrac{\partial g_4}{\partial x_1} \\ \dfrac{\partial g_4}{\partial x_1} & \dfrac{\partial^2 L^r(x;\tilde{\lambda})}{\partial x_1^2} \end{bmatrix} \right|_{\substack{x_1=1 \\ x_2=3 \\ x_3=3}} = \det \begin{bmatrix} 0 & 3 \\ 3 & 0 \end{bmatrix} = -9$$

$$\bar{M}(\{2\}) = \det \left. \begin{bmatrix} 0 & \dfrac{\partial g_4}{\partial x_2} \\ \dfrac{\partial g_4}{\partial x_2} & \dfrac{\partial^2 L^r(x;\tilde{\lambda})}{\partial x_2^2} \end{bmatrix} \right|_{\substack{x_1=1 \\ x_2=3 \\ x_3=3}} = \det \begin{bmatrix} 0 & 1 \\ 1 & 0 \end{bmatrix} = -1 \tag{10.52}$$

$$\text{和}\quad \bar{M}(\{3\}) = \det \left. \begin{bmatrix} 0 & \dfrac{\partial g_4}{\partial x_3} \\ \dfrac{\partial g_4}{\partial x_3} & \dfrac{\partial^2 L^r(x;\tilde{\lambda})}{\partial x_3^2} \end{bmatrix} \right|_{\substack{x_1=1 \\ x_2=3 \\ x_3=3}} = \det \begin{bmatrix} 0 & 1 \\ 1 & 0 \end{bmatrix} = -1$$

当 $i=2$ 时，从集合 $\{1,2,3\}$ 中选择两个元素，有 6 种排列方式：$\pi_2=\{1,2\}$，$\pi_2=\{2,1\}$，$\pi_2=\{1,3\}$，$\pi_2=\{3,1\}$，$\pi_2=\{2,3\}$，$\pi_2=\{3,2\}$。由排列 $\pi_2=\{3,2\}$ 形成的加边主子式为：

$$\bar{M}(\{3,2\}) = \det \left. \begin{bmatrix} 0 & \dfrac{\partial g_4}{\partial x_3} & \dfrac{\partial g_4}{\partial x_2} \\ \dfrac{\partial g_4}{\partial x_3} & \dfrac{\partial^2 L^r(x;\tilde{\lambda})}{\partial x_3^2} & \dfrac{\partial^2 L^r(x;\tilde{\lambda})}{\partial x_3 \partial x_2} \\ \dfrac{\partial g_4}{\partial x_2} & \dfrac{\partial^2 L^r(x;\tilde{\lambda})}{\partial x_2 \partial x_3} & \dfrac{\partial^2 L^r(x;\tilde{\lambda})}{\partial x_2^2} \end{bmatrix} \right|_{\substack{x_1=1 \\ x_2=3 \\ x_3=3}} = \det \begin{bmatrix} 0 & 1 & 1 \\ 1 & 0 & 1 \\ 1 & 1 & 0 \end{bmatrix} = 2$$

$$\tag{10.53}$$

其他 5 个三阶加边主子式为：

$$\bar{M}(\{1,2\}) = \det \begin{bmatrix} 0 & 3 & 1 \\ 3 & 0 & 3 \\ 1 & 3 & 0 \end{bmatrix} = 18, \quad \bar{M}(\{2,1\}) = \det \begin{bmatrix} 0 & 1 & 3 \\ 1 & 0 & 3 \\ 3 & 3 & 0 \end{bmatrix} = 18$$

$$\bar{M}(\{1,3\}) = \det \begin{bmatrix} 0 & 3 & 1 \\ 3 & 0 & 3 \\ 1 & 3 & 0 \end{bmatrix} = 18, \quad \bar{M}(\{3,1\}) = \det \begin{bmatrix} 0 & 1 & 3 \\ 1 & 0 & 3 \\ 3 & 3 & 0 \end{bmatrix} = 18$$

$$\text{和 } \overline{M}(\{2, 3\}) = \det \begin{bmatrix} 0 & 1 & 1 \\ 1 & 0 & 1 \\ 1 & 1 & 0 \end{bmatrix} = 2 \tag{10.54}$$

当 $i=3$ 时,从集合 $\{1, 2, 3\}$ 中选择 3 个元素,有 6 种排列方式。四阶加边主子式也有 6 个,但它们的值相同。为什么呢?当 $i=n$ 时,所有组合方式都是由加边黑塞矩阵整行互换得到的,而交换两行的位置只会改变行列式的符号,不会改变行列式的值(交换两列时也是如此)。任何这样的位置互换不会使加边黑塞矩阵的行列式的值发生改变,我们只需要计算出黑塞矩阵的任意一个四阶加边主子式的值即可,比如,

$$\det \begin{bmatrix} 0 & 3 & 1 & 1 \\ 3 & 0 & 3 & 3 \\ 1 & 3 & 0 & 1 \\ 1 & 3 & 1 & 0 \end{bmatrix} = -27 \tag{10.55}$$

我们怎样用加边主子式来判断所有限制性约束都是线性的时,二阶必要局部最优条件(10.45)和(10.46)是否被满足呢?答案如下定理所示[见 Debreu(1952)]:

定理 10.2(二阶必要条件的检验) 令 $\tilde{x}$ 为有约束的最优化问题(10.1)的局部最优解。如果加边黑塞矩阵 $\overline{H}_{Lr}(\tilde{x}; \tilde{\lambda})$ 是对称矩阵,那么,当且仅当每个 $k+i$(其中 $i=k+1, \cdots, n$)阶加边主子式(10.51)要么为 0,要么符号为 $(-1)^n$ 时,存在 $\varepsilon>0$,使得对所有满足 $\tilde{x}+\Delta x \in B_{d_E}(\tilde{x}, \varepsilon)$ 和 $\nabla g_j(\tilde{x}) \cdot \Delta x = 0 [j \in I(\tilde{x})]$ 的微小变动 Δx,二次型 $\Delta x^T H_{Lr}(\tilde{x}; \tilde{\lambda}) \Delta x \leqslant 0$ 都成立。

由该定理可知,我们不需要检验所有的加边主子式,只需要检验阶数为 $2k+1$ 到 $k+n$ 的主子式的符号即可。在我们的例子中,$k=1$,$n=3$,我们只需要检验阶数为 3 和 4 的主子式的符号。6 个三阶加边主子式的值都是正数[见式(10.53)和式(10.54)],符合全部为 0 或符号为 $(-1)^2$ 的要求。6 个四阶加边主子式的值都是负数[见式(10.55)],符合全部为 0 或符号为 $(-1)^3$ 的要求。因此,$(\tilde{x}_1, \tilde{x}_2, \tilde{x}_3) = (1, 3, 3)$ 满足局部最大值的二阶必要条件[它其实是问题(10.49)的全局最优解]。

注意,定理 10.2 只适用于对称的黑塞矩阵。别忘了,我们假设了所有函数 $f, g_1, \cdots, g_m$ 都是 x 的二阶连续可微函数,这保证了黑塞矩阵 H 和加边黑塞矩阵 $\overline{H}$ 都是对称矩阵。

当 $x=\tilde{x}$ 时的限制性约束都是 x 的线性函数时,加边黑塞矩阵可以被写为:

$$\overline{H}(\tilde{x}; \tilde{\lambda}) = \begin{bmatrix} 0_k & J_g(x) \\ J_g^T(x) & H_f(x) \end{bmatrix} \Bigg|_{x=\tilde{x}} \tag{10.56}$$

右下角的部分是目标函数 f 的黑塞矩阵。当所有限制性约束都是 x 的线性函数时,受限拉格朗日函数的黑塞矩阵与目标函数的黑塞矩阵相同,式(10.56)和式(10.48)是同一个矩阵。

10.5 充分条件

在 $\tilde{x}$ 是 f 在 $\mathcal{C}$ 上的局部最大点的充分条件的有关命题中,一个常用的是:在每个接近

$\tilde{x}$ 的点$(\tilde{x}+\Delta x)$(而不是$\tilde{x}$)处,目标函数值 $f(\tilde{x}+\Delta x)$都严格小于$f(\tilde{x})$。也就是说,如果对某个$\varepsilon>0$,有:

$$f(\tilde{x}+\Delta x)<f(\tilde{x}) \ \forall \Delta x\neq\underline{0} \ ,其中,\tilde{x}+\Delta x\in B_{d_E}(\tilde{x},\ \varepsilon) \tag{10.57}$$

$$和 \ g_j(\tilde{x}+\Delta x)\leqslant b_j,\ \forall j=1,\cdots,m \tag{10.58}$$

那么,$\tilde{x}$ 一定是 f 在 $\mathcal{C}$ 上的局部最大点。

再次令 $I(\tilde{x})$为$x=\tilde{x}$ 处限制性约束的编号集合。如果 $I(\tilde{x})\neq\varnothing$,那么,对于一些$\varepsilon>0$ 和所有满足$(\tilde{x}+\Delta x)\in B_{d_E}(\tilde{x},\ \varepsilon)$的 $\Delta x\neq 0$,当$\boldsymbol{\nabla}f(\tilde{x})=\underline{0}$ 和 $\Delta x^T H_f(\tilde{x})\Delta x<0$ 成立时,$\tilde{x}$ 一定是 f 的无约束局部最优解或有约束的最优化问题(10.1)的内部局部最优解。

如果 $I(\tilde{x})\neq\varnothing$,那么,我们可以用与第 10.2 节一样的方法找出一个充分性命题,即把受限拉格朗日函数是严格凹函数作为所需的条件。再次假设 $I(\tilde{x})=\{1,\cdots,k\}$,其中,$1\leqslant k\leqslant m$。和之前一样用二阶泰勒展开式把 $f,g_1,\cdots,g_m$ 展开,式(10.57)和式(10.58)可以写为:如果对某个$\varepsilon>0$,使得:

$$\boldsymbol{\nabla}f(\tilde{x})\cdot\Delta x+\frac{1}{2}\Delta x^T H_f(\tilde{x})\Delta x<0 \ \forall \Delta x\neq\underline{0},其中,\tilde{x}+\Delta x\in B_{d_E}(\tilde{x},\ \varepsilon) \tag{10.59}$$

$$和 \ \boldsymbol{\nabla}g_j(\tilde{x})\cdot\Delta x+\frac{1}{2}\Delta x^T H_{g_j}(\tilde{x})\Delta x\leqslant 0,\ \forall j=1,\cdots,k \tag{10.60}$$

成立,那么,$\tilde{x}$ 是 f 在 $\mathcal{C}$ 上的局部最大点。

假设 $\tilde{x}$ 是可行集中的规则点,那么,除非 $\tilde{x}$ 处满足一阶必要条件,否则 $\tilde{x}$ 不可能是一个局部最优点,所有使得 $\tilde{x}$ 是局部最优点的充分条件集合必须包括以下这个条件:存在非负且不全为零的$\tilde{\lambda}_1,\cdots,\tilde{\lambda}_m$,对所有$j=1,\cdots,m$,

$$\boldsymbol{\nabla}f(\tilde{x})=\sum_{j=1}^{m}\tilde{\lambda}_j\,\boldsymbol{\nabla}g_j(\tilde{x})和\tilde{\lambda}_j(b_j-g_j(\tilde{x}))=0 \tag{10.61}$$

都成立。

我们已经知道,互补松弛条件要求:对所有$j\in I(\tilde{x})$,都有$\tilde{\lambda}_j=0$。因此,根据式(10.59)、式(10.60)和条件(10.61)可知:如果存在某些不全为零且满足式(10.61)的$\tilde{\lambda}_1,\cdots,\tilde{\lambda}_m\geqslant 0$ 和某些$\varepsilon>0$,使得:

$$\sum_{j=1}^{k}\tilde{\lambda}_j\,\boldsymbol{\nabla}g_j(\tilde{x})\cdot\Delta x+\frac{1}{2}\Delta x^T H_f(\tilde{x})\Delta x<0,\ \forall \Delta x\neq\underline{0} \tag{10.62}$$

其中,$\tilde{x}+\Delta x\in B_{d_E}(\tilde{x},\ \varepsilon)$和$\boldsymbol{\nabla}g_j(\tilde{x})\cdot\Delta x+\frac{1}{2}\Delta x^T H_{g_j}(\tilde{x})\Delta x\leqslant 0,\ \forall j=1,\cdots,k$

$$\tag{10.63}$$

成立,那么,$\tilde{x}$ 一定是 f 在 $\mathcal{C}$ 上的局部最大值点。

如果我们只考虑能保证约束条件在 $\tilde{x}$ 处有限制性的微小变化 Δx,那么,充分性命题就变成了:如果存在某些满足式(10.61)的不全为零的$\tilde{\lambda}_1,\cdots,\tilde{\lambda}_m\geqslant 0$ 和某些$\varepsilon>0$,使得:

$$\sum_{j=1}^{k}\tilde{\lambda}_j\,\boldsymbol{\nabla}g_j(\tilde{x})\cdot\Delta x+\frac{1}{2}\Delta x^T H_f(\tilde{x})\Delta x<0,\ \forall \Delta x\neq\underline{0} \tag{10.64}$$

$$其中,\tilde{x}+\Delta x\in B_{d_E}(\tilde{x},\ \varepsilon)和$$

$$\nabla g_j(\tilde{x}) \cdot \Delta x = -\frac{1}{2}\Delta x^T H_{g_j}(\tilde{x})\Delta x, \ \forall j=1,\cdots,k \qquad (10.65)$$

成立,那么,$\tilde{x}$ 一定是 f 在 C 上的局部最大点。这个命题等价于:如果存在某些不全为零且满足条件(10.61)的 $\tilde{\lambda}_1,\cdots,\tilde{\lambda}_m\geq 0$ 和某些 $\varepsilon>0$,使得:

$$\sum_{j=1}^k \tilde{\lambda}_j \nabla g_j(\tilde{x})\cdot\Delta x + \frac{1}{2}\Delta x^T H_f(\tilde{x})\Delta x < 0, \ \forall \Delta x\neq \underline{0} \qquad (10.66)$$

$$\text{其中},\tilde{x}+\Delta x\in B_{d_E}(\tilde{x},\varepsilon)\text{和}g_j(\tilde{x}+\Delta x)=b_j, \ \forall j=1,\cdots,k \qquad (10.67)$$

成立,那么,$\tilde{x}$ 一定是 f 在 C 上的局部最大点。

我们在局部最优的二阶条件方面大费笔墨,所以,你应该不难理解这个充分性命题的含义。第一,这个命题是一些条件的集合,如果从集合里剔除任意一个条件,使 $\tilde{x}$ 成为局部最优点的充分条件就不成立了。第二,所有的必要条件都是任何一组充分条件集合的重要组成部分。如果你还不清楚为什么会这样,请再思考一下。第三,条件(10.67)和条件(10.27)是不完全相同的,为什么呢? 充分条件只允许 $\Delta x\neq\underline{0}$ 的情况,而二阶必要条件则允许 $\Delta x=\underline{0}$。第四,条件(10.66)要求在 $\tilde{x}$ 的足够小的邻域内,在使 $\tilde{x}$ 处的限制性约束仍具有限制性的每个点($\tilde{x}+\Delta x$)处,受限拉格朗日函数 $L^r(x;\tilde{\lambda})$ 都是严格凹函数。请注意,并不是要求 $L^r(x;\tilde{\lambda})$ 在邻域中的每个点($\tilde{x}+\Delta x$)处都是严格凹函数,只要求 $L^r(x;\tilde{\lambda})$ 在 Δx 满足式(10.67)的点($\tilde{x}+\Delta x$)处为严格凹函数。

让我们再回头看看问题(10.28)、问题(10.34)和问题(10.39),这有助于加深我们的理解。不妨自己验证一下,这三个问题的充分条件(10.61)、条件(10.66)和条件(10.67)都得到了满足,这些问题中所提到的 $\tilde{x}$ 都是局部最优解。这组充分条件不适用于问题(10.40)。在该问题中,唯一满足条件的 Δx 是(0,0),但它不满足只允许非零微小变化的条件(10.67)。这不能说明点 $x=(1,1)$ 不是局部最优值点(实际上它是最优值点),因为这组充分条件不适用于这种情况。

10.6 检验二阶充分条件

用条件(10.61)、条件(10.66)和条件(10.67)检验 $\tilde{x}$ 是局部最大值的步骤是什么? 其步骤与检验局部最优的二阶必要条件的步骤几乎完全相同。第一步,检验是否存在足够小且大于零的 ε 值,使得让 $\tilde{x}$ 处的限制性约束保持限制性的非零的微小变化集合是存在的。也就是说,必须验证的是,对于足够小的 $\varepsilon>0$,集合

$$\bar{\Delta}(\tilde{x},\varepsilon)\equiv\{\Delta x\in\Re^n\,|\,\Delta\neq\underline{0}, g_i(\tilde{x}+\Delta x)=b_j, \ \forall j\in I(\tilde{x}), \tilde{x}+\Delta x\in B_{d_E}(\tilde{x},\varepsilon)\}\neq\varnothing$$

第二步,判断函数 $L^r(x+\Delta x;\tilde{\lambda})$ 对于集合 $\bar{\Delta}(\tilde{x},\varepsilon)$ 中的 Δx 是否是严格凹函数。如果面对的是一个复杂的问题,就可能需要用到数值运算。

当局部最优值处的所有限制性约束都是 $x_1,\cdots,x_n$ 的线性函数时,计算函数 $L^r(x;\tilde{\lambda})$ 的加边黑塞矩阵的加边主子式的值,然后检验条件(10.66)和条件(10.67)就变得简单多了。因为我们只需要计算出几个加边主子式的值就可以了,这些主子式就是加边黑塞矩阵的顺序加边主子式。

定义 10.3(顺序加边主子式) 当 $i=1,\cdots,n$ 时,加边黑塞矩阵(10.46)的第 i 个顺序加边主子式是由这个矩阵的前 $k+i$ 行和前 $k+i$ 列的元素所构成的行列式,即

$$\bar{\bar{M}}_i=\det\begin{vmatrix} 0 & \cdots & 0 & \dfrac{\partial g_1}{\partial x_1} & \cdots & \dfrac{\partial g_1}{\partial x_n} \\ \vdots & \ddots & \vdots & \vdots & & \vdots \\ 0 & \cdots & 0 & \dfrac{\partial g_k}{\partial x_1} & \cdots & \dfrac{\partial g_k}{\partial x_n} \\ \dfrac{\partial g_1}{\partial x_1} & \cdots & \dfrac{\partial g_k}{\partial x_1} & \dfrac{\partial^2 L^r(x;\tilde{\lambda})}{\partial x_1^2} & \cdots & \dfrac{\partial^2 L^r(x;\tilde{\lambda})}{\partial x_1\partial x_i} \\ \vdots & \vdots & \vdots & \vdots & \ddots & \vdots \\ \dfrac{\partial g_1}{\partial x_i} & \cdots & \dfrac{\partial g_k}{\partial x_i} & \dfrac{\partial^2 L^r(x;\tilde{\lambda})}{\partial x_i\partial x_1} & \cdots & \dfrac{\partial^2 L^r(x;\tilde{\lambda})}{\partial x_i^2} \end{vmatrix} \tag{10.68}$$

在式(10.49)所表示的例子中,从式(10.50)可以得出,$n=3$ 时的加边顺序主子式为:

$$\bar{\bar{M}}_1=\det\begin{bmatrix} 0 & 3 \\ 3 & 0 \end{bmatrix}=-9,\quad \bar{\bar{M}}_2=\det\begin{bmatrix} 0 & 3 & 1 \\ 3 & 0 & 3 \\ 1 & 3 & 0 \end{bmatrix}=18$$

$$和\ \bar{\bar{M}}_3=\det\begin{bmatrix} 0 & 3 & 1 & 1 \\ 3 & 0 & 3 & 3 \\ 1 & 3 & 0 & 1 \\ 1 & 3 & 1 & 0 \end{bmatrix}=-27 \tag{10.69}$$

定理 10.3(二阶充分最优条件的检验) 令 $\tilde{x}$ 为问题(10.1)的可行解。令 $I(\tilde{x})\neq\varnothing$ 为 $\tilde{x}$ 处限制性约束的编号集合。如果

(1) 对每个 $j\in I(\tilde{x})$,$\tilde{\lambda}_j$ 为一阶必要条件在 $\tilde{x}$ 处的解且 $\tilde{\lambda}_j$ 为不全为零的非负数,

(2) 加边黑塞矩阵 $\bar{H}_{L^r}(\tilde{x};\tilde{\lambda})$ 是对称矩阵,那么当且仅当每个 $k+i$ 阶顺序加边主子式(10.68)不为零且符号为 $(-1)^n$ 时(其中,$i=k+1,\cdots,n$),存在 $\varepsilon>0$,使得对每个满足 $(\tilde{x}+\Delta x)\in B_{d_E}(\tilde{x},\varepsilon)$ 且 $\Delta x\neq\underline{0}$ 和 $j\in I(\tilde{x})$,都有 $\Delta x^T H_{L^r}(\tilde{x};\tilde{\lambda})\Delta x<0$ 和 $\nabla g_j(\tilde{x})\cdot\Delta x=0$。

所要求的条件其实就是:最后 $n-k$ 个加边顺序主子式不全为零且符号交替,最后一个主子式的符号为 $(-1)^n$。在我们的例子中,$k=1$,$n=3$,只需要检验 $i=2$ 和 3 时的顺序加边主子式。$\bar{\bar{M}}_2=18$ 不为零且符号为 $(-1)^2$,$\bar{\bar{M}}_2=-27$ 不为零且符号为 $(-1)^3$,因此,局部最大化的二阶充分条件得到满足。

请记住,这个二阶条件本身并不足以使一个点为局部最大值点,由这个二阶条件及 KKT 条件和互补松弛条件所组成的条件集合才是使一个点为局部最大值点的充分条件。

至此,我们结束了对目标函数和约束函数可微的有约束的最优化问题的讨论。值得一提的是,比较容易就可以将本章的基本思想推广到目标函数和约束函数不是全部可微的最优化问题上,其基本工具为闵可夫斯基的分离超平面定理。这些问题的解的几何分析也与我们刚才讨论的可微的最优化问题的几何分析类似。

10.7　小结

现在感受如何？我们该如何利用已学知识来解决有约束的最优化问题呢？到目前为止,我们关注的是最优化问题何时有解,以及如果有解,我们该如何找到它。接下来我们要回答的问题是:"既然一个有约束的最优化问题有最优解,这些最优解有哪些性质呢?"这就是第 11 章、第 12 章和第 13 章主要讨论的内容。第 11 章将用常用方法研究最优解映射和最大值函数的性质,这一章需要用到大量关于连续性的知识,为了理解这些内容,你需要对第 5 章比较熟悉。第 12 章和第 13 章将用微积分来解释如何推导出最优解函数和最大值函数性质的微分形式。这些章节都将大量地使用本章所讨论的二阶最大化必要条件。

10.8　习题

习题 10.1　一个企业希望以最小的成本生产出特定数量 $y \geqslant 0$ 的产品。该企业的生产函数是 $y = x_1^{1/2} x_2^{1/2}$,其中,x_1 和 x_2 表示企业所投入的要素 1 和要素 2 的数量,每单位投入要素的价格为 $w_1 > 0$ 和 $w_2 > 0$。因此,该企业的问题可以写为:

$$\min_{x_1, x_2} w_1 x_1 + w_2 x_2 \quad \text{s.t.} \quad x_1 \geqslant 0, \ x_2 \geqslant 0, \ y \leqslant x_1^{1/2} x_2^{1/2}$$

将它改写为最大化问题,即

$$\max_{x_1, x_2} -w_1 x_1 - w_2 x_2 \quad \text{s.t.} \quad g_1(x_1) = -x_1 \leqslant 0,$$
$$g_2(x_2) = -x_2 \leqslant 0, \ g_3(x_1, x_2) = -x_1^{1/2} x_2^{1/2} \leqslant -y$$

使成本最小化的投入要素组合,即本问题的最优解,是以下两个条件要素需求函数:

$$x_1^*(w_1, w_2, y) = \left(\frac{w_2}{w_1}\right)^{1/2} y \text{ 和 } x_2^*(w_1, w_2, y) = \left(\frac{w_1}{w_2}\right)^{1/2} y \tag{10.70}$$

本题中的第一个和第二个约束在最优解处是松弛的,第三个约束是有严格限制性的。三个乘数分别为 $\lambda_1^*(w_1, w_2, y) = 0$, $\lambda_2^*(w_1, w_2, y) = 0$, $\lambda_3^*(w_1, w_2, y) = 2(w_1 w_2)^{1/2} > 0$。

（1）用 Δx_1 和 Δx_2 分别表示变量 x_1 和 x_2 在 x_1^* 和 x_2^* 处的微小变化。为了保持第三个约束的限制性,Δx_1 和 Δx_2 之间应该有什么关系?

（2）当该问题的定义域被限制为第（1）问求出的微小变化时,目标函数是什么?请把这个映射改写成 Δx_1 的函数,用 $\widetilde{f}$ 来表示。

（3）请证明 $\widetilde{f}$ 至少是 Δx_1 的弱凹函数（Δx_1 的值很小）。

（4）请写出该问题的拉格朗日函数,然后写出受限拉格朗日函数 $L^r(x_1, x_2; \lambda_1^*, \lambda_2^*, \lambda_3^*)$。

（5）请写出受限拉格朗日函数的黑塞矩阵 $H_{L^r}(x_1, x_2; \lambda_1^*, \lambda_2^*, \lambda_3^*)$。

（6）令 $\Delta x = (\Delta x_1, \Delta x_2)^T$。请求出黑塞矩阵的二次型 $\Delta x^T H_{L^r}(x_1^*, x_2^*; \lambda_1^*, \lambda_2^*, \lambda_3^*) \Delta x$ 在 (x_1^*, x_2^*) 处的值。用第（1）问的答案将该二次型写成 Δx_1 的函数,然后证明:

只要 Δx_1 满足第(1)问中的关系,这个函数永远不是正值,从而验证局部最优的二阶必要条件。

(7) 限制性约束对 x_1 和 x_2 是线性的吗? 能否通过计算加边黑塞矩阵的加边主子式来判断 (x_1^*,x_2^*) 处二阶必要条件是否成立?

习题 10.2 考虑一个最优化问题:

$$\max_{x_1,x_2,x_3} f(x_1,x_2,x_3) = x_1 x_2 x_3$$

$$\text{s.t.} \quad g_1(x_1) = -x_1 \leqslant 0, \ g_2(x_2) = -x_2 \leqslant 0, \ g_3(x_3) = -x_3 \leqslant 0$$

$$g_4(x_1,x_2,x_3) = 2x_1 + x_2 + x_3 \leqslant 18, \ g_5(x_1,x_2,x_3) = x_1 + 2x_2 + x_3 \leqslant 18$$

其最优解为 $(x_1^*,x_2^*,x_3^*) = (4,4,6)$,相应的乘数值为 $\lambda_1^* = \lambda_2^* = \lambda_3^* = 0$,$\lambda_4^* = 8$ 和 $\lambda_5^* = 8$。

(1) 用 Δx_1、Δx_2 和 Δx_3 表示变量 x_1、x_2 和 x_3 在 $x_1^* = 4$、$x_2^* = 4$ 和 $x_3^* = 6$ 处的微小变化。为了保持第四和第五个约束的限制性,Δx_1、Δx_2 和 Δx_3 之间应该有什么样的关系?

(2) 当问题的定义域被限制为第(1)问求出的微小变化时,目标函数是什么? 请把这个映射改写成 Δx_1 的函数,用 $\tilde{f}$ 来表示。

(3) 请证明 $\tilde{f}$ 至少是 Δx_1 的弱凹函数(Δx_1 的值很小)。

(4) 请写出该问题的拉格朗日函数,然后写出受限拉格朗日函数 $L^r(x_1,x_2;\lambda_1^*,\lambda_2^*,\lambda_3^*,\lambda_4^*,\lambda_5^*)$。

(5) 请写出受限拉格朗日函数的黑塞矩阵 $H_{L^r}(x_1,x_2,x_3;\lambda_1^*,\lambda_2^*,\lambda_3^*,\lambda_4^*,\lambda_5^*)$。

(6) 令 $\Delta x = (\Delta x_1,\Delta x_2,\Delta x_3)^T$。请求出黑塞矩阵的二次型 $\Delta x^T H_{L^r}(x_1^*,x_2^*,x_3^*;\lambda_1^*,\lambda_2^*,\lambda_3^*,\lambda_4^*,\lambda_5^*)\Delta x$ 在 (x_1^*,x_2^*,x_3^*) 处的值。用第(1)问的答案将该二次型写成 Δx_1 的函数,然后证明:只要 Δx_1 满足第(1)问中的关系,这个函数永远不是正值,从而验证局部最优的二阶必要条件。

(7) 为什么在本题的问题中可以用定理 10.2 来检验局部最大化的二阶必要条件? 请解释。

(8) 在 $(x_1^*,x_2^*,x_3^*) = (4,4,6)$ 处的加边黑塞矩阵的值是多少?

(9) 把定理 10.2 用于加边黑塞矩阵,从而证明局部最大化的二阶必要条件得以满足。

习题 10.3 再次考虑习题 10.2。请用 KKT 条件、五个互补松弛条件和二阶充分条件来判断 $(x_1^*,x_2^*,x_3^*) = (4,4,6)$ 是否是该问题的局部最大值点。

习题 10.4 再次考虑习题 8.6,可以参考图 8.18。最优解是点 $(x_1^*,x_2^*) = (4,4)$。请证明该点满足局部最大化的二阶必要条件,并判断它是否满足局部最大化的二阶充分条件。

习题 10.5 再次考虑习题 8.7 并观察图 8.19。我们已经得出了最优解是点 $(x_1^*,x_2^*) = (4.5, 6.75)$。在该点处,约束 $g_1(x_1,x_2) = (x_1-4)^2 + x_2 \leqslant 7$ 是有限制性的,约束 $g_2(x_1,x_2) = (x_1-5)^3 - 12x_2 \leqslant -60$ 是松弛的。另一个可行解(但不是最优解)为 $(x_1,x_2) \approx (5.412, 5.006)$,在该点处,两个约束都是有限制性的。

(1) 请证明最优解 $(x_1^*,x_2^*) = (4.5, 6.75)$ 满足二阶必要条件。

（2）可行解$(x_1,x_2)\approx(5.412,5.006)$满足二阶必要条件吗？请说明理由。

10.9　答案

答案 10.1

（1）最优解处只有第三个约束具有限制性，所以二阶必要条件只用考虑(x_1^*,x_2^*)附近的投入要素组合$(x_1^*+\Delta x_1,x_2^*+\Delta x_2)$，其中微小变化$\Delta x_1$和$\Delta x_2$能保持第三个约束的限制性，且满足

$$g_3(x_1^*+\Delta x_1,x_2^*+\Delta x_2)=g_3(x_1^*,x_2^*)=y$$
$$\text{即}(x_1^*+\Delta x_1)^{1/2}(x_2^*+\Delta x_2)^{1/2}=(x_1^*)^{1/2}(x_2^*)^{1/2}=y$$

将式子两边平方，稍微整理可得：

$$\Delta x_2=-\frac{x_2^*\Delta x_1}{x_1^*+\Delta x_1} \tag{10.71}$$

（2）该问题的目标函数可以写为：

$$f(x_1^*+\Delta x_1,x_2^*+\Delta x_2;w_1,w_2)=-w_1(x_1^*+\Delta x_1)-w_2(x_2^*+\Delta x_2)$$

将式(10.71)带入上式可知，在Δx_1和Δx_2满足式(10.71)时的投入要素组合处，目标函数的值为：

$$\widetilde{f}(\Delta x_1;x_1^*,x_2^*,w_1,w_2)$$
$$=-w_1x_1^*-w_2x_2^*-w_1\Delta x_1+w_2x_2^*\times\frac{\Delta x_1}{x_1^*+\Delta x_1} \tag{10.72}$$

（3）把要素组合(10.70)代入后，求出$\widetilde{f}$对Δx_1的二阶导数为：

$$\frac{\mathrm{d}^2\widetilde{f}(\Delta x_1;x_1^*,x_2^*,w_1,w_2)}{\mathrm{d}\Delta x_1^2}=-\frac{2w_2x_1^*x_2^*}{(x_1^*+\Delta x_1)^3}=-\frac{2w_2y^2}{\left(\left(\frac{w_2}{w_1}\right)^{1/2}y+\Delta x_1\right)^3} \tag{10.73}$$

当Δx_1非常小时，这个二阶导数不可能是正数，这证明满足我们所知道的局部最优化的二阶条件是成立的，要素组合(10.70)是局部最优解。

（4）该问题的拉格朗日函数为：

$$L(x_1,x_2,\lambda_1,\lambda_2,\lambda_3;w_1,w_2,y)$$
$$=-w_1x_1-w_2x_2+\lambda_1x_1+\lambda_2x_2+\lambda_3(-y+x_1^{1/2}x_2^{1/2})$$

当$\lambda_1=\lambda_1^*=0,\lambda_2=\lambda_2^*=0,\lambda_3=\lambda_3^*=2(w_1w_2)^{1/2}y$时，受限拉格朗日函数为：

$$L^r(x_1,x_2;\lambda_1^*,\lambda_2^*,\lambda_3^*,w_1,w_2,y)=-w_1x_1-w_2x_2+2(w_1w_2)^{1/2}y(-y+x_1^{1/2}x_2^{1/2})$$

（5）受限拉格朗日函数的黑塞矩阵为：

$$H_{L^r}(x_1,x_2;\lambda_1^*,\lambda_2^*,\lambda_3^*)=\frac{(w_1w_2)^{1/2}y}{2}\begin{pmatrix}-x_1^{-3/2}x_2^{1/2}&x_1^{-1/2}x_2^{-1/2}\\x_1^{-1/2}x_2^{-1/2}&-x_1^{1/2}x_2^{-3/2}\end{pmatrix}$$

(6) 当微小变化为 Δx_1 和 Δx_2 时,受限拉格朗日函数的黑塞矩阵的二次型为:

$$Q(\Delta x_1, \Delta x_2) = \frac{(w_1 w_2)^{1/2} y}{2} (\Delta x_1, \Delta x_2) \begin{pmatrix} -x_1^{-3/2} x_2^{1/2} & x_1^{-1/2} x_2^{-1/2} \\ x_1^{-1/2} x_2^{-1/2} & -x_1^{1/2} x_2^{-3/2} \end{pmatrix} \begin{pmatrix} \Delta x_1 \\ \Delta x_2 \end{pmatrix}$$

$$= \frac{(w_1 w_2)^{1/2} y}{2} (-x_1^{-3/2} x_2^{1/2} (\Delta x_1)^2 + 2 x_1^{-1/2} x_2^{-1/2} \Delta x_1 \Delta x_2 - x_1^{1/2} x_2^{-3/2} (\Delta x_2)^2)$$

计算出黑塞矩阵在 (x_1^*, x_2^*) 处的值,只考虑满足式(10.71)的微小变化,可以得出:

$$\widetilde{Q}(\Delta x_1) = \frac{(w_1 w_2)^{1/2} y}{2} \Bigg[-(x_1^*)^{-3/2} (x_2^*)^{1/2} (\Delta x_1)^2 +$$

$$2(x_1^*)^{-1/2} (x_2^*)^{-1/2} \Delta x_1 \left(-\frac{x_2^* \Delta x_1}{x_1^* + \Delta x_1} \right) - (x_1^*)^{1/2} (x_2^*)^{-3/2} \left(-\frac{x_2^* \Delta x_1}{x_1^* + \Delta x_1} \right)^2 \Bigg]$$

$$= -\frac{(w_1 w_2)^{1/2} y}{2} \left(1 + \frac{2 x_1^*}{x_1^* + \Delta x_1} + \frac{(x_1^*)^2}{(x_1^* + \Delta x_1)^2} \right) (x_1^*)^{-3/2} (x_2^*)^{1/2} (\Delta x_1)^2$$

当 Δx_1 的值很小时,这个函数的值是非正数,这证明满足局部最优化的二阶条件是成立的,要素组合(10.70)是局部最优解。

(7) 当 x_1^* 和 x_2^* 处的微小扰动 Δx_1 和 Δx_2 满足线性关系 $\nabla g_3(x_1^*, x_2^*) \cdot (\Delta x_1, \Delta x_2) = 0$ 时,定理 10.2 就是适用的。在这种情况下,Δx_1 和 Δx_2 之间应该满足如下关系:

$$-\frac{1}{2} \left(\left(\frac{x_2^*}{x_1^*} \right)^{1/2}, \left(\frac{x_1^*}{x_2^*} \right)^{-1/2} \right) \cdot (\Delta x_1, \Delta x_2) = 0 \Rightarrow \Delta x_2 = \frac{x_2^*}{x_1^*} \Delta x_1 \tag{10.74}$$

但是,Δx_1 和 Δx_2 的正确关系是式(10.71)所示的非线性关系,定理 10.2 不适用于本题中的问题。 □

答案 10.2

(1) 在最优解处只有第四个和第五个约束具有限制性,二阶必要条件只用考虑 (x_1^*, x_2^*, x_3^*) 附近的要素组合 $(x_1^* + \Delta x_1, x_2^* + \Delta x_2, x_3^* + \Delta x_3)$,其中,微小变化 Δx_1、Δx_2 和 Δx_3 能保持第四个和第五个约束的限制性,也就是说,

$$2(x_1^* + \Delta x_1) + (x_2^* + \Delta x_2) + (x_3^* + \Delta x_3) = 2 x_1^* + x_2^* + x_3^* = 18$$
$$和 (x_1^* + \Delta x_1) + 2(x_2^* + \Delta x_2) + (x_3^* + \Delta x_3) = x_1^* + 2 x_2^* + x_3^* = 18$$
$$\Rightarrow 2\Delta x_1 + \Delta x_2 + \Delta x_3 = 0 \text{ 和 } \Delta x_1 + 2\Delta x_2 + \Delta x_3 = 0$$

由这些方程可以得出,我们所考虑的微小变化要满足:

$$\Delta x_2 = \Delta x_1 \text{ 和 } \Delta x_3 = -3\Delta x_1 \tag{10.75}$$

(2) 目标函数在点 $(x_1^* + \Delta x_1, x_2^* + \Delta x_2, x_3^* + \Delta x_3)$ 处的值为:

$$f(x_1^* + \Delta x_1, x_2^* + \Delta x_2, x_3^* + \Delta x_3) = (x_1^* + \Delta x_1)(x_2^* + \Delta x_2)(x_3^* + \Delta x_3)$$

将式(10.75)带入上式可知,目标函数在 Δx_1、Δx_2 和 Δx_3 满足式(10.75)的投入要素组合处的值为:

$$\tilde{f}(\Delta x_1; x_1^*, x_2^*, x_3^*)$$
$$=(x_1^*+\Delta x_1)(x_2^*+\Delta x_1)(x_3^*-3\Delta x_1)=(4+\Delta x_1)^2(6-3\Delta x_1) \qquad (10.76)$$

（3）$\tilde{f}$ 对 Δx_1 的二阶导数为：

$$\frac{\mathrm{d}^2 \tilde{f}(\Delta x_1; x_1^*, x_2^*, x_3^*)}{\mathrm{d}\Delta x_1^2}=-18(2+\Delta x_1)$$

当 Δx_1 非常小时,这个二阶导数不可能是正数,因此局部最优点 $(x_1^*, x_2^*, x_3^*)=(4, 4, 6)$ 一定满足我们所知道的局部最优化的二阶条件。

（4）该问题的拉格朗日函数为：

$$L(x_1, x_2, x_3, \lambda_1, \lambda_2, \lambda_3, \lambda_4, \lambda_5)=x_1 x_2 x_3+\lambda_1 x_1+\lambda_2 x_2+\lambda_3 x_3$$
$$+\lambda_4(18-2x_1-x_2-x_3)+\lambda_5(18-x_1-2x_2-x_3)$$

当 $\lambda_1=\lambda_1^*=0, \lambda_2=\lambda_2^*=0, \lambda_3=\lambda_3^*=0, \lambda_4=\lambda_4^*=8, \lambda_5=\lambda_5^*=8$ 时,受限拉格朗日函数为：

$$L^r(x_1, x_2; \lambda_1^*, \lambda_2^*, \lambda_3^*, \lambda_4^*, \lambda_5^*)=x_1 x_2 x_3+8(18-2x_1-x_2-x_3)$$
$$+8(18-x_1-2x_2-x_3)=x_1 x_2 x_3-24x_1-24x_2-16x_3+288$$

（5）受限拉格朗日函数的黑塞矩阵为：

$$H_{L^r}(x_1, x_2, x_3; \lambda_1^*, \lambda_2^*, \lambda_3^*, \lambda_4^*, \lambda_5^*)=\begin{pmatrix} 0 & x_3 & x_2 \\ x_3 & 0 & x_1 \\ x_2 & x_1 & 0 \end{pmatrix}$$

在最优解 $(x_1^*, x_2^*, x_3^*)=(4, 4, 6)$ 处,该矩阵为：

$$H_{L^r}(4, 4, 6; 0, 0, 0, 8, 8)=\begin{pmatrix} 0 & 6 & 4 \\ 6 & 0 & 4 \\ 4 & 4 & 0 \end{pmatrix}$$

（6）给定微小变化 Δx_1、Δx_2 和 Δx_3,该受限拉格朗日函数的黑塞矩阵的二次型为：

$$Q(\Delta x_1, \Delta x_2, \Delta x_3)=(\Delta x_1, \Delta x_2, \Delta x_3)\begin{pmatrix} 0 & 6 & 4 \\ 6 & 0 & 4 \\ 4 & 4 & 0 \end{pmatrix}\begin{pmatrix} \Delta x_1 \\ \Delta x_2 \\ \Delta x_3 \end{pmatrix}$$
$$=12\Delta x_1\Delta x_2+8\Delta x_1\Delta x_3+8\Delta x_2\Delta x_3$$

只考虑满足式（10.75）的微小变化,可得出关于 Δx_1 的函数：

$$\tilde{Q}(\Delta x_1)=12(\Delta x_1)^2-24(\Delta x_1)^2-24(\Delta x_1)^2=-36(\Delta x_1)^2$$

该函数始终小于等于零,局部最优点 $(x_1^*, x_2^*, x_3^*)=(4, 4, 6)$ 一定满足局部最优化的二阶条件。

（7）微小变化 Δx_1、Δx_2 和 Δx_3 之间的关系是线性的,可以用定理 10.2 求解该最优化问题。

（8）加边黑塞矩阵为：

$$\bar{H}_{L^r}(x_1, x_2, x_3; \lambda_1^*, \lambda_2^*, \lambda_3^*, \lambda_4^*, \lambda_5^*) = \begin{pmatrix} 0 & 0 & 2 & 1 & 1 \\ 0 & 0 & 1 & 2 & 1 \\ 2 & 1 & 0 & x_3 & x_2 \\ 1 & 2 & x_3 & 0 & x_1 \\ 1 & 1 & x_2 & x_1 & 0 \end{pmatrix}$$

当 $(x_1^*, x_2^*, x_3^*) = (4, 4, 6)$ 时，该矩阵为：

$$\bar{H}_{L^r}(4, 4, 6; 0, 0, 0, 8, 8) = \begin{pmatrix} 0 & 0 & 2 & 1 & 1 \\ 0 & 0 & 1 & 2 & 1 \\ 2 & 1 & 0 & 6 & 4 \\ 1 & 2 & 6 & 0 & 4 \\ 1 & 1 & 4 & 4 & 0 \end{pmatrix} \tag{10.77}$$

（9）选择变量的个数为 $n=3$，构造加边主子矩阵时用到的要被转置的整数集为 $\{1, 2, 3\}$。限制性约束的个数为 $k=2$。由定理 10.2 可知，我们需要检验阶数为 $i=k+1, \cdots, n$ 的主子式值。又因为三阶主子矩阵组合的值都相同，所以我们只需要计算其中一个即可。我们计算式（10.77）的行列式，得到：

$$\bar{M} = \det \begin{pmatrix} 0 & 0 & 2 & 1 & 1 \\ 0 & 0 & 1 & 2 & 1 \\ 2 & 1 & 0 & 6 & 4 \\ 1 & 2 & 6 & 0 & 4 \\ 1 & 1 & 4 & 4 & 0 \end{pmatrix} = -36$$

因为这个行列式的符号与 $(-1)^i = (-1)^3$ 相同，所以，在局部最大值点处二阶必要条件成立。

答案 10.3 该问题的可行集满足斯莱特/卡林约束规范性条件，可以确定 KKT 条件在所有可行解处都是适用的。KKT 条件在点 $(x_1, x_2, x_3) = (4, 4, 6)$ 处的值为：

$$\nabla f = (x_2 x_3, x_1 x_3, x_1 x_2) = (24, 24, 16)$$
$$= \lambda_1(-1, 0, 0) + \lambda_2(0, -1, 0) + \lambda_3(0, 0, -1) + \lambda_4(2, 1, 1) + \lambda_5(1, 2, 1)$$

其中，$\lambda_1 \geq 0, \lambda_2 \geq 0, \lambda_3 \geq 0, \lambda_4 \geq 0, \lambda_5 \geq 0$，且它们不全为零。点 $(x_1, x_2, x_3) = (4, 4, 6)$ 处的互补松弛条件为：

$$\lambda_1 x_1 = 0 = \lambda_1 \times 4 \Rightarrow \lambda_1^* = 0$$
$$\lambda_2 x_2 = 0 = \lambda_2 \times 4 \Rightarrow \lambda_2^* = 0$$
$$\lambda_3 x_3 = 0 = \lambda_3 \times 6 \Rightarrow \lambda_3^* = 0$$
$$\lambda_4(18 - 2x_1 - x_2 - x_3) = 0 = \lambda_4 \times 0 \Rightarrow \lambda_4^* \geq 0$$
$$\lambda_5(18 - x_1 - 2x_2 - x_3) = 0 = \lambda_5 \times 0 \Rightarrow \lambda_5^* \geq 0$$

因此,KKT 条件要求:

$$24=2\lambda_4^*+\lambda_5^*,\quad 24=\lambda_4^*+2\lambda_5^*\quad 和\quad 16=\lambda_4^*+\lambda_5^*\Rightarrow\lambda_4^*=\lambda_5^*=8$$

在点$(x_1,x_2,x_3)=(4,4,6)$处第四个和第五个约束是严格限制性约束。因为这些约束对 x_1、x_2 和 x_3 是线性的,所以可以使用定理 10.3。决策变量的个数为 $n=3$,限制性约束的个数为 $k=2$,故由定理 10.3 可知,只用计算在点$(x_1,x_2,x_3)=(4,4,6)$处的黑塞矩阵的三阶顺序主子式即可。由式(10.77)可知,

$$\overline{\overline{M}}=\det\begin{vmatrix} 0 & 0 & 2 & 1 & 1 \\ 0 & 0 & 1 & 2 & 1 \\ 2 & 1 & 0 & 6 & 4 \\ 1 & 2 & 6 & 0 & 4 \\ 1 & 1 & 4 & 4 & 0 \end{vmatrix}=-36$$

因为该行列式值非零且符号与$(-1)^i=(-1)^3$相同,所以在点$(x_1,x_2,x_3)=(4,4,6)$二阶充分条件成立。KKT 条件、互补松弛条件和二阶充分条件都得到了满足,$(x_1^*,x_2^*,x_3^*)=(4,4,6)$就是该问题的局部最大值解。 $\square$

答案 10.4 习题 8.6 的可行集是单元素集,两个约束在最优解处都是限制性约束,但只有一个可行解$(x_1,x_2)=(4,4)$。保持约束限制性的唯一微小变化为 $\Delta x_1=\Delta x_2=0$。因此,局部最大化的二阶必要条件始终成立。局部最大化的二阶充分条件只考虑保持约束限制性的非零微小变化,但本题中微小变化只能为零,局部最大化的二阶充分条件不适用。 $\square$

答案 10.5 首先考虑局部最优解$(x_1^*,x_2^*)=\left(4\frac{1}{2},6\frac{3}{4}\right)$。二阶必要条件要求微小变化 Δx_1 和 Δx_2 保持限制性约束 g_1 的限制性,因此,Δx_1 和 Δx_2 要满足:

$$g_1(x_1^*+\Delta x_1,x_2^*+\Delta x_2)=(x_1^*+\Delta x_1-4)^2+x_2^*+\Delta x_2=g_1(x_1^*,x_2^*)$$
$$=(x_1^*-4)^2+x_2^*=7$$

因为 $x_1^*=4\frac{1}{2}$,故整理可知:

$$\Delta x_2=-(2x_1^*-8+\Delta x_1)\Delta x_1=-(1+\Delta x_1)\Delta x_1 \tag{10.78}$$

在(x_1^*,x_2^*)周围的点$(x_1^*+\Delta x_1,x_2^*+\Delta x_2)$处,该问题的目标函数的值为:

$$f(x_1^*+\Delta x_1,x_2^*+\Delta x_2)=x_1^*+\Delta x_1+x_2^*+\Delta x_2=11\frac{1}{4}+\Delta x_1+\Delta x_2$$

只考虑满足式(10.78)的微小变化,此时,目标函数的值为:

$$\tilde{f}(\Delta x_1)=11\frac{1}{4}+\Delta x_1-(1+\Delta x_1)\Delta x_1=11\frac{1}{4}-(\Delta x_1)^2$$

很明显,这个函数是 Δx_1 的凹函数。因此,局部最优的二阶必要条件被满足,$(x_1^*,x_2^*)=$

$\left(4\ \dfrac{1}{2},\ 6\ \dfrac{3}{4}\right)$是局部最大值点。

现在来考虑可行的非局部最大值点$(x_1,\ x_2)\approx(5.412,\ 5.006)$。在这一点处约束$g_1$和$g_2$都是有限制性的约束。从图 8.19 可以看出,使这两个约束保持限制性的微小变化Δx_1和Δx_2只能是$\Delta x_1 = \Delta x_2 = 0$。此时,局部最大化的二阶必要条件是否成立?成立,虽然实际上没什么意义,但它仍然成立。由此可知,虽然局部最优的必要条件在局部最优点处一定成立,但是在非局部最优点处也有可能成立,在判断时要小心。　　　　□

▶11

最优解与最大值

11.1 有待讨论的问题

我们已经知道了如何得到可微的有约束的最大化问题的解及它的最大值,现在要开始研究最优解映射和最大值函数的性质了,这些性质可以分为两个部分。

第一部分是偏技术性的问题,即某个问题的最优解与其最大值之间的映射是否为函数,是否以某种方式连续或可导等,以及我们什么时候可以确定最优解和最大值的存在。本章对这些类型的问题进行了探讨。

第二部分是研究一个有约束的最优化问题的最优解及其最大值如何随着最优化问题参数的改变而改变。比如,当一个企业的产品价格发生变化时,企业对某些投入要素的需求量是否会发生变化?如果企业的所得税税率提高,企业的产品供应量是否会改变?变化率是多少?这些类型的问题可以用比较静态分析法来进行分析,第 12 章和第 13 章将介绍三种比较静态分析的方法。

11.2 解的集值映射与最大值

"有约束的最优化问题的最优解"是什么意思?考虑问题 $\max_x -ax^2 + bx + c$,其中 $a > 0$, a、b 和 c 都是参数。请花点时间思考一下这个问题的最优解是什么。

你可能已经找到了最优解 $x = -b/2a$。在这个结果中,最优解是该最优化问题的参数向量集的一个映射。最优解总是一个实数,所以该映射是参数向量集到集合 $\Re$ 的映射。如下的最优解形式包含了更多的信息:

$$x^*(a, b, c) = -\frac{b}{2a} \tag{11.1}$$

它清楚地展示了该最优化问题的最优解的值与参数值之间的关系。于是,该问题的最优解映射可以写为 $x^* : \Re_{++} \times \Re \times \Re \mapsto \Re$,其中,$x^*$ 的表达式为式(11.1)。我们会发现,有约束的最优化问题的最优解映射也是如此,即有约束的最优化问题的最优解是从该最优化问题中的参数(目标函数和约束函数中的参数,以及约束水平)到实数空间的映射。

你应该还记得第 2.7 节中使用的一种用于区分映射的变量与参数的常用标记方式:分号前面(左侧)的量是变量,分号后面(右侧)的量是参数。如果我写的是 $H(t, z)$,那么,由于没有分号,我的意思是这个映射中的 t 和 z 都是变量;如果我写的是 $H(t; z)$,那么,由于分号左边是 t,右边是 z,我的意思是这个映射中的 t 是变量而 z 是参数。$H(z; t)$ 则表示的是以 z 为变量而以 t 为参数的一个映射。举个例子,如果 $H(t, z) = t^2(z+2)$,那么,$H(t; z=3) = 5t^2$,$H(z; t=2) = 4(z+2)$。我们通常把 $H(t; z)$ 和 $H(z; t)$ 称为 $H(t, z)$ 的受限形式,因为 $H(t; z')$ 是把 z 的值限定在 z' 时的 $H(t, z)$,$H(z; t')$ 是把 t 的值限定在 t' 时的 $H(t, z)$。

让我们花点时间来复习一下前面几章所使用到的符号。我们在第 8 章和第 10 章中花了很多时间讨论的有约束的最优化问题是:

$$\max_{x_1, \cdots, x_n} f(x_1, \cdots, x_n) \quad \text{s.t.} \quad g_j(x_1, \cdots, x_n) \leqslant b_j, \ j = 1, \cdots, m \qquad (11.2)$$

我将修改问题(11.2)中所使用的符号,以明确地表达这个最优化问题及其解是如何取决于参数的,所以我将问题(11.2)改写为:

$$\max_{x \in \mathcal{R}^n} f(x; \alpha) \quad \text{s.t.} \quad g_j(x; \beta_j) \leqslant b_j, \ j = 1, \cdots, m \qquad (11.3)$$

在问题(11.3)中,α 表示的是目标函数中的参数,β_j 表示的是第 j 个约束条件的参数向量。将这些向量连在一起是很方便的,定义以下向量:

$$\beta \equiv \begin{bmatrix} \beta_1 \\ \vdots \\ \beta_m \end{bmatrix}, \quad b \equiv \begin{bmatrix} b_1 \\ \vdots \\ b_m \end{bmatrix}, \quad \gamma \equiv \begin{bmatrix} \alpha \\ \beta \\ b \end{bmatrix}$$

连接符号通常用冒号表示,我们可以将以上向量写为 $\beta = (\beta_1 : \cdots : \beta_m)$ 和 $\gamma \equiv (\alpha : \beta : \gamma)$。参数向量 γ 的所有可能值的集合被称为该最优化问题的参数空间,我们用 Γ 来表示最优化问题的参数空间,每个可能的 $\gamma \in \Gamma$。

让我们看一个利润最大化问题:

$$\max_{y, x_1, x_2} py - w_1 x_1 - w_2 x_2 \quad \text{s.t.} \quad y \geqslant 0, \ x_1 \geqslant 0, \ x_2 \geqslant 0, \ y - x_1^{\beta_1} x_2^{\beta_2} \leqslant 0 \qquad (11.4)$$

企业生产出的产品的价格是给定的 $p > 0$,投入要素价格 $w_1 > 0$,$w_2 > 0$,技术用参数 $\beta_1 > 0$ 和 $\beta_2 > 0$ 表示,且 $\beta_1 + \beta_2 < 1$。根据问题(11.3)的表达方法,问题(11.4)中的函数可以写为:

$$f(y, x_1, x_2; p, w_1, w_2) = py - w_1 x_1 - w_2 x_2, \ g_1(y) = -y,$$

$$g_2(x_1) = -x_1, \ g_3(x_2) = -x_2, \ g_4(y, x_1, x_2; \beta_1, \beta_2) = y - x_1^{\beta_1} x_2^{\beta_2}$$

注意到问题(11.4)中的部分参数用数字表示($b_1 = b_2 = b_3 = b_4 = 0$),而其他的(也就是 p、w_1、w_2、β_1 和 β_2)都用符号表示,没有具体的值。这意味着这个最优解集值映射是参数 p、w_1、w_2、β_1 和 β_2 的映射。我们感兴趣的问题(11.4)中的参数向量为:

$$\alpha = \begin{bmatrix} p \\ w_1 \\ w_2 \end{bmatrix}, \quad \beta = \begin{bmatrix} \beta_1 \\ \beta_2 \end{bmatrix}, \text{故 } \gamma = \begin{bmatrix} p \\ w_1 \\ w_2 \\ \beta_1 \\ \beta_2 \end{bmatrix}$$

参数空间为:$\Gamma = \Re^3_{++} \times \{(\beta_1, \beta_2) | \beta_1 > 0, \beta_2 > 0, \beta_1 + \beta_2 < 1\}$。

函数向量$(y^*(\gamma), x_1^*(\gamma), x_2^*(\gamma), \lambda_1^*(\gamma), \lambda_2^*(\gamma), \lambda_3^*(\gamma), \lambda_4^*(\gamma))$是问题(11.4)的最优解,表示的是使企业利润最大化的产出数量、投入数量和约束条件乘数的值。这些关于p、w_1、w_2、β_1 和 β_2 的函数为:

$$y^*(p, w_1, w_2, \beta_1, \beta_2) = \left(\frac{p^{\beta_1 + \beta_2} \beta_1^{\beta_1} \beta_2^{\beta_2}}{w_1^{\beta_1} w_2^{\beta_2}} \right)^{\frac{1}{1 - \beta_1 - \beta_2}} \tag{11.5a}$$

$$x_1^*(p, w_1, w_2, \beta_1, \beta_2) = \left(\frac{p \beta_1^{1-\beta_2} \beta_2^{\beta_2}}{w_1^{1-\beta_2} w_2^{\beta_2}} \right)^{\frac{1}{1 - \beta_1 - \beta_2}} \tag{11.5b}$$

$$x_2^*(p, w_1, w_2, \beta_1, \beta_2) = \left(\frac{p \beta_1^{\beta_1} \beta_2^{1-\beta_1}}{w_1^{\beta_1} w_2^{1-\beta_1}} \right)^{\frac{1}{1 - \beta_1 - \beta_2}} \tag{11.5c}$$

$$\lambda_1^*(p, w_1, w_2, \beta_1, \beta_2) = 0 \tag{11.5d}$$

$$\lambda_2^*(p, w_1, w_2, \beta_1, \beta_2) = 0 \tag{11.5e}$$

$$\lambda_3^*(p, w_1, w_2, \beta_1, \beta_2) = 0 \tag{11.5f}$$

$$\lambda_4^*(p, w_1, w_2, \beta_1, \beta_2) = p \tag{11.5g}$$

y^*、x_1^*、x_2^*、λ_1^*、λ_2^*、λ_3^* 和 λ_4^* 都是从企业最优化问题的参数空间到实线的非负部分的映射。

让我们回到我们对有约束的最优化问题的一般性表达式(11.3)。用 A 表示参数向量 α 可能取值的集合;用 B_j 来表示β_j 可能取值的集合,其中,$j = 1, \cdots, m$;用 $\boldsymbol{b}$ 表示向量b 可能取值的集合。那么,问题的参数空间为:

$$\Gamma \equiv A \times B_1 \times \cdots \times B_m \times \boldsymbol{b}$$

问题(11.3)的可行集 $\mathcal{C}(\beta, b) \subseteq X$ 只取决于该问题的约束(而不是目标函数),故只取决于参数向量 β 和b,与只决定目标函数的参数向量 α 无关。由最优化问题的参数空间到所有可能的可行解的集合的映射被称为该问题的可行解集值映射。

定义 11.1(可行集集值映射) 最优化问题(11.3)的可行解集值映射是映射 $\mathcal{C}$:$\times_{j=1}^{m} B_j \times \boldsymbol{b} \mapsto X$,具体写为:

$$\mathcal{C}(\beta, b) = \{x \in X | g_1(x; \beta_1) \leqslant b_1, \cdots, g_m(x; \beta_m) \leqslant b_m\}, \text{其中}(\beta, b) \in \times_{j=1}^{m} B_j \times \boldsymbol{b}。$$

在消费者选择最优商品组合的例子中,消费者的预算为 y,商品 $1, \cdots, n$ 的价格分别为 $p_1, \cdots, p_n$。在这个最优化问题中,预算集就是其可行集:

$$\mathcal{C}(p_1, \cdots, p_n, y) = \{(x_1, \cdots, x_n) | x_1 \geqslant 0, \cdots, x_n \geqslant 0, p_1 x_1 + \cdots + p_n y_n \leqslant y\}$$

其中，$(p_1, \cdots, p_n, y) \in \mathfrak{R}_{++}^n \times \mathfrak{R}_+$。

最优化问题（11.4）的可行集是企业的技术集，也就是所有技术上可行的生产计划的集合：

$$\mathcal{C}(\beta_1, \beta_2) = \{(x_1, x_2, y) \mid x_1 \geqslant 0, x_2 \geqslant 0, 0 \leqslant y \leqslant x_1^{\beta_1} x_2^{\beta_2}\}$$

其中，$(\beta_1, \beta_2) \in \{(\beta_1, \beta_2) \mid \beta_1 > 0, \beta_2 > 0, 0 < \beta_1 + \beta_2 < 1\}$。

最优化问题（11.3）的最优解的集合通常取决于所有的参数向量 α、β 和 b 的具体值。β 和 b 的具体值决定了一个具体的可行集，α 的具体值决定了该最优化问题的具体目标函数，也随之决定了最优可行集。对于一个具体的 $\gamma \in \Gamma$，参数为 γ 的一个具体的有约束的最优化问题的最优解的集合被称为最优解集，从问题的参数空间到最优解集的映射被称为该最优化问题的最优解集值映射。

定义 11.2（最优解集值映射）　问题（11.3）的最优解集值映射是映射 $X^*: \Gamma \mapsto X$，具体写为：

$$X^*(\alpha, \beta, b) = \{x^* \in \mathcal{C}(\beta, b) \mid f(x^*; \alpha) \geqslant f(x; \alpha) \, \forall x \in \mathcal{C}(\beta, b)\}, \quad (\alpha, \beta, b) \in \Gamma$$

一个效用函数为柯布-道格拉斯直接效用函数且从买得起的商品组合中选择最偏好的商品组合的消费者的预算分配问题，就是一个我们所熟悉的经济学例子。如果只有两个商品，那么，该最优化问题可写为：

$$\max_{x_1, x_2} U(x_1, x_2) = x_1^{\alpha_1} x_2^{\alpha_2} \quad \text{s.t.} \quad x_1 \geqslant 0, x_2 \geqslant 0, p_1 x_1 + p_2 x_2 \leqslant y$$

其中，$\alpha_1 > 0$，$\alpha_2 > 0$，$p_1 > 0$，$p_2 > 0$，$y \geqslant 0$。最优解集值映射是如下映射：

$$X^*(\alpha_1, \alpha_2, p_1, p_2, y) = (x_1^*(\alpha_1, \alpha_2, p_1, p_2, y), x_2^*(\alpha_1, \alpha_2, p_1, p_2, y))$$

$$= \left(\frac{\alpha_1 y}{(\alpha_1 + \alpha_2) p_1}, \frac{\alpha_2 y}{(\alpha_1 + \alpha_2) p_2}\right)$$

这是一个从参数空间 $\Gamma = \{(\alpha_1, \alpha_2, p_1, p_2, y) \mid \alpha_1 > 0, \alpha_2 > 0, p_1 > 0, p_2 > 0, y \geqslant 0\} = \mathfrak{R}_{++}^4 \times \mathfrak{R}_+$ 到商品空间 $\mathfrak{R}_+^2$ 的映射。

根据式（11.5a）、式（11.5b）和式（11.5c）可知，最优化问题（11.4）的最优解集值映射为：

$$X^*(p, w_1, w_2, \beta_1, \beta_2)$$

$$= ((y^*(p, w_1, w_2, \beta_1, \beta_2), x_1^*(p, w_1, w_2, \beta_1, \beta_2), x_2^*(p, w_1, w_2, \beta_1, \beta_2))$$

$$= \left(\left(\frac{p^{\beta_1 + \beta_2} \beta_1^{\beta_1} \beta_2^{\beta_2}}{w_1^{\beta_1} w_2^{\beta_2}}\right)^{1/(1 - \beta_1 - \beta_2)}, \left(\frac{p \beta_1^{1 - \beta_2} \beta_2^{\beta_2}}{w_1^{1 - \beta_2} w_2^{\beta_2}}\right)^{1/(1 - \beta_1 - \beta_2)}, \left(\frac{p \beta_1^{\beta_1} \beta_2^{1 - \beta_1}}{w_1^{\beta_1} w_2^{1 - \beta_1}}\right)^{1/(1 - \beta_1 - \beta_2)}\right)$$

这是一个从该问题的参数空间 $\Gamma = \{(p, w_1, w_2, \beta_1, \beta_2) \mid p > 0, w_1 > 0, w_2 > 0, \beta_1 > 0, \beta_2 > 0, 0 < \beta_1 + \beta_2 < 1\}$ 到生产计划空间 $\mathfrak{R}_+^3$ 的映射。

目标函数在最优解处的值有什么含义呢？它是消费者的选择受到约束时可以实现的目标函数最大值（最大效用），也就是当考虑可行集中所有可能的选择时目标函数所能达到的最大值。我们自然地称这个最大值为该问题的参数值为具体值 (α, β, b) 时可能的目标函数最大值。以这种方式构造的映射就是问题的最大值函数。

定义 11.3(最大值函数) 问题(11.3)的最大值函数是映射 $v:\Gamma\mapsto\Re$,对于 $x^*(\alpha,\beta,b)\in X^*(\alpha,\beta,b)$ 和任意 $(\alpha,\beta,b)\in\Gamma$,$v(\alpha,\beta,b)=f(x^*(\alpha,\beta,b);\alpha)$ 都成立。

最大值映射是一个函数,也就是说,对于每个可能的参数向量而言,目标函数中都存在唯一一个最大值。为什么呢? 思考一下,如果它不是唯一的会怎么样呢? 举个例子,假设对某个具体的参数向量而言,有两个最大值,$v=33$ 和 $v=37$,这样就存在矛盾了。对吧?

在上述的消费者最优选择问题中,最大值函数表现了消费者的最大效用是如何受到最大化问题的参数影响的。经济学家将这个函数称为消费者的间接效用函数。在我们的例子中,这个函数为 $v:\Re_{++}^2\times\Re_+\mapsto\Re$,其表达式为:

$$v(p_1,p_2,y)=U(x_1^*(p_1,p_2,y),x_2^*(p_1,p_2,y))$$
$$=\left(\frac{\alpha_1 y}{(\alpha_1+\alpha_2)p_1}\right)^{\alpha_1}\left(\frac{\alpha_2 y}{(\alpha_1+\alpha_2)p_2}\right)^{\alpha_2} \tag{11.6}$$

在问题(11.4)中,最大值函数表示了企业可实现的最大利润水平是如何受到最大化问题的参数影响的。经济学家把这个函数称为企业的间接利润函数。在我们的例子中,这个函数为 $v:\Re_{++}^3\times\{(\beta_1,\beta_2)|\beta_1>0,\beta_2>0,0<\beta_1+\beta_2<1\}\mapsto\Re$,根据式(11.5a)、式(11.5b)和式(11.5c)可将结果简化为:

$$v(p,w_1,w_2,\beta_1,\beta_2)$$
$$=py^*(p,w_1,w_2,\beta_1,\beta_2)-w_1 x_1^*(p,w_1,w_2,\beta_1,\beta_2)-w_2 x_2^*(p,w_1,w_2,\beta_1,\beta_2))$$
$$=(1-\beta_1-\beta_2)\left(\frac{p\beta_1^{\beta_1}\beta_2^{\beta_2}}{w_1^{\beta_1}w_2^{\beta_2}}\right)^{1/(1-\beta_1-\beta_2)} \tag{11.7}$$

11.3 最优解的存在性

并非每个有约束的最优化问题都有最优解。举个例子,当约束为 $x<1$ 时,最大化问题 $\max_x f(x)=x$ 就没有最优解。还有一些最优化问题,当其参数向量 γ 为某些值时有最优解,但当参数向量为其他值时则没有最优解。比如最大化问题 $\max_x f(x)=ax^2+2x+3$,其中,参数 a 可以为任意实数。如果 $a<0$,那么,该最大化问题的最优解为 $x^*(a)=1/a$;但是,如果 $a\geq 0$,该问题就没有最优解。当参数向量 γ 为某个具体的值时,如果一个最优化问题没有最优解,那么,最优解集值映射的值就是空集,即 $X^*(\gamma)=\varnothing$。还有一些最优化问题有非常多甚至无数个最优解,比如 $\max_x f(x)\equiv 2$,$0\leq x\leq 1$,它就有无数个最优解。那么,哪些类型的有约束的最优化问题一定至少有一个最优解呢? 哪些类型只存在唯一一个最优解呢?

好消息是,经济学家们提出的几乎所有有约束的最优化问题都有一个最优解。如果最优化问题的可行集在 E^n 上的欧几里得拓扑下是非空、封闭且有界的,且目标函数在可行集上是上半连续的,那么,该问题至少存在一个全局最大化的解。如果目标函数在可行集上是下半连续的,那么,该问题至少存在一个全局最小化的解。在多数情况下,我们不会对这两种类型的解都感兴趣,比如,我们不研究企业如何避免利润最小化的问题。

定理 11.1（上半连续函数的魏尔斯特拉斯定理） 令 C 为 $\mathfrak{R}^n$ 的非空子集，且在 E^n 上是紧凑的。令 $f: C \mapsto \mathfrak{R}$ 为 C 上的上半连续函数，那么，存在一个 $\bar{x} \in C$，使得对所有 $x \in C$ 都有 $f(\bar{x}) \geqslant f(x)$。

图 11.1 中的例子展示了该定理的内容。图中所示的上半连续函数 f 在区间 $[a, b]$（这是一个紧集）内一定能取得全局最大值。一个上半连续函数还有可能会取得局部最大值、局部最小值和全局最小值，但只有全局最大值是一定存在的。

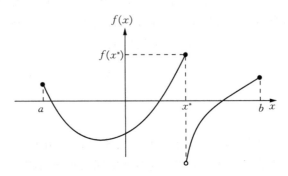

图 11.1 在紧区间 $[a, b]$ 内，上半连续函数 f 在 $x = x^*$ 处取得全局最大值，
能取得局部最小值，但没有全局最小值

定理 11.1 的证明： 令 $\bar{f} = \sup_{x \in C} f(x)$。我们要证明的是存在一个 $\bar{x} \in C$，它所对应的 f 的值为 $\bar{f}$。

因为 $\bar{f} = \sup_{x \in C} f(x)$，所以 C 中存在一个数列 $\{x_n\}_{n=1}^{\infty}$，满足

$$f(x_n) \to \bar{f} \tag{11.8}$$

因为 C 是紧集，所以这个数列一定有一个收敛的子数列 $\{x_{n_k}\}_{k=1}^{\infty}$。令 $\bar{x} = \lim_{k \to \infty} x_{n_k}$。因为 C 是闭集，所以 $\bar{x} \in C$。

因为 f 是 C 上的上半连续函数，所以有：

$$\lim_{k \to \infty} f(x_{n_k}) \leqslant f(\bar{x}) \tag{11.9}$$

数列 $\{f(x_n)\}_{n=1}^{\infty}$ 和 $\{f(x_{n_k})\}_{k=1}^{\infty}$ 一定收敛于同一个值，综合式（11.8）和（11.9）可知，$\bar{f} \leqslant f(\bar{x})$。但是，因为根据定义可知，对所有 $x \in C$，$\bar{f} \geqslant f(\bar{x})$，所以一定有 $\bar{f} = f(\bar{x})$。

定理 11.2（下半连续函数的魏尔斯特拉斯定理） 令 C 为 $\mathfrak{R}^n$ 的非空子集，且在 E^n 上是紧凑的。令 $f: C \mapsto \mathfrak{R}$ 为 C 上的下半连续函数，那么，一定存在一个 $\underline{x} \in C$，使得对所有 $x \in C$ 都有 $f(\underline{x}) \leqslant f(x)$。

该定理的证明与定理 11.1 的证明类似。请你花点时间理解定理 11.1 的证明，然后自己证明定理 11.2——这就是习题 11.2。

图 11.2 中的例子展示了定理 11.2 的内容。图中所示的下半连续函数 f 在区间 $[a, b]$（这是一个紧集）内一定能取得全局最小值。一个下半连续函数也可能取得局部最大值、局部最小值和全局最大值，但能确保的是，只有全局最小值是一定存在的。

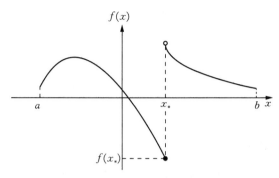

图 11.2　在紧区间$[a,b]$内,下半连续函数 f 在 $x=x_*$ 处取得全局最小值,
也能取得局部最大值,但没有全局最大值

　　在关于最优解的存在性的所有命题中,最常用的是有约束的最优化问题的目标函数连续的情况,即目标函数在问题的可行集 $\mathcal{C}$ 上既上半连续又下半连续的情况。综合定理 11.1 和定理 11.2 可以得出以下结论:

　　定理 11.3(连续函数的魏尔斯特拉斯定理)　令 $\mathcal{C}$ 为 $\mathfrak{R}^n$ 的非空子集,且在 E^n 上是紧凑的。令 $f: \mathcal{C} \mapsto \mathfrak{R}$ 为 $\mathcal{C}$ 上的连续函数,那么,存在一个 $\bar{x} \in \mathcal{C}$,使得对所有 $x \in \mathcal{C}$ 都有 $f(\bar{x}) \geqslant f(x)$;也存在一个 $\underline{x} \in \mathcal{C}$,使得对所有 $x \in \mathcal{C}$ 都有 $f(\underline{x}) \leqslant f(x)$。

　　图 11.3 展示了定理 11.3 的内容。请注意,魏尔斯特拉斯定理并没有说全局最大值解和全局最小值解是唯一的。

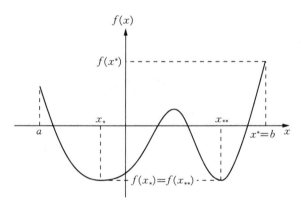

图 11.3　在紧区间$[a,b]$内,连续函数 $f(x)$ 在 $x=x^*$ 处取得全局最大值,
在 $x=x_*$ 和 $x=x_{**}$ 处取得全局最小值

　　上述定理都是充分性命题,一个下半连续的目标函数有可能取得全局最大值,一个上半连续的目标函数也有可能取得全局最小值。如以下两个例子所示,一个定义在紧集的下半连续的目标函数甚至可能没有局部最大值,一个定义在紧集的上半连续的目标函数也可能没有局部最小值。令 $\mathcal{C}=[0,4]$。函数

$$v(x)=\begin{cases} x, & 0 \leqslant x \leqslant 2 \\ 5-x, & 2 < x \leqslant 4 \end{cases}$$

是$[0,4]$上的下半连续函数,但它在$[0,4]$上没有局部最大值。再次令 $\mathcal{C}=[0,4]$。函数

$$t(x)=\begin{cases}5-x, & 0\leqslant x\leqslant 2 \\ x, & 2<x\leqslant 4\end{cases}$$

是[0,4]上的上半连续函数,但它在[0,4]上没有局部最小值。

接下来,我们来研究最优解集值映射所具备的一些性质。

11.4 最大值理论

我们先来看一个例子。考虑一个消费者效用最大化问题。令商品 1 和商品 2 的消费数量为 x_1 和 x_2,商品 2 是计价物,所以 $p_2=1$。消费者将这两种商品视为完全替代品,所以他的直接效用函数为 $U(x_1,x_2)=x_1+x_2$,他所面临的最优化问题是:

$$\max_{x_1,x_2}U(x_1,x_2)=x_1+x_2 \quad \text{s.t.} \quad x_1\geqslant 0, x_2\geqslant 0, p_1x_1+x_2\leqslant y \quad (11.10)$$

最优解集值映射为:

$$X^*(p_1,y)=\begin{cases}\left(\dfrac{y}{p_1},0\right), & p_1<1 \\ \{(x_1,x_2)\mid x_1\geqslant 0, x_2\geqslant 0, x_1+x_2=y\}, & p_1=1 \\ (0,y), & p_1>1\end{cases} \quad (11.11)$$

这个映射到 $\mathfrak{R}_+^2$ 的最优解集值映射对 p_1 是拟上半连续的,如图 11.4 所示。它表明,当商品 1 的价格比较便宜时(即 $p_1<p_2=1$ 时),消费者只购买商品 1。当商品 2 的价格比较便宜时(即 $p_1>p_2=1$ 时),消费者只购买商品 2。当两个商品价格相等时,消费者只在意所购买的商品总数。

当 $p_1=1$ 时,消费者不在意买的是哪一种商品,最优解集值映射的映像为集合 $X^*(p_1=1,y)=\{(x_1,x_2)\mid x_1\geqslant 0, x_2\geqslant 0, x_1+x_2=y\}$。因为这个集值映射不是处处单值映射,所以它不是一个函数。

如果 $p_1>1$,消费者只买商品 2,$X^*(p_1,y)=(0,y)$。因此,当 p_1 从大于 1 的值接

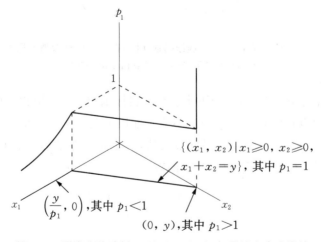

图 11.4　需求集值映射 $X^*(p_1,y)$ 对 p_1 是拟上半连续的

近 1 时,最优解集值映射的像集的极限为:

$$\lim_{p_1 \to 1^+} X^*(p_1, y) = \lim_{p_1 \to 1^+} (0, y)$$
$$= (0, y) \in \{(x_1, x_2) \mid x_1 \geqslant 0,\ x_2 \geqslant 0,\ x_1 + x_2 = y\} = X^*(1, y)$$

极限 $\lim\limits_{p_1 \to 1^+} X^*(p_1, y)$ 是集合 $X^*(p_1 = 1, y)$ 中的一个元素。

如果 $p_1 < 1$,消费者只买商品 1,$X^*(p_1, y) = (y/p_1, 0)$。因此,当 p_1 从小于 1 到接近 1 时,最优解集值映射的像集的极限为:

$$\lim_{p_1 \to 1^-} X^*(p_1, y) = \lim_{p_1 \to 1^-} \left(\frac{y}{p_1}, 0\right)$$
$$= (y, 0) \in \{(x_1, x_2) \mid x_1 \geqslant 0,\ x_2 \geqslant 0,\ x_1 + x_2 = y\} = X^*(1, y)$$

极限 $\lim\limits_{p_1 \to 1^-} X^*(p_1, y)$ 是集合 $X^*(p_1 = 1, y)$ 中的一个元素。

因为 $\lim\limits_{p_1 \to 1^-} X^*(p_1, y) \in X^*(p_1 = 1, y)$ 且 $\lim\limits_{p_1 \to 1^+} X^*(p_1, y) \in X^*(p_1 = 1, y)$,所以 X^* 在 $p_1 = 1$ 处是拟上半连续的。因为 X^* 对于所有不等于 1 的 $p_1 > 0$ 是连续函数,所以 X^* 是拟上半连续的($p_1 > 0$)。

经济学家们感兴趣的大量有约束的最优化问题都有一个好的特点:它们的最优解集值映射都是拟上半连续的。这个非常有用的信息来自最大值定理,克劳德·贝尔热(Claude Berge)在 1959 年证明了该命题。这个重要定理乍一看似乎令人费解,但别担心——我们将细致地分析它,你会发现其实它并不复杂。

定理 11.4(贝尔热最大值定理) 考虑问题(11.3)。该问题的可行集集值映射是 $\mathcal{C}$:$\times_{j=1}^m B_j \times \boldsymbol{b} \to X$,其中

$$\mathcal{C}(\beta, b) = \{x \in X \mid g_j(x; \beta_j) \leqslant b_j,\ \forall j = 1, \cdots, m\}$$

该问题的最优解集值映射是 X^*:$A \times_{j=1}^m B_j \times \boldsymbol{b} \to X$,其中,

$$X^*(\alpha, \beta, b) = \{x^* \in \mathcal{C}(\beta, b) \mid f(x^*; \alpha) \geqslant f(x; \alpha),\ \forall x \in \mathcal{C}(\beta, b)\}$$

该问题的最大值函数为 v:$A \times_{j=1}^m B_j \times \boldsymbol{b} \to \mathfrak{R}$,其中,

$$v(\alpha, \beta, b) = f(x^*; \alpha),\ \forall x^* \in X^*(\alpha, \beta, b)$$

如果 f 对 (x, α) 联合连续,$\mathcal{C}$ 对 (β, b) 是非空、紧凑且连续的,那么,X^* 非空且对 (α, β, b) 拟上半连续,v 对 (α, β, b) 连续。

一个例子可以帮助我们更好地理解该定理的内容,我们将问题(11.10)适当地一般化。考虑最优化问题:

$$\max_{x_1, x_2} f(x_1, x_2; \alpha) = \alpha x_1 + x_2 \quad \text{s.t.} \quad x_1 \geqslant 0,\ x_2 \geqslant 0,\ p_1 x_1 + x_2 \leqslant y \quad (11.12)$$

再次将商品 2 视为计价物,即 $p_2 = 1$。该问题的目标函数是对 (x_1, x_2, α) 联合连续的(联合连续是比分别对 x_1、x_2 和 α 连续更严格的条件——见第 5.6 节)。这个问题的可行解集值映射为:

$$\mathcal{C}(p_1, y) = \{(x_1, x_2) \mid x_1 \geqslant 0,\ x_2 \geqslant 0,\ p_1 x_1 + x_2 \leqslant y\}$$

对于给定的 $p_1 \geqslant 0$ 和 $y \geqslant 0$,该问题的可行集是 $\mathfrak{R}_+^2$ 的非空的紧集,因此 $\mathcal{C}$ 是非空紧值集值映射。请注意,当 p_1 或 y 变化时,可行集的边界是平滑(即连续)移动的,这意味着 $\mathcal{C}(p_1, y)$ 是一个关于 (p_1, y) 的非空、紧凑且连续的集值映射。

最优解(需求)集值映射为:

$$X^*(\alpha, p_1, y) = \begin{cases} \left(\dfrac{y}{p_1}, 0\right), & p_1 < \alpha \\ \{(x_1, x_2) \mid x_1 \geqslant 0, x_2 \geqslant 0, \alpha x_1 + x_2 = y\}, & p_1 = \alpha \\ (0, y), & p_1 > \alpha \end{cases}$$

图 11.4 展示了 $\alpha = 1$ 时的最优解集值映射。需要注意的重要特点是,这个集值映射对 $p_1 > 0$ 和 $\alpha > 0$ 是拟上半连续的,对 $y \geqslant 0$ 是完全连续的(因此也是拟上半连续的)。

该问题的最大值(间接效用)函数为:

$$v(\alpha, p_1, p_2, y) = \max\left\{\dfrac{\alpha}{p_1}, 1\right\} y$$

这个函数对参数 $\alpha > 0$、$p_1 > 0$ 和 $y \geqslant 0$ 是连续的。

最大值定理的证明:这个证明的步骤有点多,但是只有两个步骤稍微有点难度。为了便于理解,我给每一步证明都设置了一个标题。为了简洁起见,我将再次用 γ 来表示参数向量 (α, β, b),用 Γ 来表示参数空间 $A \times_{j=1}^m B_j \times \boldsymbol{b}$。

(1)证明 X^* 是非空值集值映射。我们知道哪些关于可行集的信息?定理给出的信息是,对任意 $\gamma \in \Gamma$,可行集 $\mathcal{C}(\beta, b)$ 是一个非空且紧凑的集合。我们知道哪些关于目标函数的信息?对于任意 $\gamma \in \Gamma$(实际上是对任意给定的 α),我们知道目标函数 $f(x; \alpha)$ 对 x 连续。由魏尔斯特拉斯定理 11.3 可知,至少存在一个 $x^* \in \mathcal{C}(\beta, b)$ 使 $f(x; \alpha)$ 在 $\mathcal{C}(\beta, b)$ 上取得最大值,也就是说 $X^*(\gamma) \neq \varnothing$。因为上述内容对每个 $\gamma \in \Gamma$ 都成立,所以 X^* 是非空值集值映射。

(2)证明 $X^*(\gamma)$ 是一个有界集。给定一个 γ,最优解集合是可行解集合的一个子集,即 $X^*(\alpha, \beta, b) \subseteq \mathcal{C}(\beta, b)$。$\mathcal{C}$ 是一个紧值集值映射,所以对任意给定的 $\gamma \in \Gamma$,可行集 $\mathcal{C}(\beta, b)$ 是一个有界集,所以它的子集 $X^*(\gamma)$ 也是一个有界集。

(3)证明 $X^*(\gamma)$ 是一个闭集。我们要证明的是 $X^*(\gamma)$ 中的元素所形成的任意收敛序列的极限都是 $X^*(\gamma)$ 中的一个元素,我们先用元素 $x_n^* \in X^*(\gamma)$ 构造一个数列 $\{x_n^*\}_{n=1}^\infty$($n \geqslant 1$),假设该数列的极限为 x_0,即 $x_n^* \to x_0$。首先我们要证明 x_0 是一个可行解,也就是 $x_0 \in \mathcal{C}(\beta, b)$。然后我们要证明 x_0 是最优解,也就是 $x_0 \in X^*(\gamma)$。

我们先来证明 $x_0 \in \mathcal{C}(\beta, b)$。对每个 $n \geqslant 1$,最优解 x_n^* 必定是一个可行解,$x_n^* \in \mathcal{C}(\beta, b)$,因为 $x_n^* \to x_0$ 且 $\mathcal{C}(\beta, b)$ 是一个闭集,所以 $x_0 \in \mathcal{C}(\beta, b)$。

再来证明 $x_0 \in X^*(\gamma)$。对于一个给定的 α,目标函数 $f(x; \alpha)$ 对 x 连续,

$$\lim_{n \to \infty} f(x_n^*; \alpha) = f(\lim_{n \to \infty} x_n^*; \alpha) = f(x_0; \alpha) \tag{11.13}$$

所有的最优解 x_n^* 对应的最大值是同一个值,我们用 $\bar{v}$ 表示,也就是说,对每个 $n \geqslant 1$,$f(x_n^*; \alpha) = \bar{v}$。因此,式(11.13)为:

$$\bar{v} = f(x_0 ; \alpha) \tag{11.14}$$

这意味着，x_0 也达到了最大值 $\bar{v}$，x_0 也是最优解，即 $x_0 \in X^*(\gamma)$。因此，$X^*(\gamma)$ 是一个闭集。

（4）证明 $X^*(\gamma)$ 是一个紧集。因为 $X^*(\gamma)$ 是一个封闭的有界集，所以它是 E^n 上的紧集。

（5）证明 X^* 在 Γ 上拟上半连续。怎样证明这一点呢？请看图 11.5。我们要考虑的是收敛于一个向量（用 γ_0 表示）的 Γ 中参数向量的数列 $\{\gamma_n\}_{n=1}^{\infty}$，即 $\gamma_n \to \gamma_0$。对于每个 γ_n，都存在一个最优解集 $X^*(\gamma_n)$。从每个集合 $X^*(\gamma_1)$，$X^*(\gamma_2)$，$\cdots$ 中任意各选择一个元素，组成一个数列 x_n^*，其中，$x_n^* \in X^*(\gamma_n)$。我们要证明这个数列有一个收敛的子数列（令它的极限为 x_0^*），然后证明当 $\gamma = \gamma_n$ 时，x_0^* 是一个最优解，也就是要证明 $x_0^* \in X^*(\gamma_0)$。

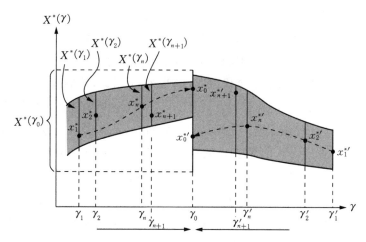

图 11.5　$X^*(\gamma)$ 在 $\gamma = \gamma_n$ 处是拟上半连续的

我们从数列 $\{\gamma_n\}_{n=1}^{\infty}(\gamma_n \to \gamma_0)$ 和相应的最优解集合 $\{X^*(\gamma_n)\}_{n=1}^{\infty}$ 的一个数列 $\{x_n^*\}_{n=1}^{\infty}$ 开始。数列 $\{x_n^*\}_{n=1}^{\infty}$ 中的每一个元素都是从集合 $\{X^*(\gamma_n)\}_{n=1}^{\infty}$ 中任意选择的。这个数列不需要是收敛的，但是它必须包括至少一个收敛的子数列。为什么呢？因为所有的最优解都是可行解，所以 $x_n^* \in \mathcal{C}(\beta_n, b_n)$（$\gamma = \gamma_n$ 时的可行解集），其中，$n \geqslant 1$。由于 $\mathcal{C}$ 是对 (β, b) 连续的一个集值映射，所以它也是拟上半连续的。因此，可行解的数列 $\{x_n^*\}_{n=1}^{\infty}$ 一定拥有一个收敛的子数列 $\{x_{n_k}^*\}_{k=1}^{\infty}$，我们用 x_0^* 表示它的极限，而且 $x_0^* \in \mathcal{C}(\beta_0, b_0)$。这意味着，当 $\gamma = \gamma_n$ 时，x_0^* 是一个可行解。

现在我们要证明当 $\gamma = \gamma_n$ 时，x_0^* 是最优解，也就是证明：

$$f(x_0^* ; \alpha_0) \geqslant f(z_0 ; \alpha_0) \ \forall z_0 \in \mathcal{C}(\beta_0, b_0) \tag{11.15}$$

任选一个 $z_0 \in \mathcal{C}(\beta_0, b_0)$。因为 $\mathcal{C}$ 是对 (β, b) 连续的一个集值映射，所以它也拟下半连续。因此，一定存在一个数列 $\{z_n\}_{n=1}^{\infty}$，满足 $z_n \in \mathcal{C}(\beta_n, b_n)$ 且收敛于 $z_0(n \geqslant 1)$。从数列 $\{z_n\}_{n=1}^{\infty}$ 中选择一些元素来构成子数列 $\{z_{n_k}\}_{k=1}^{\infty}$。由于收敛数列的任意子数列都是收敛的，所以有 $z_{n_k} \to z_0$。请记住：

$$f(x_{n_k}^*; \alpha_{n_k}) \geqslant f(z_{n_k}; \alpha_{n_k}) \ \forall \, k \geqslant 1 \qquad (11.16)$$

这是因为当 $\gamma = \gamma_{n_k}$ 时，$x_{n_k}^*$ 是最优解，但 z_{n_k} 只是可行解。f 对 (x, α) 是联合连续的，所以由式(11.16)可知：

$$f(\lim_{k \to \infty} x_{n_k}^*; \lim_{k \to \infty} \alpha_{n_k}) = f(x_0^*; \alpha_0) \geqslant f(\lim_{k \to \infty} z_{n_k}; \lim_{k \to \infty} \alpha_{n_k}) = f(z_0; \alpha_0) \quad (11.17)$$

因此，当 $\gamma = \gamma_{n_k}$ 时 x_0^* 是最优解，即 $x_0^* \in X^*(\gamma_0)$，这证明 X^* 在 γ_0 处是拟上半连续的，而 γ_0 是 Γ 中的任意值，故 X^* 在 Γ 上是拟上半连续的。

现在我们已经完成了定理中关于最优解集值映射 X^* 的性质的证明，接下来要证明的是最大值函数的性质。

(6) 证明 v 存在且是一个函数。根据定义，$v(\gamma) = f(x^*(\gamma); \alpha)$。因为 $X^*(\gamma) \neq \varnothing$，所以像集 $v(\gamma) \neq \varnothing$。假设对某个 $\tilde{\gamma} \in \Gamma$，集合 $v(\tilde{\gamma})$ 不是单元素集。那么，$v(\tilde{\gamma})$ 一定至少包含两个值，记为 v' 和 v''。在不失一般性的情况下，假设 $v' < v''$。但这样 v' 就不是最大值了，矛盾。因此，对每个 $\gamma \in \Gamma$，$v(\gamma)$ 一定是单元素集，v 是一个函数。

(7) 证明 v 在 Γ 上连续。我们要证明对任意收敛于 γ_0 的数列 $\{\gamma_n\}_{n=1}^{\infty}$ 都有 $v(\gamma_n) \to v(\gamma_0)$。我们先任取一个收敛于某个极限 γ_0 的数列 $\{\gamma_n\}_{n=1}^{\infty}$，然后观察相应的最大值数列 $\{v(\gamma_n)\}_{n=1}^{\infty}$，因为这个数列一定既有上界又有下界，所以至少有一个上确界(数列的上极限，见定理 4.6)，且包含一个收敛于这个上确界的子数列 $\{v(\gamma_{n_k})\}_{k=1}^{\infty}$：$v(\gamma_{n_k}) \to \limsup v(\gamma_n)$。数列 $\{\gamma_{n_k}\}_{k=1}^{\infty}$ 一定收敛于 γ_0，因为它是从数列 $\{\gamma_n\}_{n=1}^{\infty}$ 中抽取出来的子数列，而 $\gamma_n \to \gamma_0$。对每个 $k \geqslant 1$，存在一个最优解 $x^*(\gamma_{n_k}) \in X^*(\gamma_{n_k})$，相应的最大值为 $v(\gamma_{n_k})$。从每个集合 $X^*(\gamma_{n_k})$ 中任选一个元素构造一个最优解的数列 $\{x_{n_k}^*\}_{k=1}^{\infty}$。因为最优解集值映射 X^* 对 γ 是拟上半连续的，所以，数列 $\{x_{n_k}^*\}_{k=1}^{\infty}$ 一定包含一个收敛于某个值 $x_0^* \in X^*(\gamma_0)$ 的子数列。用 $\{x_{n_{k_j}}^*\}_{j=1}^{\infty}$ 表示这一子数列，即 $x_{n_{k_j}}^* \to x_0^*$。由于 f 对 (x, α) 是联合连续的，所以，

$$
\begin{aligned}
\lim_{j \to \infty} v(\gamma_{n_{k_j}}) &= \lim_{j \to \infty} f(x_{n_{k_j}}^*; \alpha_{n_{k_j}}) \\
&= f(\lim_{j \to \infty} x_{n_{k_j}}^*; \lim_{j \to \infty} \alpha_{n_{k_j}}) = f(x_0^*; \alpha_0) = v(\gamma_0)
\end{aligned} \qquad (11.18)
$$

因此，

$$v(\gamma_0) = \limsup v(\gamma_n) \qquad (11.19)$$

有界数列 $\{v(\gamma_n)\}_{n=1}^{\infty}$ 一定有一个最大下确界(数列的下极限，见定义 4.6)且一定包含一个收敛于此最大下确界的子数列 $\{v(\gamma_{n_t})\}_{t=1}^{\infty}$：$v(\gamma_{n_t}) \to \liminf v(\gamma_n)$。类似地，可以证明：

$$v(\gamma_0) = \liminf v(\gamma_n) \qquad (11.20)$$

把式(11.19)和式(11.20)结合起来，就可以证明数列 $\{v(\gamma_n)\}_{n=1}^{\infty}$ 是收敛的且极限为 $v(\gamma_0)$，于是，我们证明了 v 在 $\gamma = \gamma_0$ 处连续，而 γ_0 是 Γ 中的任意值，因此 v 在 Γ 上处处连续。 □

11.5 比较静态分析

经济学家们通常对某些经济变量在一些其他变量(可能是政策变量)变化时的变化方

向感兴趣。例如,税率的提高是否会导致税收的增加? 这样的问题涉及有约束的最优化问题的最优解和最大值函数如何随着最优化问题的参数的变化而变化。在本章中,我们无法处理这些问题,因为我们学到的知识不足以分析目标函数和约束函数是如何随参数变化而变化的。在接下来的两章中,我们将学习比较静态分析,这种分析方法能确定最大值或最优解如何因为参数的改变而改变。这两章将只介绍可微条件下的比较静态分析法,还有一种方法叫单调比较静态分析(monotone comparative statics analysis),它不依赖于函数的可微性,本书没有对它进行介绍,因为需要大量的准备工作。

可微比较静态分析法可以分为两种类型。只确定参数变化时最优解或最大值变化方向的分析被称为"定性"的比较静态分析,这种分析方法可以预测当咖啡价格上升时咖啡的需求量会下降,但是无法预测会以多快的速度下降。确定参数变化时最优解或最大值的变化率的分析被称为"定量"的比较静态分析。显然,定量分析所得到的信息量比定性分析要多很多,但定量分析所需要的信息比定性分析所需要的信息多很多。是否能获取这些额外的信息决定了我们能采用哪种分析方法。第 12 章将讨论怎样进行定量的比较静态分析,第 13 章将讨论如何在更宽松的要求下进行定性分析。

11.6 习题

习题 11.1 请写出一个具有如下性质的函数:是上半连续的,但不是连续的,有全局最大值和全局最小值。再写出一个具有如下性质的函数:是下半连续的,但不是连续的,有全局最大值和全局最小值。为什么这两个函数与定理 11.1 和定理 11.2 不矛盾?

习题 11.2 回顾一下上半连续函数的魏尔斯特拉斯定理(定理 11.1)的证明。请证明下半连续函数的魏尔斯特拉斯定理(定理 11.2)。

习题 11.3 考虑一个具有非凸偏好的消费者,其偏好由直接效用函数 $U(x_1, x_2) = x_1^2 + x_2^2$ 表示。该消费者面对的商品 1 和商品 2 的每单位价格为 $p_1 > 0$ 和 $p_2 = 1$,此人有 $y > 0$ 的预算可供支出。

(1) 消费者的需求集值映射是什么?

(2) 请证明该需求集值映射对 p_1 是拟上半连续的。

(3) 请推导出消费者的最大值函数(即间接效用函数)$v(p_1, y)$。证明这个函数对 p_1 是连续的,并判断它是否对 p_1 可微。

习题 11.4 考虑有约束的最优化问题:

$$\max_{x \in \mathfrak{R}^n} f(x; \alpha) \quad \text{s.t.} \quad g_j(x; \beta_j) \leqslant b_j, j = 1, \cdots, m$$

其中 $\alpha \in A$, $\beta_1 \in B_1, \cdots, \beta_m \in B_m$, $b_j \in \mathfrak{R}(j=1, \cdots, m)$。目标函数 $\mathfrak{R}^n \times A \to \mathfrak{R}$ 对 (x, α) 是联合连续的。每个约束函数 $g_j: \mathfrak{R}^n \times B_j \to \mathfrak{R}$ 对 (x, β_j) 是联合连续的,$j = 1, \cdots, m$。令 $\beta = (\beta_1, \cdots, \beta_m)^T$, $b = (b_1, \cdots, b_m)^T$, $\gamma = (\alpha: \beta: b)^T$, $B = B_1 \times \cdots \times B_m$, $\Gamma = A \times B \times \mathfrak{R}^m$。可行集集值映射 $\mathcal{C}: B \times \mathfrak{R}^m \mapsto \mathfrak{R}^n$ 的表达式为:

$$\mathcal{C}(\beta, b) = \{x \in \mathfrak{R}^n \mid g_1(x; \beta_1) \leqslant b_1, \cdots, g_m(x; \beta_m) \leqslant b_m\}$$

对所有$(\beta, b) \in B \times \mathfrak{R}^m$, 假设$\mathcal{C}(\beta, b)$是$\mathfrak{R}^n$的有界子集且内部非空。最优解集值映射 $X^*: \Gamma \mapsto \mathfrak{R}^n$的表达式为:

$$X^*(\gamma) = \{x^* \in \mathfrak{R}^n \mid f(x^*; \alpha) \geqslant f(x; \alpha) \, \forall x \in \mathcal{C}(\beta, b)\}$$

(1) 对每个$\gamma \in \Gamma$, $X^*(\gamma) \neq \varnothing$一定成立吗? 请证明。

(2) 再假设每个约束函数g_j对$x \in \mathfrak{R}^n$都是拟凸函数,目标函数f对$x \in \mathfrak{R}^n$是严格拟凸函数。对任意给定的$\gamma \in \Gamma$,集合$X^*(\gamma)$中有多少个元素? 请证明你的答案。

(3) 假设每个约束函数g_j对$x \in \mathfrak{R}^n$都是拟凸函数,目标函数f对$x \in \mathfrak{R}^n$是严格拟凸函数。最优解集值映射X^*是Γ上的连续函数吗? 请证明你的答案。

习题 11.5 考虑一个有等式约束的最优化问题:

$$\max_{x \in \mathfrak{R}^n} f(x; \alpha) \quad \text{s.t.} \quad h(x; \beta, b) \equiv b - g(x; \beta) = 0$$

令$\gamma = (\alpha, \beta, b) \in A \times B \times \mathfrak{R} = \Gamma$,假设$f$对$(x, \alpha) \in \mathfrak{R}^n \times A$是联合凹函数,$h(x; \beta, b)$对$(x, \beta, b) \in X \times B \times \mathfrak{R}$是联合凹函数。请证明该问题的最大值函数$v(\gamma)$在$\Gamma$上是凹函数。

习题 11.6 大多数读者应该对基础博弈论有一定的了解。我们通常讨论的博弈是纳什博弈,这个博弈中使用的均衡概念是由约翰·纳什(John Nash)提出的。纳什证明了任何参与者数量有限的博弈至少有一个纳什均衡,每个参与者都具有冯·诺依曼-摩根斯坦偏好(即由预期效用函数表示的偏好),且参与者的纯策略是有限的。纳什提出的证明主要有两个部分。第一个部分是证明每个参与者的"最佳反应的集值映射"对其他参与者所选择的策略(通常是混合策略)是拟上半连续的。第二个部分是角谷静夫(Kakutani)不动点定理的应用,我们在此不做讨论。因为纳什博弈现在是经济学领域中的经典建模工具,所以要理解为什么每个纳什博弈参与者的最优反应的集值映射对其他参与者选择的行动是拟上半连续的。你可能会觉得这很难,但其实不然。整个证明的过程可以被分为一些非常简单的步骤。我们将这个问题分成了几个部分,每个部分对应一个证明步骤。

我们先对博弈进行一些描述。有$n \geqslant 2$个参与者,先来考虑参与者1的问题。参与者1可以从m_1个纯策略$a_1^1, \cdots, a_{m_1}^1$中进行选择。这些策略可能是"板着脸""发脾气""扔东西"等。我们用A^1来表示纯策略的集合:$A^1 = \{a_1^1, \cdots, a_{m_1}^1\}$。参与者1可以随机选择这些纯策略,比如,她选择"板着脸"的概率为3/4,选择"发脾气"的概率为0,选择"扔东西"的概率为1/4。参与者1这样的随机纯策略是一种混合策略。这种混合策略是可供参与者1选择的m_1个纯策略的概率分布,因此,对于参与者1来说,混合策略是一个离散的概率分布:

$$\pi^1 = (\pi_1^1, \cdots, \pi_{m_1}^1), \text{其中}, \pi_1^1 \geqslant 0, \cdots, \pi_{m_1}^1 \geqslant 0, \pi_1^1 + \cdots + \pi_{m_1}^1 = 1$$

其中,π_i^1是她会选择第i个纯策略a_i^1的概率。参与者1所有可能的混合策略的集合是她的混合策略集

$$\Sigma^1 = \{(\pi_1^1, \cdots, \pi_{m_1}^1) \mid \pi_1^1 \geqslant 0, \cdots, \pi_{m_1}^1 \geqslant 0, \pi_1^1 + \cdots + \pi_{m_1}^1 = 1\}$$

这个集合是m_1维单位单纯形(unit simplex)。图 11.6 展示了一维、二维和三维单位单纯

形。纯策略 a_i^1 是在概率上退化了的混合策略,其中,$\pi_i^1=1$,对于所有的 $j=1,\cdots,m$ 且 $j\neq i$,$\pi_j^i=0$。

参与者 1 的收益取决于博弈中所有参与者最终选择的纯策略是什么。我们用 a 表示这些纯策略的完整序列,故 $a=(a^1,\cdots,a^n)$ 是参与者 1 到参与者 n 选择的纯策略序列。我们也可以把这个序列写为 $a=(a^1,a^{-1})$,其中,$a^{-1}=(a^2,\cdots,a^n)$ 是除了参与者 1 以外所有参与者所选择的纯策略序列。也就是说,上标"-1"表示"除了参与者 1 以外"。参与者 1 的收益函数为 $g^1(a)$。

在纳什博弈中,在选择策略时每个参与者 i 都相信,无论自己采取什么样的策略都不会改变其他参与者已经选择的策略(这种想法被称为纳什猜想)。举个例子,参与者 1 相信,她把自己所选择的纯策略从"发脾气"改为"扔东西"时,其他任何参与者都不会改变他们已经选择的策略。换句话说,参与者 1 将其他参与者采取的策略序列视为参数,即是给定且固定不变的。

我们用 $\pi^{-1}=(\pi^2,\cdots,\pi^n)$ 表示参与者 2 到参与者 n 选择的混合策略的序列。对于给定的 π^{-1} 和参与者 1 的混合决策 π^1,参与者 1 的期望收益是什么?考虑一个给定的策略序列 $\pi^1,\pi^2,\cdots,\pi^n$,此时,参与者 1 选择纯策略 $a_{j_1}^1$ 的可能性为 $\pi_{j_1}^1$,参与者 2 选择纯策略 $a_{j_2}^2$ 的可能性为 $\pi_{j_2}^2$,以此类推。因此,参与者选择某个特定纯策略序列 $a_{j_1}^1,a_{j_2}^2,\cdots,a_{j_n}^n$ 的概率为:

$$\Pr(a_{j_1}^1,a_{j_2}^2,\cdots,a_{j_n}^n)=\pi_{j_1}^1\times\pi_{j_2}^2\times\cdots\times\pi_{j_n}^n$$

这个表达式就是参与者 1 的收益为 $g^1(a_{j_1}^1,a_{j_2}^2,\cdots,a_{j_n}^n)$ 的概率。当参与者的策略序列为 $\pi^1,\pi^2,\cdots,\pi^n$ 时,参与者 1 的期望收益为:

$$
\begin{aligned}
f^1(\pi^1;\pi^{-1}) &= \sum_{j_1=1}^{m_1}\sum_{j_2=1}^{m_2}\cdots\sum_{j_n=1}^{m_n}g^1(a_i^1,a_{j_2}^2,\cdots,a_{j_n}^n)\times\pi_{j_1}^1\times\pi_{j_2}^2\times\cdots\times\pi_{j_n}^n \\
&= \sum_{j_1=1}^{m_1}\underbrace{\left\{\sum_{j_2=1}^{m_2}\cdots\sum_{j_n=1}^{m_n}g^1(a_i^1,a_{j_2}^2,\cdots,a_{j_n}^n)\times\pi_{j_2}^2\times\cdots\times\pi_{j_n}^n\right\}}_{\text{与}\pi_1^1,\cdots,\pi_{m_1}^1\text{无关}}\times\pi_{j_1}^1
\end{aligned}
\tag{11.21}
$$

参与者 1 将其他参与者的策略视为给定的,故大括号里的量是给定的数值。因此,参与者 1 相信她的收益函数(11.21)对每个 $\pi_1^1,\cdots,\pi_{m_1}^1$ 都是线性的。

参与者 1 选择的策略 π^1 在给定 π^{-1} 时可以使她的期望收益最大化,也就是说,参与者 1 的问题为:

$$\max_{\pi_1^1,\cdots,\pi_{m_1}^1\in\Sigma^1}f^1(\pi^1;\pi^{-1})$$

这个问题的最优解是 $\pi^{*1}(\pi^{-1})$,这是一个在其他参与者的策略序列为给定的 π^{-1}(参与者 1 将它视为参数)时,使参与者 1 的期望收益最大化的混合策略集(概率分布)。这个最优解就是参与者 1 的最佳反应集值映射。

(1)请证明对任意一个给定的其他参与者的(混合)策略序列 π^{-1},都有 $\pi^{*1}(\pi^{-1})\neq\varnothing$。

(2)请证明 π^{*1} 是 π^{-1} 的拟上半连续集值映射。

习题 11.7 以下 2×2 表格是两个企业之间的一个纳什博弈收益矩阵。其中一个企业是在位者,它最初是市场中唯一的企业。另一个企业是进入者,它在进入市场(策略是"进入")和不进入市场(策略是"不进入")之间选择。在位者在抵制进入(策略是"斗争")和不抵制进入(策略是"不斗争")之间选择。表中有四个收益组合,每个收益组合的第一个元素是进入者的收益,第二个元素是在位者的收益。

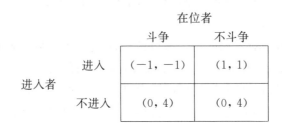

(1) 请计算出两个企业的最佳反应集值映射。

(2) 第(1)问计算出的这些最佳反应集值映射是拟上半连续的吗? 是凸值集值映射吗? 定义域和值域分别是什么呢?

(3) 这个博弈的最佳反应集值映射是什么? 它的定义域和值域是什么? 图又是什么样的? 请解释为什么它的图是闭合的,并说明它在哪个空间是闭合的。

11.7 答案

答案 11.1 图 11.7 展示了函数

$$f(x)=\begin{cases}3-(x-1)^2, & 0\leqslant x\leqslant 2\\(x-1)^2, & 2<x\leqslant 4\end{cases}$$

函数 f 在 $x=2$ 处不连续,在区间 $[0,4]$ 上拟上半连续,在点 $x=1$ 处取得全局最大值,在 $x=3$ 处取得全局最小值。

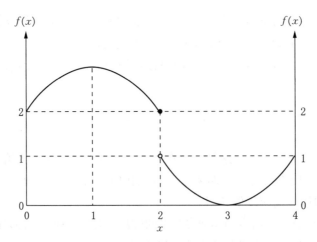

图 11.7 答案 11.1 中 $f(x)$ 的图形

函数$-f(x)$在$x=2$处不连续,在区间$[0,4]$上拟下半连续,在点$x=1$处取得全局最小值,在$x=3$处取得全局最大值。

定理 11.1 表明,一个定义域是紧集的拟上半连续函数一定能取得一个全局最大值,但并没有说这样的函数不能同时取得全局最小值。同样,一个定义域是紧集的拟下半连续函数一定能取得一个全局最小值,但并没有说这样的函数不能同时取得一个全局最大值。□

答案 11.2

定理 11.2 的证明: 令$\underline{f}=\inf\limits_{x\in\mathcal{C}}f(x)$,我们要证明的是存在一个值$\underline{x}\in\mathcal{C}$,它所对应的$f$的值为$\underline{f}$。

因为$\underline{f}=\inf\limits_{x\in\mathcal{C}}f(x)$,所以$\mathcal{C}$中存在一个数列$\{x_n\}_{n=1}^{\infty}$,满足

$$f(x_n)\to\underline{f} \tag{11.22}$$

因为$\mathcal{C}$是紧集,所以,这个数列一定有一个收敛的子数列$\{x_{n_k}\}_{k=1}^{\infty}$。令$\underline{x}=\lim\limits_{k\to\infty}x_{n_k}$。因为$\mathcal{C}$是闭集,所以$\underline{x}\in\mathcal{C}$。

因为f是$\mathcal{C}$上的下半连续函数,所以,

$$\lim\limits_{k\to\infty}f(x_{n_k})\geqslant f(\underline{x}) \tag{11.23}$$

数列$\{f(x_n)\}_{n=1}^{\infty}$和$\{f(x_{n_k})\}_{k=1}^{\infty}$一定收敛于同一个值。由式(11.22)和式(11.23)可知,$\underline{f}\geqslant f(\underline{x})$。但是,根据定义可知,对所有$x\in\mathcal{C}$,$\underline{f}\leqslant f(x)$,所以只能是$\underline{f}=f(\underline{x})$。□

答案 11.3

(1) 消费者的需求集值映射为:

$$X^*(p_1,y)=\begin{cases}\left(\dfrac{y}{p_1},0\right), & \text{如果}\ 0<p_1<1\\ \{(y,0),(0,y)\}, & \text{如果}\ p_1=1\\ (0,y), & \text{如果}\ 1<p_1\end{cases} \tag{11.24}$$

(2) 当$0<p_1<1$和$p_1>1$时,需求集值映射是单值连续集值映射,它对$p_1\neq1$是拟上半连续的。需求集值映射在$p_1=1$处不连续。

任取一个数列$\{p_n\}_{n=1}^{\infty}$,$p_n\geqslant1$(其中$n\geqslant1$)且$p_n\to1$。相应的需求量数列是$\{(0,y)\}_{n=1}^{\infty}$,它收敛于$(0,y)\in X^*(p_1=1,y)$。现在任取一个数列$\{p_n\}_{n=1}^{\infty}$,$0<p_1<1$(其中$n\geqslant1$)且$p_n\to1$,那么,相应的需求量数列是$\{(y/p_1,0)\}_{n=1}^{\infty}$,它收敛于$(y,0)\in X^*(p_1=1,y)$。因此,$X^*(p_1,y)$在$p_1=1$处拟上半连续。

将以上结论综合起来,可以得出:当$p_1>0$时,$X^*(p_1,y)$对p_1拟上半连续。

(3) 消费者的间接效用函数为:

$$v(p_1,y)=\begin{cases}\left(\dfrac{y}{p_1}\right)^2, & \text{如果}\ 0<p_1<1\\ y^2, & \text{如果}\ p_1=1\\ y^2, & \text{如果}\ 1<p_1\end{cases}=\begin{cases}\left(\dfrac{y}{p_1}\right)^2, & \text{如果}\ 0<p_1<1\\ y^2, & \text{如果}\ 1\leqslant p_1\end{cases}$$

随着$p_1\to1^-$,有$(y/p_1)^2\to y^2$,$v(p_1,y)$对所有$p_1>0$都是连续的。

v 在 $p_1=1$ 处不可微,为什么呢? 当 $p_1>1$ 时,微分 $\partial v/\partial p_1$ 的值为 0;当 $0<p_1<1$ 时,$\partial v/\partial p_1$ 的值为 $-2y^2/p_1^3$,随着 $p_1\rightarrow 1^-$,有 $\partial v/\partial p_1\rightarrow -2y^2\neq 0$。因此,$v$ 在 $p_1=1$ 处对 p_1 不可微。这个例子告诉我们,尽管最大值定理给出的条件足以保证最大值函数是连续的,但不足以保证最大值函数是可微的。 □

答案 11.4

(1) 证明:是的。任取一个 $\gamma\in\Gamma$。可行集为 $\mathcal{C}(\beta,b)\neq\varnothing$,且

$$\mathcal{C}(\beta,b)=\{x\in\mathfrak{R}^n\mid g_1(x;\beta_1)\leqslant b_1,\ \cdots,\ g_m(x;\beta_m)\leqslant b_m\}$$
$$=\bigcap_{j=1}^m\{x\in\mathfrak{R}^n\mid g_j(x;\beta_j)\leqslant b_j\}$$

因为每个约束函数 g_j 对 (x,β_j) 都是联合连续的,所以它在 β_j 为某个固定的值时也是对 x 连续的。因此,g_j 对任意给定的 β_j 都是下半连续的,集合 $\{x\in\mathfrak{R}^n\mid g_j(x;\beta_j)\leqslant b_j\}$ 在 E^n 上都是完全闭合的。于是,$\mathcal{C}(\beta,b)$ 是 E^n 上的有限个闭集的交集,它也是 E^n 上的闭子集。由于所有可行集都是 E^n 上的非空有界集,所以 $\mathcal{C}(\beta,b)$ 是 E^n 上的非空紧集。

目标函数 f 对 (x,α) 是联合连续的,它在 α 为某个固定值时也是对 x 连续的。因此,对于任何给定的 $\gamma'\in\Gamma$,有约束的最优化函数能使函数 $f(x;\alpha')$ 最大化,而 $f(x;\alpha')$ 在 $\mathfrak{R}^n$ 的非空紧子集 $\mathcal{C}(\beta',b')$ 上对 x 是连续的。由魏尔斯特拉斯定理可知,这个最优化问题存在至少一个最大值解(最优解),即 $X^*(\gamma')\neq\varnothing$。又因为 γ' 是 Γ 中的任意一点,故对每个 $\gamma\in\Gamma$,都有 $X^*(\gamma)\neq\varnothing$。

(2) $X^*(\gamma)$ 是一个单元素集,也就是说,在 Γ 上,$\sharp X^*(\gamma)\equiv 1$。

证明:任取一个 $\gamma\in\Gamma$。因为 $g_j(x;\beta_j)$ 是 x 的拟凸函数,所以下等值集 $\{x\in\mathfrak{R}^n\mid g_j(x;\beta_j)\leqslant b_j\}$ 是 $\mathfrak{R}^n$ 的一个凸子集。于是,$\mathcal{C}(\beta,b)$ 是凸集的交集,因此它也是 $\mathfrak{R}^n$ 的一个凸子集。

因为 $f(x;\alpha)$ 是 $x\in\mathfrak{R}^n$ 的严格拟凸函数,所以上等值集 $\{x\in\mathfrak{R}^n\mid f(x;\alpha)\geqslant k\}$ 是 $\mathfrak{R}^n$ 的一个严格凸子集,只要它是内部非空的,或者,当它是单元素集或空集时,它是 $\mathfrak{R}^n$ 的一个弱凸子集。

我们已经证明了 $X^*(\gamma)\neq\varnothing$,可以得到 $\sharp X^*(\gamma)\geqslant 1$。假设 $\sharp X^*(\gamma)>1$,那么,至少存在两个最优解 x' 和 $x''\in X^*(\gamma)$,$x'\neq x''$。用 $\bar{v}$ 表示这些最优解集值映射的最大值,

$$\bar{v}=f(x';\alpha)=f(x'';\alpha)$$

因为 x' 和 x'' 都是最优解,所以它们也是可行解,x' 和 $x''\in\mathcal{C}(\beta,b)$(这是一个凸集)。对任意 $\mu\in[0,1]$,都有 $x(\mu)=\mu x'+(1-\mu)x''\in\mathcal{C}(\gamma)$,也就是说,$x(\mu)$ 是一个可行解。但是,由于 f 是 x 的严格拟凸函数,所以 $x(\mu)$ 对应的目标函数值为:

$$f(\mu x'+(1-\mu)x'';\alpha)>f(x';\alpha)=f(x'';\alpha)=\bar{v}$$

因为这与 x' 和 x'' 的最优解的性质矛盾,所以 $\sharp X^*(\gamma)\ngtr 1$,因此只能有 $\sharp X^*(\gamma)=1$。 □

(3) 证明:是的。因为 $\sharp X^*(\gamma)$ 在 Γ 上恒等于 1,所以 X^* 是一个函数。又因为 X^* 在 Γ 上是拟上半连续的,所以它是一个连续函数。 □

答案 11.5 选择 γ' 和 $\gamma''\in\Gamma$,且 $\gamma'\neq\gamma''$。用 $x^*(\gamma')$ 表示 $\gamma'=(\alpha',\beta',b')$ 时的最优

解,用 $x^*(\gamma'')$ 表示 $\gamma''=(\alpha'',\beta'',b'')$ 时的最优解,则有:

$$v(\gamma')=f(x^*(\gamma');\alpha') \text{和} h(x^*(\gamma');\beta',b')\geqslant 0 \qquad (11.25)$$

$$v(\gamma'')=f(x^*(\gamma'');\alpha'') \text{和} h(x^*(\gamma'');\beta'',b'')\geqslant 0 \qquad (11.26)$$

因为 h 是对 (x,β,b) 的联合凹函数,所以由式(11.25)和式(11.26)可知,对任意 $\mu\in[0,1]$,有:

$$h(\mu x^*(\gamma')+(1-\mu)x^*(\gamma''),\mu\beta'+(1-\mu)\beta'',\mu b'+(1-\mu)b'')$$
$$\geqslant\mu h(x^*(\gamma');\beta',b')+(1-\mu)h(x^*(\gamma'');\beta'',b'')\geqslant 0 \qquad (11.27)$$

因此,在 $\gamma=\mu\gamma'+(1-\mu)\gamma''$ 时,$\mu x^*(\gamma')+(1-\mu)x^*(\gamma'')$ 是一个可行点。于是,

$$v(\mu\gamma'+(1-\mu)\gamma'')=f(x^*(\mu\gamma'+(1-\mu)\gamma'');\mu\alpha'+(1-\mu)\alpha'')$$
$$\geqslant f(\mu x^*(\gamma')+(1-\mu)x^*(\gamma'');\mu\alpha'+(1-\mu)\alpha'') \qquad (11.28)$$
$$\geqslant\mu f(x^*(\gamma');\alpha')+(1-\mu)f(x^*(\gamma'');\alpha'') \qquad (11.29)$$
$$=\mu v(\gamma')+(1-\mu)v(\gamma'')$$

$x=\mu x^*(\gamma')+(1-\mu)x^*(\gamma'')$ 不一定是 $\gamma=\mu\gamma'+(1-\mu)\gamma''$ 时的最优解,可以得出式(11.28)。因为 f 是对 (x,α) 的联合连续函数,所以可以推出式(11.29)。 □

答案 11.6 参与者 1 的问题是:

$$\max_{\pi^1\in\Sigma^1} f^1(\pi^1;\pi^{-1})$$

即在其他参与者选择的混合策略序列为 π^{-1} 时,从可行混合策略集 Σ^1 中选择一个能使其期望收益最大化的混合策略 π^1。

(1) 该问题的可行集是单位单纯形:

$$\Sigma^1=\{(\pi_1^1,\cdots,\pi_{m_1}^1)|\pi_1^1\geqslant 0,\cdots,\pi_{m_1}^1\geqslant 0,\pi_1^1+\cdots+\pi_{m_1}^1=1\}$$

这个集合是 E^{m_1} 上的非空的紧凸集。该问题的目标函数 $f^1(\pi^1;\pi^{-1})$ 对 $\pi_1^1,\cdots,\pi_{m_1}^1$ 是线性的,因此也是连续的。由魏尔斯特拉斯定理可知,在参与者 2 到参与者 n 所选择的混合策略序列为给定的 π^{-1} 时,存在一个混合策略 $\pi^{*1}\in\Sigma^1$ 使参与者 1 的期望收益最大化,即 $\pi^{*1}(\pi^{-1})\neq\varnothing$。

(2) 参与者 1 的选择问题满足贝尔热最大值定理的条件吗?该问题的目标函数(11.21)对每个 $\pi_1^1,\cdots,\pi_{m_1}^1$,每个 $\pi_1^2,\cdots,\pi_{m_2}^2$,一直到每个 $\pi_1^n,\cdots,\pi_{m_n}^n$ 都是连续的。该问题的可行集集值映射的值在 Σ^1 处是恒定的,因为根据假设,纳什博弈中任意参与者可以选择的那些纯策略不会因为其他参与者而发生改变。那么,在这个层面上,问题的可行集集值映射对参数向量 π^{-1} 是连续的(从参与者 1 的角度来讲)。同样,集合 Σ^1 也是 E^{m_1} 上的非空的紧集。因此,贝尔热定理可以用于参与者 1 的问题,并可以证明该问题的最优解集值映射 π^{*1} 在集合 $\Sigma^2\times\cdots\times\Sigma^n$ 上是拟上半连续的,这个集合包含了参与者 2 到参与者 n 的所有可能的混合策略序列。 □

答案 11.7 用 p_y 表示在位者选择"不斗争"的概率,那么,$1-p_y$ 表示的是在位者选择"斗争"的概率。用 p_e 表示潜在进入者选择"进入"的概率,那么,$1-p_e$ 表示的是潜在进

入者选择"不进入"的概率。换句话说,在位者的混合策略为 $\sigma^I = (p_y, 1-p_y)$,潜在进入者的潜在混合策略为 $\sigma^E = (p_e, 1-p_e)$。

（1）给定在位者的策略时,潜在进入者选择策略"进入"所得到的期望收益为：

$$EV^E_{进入} = 1 \times p_y + (-1) \times (1-p_y) = 2p_y - 1$$

对于潜在进入者来说,选择"不进入"的策略以应对在位者的策略,其期望收益为：

$$EV^E_{不进入} = 0$$

潜在进入者的最佳反应集值映射为：

$$\sigma^{*E} = (p_e^*, 1-p_e^*) = \begin{cases} (0, 1), & \text{如果 } 0 \leqslant p_y < 1/2 \\ (\alpha, 1-\alpha), \text{对任意 } \alpha \in [0, 1], & \text{如果 } p_y = 1/2 \\ (1, 0), & \text{如果 } 1/2 < p_y \leqslant 1 \end{cases} \quad (11.30)$$

同样,在位者的最佳反应集值映射为：

$$\sigma^{*I} = (p_y^*, 1-p_y^*) = \begin{cases} (\beta, 1-\beta), \text{对任意 } \beta \in [0, 1], & p_e = 0 \\ (1, 0), & 0 < p_e \leqslant 1 \end{cases} \quad (11.31)$$

图 11.8 展示了这两个最佳反映集值映射。

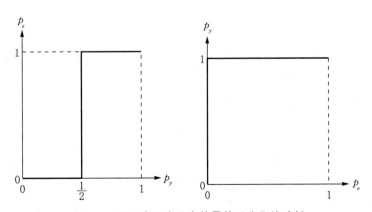

图 11.8　进入者和在位者的最佳反应集值映射

（2）σ^{*E} 是从在位者策略空间到潜在进入者策略空间的映射,即 $\sigma^{*E}: S \mapsto S$,其中,$S = \{(p, 1-p) \mid 0 \leqslant p \leqslant 1\}$ 是 $\mathfrak{R}^2$ 上的单位单纯形。同样,σ^{*I} 是从潜在进入者策略空间到在位者策略空间的映射,即 $\sigma^{*I}: S \mapsto S$。

当 $0 \leqslant p_y < \frac{1}{2}$ 时,$\sigma^{*E}(p_y, 1-p_y)$ 是包含单纯形 S 的顶点 $(0, 1)$ 的单元素集,它是 $\mathfrak{R}^2$ 的紧弱凸子集。当 $1/2 < p_1 \leqslant 1$ 时,$\sigma^{*E}(p_y, 1-p_y)$ 是包含单纯形 S 的顶点 $(1, 0)$ 的单元素集,它也是 $\mathfrak{R}^2$ 的紧弱凸子集。而当 $p_y = 1/2$ 时,$\sigma^{*E}(p_y, 1-p_y)$ 是单纯形 S 在点 $(0, 1)$ 和点 $(1, 0)$ 之间的那条边,它也是 $\mathfrak{R}^2$ 的紧弱凸子集。综合来看,σ^{*E} 的像集始终是 $\mathfrak{R}^2$ 的紧凸子集,σ^{*E} 是一个紧值且凸值的集值映射。同样,σ^{*I} 也是一个紧值且凸值的集值映射。

σ^{*E} 和 σ^{*I} 都是拟上半连续的集值映射。有两种证明方法。第一种,用贝尔热最大值定理;第二种,用闭图定理。首先来看第一种证法。请注意,在位者所面临的问题是使期望收益函数最大化,这个期望收益函数对 p_e 和 p_y 是连续的。此外,在位者的决策集是 $\Re^2$ 上的单位单纯形,是一个紧集。另外,这个单纯形选择集与潜在进入者所选择的策略无关,因此,在这种意义上,在位者的决策集对潜在进入者选择的策略是紧值的且连续的集值映射。根据贝尔热定理,我们可以得出结论:在位者的最佳反应集值映射在潜在进入者的策略空间上是拟上半连续的。

我们再用闭图理论来进行证明。从式(11.30)可以看出,σ^{*E} 的所有像集的并集是一个一维的单位单纯形,它在 $\Re^2$ 上是紧的。σ^{*E} 的图是集合

$$\text{graph}(\sigma^{*E}) = \{(p_e^*, 1-p_e^*, p_y) \mid p_e^* = 0,\text{当 } 0 \leqslant p_y < 1/2 \text{ 时};$$
$$p_e^* \in [0, 1], \text{当 } p_y = 1/2 \text{ 时}; p_e^* = 1, \text{当 } 1/2 < p_y \leqslant 1 \text{ 时}\}$$

因为这个集合是 $\Re^3$ 上的闭集,所以由闭图定理可知,潜在进入者的最佳反应集值映射在在位者的策略空间(单纯形)上是拟上半连续的。类似地,在位者的最佳反应集值映射在进入者的策略空间(单纯形)上是拟上半连续的。

(3) 这个博弈的最佳反应对集值映射 σ^* 表示出了每个人的最佳反应集值映射,即 $\sigma^* = (\sigma^{*E}, \sigma^{*I})$。$\sigma^*$ 是从博弈的策略空间(两个参与者策略空间的直积)到同一个空间的映射。也就是说 $\sigma^*: S^2 \mapsto S^2$。其具体的表达式为:

$$\sigma^*((p_e, 1-p_e), (p_y, 1-p_y)) =$$

$$\begin{cases} (0, 1), (\beta, 1-\beta) \, \forall \beta \in [0, 1], & \text{如果 } 0 \leqslant p_y < 1/2, \, p_e = 0 \\ (0, 1), (1, 0), & \text{如果 } 0 \leqslant p_y < 1/2, \, 0 < p_e \leqslant 1 \\ (\alpha, 1-\alpha) \, \forall \alpha \in [0, 1], (\beta, 1-\beta) \, \forall \beta \in [0, 1], & \text{如果 } p_y = 1/2, \, p_e = 0 \\ (\alpha, 1-\alpha) \, \forall \alpha \in [0, 1], (1, 0), & \text{如果 } p_y = 1/2, \, 0 < p_e \leqslant 1 \\ (1, 0), (\beta, 1-\beta) \, \forall \beta \in [0, 1], & \text{如果 } 1/2 < p_y \leqslant 1, \, p_e = 0 \\ (1, 0), (1, 0), & \text{如果 } 1/2 < p_y \leqslant 1, \, 0 < p_e \leqslant 1 \end{cases}$$

这个图是 $\Re^4$ 上的闭集。该博弈的最佳反应集值映射的更低维度的图可以画在空间 (p_e, p_y) 里,这个空间就是 $[0, 1]^2$,如图 11.9 所示,它由式(11.30)和式(11.31)的图相互叠加而成(见图 11.8,需要将其中一个图旋转 $90°$,使两个图位于同一个轴上)。 □

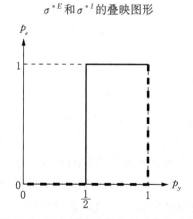

σ^{*E} 和 σ^{*I} 的叠映图形

图 11.9　进入博弈的最佳反应集值映射

比较静态分析 Ⅰ

12.1 什么是比较静态分析?

比较静态分析是将参数值不同的静态最优化问题的最优解的值进行比较的一种分析方法。比较静态分析不属于动态分析。当讨论动态最优化问题及其解的变化时,我们研究的是它们如何随着时间的变化而变化,而在静态最优化问题中不存在时间的概念。

$$\max_{x \in \Re^n} f(x;\alpha) \quad \text{s.t. } g_j(x;\beta_j) \leqslant b_j,\ j=1,\cdots,m \tag{12.1}$$

如果你还不了解问题(12.1)中各个符号的意思,你需要阅读第 11.2 节。这个最优化问题的可行解集值映射、最优解集值映射和最大值函数分别为:

$$\mathcal{C}(\beta,b) \equiv \{x \in \Re^n \,|\, g_j(x;\beta_j) \leqslant b_j,\ \forall j=1,\cdots,m\}$$
$$X^*(\gamma) = X^*(\alpha,\beta,b) \equiv \{x^* \in \mathcal{C}(\beta,b) \,|\, f(x^*;\alpha) \geqslant f(x;\alpha),\ \forall x \in \mathcal{C}(\beta,b)\}$$
$$v(\gamma) \equiv f(x^*;\alpha), \text{其中 } x^* \in X^*(\alpha,\beta,b)$$

在问题(11.4)中,没有被赋值的那些参数是参数向量 $\gamma = (p,\omega_1,\omega_2,\beta_1,\beta_2)$ 中的元素。这些是对最优化问题进行比较静态分析时要关注的参数。典型的比较静态分析的模式是:改变最优化问题的某一个参数,然后观察该问题的最优解发生了什么变化。

例如,在问题(11.4)中,如果企业生产的产品价格 p 发生改变,那么,研究者就会观察到 p 的微小变化所带来的结果,包括企业供给产品的数量的变化、企业投入要素数量的变化、限制性约束在最优解处的乘数值的变化及企业最大利润值的变化等。同样,研究者也可以稍微改变一下投入要素 1 的价格 ω_1,然后观察其结果。这种分析企业利润最大化生产计划的方法就是企业的最优化问题的比较静态分析。

更一般地讲,参数向量 γ 的两个不同的值 γ' 和 γ'' 使得最优化问题(12.1)呈现出不同的具体形式,而且通常会使两个最优解集值映射的值 $X^*(\gamma')$ 和 $X^*(\gamma'')$ 不一样,也会使两个最大值函数的值 $v(\gamma')$ 和 $v(\gamma'')$ 不一样。比较这两个最优解的值和目标函数的这两个最大值,有助于确定最优解集值映射和最大值函数的性质。有时候很容易做到这一点,比如在问题(11.4)中,我们能算出该问题的最优解的代数表达式,即式(11.5)。这些方程直观地告诉了我们最优化问题(11.4)的最优解的所有性质。例如,由式(11.5a)可知,随着投入要素2的价格 ω_2 上升,企业供给的商品的数量 y^* 会下降。这是定性比较静态分析的结果。由式(11.5a)可知,我们可以通过求导来确定企业供应量随 ω_2 的上升而下降的比例,这就是定量比较静态分析的结果。比较静态分析可以分为两种:定性比较静态分析和定量比较静态分析。在定性比较静态分析中,我们只关注参数值变化时最优解的变化方向;在定量比较静态分析中,我们除了变化方向之外,还想知道这些变化的大小或变化幅度。在本章中,我们将讨论如何进行定量比较静态分析。下一章将讨论如何进行定性比较静态分析。

12.2 定量比较静态分析

先来看一个简单的例子。考虑一个最优化问题:

$$\max_x f(x\,;\,\alpha_1,\,\alpha_2,\,\alpha_3)=-\alpha_1 x^2+\alpha_2 x+\alpha_3,\text{其中}\,\alpha_1>0 \tag{12.2}$$

一阶必要条件为:

$$\left.\frac{\mathrm{d}f(x\,;\,\alpha_1,\,\alpha_2,\,\alpha_3)}{\mathrm{d}x}\right|_{x=x^*(\alpha_1,\,\alpha_2,\,\alpha_3)}=-2\alpha_1 x^*(\alpha_1,\,\alpha_2,\,\alpha_3)+\alpha_2=0$$

$$\Rightarrow x^*(\alpha_1,\,\alpha_2,\,\alpha_3)=\frac{\alpha_2}{2\alpha_1} \tag{12.3}$$

因为该问题的最优解函数是显函数,所以其性质也显而易见。比如,最优解会随着 α_1 的增加而减少,随着 α_2 的增加而增加,并且与 α_3 的值无关。

但是,在更一般的情况下,我们不能得到用代数式明确表示的显性最优解,在这种情况下我们能得到什么信息呢? 考虑如下问题:

$$\max_{x\geqslant 0} f(x\,;\,\gamma)=x(1-\ln(\gamma+x)) \tag{12.4}$$

我们将参数 γ 的大小限制为:$\gamma\in[0,\,1]$。在 $x=x^*(\gamma)$ 处的一阶必要条件为:

$$0=\frac{\mathrm{d}f(x\,;\,\gamma)}{\mathrm{d}x}=1-\ln(\gamma+x)-\frac{x}{\gamma+x} \tag{12.5}$$

这个方程不可能变形为最优解映射 $x^*(\gamma)$ 关于 γ 的显函数。但是,对任意一个给定的 $\gamma\in[0,\,1]$,都存在一个对应的最优值 $x^*(\gamma)$,如图12.1所示。在这种情况下,这个问题的最优解是由一阶条件给出的隐函数,我们通常会使用隐函数定理(如下所述)推出定量比较静态分析的结果。这种方法比较简单,关键是要注意:对任意给定的 γ,在对应最优解 $x^*(\gamma)$ 处,一阶最大化条件(12.5)的值一定为零。因此,在计算 x 的最优值时,一阶最大化条件(12.5)恒等于零:

$$0\equiv 1-\ln(\gamma+x^*(\gamma))-\frac{x^*(\gamma)}{\gamma+x^*(\gamma)},\ \forall\gamma\in[0,\,1] \tag{12.6}$$

式(12.6)的右边是一个只关于 γ 的函数[因为 $x^*(\gamma)$ 是 γ 的函数],于是,我们可以将

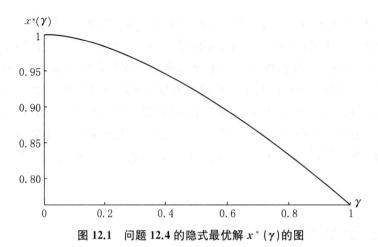

图 12.1 问题 12.4 的隐式最优解 $x^*(\gamma)$ 的图

式(12.6)写为：

$$I(\gamma)\equiv 1-\ln(\gamma+x^*(\gamma))-\frac{x^*(\gamma)}{\gamma+x^*(\gamma)}\equiv 0, \ \forall\gamma\in[0,1] \tag{12.7}$$

恒等映射 $I(\gamma)$ 的值是恒定不变的（总是零）。据此，我们可以用链式法则，把式(12.7)对 γ 求导可得：

$$\frac{\mathrm{d}I(\gamma)}{\mathrm{d}\gamma}=-\frac{\gamma+(2\gamma+x^*(\gamma))\dfrac{\mathrm{d}x^*(\gamma)}{\mathrm{d}\gamma}}{(\gamma+x^*(\gamma))^2}=0 \tag{12.8}$$

式(12.8)中的分子一定为零，由此，我们可以得到隐式最优解 $x^*(\gamma)$ 相对于 γ 的变化率：

$$\frac{\mathrm{d}x^*(\gamma)}{\mathrm{d}\gamma}=-\frac{\gamma}{2\gamma+x^*(\gamma)} \tag{12.9}$$

我们得到这个结果有什么意义吗？我们得到了问题(12.4)的最优解随参数 γ 变化的变化率的表达式。但是因为我们无法得到最优解 $x^*(\gamma)$ 的代数方程，所以也无法得到这个变化率的代数方程。这是否意味着我们就不能得到有用的结论呢？实际上，我们可以得出很多有意义的结论。首先，由式(12.7)可知，如果 $\gamma=0$，那么，我们很容易确定最优解的值是1，即 $x^*(0)=1$。于是，根据式(12.9)我们可以发现，在 $\gamma=0$ 处 $x^*(\gamma)$ 对 γ 的变化率为零（见图 12.1）。如果对式(12.9)进行微分，就能得到：

$$\frac{\mathrm{d}^2 x^*(\gamma)}{\mathrm{d}\gamma^2}=\frac{\gamma\dfrac{\mathrm{d}x^*(\gamma)}{\mathrm{d}\gamma}-x^*(\gamma)}{(2\gamma+x^*(\gamma))^2}=-\frac{(\gamma+x^*(\gamma))^2}{(2\gamma+x^*(\gamma))^3} \tag{12.10}$$

因为 $x^*(0)=1$，所以，在 $\gamma=0$ 处，$x^*(\gamma)$ 的二阶导为 -1。现在我们可以用二阶泰勒展开式对接近 $\gamma=0$ 的 $\gamma=0+\Delta\gamma$ 所对应的最优解 $x^*(0+\Delta\gamma)$ 进行展开，最优解 $x^*(\gamma)$ 接近于：

$$x^*(0+\Delta\gamma)\approx x^*(0)+\frac{\mathrm{d}x^*(\gamma)}{\mathrm{d}\gamma}\bigg|_{\gamma=0}\Delta\gamma+\frac{1}{2}\frac{\mathrm{d}^2 x^*(\gamma)}{\mathrm{d}\gamma^2}\bigg|_{\gamma=0}(\Delta\gamma)^2=1-\frac{(\Delta\gamma)^2}{2}$$

表 12.1 列出了 $x^*(\gamma)$ 和近似值 $1-\dfrac{(\Delta\gamma)^2}{2}$ 在 $\Delta\gamma$ 取不同值时的数值计算结果。该表显示，对于较小的 $\Delta\gamma$ 值，$x^*(\gamma)$ 的近似值是相当准确的。而令人印象深刻的是，所有这些都是在没有得到最优解 $x^*(\gamma)$ 的表达式的情况下完成的。

表 12.1 $x^*(\gamma)$ 及其二阶泰勒展开式

γ	0	0.001	0.01	0.1	0.2
$\Delta\gamma$	0	0.001	0.01	0.1	0.2
$x^*(\gamma)$	1	0.999 999 5	0.999 95	0.995 6	0.984
$1-\dfrac{(\Delta\gamma)^2}{2}$	1	0.999 990 0	0.999 90	0.990 0	0.960

12.3　隐函数定理

我们在从式(12.7)推到式(12.8)再推到式(12.9)的过程中，使用了隐函数定理，该定理是经济学家们在进行比较静态分析时常用的一个结论。

定理 12.1（单方程的隐函数定理）　令 $I(x,\gamma_1,\cdots,\gamma_k)$ 为定义在点 $(x',\gamma_1',\cdots,\gamma_k')$ 的邻域上的一个一阶可微函数，用 c 来表示 I 在点 $(x',\gamma_1',\cdots,\gamma_k')$ 处的值，也就是说，$I(x',\gamma_1',\cdots,\gamma_k')=c$。如果在点 $(x',\gamma_1',\cdots,\gamma_k')$ 处，有

$$\frac{\partial I(x,\gamma_1,\cdots,\gamma_k)}{\partial x}\neq 0$$

那么，存在一个 $\varepsilon>0$ 和一个定义在球 $B_{d_E}((\gamma_1',\cdots,\gamma_k'),\varepsilon)$ 上的一阶可微函数 $x=g(\gamma_1,\cdots,\gamma_k)$，使得：

(1) 在 $B_{d_E}((\gamma_1',\cdots,\gamma_k'),\varepsilon)$ 上，$I(g(\gamma_1,\cdots,\gamma_k),\gamma_1,\cdots,\gamma_k)\equiv c$；

(2) $x'=g(\gamma_1',\cdots,\gamma_k')$；

(3) 对 $j=1,\cdots,k$，g 在 $(\gamma_1',\cdots,\gamma_k')$ 处对 γ_j 的变化率为：

$$\left.\frac{\partial g(\gamma_1,\cdots,\gamma_k)}{\partial\gamma_j}\right|_{\substack{\gamma_1=\gamma_1'\\ \vdots\\ \gamma_k=\gamma_k'}}=-\left.\frac{\partial I(x,\gamma_1,\cdots,\gamma_k)/\partial\gamma_j}{\partial I(x,\gamma_1,\cdots,\gamma_k)/\partial x}\right|_{\substack{x=x'\\ \gamma_1=\gamma_1'\\ \vdots\\ \gamma_k=\gamma_k'}}$$

让我们仔细研究下这个定理的含义。首先，函数 I 对 $x,\gamma_1,\cdots,\gamma_k$ 中的每个变量不仅是一阶可微的，而且是一阶连续可微的。在上述例子中，函数为 $I(x,\gamma)=1-\ln(\gamma+x)$ $-\dfrac{x}{\gamma+x}$ [见式(12.5)]，$I(x,\gamma)$ 的一阶导为：

$$\frac{\partial I(x,\gamma)}{\partial\gamma}=-\frac{\gamma}{(\gamma+x)^2}\text{和}\frac{\partial I(x,\gamma)}{\partial x}=-\frac{2\gamma+x}{(\gamma+x)^2}$$

因为这两个导函数在点 $(x,\gamma)=(1,0)$ 的邻域内都是连续的，所以 I 在该邻域内是一阶连续可微的。而且，$\partial I/\partial x$ 在 $(x,\gamma)=(1,0)$ 处的值为 -1，不等于 0。由此定理可知，在以

$(x,\gamma)=(1,0)$ 为中心的某个(尽可能小的)邻域内,存在一个一阶连续可微的隐函数 $x=g(\gamma)$,它在邻域内满足 $I(\gamma)\equiv I(g(\gamma),\gamma)\equiv 0$,而 $g(\gamma)$ 的变化率在 $\gamma=0$ 处为:

$$\left.\frac{\mathrm{d}g(\gamma)}{\mathrm{d}\gamma}\right|_{\gamma=0}=-\left.\frac{\partial I(x,\gamma)/\partial \gamma}{\partial I(x,\gamma)/\partial x}\right|_{\substack{x=1\\\gamma=0}}=-\frac{0}{-1}=0$$

这个结果与我们从式(12.9)中得到的一样。

在大多数经济学家感兴趣的最优化问题中,往往有多个选择变量或决策变量 $x_1,\cdots,x_n$,它们要被表示成参数 $\gamma_1,\cdots,\gamma_k$ 的函数。隐函数定理可以扩展到这种更加一般化的情况。我将介绍这种更一般化的隐函数定理,这个定理看起来有点繁杂,但千万别被吓住了。它实际上讨论的是线性方程组在什么情况下有解,我们已经在第 2.3 节讨论过这个主题了。

定理 12.2(方程组的隐函数定理) 令 $I_1(x_1,\cdots,x_n,\gamma_1,\cdots,\gamma_k),\cdots,I_n(x_1,\cdots,x_n,\gamma_1,\cdots,\gamma_k)$ 为定义在点 $(x_1',\cdots,x_n',\gamma_1',\cdots,\gamma_k')$ 的邻域内的一阶可微函数,用 c_i 来表示点 $(x_1',\cdots,x_n',\gamma_1',\cdots,\gamma_k')$ 处 I_i 的值,也就是说,$I_i(x_1',\cdots,x_n',\gamma_1',\cdots,\gamma_k')=c_i$,其中,$i=1,\cdots,n$。用 $\det J_I(x,\gamma)$ 表示在点 $(x_1',\cdots,x_n',\gamma_1',\cdots,\gamma_k')$ 处的雅可比矩阵

$$J_I(x,\gamma)=\begin{vmatrix}\dfrac{\partial I_1}{\partial x_1}&\cdots&\dfrac{\partial I_1}{\partial x_n}\\\vdots&\ddots&\vdots\\\dfrac{\partial I_n}{\partial x_1}&\cdots&\dfrac{\partial I_n}{\partial x_n}\end{vmatrix}$$

的行列式的值。如果 $\det J_I(x',\gamma')\neq 0$,那么,存在一个 $\varepsilon>0$ 和定义在球 $B_{d_E}((\gamma_1',\cdots,\gamma_k'),\varepsilon)$ 上的一阶可微函数

$$x_1=g_1(\gamma_1,\cdots,\gamma_k),\cdots,x_n=g_n(\gamma_1,\cdots,\gamma_k)$$

使得:

(1) 在 $B_{d_E}((\gamma_1',\cdots,\gamma_k'),\varepsilon)$ 中,对每个 $i=1,\cdots,n$,$I_i(g_1(\gamma_1,\cdots,\gamma_k),\cdots,g_n(\gamma_1,\cdots,\gamma_k),\gamma_1,\cdots,\gamma_k)\equiv c_i$;

(2) 对每个 $i=1,\cdots,n$,$x_i'=g_i(\gamma_1',\cdots,\gamma_k')$;

(3) 对每个 $j=1,\cdots,k$,x_i 在 $(\gamma_1',\cdots,\gamma_k')$ 处关于 γ_j 的变化率的值是方程组

$$J_I(x',\gamma')\begin{vmatrix}\dfrac{\partial x_1}{\partial \gamma_j}\\\vdots\\\dfrac{\partial x_n}{\partial \gamma_j}\end{vmatrix}=-\left.\begin{vmatrix}\dfrac{\partial I_1}{\partial \gamma_j}\\\vdots\\\dfrac{\partial I_n}{\partial \gamma_j}\end{vmatrix}\right|_{\substack{x_1=x_1'\\\vdots\\x_n=x_n'\\\gamma_1=\gamma_1'\\\vdots\\\gamma_k=\gamma_k'}}$$

来看一个简单的例子,考虑如下最优化问题:

$$\max_{x_1,x_2} f(x_1,x_2;\gamma)=-(x_1-\gamma)(x_2-2\gamma)=-x_1x_2+2\gamma x_1+\gamma x_2-2\gamma^2$$

在这个例子中,我们要对两个选择变量进行求解。最优解为$(x_1^*(\gamma), x_2^*(\gamma))=(\gamma, 2\gamma)$,比较静态分析的结果为$dx_1^*(\gamma)/d\gamma=1$和$dx_2^*(\gamma)/d\gamma=2$。我们怎样用上述定理得到这些结论呢? 在最优解$(x_1, x_2)=(x_1^*(\gamma), x_2^*(\gamma))$处要满足的一阶必要条件为:

$$\frac{\partial f(x_1, x_2; \gamma)}{\partial x_1}=-x_2+2\gamma=0 \text{ 和} \frac{\partial f(x_1, x_2; \gamma)}{\partial x_2}=-x_1+\gamma=0$$

让我们来改变一下所使用的符号以便使用上面的定理:在点$(x_1, x_2, \gamma)=(x_1^*(\gamma), x_2^*(\gamma), \gamma)$处必须有:

$$I_1(x_1, x_2, \gamma)\equiv-x_2+2\gamma=c_1=0 \text{ 和} I_2(x_1, x_2, \gamma)\equiv-x_1+\gamma=c_2=0$$

这个方程组的雅可比矩阵为:

$$J_I(x_1, x_2, \gamma)=\begin{vmatrix}\dfrac{\partial I_1}{\partial x_1} & \dfrac{\partial I_1}{\partial x_2} \\ \dfrac{\partial I_2}{\partial x_1} & \dfrac{\partial I_2}{\partial x_2}\end{vmatrix}=\begin{pmatrix}0 & -1 \\ -1 & 0\end{pmatrix}$$

向量为:

$$\begin{pmatrix}\dfrac{\partial I_1}{\partial \gamma} \\ \dfrac{\partial I_2}{\partial \gamma}\end{pmatrix}=\begin{pmatrix}2 \\ 1\end{pmatrix}$$

雅可比矩阵的行列式值是-1,不等于0,由隐函数定理可知,定量静态比较分析中需要知道的$dx_1^*(\gamma)/d\gamma$和$dx_2^*(\gamma)/d\gamma$的值是

$$J_I(x_1, x_2, \gamma)\begin{pmatrix}\dfrac{dx_1^*(\gamma)}{d\gamma} \\ \dfrac{dx_2^*(\gamma)}{d\gamma}\end{pmatrix}=\begin{pmatrix}0 & -1 \\ -1 & 0\end{pmatrix}\begin{pmatrix}\dfrac{dx_1^*(\gamma)}{d\gamma} \\ \dfrac{dx_2^*(\gamma)}{d\gamma}\end{pmatrix}=-\begin{pmatrix}2 \\ 1\end{pmatrix} \tag{12.11}$$

的解。于是,有$dx_1^*(\gamma)/d\gamma=1$和$dx_2^*(\gamma)/d\gamma=2$,这与之前得到的结果一样。为什么会这样? 这是怎么回事? 很简单。我们知道,如果将x_1和x_2对应的最优值$x_1^*(\gamma)$和$x_2^*(\gamma)$代入一阶条件,那么一阶条件的值一定是零:

$$I_1(x_1^*(\gamma), x_2^*(\gamma), \gamma)=-x_2^*(\gamma)+2\gamma\equiv0 \text{ 和} I_2(x_1^*(\gamma), x_2^*(\gamma), \gamma)=-x_1^*+\gamma\equiv0$$

这两个条件的值都是固定的(恒为零),也就是说它们对γ的变化率一定为零,也就是说,它们对γ的一阶导的值必须为零。根据链式法则可得:

$$\frac{\partial I_1}{\partial x_1}\times\frac{dx_1^*(\gamma)}{d\gamma}+\frac{\partial I_1}{\partial x_2}\times\frac{dx_2^*(\gamma)}{d\gamma}+\frac{\partial I_1}{\partial \gamma}=0\times\frac{dx_1^*(\gamma)}{d\gamma}+(-1)\times\frac{dx_2^*(\gamma)}{d\gamma}+2=0$$

$$\frac{\partial I_2}{\partial x_1}\times\frac{dx_1^*(\gamma)}{d\gamma}+\frac{\partial I_2}{\partial x_2}\times\frac{dx_2^*(\gamma)}{d\gamma}+\frac{\partial I_2}{\partial \gamma}=(-1)\times\frac{dx_1^*(\gamma)}{d\gamma}+0\times\frac{dx_2^*(\gamma)}{d\gamma}+1=0$$

这两个式子与它们的矩阵形式(12.11)完全相同。雅可比矩阵的行列式值不等于零,这说明:由分别对 x_1,$\cdots$,x_n 求导得到的 n 个一阶条件推出了关于静态比较量$\partial x_1^*(\gamma)/\partial\gamma$,$\cdots$,$\partial x_n^*(\gamma)/\partial\gamma$ 的 n 个线性无关的方程。

本节的内容解释了如何利用隐函数定理来进行定量比较静态分析,但没有涉及相关证明。

12.4　起点

一般来说,进行定量比较静态分析是为了得到当参数向量为特定值时,微分$\partial x_i^*/\partial\gamma_k$ 和$\partial\lambda_j^*/\partial\gamma_k$ 的值,它们衡量了当第 k 个参数 γ_k 改变时第 i 个可行选择的最优值 x_i^* 的变化率和第 j 个约束的乘数 λ_j^* 的变化率。好消息是,算出这些结果的过程并不复杂,具体步骤与上面的例子中所用到的步骤一样。坏消息是,所需要的代数运算往往比较冗长且乏味。

对于一个有约束的最优化问题来说,定量比较静态分析有两个分析起点,分别是最优化问题的一阶必要条件和该问题的最大值函数。正如我们接下来将学到的,由这两个起点得到的比较静态分析的结果是不一样的。在第 12.6 节中,我们将讨论从最优化问题的一阶条件出发可以得到哪些类型的结论。在第 12.7 节中,我们将讨论从最大化问题的最大值函数出发可以得到哪些类型的结论。

12.5　假设

在对问题(12.1)进行定量比较静态分析的过程中,为了让最优化问题的最优解集值映射是一组由可微函数组成的向量,我们施加了一些充分条件。

假设1(唯一解)　对每个 $\gamma\in\Gamma$,$x^*(\gamma)$ 都是一个单元素集。于是,我们可以将最优解函数写成 $x^*:\Gamma\mapsto\mathfrak{R}^n$,其中,

$$f(x^*(\gamma);\alpha)>f(x;\alpha),\ \forall x\in\mathcal{C}(\beta,b),\ x\neq x^*(\gamma)$$

假设2(约束规范性条件)　对每个 $\gamma\in\Gamma$,最优解 $x^*(\gamma)$ 是 $\mathcal{C}(\beta,b)$ 中的规则点。

假设3(二阶连续可微)　f,g_1,$\cdots$,g_m 对每个选择变量 x_i 和每个参数 γ_k 都是二阶连续可微的。

这些假设一起组成了充分条件,可以确保满足最优化问题(12.1)的一阶条件的最优解 $(x^*(\gamma),\lambda^*(\gamma))$ 具有唯一性和连续可微性。也就是说,存在函数 $x_i^*:\Gamma\mapsto\mathfrak{R}^n$ 和 $\lambda_j^*:\Gamma\mapsto\mathfrak{R}_+(i=1,\cdots,n,j=1,\cdots,m)$,对每个给定的 $\gamma\in\Gamma$,使得$(x_1^*(\gamma),\cdots,x_n^*(\gamma),\lambda_1^*(\gamma),\cdots,\lambda_m^*(\gamma))$的值是满足如下条件的唯一解:

$$\left.\frac{\partial f(x;\alpha)}{\partial x_i}\right|_{x=x^*(\gamma)}=\sum_{j=1}^m\lambda_j^*(\gamma)\left.\frac{\partial g_j(x;\beta_j)}{\partial x_i}\right|_{x=x^*(\gamma)},\ \forall i=1,\cdots,n \quad(12.12)$$

$$\lambda_j^*(\gamma)(b_j-g_j(x^*(\gamma);\beta_j))=0,\ \forall j=1,\cdots,m \quad(12.13)$$

$$\text{其中},\lambda_j^*(\gamma)\geqslant0,\ \forall j=1,\cdots,m \quad(12.14)$$

$$\text{和}\ g_j(x^*)\leqslant b_j,\ \forall j=1,\cdots,m \quad(12.15)$$

有约束的最大化问题的最大值函数 $v: \Gamma \mapsto \Re$ 为：

$$v(\gamma) \equiv f(x^*(\gamma); \alpha) + \sum_{j=1}^{m} \lambda_j^*(\gamma)(b_j - g_j(x^*(\gamma); \beta_j)) \quad (12.16)$$

因为所有 $x_i^*(\gamma)$ 和所有 $\lambda_j^*(\gamma)$ 对每个参数 γ_k 都是连续可微的，最大值函数 v 对每个参数 γ_k 也是连续可微的。

12.6 一阶条件的应用

我们先写下要讨论的最优化问题的一阶必要条件，这些方程在最优解 $(x_1^*(\gamma), \cdots, x_n^*(\gamma), \lambda_1^*(\gamma), \cdots, \lambda_m^*(\gamma))$ 处始终是恒等式。接下来，把每个恒等式对我们感兴趣的其中一个参数 γ_k 求导，从而得到包含 $(n+m)$ 个未知数的 $(n+m)$ 个线性方程，这些未知数就是静态比较量导数 $\partial x_1^*(\gamma)/\partial \gamma, \cdots, \partial x_m^*(\gamma)/\partial \gamma$。只要这 $(n+m)$ 个方程相互之间是线性无关的，那么，我们就可以计算出这些导数在最优解处的值。这就是一阶条件要运用的全部内容，现在我们来看看解题过程中的一些细节。

要求解的有约束的最优化问题是问题 (12.1)。给定参数向量 γ 的一组值，最优解为 $(x^*(\gamma), \lambda^*(\gamma)) = (x_1^*(\gamma), \cdots, x_n^*(\gamma), \lambda_1^*(\gamma), \cdots, \lambda_m^*(\gamma))$。我们对松弛的约束不感兴趣。在不失一般性的情况下，假设限制性约束（包括严格限制和恰好限制两种）的编号为 $j=1, \cdots, \ell$，其中，$1 \leqslant \ell \leqslant m$，所以有 $\lambda_1^*(\gamma) \geqslant 0, \cdots, \lambda_\ell^*(\gamma) \geqslant 0$（严格限制约束取大于号，恰好限制约束取等号），$\lambda_{\ell+1}^*(\gamma) = \cdots = \lambda_m^*(\gamma) = 0$。一阶必要条件为 n 个 KKT 必要条件：

$$\frac{\partial f(x; \alpha)}{\partial x_1} - \lambda_1 \frac{\partial g_1(x; \beta_1)}{\partial x_1} - \cdots - \lambda_\ell \frac{\partial g_\ell(x; \beta_\ell)}{\partial x_1} = 0$$
$$\vdots \qquad \qquad \vdots \qquad \qquad (12.17)$$
$$\frac{\partial f(x; \alpha)}{\partial x_n} - \lambda_1 \frac{\partial g_1(x; \beta_1)}{\partial x_n} - \cdots - \lambda_\ell \frac{\partial g_\ell(x; \beta_\ell)}{\partial x_n} = 0$$

ℓ 个互补松弛条件为：

$$\lambda_1(b_1 - g_1(x; \beta_1)) = 0, \cdots, \lambda_\ell(b_\ell - g_\ell(x; \beta_\ell)) = 0 \quad (12.18)$$

这 $(n+\ell)$ 个方程是关于 $x_1, \cdots, x_n, \lambda_1, \cdots, \lambda_\ell$ 和 γ 中所有参数的函数，最优解 $(x_1^*(\gamma), \cdots, \lambda^*(\gamma))$ 是只关于 γ 中所有参数的函数，所以当我们把最优解带入式 (12.17) 和式 (12.18) 时，我们就会得到只关于参数的函数，即以下的 $(n+\ell)$ 个方程：

$$\left.\frac{\partial f(x; \alpha)}{\partial x_1}\right|_{x=x^*(\gamma)} - \lambda_1^*(\gamma)\left.\frac{\partial g_1(x; \beta_1)}{\partial x_1}\right|_{x=x^*(\gamma)} - \cdots - \lambda_\ell^*(\gamma)\left.\frac{\partial g_\ell(x; \beta_\ell)}{\partial x_1}\right|_{x=x^*(\gamma)} = 0$$
$$\vdots \qquad \qquad \vdots$$
$$\left.\frac{\partial f(x; \alpha)}{\partial x_n}\right|_{x=x^*(\gamma)} - \lambda_1^*(\gamma)\left.\frac{\partial g_1(x; \beta_1)}{\partial x_n}\right|_{x=x^*(\gamma)} - \cdots - \lambda_\ell^*(\gamma)\left.\frac{\partial g_\ell(x; \beta_\ell)}{\partial x_n}\right|_{x=x^*(\gamma)} = 0$$
$$(12.19)$$

和 $\lambda_1^*(\gamma)(b_1 - g_1(x^*(\gamma); \beta_1)) = 0, \cdots, (b_\ell - g_\ell(x^*(\gamma); \beta_\ell)) = 0$。

这些方程一定恒等于零，所以我们把它们写为：

$$I_1(\gamma)\equiv\frac{\partial f(x;\alpha)}{\partial x_1}\bigg|_{x=x^*(\gamma)}-\lambda_1^*(\gamma)\frac{\partial g_1(x;\beta_1)}{\partial x_1}\bigg|_{x=x^*(\gamma)}-\cdots-\lambda_\ell^*(\gamma)\frac{\partial g_\ell(x;\beta_\ell)}{\partial x_1}\bigg|_{x=x^*(\gamma)}\equiv0$$

$$\vdots\qquad\qquad\qquad\vdots$$

$$I_n(\gamma)\equiv\frac{\partial f(x;\alpha)}{\partial x_n}\bigg|_{x=x^*(\gamma)}-\lambda_1^*(\gamma)\frac{\partial g_1(x;\beta_1)}{\partial x_n}\bigg|_{x=x^*(\gamma)}-\cdots-\lambda_\ell^*(\gamma)\frac{\partial g_\ell(x;\beta_\ell)}{\partial x_n}\bigg|_{x=x^*(\gamma)}\equiv0$$

$$I_{n+1}(\gamma)\equiv\lambda_1^*(\gamma)(b_1-g_1(x^*(\gamma);\beta_1))\equiv0,\cdots,I_{n+\ell}(\gamma)\equiv\lambda_\ell^*(\gamma)(b_\ell-g_\ell(x^*(\gamma);\beta_\ell))\equiv0$$

$$(12.20)$$

把这些零值恒等式组对 γ_k 求导，可以得到 $(n+\ell)$ 个导数 $\partial x_1^*(\gamma)/\partial\gamma_k,\cdots,\partial x_\ell^*(\gamma)/\partial\gamma_k$，然后就可以解这 $(n+\ell)$ 个线性方程。

考虑恒等式 $I_1(\gamma)\equiv0$，它的值是恒定的，所以它对任意参数 γ_k 的变化率始终为零，对 γ 的每个可能的值，都有 $\partial I_1(\gamma)/\partial\gamma_k=0$。根据式 (12.20)，把 $I_1(\gamma)\equiv0$ 对 γ_k 求导可得：

$$0=\frac{\partial I_1(\gamma)}{\partial\gamma_k}$$

$$=\frac{\partial^2 f(x;\alpha)}{\partial x_1^2}\bigg|_{x=x^*(\gamma)}\frac{\partial x_1^*(\gamma)}{\partial\gamma_k}+\cdots+\frac{\partial^2 f(x;\alpha)}{\partial x_1\partial x_n}\bigg|_{x=x^*(\gamma)}\frac{\partial x_n^*(\gamma)}{\partial\gamma_k}+\frac{\partial^2 f(x;\alpha)}{\partial x_1\partial\gamma_k}\bigg|_{x=x^*(\gamma)}$$

$$-\lambda_1^*(\gamma)\left(\frac{\partial^2 g_1(x;\beta_1)}{\partial x_1^2}\bigg|_{x=x^*(\gamma)}\frac{\partial x_1^*(\gamma)}{\partial\gamma_k}+\cdots+\frac{\partial^2 g_1(x;\beta_1)}{\partial x_1\partial x_n}\bigg|_{x=x^*(\gamma)}\frac{\partial x_n^*(\gamma)}{\partial\gamma_k}\right)$$

$$\vdots\qquad\qquad\qquad\vdots$$

$$-\lambda_\ell^*(\gamma)\left(\frac{\partial^2 g_\ell(x;\beta_\ell)}{\partial x_1^2}\bigg|_{x=x^*(\gamma)}\frac{\partial x_1^*(\gamma)}{\partial\gamma_k}+\cdots+\frac{\partial^2 g_\ell(x;\beta_\ell)}{\partial x_1\partial x_n}\bigg|_{x=x^*(\gamma)}\frac{\partial x_n^*(\gamma)}{\partial\gamma_k}\right)$$

$$-\lambda_1^*(\gamma)\frac{\partial^2 g_1(x;\beta_1)}{\partial x_1\partial\gamma_k}\bigg|_{x=x^*(\gamma)}-\cdots-\lambda_\ell^*(\gamma)\frac{\partial^2 g_\ell(x;\beta_\ell)}{\partial x_1\partial\gamma_k}\bigg|_{x=x^*(\gamma)}$$

$$-\frac{\partial\lambda_1^*(\gamma)}{\partial\gamma_k}\frac{\partial g_1(x;\beta_1)}{\partial x_1}\bigg|_{x=x^*(\gamma)}-\cdots-\frac{\partial\lambda_\ell^*(\gamma)}{\partial\gamma_k}\frac{\partial g_\ell(x;\beta_\ell)}{\partial x_1}\bigg|_{x=x^*(\gamma)}$$

$$(12.21)$$

让我们来整理一下式 (12.21)。挑出含有 $\partial x_1^*(\gamma)/\partial\gamma_k$ 的项，再挑出含有 $\partial x_2^*(\gamma)/\partial\gamma_k$ 的项，一直这样做直至挑出含有 $\partial\lambda_\ell^*(\gamma)/\partial\gamma_k$ 的项，得到：

$$0=\left(\frac{\partial^2 f(x;\alpha)}{\partial x_1^2}-\lambda_1^*(\gamma)\frac{\partial^2 g_1(x;\beta_1)}{\partial x_1^2}-\cdots-\lambda_\ell^*(\gamma)\frac{\partial^2 g_\ell(x;\beta_\ell)}{\partial x_1^2}\right)\bigg|_{x=x^*(\gamma)}\frac{\partial x_1^*(\gamma)}{\partial\gamma_k}$$

$$\vdots\qquad\qquad\qquad\vdots$$

$$+\left(\frac{\partial^2 f(x;\alpha)}{\partial x_n\partial x_1}-\lambda_1^*(\gamma)\frac{\partial^2 g_1(x;\beta_1)}{\partial x_n\partial x_1}-\cdots-\lambda_\ell^*(\gamma)\frac{\partial^2 g_\ell(x;\beta_\ell)}{\partial x_n\partial x_1}\right)\bigg|_{x=x^*(\gamma)}\frac{\partial x_n^*(\gamma)}{\partial\gamma_k}$$

$$+\frac{\partial^2 f(x;\alpha)}{\partial x_1\partial\gamma_k}\bigg|_{x=x^*(\gamma)}-\lambda_1^*(\gamma)\frac{\partial^2 g_1(x;\beta_1)}{\partial x_1\partial\gamma_k}\bigg|_{x=x^*(\gamma)}-\cdots-\lambda_\ell^*(\gamma)\frac{\partial^2 g_\ell(x;\beta_\ell)}{\partial x_1\partial\gamma_k}\bigg|_{x=x^*(\gamma)}$$

$$-\frac{\partial g_1(x;\beta_1)}{\partial x_1}\bigg|_{x=x^*(\gamma)}\frac{\partial\lambda_1^*(\gamma)}{\partial\gamma_k}-\cdots-\frac{\partial g_\ell(x;\beta_\ell)}{\partial x_1}\bigg|_{x=x^*(\gamma)}\frac{\partial\lambda_\ell^*(\gamma)}{\partial\gamma_k}$$

$$(12.22)$$

这个表达式看起来比较复杂,但事实上它已经非常简单了。记住,所有 f 和 g 的微分都是在点 $x=x^*(\gamma)$ 处计算出来的,它们和 $\lambda_j^*(\gamma)$ 一样都是数值。所以式(12.22)实际上是一个线性方程:

$$0=a_{11}\frac{\partial x_1^*(\gamma)}{\partial \gamma_k}+\cdots+a_{1n}\frac{\partial x_n^*(\gamma)}{\partial \gamma_k}+c_1+a_{1,n+1}\frac{\partial \lambda_1^*(\gamma)}{\partial \gamma_k}+\cdots+a_{1,n+\ell}\frac{\partial \lambda_\ell^*(\gamma)}{\partial \gamma_k}$$

(12.23)

其中,系数为:

$$a_{11}=\left(\frac{\partial^2 f(x;\alpha)}{\partial x_1^2}-\lambda_1^*(\gamma)\frac{\partial^2 g_1(x;\beta_1)}{\partial x_1^2}-\cdots-\lambda_\ell^*(\gamma)\frac{\partial^2 g_\ell(x;\beta_\ell)}{\partial x_1^2}\right)\Bigg|_{x=x^*(\gamma)}$$

$$\vdots \qquad\qquad\qquad \vdots$$

$$a_{1n}=\left(\frac{\partial^2 f(x;\alpha)}{\partial x_n \partial x_1}-\lambda_1^*(\gamma)\frac{\partial^2 g_1(x;\beta_1)}{\partial x_n \partial x_1}-\cdots-\lambda_\ell^*(\gamma)\frac{\partial^2 g_\ell(x;\beta_\ell)}{\partial x_n \partial x_1}\right)\Bigg|_{x=x^*(\gamma)}$$

$$c_1=\left(\frac{\partial^2 f(x;\alpha)}{\partial x_1 \partial \gamma_k}-\lambda_1^*(\gamma)\frac{\partial^2 g_1(x;\beta_1)}{\partial x_1 \partial \gamma_k}-\cdots-\lambda_\ell^*(\gamma)\frac{\partial^2 g_\ell(x;\beta_\ell)}{\partial x_1 \partial \gamma_k}\right)\Bigg|_{x=x^*(\gamma)}$$

$$a_{1,n+1}=-\frac{\partial g_1(x;\beta_1)}{\partial x_1}\Bigg|_{x=x^*(\gamma)}, \cdots, a_{1,n+\ell}=-\frac{\partial g_\ell(x;\beta_\ell)}{\partial x_1}\Bigg|_{x=x^*(\gamma)}$$

未知数为 $\partial x_1^*(\gamma)/\partial \gamma_k, \cdots, \partial \lambda_\ell^*(\gamma)/\partial \gamma_k$。

我们对恒等式 $I_2(\gamma)\equiv 0$ 重复这一过程,然后得到了另一个线性方程:

$$0=a_{21}\frac{\partial x_1^*(\gamma)}{\partial \gamma_k}+\cdots+a_{2n}\frac{\partial x_n^*(\gamma)}{\partial \gamma_k}+c_2+a_{2,n+1}\frac{\partial \lambda_1^*(\gamma)}{\partial \gamma_k}+\cdots+a_{2,n+\ell}\frac{\partial \lambda_\ell^*(\gamma)}{\partial \gamma_k}$$

(12.24)

其中,系数为:

$$a_{21}=\left(\frac{\partial^2 f(x;\alpha)}{\partial x_1 \partial x_2}-\lambda_1^*(\gamma)\frac{\partial^2 g_1(x;\beta_1)}{\partial x_1 \partial x_2}-\cdots-\lambda_\ell^*(\gamma)\frac{\partial^2 g_\ell(x;\beta_\ell)}{\partial x_1 \partial x_2}\right)\Bigg|_{x=x^*(\gamma)}$$

$$\vdots \qquad\qquad\qquad \vdots$$

$$a_{2n}=\left(\frac{\partial^2 f(x;\alpha)}{\partial x_n \partial x_2}-\lambda_1^*(\gamma)\frac{\partial^2 g_1(x;\beta_1)}{\partial x_n \partial x_2}-\cdots-\lambda_\ell^*(\gamma)\frac{\partial^2 g_\ell(x;\beta_\ell)}{\partial x_n \partial x_2}\right)\Bigg|_{x=x^*(\gamma)}$$

$$c_2=\left(\frac{\partial^2 f(x;\alpha)}{\partial x_2 \partial \gamma_k}-\lambda_1^*(\gamma)\frac{\partial^2 g_1(x;\beta_1)}{\partial x_2 \partial \gamma_k}-\cdots-\lambda_\ell^*(\gamma)\frac{\partial^2 g_\ell(x;\beta_\ell)}{\partial x_2 \partial \gamma_k}\right)\Bigg|_{x=x^*(\gamma)}$$

$$a_{2,n+1}=-\frac{\partial g_1(x;\beta_1)}{\partial x_2}\Bigg|_{x=x^*(\gamma)}, \cdots, a_{2,n+\ell}=-\frac{\partial g_\ell(x;\beta_\ell)}{\partial x_2}\Bigg|_{x=x^*(\gamma)}$$

未知数还是 $\partial x_1^*(\gamma)/\partial \gamma_k, \cdots, \partial \lambda_\ell^*(\gamma)/\partial \gamma_k$。接着我们对恒等式从 $I_3(\gamma)\equiv 0$ 一直到 $I_n(\gamma)\equiv 0$ 都重复这一过程,每对一个恒等式求导都可以得到类似于式(12.23)和式(12.24)的线性方程。

现在我们把 $I_{n+1}(\gamma)\equiv 0$ 对 γ_k 求导,因为导数值一定为零,所以我们得到:

$$0 = \frac{\partial \lambda_1^*(\gamma)}{\partial \gamma_k}(b_1 - g_1(x^*(\gamma); \beta_1)) + \lambda_1^*(\gamma)\frac{\partial b_1}{\partial \gamma_k}$$

$$-\lambda_1^*(\gamma)\left(\frac{\partial g_1(x; \beta_1)}{\partial x_1}\bigg|_{x=x^*(\gamma)}\frac{\partial x_1^*(\gamma)}{\partial \gamma_k} + \cdots + \frac{\partial g_1(x; \beta_1)}{\partial x_n}\bigg|_{x=x^*(\gamma)}\frac{\partial x_n^*(\gamma)}{\partial \gamma_k}\right)$$

$$-\lambda_1^*(\gamma)\frac{\partial g_1(x; \beta_1)}{\gamma_k}\bigg|_{x=x^*(\gamma)} \tag{12.25}$$

式(12.25)右边第一项为零,因为第一个约束在点 $x = x^*(\gamma)$ 处是限制性约束。因此,式(12.25)可化简为:

$$0 = -\lambda_1^*(\gamma)\left(\frac{\partial g_1(x; \beta_1)}{\partial x_1}\bigg|_{x=x^*(\gamma)}\frac{\partial x_1^*(\gamma)}{\partial \gamma_k} + \cdots + \frac{\partial g_1(x; \beta_1)}{\partial x_n}\bigg|_{x=x^*(\gamma)}\frac{\partial x_n^*(\gamma)}{\partial \gamma_k}\right)$$

$$+\lambda_1^*(\gamma)\frac{\partial g_1(x; \beta_1)}{\gamma_k}\bigg|_{x=x^*(\gamma)} - \lambda_1^*(\gamma)\frac{\partial b_1}{\partial \gamma_k} \tag{12.26}$$

当 γ_k 为 b_1 时,$\partial b_1/\partial \gamma_k = 1$,否则 $\partial b_1/\partial \gamma_k = 0$。除非 γ_k 是向量 β_1 中的某个参数,否则 $\partial g_1(x; \beta_1)/\partial \gamma_k = 0$。式(12.26)是一个线性方程:

$$a_{n+1, 1}\frac{\partial x_1^*(\gamma)}{\partial \gamma_k} + \cdots + a_{n+1, n}\frac{\partial x_n^*(\gamma)}{\partial \gamma_k} = c_{n+1} \tag{12.27}$$

其中,系数为:

$$a_{n+1, 1} = \lambda_1^*(\gamma)\frac{\partial g_1(x; \beta_1)}{\partial x_1}\bigg|_{x=x^*(\gamma)}, \quad \cdots, \quad a_{n+1, n} = \lambda_1^*(\gamma)\frac{\partial g_1(x; \beta_1)}{\partial x_n}\bigg|_{x=x^*(\gamma)}$$

$$\text{和 } c_{n+1} = -\lambda_1^*(\gamma)\frac{\partial g_1(x; \beta_1)}{\partial \gamma_k}\bigg|_{x=x^*(\gamma)} + \lambda_1^*(\gamma)\frac{\partial b_1}{\partial \gamma_k}$$

现在我们依次对从 $I_{n+2}(\gamma) \equiv 0$ 一直到 $I_{n+\ell}(\gamma) \equiv 0$ 重复以上计算。例如,对恒等式 $I_{n+\ell}(\gamma) \equiv 0$ 微分可以得到线性方程:

$$a_{n+\ell, 1}\frac{\partial x_1^*(\gamma)}{\partial \gamma_k} + \cdots + a_{n+\ell, n}\frac{\partial x_n^*(\gamma)}{\partial \gamma_k} = c_{n+\ell} \tag{12.28}$$

其中,系数为:

$$a_{n+\ell, 1} = \lambda_\ell^*(\gamma)\frac{\partial g_\ell(x; \beta_\ell)}{\partial x_1}\bigg|_{x=x^*(\gamma)}, \quad \cdots, \quad a_{n+\ell, n} = \lambda_\ell^*(\gamma)\frac{\partial g_\ell(x; \beta_\ell)}{\partial x_n}\bigg|_{x=x^*(\gamma)}$$

$$\text{和 } c_{n+\ell} = -\lambda_\ell^*(\gamma)\frac{\partial g_\ell(x; \beta_\ell)}{\partial \gamma_k}\bigg|_{x=x^*(\gamma)} + \lambda^*\ell(\gamma)\frac{\partial b_\ell}{\partial \gamma_k}$$

这些方程一起构造了一个联立线性方程组:

$$\begin{pmatrix} a_{11} & \cdots & a_{1n} & a_{1, n+1} & \cdots & a_{1, n+\ell} \\ \vdots & \ddots & \vdots & \vdots & & \vdots \\ a_{n1} & \cdots & a_{nn} & a_{n, n+1} & \cdots & a_{n, n+\ell} \\ a_{n+1, 1} & \cdots & a_{n+1, n} & a_{n+1, n+1} & \cdots & a_{n+1, n+\ell} \\ \vdots & & \vdots & \vdots & \ddots & \vdots \\ a_{n+\ell, 1} & \cdots & a_{n+\ell, n} & a_{n+\ell, n+1} & \cdots & a_{n+\ell, n+\ell} \end{pmatrix}\begin{pmatrix} \partial x_1^*(\gamma)/\partial \gamma_k \\ \vdots \\ \partial x_n^*(\gamma)/\partial \gamma_k \\ \partial \lambda_1^*(\gamma)/\partial \gamma_k \\ \vdots \\ \partial \lambda_\ell^*(\gamma)/\partial \gamma_k \end{pmatrix} = \begin{pmatrix} c_1 \\ \vdots \\ c_n \\ c_{n+1} \\ \vdots \\ c_{n+\ell} \end{pmatrix} \tag{12.29}$$

每个系数 a_{ij} 都是数值,每个系数 c_i 也都是数值(其中有很多都是零)。只要矩阵 (a_{ij}) 的行向量是线性无关的,那就可以用你喜欢的任何方法来解这个联立线性方程组,以求出问题(12.1)最优解的导数 $\partial x_1^*(\gamma)/\partial\gamma_k,\cdots,\partial\lambda_\ell^*(\gamma)/\partial\gamma_k$ 的值。以上就是对问题(12.1)进行比较静态分析的全部内容了,步骤可能比较烦琐,但其实并不难。

稍后我们将举例说明,但在此之前你需要注意一个非常重要的问题。为了计算出式(12.29)左侧矩阵 (a_{ij}) 中的那些系数,我们需要什么条件?已知的条件包括函数 f,$g_1,\cdots,g_\ell$ 的表达式,向量 γ 中所有参数的值,以及在给定参数值下最优解的值 $x_1^*(\gamma),\cdots,\lambda_\ell^*(\gamma)$。这些条件足以让我们计算出每个系数 a_{ij} 的数值。有哪些条件是我们不需要的呢?我们不需要知道最优解函数 $x_1^*(\gamma),\cdots,\lambda_\ell^*(\gamma)$ 的表达式(即使存在,我们也不需要知道,因为它们可能只是隐函数)。这是此方法的一个巨大优势,它让我们在不需要 $x_1^*(\gamma),\cdots,\lambda_\ell^*(\gamma)$ 表达式的情况下计算出所有变化率 $\partial x_i^*(\gamma)/\partial\gamma_k$ 和 $\partial\lambda_j^*(\gamma)/\partial\gamma_k$ 的值。

我们要举的例子是一个希望生产成本最小化的企业所面对的问题。这个企业是价格接受者,有两个可变投入要素,至少要生产出产量为 y 的产品,$y\geq0$。该企业的生产函数为 $g(x_1,x_2)=x_1^{1/2}x_2^{1/2}$。该企业面对的问题是:

$$\min_{x_1,x_2} w_1x_1+w_2x_2 \quad \text{s.t. } x_1\geq0,\ x_2\geq0,\ x_1^{1/2}x_2^{1/2}\geq y \tag{12.30}$$

其中,w_1 和 w_2 是给定的投入要素的单价。该问题的参数向量为:

$$\gamma=\begin{bmatrix}w_1\\w_2\\y\end{bmatrix}$$

这个问题有三个约束。在最优解

$$(x_1^*(w_1,w_2,y),x_2^*(w_1,w_2,y),\lambda_1^*(w_1,w_2,y),\lambda_2^*(w_1,w_2,y),\lambda_3^*(w_1,w_2,y))$$

处,第一个和第二个约束是松弛的,因此 $\lambda_1^*(w_1,w_2,y)=\lambda_2^*(w_1,w_2,y)=0$。在对最优解进行比较静态分析时我们只用考虑第三个约束。我们要解出的导数是:

$$\frac{\partial x_1^*(w_1,w_2,y)}{\partial\gamma_k},\frac{\partial x_2^*(w_1,w_2,y)}{\partial\gamma_k},\frac{\partial\lambda_3^*(w_1,w_2,y)}{\partial\gamma_k}$$

其中,γ_k 是参数 w_1、w_2 或 y 中的任意一个。假设我们想知道最优解是怎样随投入要素 2 的价格变化而变化的,那么,我们取 $\gamma_k=w_2$,然后逐步计算出

$$\frac{\partial x_1^*(w_1,w_2,y)}{\partial w_2},\frac{\partial x_2^*(w_1,w_2,y)}{\partial w_2},\frac{\partial\lambda_3^*(w_1,w_2,y)}{\partial w_2}$$

我们先按问题(12.1)的形式重新写出问题(12.30),也就是将问题(12.30)写成一个有形式为 $g(x)\leq b$ 的约束条件的最大化问题。将最小化问题转化为最大化问题时,我们只需要把目标函数乘以 -1,把"$\geq$"转化为"$\leq$"。这样,我们就得到了问题:

$$\max_{x_1,x_2} -w_1x_1-w_2x_2 \quad \text{s.t. } -x_1\leq0,\ -x_2\leq0,\ y-x_1^{1/2}x_2^{1/2}\leq0 \tag{12.31}$$

然后,写下该问题的一阶必要条件:

$$-w_1 = -\frac{\lambda_3}{2}x_1^{-1/2}x_2^{1/2}, \quad -w_2 = -\frac{\lambda_3}{2}x_1^{1/2}x_2^{-1/2}, \quad 0 = \lambda_3(-y + x_1^{1/2}x_2^{1/2})$$

请注意,对所有参数值 $w_1 > 0$、$w_2 > 0$ 和 $y > 0$,在最优解 $x_1^*(w_1, w_2, y)$、$x_2^*(w_1, w_2, y)$ 和 $\lambda_3^*(w_1, w_2, y)$ 处计算时,这些等式都是恒成立的,我们可以写出恒等式:

$$I_1(w_1, w_2, y) \equiv -w_1 + \frac{\lambda_3^*(w_1, w_2, y)}{2}x_1^*(w_1, w_2, y)^{-1/2}x_2^*(w_1, w_2, y)^{1/2} \equiv 0$$

(12.32)

$$I_2(w_1, w_2, y) \equiv -w_2 + \frac{\lambda_3^*(w_1, w_2, y)}{2}x_1^*(w_1, w_2, y)^{1/2}x_2^*(w_1, w_2, y)^{-1/2} \equiv 0$$

(12.33)

$$I_3(w_1, w_2, y) \equiv \lambda_3^*(w_1, w_2, y)(-y + x_1^*(w_1, w_2, y)^{1/2}x_2^*(w_1, w_2, y)^{1/2}) \equiv 0$$

(12.34)

每个恒等式都是只关于参数 w_1、w_2 和 y 的函数。因为每个恒等式的值是恒定为零的,所以对任意 $w_1 > 0$、$w_2 > 0$ 和 $y > 0$,都有:

$$\frac{\partial I_1(w_1, w_2, y)}{\partial w_2} = 0, \quad \frac{\partial I_2(w_1, w_2, y)}{\partial w_2} = 0, \quad \frac{\partial I_3(w_1, w_2, y)}{\partial w_2} = 0$$

由式(12.32)、式(12.33)和式(12.34)可知:

$$\frac{\partial I_1(w_1, w_2, y)}{\partial w_2} = 0 = \frac{1}{2}\frac{\partial \lambda_3^*(\cdot)}{\partial w_2}x_1^*(\cdot)^{-1/2}x_2^*(\cdot)^{1/2}$$
$$-\frac{\lambda_3^*(\cdot)}{4}x_1^*(\cdot)^{-3/2}x_2^*(\cdot)^{1/2}\frac{\partial x_1^*(\cdot)}{\partial w_2}$$
$$+\frac{\lambda_3^*(\cdot)}{4}x_1^*(\cdot)^{-1/2}x_2^*(\cdot)^{-1/2}\frac{\partial x_2^*(\cdot)}{\partial w_2}$$

(12.35)

$$\frac{\partial I_2(w_1, w_2, y)}{\partial w_2} = 0 = -1 + \frac{1}{2}\frac{\partial \lambda_3^*(\cdot)}{\partial w_2}x_1^*(\cdot)^{-1/2}x_2^*(\cdot)^{-1/2}$$
$$+\frac{\lambda_3^*(\cdot)}{4}x_1^*(\cdot)^{-1/2}x_2^*(\cdot)^{-1/2}\frac{\partial x_1^*(\cdot)}{\partial w_2}$$
$$-\frac{\lambda_3^*(\cdot)}{4}x_1^*(\cdot)^{1/2}x_2^*(\cdot)^{-3/2}\frac{\partial x_2^*(\cdot)}{\partial w_2}$$

(12.36)

$$\frac{\partial I_3(w_1, w_2, y)}{\partial w_2} = 0 = \frac{\partial \lambda_3^*(\cdot)}{\partial w_2}(-y + x_1^*(\cdot)^{1/2}x_2^*(\cdot)^{1/2})$$
$$+\frac{\lambda_3^*(\cdot)}{2}x_1^*(\cdot)^{-1/2}x_2^*(\cdot)^{1/2}\frac{\partial x_1^*(\cdot)}{\partial w_2}$$
$$+\frac{\lambda_3^*(\cdot)}{2}x_1^*(\cdot)^{1/2}x_2^*(\cdot)^{-1/2}\frac{\partial x_2^*(\cdot)}{\partial w_2}$$

(12.37)

先整理一下这些等式以便于计算出这些方程的解：$\partial x_1^*(\cdot)/\partial w_2$，$\partial x_2^*(\cdot)/\partial w_2$，$\partial \lambda_3^*(\cdot)/\partial w_2$。用 $4x_1^*(\cdot)^{3/2}x_2^*(\cdot)^{1/2}$ 乘以式(12.35)然后整理可得：

$$-\lambda_3^*(\cdot)x_2^*(\cdot)\frac{\partial x_1^*(\cdot)}{\partial w_2}+\lambda_3^*(\cdot)x_1^*(\cdot)\frac{\partial x_2^*(\cdot)}{\partial w_2}+2x_1^*(\cdot)x_2^*(\cdot)\frac{\partial \lambda_3^*(\cdot)}{\partial w_2}=0 \tag{12.38}$$

然后用 $4x_1^*(\cdot)^{1/2}x_2^*(\cdot)^{3/2}$ 乘以式(12.36)，整理可得：

$$\lambda_3^*(\cdot)x_2^*(\cdot)\frac{\partial x_1^*(\cdot)}{\partial w_2}-\lambda_3^*(\cdot)x_1^*(\cdot)\frac{\partial x_2^*(\cdot)}{\partial w_2}+2x_1^*(\cdot)x_2^*(\cdot)\frac{\partial \lambda_3^*(\cdot)}{\partial w_2}$$
$$=4x_1^*(\cdot)^{1/2}x_2^*(\cdot)^{3/2} \tag{12.39}$$

最后，请注意，式(12.37)右边的第一项为零(因为它在最优解处是限制性约束)，再用 $2x_1^*(\cdot)^{1/2}x_2^*(\cdot)^{1/2}$ 乘以式(12.37)右边的另外两项，再除以 $\lambda_3^*(\cdot)$ [可以除，因为 $\lambda_3^*(\cdot)>0$]，整理可得：

$$x_2^*(\cdot)\frac{\partial x_1^*(\cdot)}{\partial w_2}+x_1^*(\cdot)\frac{\partial x_2^*(\cdot)}{\partial w_2}=0 \tag{12.40}$$

式(12.38)、式(12.39)和式(12.40)是三个线性方程，其中的三个未知数是我们想要求出的静态比较量。现在只需要解这个方程组即可。不妨自己计算并验证结果：

$$\frac{\partial x_1^*(w_1, w_2, y)}{\partial w_2}=\frac{y}{\lambda_3^*(w_1, w_2, y)} \tag{12.41}$$

$$\frac{\partial x_2^*(w_1, w_2, y)}{\partial w_2}=-\frac{x_2^*(w_1, w_2, y)^{3/2}}{x_1^*(w_1, w_2, y)^{1/2}\lambda_3^*(w_1, w_2, y)} \tag{12.42}$$

$$\frac{\partial \lambda_3^*(w_1, w_2, y)}{\partial w_2}=\left(\frac{x_2^*(w_1, w_2, y)}{x_1^*(w_1, w_2, y)}\right)^{1/2} \tag{12.43}$$

为了得到这些导数的值，我们只需要知道给定的 w_1、w_2 和 y 所对应的 $x_1^*(w_1, w_2, y)$、$x_2^*(w_1, w_2, y)$ 和 $\lambda_3^*(w_1, w_2, y)$ 的值。特别重要的是，我们不需要知道 $x_1^*(w_1, w_2, y)$、$x_2^*(w_1, w_2, y)$ 和 $\lambda_3^*(w_1, w_2, y)$ 的方程式就可以计算出这三个导数的数值。

式(12.41)、式(12.42)和式(12.43)有什么经济含义呢？我们可以看出：一个希望生产 y 单位产品且希望生产成本尽可能小的企业，对投入要素 2 的单位价格提高的反应是：对投入要素 1 的需求量上升了，上升的幅度由式(12.41)给出，对投入要素 2 的需求量下降了，下降的幅度由式(12.42)给出。更高的投入价格 w_2 也提升了企业的边际生产成本 $\lambda_3^*(\cdot)$，上升的幅度由式(12.43)给出。

你也可以在这个企业的成本最小化问题的比较静态分析中只改变产量 y，然后重复上述分析过程。请把它当成练习做一遍，别忘了对得到的结果做经济学意义上的解释。

12.7　最大值函数的应用

在上一节中，我们利用一阶条件和隐函数定理得到了最优解 $x_1^*(\gamma),\cdots,\lambda_m^*(\gamma)$ 的变化率的定量分析结果。这一节我们将用不一样的信息来获得另一种比较静态分析结果。这个新的信息来源就是有约束的最优化问题的最大值函数，我们将使用一个相当奇妙的工具——一阶包络定理（First-Order Envelope Theorem）来分析。

为了使讨论更加简便，我们将稍微改变一下到目前为止我们为表示约束条件所使用的符号。从现在开始，我将把约束条件写为：

$$h_j(x;\beta_j,b_j)\equiv b_j-g_j(x;\beta_j)\geqslant 0,\ j=1,\cdots,m$$

因此，有约束的最优化问题可以写为：

$$\max f(x;\alpha)\quad \text{s.t. } h_j(x;\beta_j,b_j)\geqslant 0,\ j=1,\cdots,m \tag{12.44}$$

这些符号上的变化完全没有改变我们要求解的最优化问题，而且你将会看到，这些符号让某些表达式写起来更容易。

让我们先回顾一下有约束的最优化问题的最大值函数的含义。

定义 12.1（最大值函数）　有约束的最优化问题（12.44）的最大值函数为：

$$v(\gamma)\equiv\max_{x\in\Re^n}f(x;\alpha)\quad \text{s.t. } h_j(x;\beta_j,b_j)\geqslant 0,\ j=1,\cdots,m \tag{12.45}$$

$$\equiv f(x^*(\gamma);\alpha) \tag{12.46}$$

$$\equiv f(x^*(\gamma);\alpha)+\sum_{j=1}^m\lambda_j^*(\gamma)h_j(x^*(\gamma);\beta_j,b_j) \tag{12.47}$$

请注意，式（12.45）、式（12.46）和式（12.47）中的任意一个表达式都与其他两个表达式等价。根据最优解的定义，式（12.45）和式（12.46）是等价的。因为在该问题的最优解处，每个互补的松弛项 $\lambda_j^*(\gamma)h_j(x^*(\gamma);\beta_j,b_j)$ 都必然为零，所以式（12.46）与式（12.47）是等价的。式（12.47）表明，该问题的最大值函数与该问题的拉格朗日函数在最优解处是完全等价的。

我们已经讨论过了两个最大值函数，即间接效用函数（11.6）和间接利润函数（11.7）。

最大值函数的性质取决于有约束的最优化问题所具有的性质。本章要考虑的是最大值函数在参数空间 Γ 上可微时的那些最优化问题。

一阶包络定理通常被称为"包络定理"，但是包络定理不止一种，为了清楚起见，我们将使用它的全称。

定理 12.3（一阶包络定理）　考虑最优化问题（12.44），其最优解集值映射 (x^*,λ^*)：$\Gamma\mapsto\Re^n\times\Re_+^m$ 是在 Γ 上可微的函数，而且，最大值函数（12.45）也在 Γ 上可微。用 $I(x^*(\gamma))$ 表示 $x=x^*(\gamma)$ 处限制性约束条件的编号集合，那么，下式成立：

$$\frac{\partial v(\gamma)}{\partial\gamma_k}=\frac{\partial f(x;\alpha)}{\partial\gamma_k}\bigg|_{x=x^*(\gamma)}+\sum_{j\in I(x^*(\gamma))}\lambda_j^*(\gamma)\frac{\partial h_j(x;\beta_j,b_j)}{\partial\gamma_k}\bigg|_{x=x^*(\gamma)} \tag{12.48}$$

我来仔细地解释一下这个定理的含义。它的意思是,目标函数的最大值对某个参数 γ_k 的变化率可以通过以下方式计算出来。请注意,我们要解的是一个有约束的最优化问题,某种程度上讲,该问题由给定的参数向量 γ 决定。首先,我们要写出该问题的拉格朗日函数。然后,把拉格朗日函数中的每个 x_i 固定在 $x_i^*(\gamma)$ 处,把每个 λ_j 固定在 $\lambda_j^*(\gamma)$ 处。因为每个 x_i^* 和 λ_j^* 都是数值,所以,我们在第二步构造一个只关于参数向量 γ 的函数的受限拉格朗日函数。特别重要的是,这个函数只受参数 γ_k 的直接影响,也就是说,γ_k 对函数 f,g_1,$\cdots$,g_m 的直接影响使得受限拉格朗日函数依赖于 γ_k,但受限拉格朗日函数对 γ_k 的依赖不是通过 γ_k 影响 x_i^* 和 λ_j^* 而实现的(这种影响被称为通过 x_i^* 和 λ_j^* 对 v 产生的间接影响),因为我们已经固定了 x_i^* 和 λ_j^* 的值。最后,我们需要用受限拉格朗日函数对 γ_k 求微分。

上述这段内容很容易被错误理解,我还是用企业的利润最大化问题(11.4)来帮助大家正确理解。假设 $\beta_1 = \beta_2 = \dfrac{1}{3}$,$p=3$,$w_1=w_2=1$。由式(11.5)可知,利润最大化的解为 $(y^*, x_1^*, x_2^*, \lambda_1^*, \lambda_2^*, \lambda_3^*, \lambda_4^*) = (1, 1, 1, 0, 0, 0, 3)$。

第一步,写下该问题的拉格朗日函数,即

$$L(y, x_1, x_2, \lambda_1, \lambda_2, \lambda_3, \lambda_4; p, w_1, w_2, \beta_1, \beta_2)$$
$$= py - w_1 x_1 - w_2 x_2 - \lambda_1 y - \lambda_2 x_1 - \lambda_3 x_2 + \lambda_4 (x_1^{\beta_1} x_2^{\beta_2} - y)$$

第二步,代入参数向量 $(p, w_1, w_2, \beta_1, \beta_2) = \left(3, 1, 1, \dfrac{1}{3}, \dfrac{1}{3}\right)$ 所对应的最优解的值。请注意:不用代入参数的数值。然后,可以得到关于 p、w_1、w_2、β_1 和 β_2 的受限拉格朗日函数:

$$L^r(p, w_1, w_2, \beta_1, \beta_2)$$
$$= p \times 1 - w_1 \times 1 - w_2 \times 1 - 0 \times 1 - 0 \times 1 - 0 \times 1 + 3(1^{\beta_1} \times 1^{\beta_2} - 1)$$
$$= p - w_1 - w_2 \tag{12.49}$$

重要的一点是,这个函数在参数向量值为 $(p, w_1, w_2) = (3, 1, 1)$ 时的值就是企业在这些价格下可实现的最大利润。这个最大利润的值为 $3-1-1=1$。的确如此吗?我们用式(11.7)来检验一下。当 $(p, w_1, w_2, \beta_1, \beta_2) = \left(3, 1, 1, \dfrac{1}{3}, \dfrac{1}{3}\right)$ 时,直接利润函数的值为:

$$v(p, w_1, w_2, \beta_1, \beta_2) = (1 - \beta_1 - \beta_2)\left(\frac{p \beta_1^{\beta_1} \beta_2^{\beta_2}}{w_1^{\beta_1} w_2^{\beta_2}}\right)^{1/(1 - \beta_1 - \beta_2)}$$

$$= \frac{1}{3}\left(\frac{3 \times \dfrac{1}{3}^{1/3} \times \dfrac{1}{3}^{1/3}}{1^{1/3} \times 1^{1/3}}\right)^3 = 1 \tag{12.50}$$

式(12.49)的确是参数值为 $(p, w_1, w_2, \beta_1, \beta_2) = \left(3, 1, 1, \dfrac{1}{3}, \dfrac{1}{3}\right)$ 时企业可实现的最大利润。

接下来将一阶包络定理应用于这个例子。这个定理告诉我们：企业的最大利润对 p、w_1 和 w_2 的变化率的值分别等于式(12.49)对 p、w_1 和 w_2 的偏导在 $(p, w_1, w_2, \beta_1, \beta_2) = \left(3, 1, 1, \frac{1}{3}, \frac{1}{3}\right)$ 时的值。它们分别为：

$$\left.\frac{\partial L^r(p, w_1, w_2, \beta_1, \beta_2)}{\partial p}\right|_{\substack{(p, w_1, w_2, \beta_1, \beta_2) \\ = (3, 1, 1, \frac{1}{3}, \frac{1}{3})}} = 1$$

$$\left.\frac{\partial L^r(p, w_1, w_2, \beta_1, \beta_2)}{\partial w_1}\right|_{\substack{(p, w_1, w_2, \beta_1, \beta_2) \\ = (3, 1, 1, \frac{1}{3}, \frac{1}{3})}} = -1$$

$$\left.\frac{\partial L^r(p, w_1, w_2, \beta_1, \beta_2)}{\partial w_2}\right|_{\substack{(p, w_1, w_2, \beta_1, \beta_2) \\ = (3, 1, 1, \frac{1}{3}, \frac{1}{3})}} = -1 \tag{12.51}$$

我们可以通过计算式(12.50)对 p、w_1 和 w_2 的偏导在 $(p, w_1, w_2, \beta_1, \beta_2) = \left(3, 1, 1, \frac{1}{3}, \frac{1}{3}\right)$ 处的值对此进行检验。这些值分别为：

$$\left.\frac{\partial v(p_1, w_1, w_2, \beta_1, \beta_2)}{\partial p}\right|_{\substack{(p, w_1, w_2, \beta_1, \beta_2) \\ = (3, 1, 1, \frac{1}{3}, \frac{1}{3})}} = \left.\left(\frac{p^{\beta_1+\beta_2} \beta_1^{\beta_1} \beta_2^{\beta_2}}{w_1^{\beta_1} w_2^{\beta_2}}\right)^{1/(1-\beta_1-\beta_2)}\right|_{\substack{(p, w_1, w_2, \beta_1, \beta_2) \\ = (3, 1, 1, \frac{1}{3}, \frac{1}{3})}}$$

$$= 1 = \left.\frac{\partial L^r(p, w_1, w_2, \beta_1, \beta_2)}{\partial p}\right|_{\substack{(p, w_1, w_2, \beta_1, \beta_2) \\ = (3, 1, 1, \frac{1}{3}, \frac{1}{3})}}$$

$$\left.\frac{\partial v(p_1, w_1, w_2, \beta_1, \beta_2)}{\partial w_1}\right|_{\substack{(p, w_1, w_2, \beta_1, \beta_2) \\ = (3, 1, 1, \frac{1}{3}, \frac{1}{3})}} = \left.-\beta_1 \left(\frac{p \beta_1^{\beta_1} \beta_2^{\beta_2}}{w_1^{1-\beta_2} w_2^{\beta_2}}\right)^{1/(1-\beta_1-\beta_2)}\right|_{\substack{(p, w_1, w_2, \beta_1, \beta_2) \\ = (3, 1, 1, \frac{1}{3}, \frac{1}{3})}}$$

$$= -1 = \left.\frac{\partial L^r(p, w_1, w_2, \beta_1, \beta_2)}{\partial w_1}\right|_{\substack{(p, w_1, w_2, \beta_1, \beta_2) \\ = (3, 1, 1, \frac{1}{3}, \frac{1}{3})}}$$

$$\left.\frac{\partial v(p_1, w_1, w_2, \beta_1, \beta_2)}{\partial w_2}\right|_{\substack{(p, w_1, w_2, \beta_1, \beta_2) \\ = (3, 1, 1, \frac{1}{3}, \frac{1}{3})}} = \left.-\beta_1 \left(\frac{p \beta_1^{\beta_1} \beta_2^{\beta_2}}{w_1^{\beta_1} w_2^{1-\beta_1}}\right)^{1/(1-\beta_1-\beta_2)}\right|_{\substack{(p, w_1, w_2, \beta_1, \beta_2) \\ = (3, 1, 1, \frac{1}{3}, \frac{1}{3})}}$$

$$= -1 = \left.\frac{\partial L^r(p, w_1, w_2, \beta_1, \beta_2)}{\partial w_2}\right|_{\substack{(p, w_1, w_2, \beta_1, \beta_2) \\ = (3, 1, 1, \frac{1}{3}, \frac{1}{3})}}$$

至少对当前这个例子来说，一阶包络定理是可用的。请注意，对式(12.49)求偏导比对式(12.50)求偏导要简单得多。该定理的一个大优点是避免了大量枯燥的代数计算。

在代数上得到简化的原因是，我们不需要计算出由参数改变所导致的该问题的最优解 $x_1^*(\gamma), \cdots, \lambda_m^*(\gamma)$ 的改变是多少，也就是说不需要计算引起该问题最大值改变的间接效应。为什么我们在计算最大值的变化率时不用考虑由最优解 $(x^*(\gamma), \lambda^*(\gamma))$ 的变化所引起的最大值变化呢? 如果你看懂了包络定理的证明,你就会明白,这是因为所有的间接效应都是相互抵消的——它们的和为零。其结果就是,计算过程被大大简化了。在证明包络定理之前,我们先来看一个例子,这个例子展示了包络定理是如何让我们避开间接效应的。再次回到企业利润最大化的例子。

式(11.4)的拉格朗日函数为:

$$L(y, x_1, x_2, \lambda_1, \lambda_2, \lambda_3, \lambda_4; p, w_1, w_2, \beta_1, \beta_2)$$
$$= py - w_1 x_1 - w_2 x_2 - \lambda_1 y - \lambda_2 x_1 - \lambda_3 x_2 + \lambda_4 (x_1^{\beta_1} x_2^{\beta_2} - y)$$

为了简便计算,我们将只用 y^*、x_1^*、x_2^*、λ_1^*、λ_2^*、λ_3^* 和 λ_4^* 来表示最优值,而不采用式(11.5)右边那种复杂的表示方法。对于一个给定的参数向量 $(p, w_1, w_2, \beta_1, \beta_2)$,$y^*, \cdots, \lambda_4^*$ 是固定值。最大值函数为:

$$\pi^* (p, w_1, w_2, \beta_1, \beta_2)$$
$$\equiv py^* - w_1 x_1^* - w_2 x_2^* + \lambda_1^* y^* + \lambda_2^* x_1^* + \lambda_3^* x_2^* + \lambda_4^* ((x_1^*)^{\beta_1} (x_2^*)^{\beta_2} - y^*)$$
$$(12.52)$$

根据一阶包络定理,要想计算出企业最大利润关于参数 p 的变化率,我们只需要计算出式(12.52)右边部分关于 p 的微分(记住,因为 $y^*, \cdots, \lambda_4^*$ 是数字,所以是恒定的),很容易得出:

$$\frac{\partial \pi^* (p, \cdot)}{\partial p} = y^* (p, w_1, w_2, \beta_1, \beta_2) \qquad (12.53)$$

如果你坚持使用难以计算的链式法则对式(12.52)进行微分,那么,会得到:

$$\frac{\partial \pi^* (p, \cdot)}{\partial p} = y^* (p, \cdot) + p \frac{\partial y^* (p, \cdot)}{\partial p} - w_1 \frac{\partial x_1^* (p, \cdot)}{\partial p} - w_2 \frac{\partial x_2^* (p, \cdot)}{\partial p}$$
$$+ \frac{\partial \lambda_1^* (p, \cdot)}{\partial p} y^* (p, \cdot) + \lambda_1^* (p, \cdot) \frac{\partial y^* (p, \cdot)}{\partial p} + \frac{\partial \lambda_2^* (p, \cdot)}{\partial p} x_1^* (p, \cdot)$$
$$+ \lambda_2^* (p, \cdot) \frac{\partial x_1^* (p, \cdot)}{\partial p} + \frac{\partial \lambda_3^* (p, \cdot)}{\partial p} x_2^* (p, \cdot) + \lambda_3^* (p, \cdot) \frac{\partial x_2^* (p, \cdot)}{\partial p}$$
$$+ \frac{\partial \lambda_4^* (p, \cdot)}{\partial p} (x_1^* (p, \cdot)^{\beta_1} x_2^* (p, \cdot)^{\beta_2} - y^* (p, \cdot))$$
$$+ \lambda_4^* (p, \cdot) \Big(\beta_1 x_1^* (p, \cdot)^{\beta_1 - 1} x_2^* (p, \cdot)^{\beta_2} \frac{\partial x_1^* (p, \cdot)}{\partial p}$$
$$+ \beta_2 x_1^* (p, \cdot)^{\beta_1} x_2^* (p, \cdot)^{\beta_2 - 1} \frac{\partial x_2^* (p, \cdot)}{\partial p} - \frac{\partial y^* (p, \cdot)}{\partial p} \Big) \qquad (12.54)$$

多复杂呀! 而式(12.53)和式(12.54)表示的是同一个东西,所以,式(12.54)中包含了 $\partial x^* / \partial p$、$\partial y^* / \partial p$ 和 $\partial \lambda^* / \partial p$ 这种表示间接效应的那些项加起来一定为零。为什么呢? 让我们把式(12.54)中的各项分组,得到如下结果:

$$\frac{\partial \pi^*(p, \cdot)}{\partial p} = y^*(p, \cdot) + (p + \lambda_1^*(p, \cdot) - \lambda_4^*(p, \cdot)) \frac{\partial y^*(p, \cdot)}{\partial p}$$

$$- (w_1 - \lambda_2^*(p, \cdot) - \lambda_4^*(p, \cdot) \beta_1 x_1^*(p, \cdot)^{\beta_1 - 1} x_2^*(p, \cdot)^{\beta_2}) \frac{\partial x_1^*(p, \cdot)}{\partial p}$$

$$- (w_2 - \lambda_3^*(p, \cdot) - \lambda_4^*(p, \cdot) \beta_2 x_1^*(p, \cdot)^{\beta_1} x_2^*(p, \cdot)^{\beta_2 - 1}) \frac{\partial x_2^*(p, \cdot)}{\partial p}$$

$$+ \frac{\partial \lambda_1^*(p, \cdot)}{\partial p} y^*(p, \cdot) + \frac{\partial \lambda_2^*(p, \cdot)}{\partial p} x_1^*(p, \cdot) + \frac{\partial \lambda_3^*(p, \cdot)}{\partial p} x_2^*(p, \cdot)$$

$$+ \frac{\partial \lambda_4^*(p, \cdot)}{\partial p} (x_1^*(p, \cdot))^{\beta_1} x_2^*(p, \cdot))^{\beta_2} - y^*(p, \cdot)) \tag{12.55}$$

在给定参数向量 γ 的情况下,该问题的最大值是目标函数在最优解 $(x^*(\gamma), \lambda^*(\gamma))$ 处的值,而最优解满足 KKT 条件和互补松弛条件,也就是说,

$$\begin{bmatrix} p \\ -w_1 \\ -w_2 \end{bmatrix} = \lambda_1^*(p, \cdot) \begin{bmatrix} -1 \\ 0 \\ 0 \end{bmatrix} + \lambda_2^*(p, \cdot) \begin{bmatrix} 0 \\ -1 \\ 0 \end{bmatrix} + \lambda_3^*(p, \cdot) \begin{bmatrix} 0 \\ 0 \\ -1 \end{bmatrix}$$

$$+ \lambda_4^*(p, \cdot) \begin{bmatrix} 1 \\ -\beta_1 x_1^*(p, \cdot)^{\beta_1 - 1} x_2^*(p, \cdot)^{\beta_2} \\ -\beta_2 x_1^*(p, \cdot)^{\beta_1} x_2^*(p, \cdot)^{\beta_2 - 1} \end{bmatrix} \tag{12.56}$$

$$0 = \lambda_1^*(p, \cdot) y^*(p, \cdot) \tag{12.57}$$

$$0 = \lambda_2^*(p, \cdot) x_1^*(p, \cdot) \tag{12.58}$$

$$0 = \lambda_3^*(p, \cdot) x_2^*(p, \cdot) \tag{12.59}$$

$$0 = \lambda_4^*(p, \cdot) (y^*(p, \cdot) - (x_1^*(p, \cdot))^{\beta_1} (x_2^*(p, \cdot))^{\beta_2}) \tag{12.60}$$

式(12.56)表明式(12.55)右边的第二、第三和第四项之和一定为零。式(12.57)表明要么 $\lambda_1^*(p, \cdot) = 0$[从而使 $\lambda_1^*(p, \cdot)/\partial p = 0$],要么 $y^*(p, \cdot) = 0$。但不管怎样,式(12.55)右边的第五项一定为零。同样,式(12.58)、式(12.59)和式(12.60)分别告诉我们式(12.55)右边的第六项、第七项和最后一项也都为零。因此,所有的间接效应项都可以被忽略,我们得到了前文由一阶包络定理给出的结论:

$$\frac{\partial \pi^*(p, \cdot)}{\partial p} = y^*(p, \cdot)$$

一阶包络定理的证明就是对我们刚刚的论述的重述,只不过是在更一般化的情况下的证明。下面来证明它。

一阶包络定理的证明:给定 γ,原始的最优化问题的最优解为 $x^*(\gamma) = (x_1^*(\gamma), \cdots, x_n^*(\gamma))$,相关的拉格朗日乘数向量为 $\lambda^*(\gamma) = (\lambda_1^*(\gamma), \cdots, \lambda_m^*(\gamma))$。由式(12.46)可知,

$$\frac{\partial v(\gamma)}{\partial \gamma_k} = \frac{\partial f(x; \alpha)}{\partial \gamma_k} \bigg|_{x = x^*(\gamma)} + \sum_{i=1}^{n} \frac{\partial f(x; \alpha)}{\partial x_i} \bigg|_{x = x^*(\gamma)} \times \frac{\partial x_i^*(\gamma)}{\partial \gamma_k} \tag{12.61}$$

因为 $x=x^*(\gamma)$ 是最优解,所以,KKT 必要条件在 $x=x^*(\gamma)$ 处一定成立,即

$$\frac{\partial f(x;\alpha)}{\partial x_i}\bigg|_{x=x^*(\gamma)} = -\sum_{j=1}^{m}\lambda_j^*(\gamma)\frac{\partial h_j(x;\beta_j,b_j)}{\partial x_i}\bigg|_{x=x^*(\gamma)} \quad \forall i=1,\cdots,n \quad (12.62)$$

把式(12.62)代入式(12.61)可得:

$$\begin{aligned}
\frac{\partial v(\gamma)}{\partial \gamma_k} &= \frac{\partial f(x;\alpha)}{\partial \gamma_k}\bigg|_{x=x^*(\gamma)} - \sum_{i=1}^{n}\left(\sum_{j=1}^{m}\lambda_j^*(\gamma)\frac{\partial h_j(x;\beta_j,b_j)}{\partial x_i}\bigg|_{x=x^*(\gamma)}\right)\frac{\partial x_i^*(\gamma)}{\partial \gamma_k} \\
&= \frac{\partial f(x;\alpha)}{\partial \gamma_k}\bigg|_{x=x^*(\gamma)} - \sum_{j=1}^{m}\lambda_j^*(\gamma)\left(\sum_{i=1}^{n}\frac{\partial h_j(x;\beta_j,b_j)}{\partial x_i}\bigg|_{x=x^*(\gamma)}\frac{\partial x_i^*(\gamma)}{\partial \gamma_k}\right)
\end{aligned}$$

$$(12.63)$$

$x^*(\gamma)$ 也一定满足互补松弛条件:

$$\lambda_j^*(\gamma)h_j(x^*(\gamma);\beta_j,b_j)\equiv 0, \text{对每个} j=1,\cdots,m$$

因此,对每个 $j=1,\cdots,m$,都有

$$\begin{aligned}
0 = &\frac{\partial \lambda_j^*(\gamma)}{\partial \gamma_k}h_j(x^*(\gamma);\beta_j,b_j) + \lambda_j^*(\gamma)\frac{\partial h_j(x;\beta_j,b_j)}{\partial \gamma_k}\bigg|_{x=x^*(\gamma)} \\
&+ \lambda_j^*(\gamma)\sum_{i=1}^{n}\frac{\partial h_j(x;\beta_j,b_j)}{\partial x_i}\bigg|_{x=x^*(\gamma)}\frac{\partial x_i^*(\gamma)}{\partial \gamma_k}
\end{aligned} \quad (12.64)$$

如果第 j 个约束是松弛的,那么,$\lambda_j^*(\gamma)=0$ 且 $\partial \lambda_j^*(\gamma)/\partial \gamma_k=0$。如果第 j 个约束是有限制的,那么,$h_j(x^*(\gamma);\beta_j,b_j)=0$。因此,式(12.64)右边的第一项对每个 $j=1,\cdots,m$ 来说都为零。于是,对每个 $j=1,\cdots,m$,都有

$$\lambda_j^*(\gamma)\frac{\partial h_j(x;\beta_j,b_j)}{\partial \gamma_k}\bigg|_{x=x^*(\gamma)} = -\lambda_j^*(\gamma)\sum_{i=1}^{n}\frac{\partial h_j(x;\beta_j,b_j)}{\partial x_i}\bigg|_{x=x^*(\gamma)}\frac{x_i^*(\gamma)}{\partial \gamma_k}$$

$$(12.65)$$

把式(12.65)代入式(12.63)得到:

$$\frac{\partial v(\gamma)}{\partial \gamma_k} = \frac{\partial f(x;\alpha)}{\partial \gamma_k}\bigg|_{x=x^*(\gamma)} + \sum_{j=1}^{m}\lambda_j^*(\gamma)\frac{\partial h_j(x;\beta_j,b_j)}{\partial \gamma_k}\bigg|_{x=x^*(\gamma)} \quad (12.66)$$

如果用 $I(x^*(\gamma))$ 表示限制在 $x=x^*(\gamma)$ 处的约束的编号集合,那么,对每个 $j\notin I(x^*(\gamma))$,都有 $\lambda_j^*(\gamma)=0$。于是,式(12.66)变为:

$$\frac{\partial v(\gamma)}{\partial \gamma_k} = \frac{\partial f(x;\alpha)}{\partial \gamma_k}\bigg|_{x=x^*(\gamma)} + \sum_{j\in I(x^*(\gamma))}\lambda_j^*(\gamma)\frac{\partial h_j(x;\beta_j,b_j)}{\partial \gamma_k}\bigg|_{x=x^*(\gamma)} \qquad \square$$

现在我们来理解一下一阶包络定理的几何含义。图 12.2 画出了三条曲线,它们分别是把 x 固定在 x'、x'' 和 x''' 时的 $v^r(\gamma;x)$ 的曲线。上标"r"表示"受限"。比如,把 $v(\gamma,x)$ 中的 x 固定在 x' 时,函数就变成了 $v^r(\gamma;x')$。三个 x 值中的每一个都对应着一个受限的最大值函数。

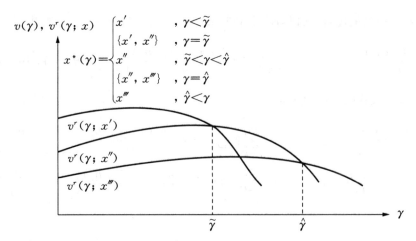

图 12.2　受限函数 $v^r(\gamma; x')$、$v^r(\gamma; x'')$和 $v^r(\gamma; x''')$

在图 12.2 中任取一个 $\gamma<\tilde{\gamma}$,我们可以看到此时的三个受限函数值的大小关系为：$v^r(\gamma; x')>v^r(\gamma; x'')>v^r(\gamma; x''')$。如果你想得到这些值中最大的一个,那你会选择哪个 x 呢？当然是选择 $x=x'$。所以,当 $\gamma<\tilde{\gamma}$ 时,最优化问题

$$\max_{x} v^r(x; \gamma) \quad \text{s.t.} \ x \in \{x', x'', x'''\}$$

的最优解是 $x^*(\gamma)=x'$。

再在图 12.2 中取一个满足 $\tilde{\gamma}<\gamma<\hat{\gamma}$ 的 γ,现在三个受限函数中的最大值是 $v^r(\gamma; x'')$。当 $\tilde{\gamma}<\gamma<\hat{\gamma}$ 时,最优化问题

$$\max_{x} v^r(x; \gamma) \quad \text{s.t.} \ x \in \{x', x'', x'''\}$$

的最优解是 $x^*(\gamma)=x''$。

最后,对任意 $\gamma>\hat{\gamma}$,现在三个受限函数中的最大值是 $v^r(\gamma; x''')$。当 $\gamma>\hat{\gamma}$ 时,最优化问题

$$\max_{x} v^r(x; \gamma) \quad \text{s.t.} \ x \in \{x', x'', x'''\}$$

的最优解是 $x^*(\gamma)=x'''$。

把上述三段内容的结论综合到一起,我们得出当 $x \in \{x', x'', x'''\}$ 时最优化问题 $\max\limits_{x} v^r(x; \gamma)$ 的最优解为：

$$x^*(\gamma)=\begin{cases} x', & \gamma<\tilde{\gamma} \\ \{x', x''\}, & \gamma=\tilde{\gamma} \\ x'', & \tilde{\gamma}<\gamma<\hat{\gamma} \\ \{x'', x'''\}, & \gamma=\hat{\gamma} \\ x''', & \hat{\gamma}<\gamma \end{cases}$$

该问题的最大值函数为：

$$v(\gamma)=\begin{cases} v^r(\gamma;x'), & \gamma<\tilde{\gamma} \\ v^r(\gamma;x')=v^r(\gamma;x''), & \gamma=\tilde{\gamma} \\ v^r(\gamma;x''), & \tilde{\gamma}<\gamma<\hat{\gamma} \\ v^r(\gamma;x'')=v^r(\gamma;x'''), & \gamma=\hat{\gamma} \\ v^r(\gamma;x'''), & \hat{\gamma}<\gamma \end{cases}$$

在图 12.3 中，最大值函数的图形是一条沿着三个受限函数 $v^r(\gamma;x')$、$v^r(\gamma;x'')$ 和 $v^r(\gamma;x''')$ 顶部形成的粗黑线。这条"最上端"的线从上方包住了或者说"包络"了所有的受限函数值曲线，这也是为什么 $v(\gamma)$ 的图形被称为三个受限函数 $v^r(\gamma;x)$ 的曲线的"上包络"曲线。

在很多问题中，x 的值是在某个区间 I 内的，让我们看看如何从上述分析延伸到这种情况。再观察一下图 12.2 和图 12.3，现在把图中的三条线看成是无数个此类函数图形中的三个，每个受限函数都有一个图，与图中所展示的三条曲线类似。此时，我们面对的问题其实跟之前一样。也就是说，对于一个给定的 γ，我们要找出一个 $x \in I$，使 $v^r(x;\gamma)$ 的函数值尽可能大，这个最优化问题是：

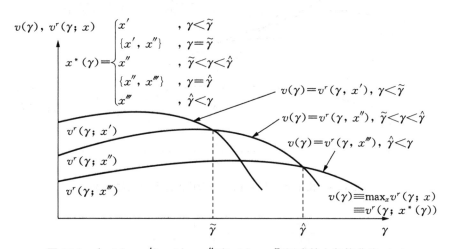

图 12.3 由 $v^r(\gamma;x')$、$v^r(\gamma;x'')$ 和 $v^r(\gamma;x''')$ 形成的上包络曲线 $v(\gamma)$

$$\max_x v^r(x;\gamma) \quad \text{s.t. } x \in I \tag{12.67}$$

在此问题中，γ 的值是固定不变的。该问题的解就是给定 γ 时 x 的最优值，即 $x^*(\gamma)$。因此，对于给定的 γ，问题(12.67)的最大值为：

$$v(\gamma)=v^r(x^*(\gamma);\gamma) \tag{12.68}$$

如果我们现在在整个参数空间 Γ 上选取 γ 的不同值（这就是比较静态分析），但仍将每个被取到的 γ 值视为最优化问题(12.67)的一个参数，就能得到问题(12.67)定义在 Γ 上的完整的最优解函数 $x^*(\gamma)$ 和最大值函数，即

$$v(\gamma) \equiv v^r(x^*(\gamma);\gamma) \, \forall \gamma \in \Gamma \tag{12.69}$$

这个函数的图形是图 12.4 中四条曲线中最上方那条深颜色的曲线，非受限最大值函数

$v(\gamma)$ 的图形是所有受限函数 $v^r(x;\gamma)$ 图形的上包络曲线。

现在来观察一些图 12.4。考虑一个具体的 γ，比如 γ'。注意了，下面要讲的内容非常重要。如图所示，你可以找到一个点 A，在该点处 $\gamma=\gamma'$，（未受限）最大值函数的值 $v(\gamma')$ 与受限函数 $v^r(\gamma;x')$ 的值 $v^r(\gamma';x')$ 相等。因此，$x^*(\gamma')=x'$。这表明约束 $x=x'$ 是恰好限制性约束。换句话说，当 $\gamma=\gamma'$ 时，x 的非受限的最优化选择是 $x=x'$，当 $\gamma=\gamma'$ 时，$x=x'$ 的约束实际上没有起到任何作用。

不只是这样，当 $\gamma=\gamma'$ 时，非受限最大值函数 $v(\gamma)$ 关于 γ 的斜率值与受限函数值 $v^r(\gamma;x')$ 关于 γ 的斜率值相同（如点 A 所示）。也就是说，

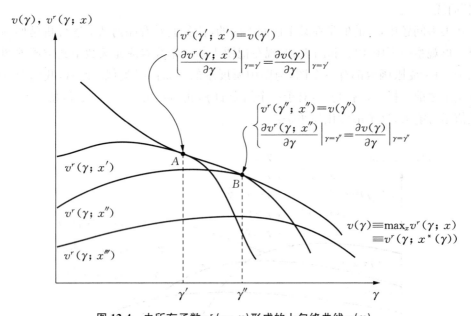

图 12.4 　由所有函数 $v^r(x;\gamma)$ 形成的上包络曲线 $v(\gamma)$

$$\left.\frac{\partial v(\gamma)}{\partial \gamma}\right|_{\gamma=\gamma'}=\left.\frac{\partial v^r(\gamma;x')}{\partial \gamma}\right|_{\substack{\gamma=\gamma'\\x'=x^*(\gamma')}} \tag{12.70}$$

表达式 (12.70) 就是一阶包络定理。它表达的含义很简单但是非常有用：如果你想知道参数 γ 固定在 γ' 时最大值函数关于 γ 的变化率，那么，只需要计算出当 x 固定在 $x^*(\gamma')$ 时受限函数值 $v^r(\gamma;x)$ 在 $\gamma=\gamma'$ 处的变化率即可。这里不存在"间接效应"〔也就是考虑 $x^*(\gamma)$ 随 γ 变化而变化〕，因为 x 的值被固定在了 $x^*(\gamma')$。

同样，当 γ 为 γ'' 时，使函数 $v^r(\gamma'';x)$ 最大的 x 的值为 $x=x''$，也就是说，当 $\gamma=\gamma''$ 时，x 的最优值为 $x''=x^*(\gamma'')$。当 $\gamma=\gamma''$ 时将 x 的值限定为 x'' 是恰好限制性约束。这就使得（非受限）最大值函数 $v(\gamma'')$ 的值与受限函数值 $v^r(\gamma;x'')$ 的值在 $\gamma=\gamma''$ 处相同（如点 B 所示），且在该点处，非受限最大值函数 $v(\gamma)$ 关于 γ 的斜率值与受限函数值 $v^r(\gamma;x'')$ 关于 γ 的斜率值相同（如点 B 所示）。也就是说，

$$\left.\frac{\partial v(\gamma)}{\partial \gamma}\right|_{\gamma=\gamma''}=\left.\frac{\partial v^r(\gamma;x'')}{\partial \gamma}\right|_{\substack{\gamma=\gamma''\\x''=x^*(\gamma'')}}$$

经济学家们对一阶包络定理的很多应用都非常熟悉,最有名的例子是罗伊恒等式(Roy's identity)、谢泼德引理(Shephard's lemma)和霍特林引理(Hotelling's lemma)。结合图形讨论如何用一阶包络定理推导出这些结果是一种很好的做法。让我们来研究一下怎样从该定理中推导出霍特林引理。

定理 12.4(霍特林引理)　考虑一个想要使利润最大化的企业,该企业是价格接受者,其直接利润函数为:

$$\pi(y, x_1, \cdots, x_n; p, w_1, \cdots, w_n) = py - w_1 x_1 - \cdots - w_n x_n$$

其中,$p > 0$,$w_i > 0$,$i = 1, \cdots, n$,其生产技术可用生产函数 $y = g(x_1, \cdots, x_n)$ 表示,这是一个二阶连续可微的严格凸函数。企业的最大利润方案用 $(y^*(p, w), x_1^*(p, w), \cdots, x_n^*(p, w))$ 表示,其中,$w = (w_1, \cdots, w_n)$。企业的间接利润函数用 $\pi^*(p, w) \equiv py^*(p, w) - w_1 x_1^*(p, w) - \cdots - w_n x_n^*(p, w)$ 来表示,那么,有

$$\frac{\partial \pi^*(p, w)}{\partial p} = y^*(p, w) \tag{12.71}$$

$$\frac{\partial \pi^*(p, w)}{\partial w_i} = -x_i^*(p, w), \quad i = 1, \cdots, n \tag{12.72}$$

为了理解这个定理以及它是如何由一阶包络定理推导出来的,我们先来思考以下企业面临的有约束的最优化问题(你可以将这个最优化问题视为企业的"短期"最优化问题,微观经济学教材中经常这样表述):

$$\max_{y, x_2, \cdots, x_n} \pi^r(y, x_2, \cdots, x_n; \bar{x}_1, p, w) = py - w_1 \bar{x}_1 - w_2 x_2 - \cdots - w_n x_n$$

$$\text{s.t. } y \geq 0, \ x_2 \geq 0, \ \cdots, \ x_n \geq 0, \ g(\bar{x}_1, x_2, \cdots, x_n) - y \geq 0 \tag{12.73}$$

其中,投入要素 1 的数量,即 x_1 的值被固定在了 $\bar{x}_1 > 0$ 上。该最优化问题的解就是受限(短期)生产方案 $(y^r(p, w; \bar{x}_1), \bar{x}_1, x_2^r(p, w; \bar{x}_1), \cdots, x_n^r(p, w; \bar{x}_1))$。用

$$\pi^r(p, w; \bar{x}_1) \equiv py^r(p, w; \bar{x}_1) - w_1 \bar{x}_1 - w_2 x_2^r(p, w; \bar{x}_1) - \cdots - w_n x_n^r(p, w; \bar{x}_1)$$

$$\tag{12.74}$$

来表示该企业的受限间接利润函数。对于每个可能的 $\bar{x}_1$ 的值,都存在一个这样的函数,我们将这些函数称为受限的或者短期的最大利润函数,它们构成了一个函数族。现在我们发现,该企业的非受限间接利润函数为

$$\pi^*(p, w) \equiv \max_{\bar{x}_1 \geq 0} \pi^r(p, w; \bar{x}_1) \tag{12.75}$$

这个表达式意味着非受限间接利润函数 $\pi^*(p, w)$ 是受限间接利润函数族的上包络曲线。

图 12.5 展示了这个结论。该图只画出了 (w_1, π) 平面。在这个平面内,每个受限利润函数 $\pi^r(p, w; \bar{x}_1)$ 都是一条直线,且关于 w_1 的斜率为 $-\bar{x}_1$[见式(12.74)]。图中展示了三个这样的受限利润函数的图形,这三个函数的 x_1 分别被固定在了 $\bar{x}_1'$、$\bar{x}_1''$ 和 $\bar{x}_1'''$ 上。图中还显示了非受限函数 $\pi^*(p, w_1, w_2)$。

考虑点 $(w_1', \pi^*(p, w_1', \cdot)) = (w_1', \pi^r(p, w_1', \cdot; \bar{x}_1'))$(即图中的点 A)。在该点

处，约束 $x_1 = \bar{x}'_1$ 是恰好限制的，因为当 $w_1 = w'_1$ 时，即使没有这个条件的约束，企业也会选择 $x_1 = \bar{x}'_1$，也就是说，$x_1^*(p, w'_1, \cdot) = \bar{x}'_1$。当 $w_1 = w'_1$ 时，企业的非受限最大利润和企业的受限最大利润是一样的。同样，这些利润相对于 w_1 的变化率也是一样的，这也就是式(12.72)所表达的意思。为了检验你对以上内容的理解程度，请画出一幅类似于图12.5的图，并讨论为什么式(12.71)成立。考虑企业的一个受限的最优化问题：

$$\max_{x_2, \cdots, x_n} \pi^r(x_2, \cdots, x_n; \bar{y}, p, w) = p\bar{y} - w_1 x_1 - w_2 x_2 - \cdots - w_n x_n$$
$$\text{s.t. } x_1 \geqslant 0, \cdots, x_n \geqslant 0, \bar{y} \leqslant g(x_1, x_2, \cdots, x_n) \tag{12.76}$$

其中，企业的产量 y 是给定的，其值被固定在 $\bar{y} > 0$ 上。

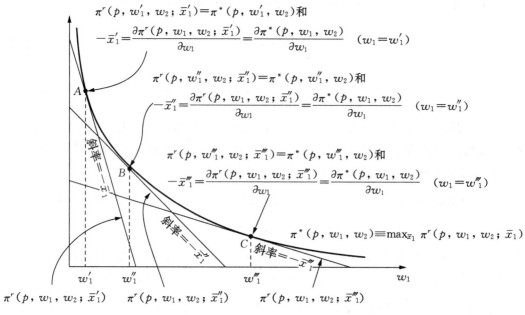

图12.5 霍特林的结论，即 $\partial \pi^*(p, w)/\partial w_1 = -x_1^*(p, w)$

我们已经用一阶包络定理得到了一些比较静态分析结果。这种方法是对上一节中使用隐函数定理的比较静态分析方法的一个补充。那么，你应该使用哪种方法呢？这取决于你希望得到哪种定量比较静态分析结果。一阶包络定理能提供的结果是关于 $\partial v(\gamma)/\partial \gamma_k$ 的，隐函数定理提供的结果是关于 $\partial x_i^*(\gamma)/\partial \gamma_k$ 和 $\partial \lambda_j^*(\gamma)/\partial \gamma_k$ 的。

12.8 定量分析与定性分析

本章介绍了进行定量比较静态分析的两种常用方法。其中隐函数定理对信息的要求比较高，因为用该定理需要你知道很多关于目标函数和约束函数的信息。如果你没有这么多信息呢？你可以对缺少的信息进行假设，然后得出定量比较分析的结论，只不过这些结论以你的假设成立为前提。这种方法很常见，如果你对这样的做法不满意的话，你就只能接受定性比较静态分析得出的结论了。定性比较分析不能得出非常有用的信息，但它也不需要你知道太多的信息。到底使用哪种方法取决于你对有约束的最优化问题的目标函数和约束函数的相关信息知道多少。

第 13 章将介绍一种很简洁方法——根据二阶必要条件所提供的信息进行定性比较静态分析。

12.9 习题

本章的习题分为两个部分。第一部分的最优化问题需要用到一阶最优条件和隐函数定理。第二部分的最优化问题需要用到最大值定理和一阶包络定理。

第一部分：用到一阶最优条件和隐函数定理的最优化问题

习题 12.1 在本章的开头，我们讨论了问题：

$$\max_x f(x;\alpha_1,\alpha_2,\alpha_3)=\alpha_1 x^2+\alpha_2 x+\alpha_3$$

其中，参数 $\alpha_1<0$。我们通过计算 f 对 x 的一阶导来求解，在最优解 x^* 处，这个导数的值一定为零。据此，我们解出：

$$\frac{\mathrm{d}f(x;\alpha_1,\alpha_2,\alpha_3)}{\mathrm{d}x}=-2\alpha_1+\alpha_2=0 \tag{12.77}$$

然后，得到最优解的显式代数解：

$$\Rightarrow x^*(\alpha_1,\alpha_2)=\frac{\alpha_2}{2\alpha_1} \tag{12.78}$$

有了这个函数以后，推导出静态比较量就比较简单了：

$$\frac{\partial x^*(\alpha_1,\alpha_2)}{\partial \alpha_1}=\frac{\alpha_2}{2\alpha_1^2},\ \frac{\partial x^*(\alpha_1,\alpha_2)}{\partial \alpha_2}=-\frac{1}{2\alpha_1} \text{和} \frac{\partial x^*(\alpha_1,\alpha_2)}{\partial \alpha_3}=0 \tag{12.79}$$

假设你推导不出式(12.78)，请用隐函数定理推导出式(12.79)中的静态比较量。

习题 12.2 考虑消费者需求问题：

$$\max_{x_1,x_2} U(x_1,x_2)=x_1 x_2$$

$$\text{s.t. } x_1\geqslant 0,\ x_2\geqslant 0,\ p_1 x_1+p_2 x_2\leqslant y$$

你可能已经知道最优解为：

$$x_1^*(p_1,p_2,y)=\frac{y}{2p_1},\ x_2^*(p_1,p_2,y)=\frac{y}{2p_2} \text{和} \lambda^*(p_1,p_2,y)=\frac{2p_1 p_2}{y}$$

假设你并不知道显式代数解，请用隐函数定理推出静态比较量：

$$\frac{\partial x_1^*}{\partial p_1},\ \frac{\partial x_2^*}{\partial p_1} \text{和} \frac{\partial \lambda^*}{\partial p_1}$$

习题 12.3 以下消费者需求问题的最优解（$x_1^*(p_1, p_2, y)$，$x_2^*(p_1, p_2, y)$，$\lambda^*(p_1, p_2, y)$）的显式代数表达式并不难求：

$$\max_{x_1, x_2} U(x_1, x_2) = \sqrt{x_1} + \sqrt{x_2}$$

$$\text{s.t. } x_1 \geqslant 0, x_2 \geqslant 0, g(x_1, x_2) = p_1 x_1 + p_2 x_2 \leqslant y \quad (12.80)$$

假设你无法计算出最优解的方程，但你想知道当 p_1 变化时 x_1^* 和 x_2^* 以及预算约束乘数 λ^* 的变化率，也就是说，你想计算出 $\partial x_1^*/\partial p_1$，$\partial x_2^*/\partial p_1$ 和 $\partial \lambda^*/\partial p_1$ 的值。请利用隐函数定理推导出这些量。

第二部分：用到最大值定理和一阶包络定理的最优化问题

考虑一个函数族 $\psi: X \times \Gamma \mapsto \Re$，其中 $X \subseteq \Re^n$ 是选择变量空间，$\Gamma \subseteq \Re^s$ 是参数空间。

定义： 如果对每个 $\gamma \in \Gamma$，存在一个 $x^*(\gamma) \in X$ 使得：

$$\Theta^*(\gamma) \equiv \psi(x^*(\gamma), \gamma) \geqslant \psi(x, \gamma) \, \forall x \in X$$

那么 $\Theta^*: \Gamma \mapsto \Re$ 是函数族 ψ 的上包络函数。

定义： 如果对每个 $\gamma \in \Gamma$，存在一个 $x^*(\gamma) \in X$ 使得：

$$\Theta^*(\gamma) \equiv \psi(x^*(\gamma), \gamma) \leqslant \psi(x, \gamma) \, \forall x \in X$$

那么 $\Theta^*: \Gamma \mapsto \Re$ 是函数族 ψ 的下包络函数。

习题 12.4 考虑一个函数族 $f: X \times \Gamma \mapsto \Re$，其中 $X = \Re$，$\Gamma = [0, 8]$，$f(x, \gamma) = -x^2 + \gamma x + 2$。

(1) 最优化问题是 $\max_x f^r(x; \gamma) = -x^2 + \gamma x + 2$，其中，参数 $\gamma \in [0, 8]$。该问题的最优解 $x^*(\gamma)$ 是什么？这个问题的最大值函数是 $v(\gamma) \equiv f^r(x^*(\gamma); \gamma) = -x^*(\gamma)^2 + \gamma x^*(\gamma) + 2$，请推导出此函数。

(2) 对于具体的值 $x = 1, 2, 3$，请写出函数 $f^r(\gamma; x)$，其中，x 是参数，γ 是变量，并在同一个图中画出这三个函数在 $[0, 8]$ 区间上的图形。

(3) 请在你的图中画出最大值函数 $v(\gamma)$，并证明在 $x = x^*(1)$，$x = x^*(2)$ 以及 $x = x^*(3)$ 时，$v(\gamma) \leqslant f^r(\gamma; x)$ 成立。

习题 12.5 考虑函数集 $f: X \times \Gamma \to \Re$，其中 $X = \Re$，$\Gamma = \Re_{++}$，$f(x, \gamma) = \gamma^2 x^2 - \gamma x + 2$。

(1) 问题 $\min_x f^r(x; \gamma) = \gamma^2 x^2 - \gamma x + 2 (\gamma > 0)$ 的最优解 $x_*(\gamma)$ 是多少？请推导出最小值函数 $v(\gamma) \equiv f^r(x_*(\gamma); \gamma) = \gamma^2 x_*(\gamma)^2 - \gamma x_*(\gamma) + 2$。

(2) 请写出 $x = \frac{1}{6}, \frac{1}{4}, \frac{1}{2}$ 时的函数 $f^r(\gamma; x)$，其中 x 是参数，γ 是变量；在同一幅图中画出 $\gamma \in (0, 5]$ 时这三个函数的图形。

(3) 请在图中加上最小值函数 $v(\gamma)$ 的图形，证明 $v(\gamma) \leqslant f^r(\gamma; x)$ 在 $x = x^*\left(\frac{1}{6}\right)$，$x = x^*\left(\frac{1}{4}\right)$ 和 $x = x^*\left(\frac{1}{2}\right)$ 时成立。

一阶上包络定理： 令 $X \subseteq \Re^n$ 是 E^n 上的开集，$\Gamma \subseteq \Re^m$ 是 E^m 上的开集。令 $\psi: X \times \Gamma \mapsto$

$\mathfrak{R}$ 是对 $(x, \gamma) \in X \times \Gamma$ 连续可微的函数。如果对每个 $\gamma \in \Gamma$，都存在一个 $x^*(\gamma) \in X$ 使得：

$$\psi(x^*(\gamma), \gamma) \geqslant \psi(x, \gamma) \quad \forall x \in X$$

将最大值映射定义为：

$$\Theta^*(\gamma) \equiv \psi(x^*(\gamma), \gamma) \quad \forall \gamma \in \Gamma$$

则 Θ^* 在 Γ 上连续可微，且

$$\frac{\partial \Theta^*(\gamma)}{\partial \gamma_k} = \frac{\partial \psi(x, \gamma)}{\partial \gamma_k}\bigg|_{x^*(\gamma)}$$

一阶下包络定理：令 $X \subseteq \mathfrak{R}^n$ 是 E^n 上的开集，$\Gamma \subseteq \mathfrak{R}^m$ 是 E^m 上的开集。令 $\psi: X \times \Gamma \mapsto \mathfrak{R}$ 是关于 $(x, \gamma) \in X \times \Gamma$ 连续可微的函数。如果对每个 $\gamma \in \Gamma$，都存在一个 $x_*(\gamma) \in X$ 使得：

$$\psi(x_*(\gamma), \gamma) \leqslant \psi(x, \gamma) \quad \forall x \in X$$

将最小值映射定义为：

$$\Theta_*(\gamma) \equiv \psi(x_*(\gamma), \gamma) \quad \forall \gamma \in \Gamma$$

则 Θ_* 在 Γ 上连续可微，且

$$\frac{\partial \Theta_*(\gamma)}{\partial \gamma_k} = \frac{\partial \psi(x, \gamma)}{\partial \gamma_k}\bigg|_{x_*(\gamma)}$$

习题 12.6

(1) 请画一个简单的图来说明一阶上包络定理的内容，并用简洁的语言说明其结论的含义。

(2) 请证明一阶上包络定理。

习题 12.7

(1) 请画一个简单的图来说明一阶下包络定理的内容，并用简洁的语言说明其结论的含义。

(2) 请证明一阶下包络定理。

习题 12.8 再次考虑习题 12.4 中的函数族。

(1) 用习题 12.4 第(2)和第(3)问中画出的图形说明习题 12.4 第(3)问中用一阶上包络定理推导出的表示最大值函数的包络曲线的含义。

(2) 假设 $\gamma = \frac{5}{2}$，请用一阶上包络定理求出当 $\gamma = \frac{5}{2}$ 时 x 的最优值 $x^*\left(\frac{5}{2}\right)$。求出这个值之后，请回到习题 12.4 第(2)和第(3)问中构造出的图形，看看是否求出了正确的 $x^*\left(\frac{5}{2}\right)$。

(3) 假设 $\gamma = \frac{3}{2}$，重新回答第(2)问的问题。

习题 12.9 再次考虑习题 12.5 中的函数族。

(1) 用习题 12.5 第(2)和第(3)问中画出的图形说明习题 12.5 第(3)问中用一阶下包络定理推导出的表示最小值函数的包络曲线的含义。

(2) 假设 $\gamma = \dfrac{2}{5}$，请用一阶下包络定理求出当 $\gamma = \dfrac{2}{5}$ 时 x 的最优值 $x_*\left(\dfrac{2}{5}\right)$。求出这个值之后，请回到习题 12.5 第(2)和第(3)问中构造出的图形，看看是否求出了正确的 $x_*\left(\dfrac{2}{5}\right)$。

(3) 假设 $\gamma = \dfrac{2}{3}$，请重新回答第(2)问的问题。

习题 12.10 上述版本的一阶包络定理特别适用于某些类型的有约束的最优化问题：最大值函数对选择变量 x_i 和参数 γ_k 都是可微的。本题在更一般化的条件下探究这两种包络及其性质。

(1) 请证明上述最大值映射 Θ^* 和最小值映射 Θ_* 都是函数。

(2) 请举一个反例，证明"如果 $\psi(x, \gamma)$ 关于 $(x, \gamma) \in X \times \Gamma$ 可微，那么，Θ^* 和 Θ_* 一定对 $\gamma \in \Gamma$ 可微"。

(3) 请证明，如果 $\psi(x, \gamma)$ 是关于 $\gamma \in \Gamma$ 的凸函数，那么，$\Theta^*(\gamma)$ 是关于 $\gamma \in \Gamma$ 的凸函数。

(4) 请举一个反例，证明"如果在给定 $x \in X$ 时 $\psi(x, \gamma)$ 是关于 $\gamma \in \Gamma$ 的凸函数，那么，$\Theta_*(\gamma)$ 是关于 $\gamma \in \Gamma$ 的凸函数"。

(5) 请证明，如果 $\psi(x, \gamma)$ 是关于 $\gamma \in \Gamma$ 的凹函数，那么，$\Theta_*(\gamma)$ 也是关于 $\gamma \in \Gamma$ 的凹函数。

(6) 举一个反例，证明"如果在给定 $x \in X$ 时，$\psi(x, \gamma)$ 是关于 $\gamma \in \Gamma$ 的凹函数，那么，$\Theta^*(\gamma)$ 也是关于 $\gamma \in \Gamma$ 的凹函数"。

习题 12.11 一个完全竞争企业的"长期"利润最大化问题为：

$$\max_{y, x_1, x_2} py - w_1 x_1 - w_2 x_2$$

$$\text{s.t.} \quad y \leqslant \psi(x_1, x_2)$$

ψ 是企业的生产函数，y 是产出数量。x_1 和 x_2 分别是要素 1 和要素 2 的投入数量。p 是企业产品的单价。w_1 和 w_2 是给定的投入要素 1 和投入要素 2 的单价。假设对于任意给定的 $(p, w_1, w_2) \gg (0, 0, 0)$，都存在唯一的最大利润计划 $(y^l(p, w_1, w_2), x_1^l(p, w_1, w_2), x_2^l(p, w_1, w_2))$。用 $\lambda^l(p, w_1, w_2)$ 表示生产性约束的乘数。问题的最大值函数就是企业的长期间接利润函数：

$$\pi^l(p, w_1, w_2) \equiv py^l(p, w_1, w_2) - w_1 x_1^l(p, w_1, w_2) - w_2 x_2^l(p, w_1, w_2)$$
$$+ \lambda^l(p, w_1, w_2)[\psi(x_1^l(p, w_1, w_2), x_2^l(p, w_1, w_2)) - y^l(p, w_1, w_2)]$$

(1) 请用一阶上包络定理推导出哈罗德·霍特林引理的结论：

$$\frac{\partial \pi^l(p, w_1, w_2)}{\partial p} = y^l(p, w_1, w_2)$$

（2）请画出有详细标注的图，用它说明霍特林引理的结论，并用文字简洁、准确地解释该结论的含义。

（3）请证明企业的长期间接利润函数是 p 的凸函数。

习题 12.12　一个完全竞争企业的"长期"成本最小化问题是：

$$\min_{x_1,x_2} w_1 x_1 + w_2 x_2$$

$$\text{s.t. } y \leqslant \psi(x_1, x_2)$$

其中，ψ 是该企业的生产函数，$y>0$ 是给定的产出数量。x_1 和 x_2 是要素 1 和要素 2 的投入数量。w_1 和 w_2 分别是给定的投入要素 1 和投入要素 2 的每单位价格。假设对于任意的给定的 $(w_1, w_2) \gg (0, 0)$，总存在唯一的最小投入组合 $(x_1^l(w_1, w_2, y), x_2^l(w_1, w_2, y))$。用 $\mu^l(w_1, w_2, y)$ 表示生产性约束的乘数。该问题的最小值函数就是企业的长期成本函数：

$$c^l(w_1, w_2, y) \equiv w_1 x_1^l((w_1, w_2, y)) + w_2 x_2^l(w_1, w_2, y)$$
$$+ \mu^l(w_1, w_2, y)[\psi(x_1^l((w_1, w_2, y)), x_2^l(w_1, w_2, y)) - y]$$

（1）请用一阶下包络定理推导出谢泼德引理的结论：

$$\frac{\partial \pi^l(w_1, w_2, y)}{\partial w_i} = x^l((w_1, w_2, y))$$

（2）画出有详细标注的图，用它说明谢泼德引理的结论，并用文字简洁、准确地解释该结论的含义。

（3）请证明企业的长期成本函数是 w_i 的凹函数。

习题 12.13　消费者的效用最大化问题为：

$$\max_{x_1,x_2} U(x_1, x_2)$$
$$\text{s.t. } p_1 x_1 + p_2 x_2 \leqslant y$$

其中，U 是消费者的直接效用函数，$y>0$ 是消费者的预算（或收入），x_1 和 x_2 分别是商品 1 和商品 2 的消费量，p_1 和 p_2 是给定的商品 1 和商品 2 的单位价格。假设对于任意的给定的 $(p_1, p_2, y) \gg (0, 0, 0)$，总存在唯一的效用最大化商品组合 $(x_1^*(p_1, p_2, y), x_2^*(p_1, p_2, y))$。该问题的最大值函数就是消费者的间接效用函数：

$$v(p_1, p_2, y) \equiv U(x_1^*(p_1, p_2, y), x_2^*(p_1, p_2, y))$$
$$+ \lambda^*(p_1, p_2, y)[y - p_1 x_1^*(p_1, p_2, y) - p_2 x_2^*(p_1, p_2, y)]$$

（1）请一阶上包络定理推导出：

$$\frac{\partial v(p_1, p_2, y)}{\partial p_i} = -\lambda^*(p_1, p_2, y) x_i^*(p_1, p_2, y), \quad i=1,2 \tag{12.81}$$

$$\text{和} \frac{\partial v(p_1, p_2, y)}{\partial y} = \lambda^*(p_1, p_2, y) \tag{12.82}$$

$$所以 \frac{\partial v(p_1, p_2, y)/\partial p_i}{\partial v(p_1, p_2, y)/\partial y} = -x_i^*(p_1, p_2, y), \quad i=1, 2 \tag{12.83}$$

其中,式(12.83)被称为罗伊恒等式,它是以法国经济学家 Rene'Roy 的名字命名的。

(2) 请画出有详细标注的图形,说明式(12.81)和式(12.82)的含义,并用文字简洁、准确地解释该结论的含义。

习题 12.14 $U(x_1, \cdots, x_n)$ 是消费者的直接效用函数。消费者面对的商品 1 到商品 n 的价格为给定的正数 $p_1, \cdots, p_n$。消费者的预算为 $y>0$。假设消费者的偏好是严格单调且严格凸的。用 $e(p_1, \cdots, p_n, u)$ 表示消费者的支出函数,用 $h_i(p_1, \cdots, p_n, u)$ 表示消费者对商品 i 的希克斯需求(Hicksian demand),用 $x_i^*(p_1, \cdots, p_n, y)$ 表示消费者对商品 i 的普通需求函数,其中,$i=1, \cdots, n$。对于给定的 $p_1, \cdots, p_n$ 和 y,斯勒茨基方程(Slutsky's equation)为:

$$\frac{\partial x_i^*}{\partial p_j} = \frac{\partial h_i}{\partial p_j} - x_j^* \frac{\partial x_i^*}{\partial y}, \quad i, j=1, \cdots, n$$

请推导出斯勒茨基方程。

12.10 答案

答案 12.1 首先,如果我们只在问题的最优值 $x^*(\alpha_1, \alpha_2, \alpha_3)$ 处进行计算,那么,一阶最大化条件(12.77)一定为等于零的恒等式。因此,

$$I(\alpha_1, \alpha_2, \alpha_3) \equiv 2\alpha_1 x^*(\alpha_1, \alpha_2, \alpha_3) + \alpha_2 \equiv 0 \tag{12.84}$$

把此恒等式对 α_1 求微分可得:

$$0 = 2x^*(\alpha_1, \alpha_2, \alpha_3) + 2\alpha_1 \frac{\partial x^*(\alpha_1, \alpha_2, \alpha_3)}{\partial \alpha_1} \Rightarrow \frac{\partial x^*(\alpha_1, \alpha_2, \alpha_3)}{\partial \alpha_1} = -\frac{x^*(\alpha_1, \alpha_2, \alpha_3)}{\alpha_1} \tag{12.85}$$

同样地,把式(12.84)对 α_2 求微分可得:

$$0 = 2\alpha_1 \frac{\partial x^*(\alpha_1, \alpha_2, \alpha_3)}{\partial \alpha_2} + 1 \Rightarrow \frac{\partial x^*(\alpha_1, \alpha_2, \alpha_3)}{\partial \alpha_2} = -\frac{1}{2\alpha_1} \tag{12.86}$$

最后,把式(12.84)对 α_3 求微分可得:

$$0 = 2\alpha_1 \frac{\partial x^*(\alpha_1, \alpha_2, \alpha_3)}{\partial \alpha_3}, 因为 \alpha_1 \neq 0, 所以 \frac{\partial x^*(\alpha_1, \alpha_2, \alpha_3)}{\partial \alpha_3} = 0 \tag{12.87}$$

你可以用式(12.79)验证式(12.85)、式(12.86)和式(12.87)是否正确。 □

答案 12.2 包含 $x_1=0$ 或 $x_2=0$ 的商品组合一定不是最优的,所以,一阶最优条件为:

$$\left(\frac{\partial U(x_1, x_2)}{\partial x_1}, \frac{\partial U(x_1, x_2)}{\partial x_2}\right)\Bigg|_{\substack{x_1=x_1^*(p_1, p_2, y) \\ x_2=x_2^*(p_1, p_2, y)}} = (x_2^*(p_1, p_2, y), x_1^*(p_1, p_2, y))$$

$$=\lambda^*(p_1,p_2,y)(p_1,p_2)$$

和 $\lambda^*(p_1,p_2,y)(y-p_1x_1^*(p_1,p_2,y)-p_2x_2^*(p_1,p_2,y))=0$

由此推出恒等式：

$$I_1(p_1,p_2,y)\equiv x_2^*(p_1,p_2,y)-\lambda^*(p_1,p_2,y)p_1\equiv 0 \tag{12.88}$$

$$I_2(p_1,p_2,y)\equiv x_1^*(p_1,p_2,y)-\lambda^*(p_1,p_2,y)p_2\equiv 0 \tag{12.89}$$

$$I_3(p_1,p_2,y)\equiv \lambda^*(p_1,p_2,y)(y-p_1x_1^*(p_1,p_2,y)-p_2x_2^*(p_1,p_2,y))\equiv 0 \tag{12.90}$$

把它们分别对 p_1 求微分可得：

$$0=\frac{\partial x_2^*(\cdot)}{\partial p_1}-\frac{\partial\lambda^*(\cdot)}{\partial p_1}p_1-\lambda^*(\cdot) \tag{12.91}$$

$$0=\frac{\partial x_1^*(\cdot)}{\partial p_1}-\frac{\partial\lambda^*(\cdot)}{\partial p_1}p_2 \tag{12.92}$$

$$0=\frac{\partial\lambda^*(\cdot)}{\partial p_1}(y-p_1x_1^*(\cdot)-p_2x_2^*(\cdot))-\lambda^*(\cdot)\left(x_1^*(\cdot)+p_1\frac{\partial x_1^*(\cdot)}{\partial p_1}+p_2\frac{\partial x_2^*(\cdot)}{\partial p_1}\right) \tag{12.93}$$

式(12.93)的右边第一项为零,所以有：

$$\frac{\partial x_2^*(\cdot)}{\partial p_1}-p_1\frac{\partial\lambda^*(\cdot)}{\partial p_1}=\lambda^*(\cdot) \tag{12.94}$$

$$\frac{\partial x_1^*(\cdot)}{\partial p_1}\qquad\qquad -p_2\frac{\partial\lambda^*(\cdot)}{\partial p_1}=0 \tag{12.95}$$

$$\lambda^*(\cdot)p_1\frac{\partial x_1^*(\cdot)}{\partial p_1}+\lambda^*(\cdot)p_2\frac{\partial x_2^*(\cdot)}{\partial p_1}\qquad =-\lambda^*(\cdot)x_1^*(\cdot) \tag{12.96}$$

这个线性方程组的解为：

$$\frac{\partial x_1^*(p_1,p_2,y)}{\partial p_1}=-\frac{p_2\lambda^*+x_1^*}{2p_1},\quad \frac{\partial x_2^*(p_1,p_2,y)}{\partial p_1}=\frac{p_2\lambda^*-x_1^*}{2p_2}$$

$$和\frac{\partial\lambda^*(p_1,p_2,y)}{\partial p_1}=-\frac{p_2\lambda^*+x_1^*}{2p_1p_2} \tag{12.97}$$

用一阶条件(12.89)把式(12.97)简化为：

$$\frac{\partial x_1^*(p_1,p_2,y)}{\partial p_1}=-\frac{p_2\lambda^*}{p_1}<0,\quad \frac{\partial x_2^*(p_1,p_2,y)}{\partial p_1}=0,\quad 和\frac{\partial\lambda^*(p_1,p_2,y)}{\partial p_1}=-\frac{\lambda^*}{p_1}<0$$

可见,p_1 的上升会使得消费者对商品 1 的需求量下降,但不影响消费者对商品 2 的需求量,也会使得消费者的支出的边际效用下降。你可以用最优解的显式代数表达式来验证这些结果。 □

答案 12.3 该问题的一阶条件为:存在一个 $\lambda^*(\cdot)\geqslant 0$,使得:

$$\left.\left(\frac{\partial U(x_1,x_2)}{\partial x_1},\frac{\partial U(x_1,x_2)}{\partial x_2}\right)\right|_{\substack{x_1=x_1^*(p_1,p_2,y)\\x_2=x_2^*(p_1,p_2,y)}}=\left(\frac{1}{2\sqrt{x_1^*(p_1,p_2,y)}},\frac{1}{2\sqrt{x_2^*(p_1,p_2,y)}}\right)$$

$$=\lambda^*(p_1,p_2,y)(p_1,p_2)$$

和 $\lambda^*(p_1,p_2,y)(y-p_1x_1^*(p_1,p_2,y)-p_1x_2^*(p_1,p_2,y))=0$

由此可以推出如下等式:

$$I_1(p_1,p_2,y)\equiv\frac{1}{2\sqrt{x_1^*(p_1,p_2,y)}}-\lambda^*(p_1,p_2,y)p_1\equiv 0 \qquad (12.98)$$

$$I_2(p_1,p_2,y)\equiv\frac{1}{2\sqrt{x_2^*(p_1,p_2,y)}}-\lambda^*(p_1,p_2,y)p_2\equiv 0 \qquad (12.99)$$

和 $I_3(p_1,p_2,y)\equiv\lambda^*(p_1,p_2,y)(y-p_1x_1^*(p_1,p_2,y)-p_2x_2^*(p_1,p_2,y))\equiv 0$

$$(12.100)$$

这些都是恒等式,所以,

$$\frac{\partial I_1(p_1,p_2,y)}{\partial\gamma}=0,\quad\frac{\partial I_2(p_1,p_2,y)}{\partial\gamma}=0,\quad\frac{\partial I_3(p_1,p_2,y)}{\partial\gamma}=0$$

其中,γ 是参数 p_1、p_2 和 y 的任意一个,本题要求 $\gamma=p_1$。把式(12.98)、式(12.99)和式(12.100)对 p_1 求微分后得到:

$$0=-\frac{1}{4}x_1^*(\cdot)^{-3/2}\frac{\partial x_1^*(\cdot)}{\partial p_1}-\frac{\partial\lambda^*(\cdot)}{\partial p_1}p_1-\lambda^*(\cdot) \qquad (12.101)$$

$$0=-\frac{1}{4}x_2^*(\cdot)^{-\frac{3}{2}}\frac{\partial x_2^*(\cdot)}{\partial p_1}-\frac{\partial\lambda^*(\cdot)}{\partial p_1}p_2 \qquad (12.102)$$

和 $0=\dfrac{\partial\lambda^*(\cdot)}{\partial p_1}(y-p_1x_1^*(\cdot)-p_2x_2^*(\cdot))-\lambda^*(\cdot)\left(x_1^*(\cdot)+p_1\dfrac{\partial x_1^*(\cdot)}{\partial p_1}+p_2\dfrac{\partial x_2^*(\cdot)}{\partial p_1}\right)$

$$(12.103)$$

式(12.103)的右边第一项为零,因为预算约束是限制性约束。稍微整理一下式(12.101)、式(12.102)和式(12.103)可得:

$$\frac{1}{4}x_1^*(\cdot)^{-3/2}\frac{\partial x_1^*(\cdot)}{\partial p_1}+p_1\frac{\partial\lambda^*(\cdot)}{\partial p_1}=-\lambda^*(\cdot) \qquad (12.104)$$

$$\frac{1}{4}x_2^*(\cdot)^{-\frac{3}{2}}\frac{\partial x_2^*(\cdot)}{\partial p_1}+p_2\frac{\partial\lambda^*(\cdot)}{\partial p_1}=0 \qquad (12.105)$$

和 $\lambda^*(\cdot)p_1\dfrac{\partial x_1^*(\cdot)}{\partial p_1}+\lambda^*(\cdot)p_2\dfrac{\partial x_2^*(\cdot)}{\partial p_1}=-\lambda^*(\cdot)x_1^*(\cdot)$ $\quad(12.106)$

因为预算约束是严格限制性约束,所以 $\lambda^*(\cdot)>0$。我们可以约掉式(12.106)中的 $\lambda^*(\cdot)$,

于是有：

$$\frac{1}{4}x_1^*(\cdot)^{-\frac{3}{2}}\frac{\partial x_1^*(\cdot)}{\partial p_1}\qquad\qquad +p_1\frac{\partial \lambda^*(\cdot)}{\partial p_1}=-\lambda^*(\cdot) \qquad (12.107)$$

$$\frac{1}{4}x_2^*(\cdot)^{-3/2}\frac{\partial x_2^*(\cdot)}{\partial p_1}+p_2\frac{\partial \lambda^*(\cdot)}{\partial p_1}=0 \qquad (12.108)$$

$$和\ p_1\frac{\partial x_1^*(\cdot)}{\partial p_1}\qquad\qquad +p_2\frac{\partial x_2^*(\cdot)}{\partial p_1}\qquad\qquad =-x_1^*(\cdot) \qquad (12.109)$$

这个线性方程组的解为：

$$\frac{\partial x_1^*(p_1,p_2,y)}{\partial p_1}=-\frac{\dfrac{p_1 x_1^*}{4(x_2^*)^{3/2}}+p_2^2\lambda^*}{\dfrac{p_2^2}{4(x_1^*)^{3/2}}+\dfrac{p_1^2}{4(x_2^*)^{3/2}}} \qquad (12.110)$$

$$\frac{\partial x_2^*(p_1,p_2,y)}{\partial p_1}=-\frac{p_2\left(\dfrac{1}{4(x_1^*)^{1/2}}-p_1\lambda^*\right)}{\dfrac{p_2^2}{4(x_1^*)^{3/2}}+\dfrac{p_1^2}{4(x_2^*)^{3/2}}} \qquad (12.111)$$

$$和\frac{\partial \lambda^*(p_1,p_2,y)}{\partial p_1}=\frac{\dfrac{1}{4(x_2^*)^{3/2}}\left(\dfrac{1}{4(x_1^*)^{1/2}}-p_1\lambda^*\right)}{\dfrac{p_2^2}{4(x_1^*)^{3/2}}+\dfrac{p_1^2}{4(x_2^*)^{3/2}}} \qquad (12.112)$$

这个表达式可以被简化。对式(12.98)进行变换可得：

$$\frac{1}{4x_1^*}=\lambda^{*2}p_1^2\Rightarrow x_1^*=\frac{1}{4p_1^2\lambda^{*2}}\ 和\frac{1}{8x_1^{*3/2}}=\lambda^{*3}p_1^3\Rightarrow\frac{1}{4x_1^{*3/2}}=2\lambda^{*3}p_1^3 \qquad (12.113)$$

把式(12.113)代入式(12.110)、式(12.111)和式(12.112)可得：

$$\frac{\partial x_1^*(p_1,p_2,y)}{\partial p_1}=-\frac{(2p_1+p_2)x_1^*}{p_1(p_1+p_2)}<0,\quad \frac{\partial x_2^*(p_1,p_2,y)}{\partial p_1}=\frac{p_1 x_1^*}{p_2(p_1+p_2)}>0,$$

$$和\frac{\partial \lambda^*(p_1,p_2,y)}{\partial p_1}=-\frac{p_2\lambda^*}{2p_1(p_1+p_2)}<0$$

哪怕不知道 x_1^*，x_2^* 和 λ^* 的显式表达式，我们也能得出结论：随着 p_1 的上升，消费者对商品 1 的需求量下降，消费者对商品 2 的需求量上升，消费者的支出的边际效用下降。　□

答案 12.4

(1) 问题 $\max\limits_{x} f^r(x;\gamma)=-x^2+\gamma x+2(\gamma$ 为参数)的最优解满足一阶条件：

$$0=\frac{\mathrm{d}f^r(x;\gamma)}{\mathrm{d}x}\bigg|_{x=x^*(\gamma)}=-2x^*(\gamma)+\gamma\Rightarrow x^*(\gamma)=\frac{\gamma}{2}$$

由二阶条件可确定 $x^*(\gamma)$ 是 $f^r(x;\gamma)$ 的局部最大值解。因为这个函数只有一个临界点，

所以该点也是 $f^r(x;\gamma)$ 的全局最大值解。因此,该问题的最大值函数为:

$$v(\gamma)\equiv f^r(x^*(\gamma);\gamma)=-x^*(\gamma)^2+\gamma x^*(\gamma)+2=\frac{\gamma^2}{4}+2$$

(2)和(3)如图 12.6 所示

当且仅当 $x^*(\gamma)=1$ 时,也就是当且仅当 $\gamma/2=1$ 时,$x=1$ 是最优解。所以当且仅当 $\gamma=2$ 时,$x=1=x^*(\gamma)$。函数 $f^r(x;\gamma)$ 在 $x=1$ 和 $\gamma=2$ 时的值为 $f^r(1;2)=-1^2+2\times 1+2=3$。包络函数 $v(\gamma)$ 在 $\gamma=2$ 时的值为 $v(2)=2^2/4+2=3$。因此,在 $\gamma=2$ 处的受限函数 $f^r(\gamma;x=1)$ 是包络曲线的一部分(实际上只是一个点)。

当且仅当 $x^*(\gamma)=2$,$\gamma/2=2$ 时,$x=2$ 是最优解。所以当且仅当 $\gamma=4$ 时,$x=2=x^*(\gamma)$。函数 $f^r(x;\gamma)$ 在 $x=2$ 和 $\gamma=4$ 时的值为 $f^r(2;4)=-2^2+4\times 2+2=6$。包络函数 $v(\gamma)$ 在 $\gamma=2$ 时的值为 $v(2)=4^2/4+2=6$。因此,在 $\gamma=4$ 处的受限函数 $f^r(\gamma;x=2)$ 是包络曲线的一部分。

当且仅当 $x^*(\gamma)=3$ 时,也就是当且仅当 $\gamma/2=3$ 时,$x=3$ 是最优解。所以当且仅当 $\gamma=6$ 时,$x=3=x^*(\gamma)$。函数 $f^r(x;\gamma)$ 在 $x=3$ 和 $\gamma=6$ 时的值为 $f^r(3;6)=-3^2+6\times 3+2=11$。包络函数 $v(\gamma)$ 在 $\gamma=6$ 时的值为 $v(6)=6^2/4+2=11$。因此,在 $\gamma=6$ 处的受限函数 $f^r(\gamma;x=3)$ 是包络曲线的一部分。 □

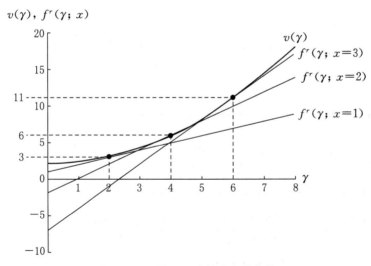

图 12.6 习题 12.4 中的上包络曲线

答案 12.5

(1) 问题 $\min\limits_{x} f^r(x;\gamma)=\gamma^2 x^2-\gamma x+2$($\gamma$ 为大于零的参数)的最大解满足如下一阶条件:

$$0=\left.\frac{\mathrm{d}f^r(x;\gamma)}{\mathrm{d}x}\right|_{x=x_*(\gamma)}=2\gamma^2 x_*(\gamma)-\gamma \Rightarrow x^*(\gamma)=\frac{1}{2\gamma}$$

由二阶条件可确定 $x_*(\gamma)$ 是 $f^r(x;\gamma)$ 的局部最小值解。因为这个函数只有一个临界点,所以该点也是 $f^r(x;\gamma)$ 的全局最小值解。所以,该问题的最小值函数为:

$$v(\gamma)\equiv f^r(x_*(\gamma);\gamma)=\gamma^2 x_*(\gamma)^2-\gamma x_*(\gamma)+2=\frac{7}{4}$$

(2)和(3)如图 12.7 所示。

当且仅当 $x_*(\gamma)=1/6$ 时,也就是当且仅当 $1/2\gamma=1/6$ 时,$x=1/6$ 是最优解。所以当且仅当 $\gamma=3$ 时,$x=1/6=x_*(\gamma)$。函数 $f^r(x;\gamma)$ 在 $x=1/6$ 和 $\gamma=3$ 时的值为 $f^r(1/6;3)=3^2\times(1/6)^2-3\times1/6+2=7/4=v(3)$。因此,受限函数 $f^r(\gamma;x=1/6)$ 在 $\gamma=3$ 处是包络曲线的一部分。

当且仅当 $x_*(\gamma)=1/4$ 时,也就是当且仅当 $1/2\gamma=1/4$ 时,$x=1/4$ 是最优解。所以当且仅当 $\gamma=2$ 时,$x=1/4=x_*(\gamma)$。函数 $f^r(x;\gamma)$ 在 $x=1/4$ 和 $\gamma=2$ 时的值为 $f^r(1/4;2)=2^2\times(1/4)^2-2\times1/4+2=7/4=v(2)$。因此,受限函数 $f^r(\gamma;x=1/4)$ 在 $\gamma=2$ 处是包络曲线的一部分。

当且仅当 $x_*(\gamma)=1/2$ 时,也就是当且仅当 $1/2\gamma=1$ 时,$x=1/2$ 是最优解。所以,当且仅当 $\gamma=1$ 时,$x=1/2=x_*(\gamma)$。函数 $f^r(x;\gamma)$ 在 $x=1/6$ 和 $\gamma=1$ 时的值为 $f^r(1/2;1)=1^2\times(1/2)^2-1\times1/2+2=7/4=v(1)$。因此,受限函数 $f^r(\gamma;x=1/2)$ 在 $\gamma=1$ 处是包络曲线的一部分。 □

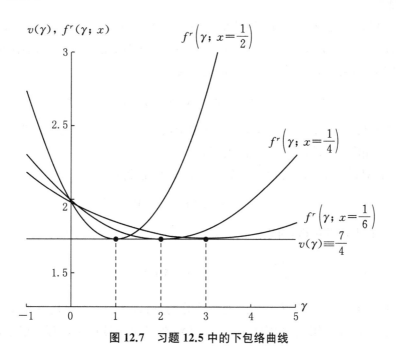

图 12.7 习题 12.5 中的下包络曲线

答案 12.6

(1) 图中横轴是参数 γ_k 的值,纵轴是最大值函数 $\Theta^*(\gamma_k)$ 的值。从选择集 X 中选择几个值,比如 x'、x'' 和 x''',然后分别画出 x'、x'' 和 x''' 所对应的 $\psi(x,\gamma_k)$ 的图形。这三个图形的上包络曲线由它们最高点组成。也就是说:

$$\Theta^*(\gamma_k)=\max\{\psi(x',\gamma_k),\psi(x'',\gamma_k),\psi(x''',\gamma_k)\}$$

请注意,在包络曲线 Θ^* 与每个 $\psi(x,\gamma_k)$ 曲线的交点处,包络 $\Theta^*(\gamma_k)$ 关于 γ_k 的斜率与

$\psi(x,\gamma_k)$ 关于 γ_k 的斜率是相同的。这就是该定理的内容。

（2）证明：对任意 $\gamma\in\Gamma$，总存在一个 $x^*(\gamma)\in X$，使得：

$$\psi(x^*(\gamma),\gamma)\geqslant\psi(x,\gamma),\ \forall\,x\in X$$

因为 ψ 在 $X\times\Gamma$ 上连续可微，所以一定会有：

$$\left.\frac{\partial\psi(x,\gamma)}{\partial x_i}\right|_{x=x^*(\gamma)}=0,\ \forall\,i=1,\cdots,n \tag{12.114}$$

因为式（12.114）是在最大解 $x^*(\gamma)$ 处所计算的，所以式（12.114）是恒等式。因为 ψ 在 $X\times\Gamma$ 上连续可微，所以由隐函数定理可知，$x^*(\gamma)$ 在 Γ 上连续可微，因此根据式（12.114）可以得到：

$$\begin{aligned}\frac{\partial\Theta^*(\gamma)}{\partial\gamma_k}&=\left.\frac{\partial\psi(x,\gamma)}{\partial\gamma_k}\right|_{x=x^*(\gamma)}+\sum_{i=1}^{n}\left.\frac{\partial\psi(x,\gamma)}{\partial x_i}\right|_{x=x^*(\gamma)}\times\frac{\partial x_i^*(\gamma)}{\partial\gamma_k}\\&=\left.\frac{\partial\psi(x,\gamma)}{\partial\gamma_k}\right|_{x=x^*(\gamma)}\qquad\qquad\qquad\qquad\qquad\qquad\square\end{aligned}$$

答案 12.7

（1）图中横轴是参数 γ_k 的值，纵轴是最小值函数 $\Theta_*(\gamma_k)$ 的值。从选择集 X 中选择几个值，比如 x'、x'' 和 x'''，然后分别画出 x'、x'' 和 x''' 所对应的 $\psi(x,\gamma_k)$ 的图形。这三个图形的下包络曲线由它们最低点组成。也就是说：

$$\Theta_*(\gamma_k)=\min\{\psi(x',\gamma_k),\psi(x'',\gamma_k),\psi(x''',\gamma_k)\}$$

请注意，在包络曲线 Θ_* 与每个 $\psi(x,\gamma_k)$ 曲线的交点处，$\Theta_*(\gamma_k)$ 关于 γ_k 的斜率与 $\psi(x,\gamma_k)$ 关于 γ_k 的斜率相同。这就是该定理的内容。

（2）证明：对任意 $\gamma\in\Gamma$，总存在一个 $x_*(\gamma)\in X$，使得：

$$\psi(x_*(\gamma),\gamma)\leqslant\psi(x,\gamma),\ \forall\,x\in X$$

因为 ψ 在 $X\times\Gamma$ 上连续可微，所以一定会有：

$$\left.\frac{\partial\psi(x,\gamma)}{\partial x_i}\right|_{x=x_*(\gamma)}=0,\ \forall\,i=1,\cdots,n \tag{12.115}$$

因为式（12.115）是在最小值解 $x_*(\gamma)$ 处所计算的，所以式（12.115）是恒等式。因为 ψ 在 $X\times\Gamma$ 上连续可微，所以由隐函数定理可知，$x_*(\gamma)$ 在 Γ 上连续可微，因此，根据式（12.115）可以得到：

$$\begin{aligned}\frac{\partial\Theta_*(\gamma)}{\partial\gamma_k}&=\left.\frac{\partial\psi(x,\gamma)}{\partial\gamma_k}\right|_{x=x_*(\gamma)}+\sum_{i=1}^{n}\left.\frac{\partial\psi(x,\gamma)}{\partial x_i}\right|_{x=x_*(\gamma)}\times\frac{\partial x_{*i}(\gamma)}{\partial\gamma_k}\\&=\left.\frac{\partial\psi(x,\gamma)}{\partial\gamma_k}\right|_{x=x_*(\gamma)}\qquad\qquad\qquad\qquad\qquad\qquad\square\end{aligned}$$

答案 12.8 在问题 $\max\limits_{x}f^r(x;\gamma)=-x^2+\gamma x+2$ 中，γ 是参数，目标函数的最大值为：

$$v(\gamma) \equiv f^r(x^*(\gamma); \gamma) = -x^*(\gamma)^2 + \gamma x^*(\gamma) + 2$$

（1）根据一阶上包络定理，计算 γ 取具体值 γ' 时最大值函数相对于 γ 的变化率有两个步骤。首先，将 x 的值固定在 $x' = x^*(\gamma')$ 处，然后，计算所得的函数对 γ 的微分。第一步得出的是只关于 γ 的函数（因为 x 被固定在 x' 处）：

$$f^r(\gamma; x') = -(x')^2 + \gamma x' + 2$$

该函数在 $\gamma = \gamma'$ 处对 γ 的微分为：

$$\left. \frac{\mathrm{d}f^r(\gamma; x')}{\mathrm{d}\gamma} \right|_{\gamma=\gamma'} = x'$$

一阶包络定理告诉我们，这个微分的值就是最大值函数 $v(\gamma)$ 在 $\gamma = \gamma'$ 处相对于 γ 的变化率，也就是说：

$$\left. \frac{\mathrm{d}v(\gamma)}{\mathrm{d}\gamma} \right|_{\gamma=\gamma'} = \left. \frac{\mathrm{d}f^r(\gamma; x')}{\mathrm{d}\gamma} \right|_{\gamma=\gamma'} = x' = x^*(\gamma')$$

因为最大值函数是 $v(\gamma) = \gamma^2/4 + 2$，所以有：

$$x^*(\gamma') = \left. \frac{\mathrm{d}}{\mathrm{d}\gamma}\left(\frac{\gamma^2}{4} + 2\right) \right|_{\gamma=\gamma'} = \frac{\gamma'}{2}$$

这是习题 12.4 的第（1）问所得到的结果。问题的关键是，同样的结论可以直接根据最大值函数和构成包络曲线的那些（受限的）最大值函数族算出来。

（2）如果 $\gamma = \frac{5}{2}$，x 的相应的最优值为 $x^*\left(\frac{5}{2}\right) = \frac{5/2}{2} = \frac{5}{4}$。在 x 被固定在 $\frac{5}{4}$ 处时，受限函数的值为 $f^r\left(\gamma; x = \frac{5}{4}\right) = -\left(\frac{5}{4}\right)^2 + \frac{5}{4}\gamma + 2 = \frac{7}{16} + \frac{5}{4}\gamma$。当 $\gamma = \frac{5}{2}$ 时，该受限函数的值为 $f^r\left(\frac{5}{2}; \frac{5}{4}\right) = \frac{7}{16} + \frac{5}{4} \times \frac{5}{2} = \frac{57}{16}$，这就是受限函数在 $\gamma = \frac{5}{2}$ 时的最大值。所以，包络函数和受限函数在 $\gamma = \frac{5}{2}$ 处的值相同，这两个函数在该点处的斜率也相同，都是 $x^*\left(\frac{5}{2}\right) = \frac{5}{4}$。在习题 12.4 的第（2）问和第（3）问画出的图中加上 $\frac{7}{16} + \frac{5}{4}\gamma$ 的图形，你会看到最大值函数在 $\gamma = \frac{5}{2}$ 处的斜率为 $\frac{5}{4}$。

（3）如果 $\gamma = \frac{3}{2}$，那么，x 的相应的最优值为 $x^*\left(\frac{3}{2}\right) = \frac{3/2}{2} = \frac{3}{4}$。当 x 被固定在 $\frac{3}{4}$ 处时，受限函数的值为 $f^r\left(\gamma; x = \frac{3}{4}\right) = -\left(\frac{3}{4}\right)^2 + \frac{3}{4}\gamma + 2 = \frac{23}{16} + \frac{3}{4}\gamma$。当 $\gamma = \frac{3}{2}$ 时，该受限函数的值为 $f^r\left(\frac{3}{2}; \frac{3}{4}\right) = \frac{41}{16}$，这就是受限函数在 $\gamma = \frac{3}{2}$ 时的最大值。所以，包络函数和受限函数在 $\gamma = \frac{3}{2}$ 处的值相同，这两个函数在该点处的斜率也相同，都是 $x^*\left(\frac{3}{2}\right) = \frac{3}{4}$。在

习题 12.4 的第(2)问和第(3)问画出的图中加上 $\dfrac{23}{16}+\dfrac{3}{4}\gamma$ 的图形,你会看到最大值函数在 $\gamma=\dfrac{3}{2}$ 处的斜率为 $\dfrac{3}{4}$。 □

答案 12.9 在问题 $\min\limits_{x}f^{r}(x;\gamma)=\gamma^2 x^2-\gamma x+2$ 中,γ 是参数,该问题的最小值函数为 $v(\gamma)\equiv\dfrac{7}{4}$。

(1) 根据一阶下包络定理,我们先选出 γ 的一个具体值 γ',然后将 x 的值固定在 $x'=x_*(\gamma')$ 处,得到函数:

$$f^{r}(\gamma;x')=-\gamma^2(x')^2-\gamma x'+2$$

这个只关于 γ 的函数,它在 $\gamma=\gamma'$ 处对 γ 的微分为:

$$\left.\frac{\mathrm{d}f^{r}(\gamma;x')}{\mathrm{d}\gamma}\right|_{\gamma=\gamma'}=2\gamma'(x')^2-x'$$

一阶下包络定理指出,这个微分值就是最小值函数 $v(\gamma)$ 在 $\gamma=\gamma'$ 处相当于 γ 的变化率,也就是说:

$$\left.\frac{\mathrm{d}v(\gamma)}{\mathrm{d}\gamma}\right|_{\gamma=\gamma'}=\left.\frac{\mathrm{d}f^{r}(\gamma;x')}{\mathrm{d}\gamma}\right|_{\gamma=\gamma'}=2\gamma'(x')^2-x'=2\gamma'(x_*(\gamma'))^2-x_*(\gamma')$$

因为最大值函数是 $v(\gamma)\equiv\dfrac{7}{4}$,所以有:

$$2\gamma'(x_*(\gamma'))^2-x_*(\gamma')=\left.\frac{\mathrm{d}}{\mathrm{d}\gamma}\left(\frac{7}{4}\right)\right|_{\gamma=\gamma'}=0\Rightarrow x_*(\gamma')=\frac{1}{2\gamma'}$$

这就是习题 12.5 的第(1)问所得到的结果。

(2) 如果 $\gamma=\dfrac{2}{5}$,那么,x 的相应的最优值为 $x_*\left(\dfrac{2}{5}\right)=\dfrac{5}{4}$。在 x 被固定在 $\dfrac{5}{4}$ 处时,受限函数的值为 $f^{r}\left(\gamma;x=\dfrac{5}{4}\right)=\dfrac{25}{16}\gamma^2-\dfrac{5}{4}\gamma+2$。当 $\gamma=\dfrac{2}{5}$ 时,该受限函数的值为 $f^{r}\left(\dfrac{2}{5};\dfrac{5}{4}\right)=\dfrac{7}{4}$,这就是受限函数在 $\gamma=\dfrac{2}{5}$ 时的最小值。所以,包络函数和受限函数在 $\gamma=\dfrac{2}{5}$ 时的值相同,这两个函数在该点处的斜率也相同,都是 $2\times\dfrac{2}{5}\times x_*\left(\dfrac{2}{5}\right)^2-x_*\left(\dfrac{2}{5}\right)=\dfrac{4}{5}\times\dfrac{25}{16}-\dfrac{5}{4}=0$。在习题 12.5 的第(2)问和第(3)问画出的图中加上 $\dfrac{25}{16}\gamma^2-\dfrac{5}{4}\gamma+2$ 的图形,你会看到最小值函数在 $\gamma=\dfrac{2}{5}$ 处的斜率为 0。

(3) 如果 $\gamma=\dfrac{2}{3}$,那么,x 的相应的最优值为 $x_*\left(\dfrac{2}{3}\right)=\dfrac{3}{4}$。当 x 被固定在 $\dfrac{3}{4}$ 处时,受限函数的值为 $f^{r}\left(\gamma;x=\dfrac{3}{4}\right)=\dfrac{9}{16}\gamma^2-\dfrac{3}{4}\gamma+2$。当 $\gamma=\dfrac{2}{3}$ 时,该受限函数的值为 $f^{r}\left(\dfrac{2}{3};\dfrac{3}{4}\right)=$

$\frac{7}{4}$，这就是受限函数在 $\gamma=\frac{2}{3}$ 时的最小值。所以，包络函数和受限函数在 $\gamma=\frac{2}{3}$ 处的值相同，这两个函数在该点处的斜率也相同，都是 $2\times\frac{2}{3}\times x_*\left(\frac{2}{3}\right)^2-x_*\left(\frac{2}{3}\right)=\frac{4}{3}\times\frac{9}{16}-\frac{3}{4}=$

0。在习题 12.5 的第（2）问和第（3）问画出的图中加上 $\frac{9}{16}\gamma^2-\frac{3}{4}\gamma+2$ 的图形，你会看到最小值函数在 $\gamma=\frac{2}{3}$ 处的斜率为 0。 □

答案 12.10

（1）证明：假设 Θ^* 不是定义在 Γ 上的一个函数，那么，至少存在一个 $\gamma'\in\Gamma$，使得至少存在两个不同的值 $\hat{\theta}$，$\tilde{\theta}\in\Theta(\gamma')$。不妨假设 $\hat{\theta}>\tilde{\theta}$，但这时 $\tilde{\theta}$ 就不是 γ' 的最大值了，矛盾。因此，Θ^* 是 Γ 上的一个函数。

同理可证 Θ_* 也是 Γ 上的一个函数。

（2）考虑一个函数族 $\psi:[-1,1]\times[-1,1]\to[-1,1]$。当 $x\in[-1,1]$ 和 $\gamma\in[-1,1]$ 时，$\psi(x,\gamma)=\gamma x$。这个函数族中的每个函数都是任意阶连续可微的。这个函数族的上包络函数与下包络函数分别为：

$$\Theta^*(\gamma)=\max_{-1\leqslant x\leqslant 1}\gamma x=\begin{cases}-\gamma; & -1\leqslant\gamma<0\\+\gamma; & 0\leqslant\gamma\leqslant 1\end{cases}\ \text{和}\ \Theta_*(\gamma)=\min_{-1\leqslant x\leqslant 1}\gamma x=\begin{cases}+\gamma; & -1\leqslant\gamma<0\\-\gamma; & 0\leqslant\gamma\leqslant 1\end{cases}$$

Θ^* 和 Θ_* 在 $\gamma=0$ 处都是不可微的。

（3）证明：取 γ'，$\gamma''\in\Gamma$，$\gamma'\neq\gamma''$。对于任意的 $\mu\in[0,1]$，都有：

$$\Theta^*(\mu\gamma'+(1-\mu)\gamma'')=\psi(x^*(\mu\gamma'+(1-\mu)\gamma''),\ \mu\gamma'+(1-\mu)\gamma'')$$
$$\leqslant\mu\psi(x^*(\mu\gamma'+(1-\mu)\gamma''),\ \gamma')+(1-\mu)\psi(x^*(\mu\gamma'+(1-\mu)\gamma''),\ \gamma'')$$

因为 $\psi(x,\gamma)$ 是 γ 的凸函数，所以，当 $\gamma=\gamma'$ 时，$x^*(\mu\gamma'+(1-\mu)\gamma'')$ 不一定是 x 的最大值解；当 $\gamma=\gamma''$ 时，$x^*(\mu\gamma'+(1-\mu)\gamma'')$ 也不一定是 x 的最大值解。也就是说，

$$\psi(x^*(\mu\gamma'+(1-\mu)\gamma''),\ \gamma')\leqslant\psi(x^*(\gamma'),\ \gamma')$$
$$\text{且}\ \psi(x^*(\mu\gamma'+(1-\mu)\gamma''),\ \gamma'')\leqslant\psi(x^*(\gamma''),\ \gamma'')$$

因此，

$$\Theta^*(\mu\gamma'+(1-\mu)\gamma')\leqslant\mu\psi(x^*(\gamma'),\ \gamma')+(1-\mu)\psi(x^*(\gamma''),\ \gamma'')$$
$$=\mu\Theta^*(\gamma')+(1-\mu)\Theta^*(\gamma'')$$

（4）第（2）问的答案中的例子即为反例。

（5）证明：取 γ'，$\gamma''\in\Gamma$，$\gamma'\neq\gamma''$。对于任意的 $\mu\in[0,1]$，

$$\Theta_*(\mu\gamma'+(1-\mu)\gamma'')=\psi(x_*(\mu\gamma'+(1-\mu)\gamma''),\ \mu\gamma'+(1-\mu)\gamma'')$$
$$\geqslant\mu\psi(x_*(\mu\gamma'+(1-\mu)\gamma''),\ \gamma')+(1-\mu)\psi(x_*(\mu\gamma'+(1-\mu)\gamma''),\ \gamma''),$$

因为 $\psi(x,\gamma)$ 是 γ 的凹函数，所以，当 $\gamma=\gamma'$ 时，$x_*(\mu\gamma'+(1-\mu)\gamma'')$ 不一定是 x 的最小值解；当 $\gamma=\gamma''$ 时，$x_*(\mu\gamma'+(1-\mu)\gamma'')$ 也不一定是 x 的最小值解。也就是说，

$$\psi(x_*(\mu\gamma'+(1-\mu)\gamma''),\ \gamma')\geqslant\psi(x_*(\gamma'),\ \gamma')$$
$$\text{且 } \psi(x_*(\mu\gamma'+(1-\mu)\gamma''),\ \gamma'')\geqslant\psi(x_*(\gamma''),\ \gamma'')$$

因此,

$$\Theta_*(\mu\gamma'+(1-\mu)\gamma')\geqslant\mu\psi(x_*(\gamma'),\ \gamma')+(1-\mu)\psi(x_*(\gamma''),\ \gamma'')$$
$$=\mu\Theta_*(\gamma')+(1-\mu)\Theta_*(\gamma'')$$

(6) 第(2)问的答案中的例子即为反例。 □

答案 12.11

(1) 将一阶上包络定理用于企业的长期间接利润函数可以直接证明这个结论。

(2) 如图 12.8 所示。图中的横轴表示的是企业产品的单位价格 p,纵轴表示的是该企业的利润。

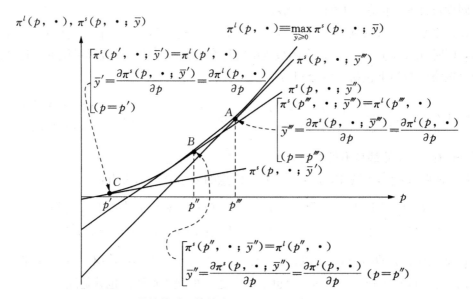

图 12.8　霍特林引理的结论:$\partial\pi^*(p,\ \cdot)/\partial p=y^*(p,\ \cdot)$

考虑该企业的利润问题,其中,企业的产量为固定的 $\bar{y}\geqslant0$。企业在短期内所面临的问题是:

$$\max_{x_1,\ x_2} p\bar{y}-w_1x_1-w_2x_2$$
$$\text{s.t. } -\psi(x_1,\ x_2)\leqslant-\bar{y}$$

这是求出使企业生产 y 单位产品的成本最小的投入要素组合的问题,但我们将继续把这个问题看作利润最大化问题,用 $(x_1^s(p,\ w_1,\ w_2;\ \bar{y}),\ x_2^s(p,\ w_1,\ w_2;\ \bar{y}))$ 表示最优解,用 $\lambda^s(p,\ w_1,\ w_2;\ \bar{y})$ 表示生产性约束的乘数。这个受限的最大值函数就是"短期"间接利润函数:

$$\pi^s(p,\ w_1,\ w_2;\ \bar{y})\equiv p\bar{y}-w_1x_1^s(p,\ w_1,\ w_2;\ \bar{y})-w_2x_2^s(p,\ w_1,\ w_2;\ \bar{y})$$
$$+\lambda^s(p,\ w_1,\ w_2;\ \bar{y})[-\bar{y}+\psi(x_1^s(p,\ w_1,\ w_2;\ \bar{y}),\ x_2^s(p,\ w_1,\ w_2;\ \bar{y}))]$$

请注意,该函数是关于 p 的仿射函数,因为 $\bar{y}$ 是给定的值。

选择 p 的三个值,比如 p'、p'' 和 p''',且 $p'<p''<p'''$。用 $\bar{y}'$ 表示当 $p=p'$ 时使长期利润最大化的 y 值,也就是说,$\bar{y}'=y^l(p',w_1,w_2)$。同样,用 $\bar{y}''$ 和 $\bar{y}'''$ 分别表示在 $p=p''$ 和 $p=p'''$ 时使长期利润最大化的 y 值。此时,有 $\bar{y}'<\bar{y}''=y^l(p'',w_1,w_2)<\bar{y}'''=y^l(p''',w_1,w_2)$。

在图中画出短期利润函数 $\pi^s(p,w_1,w_2;\bar{y}')$ 的图形。该图形是一条直线,斜率是正的,等于 $\bar{y}'$,这意味着随着价格 p 上升一个单位,企业的短期最大利润会上升 $\bar{y}'$。它的截距表示当 $p=0$ 时的短期间接利润的值:

$$\pi^s(0,w_1,w_2;\bar{y}')=-w_1x_1^s(0,w_1,w_2;\bar{y}')-w_2x_2^s(0,w_1,w_2;\bar{y}')$$

$\pi^s(p,w_1,w_2;\bar{y}'')$ 的图形是一条斜率为 $\bar{y}''$ 的直线。因为 $\bar{y}''>\bar{y}'$,所以,其纵轴截距

$$\pi^s(0,w_1,w_2;\bar{y}'')=-w_1x_1^s(0,w_1,w_2;\bar{y}'')-w_2x_2^s(0,w_1,w_2;\bar{y}'')$$
$$<-w_1x_1^s(0,w_1,w_2;\bar{y}')-w_2x_2^s(0,w_1,w_2;\bar{y}')$$

因此,$\pi^s(0,w_1,w_2;\bar{y}'')$ 的纵轴截距比 $\pi^s(0,w_1,w_2;\bar{y}')$ 的纵轴截距更低一些。同样地,$\pi^s(0,w_1,w_2;\bar{y}''')$ 的纵截距比 $\pi^s(0,w_1,w_2;\bar{y}'')$ 的纵截距更低一些。

长期间接利润函数的图形是仿射图形(包括上面三个图形)的上包络曲线,因此,在短期间接利润函数曲线成为上包络曲线的一部分的那些点上,长期间接利润函数关于 p 的斜率与短期间接利润函数关于 p 的斜率相同。因此,当 p 的值为 p' 时,$\partial\pi^l(p,w_1,w_2)/\partial p$ 在 p' 处的斜率值与 $\partial\pi^s(p,w_1,w_2;\bar{y}')/\partial p$ 在 p' 处的斜率值相等,这是因为 $\bar{y}'$ 是当 $p=p'$ 时使长期利润最大化的最优决策,这也意味着在 $p=p'$ 时短期利润函数曲线 $\pi^s(p,w_1,w_2;\bar{y}')$ 就是包络曲线 $\pi^l(p,w_1,w_2)$。因此,当 $p=p'$ 时,包络曲线 $\pi^l(p,w_1,w_2)$ 关于 p 的斜率就是短期利润函数 $\pi^s(p,w_1,w_2;\bar{y}')$ 关于 p 的斜率,也就是说,在 $p=p'$ 处,$\partial\pi^l(p,w_1,w_2)/\partial p=\bar{y}'=\partial\pi^s(p,w_1,w_2;\bar{y}')/\partial p$。同理可证当 $p=p''$ 和 $p=p'''$ 时的结论。

(3) 证明:企业的拉格朗日函数

$$L(y,x_1,x_2,\lambda;p,w_1,w_2)=py-w_1x_1-w_2x_2+\lambda(-y+\phi(x_1,x_2))$$

是 (p,y) 的联合凸函数。用习题 12.10 第(3)问的结论可以推出企业的长期间接利润函数是 p 的一个凸函数。 □

答案 12.12

(1) 将一阶下包络定理用于企业的长期成本函数可以直接推导出这个结论。

(2) 如图 12.9 所示。考虑短期的情况,在短期内企业有一个投入要素的数量是固定的,不妨假设投入要素 1 的数量是固定的,用 $\bar{x}_1$ 表示投入要素 1 的固定数量。投入要素 2 的数量仍为变量。那么,企业的短期总成本函数为:

$$c^s(w_1,w_2,y;\bar{x}_1)=w_1\bar{x}_1+w_2x_2+\lambda^s(w_1,w_2,y;\bar{x}_1)(y-\phi(x_2;\bar{x}_1))$$

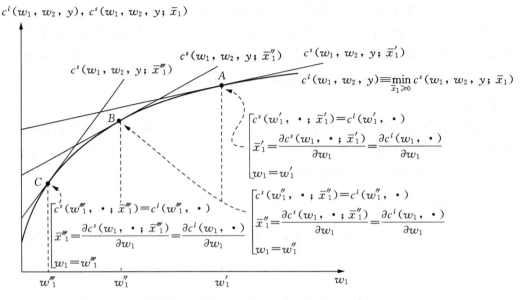

$c^l(w_1, w_2, y), c^s(w_1, w_2, y; \bar{x}_1)$

$c^s(w_1, w_2, y; \bar{x}_1'')$

$c^s(w_1, w_2, y; \bar{x}_1''')$

$c^s(w_1, w_2, y; \bar{x}_1')$

A

$c^l(w_1, w_2, y) \equiv \min_{\bar{x}_1 \geqslant 0} c^s(w_1, w_2, y; \bar{x}_1)$

B

$$\begin{cases} c^s(w_1', \cdot\,; \bar{x}_1') = c^l(w_1', \cdot) \\ \bar{x}_1' = \dfrac{\partial c^s(w_1, \cdot\,; \bar{x}_1')}{\partial w_1} = \dfrac{\partial c^l(w_1, \cdot)}{\partial w_1} \\ w_1 = w_1' \end{cases}$$

C

$$\begin{cases} c^s(w_1''', \cdot\,; \bar{x}_1''') = c^l(w_1''', \cdot) \\ \bar{x}_1''' = \dfrac{\partial c^s(w_1, \cdot\,; \bar{x}_1''')}{\partial w_1} = \dfrac{\partial c^l(w_1, \cdot)}{\partial w_1} \\ w_1 = w_1''' \end{cases}$$

$$\begin{cases} c^s(w_1'', \cdot\,; \bar{x}_1'') = c^l(w_1'', \cdot) \\ \bar{x}_1'' = \dfrac{\partial c^s(w_1, \cdot\,; \bar{x}_1'')}{\partial w_1} = \dfrac{\partial c^l(w_1, \cdot)}{\partial w_1} \\ w_1 = w_1'' \end{cases}$$

w_1''' w_1'' w_1' w_1

图 12.9 谢泼德引理的结论：$\partial c^l(w_1, w_2, y)/\partial w_1 = x_1^l(w_1, w_2, y)$

图 12.9 展示了三个短期成本函数，$\bar{x}_1$ 分别被固定在 $\bar{x}_1'$，$\bar{x}_1''$ 和 $\bar{x}_1'''$ 上，且 $\bar{x}_1' < \bar{x}_1'' < \bar{x}_1'''$。每个短期成本函数都是 w_1 的仿射函数。图中的横坐标表示 w_1，纵坐标表示总成本，短期成本函数的斜率都是 $\bar{x}_1$。

短期成本函数 $c^s(w_1, w_2, y; \bar{x}_1')$ 的斜率的符号为正，大小为 $\bar{x}_1'$，表示每增加一单位投入要素 w_1，成本就会增加 $\bar{x}_1'$。图中的纵轴截距表示的是当 $w_1 = 0$ 时短期可变投入要素 2 的成本的值，这个可变投入要素的成本为 $w_2 x_2'$。短期成本函数中的 $y = \psi(\bar{x}_1', x_2')$，也就是说，当产出为 y 单位而投入要素 1 的数量固定在 $\bar{x}_1'$ 时可变投入要素 2 的数量为 x_2'。当投入要素 1 的固定值 $\bar{x}_1$ 上升时，可变投入要素 2 的数量会下降，总成本也会下降。

$c^s(w_1, w_2, y; \bar{x}_1'')$ 是一条斜率相对更大（$\bar{x}_1''$）且纵轴截距相对更小（$w_2 \bar{x}_2''$）的直线，其中，$y = \psi(\bar{x}_1'', x_2'')$。这是因为 $\bar{x}_1'' > \bar{x}_1'$，所以 $x_2'' < x_2'$。类似地，$c^s(w_1, w_2, y; \bar{x}_1''')$ 是一条斜率（$\bar{x}_1'''$）更大且纵轴截距更小（$w_2 \bar{x}_2'''$）的直线，其中，$y = \psi(\bar{x}_1''', x_2''')$。长期成本函数是类似上面三个仿射的图形的下包络曲线，因此，当短期成本函数在 A 点处是包络曲线的一部分时，长期成本函数关于 w_1 的斜率与短期成本函数关于 w_1 的斜率相等。因此，当 w_1 的值为 w_1' 时，斜率 $\partial c^l(w_1, w_2, y)/\partial w_1$ 在 w_1' 点的值与 $\partial c^s(w_1, w_2, y; \bar{x}_1')/\partial w_1$ 在 w_1' 点的值相等。这是因为 $w_1 = w_1'$ 时 $\bar{x}_1'$ 是使得长期成本最小化的值，这意味着短期成本函数 $c^s(w_1, w_2, y; \bar{x}_1')$ 在 $w_1 = w_1'$ 处就是包络曲线 $c^l(w_1, w_2, y)$。因此，当 $w_1 = w_1'$ 时，包络曲线 $c^l(w_1, w_2, y)$ 关于 w_1 的斜率就是短期成本函数 $c^s(w_1, w_2, y; \bar{x}_1')$ 关于 w_1 的斜率，即当 $w_1 = w_1'$ 时，$\partial c^l(w_1, w_2, y)/\partial w_1 = \bar{x}_1' = \partial c^s(w_1, w_2, y; \bar{x}_1')/\partial w_1$。当 $w_1 = w_1''$ 和 $w_1 = w_1'''$ 时的证明与之类似。

（3）证明：该企业的拉格朗日函数

$$L(x_1, x_2, \lambda; w_1, w_2, y) = w_1 x_1 + w_2 x_2 + \lambda(y - \psi(x_1, x_2))$$

是 w_1 的凹函数。根据习题 12.10 第（5）问得出的结论可知，企业的长期成本函数也是 w_1

的凹函数。 □

答案 12.13

（1）将一阶上包络定理应用于间接效用函数,对 p_i 求导后就可以得出式(12.81),对 y 求导后就可以得出式(12.82)。

（2）我们先解释当 $i=1$ 时式(12.81)的含义。考虑消费者的效用最大化问题,把这个问题稍微修改一下,将商品 1 的销售量固定为大于零的 $\bar{x}_1$。用($\bar{x}_1$, $x_2^c(p_1, p_2, y; \bar{x}_1)$, $\lambda^c(p_1, p_2, y; \bar{x}_1)$)表示该问题的最优解。该问题的最大值函数是数量受限的间接效用函数:

$$v^c(p_1, p_2, y; \bar{x}_1)$$
$$\equiv U(\bar{x}_1, x_2^c(p_1, p_2, y; \bar{x}_1)) + \lambda^c(p_1, p_2, y; \bar{x}_1)(y - p_1\bar{x}_1 - p_2 x_2^c(p_1, p_2, y; \bar{x}_1))$$

请注意,v^c 是关于 p_1 的仿射函数,斜率为 $-\lambda^c(p_1, p_2, y; \bar{x}_1)$。现在可以用那些常用的方法了。所有数量受限的间接效用函数 v^c 的上包络就是间接效用函数。上包络曲线上的任意一点都是数量受限的间接效用函数上的点,且两条曲线在该点处的斜率相同。当 p_1 为某个值 p_1' 时,间接效用函数的斜率为 $\partial v/\partial p_1$。在 $p_1 = p_1'$ 处,数量受限的间接效用函数的斜率为 $-\lambda(p_1', p_2, y; \bar{x}_1')\bar{x}_1'$,与间接效用函数在此处的斜率一样。这里的 $\bar{x}_1'$ 与 $x_1^*(p_1', p_2, y)$ 的值相同,$x_1^*(p_1', p_2, y)$ 是 p_1 的值为 p_1' 时消费者的理性选择所对应的对商品 1 需求量。这也就解释了式(12.81)。

式(12.82)的解释与式(12.81)类似,只是消费者的约束从让 x_1 固定不变变成让收入 y 固定不变。试着自己证明一下吧。 □

答案 12.14 用 $v(p_1, \cdots, p_n, y)$ 表示消费者的间接效用函数。对于给定的 $p_1, \cdots, p_n$ 和 y,消费者对商品 i 的需求函数为 $x_i^*(p_1, \cdots, p_n, y)$。消费者对商品 i 的希克斯需求为 $h_i(p_1, \cdots, p_n, u)$,其中,$u = v(p_1, \cdots, p_n, y)$,$x_i^*(p_1, \cdots, p_n, y) = h_i(p_1, \cdots, p_n, u)$。消费者的(最小)支出函数为:

$$e(p_1, \cdots, p_n, u) \equiv p_1 h_1(p_1, \cdots, p_n, u) + \cdots + p_n h_n(p_1, \cdots, p_n)$$
$$+ \lambda^*(p_1, \cdots, p_n, u)(u - U(h_1(p_1, \cdots, p_n, u), \cdots, h_n(p_1, \cdots, p_n, u)))$$

由一阶下包络定理可知:

$$\frac{\partial e}{\partial p_i} = h_i(p_1, \cdots, p_n, u); \quad i = 1, \cdots, n \tag{12.116}$$

$u \equiv v(p_1, \cdots, p_n, e(p_1, \cdots, p_n, u))$,所以,

$$0 = \frac{\partial v}{\partial p_i} + \frac{\partial v}{\partial y} \times \frac{\partial e}{\partial p_i}$$

由式(12.116)和罗伊恒等式可知,对于 $y = e(p_1, \cdots, p_n, u)$,

$$0 = -x_i^*(p, y) \times \frac{\partial v}{\partial y} + \frac{\partial v}{\partial y} \times h_i(p, u) \tag{12.117}$$

因为消费者的偏好是严格单调的,所以消费者的支出的边际效用 $\partial v/\partial y$ 是正数(不是零),

于是,式(12.117)可简化为:

$$h_i(p, u) = x_i^*(p, y), \quad y = e(p, u) \tag{12.118}$$

其中,$p = (p_1, \cdots, p_n)$。也就是说,

$$h_i(p, u) \equiv x_i^*(p, e(p, u)), \quad i = 1, \cdots, n$$

因为这是一个恒等式,所以左边的变化率和右边的变化率相等:

$$\frac{\partial h_i(p, u)}{\partial p_j} = \frac{\partial x_i^*(p, y)}{\partial p_j}\bigg|_{y=e(p, u)} + \frac{\partial x_i^*(p, y)}{\partial y}\bigg|_{y=e(p, u)} \times \frac{\partial e(p, u)}{\partial p_j} \tag{12.119}$$

将式(12.116)和式(12.118)带入式(12.119),就可以得到斯勒茨基方程:

$$\frac{\partial h_i(p, u)}{\partial p_j} = \frac{\partial x_i^*(p, y)}{\partial p_j}\bigg|_{y=e(p, u)} + x_j^*(p, y)\big|_{y=e(p, u)} \times \frac{\partial x_i^*(p, y)}{\partial y}\bigg|_{y=e(p, u)} \qquad \Box$$

▶13

比较静态分析 Ⅱ

13.1 定性比较静态分析

本章所解释的方法是尤金·西尔伯贝格(Eugene Silberberg)在一篇题为《经济学中的比较静态分析方法的回顾:如何利用包络进行比较静态分析》的论文中提出的(参见 Silberberg, 1974)。一旦你读懂了这一章,你就会意识到该论文的标题是一个有趣的双关语。

我们的目标只是判断比较静态量的值 $\partial x_i^* / \partial \gamma_k$ 和 $\partial \lambda_j^* (\gamma) / \partial \gamma_k$ 的符号。西尔伯贝格的方法就是把两类有约束的最优化问题进行比较:原始(primal)问题和原始-对偶(primal-dual)问题。所谓的原始问题,就是我们在本书中到目前为止所探讨的问题。原始-对偶问题是个新概念,但它用一种相当巧妙的方式以原始问题族为基础构造出来。我将在下一节中解释这句话的含义。当我们理解了什么是原始-对偶问题,就可以讨论它们的最优解。你将发现,利用原始-对偶问题的一阶最优条件可以推出很多我们之前讨论过的结论。特别重要的是,我们可以用它推出原始问题的一阶最优条件,也可以用它推出将一阶包络定理应用于原始问题所得到的那些结论,而且,这些都是以一种非常简单的方式完成的。当然,我们已经得到了这些结论,现在只不过是能用一种不同的方法推导出它们而已。那么,西尔伯贝格的新方法能给我们带来什么好处吗?这种方法实质上是用旧的东西来获得新的东西。旧的东西就是二阶最优化问题的必要条件,但是是针对原始-对偶问题。然而,令人惊讶的是,这个二阶条件可以让我们得到被用来构造原始-对偶问题的原始问题的所有定性比较静态分析结果,而且是以更简单的方式得到。

本章的学习内容是这样安排的:在下一节中,我们将解释什么是原始-对偶问题。然后,我们将介绍原始-对偶问题的一阶最优条件。接下来,我们将进入本章的核心部分,讨论原始-对偶问题的二阶必要条件。

在经济学中,你经常会看到这样的说法:"当一个企业生产的产品价格发生变化时,企业在长期内对其产品供给量的调整幅度比在短期内更大。"把这句话换成更标准的表述是:"当企业产品的价格发生变化时,企业会调整其产品的供给量,而当企业在选择生产计划方面受到的限制相对更少时,供给量的调整幅度就更大。"入门级的教科书经常用这样的说法来解释："企业的供给曲线的斜率在长期内比在短期内更平坦"（在画供应曲线时，经济学家会用纵轴表示产品价格 p，这多少有点奇怪）。这样的表述是典型的比较静态分析的结论。如果公司的长期和短期供给函数的斜率是 $\partial y^\ell / \partial p$ 和 $\partial y^s / \partial p$，那么，刚才的说法其实就是：$\partial y^s / \partial p < \partial y^\ell / \partial p$。如今，这种静态分析结果的比较通常被称为勒夏特列现象（Le Chatelier phenomena）——以最早将其引入科学家视野的人命名。在本章的最后部分，我们将看到如何通过使用另一种类型的包络定理，即二阶包络定理推出这些结论。请你不要担心，这些结论相当简单且易懂。

13.2 原始问题和原始-对偶问题

再次考虑一个有约束的最优化问题：

$$\max_{x_1, \cdots, x_n} f(x_1, \cdots, x_n; \alpha)$$
$$\text{s.t. } h_j(x_1, \cdots, x_n; \beta_j, b_j) \geqslant 0, \ j=1, \cdots, m \tag{13.1}$$

这是个典型的原始问题。原始问题的关键特征在于它包含了选择变量 $x_1, \cdots, x_n$ 和固定量（即参数）$\gamma_1, \cdots, \gamma_r$。我们用 r 表示此问题参数的个数，那么，参数向量 $\gamma = (\gamma_1, \cdots, \gamma_r)$ 是该问题的参数空间 $\Gamma \in \mathscr{R}^r$ 里的一个元素。假设函数 $f, h_1, \cdots, h_m$ 都是二阶连续可微的，且解的集值映射是函数，也就是说，对任意 $\gamma \in \Gamma$，原始问题的最优解 $(x^*(\gamma), \lambda^*(\gamma))$ 都是唯一的。原始问题的最大值函数是目标函数在 $x^*(\gamma)$ 处的值，即函数 $v: \Gamma \mapsto \mathscr{R}$，其表达式为：

$$v(\gamma) \equiv f(x^*(\gamma); \alpha) \tag{13.2}$$

从这个原始问题出发，西尔伯贝格构造了另一个有约束的最优化问题，该问题被称为原始-对偶问题：

$$\max_{x \in \mathscr{R}^n, \gamma \in \Gamma} \theta(\gamma, x) \equiv f(x, \alpha) - v(\gamma)$$
$$\text{s.t. } h_j(x, \beta_j, b_j) \geqslant 0, \ j=1, \cdots, m \tag{13.3}$$

原始问题（13.1）里的 $f, h_1, \cdots, h_m$ 中的分号在原始-对偶问题中被替换成了逗号，这表明，在原始-对偶问题中，向量 α, β 和 b 中的 r 个量都是变量，而不是固定的参数。因此，原始-对偶问题包含 $(n+r)$ 个选择变量 $x_1, \cdots, x_n, \gamma_1, \cdots, \gamma_r$。

乍一看，原始问题和原始-对偶问题的约束条件是一样的，但事实并非如此。它们的约束方程的确相同，但是，原始问题中的约束比原始-对偶问题中的约束更具有"约束力"。为什么呢？假设原始问题只有一个约束，例如 $h(x_1, x_2; \beta, b) = b - x_1 - \beta x_2 \geqslant 0$（请注意 h 中的分号），其中，$\beta > 0, b \geqslant 0$。对于给定的 β 和 b，这个问题的可行选择 (x_1, x_2) 的集合为 $\mathcal{C}^p(\beta, b) = \{(x_1, x_2) | x_1 + \beta x_2 \leqslant b\}$，因此，对于给定的 β 和 b，原始问题的约束条件只对 x_1 和 x_2 的决策有限制。假设 $\beta = 2, b = 3$，那么，$\mathcal{C}^p(2, 3) = \{(x_1, x_2) | x_1 + 2x_2 \leqslant 3\}$ 就是原始问题的一个具体的可行集。这个有约束的原始-对偶问题版本是 $h(x_1, x_2, \beta, b) = b - x_1 - \beta x_2 \geqslant 0$（注意，$h$ 中的分号被替换成了逗号），意味着这是对 x_1, x_2, β 和 b 的

联合约束。所以,原始-对偶问题的可行集为:

$$\mathcal{C}^{pd}=\{(x_1,x_2,\beta,b)\,|\,x_1+\beta x_2\leqslant b,\ \beta>0,\ b\geqslant 0\}$$

对于某一个或多个 β 和 b 的值,原始-对偶问题中 x_1 和 x_2 的可行值的完备集合为:

$$\bigcup_{\substack{\beta>0\\b\geqslant0}}\mathcal{C}^p(\beta,b)$$

这个集合通常比原始问题中 β 和 b 被固定在某个值时的可行集,比如 $\mathcal{C}^p(2,3)$,要大很多。

原始-对偶问题的另一个有意思的特点是它没有参数。这看起来很奇怪,因为我们已经习惯于处理一些包含固定量(即参数)的问题。但是稍加思考后你就会发现这个性质并不奇怪。比如,考虑一个原始问题:

$$\min_x(x-b)^2 \tag{13.4}$$

这个问题有一个选择变量 x 和一个参数 b。对于任意给定的 b,唯一的最小值解为 $x^*(b)=b$。现在考虑原始-对偶问题:

$$\min_{x,b}(x-b)^2$$

其中,x 和 b 都是选择变量。我们看不到任何一个参数,因此这是个原始-对偶问题。这个问题有无数个最优解 (x^*,b^*),每个最优解都有 $x^*=b^*$。这个原始-对偶问题与无数个原始问题(13.4)对应,每个原始问题与(原始)参数 b 的一个可能值对应。而一个具体的原始问题由问题(13.1)中参数向量 γ 的固定值决定,每个可能的 γ 都对应了这样的一个原始问题。原始-对偶问题(13.3)中的向量 γ 可以取任意满足条件的值(它不是参数),因此,原始-对偶问题只有一个。

在阅读下面的内容之前,建议你先停一下。大家很容易对原始-对偶问题以及它是如何从原始问题族中被构造出来的有误解。因此,在学习求解原始-对偶问题之前,你最好回顾一下这部分的内容,以确保完全理解了原始问题族和由原始问题族得到的原始-对偶问题之间的相似点与区别。

13.3 原始-对偶问题的一阶条件

对于任意具体的 $\gamma\in\Gamma$(也就是对于任意一个具体的原始问题),都有 $v(\gamma)\geqslant f(x;\gamma)$,其中,$x\in\mathcal{C}(\beta,b)$,即原始问题的可行集。因此,原始-对偶问题的目标函数 $\theta(\gamma,x)$ 永远不会取正值。那原始-对偶问题的目标函数的最大值可以是多少呢?在阅读下一段之前,请先思考一下。

答案是 0。为什么呢?原始-对偶问题的最优解是什么样的?从原始-对偶问题的可行集中任取一个选择向量 γ,也就是任取一个 $\gamma\in\Gamma$,然后把 γ 视为固定参数向量,解出相应的原始问题。于是,我们就得到了 $\mathfrak{R}^{n+m+r}$ 中的一个点 $(x^*(\gamma),\lambda^*(\gamma),\gamma)$,这个点是原始-对偶问题的一个最优解,因为在该点处原始-对偶问题的目标函数值为:

$$\theta(\gamma,x^*(\gamma))=f(x^*(\gamma);\alpha)-v(\gamma)=f(x^*(\gamma);\alpha)-f(x^*(\gamma);\alpha)=0$$

那么,这个原始-对偶问题会有多少个最优解呢? 在阅读下一段之前,请先思考一下。

对于每个 $\gamma \in \Gamma$,都存在一个最优解 $(x^*(\gamma), \lambda^*(\gamma), \gamma)$。因为我们假设了原始-对偶中的所有函数都是对 γ 可微的,Γ 中就有无数个 γ,且每个 γ 都对应一个原始-对偶问题的最优解。

原始-对偶问题的最优解一定满足一阶必要条件。由式(13.3)可知,一阶条件中的 KKT 条件为:在原始-对偶问题的最优解 $(x^*(\gamma), \lambda^*(\gamma), \gamma)$ 处一定存在全部非负且不全为零的标量 $\lambda_1^*(\gamma), \cdots, \lambda_m^*(\gamma)$,使得目标函数 θ 的梯度向量为:

$$\nabla_{\gamma, x} \theta(\gamma, x) |_{x=x^*(\gamma)} = -\sum_{j=1}^m \lambda_j^*(\gamma) \nabla_{\gamma, x} h_j(x, \beta_j, b_j) |_{x=x^*(\gamma)} \qquad (13.5)$$

$\nabla_{\gamma, x}$ 表示的梯度向量是在原始-对偶问题的每个变量 $\gamma_1, \cdots, \gamma_r$ 和 $x_1, \cdots, x_n$ 的每个方向上的度量的梯度。所以,θ 的梯度向量为:

$$
\begin{aligned}
\nabla_{\gamma, x} \theta(\gamma, x) &= \left(\frac{\partial \theta(\gamma, x)}{\partial \gamma_1}, \cdots, \frac{\partial \theta(\gamma, x)}{\partial \gamma_r}, \frac{\partial \theta(\gamma, x)}{\partial x_1}, \cdots, \frac{\partial \theta(\gamma, x)}{\partial x_n} \right) \\
&= \left(\frac{\partial f(x, \alpha)}{\partial \gamma_1} - \frac{\partial v(\gamma)}{\partial \gamma_1}, \cdots, \frac{\partial f(x, \alpha)}{\partial \gamma_r} - \frac{\partial v(\gamma)}{\partial \gamma_r}, \frac{\partial f(x, \alpha)}{\partial x_1}, \cdots, \frac{\partial f(x, \alpha)}{\partial x_n} \right) \\
&= (\nabla_\gamma \theta(\gamma, x), \nabla_x \theta(\gamma, x))
\end{aligned}
$$

其中,$\theta(\gamma, x) = f(x, \alpha) - v(\gamma)$ 只在 $\gamma_1, \cdots, \gamma_r$ 的各个方向上的梯度为:

$$\nabla_\gamma \theta(\gamma, x) = \left(\frac{\partial f(x, \alpha)}{\partial \gamma_1} - \frac{\partial v(\gamma)}{\partial \gamma_1}, \cdots, \frac{\partial f(x, \alpha)}{\partial \gamma_r} - \frac{\partial v(\gamma)}{\partial \gamma_r} \right)$$

$\theta(\gamma, x) = f(x, \alpha) - v(\gamma)$ 只在 $x_1, \cdots, x_n$ 的各个方向上的梯度为:

$$\nabla_x \theta(\gamma, x) = \left(\frac{\partial f(x, \alpha)}{\partial x_1}, \cdots, \frac{\partial f(x, \alpha)}{\partial x_n} \right)$$

类似地,$h_1, \cdots, h_m$ 的梯度是 $(r+n)$ 维行向量。于是,原始-对偶问题的 KKT 条件为式(13.6)和式(13.7)。然后,再加入一阶必要条件的剩余部分,即 m 个互补松弛条件(13.8)。所以,原始-对偶问题的一阶必要条件由以下几个部分组成:

$$
\begin{aligned}
\frac{\partial \theta(x, \gamma)}{\partial x_i} \bigg|_{x=x^*(\gamma)} &= \frac{\partial f(x, \alpha)}{\partial x_i} \bigg|_{x=x^*(\gamma)} = -\lambda_1^*(\gamma) \frac{\partial h_1(x, \beta_1, b_1)}{\partial x_i} \bigg|_{x=x^*(\gamma)} - \cdots \\
&\quad - \lambda_m^*(\gamma) \frac{\partial h_m(x, \beta_m, b_m)}{\partial x_i} \bigg|_{x=x^*(\gamma)}, \ \forall i = 1, \cdots, n
\end{aligned} \qquad (13.6)
$$

$$
\begin{aligned}
\frac{\partial \theta(x, \gamma)}{\partial \gamma_k} \bigg|_{x=x^*(\gamma)} &= \frac{\partial f(x, \alpha)}{\partial \gamma_k} \bigg|_{x=x^*(\gamma)} - \frac{\partial v(\gamma)}{\partial \gamma_k} = -\lambda_1^*(\gamma) \frac{\partial h_1(x, \beta_1, b_1)}{\partial \gamma_k} \bigg|_{x=x^*(\gamma)} - \cdots \\
&\quad - \lambda_m^*(\gamma) \frac{\partial h_m(x, \beta_m, b_m)}{\partial \gamma_k} \bigg|_{x=x^*(\gamma)}, \ \forall k = 1, \cdots, r
\end{aligned} \qquad (13.7)
$$

$$0 = \lambda_j^*(\gamma) h_j(x^*(\gamma), \beta_j, b_j), \ \forall j = 1, \cdots, m \qquad (13.8)$$

$$\text{以及 } h_j(x^*(\gamma), \beta_j, b_j) \geqslant 0, \ \forall j = 1, \cdots, m \qquad (13.9)$$

在原始-对偶问题中关于 x 和 λ 的 KKT 条件和互补松弛条件(13.6)和(13.8)与在原

始问题中给定 γ 的值时关于 x 和 λ 的 KKT 条件和互补松弛条件完全相同。你稍微思考一下,就会明白其中的道理。毕竟,对于任意给定的参数向量 $\gamma \in \Gamma$,原始问题的最优解 $(x^*(\gamma), \lambda^*(\gamma))$ 一定是原始-对偶问题在 γ 取同一值时的最优解,因此,在 γ 是同一个给定的值时,这个最优解一定也是原始-对偶问题的一阶必要条件的解。下面,我再换种方式表达一下,也许你会更明白。对于固定的 γ 值,比如 γ',最大值 $v(\gamma')$ 是一个固定的常数,原始-对偶问题:

$$\max f(x; \alpha') - v(\gamma')$$
$$\text{s.t. } h_j(x; \beta_j', b_j') \geqslant 0, \; j = 1, \cdots, m$$

这正是以 $\gamma = \gamma'$ 为参数的一个原始问题,只是从目标函数中减去了常数 $v(\gamma')$。所以,这个原始问题(关于 x)的一阶必要条件必须与 $\gamma = \gamma'$ 时原始-对偶问题(关于 x)的一阶必要条件相同。

注意到了吗? 式(13.7)是一阶包络定理的另一种表达。为什么说这个条件是原始-对偶问题的最优解必须要满足的呢? 取一个 γ 值,比如 γ',式(13.7)的意思是:如果我们将 x 固定在 $x^*(\gamma')$ 处,那么,当 $\gamma = \gamma'$ 时,原始-对偶问题的最优解为 $(x^*(\gamma'), \lambda^*(\gamma'), \gamma')$,所以有 $v(\gamma') = f(x^*(\gamma'); \gamma')$,此时,原始问题的目标函数在 $\gamma = \gamma'$ 时的最大值与包络函数 $v(\gamma)$ 在 $\gamma = \gamma'$ 处的值相同。因此,当 $\gamma_k = \gamma_k'$ 时,包络函数 $v(\gamma)$ 对 γ_k 的斜率和受限函数 $f^r(\gamma; x^*(\gamma'))$ 对 γ_k 的斜率一定相同。这就是一阶包络定理所表述的意思,也是原始-对偶问题中关于选择变量 γ_k 的 KKT 条件的一部分。在原始问题中没有这样的条件,是因为原始问题中的向量 γ 是参数,不是变量。

13.4　原始-对偶问题的二阶条件

西尔伯贝格的方法被专门用于原始-对偶问题的二阶必要条件,因为二阶必要条件使得原始问题产生定性比较静态结果。这个条件是:对于 $(x^*(\gamma'), \gamma')$ 附近保持约束限制性的微小变化 $(\Delta x, \Delta \gamma)$,在原始-对偶问题的最优解 $(x^*(\gamma'), \lambda^*(\gamma'), \gamma')$ 处的拉格朗日函数的黑塞矩阵一定是半负定矩阵。

我们先搞清楚 $(x^*(\gamma'), \gamma')$ 附近的"微小"变化 $(\Delta x, \Delta \gamma)$ 的含义。微小变化 $(\Delta x, \Delta \gamma)$ 中的 Δx 意味着我们考虑的是点 $(x_1^*(\gamma'), \cdots, x_n^*(\gamma'))$ 附近的点 $(x_1^*(\gamma') + \Delta x_1, \cdots, x_n^*(\gamma') + \Delta x_n)$。假设目标函数的参数为 $(\alpha_1, \cdots, \alpha_a)$,第 j 个约束函数的参数分别为 $\beta_{j1}, \cdots, \beta_{jn_j}, j = 1, \cdots, m$,那么,$(\Delta x, \Delta \gamma)$ 中的 $\Delta \gamma$ 意味着我们考虑的是"接近"点 $\gamma' = (\alpha_1', \cdots, \alpha_a', \beta_{11}', \cdots, \beta_{1n_1}', \cdots, \beta_{m1}', \cdots, \beta_{mn_m}', b_1', \cdots, b_m')$ 的点

$$(\alpha_1' + \Delta \alpha_1, \cdots, \alpha_a' + \Delta \alpha_a, \beta_{11}' + \Delta \beta_{11}, \cdots, \beta_{1n_1}' + \Delta \beta_{1n_1}, \beta_{21}' + \Delta \beta_{21}, \cdots, \beta_{2n_2}' + \Delta \beta_{n2}, \cdots, \beta_{m1}' + \Delta \beta_{m1}, \cdots, \beta_{mn_m}' + \Delta \beta_{mn_m}, b_1' + \Delta b_1, \cdots, b_m' + \Delta b_m)$$

这个原始-对偶问题的拉格朗日函数为:

$$L^{pd}(x, \gamma, \lambda) = f(x, \alpha) - v(\gamma) + \lambda_1 h_1(x, \beta_1, b_1) + \cdots + \lambda_m h_m(x, \beta_m, b_m)$$

$$(13.10)$$

用 $\Delta(\beta_j, b_j)$ 表示在第 j 个约束函数中除了 $x_1, \cdots, x_n$ 以外的变量向量 (β_j, b_j) 的微小变化。那么,原始-对偶问题的二阶必要条件为,存在一个 $\varepsilon \geqslant 0$,对于

$$(\Delta x, \Delta \gamma) H_{L^{pd}}(x^*(\gamma'), \lambda^*(\gamma'), \gamma') \begin{bmatrix} \Delta x \\ \Delta \gamma \end{bmatrix} \leqslant 0 \quad \forall (\Delta x, \Delta \gamma), \text{满足} \quad (13.11)$$

$$(x^*(\gamma') + \Delta x, \gamma' + \Delta \gamma) \in B_{d_E}((x^*(\gamma'), \gamma'), \varepsilon), \text{以及} \quad (13.12)$$

$$\left(\nabla_x h_j(x, \beta_j, b_j), \nabla_{(\beta_j, b_j)} h_j(x, \beta_j, b_j) \right) \Big|_{\substack{(x, \gamma)= \\ (x^*(\gamma'), \gamma')}} \cdot \begin{bmatrix} \Delta x \\ \Delta(\beta_j, b_j) \end{bmatrix} = 0 \, \forall j \in I(x^*(\gamma'), \gamma')$$

$$(13.13)$$

其中,$I(x^*(\gamma'), \gamma')$ 是在 $(x, \gamma) = (x^*(\gamma'), \gamma')$ 处具有限制性的约束的编号集合。关于原始-对偶问题决策变量 x 和 γ 的拉格朗日函数的黑塞矩阵是对称的 $(n+r)$ 阶矩阵

$$H_{L^{pd}}(x, \lambda, \gamma) = \begin{bmatrix} \dfrac{\partial^2 L^{pd}}{\partial x_1^2} & \cdots & \dfrac{\partial^2 L^{pd}}{\partial x_1 \partial x_n} & \dfrac{\partial^2 L^{pd}}{\partial x_1 \partial \gamma_1} & \cdots & \dfrac{\partial^2 L^{pd}}{\partial x_1 \partial \gamma_r} \\ \vdots & \ddots & \vdots & \vdots & & \vdots \\ \dfrac{\partial^2 L^{pd}}{\partial x_n \partial x_1} & \cdots & \dfrac{\partial^2 L^{pd}}{\partial x_n^2} & \dfrac{\partial^2 L^{pd}}{\partial x_n \partial \gamma_1} & \cdots & \dfrac{\partial^2 L^{pd}}{\partial x_n \partial \gamma_r} \\ \dfrac{\partial^2 L^{pd}}{\partial \gamma_1 \partial x_1} & \cdots & \dfrac{\partial^2 L^{pd}}{\partial \gamma_1 \partial x_n} & \dfrac{\partial^2 L^{pd}}{\partial \gamma_1^2} & \cdots & \dfrac{\partial^2 L^{pd}}{\partial \gamma_1 \partial \gamma_r} \\ \vdots & & \vdots & \vdots & \ddots & \vdots \\ \dfrac{\partial^2 L^{pd}}{\partial \gamma_r \partial x_1} & \cdots & \dfrac{\partial^2 L^{pd}}{\partial \gamma_r \partial x_n} & \dfrac{\partial^2 L^{pd}}{\partial \gamma_r \partial \gamma_1} & \cdots & \dfrac{\partial^2 L^{pd}}{\partial \gamma_r^2} \end{bmatrix} \quad (13.14)$$

时,我们可以将这个大的矩阵简化为它的分块矩阵形式,即:

$$H_{L^{pd}}(x, \lambda, \gamma) = \begin{bmatrix} \nabla_{xx}^2 L^{pd} & \nabla_{x\gamma}^2 L^{pd} \\ \nabla_{\gamma x}^2 L^{pd} & \nabla_{\gamma\gamma}^2 L^{pd} \end{bmatrix} \quad (13.15)$$

$\nabla_{xx}^2 L^{pd}$ 表示黑塞矩阵左上角的 $n \times n$ 项 $\partial^2 L^{pd}/\partial x_i \partial x_j$,其中,$i, j = 1, \cdots, n$。$\nabla_{x\gamma}^2 L^{pd}$ 表示黑塞矩阵右上角的 $n \times r$ 项 $\partial^2 L^{pd}/\partial x_i \partial \gamma_k$,其中 $i = 1, \cdots, n$,$k = 1, \cdots, r$。$\nabla_{\gamma x}^2 L^{pd}$ 表示黑塞矩阵左下角的 $r \times n$ 项 $\partial^2 L^{pd}/\partial \gamma_k \partial x_i$,其中 $k = 1, \cdots, r$,$i = 1, \cdots, n$。$\nabla_{\gamma\gamma}^2 L^{pd}$ 表示黑塞矩阵左下角的 $r \times r$ 项 $\partial^2 L^{pd}/\partial \gamma_j \partial \gamma_k$,其中 $j, k = 1, \cdots, n$。

那么,二阶最大化必要条件就是,对于偏离 $(x^*(\gamma'), \gamma')$ 且保持约束限制性的微小变化 $(\Delta x, \Delta \gamma)$,矩阵 (13.15) 在 $(x, \lambda, \gamma) = (x^*(\gamma'), \lambda^*(\gamma'), \gamma')$ 处一定是半负定矩阵。也就是说,对在 $(x^*(\gamma'), \gamma')$ 处满足

$$(\Delta x, \Delta \gamma) \begin{bmatrix} \nabla_{xx}^2 L^{pd} & \nabla_{x\gamma}^2 L^{pd} \\ \nabla_{\gamma x}^2 L^{pd} & \nabla_{\gamma\gamma}^2 L^{pd} \end{bmatrix} \Bigg|_{\substack{(x, \lambda, \gamma)= \\ (x^*(\gamma'), \lambda^*(\gamma'), \gamma')}} \begin{bmatrix} \Delta x \\ \Delta y \end{bmatrix} \leqslant 0 \quad (13.16)$$

的微小变化 $(\Delta x, \Delta \gamma)$,一定会有

$$
\left(\nabla_x h_j(x, \beta_j, b_j), \ \nabla_{(\beta_j, b_j)} h_j(x, \beta_j, b_j)\right)\Big|_{\substack{(x, \gamma)= \\ (x^*(\gamma'), \gamma')}} \begin{bmatrix} \Delta x \\ \Delta(\beta_j, b_j) \end{bmatrix} = 0 \ \forall j \in I(x^*(\gamma'), \gamma')
$$

$$(13.17)$$

西尔伯贝格指出,在比较静态分析中,唯一的微小变化是原始问题中的那些参数,即向量 γ,也就是说,在任何比较静态分析中,我们都把"x"的微小变化向量设为零。于是,根据式 (13.16)、式(13.17)和 $\Delta x = 0_n$ 可知,在比较静态分析中,当偏离 γ' 的微小变化 $\Delta\gamma$ 满足

$$
\Delta\gamma^{\mathrm{T}}(\nabla^2_{\gamma\gamma} L^{pd})\Big|_{\substack{(x, \lambda, \gamma)= \\ (x^*(\gamma'), \lambda^*(\gamma'), \gamma')}} \Delta\gamma \leqslant 0 \tag{13.18}
$$

时,一定有:

$$
\nabla_{(\beta_j, b_j)} h_j(x, \beta_j, b_j)\Big|_{\substack{(x, \gamma)= \\ (x^*(\gamma'), \gamma')}} \cdot \Delta(\beta_j, b_j) = 0 \ \forall j \in I(x^*(\gamma'), \gamma') \tag{13.19}
$$

式(13.18)和式(13.19)的结论一定是成立的,因为点 $(x^*(\gamma'), \lambda^*(\gamma'), \gamma')$ 是原始-对偶问题(13.3)的最优解。这个命题提供了原始问题(13.1)最优解的定性比较静态量的性质。让我们看看怎样得出这些结果。

13.5 定性比较分析的结果

请仔细观察式(13.18)中的矩阵 $\nabla^2_{\gamma\gamma} L^{pd}$,即

$$
\nabla^2_{\gamma\gamma} L^{pd} = \begin{pmatrix} \dfrac{\partial^2 L^{pd}}{\partial \gamma_1^2} & \cdots & \dfrac{\partial^2 L^{pd}}{\partial \gamma_1 \partial \gamma_r} \\ \vdots & \ddots & \vdots \\ \dfrac{\partial^2 L^{pd}}{\partial \gamma_r \partial \gamma_1} & \cdots & \dfrac{\partial^2 L^{pd}}{\partial \gamma_r^2} \end{pmatrix}\Bigg|_{\substack{(x, \lambda, \gamma)= \\ (x^*(\gamma'), \lambda^*(\gamma'), \gamma')}} \tag{13.20}
$$

这个矩阵的元素是什么样子的呢? 由式(13.10)可知,

$$
\frac{\partial L^{pd}}{\partial \gamma_k} = \frac{\partial f(x, \alpha)}{\partial \gamma_k} - \frac{\partial v(\gamma)}{\partial \gamma_k} + \lambda_1 \frac{\partial h_1(x, \beta_1, b_1)}{\partial \gamma_k} + \cdots + \lambda_m \frac{\partial h_m(x, \beta_m, b_m)}{\partial \gamma_m} \tag{13.21}
$$

所以有:

$$
\frac{\partial^2 L^{pd}}{\partial \gamma_j \partial \gamma_k} = \frac{\partial^2 f(x, \alpha)}{\partial \gamma_j \partial \gamma_k} - \frac{\partial^2 v(\gamma)}{\partial \gamma_j \partial \gamma_k} + \lambda_1 \frac{\partial^2 h_1(x, \beta_1, b_1)}{\partial \gamma_j \partial \gamma_k} + \cdots + \lambda_m \frac{\partial^2 h_m(x, \beta_m, b_m)}{\partial \gamma_j \partial \gamma_k} \tag{13.22}
$$

矩阵(13.20)的第 jk 个元素是式(13.22)原始-对偶问题在最优解 $(x^*(\gamma'), \lambda^*(\gamma'), \gamma')$ 处的值:

$$
\frac{\partial^2 L^{pd}}{\partial \gamma_j \partial \gamma_k}\Bigg|_{\substack{x=x^*(\gamma') \\ \lambda=\lambda^*(\gamma') \\ \gamma=\gamma'}} = \frac{\partial^2 f(x, \alpha)}{\partial \gamma_j \partial \gamma_k}\Bigg|_{\substack{x=x^*(\gamma') \\ \alpha=\alpha'}} - \frac{\partial^2 v(\gamma)}{\partial \gamma_j \partial \gamma_k}\Bigg|_{\gamma=\gamma'} + \lambda_1^*(\gamma') \frac{\partial^2 h_1(x, \beta_1, b_1)}{\partial \gamma_j \partial \gamma_k}\Bigg|_{\substack{x=x^*(\gamma') \\ (\beta_1, b_1)=(\beta_1', b_1')}}
$$

$$+\cdots+\lambda_m^*(\gamma')\frac{\partial^2 h_m(x,\beta_m,b_m)}{\partial\gamma_j\partial\gamma_k}\bigg|_{\substack{x=x^*(\gamma')\\(\beta_m,b_m)=(\beta_m',b_m')}} \tag{13.23}$$

回忆一下,在原始-对偶问题的最优解处,一阶必要条件(13.6)、条件(13.7)和条件(13.8)的值都恒为零。所以由条件(13.7)可知,

$$\frac{\partial v(\gamma)}{\partial\gamma_k}\equiv\frac{\partial f(x,\alpha)}{\partial\gamma_k}\bigg|_{x=x^*(\gamma)}+\lambda_1^*(\gamma)\frac{\partial h_1(x,\beta_1,b_1)}{\partial\gamma_k}\bigg|_{x=x^*(\gamma)}+\cdots$$
$$+\lambda_m^*(\gamma)\frac{\partial h_m(x,\beta_m,b_m)}{\partial\gamma_k}\bigg|_{x=x^*(\gamma)}$$

将这个恒等式对 γ_j 求微分可得:

$$\frac{\partial^2 v(\gamma)}{\partial\gamma_j\partial\gamma_k}=\sum_{i=1}^{n}\frac{\partial^2 f(x,\alpha)}{\partial x_i\partial\gamma_k}\bigg|_{x=x^*(\gamma)}\times\frac{\partial x_i^*(\gamma)}{\partial\gamma_j}+\frac{\partial^2 f(x,\alpha)}{\partial\gamma_j\partial\gamma_k}\bigg|_{x=x^*(\gamma)}+$$
$$\sum_{t=1}^{m}\frac{\partial\lambda_t^*(\gamma)}{\partial\gamma_j}\times\frac{\partial h_t(x,\beta_t,b_t)}{\partial\gamma_k}\bigg|_{x=x^*(\gamma)}+$$
$$\sum_{t=1}^{m}\lambda_t^*(\gamma)\left[\frac{\partial^2 h_t(x,\beta_t,b_t)}{\partial\gamma_j\partial\gamma_k}\bigg|_{x=x^*(\gamma)}+\sum_{i=1}^{n}\frac{\partial^2 h_t(x,\beta_t,b_t)}{\partial x_i\partial\gamma_k}\bigg|_{\substack{x=x^*(\gamma')\\(\beta_t,b_t)=(\beta_t',b_t')}}\times\frac{\partial x_i^*(\gamma)}{\partial\gamma_j}\bigg|_{\gamma=\gamma'}\right]$$

$$\tag{13.24}$$

在 $\gamma=\gamma'$ 处计算式(13.24)的值,然后用它们代替式(13.23)中的 $\partial^2 v(\gamma)/\partial\gamma_j\partial\gamma_k$,可以得出矩阵(13.20)中的第 jk 个元素的值为:

$$\frac{\partial^2 L^{pd}}{\partial\gamma_j\partial\gamma_k}\bigg|_{\substack{x=x^*(\gamma')\\\lambda=\lambda^*(\gamma')\\\gamma=\gamma'}}=-\sum_{i=1}^{n}\left[\frac{\partial^2 f(x,\alpha)}{\partial x_i\partial\gamma_k}+\sum_{t=1}^{m}\lambda_t^*(\gamma')\frac{\partial^2 h_t(x,\beta_t,b_t)}{\partial x_i\partial\gamma_k}\right]\bigg|_{\substack{x=x^*(\gamma')\\\gamma=\gamma'}}\times\frac{\partial x_i^*(\gamma)}{\partial\gamma_j}$$
$$-\sum_{t=1}^{m}\frac{\partial\lambda_t^*(\gamma)}{\partial\gamma_j}\times\frac{\partial h_t(x,\beta_t,b_t)}{\partial\gamma_k}\bigg|_{\substack{x=x^*(\gamma')\\\gamma=\gamma'}} \tag{13.25}$$

式(13.25)表明,式(13.20)中的每个元素都是静态比较量 $\partial x_1^*(\gamma)/\partial\gamma_j,\cdots,\partial x_n^*(\gamma)/\partial\gamma_j$ 和 $\partial\lambda_1^*(\gamma)/\partial\gamma_j,\cdots,\partial\lambda_m^*(\gamma)/\partial\gamma_j$ 在 $x=x^*(\gamma')$ 和 $\gamma=\gamma'$ 处的值的线性组合。矩阵(13.20)中的元素的符号也包含了静态比较量的符号的信息。那么,我们都能得到哪些信息呢?

首先,只有在主对角线上的元素都是非正数时,一个矩阵才是半负定矩阵,因此,对所有 $k=1,\cdots,r$,都有:

$$\frac{\partial^2 L^{pd}}{\partial\gamma_k^2}\leqslant 0 \tag{13.26}$$

其次,这个矩阵是对称矩阵(因为函数 $f,g_1,\cdots,g_m$ 都是二阶连续可微的),所以,对所有 $j,k=1,\cdots,r$ 且 $j\neq k$,都有:

$$\frac{\partial^2 L^{pd}}{\partial\gamma_j\partial\gamma_k}=\frac{\partial^2 L^{pd}}{\partial\gamma_k\partial\gamma_j} \tag{13.27}$$

如果原始-对偶问题在最优解$(x^*(\gamma'), \lambda^*(\gamma'), \gamma')$处的限制性约束函数是关于$\gamma_1, \cdots, \gamma_k$的仿射(但不需要是$x_1, \cdots, x_n$的仿射),那么,还有第三种得出静态比较量的方法。如果限制性约束函数是关于$\gamma_1, \cdots, \gamma_k$的仿射,当且仅当由黑塞矩阵(13.20)和限制性约束函数在最优解$(x^*(\gamma'), \lambda^*(\gamma'), \gamma')$处的梯度向量所构成的加边黑塞矩阵的加边主子式满足定理10.2中的条件时,式(13.18)和式(13.19)同时成立。

我们来计算一下这个加边黑塞矩阵。在不失一般性的情况下,假设$(x^*(\gamma'), \lambda^*(\gamma'), \gamma')$处限制性约束的编号为$j=1, \cdots, \ell$。那么,在点$(x^*(\gamma'), \lambda^*(\gamma'), \gamma')$处的加边黑塞矩阵是一个$(\ell+r)$阶对称矩阵:

$$\bar{H}_{L^{pd}}(x^*(\gamma'), \lambda^*(\gamma'), \gamma') = \left. \begin{pmatrix} 0 & \cdots & 0 & \frac{\partial h_1}{\partial \gamma_1} & \cdots & \frac{\partial h_1}{\partial \gamma_r} \\ \vdots & \ddots & \vdots & \vdots & & \vdots \\ 0 & \cdots & 0 & \frac{\partial h_\ell}{\partial \gamma_1} & \cdots & \frac{\partial h_\ell}{\partial \gamma_r} \\ \frac{\partial h_1}{\partial \gamma_1} & \cdots & \frac{\partial h_\ell}{\partial \gamma_1} & \frac{\partial^2 L^{pd}}{\partial \gamma_1^2} & \cdots & \frac{\partial^2 L^{pd}}{\partial \gamma_1 \partial \gamma_r} \\ \vdots & & \vdots & \vdots & \ddots & \vdots \\ \frac{\partial h_1}{\partial \gamma_r} & \cdots & \frac{\partial h_\ell}{\partial \gamma_r} & \frac{\partial^2 L^{pd}}{\partial \gamma_r \partial \gamma_1} & \cdots & \frac{\partial^2 L^{pd}}{\partial \gamma_r^2} \end{pmatrix} \right|_{\substack{(x,\lambda,\gamma)= \\ (x^*(\gamma), \lambda^*(\gamma), \gamma)}}$$

$$(13.28)$$

定理10.2表明,如果约束$j=1, \cdots, \ell$都是关于$\gamma_1, \cdots, \gamma_r$的仿射,那么,式(13.18)和式(13.19)成立的充分必要条件是:黑塞矩阵(13.28)的阶数$i=2\ell+1, \cdots, r$时,加边主子式要么为零,要么符号为$(-1)^i$。这个信息能让我们得到更多的比较静态分析结果。

13.6 一个例子

我们用西尔伯格的方法来进行定性的比较静态分析。仍以原始问题(11.4)为例。在这个例子中,作为价格接受者的企业要实现利润最大化。该问题的最大值函数是企业的间接利润函数:

$\pi^*(p, w_1, w_2, \beta_1, \beta_2)$

$py^*(p, w_1, w_2, \beta_1, \beta_2) - w_1 x_1^*(p, w_1, w_2, \beta_1, \beta_2) - w_2 x_2^*(p, w_1, w_2, \beta_1, \beta_2)$

所以,原始-对偶问题的目标函数为:

$\theta(y, x_1, x_2, p, w_1, w_2, \beta_1, \beta_2) = py - w_1 x_1 - w_2 x_2 - \pi^*(p, w_1, w_2, \beta_1, \beta_2)$

原始-对偶问题为:

$$\max_{p, w_1, w_2, \beta_1, \beta_2, y, x_1, x_2} \theta(p, w_1, w_2, \beta_1, \beta_2, y, x_1, x_2)$$
$$= py - w_1 x_1 - w_2 x_2 - \pi^*(p, w_1, w_2, \beta_1, \beta_2)$$

$$\text{s.t. } y \geq 0, \ x_1 \geq 0, \ x_2 \geq 0, \ x_1^{\beta_1} x_2^{\beta_2} \geq y \qquad (13.29)$$

该原始-对偶问题的拉格朗日函数为：

$$L^{pd}(y, x_1, x_2, p, w_1, w_2, \beta_1, \beta_2, \lambda_1, \lambda_2, \lambda_3, \lambda_4)$$

$$py - w_1 x_1 - w_2 x_2 - \pi^*(p, w_1, w_2, \beta_1, \beta_2) + \lambda_1 y + \lambda_2 x_1 + \lambda_3 x_2 + \lambda_4 (x_1^{\beta_1} x_2^{\beta_2} - y)$$

其中，y, x_1, x_2, p, w_1, w_2, β_1, β_2, λ_1, λ_2, λ_3 和 λ_4 都是变量。L^{pd} 对原始-对偶问题中的变量 p, w_1, w_2, β_1 和 β_2（这些变量在原始问题中是参数）的一阶导数分别为：

$$\frac{\partial L^{pd}}{\partial p} = y - \frac{\partial \pi^*(p, \cdot)}{\partial p}, \ \frac{\partial L^{pd}}{\partial w_i} = -x_i - \frac{\partial \pi^*(\cdot, w_i, \cdot)}{\partial w_i}, \ i = 1, 2 \qquad (13.30)$$

$$\text{以及} \frac{\partial L^{pd}}{\partial \beta_i} = -\frac{\partial \pi^*(\cdot, \beta_i)}{\partial \beta_i} + \lambda_4 \frac{\partial(x_1^{\beta_1} x_2^{\beta_2})}{\partial \beta_i}, \ i = 1, 2 \qquad (13.31)$$

这些一阶导数在原始-对偶问题的最优解处的值一定为零。因此，由式(13.30)可以得到霍特林引理：

$$y^*(p, w_1, w_2, \beta_1, \beta_2) = \frac{\partial \pi^*(p, \cdot)}{\partial p} \text{和} x_i^*(p, w_1, w_2, \beta_1, \beta_2)$$

$$= -\frac{\partial \pi^*(\cdot, w_1, \cdot)}{\partial w_i}, \ i = 1, 2$$

由式(13.30)可得到新的结论是：

$$\frac{\partial \pi^*(\cdot, \beta_i)}{\partial \beta_i} = \lambda_4^*(\gamma) \frac{\partial(x_1^{\beta_1} x_2^{\beta_2})}{\partial \beta_i} \bigg|_{x = x^*(\gamma)} = p \frac{\partial(x_1^{\beta_1} x_2^{\beta_2})}{\partial \beta_i} \bigg|_{x = x^*(\gamma)}, \ i = 1, 2 \quad (13.32)$$

β_i 的增加会提高投入要素 i 的生产率。式(13.32)表明，企业的最大利润随 β_i 变大而上升的比率等于投入要素 i 的生产率提高使收入上升的比率。因此，式(13.32)表示的是企业技术参数 β_i 的边际价值。

下面，我将固定 β_2 的值，这样就只需要计算 4×4 矩阵。根据式(13.25)可以得到，关于原始-对偶问题中的决策变量 p, w_1, w_2 和 β_1 的黑塞矩阵为：

$$(\nabla_{\gamma\gamma}^2 L^{pd}) = \begin{pmatrix} -\dfrac{\partial y^*}{\partial p} & \dfrac{\partial x_1^*}{\partial p} & \dfrac{\partial x_2^*}{\partial p} & -p\sum_{i=1}^{2}\left(g_{x_i\beta_1} \times \dfrac{\partial x_i^*}{\partial p}\right) - g_{\beta_1} \\[2mm] -\dfrac{\partial y^*}{\partial w_1} & \dfrac{\partial x_1^*}{\partial w_1} & \dfrac{\partial x_2^*}{\partial w_1} & -p\sum_{i=1}^{2}\left(g_{x_i\beta_1} \times \dfrac{\partial x_i^*}{\partial w_1}\right) \\[2mm] -\dfrac{\partial y^*}{\partial w_2} & \dfrac{\partial x_1^*}{\partial w_2} & \dfrac{\partial x_2^*}{\partial w_2} & -p\sum_{i=1}^{2}\left(g_{x_i\beta_1} \times \dfrac{\partial x_i^*}{\partial w_2}\right) \\[2mm] -\dfrac{\partial y^*}{\partial \beta_1} & \dfrac{\partial x_1^*}{\partial \beta_1} & \dfrac{\partial x_2^*}{\partial \beta_1} & -p\sum_{i=1}^{2}\left(g_{x_i\beta_1} \times \dfrac{\partial x_i^*}{\partial \beta_1}\right) \end{pmatrix} \quad (13.33)$$

其中，$g_{\beta_1} = \partial(x_1^{\beta_1} x_2^{\beta_2})/\partial \beta_1 = x_1^{\beta_1} x_2^{\beta_2} \ln x_1$, $g_{x_1\beta_1} = \partial^2(x_1^{\beta_1} x_2^{\beta_2})/\partial x_1 \partial \beta_1 = x_1^{\beta_1-1} x_2^{\beta_2}(\beta_1 \ln x_1 + 1)$, $g_{x_2\beta_1} = \partial^2(x_1^{\beta_1} x_2^{\beta_2})/\partial x_2 \partial \beta_1 = x_1^{\beta_1} x_2^{\beta_2-1}(\beta_2 \ln x_2 + 1)$。只有当主对角线上的元素都是

非正值时,式(13.33)才是一个半负定矩阵,所以有:

$$\frac{\partial y^*(p,w_1,w_2,\beta_1,\beta_2)}{\partial p}\geq 0,\quad \frac{\partial x_i^*(p,w_1,w_2,\beta_1,\beta_2)}{\partial w_i}\leq 0,\quad i=1,2 \quad (13.34)$$

$$p\left[\frac{\partial^2(x_1^{\beta_1}x_2^{\beta_2})}{\partial x_1\partial\beta_1}\times\frac{\partial x_1^*(\cdot)}{\partial\beta_1}+\frac{\partial^2(x_1^{\beta_1}x_2^{\beta_2})}{\partial x_2\partial\beta_1}\times\frac{\partial x_2^*(\cdot)}{\partial\beta_1}\right]\Bigg|_{\substack{x_1=x_1^*\\x_2=x_2^*}}\geq 0 \quad (13.35)$$

式(13.34)所表明的结果是众所周知的,即企业的供给量是产品价格的非递减函数,企业对某种投入要素的需求量是该投入要素价格的非递增函数。式(13.35)所表明的结果并不为人熟知,它表明,技术参数的边际值关于 β_1 是非递减的,也就是说,企业的技术参数 β_1 的值是 β_1 的凸函数。

由于黑塞矩阵是对称的,于是有:

$$\frac{\partial y^*(p,w_1,w_2,\beta_1,\beta_2)}{\partial w_i}=-\frac{\partial x_i^*(p,w_1,w_2,\beta_1,\beta_2)}{\partial p},\quad i=1,2 \quad (13.36)$$

$$\frac{\partial x_1^*(p,w_1,w_2,\beta_1,\beta_2)}{\partial w_2}=\frac{\partial x_2^*(p,w_1,w_2,\beta_1,\beta_2)}{\partial w_1} \quad (13.37)$$

和

$$\frac{\partial y^*(p,w_1,w_2,\beta_1,\beta_2)}{\partial\beta_1}=p\sum_{i=1}^{2}\left(\frac{\partial^2(x_1^{\beta_1}x_2^{\beta_2})}{\partial x_i\partial\beta_1}\Bigg|_{\substack{x_1=x_1^*\\x_2=x_2^*}}\times\frac{\partial x_i^*}{\partial p}\right)+\frac{\partial(x_1^{\beta_1}x_2^{\beta_2})}{\partial\beta_1}\Bigg|_{\substack{x_1=x_1^*\\x_2=x_2^*}}$$

$$(13.38)$$

式(13.36)表明,企业的供给量随着投入要素 i 价格的上升而减少的比率一定与企业对投入要素 i 的需求量随产品价格的上升而增加的比率相同。式(13.37)则表明,企业对投入要素 i 的需求量随投入要素 j 价格的上升而增加的比率一定与企业对投入要素 j 的需求量随投入要素 i 价格的上升而增加的比率相同。要想理解式(13.38),可能还需要补充一些知识。产品供给量为:

$$y^*(p,w_1,w_2,\beta_1;\beta_2)=x_1^*(p,w_1,w_2,\beta_1;\beta_2)^{\beta_1}x_2^*(p,w_1,w_2,\beta_1;\beta_2)^{\beta_2}$$

所以,

$$\frac{\partial y^*(\cdot)}{\partial\beta_1}=\frac{\partial(x_1^{\beta_1}x_2^{\beta_2})}{\partial x_1}\Bigg|_{\substack{x_1=x_1^*(\cdot)\\x_2=x_2^*(\cdot)}}\times\frac{\partial x_1^*(\cdot)}{\partial\beta_1}+\frac{\partial(x_1^{\beta_1}x_2^{\beta_2})}{\partial x_2}\Bigg|_{\substack{x_1=x_1^*(\cdot)\\x_2=x_2^*(\cdot)}}\times\frac{\partial x_2^*(\cdot)}{\partial\beta_1}$$

$$+\frac{\partial(x_1^{\beta_1}x_2^{\beta_2})}{\partial\beta_1}\Bigg|_{\substack{x_1=x_1^*(\cdot)\\x_2=x_2^*(\cdot)}} \quad (13.39)$$

式(13.39)右边前两项之和是改变 β_1 的值所产生的间接效应,即,通过改变使利润最大的投入要素 1 和投入要素 2 的数量来影响产品的供给量。式(13.39)右边最后一项是改变 β_1 对供给量的直接影响。令式(13.38)右边与式(13.39)的右边相等,我们可以得到:

$$\frac{\partial(x_1^{\beta_1}x_2^{\beta_2})}{\partial x_1}\Bigg|_{\substack{x_1=x_1^*(\cdot)\\x_2=x_2^*(\cdot)}}\times\frac{\partial x_1^*(\cdot)}{\partial\beta_1}+\frac{\partial(x_1^{\beta_1}x_2^{\beta_2})}{\partial x_2}\Bigg|_{\substack{x_1=x_1^*(\cdot)\\x_2=x_2^*(\cdot)}}\times\frac{\partial x_2^*(\cdot)}{\partial\beta_1}$$

$$= p\frac{\partial^2(x_1^{\beta_1}x_2^{\beta_2})}{\partial x_1\partial\beta_1}\bigg|_{\substack{x_1=x_1^*(\cdot)\\x_2=x_2^*(\cdot)}}\times\frac{\partial x_1^*}{\partial p}+p\frac{\partial^2(x_1^{\beta_1}x_2^{\beta_2})}{\partial x_2\partial\beta_1}\bigg|_{\substack{x_1=x_1^*(\cdot)\\x_2=x_2^*(\cdot)}}\times\frac{\partial x_2^*(\cdot)}{\partial p} \qquad (13.40)$$

式(13.40)的右边是改变产品价格 p 的间接效应的总和。改变产品价格 p 能改变使利润最大的要素投入 1 和投入要素 2 的数量,从而对企业的技术变量 β_1 的边际收益产生影响。这个间接效应必然与改变 β_1 对公司供给量产生的间接效应相等。你可能会怀疑这个结论是否有用,这取决于你要回答什么问题。

这个例子要告诉你的是:首先,它展示了如何用西尔伯贝格的方法得出不是显然成立的比较静态分析结果。其次,式(13.40)是关于未知数 $\partial x_1^*/\partial\beta_1$、$\partial x_2^*/\partial\beta_2$、$\partial x_1^*/\partial p$ 和 $\partial x_2^*/\partial p$ 的一个简单的线性方程。为什么呢?因为式(13.40)中的所有对 $x_1^{\beta_1}x_2^{\beta_2}$ 的偏导数都是在点 (x_1^*, x_2^*) 处计算的,也就是说它们都是具体的值。因此,式(13.40)是一个线性约束,它包含了关于四个静态比较量的符号的信息。

我们能用定理 10.2 得出更多静态比较分析的结论吗?再看看原始-对偶问题(13.29)。有哪些约束在该问题的最优解处是限制性约束?对于任意解来说,都有 $y>0$,$x_1>0$ 且 $x_2>0$,所以唯一的限制性约束是技术约束:$x_1^{\beta_1}x_2^{\beta_2}-y=0$。这个约束与参数 p,w_1 和 w_2 都无关,而尽管这个约束与 β_1 和 β_2 有关,但是这种关系不是仿射,所以我们不能将定理 10.2 用于这个问题。

13.7　二阶包络定理

一阶包络定理告诉我们的信息是关于最大值函数的一阶导数的,二阶包络定理则是对两个相关的最大值函数的二阶导数进行比较。为了清楚地解释这个定理,我们需要先调整一下我们所使用的符号。

我们考虑的有约束的最优化问题是:

$$\max_{x\in\mathfrak{R}^n} f(x;\alpha)$$
$$\text{s.t. } h_j(x;\beta_j,b_j)\geqslant 0, \ j=1,\cdots,m \qquad (13.41)$$

用 $^m\gamma=(\alpha,{}^m\beta,{}^mb)$ 表示这 m 个有约束的参数向量。现在,为 $^m\gamma$ 取一个具体的值,这也使式(13.41)有了一个具体的形式,因为式(13.41)的具体形式由参数向量 $^m\gamma$ 的具体值决定。用 $({}^mx^*({}^m\gamma),{}^m\lambda^*({}^m\gamma))$ 表示这个具体的最优化问题的最优解,用 $I({}^mx^*({}^m\gamma))$ 表示在 $x={}^mx^*({}^m\gamma)$ 处的有限制的约束的编号集合。在不失一般性的情况下,假设 $I({}^mx^*({}^m\gamma))$ 中的编号为 $j=1,\cdots,\ell$,其中,$1\leqslant\ell\leqslant m$。给定 $^m\gamma$ 的值以后,式(13.41)的最优解与如下的等式约束问题:

$$\max_{x\in\mathfrak{R}^n} f(x;\alpha)$$
$$\text{s.t. } h_1(x;\beta_1,b_1)=0,\cdots,h_\ell(x;\beta_\ell,b_\ell)=0 \qquad (13.42)$$

的最优解相同。最优化问题(13.42)有 ℓ 个约束,参数向量为 $^\ell\gamma=(\alpha,{}^\ell\beta,{}^\ell b)$。用 Γ 表示所有可能的 $^\ell\gamma$ 组成的集合。对于给定的 $^\ell\gamma$,用 $({}^\ell x^*({}^\ell\gamma),{}^\ell\lambda^*({}^\ell\gamma))$ 表示该问题的最优解,

其中，$^{\ell}x^{*}(^{\ell}\gamma)=(^{\ell}x_1^{*}(^{\ell}\gamma),\cdots,^{\ell}x_n^{*}(^{\ell}\gamma))$，$^{\ell}\lambda^{*}(^{\ell}\gamma)=(^{\ell}\lambda_1^{*}(^{\ell}\gamma),\cdots,^{\ell}\lambda_{\ell}^{*}(^{\ell}\gamma))$。该问题的最大值函数为：

$$^{\ell}v(^{\ell}\gamma)\equiv f(^{\ell}x^{*}(^{\ell}\gamma);\alpha)+\sum_{j=1}^{\ell}{}^{\ell}\lambda_j^{*}(^{\ell}\gamma)h_j(^{\ell}x^{*}(^{\ell}\gamma);\beta_j,b_j) \tag{13.43}$$

它相当于在式(13.42)中增加一个新的等式约束，$h_{\ell+1}(x;\beta_{\ell+1},b_{\ell+1})=0$。于是，我们得到了一个新的、有更多约束的原始问题：

$$\max_{x\in\Re^n}f(x;\alpha)$$
$$\text{s.t. } h_1(x;\beta_1,b_1)=0,\cdots,h_{\ell}(x;\beta_{\ell},b_{\ell})=0,h_{\ell+1}(x;\beta_{\ell+1},b_{\ell+1})=0 \tag{13.44}$$

我们将式(13.44)称为有$(\ell+1)$个约束且参数向量为$^{\ell+1}\gamma=(^{\ell}\gamma:\beta_{\ell+1},b_{\ell+1})\equiv(\alpha:{}^{\ell}\beta,\beta_{\ell+1}:{}^{\ell}b,b_{\ell+1})$的最优化问题。$^{\ell+1}\lambda_{\ell+1}^{*}(^{\ell+1}\gamma)$是问题(13.44)的最优解$(^{\ell+1}x^{*}(^{\ell+1}\gamma),{}^{\ell+1}\lambda^{*}(^{\ell+1}\gamma))$处新约束的乘数的值。要清楚的是，约束个数为$(\ell+1)$的最优化问题的参数向量与约束个数为$\ell$的问题的参数向量基本是一样的，只是添加了新约束的参数$\beta_{\ell+1}$和$b_{\ell+1}$。

下面要介绍的内容理解起来并不难，但由于符号有点复杂，我们需要用一个例子加以说明。我们仍将最优化问题(13.44)作为例子，但令$\beta_1=\beta_2=\dfrac{1}{3}$，以简化问题。我们已经知道，在该问题的某些最优解处，技术约束都是限制性约束，所有的非负约束都是松弛的，所以$\ell=1$。不等式约束问题(11.4)的最优解与约束个数为ℓ的等式约束问题：

$$\max_{y,x_1,x_2}py-w_1x_1-w_2x_2$$
$$\text{s.t. } h_1(y,x_1,x_2)=x_1^{1/3}x_2^{1/3}-y=0$$

的最优解是相同的。

采用以上符号，该问题的参数向量为$^{1}\gamma=(p,w_1,w_2)$，最优解函数为[见(11.5)]：

$$\begin{pmatrix}{}^{1}y^{*}(p,w_1,w_2)\\{}^{1}x_1^{*}(p,w_1,w_2)\\{}^{1}x_2^{*}(p,w_1,w_2)\\{}^{1}\lambda^{*}(p,w_1,w_2)\end{pmatrix}=\begin{pmatrix}p^2/9w_1w_2\\p^3/27w_1^2w_2\\p^3/27w_1w_2^2\\p\end{pmatrix}$$

它的最大值函数就是间接利润函数$\left[见(11.7)，令\beta_1=\beta_2=\dfrac{1}{3}\right]$：

$$^{1}v(^{1}\gamma)={}^{1}v(p,w_1,w_2)=\frac{p^3}{27w_1w_2}$$

在阅读下面的内容之前，我们需要理解一个重要的概念：恰好限制性约束。考虑一个简单的不等式约束的最优化问题：

$$\max_{x\in\Re}f(x),\text{ s.t. } g(x)\leqslant\bar{b}$$

其最优解为$(x,\lambda)=(x^{*}(\bar{b}),\lambda^{*}(\bar{b}))$。当$x=x^{*}(\bar{b})$时，如果$g(x^{*}(\bar{b}))<\bar{b}$成立，那么，

我们称不等式约束 $g(x) \leq \bar{b}$ 为非限制性约束(或者松弛的约束,或者非有效约束)。当 $x = x^*(\bar{b})$ 时,如果 $g(x^*(\bar{b})) = \bar{b}$,那么,我们称不等式约束 $g(x) \leq \bar{b}$ 为限制性约束(或紧约束,或有效约束)。回顾一下,$\lambda^*(b)$ 是最优化问题的最大值对约束水平 b 的变化率,即,$\lambda^*(b) = \partial v(b)/\partial b$。当约束是松弛的时,$b$ 的值被改成在保持松弛的约束的某个小区间 $(\bar{b} - \varepsilon, \bar{b} + \varepsilon)$ 内的其他值,总有 $\lambda^*(b) \equiv 0$,这看起来就像该最优化问题没有这个约束条件一样。当 $x = x^*(\bar{b})$ 处的约束是限制性约束时,有两种可能性。第一种,对于一个足够小的 $\varepsilon > 0$ 和所有 $b \in (\bar{b} - \varepsilon, \bar{b} + \varepsilon)$,都有 $\lambda^*(b) > 0$,且当 $b = \bar{b}$ 时,该约束是严格限制性的。如果通过改变 b 的值使其稍微小于 $\bar{b}$,约束就会收紧,该问题的最大值就会变小。如果通过改变 b 的值使其稍微大于 $\bar{b}$,约束就会放松,该问题的最大值就会变大。第二种情况是 $g(x^*(\bar{b})) = \bar{b}$ 且 $\lambda^*(\bar{b}) = 0$,而当 $b < \bar{b}$ 时,有 $g(x^*(\bar{b})) = b$ 且 $\lambda^*(\bar{b}) > 0$。在第二种情况下,当 $b = \bar{b}$ 时这个约束是恰好限制性约束。这是什么意思呢? 当 $b = \bar{b}$ 时,该问题的最大值变化率为零,表明如果提高约束的水平值(也就是放宽约束)到高于 $b = \bar{b}$,就会使约束失去限制性。但是降低约束水平(即收紧约束)会导致该最优化问题的最大值变小。因此,在该问题中,当 $b = \bar{b}$ 和 $b > \bar{b}$ 时,约束条件无关紧要,但是当 $b < \bar{b}$ 时,约束条件是严格限制性约束,该最优化问题的最大值变小。

下面来看一个例子。考虑最优化问题 $\max\limits_{x} f(x) = 4 - x^2$,约束为 $x \leq b$。如果 $b < 0$,那么,这个约束是严格限制性约束,最优解为 $x^*(b) = b$,拉格朗日乘数为 $\lambda^*(b) = -2b > 0$,最大值为 $v(b) = 4 - b^2 < 4$。如果 $b > 0$,那么,这个约束是非限制性约束,最优解为 $x^*(b) = 0$,拉格朗日乘数为 $\lambda^*(b) = 0$,最大值为 $v(b) = 4$。如果 $b = 0$,那么,最优解为 $x^*(b=0) = b = 0$,所以约束具有限制性,$\lambda^*(b) = -2b = 0$,最大值为 $v(b=0) = 4$,且当约束任意稍微收紧(也就是 b 降到 0 以下)的时候,约束变成严格限制性的。因此,当 $b = 0$ 时约束 $x \leq b$ 是恰好限制性约束。

如果约束是等式约束,情况又是什么样的呢? 考虑如下最优化问题:

$$\max_{x \in \mathfrak{R}} f(x), \text{ s.t. } g(x) = \bar{b}$$

其最优解是 $(x, \lambda) = (x^*(\bar{b}), \lambda^*(\bar{b}))$。这是一个等式约束,所以不是松弛性约束,而是限制性约束,要么是恰好限制性约束,要么是严格限制性约束。如果 $\lambda^*(\bar{b}) = 0$ 时 $b = \bar{b}$,当 $b \neq \bar{b}$ 时 $\lambda^*(\bar{b}) \neq 0$,那么,约束在 $b = \bar{b}$ 时是恰好限制性约束。也就是说,如果 $b = \bar{b}$,那么,即使约束是有限制的(因为 $g(x^*(\bar{b}) = \bar{b})$),该约束也像不存在一样,因为该问题的最大值与无约束问题 $\max\limits_{x \in \mathfrak{R}} f(x)$ 的最大值相同。但是,如果 $b \neq \bar{b}$,那么,该约束是严格限制性约束,改变约束水平 b 会使得最优解和最大值都与没有约束的时候不一样。

考虑最优化问题 $\max\limits_{x \in \mathfrak{R}} f(x) = 4 - x^2$,约束条件为 $x = b$。该问题的唯一的可行解,也就是最优解为 $x^*(b) = b$。如果 $b \neq 0$,那么,约束为严格限制性约束。如果 $b = 0$,那么,约束是恰好限制性约束,因为此时的最优解 $x^*(b=0) = 0$ 与无约束最优化问题 $\max\limits_{x \in \mathfrak{R}} f(x) 4 - x^2$ 的最优解相同,即 $x^{**} = 0$。因此,当 $b = 0$ 时,即使约束 $x = b = 0$ 是等式约束,这个约束仍可被视为不存在,也就是说这个约束在 $b = 0$ 时是恰好限制性约束。

定义 13.1(恰好限制性等式约束) 如果问题(13.44)的第($\ell+1$)个约束满足

$$h_{\ell+1}({}^{\ell+1}x^*({}^\ell\gamma:\beta^0_{\ell+1},b^0_{\ell+1});\beta^0_{\ell+1},b^0_{\ell+1})=0,\ {}^{\ell+1}\lambda^*_{\ell+1}({}^\ell\gamma:\beta^0_{\ell+1},b^0_{\ell+1})=0$$

$$(13.45)$$

且对于每个 $\varepsilon>0$，邻域 $B_{d_E}({}^\ell\gamma^0,\varepsilon)$ 内包含一个 ${}^\ell\gamma$，使得：

$$h_{\ell+1}({}^{\ell+1}x^*({}^\ell\gamma:\beta^0_{\ell+1},b^0_{\ell+1});\beta^0_{\ell+1},b^0_{\ell+1})=0,\ {}^{\ell+1}\lambda^*_{\ell+1}({}^\ell\gamma:\beta^0_{\ell+1},b^0_{\ell+1})\neq0 \quad (13.46)$$

那么，第($\ell+1$)个约束对 ${}^{\ell+1}\gamma^0=({}^\ell\gamma^0:\beta^0_{\ell+1},b^0_{\ell+1})$ 是恰好限制性约束。

在接下来的讨论中，我们将简化下符号。将额外的约束条件中的参数 $\beta^0_{\ell+1}$ 和 $b^0_{\ell+1}$ 省略掉。比如，我们可以这样写：第($\ell+1$)个约束对 ${}^\ell\gamma={}^\ell\gamma^0$ 而言是恰好限制性约束，对接近 ${}^\ell\gamma^0$ 的 ${}^\ell\gamma\neq{}^\ell\gamma^0$ 而言是严格限制性约束。

式(13.45)的意思是，当 ${}^\ell\gamma={}^\ell\gamma^0$ 时，增加的限制性约束是等式约束，但对该问题的最大值没有影响。式(13.46)的意思是，至少存在一个无限接近 ${}^\ell\gamma^0$ 的 ${}^\ell\gamma$，它使得约束为严格限制性约束且能改变该最优化问题的最大值。

要清楚的是，当 ${}^\ell\gamma\neq{}^\ell\gamma^0$ 时，约束个数为 ℓ 的最优化问题的最优解往往与约束个数为($\ell+1$)的最优化问题的最优解不同。而当 ${}^\ell\gamma={}^\ell\gamma^0$ 时，这两个最优化问的最优解是相同的，即 $x^*({}^\ell\gamma^0)={}^{\ell+1}x^*({}^\ell\gamma^0:\beta^0_{\ell+1},b^0_{\ell+1})$。

约束个数为($\ell+1$)的最优化问题的最大值函数为：

$$\begin{aligned}{}^{\ell+1}v({}^\ell\gamma;\beta^0_{\ell+1},b^0_{\ell+1})&\equiv f({}^{\ell+1}x^*({}^\ell\gamma:\beta^0_{\ell+1},b^0_{\ell+1});\alpha)\\&+\sum_{j=1}^\ell{}^{\ell+1}\lambda^*_j({}^\ell\gamma:\beta^0_{\ell+1},b^0_{\ell+1})h_j({}^{\ell+1}x^*({}^\ell\gamma:\beta^0_{\ell+1},b^0_{\ell+1});\beta_j,b_j)\\&+{}^{\ell+1}\lambda^*_{\ell+1}({}^\ell\gamma:\beta^0_{\ell+1},b^0_{\ell+1})h_{\ell+1}({}^{\ell+1}x^*({}^\ell\gamma:\beta^0_{\ell+1},b^0_{\ell+1});\beta^0_{\ell+1},b^0_{\ell+1})\end{aligned} \quad (13.47)$$

在阅读下一段之前，请比较一下式(13.43)和式(13.47)。

当给定 ${}^\ell\gamma^0$ 时，有($\ell+1$)个约束的最优化问题的最优解永远不大于有 ℓ 个约束的最优化问题的最优解。(对吧?)但式(13.45)和式(13.46)传递了更多的信息。式(13.45)说明当 ${}^\ell\gamma={}^{\ell+1}\gamma^0$ 时，有($\ell+1$)个约束的最优化问题和有 ℓ 个约束的最优化问题的最大值相同，即

$$^\ell v({}^\ell\gamma^0)={}^{\ell+1}v({}^\ell\gamma^0:\beta^0_{\ell+1},b^0_{\ell+1}) \quad (13.48)$$

式(13.46)说明至少存在一个无限接近 ${}^\ell\gamma^0$ 的 ${}^\ell\gamma$，使得约束个数为 ℓ 的最优化问题的最大值严格大于约束个数为($\ell+1$)的最优化问题的最大值。即，对于 $\varepsilon>0$，至少存在一个 ${}^\ell\gamma\in B_{d_E}({}^\ell\gamma^0,\varepsilon)$，且 ${}^\ell\gamma\neq{}^\ell\gamma^0$，满足：

$$^\ell v({}^\ell\gamma)>{}^{\ell+1}v({}^\ell\gamma:\beta^0_{\ell+1},b^0_{\ell+1}) \quad (13.49)$$

为什么会这样呢? 如果对某个最优化问题施加一个额外的约束，参数向量 ${}^\ell\gamma$ 的值等于 ${}^\ell\gamma^0$，这个额外的约束在问题的最优解处是恰好限制性约束，那么，${}^\ell\gamma={}^\ell\gamma^0$ 这个额外的约束相当于不存在。所以两个最优化问题有相同的可行集，故有相同的最优解和最大值。但是，对于某些附近的参数向量值 ${}^\ell\gamma\neq{}^\ell\gamma^0$，额外的约束是严格限制性约束，有较强约束的最优化问题的可行集是有较弱约束的最优化问题的可行集的严格子集，且不包括有较弱

约束的最优化问题的最优解。所以,有较强约束的最优化问题的目标函数的最大值比有较弱约束的最优化问题的目标函数的最大值更小。这些结论有重要的含义:当 $^{\ell}\gamma$ 的值接近 $^{\ell}\gamma^0$ 时,函数 $^{\ell}v(^{\ell}\gamma)-^{\ell+1}v(^{\ell}\gamma; \beta^0_{\ell+1}, b^0_{\ell+1})$ 一定是 $^{\ell}\gamma$ 的严格凸函数。更正式的表达是:如果对于 $^{\ell}\gamma=^{\ell}\gamma^0$ 的额外约束是恰好限制性约束,那么,一定会有:(一阶包络定理)

$$^{\ell}v(^{\ell}\gamma^0)=^{\ell+1}v(^{\ell}\gamma^0; \beta^0_{\ell+1}, b^0_{\ell+1})$$

$$\text{和}\ \boldsymbol{\nabla}_{^{\ell}\gamma}{}^{\ell}v(^{\ell}\gamma)|_{^{\ell}\gamma=^{\ell}\gamma^0}=\boldsymbol{\nabla}_{^{\ell}\gamma}{}^{\ell+1}v(^{\ell}\gamma; \beta^0_{\ell+1}, b^0_{\ell+1})|_{^{\ell}\gamma=^{\ell}\gamma^0}$$

而且一定存在一个 $\varepsilon>0$,使得函数 $^{\ell}v(^{\ell}\gamma)-^{\ell+1}v(^{\ell}\gamma; \beta^0_{\ell+1}, b^0_{\ell+1})$ 在邻域 $B_{d_E}(^{\ell}\gamma^0, \varepsilon)$ 内是 $^{\ell}\gamma$ 的严格凸函数(二阶包络定理)。

图 13.1 的两个图展示了这两个结论。图中展示了 $^{\ell}v(\bullet, \gamma_k)$ 和 $^{\ell+1}v(\bullet, \gamma_k; \beta^0_{\ell+1}, b^0_{\ell+1})$ 的图形,其中,γ_k 是向量 $^{\ell}\gamma$ 中的元素之一。当 $\gamma_k=\gamma^0_k$ 时,额外的约束是恰好限制性约束,所以两种情况下的最大值函数有相同的值,即 $^{\ell}v(\bullet, \gamma^0_k)=^{\ell+1}v(\bullet, \gamma^0_k; \beta^0_{\ell+1},$

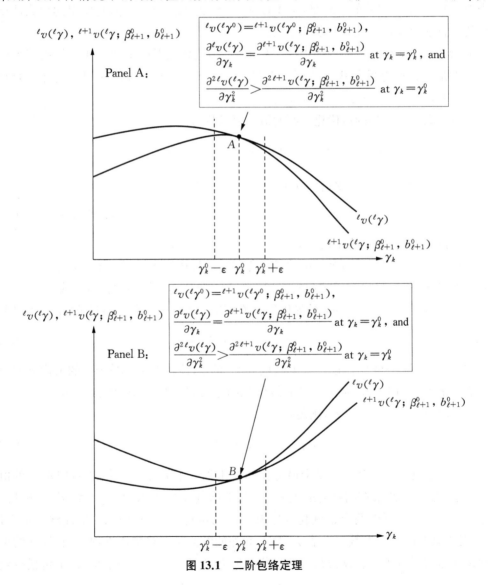

图 13.1　二阶包络定理

$b_{\ell+1}^0$），且最大值函数有相同的斜率，即 $\partial^\ell v(\,\cdot\,,\,\gamma_k)/\partial\gamma_k = \partial^{\ell+1} v(\,\cdot\,,\,\gamma_k\colon\beta_{\ell+1}^0,\,b_{\ell+1}^0)/\partial\gamma_k$，如图 13.1 中的点 A 和点 B 所示。当 $\gamma_k \neq \gamma_k^0$ 时，额外的约束是严格限制性约束，所以，在区间 $(\gamma_k^0-\varepsilon,\,\gamma_k^0+\varepsilon)$ 内，上包络函数 $^\ell v(\,\cdot\,,\,\gamma_k)$ 是 γ_k 的严格凹函数，而且比函数 $^{\ell+1} v(\,\cdot\,,\,\gamma_k\colon\beta_{\ell+1}^0,\,b_{\ell+1}^0)$ 凹的程度低。所以在这个区间内，函数 $^\ell v(\,\cdot\,,\,\gamma_k) - {}^{\ell+1} v(\,\cdot\,,\,\gamma_k\colon\beta_{\ell+1}^0,\,b_{\ell+1}^0)$ 一定是 γ_k 的严格凹函数。

让我们回到刚才的例子。考虑约束个数为 1 的等式约束问题，参数值为给定的 $^1\gamma^0 = (p^0,\,w_1^0,\,w_2^0)$。在这些参数条件下，$x_1$ 的最优解为 $^1x_1^*(p^0,\,w_1^0,\,w_2^0) = p_0^3/27(w_1^0)^2 w_2^0$。现在增加一个额外的约束，$x_1 = {}^1x_1^*({}^1\gamma^0) = {}^1x_1^*(p^0,\,w_1^0,\,w_2^0) = p_0^3/27(w_1^0)^2 w_2^0$。

我们可以得到约束个数为 2 的等式约束问题：

$$\max_{y,\,x_1,\,x_2} \; py - w_1 x_1 - w_2 x_2 \;\text{s.t.}\; h_1(y,\,x_1,\,x_2) = x_1^{1/3} x_2^{1/3} - y = 0$$

$$h_2(x_1;\,{}^1x_1^*({}^1\gamma^0)) = {}^1x_1^*({}^1\gamma^0) - x_1 = \frac{p_0^3}{27(w_1^0)^2 w_2^0} - x_1 = 0$$

该问题的参数向量为 $^2\gamma = ({}^1\gamma\colon b_2) = ({}^1\gamma\colon{}^1x_1^*({}^1\gamma^0))$，最优解为 $({}^2y^*({}^2\gamma),\,{}^1x_1^*({}^1\gamma^0),\,{}^2x_2^*({}^2\gamma))$。额外的约束在 $^1\gamma = {}^1\gamma^0 = (p^0,\,w_1^0,\,w_2^0)$ 时是恰好限制性约束，在 $^1\gamma \neq {}^1\gamma^0$ 时是严格限制性约束。最优解为：

$$
\begin{pmatrix}
{}^2y^*({}^1\gamma;\,{}^1x_1^*({}^1\gamma^0)) \\
{}^2x_1^*({}^1\gamma;\,{}^1x_1^*({}^1\gamma^0)) \\
{}^2x_2^*({}^1\gamma;\,{}^1x_1^*({}^1\gamma^0)) \\
{}^2\lambda_1^*({}^1\gamma;\,{}^1x_1^*({}^1\gamma^0)) \\
{}^2\lambda_2^*({}^1\gamma;\,{}^1x_1^*({}^1\gamma^0))
\end{pmatrix}
=
\begin{pmatrix}
{}^2y^*(p,\,w_1,\,w_2;\,{}^1x_1^*({}^1\gamma^0)) \\
{}^2x_1^*(p,\,w_1,\,w_2;\,{}^1x_1^*({}^1\gamma^0)) \\
{}^2x_2^*(p,\,w_1,\,w_2;\,{}^1x_1^*({}^1\gamma^0)) \\
{}^2\lambda_1^*(p,\,w_1,\,w_2;\,{}^1x_1^*({}^1\gamma^0)) \\
{}^2\lambda_2^*(p,\,w_1,\,w_2;\,{}^1x_1^*({}^1\gamma^0))
\end{pmatrix}
$$

$$
=
\begin{pmatrix}
\left(\dfrac{p\,{}^1x_1^*({}^1\gamma^0)}{3w_2}\right)^{1/2} \\[2mm]
{}^1x_1^*({}^1\gamma^0) \\[2mm]
\left(\dfrac{p^3\,{}^1x_1^*({}^1\gamma^0)}{27w_2^3}\right)^{1/2} \\[2mm]
p \\[2mm]
\left(\dfrac{p^3}{27w_1\,{}^1x_1^*({}^1\gamma^0)}\right)^{1/2} - w_1
\end{pmatrix}
$$

最大值函数为［见式(13.47)］：

$${}^2v({}^1\gamma\colon{}^1x_1^*({}^1\gamma^0)) = {}^2v(p,\,w_1,\,w_2\colon{}^1x_1^*({}^1\gamma^0))$$

$$= p\,{}^2y^*({}^1\gamma\colon{}^1x_1^*({}^1\gamma^0)) - w_1\,{}^1x_1^*({}^1\gamma^0) - w_2\,{}^2x_2^*({}^1\gamma\colon{}^1x_1^*({}^1\gamma^0))$$

$$+ {}^2\lambda_1^*({}^1\gamma\colon{}^1x_1^*({}^1\gamma^0))\left({}^1x_1^*({}^1\gamma^0)^{\frac13} \times {}^2x_2^*({}^1\gamma\colon{}^1x_1^*({}^1\gamma^0))^{\frac13} - {}^2y^*({}^1\gamma\colon{}^1x_1^*({}^1\gamma^0))\right)$$

$$+ {}^2\lambda_2^*({}^1\gamma\colon{}^1x_1^*({}^1\gamma^0))({}^1x_1^*({}^1\gamma^0) - {}^2x_1^*({}^1\gamma\colon{}^1x_1^*({}^1\gamma^0)))$$

$$= \frac{2}{3}\left(\frac{p^3\,{}^1x_1^*({}^1\gamma^0)}{3w_2}\right)^{1/2} - w_1\,{}^1x_1^*({}^1\gamma)$$

请注意,当$^1\gamma=\,^1\gamma^0$时,额外约束的乘数$^2\lambda_2^*(p,w_1,w_2;\,^1x_1^*(^1\gamma^0))$的值为:

$$^2\lambda_2^*(p^0,w_1^0,w_2^0;\,^1x_1^*(^1\gamma^0))=\left(\frac{p_0^3}{27w_2^0}\times\frac{27(w_1^0)^2w_2^0}{p_0^3}\right)^{1/2}-w_1^0=0$$

当$^1\gamma\neq\,^1\gamma^0$时,$^2\lambda_2^*(p,w_1,w_2;\,^1x_1^*(^1\gamma^0))\neq0$。

定理13.1(二阶包络定理) 考虑一个有ℓ个等式约束的最优化问题。如果$\ell=0$,那么,最优化问题为:

$$\max_{x\in\mathfrak{R}^n}f(x;\alpha)$$

如果$\ell\geq1$,那么,最优化问题为:

$$\max_{x\in\mathfrak{R}^n}f(x;\alpha)\quad\text{s.t.}\ h_j(x;\beta_j,b_j)=0,\ j=1,\cdots,\ell$$

用$^\ell\gamma\in\,^\ell\Gamma$表示有$\ell$个约束的最优化问题的参数向量。我们只考虑定义在$\Gamma$上的连续可微的实值最优解函数$(^\ell x^*(^\ell\gamma),\,^\ell\lambda^*(^\ell\gamma))$,于是,约束个数为$\ell$的最优化问题的最大值函数为:

$$^\ell v(^\ell\gamma)\equiv f(^\ell x^*(^\ell\gamma);\alpha)+\sum_{j=1}^{\ell}\lambda_j^*(^\ell\gamma)h_j(^\ell x^*(^\ell\gamma);\beta_j,b_j)$$

约束个数为$(\ell+1)$的最优化问题比约束个数为ℓ的最优化问题多了一个约束条件$h_{\ell+1}(x;\beta_{\ell+1},b_{\ell+1})=0$,这个约束在$^\ell\gamma=\,^\ell\gamma^0$时是恰好限制性约束。约束个数为$(\ell+1)$的最优化问题的最优解是定义在$\Gamma$上的连续可微的实值函数$(^{\ell+1}x^*(^\ell\gamma:\beta_{\ell+1}^0,b_{\ell+1}^0),\,^{\ell+1}\lambda^*(^\ell\gamma:\beta_{\ell+1}^0,b_{\ell+1}^0))$,它的最大值函数为:

$$^{\ell+1}v(^\ell\gamma:\beta_{\ell+1}^0,b_{\ell+1}^0)\equiv f(^{\ell+1}x^*(^\ell\gamma:\beta_{\ell+1}^0,b_{\ell+1}^0);\alpha)$$
$$+\sum_{j=1}^{\ell+1}\lambda_j^*(^\ell\gamma:\beta_{\ell+1}^0,b_{\ell+1}^0)h_j(^{\ell+1}x^*(^\ell\gamma:\beta_{\ell+1}^0,b_{\ell+1}^0);\beta_j,b_j)$$

那么,存在一个$\varepsilon>0$,使得函数$^\ell v(^\ell\gamma)-\,^{\ell+1}v(^\ell\gamma:\beta_{\ell+1}^0,b_{\ell+1}^0)$在邻域$B_{d_E}(^\ell\gamma^0,\varepsilon)$内是$^\ell\gamma$的严格凸函数。

证明: 对于足够小的微小变化$\Delta^\ell\gamma$,$^\ell v(^\ell\gamma)$在$^\ell\gamma=\,^\ell\gamma^0$处的二阶泰勒展开式为:

$$^\ell v(^\ell\gamma^0+\Delta^\ell\gamma)$$
$$=\,^\ell v(^\ell\gamma^0)+\nabla_{^\ell\gamma}\,^\ell v(^\ell\gamma)|_{^\ell\gamma=^\ell\gamma^0}\cdot\Delta^\ell\gamma+\frac{1}{2}\Delta^\ell\gamma^{\mathrm{T}}\,\nabla_{^\ell\gamma^\ell\gamma}^2\,^\ell v(^\ell\gamma)|_{^\ell\gamma=^\ell\gamma^0}\Delta^\ell\gamma\qquad(13.50)$$

同样,

$$^{\ell+1}v(^\ell\gamma^0+\Delta^\ell\gamma:\beta_{\ell+1}^0,b_{\ell+1}^0)=\,^{\ell+1}v(^\ell\gamma^0:\beta_{\ell+1}^0,b_{\ell+1}^0)$$
$$+\nabla_{^\ell\gamma}\,^{\ell+1}v(^\ell\gamma:\beta_{\ell+1}^0,b_{\ell+1}^0)|_{^\ell\gamma=^\ell\gamma^0}\cdot\Delta^\ell\gamma$$
$$+\frac{1}{2}\Delta^\ell\gamma^{\mathrm{T}}\,\nabla_{^\ell\gamma^\ell\gamma}^2\,^{\ell+1}v(^\ell\gamma:\beta_{\ell+1}^0,b_{\ell+1}^0)|_{^\ell\gamma=^\ell\gamma^0}\Delta^\ell\gamma\qquad(13.51)$$

因为第$(\ell+1)$个约束在$^\ell\gamma=\,^\ell\gamma^0$时是恰好限制性约束,对于足够小的$\Delta^\ell\gamma\neq\underline{0}$,有:

$$\,^\ell v(^\ell\gamma^0)=\,^{\ell+1}v(^\ell\gamma^0:\beta^0_{\ell+1},\,b^0_{\ell+1}) \tag{13.52}$$

$$\text{和}\,^\ell v(^\ell\gamma^0+\Delta^\ell\gamma)>\,^{\ell+1}v(^\ell\gamma^0+\Delta^\ell\gamma:\beta^0_{\ell+1},\,b^0_{\ell+1}) \tag{13.53}$$

根据一阶包络定理,有:

$$\nabla_{\ell\gamma}\,^\ell v(^\ell\gamma)\,|_{\ell\gamma=\ell\gamma^0}=\nabla_{\ell\gamma}\,^{\ell+1}v(^\ell\gamma:\beta^0_{\ell+1},\,b^0_{\ell+1})\,|_{\ell\gamma=\ell\gamma^0} \tag{13.54}$$

将式(13.52)、式(13.53)和式(13.54)带入式(13.50)和式(13.51)可知,对于足够小的 $\Delta^\ell\gamma$,有

$$\Delta^\ell\gamma^{\mathrm{T}}\,(\nabla^2_{\ell\gamma\ell\gamma}\,^\ell v(^\ell\gamma)-\nabla^2_{\ell\gamma\ell\gamma}\,^{\ell+1}v(^\ell\gamma:\beta^0_{\ell+1},\,b^0_{\ell+1}))\,|_{\ell\gamma=\ell\gamma^0}\,\Delta^\ell\gamma>0 \tag{13.55}$$

也就是说,存在一个 $\varepsilon>0$,使得函数 $^\ell v(^\ell\gamma)-\,^{\ell+1}v(^\ell\gamma:\beta^0_{\ell+1},\,b^0_{\ell+1})$ 在邻域 $B_{d_E}(^\ell\gamma^0,\,\varepsilon)$ 上是关于 $^\ell\gamma$ 的严格凸函数。□

在我们的例子中,

$$\,^1v(p,\,w_1,\,w_2)-\,^2v(p,\,w_1,\,w_2;\,^1x^*_1(^1\gamma^0))$$
$$=\frac{p^3}{27w_1w_2}-\frac{2}{3}\Big(\frac{p^3\,{}^1x^*_1(^1\gamma^0)}{3w_2}\Big)^{1/2}+w_1\,{}^1x^*_1(^1\gamma^0) \tag{13.56}$$

任选一个参数 p、w_1 或 w_2。我将选择 p,你可以选择 w_1 或 w_2 进行计算。

式(13.56)对 p 的二阶导数为:

$$\frac{\partial^2(^1v(p,\,\cdot\,)-\,^2v(p,\,\cdot\,))}{\partial p^2}=\frac{2p}{9w_1w_2}-\frac{1}{2}\Big(\frac{1}{x^*_1(^1\gamma^0)}\Big)^{1/2} \tag{13.57}$$

式(13.57)在 $(p,\,w_1,\,w_2)=(p^0,\,w^0_1,\,w^0_2)$ 处的值为:

$$\frac{\partial^2(^1v(p,\,\cdot\,)-\,^2v(p,\,\cdot\,))}{\partial p^2}\bigg|_{^1\gamma=(p^0,\,w^0_1,\,w^0_2)}=\frac{p^0}{6w^0_1w^0_2}>0$$

这就证明了式(13.56)在 $^1\gamma=\,^1\gamma^0=(p^0,\,w^0_1,\,w^0_2)$ 处及其附近都是关于 p 的严格凸函数。式(13.56)在 $^1\gamma^0$ 处计算出的黑塞矩阵表明式(13.56)在 $(p^0,\,w^0_1,\,w^0_2)$ 附近的 $(p,\,w_1,\,w_2)$ 处是严格联合凸函数。

使用二阶包络定理对有约束的最优化问题的比较静态分析结果与该问题受更多约束版本的比较静态结果分析进行比较是比较简单的。我们将在下一节讨论如何进行这种比较。

13.8　勒夏特列原理

亨利-路易·勒夏特列(Henri-Louis Le Chatelier,1850—1936)是法国著名的工业化学家,他根据观察提出了一个适用于很多情形的规律。令人沮丧的是,尽管他的命题比较简单,但要用几句话说清楚也不可能。1884 年,勒夏特列首次将这个研究结果发表在法国科学院的研究杂志上,并用一个冗长而混乱的段落来表达。四年后,他用以下更简洁的方式进行了重新表述:

"达到均衡后,每个影响均衡的因素变化都会引起整个系统的重组,其重组的方向与使该因素发生与原始变化相反的变化的方向一致。"

你是否觉得他的重述也不能让人轻易理解?

勒夏特列主要研究的是化学系统平衡的变化,但后来其他人尝试对他发现的规律进行更有价值的阐述,并使其适用于社会科学,包括经济学。上述陈述出现在 Milgrom 和 Roberts(1996)中。简而言之,它提示我们要考虑两个略有不同的最优化问题,其中一个最优化问题有一个额外的等式约束,其他方面都完全相同。我们从限制条件相对更多的最优化问题的一个最优解(用勒夏特列的术语来说就是一个均衡)开始,在这个最优化问题中,那个额外的约束条件是恰好限制性约束,所以,这个问题的最优解也是那个有较少限制条件的最优化问题的一个最优解。现在,我们让这两个最优化问题的共有参数向量发生一点变化。勒夏特列原理指出,有较少限制条件的问题的最优解的变化至少与有较多限制条件的问题的最优解的变化一样大。一个经常被用来证明这个结论的经济学例子是:一个追求利润最大化的竞争性企业在应对其产品价格变化时,会调整其产品供给量和对投入要素的需求量,在长期(受到的限制相对较少)内,产品供给量和要素需求的变动量至少与短期(受到的限制相对较多)的变动量一样大。稍后我们将探讨这个结论的应用,我们要用到的工具是二阶包络定理。

该定理表明,当 $\gamma = {}^{\ell}\gamma^0$ 时,如果第 $(\ell+1)$ 个约束是恰好限制性约束,那么,函数 ${}^{\ell}v({}^{\ell}\gamma)$ $-{}^{\ell+1}v({}^{\ell}\gamma : \beta_{\ell+1}^0, b_{\ell+1}^0)$ 对有 ℓ 个约束的最优化问题中的参数向量 ${}^{\ell}\gamma$ 求导所得到的黑塞矩阵在 ${}^{\ell}\gamma^0$ 处一定是正定的(不仅仅是半正定的)。也就是说,对于 ${}^{\ell}\gamma^0$ 处任意足够小的微小变化 $\Delta^{\ell}\gamma$,都有:

$$\Delta^{\ell}\gamma^T(\nabla_{\ell\gamma^{\ell}\gamma}^2({}^{\ell}v({}^{\ell}\gamma) - {}^{\ell+1}v({}^{\ell}\gamma : \beta_{\ell+1}^0, b_{\ell+1}^0)))|_{\substack{\ell\gamma = \\ \ell\gamma^0}} \Delta^{\ell}\gamma > 0 \tag{13.58}$$

由此可以得出什么结论呢?

式(13.58)中黑塞矩阵的主对角线元素是:

$$\frac{\partial^{2\ell}v({}^{\ell}\gamma)}{\partial\gamma_i\partial\gamma_j} - \frac{\partial^{2\ell+1}v({}^{\ell}\gamma : \beta_{\ell+1}^0, b_{\ell+1}^0)}{\partial\gamma_i\partial\gamma_j}, \ i, j = 1, \cdots, r \tag{13.59}$$

只有当主对角线上的所有元素都严格大于零时,一个矩阵才是正定矩阵,所以,由式(13.59)可得:

$$\frac{\partial^{2\ell}v({}^{\ell}\gamma)}{\partial\gamma_i^2} > \frac{\partial^{2\ell+1}v({}^{\ell}\gamma : \beta_{\ell+1}^0, b_{\ell+1}^0)}{\partial\gamma_i^2}, \ i = 1, \cdots, r \tag{13.60}$$

现在回到企业的利润最大化问题。约束个数为 1 的等式约束问题是:

$$\max_{y, x_1, x_2} py - w_1x_1 - w_2x_2 \quad \text{s.t. } h_1(y, x_1, x_2) = x_1^{1/3}x_2^{1/3} - y = 0$$

约束个数为 2 的等式约束问题是:

$$\max_{y, x_1, x_2} py - w_1x_1 - w_2x_2 \quad \text{s.t. } h_1(y, x_1, x_2) = x_1^{1/3}x_2^{1/3} - y = 0$$

$$h_2(x_1; {}^1x_1^*(p^0, w_1^0, w_2^0)) = {}^1x_1^*(p^0, w_1^0, w_2^0) - x_1 = 0$$

其中，$^1 x_1^*(p^0, w_1^0, w_2^0)$ 是当 $(p, w_1, w_2) = (p^0, w_1^0, w_2^0)$ 时约束个数为 1 的等式约束问题中 x_1 的最优解。由霍特林引理(定理 12.4)可知，

$$\frac{\partial^2(^1 v(p, w_1, w_2))}{\partial p^2} = \frac{\partial(^1 y^*(p, w_1, w_2))}{\partial p},$$

$$\frac{\partial^2(^2 v(p, w_1, w_2 : \, ^1 x_1^*(p^0, w_1^0, w_2^0)))}{\partial p^2} = \frac{\partial(^2 y^*(p, w_1, w_2 : \, ^1 x_1^*(p^0, w_1^0, w_2^0)))}{\partial p}$$

以及

$$\frac{\partial^2(^1 v(p, w_1, w_2))}{\partial w_1^2} = -\frac{\partial(^1 x_1^*(p, w_1, w_2))}{\partial w_1},$$

$$\frac{\partial^2(^2 v(p, w_1, w_2 : \, ^1 x_1^*(p^0, w_1^0, w_2^0)))}{\partial w_1^2} = -\frac{\partial(^2 x_1^*(p, w_1, w_2 : \, ^1 x_1^*(p^0, w_1^0, w_2^0)))}{\partial w_1} = 0$$

以及

$$\frac{\partial^2(^1 v(p, w_1, w_2))}{\partial w_2^2} = -\frac{\partial(^1 x_2^*(p, w_1, w_2))}{\partial w_2},$$

$$\frac{\partial^2(^2 v(p, w_1, w_2 : \, ^1 x_1^*(p^0, w_1^0, w_2^0)))}{\partial w_2^2} = -\frac{\partial(^2 x_2^*(p, w_1, w_2 : \, ^1 x_1^*(p^0, w_1^0, w_2^0)))}{\partial w_2}$$

因此，根据式(13.60)，有：

$$\frac{\partial(^1 y^*(p, w_1, w_2))}{\partial p} > \frac{\partial(^2 y^*(p, w_1, w_2 : \, ^1 x_1^*(p^0, w_1^0, w_2^0)))}{\partial p} \tag{13.61}$$

$$\frac{\partial(^1 x_1^*(p, w_1, w_2))}{\partial w_1} < \frac{\partial(^2 x_1^*(p, w_1, w_2 : \, ^1 x_1^*(p^0, w_1^0, w_2^0)))}{\partial w_1} = 0 \tag{13.62}$$

$$\frac{\partial(^1 x_2^*(p, w_1, w_2))}{\partial w_2} < \frac{\partial(^2 x_2^*(p, w_1, w_2 : \, ^1 x_1^*(p^0, w_1^0, w_2^0)))}{\partial w_2} \tag{13.63}$$

这就是人们熟悉的比较静态分析结论。式(13.61)表明，竞争性企业的产品供给量在长期内的变化率严格大于短期(将企业的某一个投入要素固定在某一个水平上时)的变化率。式(13.62)和式(13.63)表明，竞争性企业对投入要素的需求量在长期内的变化率严格小于短期内的变化率。

用勒夏特列的话来说：最优化问题在长期内的均衡状态会比在短期内调整得更好，因为可以更好地应对或利用参数值变化带来的结果。用本书的语言来表述，这个原理的意思是：当两个有约束的最优化问题的共有参数发生变化时，有较少限制条件的最优化问题的最优解的变化，至少与有较多限制条件的最优化问题的最优解的变化一样大。增加约束条件后，选择变量一定会改变，以抵消额外的约束所带来的不利影响(即最大值减少)。

13.9 其他比较静态分析

除了勒夏特列原理,由二阶包络定理推导出的静态比较结果还有很多其他类型。

式(13.58)中的黑塞矩阵是对称矩阵,所以,对于 j, $k=1$, $\cdots$, r; $j \neq k$,有:

$$\frac{\partial^{2\ell} v(\ell\gamma)}{\partial \gamma_j \partial \gamma_k} - \frac{\partial^{2\ell+1} v(\ell\gamma : \beta_{\ell+1}^0, b_{\ell+1}^0)}{\partial \gamma_j \partial \gamma_k} = \frac{\partial^{2\ell} v(\ell\gamma)}{\partial \gamma_k \partial \gamma_j} - \frac{\partial^{2\ell+1} v(\ell\gamma : \beta_{\ell+1}^0, b_{\ell+1}^0)}{\partial \gamma_k \partial \gamma_j}$$

在我们的例子中,可以得到的结论有:

$$\frac{\partial(^1 y^*(p, w_1, w_2))}{\partial w_1} - \frac{\partial(^2 y^*(p, w_1, w_2 : {}^1 x_1^*(p^0, w_1^0, w_2^0)))}{\partial w_1} = -\frac{\partial(^1 x_1^*(p, w_1, w_2))}{\partial p}$$

以及

$$\frac{\partial(^1 y^*(p, w_1, w_2))}{\partial w_2} - \frac{\partial(^2 y^*(p, w_1, w_2 : {}^1 x_1^*(p^0, w_1^0, w_2^0)))}{\partial w_2}$$
$$= -\frac{\partial(^1 x_2^*(p, w_1, w_2))}{\partial p} + \frac{\partial(^2 x_2^*(p, w_1, w_2 : {}^1 x_1^*(p^0, w_1^0, w_2^0)))}{\partial p}$$

和

$$\frac{\partial(^1 x_1^*(p, w_1, w_2))}{\partial w_2}$$
$$= -\frac{\partial(^1 x_2^*(p, w_1, w_2))}{\partial w_1} + \frac{\partial(^2 x_2^*(p, w_1, w_2 : {}^1 x_1^*(p^0, w_1^0, w_2^0)))}{\partial w_1}$$

这些结论是否有用? 目前还存在争论。但我想告诉你的是,这些结论都是一定正确且很容易被推出来的。

当且仅当顺序主子式都严格大于零时,一个对称矩阵才是正定矩阵。所以,从黑塞矩阵 $(\nabla^2_{1\gamma 1\gamma} {}^1 v(^1\gamma) - \nabla^2_{1\gamma 1\gamma} {}^2 v(^1\gamma : \beta_{\ell+1}^0, b_{\ell+1}^0))|_{1\gamma = 1\gamma^0}$ 还可以推出包含更多有价值的信息的比较静态分析结论。这些结论的经济含义甚至比上述结论更加晦涩难懂,所以我不会在这里进一步讨论。如果有兴趣的话,可以自己推导一下,看看它们的经济含义是什么。

13.10 习题

习题 13.1 一个企业使用数量为 x_1、x_2 和 x_3 的三个投入要素来生产一种产品。投入要素的单位价格是 w_1、w_2 和 w_3(均为正值)。企业的生产函数为 $g(x_1, x_2, x_3)$。于是,该企业的成本最小化问题为:

$$\max_{x_1, x_2, x_3} -w_1 x_1 - w_2 x_2 - w_3 x_3$$
$$\text{s.t. } h_1(x_1) = x_1 \geq 0, \ h_2(x_2) = x_2 \geq 0, \ h_3(x_3) = x_3 \geq 0 \tag{13.64}$$
$$\text{和 } h_4(x_1, x_2, x_3; y) = g(x_1, x_2, x_3) - y \geq 0$$

其中,w_1、w_2、w_3 和 y 都是给定的值。假设 g 是二阶连续可微的函数,g 的性质使得 x_1、x_2 和 x_3 的非负约束在最优解处是松弛的(当 $y>0$ 时)。也就是说,企业的成本最小化的要素需求组合$(x_1^*(w_1, w_2, w_3, y)$,$x_2^*(w_1, w_2, w_3, y)$,$x_3^*(w_1, w_2, w_3, y))$在 $y>0$ 时只包含正值。再假设 g 的性质使得在原始问题(13.64)的最优解处 KKT 条件是适用的。

(1) 对于每个不同的参数向量值(w_1, w_2, w_3, y)都有一个不同的原始问题(13.64),由这些原始问题所产生的原始-对偶问题是什么?

(2) 原始-对偶问题中的约束和原始问题中的约束有什么区别?请简单说明。

(3) 请写出任意一个原始问题的一阶必要条件。

(4) 请写出原始-对偶问题的一阶必要条件,并与任意一个原始问题的一阶必要条件进行比较。

(5) 请推导出任意一个原始问题(13.64)的局部最大化二阶必要条件。

(6) 请推导出原始-对偶问题的二阶必要条件。

(7) 请用第(6)问的答案推导出企业的投入要素需求函数的静态比较性质和企业的边际成本生产函数。

习题 13.2　斯勒茨基方程是新古典主义消费需求理论中重要的定量比较静态分析结果。它是一个定量的结果,因为它可以用来计算(普通)需求函数、希克斯需求函数和收入效应的变化率的数值。然而有人可能会问,这种需求理论隐含了定性比较静态分析结果吗?将西尔伯贝格的方法应用于消费者的支出最小化问题即可以做出回答。请构造一个合适的原始-对偶问题,用必要条件找出隐含的定性比较静态分析的结论。

习题 13.3　标准的消费者支出最小化问题是:

$$\min_{x_1, \cdots, x_n} p_1 x_1 + \cdots + p_n x_n$$
$$\text{s.t. } x_1 \geqslant 0, \cdots, x_n \geqslant 0, U(x_1, \cdots, x_n) \geqslant u$$

这个问题的参数是 $p_1, \cdots, p_n$ 和 u。令 $p=(p_1, \cdots, p_n)$,用(p^0, u^0)表示参数向量(p, u)的初始值。$h(p^0, u^0)$是支出最小化(希克斯补偿性需求函数下)的消费向量的初始值,也就是说,消费者面临的初始价格向量为 p^0 并达到了效用水平 u^0 时,对商品 1 的需求量为 $h_1^0 = h_1(p^0, y^0)$。

请用二阶包络定理比较消费者在受到 $x_1 = h_1^0$ 的额外约束和不受到此额外约束时偏离(p^0, y^0)的微小变化的比较静态分析结果。

13.11　答案

答案 13.1

(1) 原始问题(13.74)的最大值函数是企业(长期)生产成本函数的负函数:

$$-c^\ell(w_1, w_2, w_3, y)$$
$$= -w_1 x_1^*(w_1, w_2, w_3, y) - w_2 x_2^*(w_1, w_2, w_3, y) - w_3 x_3^*(w_1, w_2, w_3, y)$$

所以,由原始问题所形成的原始-对偶问题为:

$$\max_{x_1,\,x_2,\,x_3,\,w_1,\,w_2,\,w_3,\,y} c^\ell(w_1,\,w_2,\,w_3,\,y) - w_1 x_1 - w_2 x_2 - w_3 x_3$$

$$h_1(x_1) = x_1 \geqslant 0,\ h_2(x_2) = x_2 \geqslant 0,\ h_3(x_3) = x_3 \geqslant 0 \tag{13.65}$$

$$\text{和 } h_4(x_1,\,x_2,\,x_3,\,y) = g(x_1,\,x_2,\,x_3) - y \geqslant 0$$

（2）原始-对偶问题的前三个约束和原始问题的前三个约束是一样的，原始-对偶问题的第四个约束和所有原始问题的第四个约束都不一样。为什么呢？在任何原始问题的第四个约束中，y 的值是固定的，所以这个约束将变量 x_1、x_2 和 x_3 以及 y 限定在了集合 $S^p(y) = \{(x_1,\,x_2,\,x_3) \mid g(x_1,\,x_2,\,x_3) \geqslant y\}$ 中。y 是原始-对偶问题中的第四个约束中的选择变量，所以，这个约束将 x_1、x_2、x_3 和 y 限定在了集合 $S^{pd} = \{(x_1,\,x_2,\,x_3,\,y) \mid g(x_1,\,x_2,\,x_3) - y \geqslant 0\}$ 中。对于任意给定的 $y > 0$，集合 S^p 只是 S^{pd} 的一个子集。

（3）在 $(x_1,\,x_2,\,x_3) = (x_1^*(w_1,\,w_2,\,w_3,\,y),\,x_2^*(w_1,\,w_2,\,w_3,\,y),\,x_3^*(w_1,\,w_2,\,w_3,\,y))$ 处，原始问题（13.64）的 KKT 条件是：

$$(-w_1,\,-w_2,\,-w_3)$$

$$= -\lambda_1^p(1,\,0,\,0) - \lambda_2^p(0,\,1,\,0) - \lambda_3^p(0,\,0,\,1) - \lambda_4^p\left(\frac{\partial g(\cdot)}{\partial x_1},\,\frac{\partial g(\cdot)}{\partial x_2},\,\frac{\partial g(\cdot)}{\partial x_3}\right) \tag{13.66}$$

我们知道，在最大值解处，第一个、第二个和第三个约束都是松弛的，所以 $\lambda_1^p = \lambda_2^p = \lambda_3^p = 0$，KKT 条件变为：

$$(w_1,\,w_2,\,w_3) = \lambda_4^{*p}(w_1,\,w_2,\,w_3,\,y)\left(\frac{\partial g(\cdot)}{\partial x_1},\,\frac{\partial g(\cdot)}{\partial x_2},\,\frac{\partial g(\cdot)}{\partial x_3}\right)\Bigg|_{\substack{x_1 = x_1^*(w_1,\,w_2,\,w_3,\,y) \\ x_2 = x_2^*(w_1,\,w_2,\,w_3,\,y) \\ x_3 = x_3^*(w_1,\,w_2,\,w_3,\,y)}} \tag{13.67}$$

其中，$\lambda_4^{*p}(w_1,\,w_2,\,w_3,\,y) > 0$。唯一有效的互补松弛条件为：

$$g(x_1^*(w_1,\,w_2,\,w_3,\,y),\,x_2^*(w_1,\,w_2,\,w_3,\,y),\,x_3^*(w_1,\,w_2,\,w_3,\,y)) = y \tag{13.68}$$

（4）原始-对偶问题（13.65）的 KKT 条件为：

$$\left(-w_1,\,-w_2,\,-w_3,\,\frac{\partial c^\ell(\cdot)}{\partial w_1} - x_1^*(\cdot),\,\frac{\partial c^\ell(\cdot)}{\partial w_2} - x_2^*(\cdot),\,\frac{\partial c^\ell(\cdot)}{\partial w_3} - x_3^*(\cdot),\,\frac{\partial c^\ell(\cdot)}{\partial y}\right)$$

$$= -\lambda_1^{pd}(1,\,0,\,0,\,0,\,0,\,0,\,0) - \lambda_2^{pd}(0,\,1,\,0,\,0,\,0,\,0,\,0) - \lambda_3^{pd}(0,\,0,\,1,\,0,\,0,\,0,\,0)$$

$$- \lambda_4^{pd}\left(\frac{\partial g(\cdot)}{\partial x_1},\,\frac{\partial g(\cdot)}{\partial x_2},\,\frac{\partial g(\cdot)}{\partial x_3},\,0,\,0,\,0,\,-1\right)\Bigg|_{\substack{x_1 = x_1^*(w_1,\,w_2,\,w_3,\,y) \\ x_2 = x_2^*(w_1,\,w_2,\,w_3,\,y) \\ x_3 = x_3^*(w_1,\,w_2,\,w_3,\,y)}} \tag{13.69}$$

式（13.69）的前三个组成部分是原始问题的最大值必要条件（13.67）。为什么呢？因为对于任何相同但固定的 w_1、w_2、w_3 和 y，任意原始-对偶的问题的最优解 $(x_1^*(w_1,\,w_2,\,w_3,\,y),\,x_2^*(w_1,\,w_2,\,w_3,\,y),\,x_3^*(w_1,\,w_2,\,w_3,\,y),\,w_1,\,w_2,\,w_3,\,y)$ 都意味着参数值为 w_1、w_2、w_3 和 y 的原始问题最优解为 $x_1^*(w_1,\,w_2,\,w_3,\,y)$，$x_2^*(w_1,\,w_2,\,w_3,\,y)$ 和 $x_3^*(w_1,\,w_2,\,w_3,\,y)$。因为非负约束在最优解处是松弛的，所以有 $\lambda_1^{*pd} = \lambda_2^{*pd} = \lambda_3^{*pd} =$

0, $\lambda_4^{*pd}(w_1, w_2, w_3, y) > 0$。于是,原始-对偶问题的 KKT 条件为:

$$\left(-w_1, -w_2, -w_3, \frac{\partial c^\ell(\cdot)}{\partial w_1} - x_1^*(\cdot), \frac{\partial c^\ell(\cdot)}{\partial w_2} - x_2^*(\cdot), \frac{\partial c^\ell(\cdot)}{\partial w_3} - x_3^*(\cdot), \frac{\partial c^\ell(\cdot)}{\partial y}\right)$$

$$= -\lambda_4^{*pd}(\cdot)\left(\frac{\partial g(\cdot)}{\partial x_1}, \frac{\partial g(\cdot)}{\partial x_2}, \frac{\partial g(\cdot)}{\partial x_3}, 0, 0, 0, -1\right)\Bigg|_{\substack{x_1 = x_1^*(w_1, w_2, w_3, y) \\ x_2 = x_2^*(w_1, w_2, w_3, y) \\ x_3 = x_3^*(w_1, w_2, w_3, y)}} \quad (13.70)$$

每个原始-对偶选择变量 w_1、w_2、w_3 和 y 都出现在原始-对偶问题的 KKT 条件中。而这些变量不出现在原始问题的 KKT 条件中,因为这些在原始问题中都是固定值。当 $i = 1, 2, 3$ 时,相关部分是:

$$\frac{\partial c^\ell(w_1, w_2, w_3, y)}{\partial y} = \lambda_4^{*pd}(w_1, w_2, w_3, y) \text{和}$$

$$\frac{\partial c^\ell(w_1, w_2, w_3, y)}{\partial w_i} = x_i^*(w_1, w_2, w_3, y) \quad (13.71)$$

它们揭示了应用一阶包络定理得到的结果,即谢泼德引理,也揭示了严格限制性的生产约束函数的乘数等于企业的边际生产成本。

（5）原始问题的受限拉格朗日函数为:

$$L^{pr}(x_1, x_2, x_3; \lambda_1 = 0, \lambda_2 = 0, \lambda_3 = 0, \lambda_4 = \lambda_4^{*p}(w_1, w_2, w_3, y))$$

$$= -w_1 x_1 - w_2 x_2 - w_3 x_3 + \lambda_4^{*p}(w_1, w_2, w_3, y)(g(x_1, x_2, x_3) - y) \quad (13.72)$$

原始问题的局部最大化二阶必要条件是,存在一个 $\varepsilon > 0$,对所有满足 $g(x_1^*(\cdot) + \Delta x_1, x_2^*(\cdot) + \Delta x_2, x_3^*(\cdot) + \Delta x_3) = y$ 和 $(x_1^*(\cdot) + \Delta x_1, x_2^*(\cdot) + \Delta x_2, x_3^*(\cdot) + \Delta x_3) \in B_{d_E}((x_1^*(\cdot), x_2^*(\cdot), x_3^*(\cdot)), \varepsilon)$ 的 $(\Delta x_1, \Delta x_2, \Delta x_3)$,都有

$$(\Delta x_1, \Delta x_2, \Delta x_3)\begin{pmatrix} \dfrac{\partial^2 L^{pr}}{\partial x_1^2} & \dfrac{\partial^2 L^{pr}}{\partial x_1 \partial x_2} & \dfrac{\partial^2 L^{pr}}{\partial x_1 \partial x_3} \\[2mm] \dfrac{\partial^2 L^{pr}}{\partial x_2 \partial x_1} & \dfrac{\partial^2 L^{pr}}{\partial x_2^2} & \dfrac{\partial^2 L^{pr}}{\partial x_2 \partial x_3} \\[2mm] \dfrac{\partial^2 L^{pr}}{\partial x_3 \partial x_1} & \dfrac{\partial^2 L^{pr}}{\partial x_3 \partial x_2} & \dfrac{\partial^2 L^{pr}}{\partial x_3^2} \end{pmatrix}\Bigg|_{\substack{x_1 = x_1^*(\cdot) \\ x_2 = x_2^*(\cdot) \\ x_3 = x_3^*(\cdot)}}\begin{pmatrix} \Delta x_1 \\ \Delta x_2 \\ \Delta x_3 \end{pmatrix} = \quad (13.73)$$

$$\lambda_4^{*p}(\cdot)(\Delta x_1, \Delta x_2, \Delta x_3)\begin{pmatrix} \dfrac{\partial^2 g}{\partial x_1^2} & \dfrac{\partial^2 g}{\partial x_1 \partial x_2} & \dfrac{\partial^2 g}{\partial x_1 \partial x_3} \\[2mm] \dfrac{\partial^2 g}{\partial x_2 \partial x_1} & \dfrac{\partial^2 g}{\partial x_2^2} & \dfrac{\partial^2 g}{\partial x_2 \partial x_3} \\[2mm] \dfrac{\partial^2 g}{\partial x_3 \partial x_1} & \dfrac{\partial^2 g}{\partial x_3 \partial x_2} & \dfrac{\partial^2 g}{\partial x_3^2} \end{pmatrix}\Bigg|_{\substack{x_1 = x_1^*(\cdot) \\ x_2 = x_2^*(\cdot) \\ x_3 = x_3^*(\cdot)}}\begin{pmatrix} \Delta x_1 \\ \Delta x_2 \\ \Delta x_3 \end{pmatrix} \leqslant 0$$

这表明,在接近原始问题(13.64)最优解且满足限制性约束 $g(x_1, x_2, x_3) = y$ 的一系列 (x_1, x_2, x_3) 处,生产函数 g 至少是弱凹函数。

（6）原始-对偶问题的受限拉格朗日函数为：

$$L^{pdr}(x_1, x_2, x_3, w_1, w_2, w_3, y; \lambda_1=0, \lambda_2=0, \lambda_3=0, \lambda_4=\lambda_4^{*pd}(w_1, w_2, w_3, y))=$$
$$c^\ell(w_1, w_2, w_3, y)-w_1x_1-w_2x_2-w_3x_3+\lambda_4^{*pd}(w_1, w_2, w_3, y)(g(x_1, x_2, x_3)-y)$$

（13.74）

令$(\Delta x, \Delta \gamma)=(\Delta x_1, \Delta x_2, \Delta x_3, \Delta w_1, \Delta w_2, \Delta w_3, \Delta y)$。于是，原始-对偶问题的局部最大化二阶必要条件为：存在一个 $\varepsilon > 0$，对所有满足：

$$g(x_1^*(\cdot)+\Delta x_1, x_2^*(\cdot)+\Delta x_2, x_3^*(\cdot)+\Delta x_3)=y+\Delta y$$
$$和(x_1^*(\cdot)+\Delta x_1, x_2^*(\cdot)+\Delta x_2, x_3^*(\cdot)+\Delta x_3, \Delta w_1, \Delta w_2, \Delta w_3, \Delta y)$$
$$\in B_{d_E}((x_1^*(\cdot), x_2^*(\cdot), x_3^*(\cdot), w_1, w_2, w_3, y), \varepsilon)$$

的$(\Delta x_1, \Delta x_2, \Delta x_3, \Delta w_1, \Delta w_2, \Delta w_3, \Delta y)$都有

$$(\Delta x, \Delta \gamma)
\begin{vmatrix}
\frac{\partial^2 L^{pdr}}{\partial x_1^2} & \frac{\partial^2 L^{pdr}}{\partial x_1 \partial x_2} & \frac{\partial^2 L^{pdr}}{\partial x_1 \partial x_3} & \frac{\partial^2 L^{pdr}}{\partial x_1 \partial w_1} & \frac{\partial^2 L^{pdr}}{\partial x_1 \partial w_2} & \frac{\partial^2 L^{pdr}}{\partial x_1 \partial w_3} & \frac{\partial^2 L^{pdr}}{\partial x_1 \partial y} \\
\frac{\partial^2 L^{pdr}}{\partial x_2 \partial x_1} & \frac{\partial^2 L^{pdr}}{\partial x_2^2} & \frac{\partial^2 L^{pdr}}{\partial x_2 \partial x_3} & \frac{\partial^2 L^{pdr}}{\partial x_2 \partial w_1} & \frac{\partial^2 L^{pdr}}{\partial x_2 \partial w_2} & \frac{\partial^2 L^{pdr}}{\partial x_2 \partial w_3} & \frac{\partial^2 L^{pdr}}{\partial x_2 \partial y} \\
\frac{\partial^2 L^{pdr}}{\partial x_3 \partial x_1} & \frac{\partial^2 L^{pdr}}{\partial x_3 \partial x_2} & \frac{\partial^2 L^{pdr}}{\partial x_3^2} & \frac{\partial^2 L^{pdr}}{\partial x_3 \partial w_1} & \frac{\partial^2 L^{pdr}}{\partial x_3 \partial w_2} & \frac{\partial^2 L^{pdr}}{\partial x_3 \partial w_3} & \frac{\partial^2 L^{pdr}}{\partial x_3 \partial y} \\
\frac{\partial^2 L^{pdr}}{\partial w_1 \partial x_1} & \frac{\partial^2 L^{pdr}}{\partial w_1 \partial x_2} & \frac{\partial^2 L^{pdr}}{\partial w_1 \partial x_3} & \frac{\partial^2 L^{pdr}}{\partial w_1^2} & \frac{\partial^2 L^{pdr}}{\partial w_1 \partial w_2} & \frac{\partial^2 L^{pdr}}{\partial w_1 \partial w_3} & \frac{\partial^2 L^{pdr}}{\partial w_1 \partial y} \\
\frac{\partial^2 L^{pdr}}{\partial w_2 \partial x_1} & \frac{\partial^2 L^{pdr}}{\partial w_2 \partial x_2} & \frac{\partial^2 L^{pdr}}{\partial w_2 \partial x_3} & \frac{\partial^2 L^{pdr}}{\partial w_2 \partial w_1} & \frac{\partial^2 L^{pdr}}{\partial w_2^2} & \frac{\partial^2 L^{pdr}}{\partial w_2 \partial w_3} & \frac{\partial^2 L^{pdr}}{\partial w_2 \partial y} \\
\frac{\partial^2 L^{pdr}}{\partial w_3 \partial x_1} & \frac{\partial^2 L^{pdr}}{\partial w_3 \partial x_2} & \frac{\partial^2 L^{pdr}}{\partial w_3 \partial x_3} & \frac{\partial^2 L^{pdr}}{\partial w_3 \partial w_1} & \frac{\partial^2 L^{pdr}}{\partial w_3 \partial w_2} & \frac{\partial^2 L^{pdr}}{\partial w_3^2} & \frac{\partial^2 L^{pdr}}{\partial w_3 \partial y} \\
\frac{\partial^2 L^{pdr}}{\partial y \partial x_1} & \frac{\partial^2 L^{pdr}}{\partial y \partial x_2} & \frac{\partial^2 L^{pdr}}{\partial y^2 \partial x_3} & \frac{\partial^2 L^{pdr}}{\partial y \partial w_1} & \frac{\partial^2 L^{pdr}}{\partial y \partial w_2} & \frac{\partial^2 L^{pdr}}{\partial y \partial w_3} & \frac{\partial^2 L^{pdr}}{\partial y^2}
\end{vmatrix}
\begin{pmatrix} \Delta x \\ \Delta \gamma \end{pmatrix}$$

$$=(\Delta x, \Delta \gamma)\begin{pmatrix} \nabla_{x, x}^2 L^{pdr} & \nabla_{x, w, y}^2 L^{pdr} \\ \nabla_{w, y, x}^2 L^{pdr} & \nabla_{w, y}^2 L^{pdr} \end{pmatrix}\begin{pmatrix} \Delta x \\ \Delta \gamma \end{pmatrix} \leqslant 0$$

（13.75）

其中，

$$\nabla_{x, x}^2 L^{pdr}=\lambda_4^{*pd}(\cdot)\begin{vmatrix}
\frac{\partial^2 g}{\partial x_1^2} & \frac{\partial^2 g}{\partial x_1 \partial x_2} & \frac{\partial^2 g}{\partial x_1 \partial x_3} \\
\frac{\partial^2 g}{\partial x_2 \partial x_1} & \frac{\partial^2 g}{\partial x_2^2} & \frac{\partial^2 g}{\partial x_2 \partial x_3} \\
\frac{\partial^2 g}{\partial x_3 \partial x_1} & \frac{\partial^2 g}{\partial x_3 \partial x_2} & \frac{\partial^2 g}{\partial x_3^2}
\end{vmatrix}$$

$$\nabla_{x, w, y}^2 L^{pdr}=\begin{pmatrix} -1 & 0 & 0 & 0 \\ 0 & -1 & 0 & 0 \\ 0 & 0 & -1 & 0 \end{pmatrix}, \quad \nabla_{w, y, x}^2 L^{pdr}=\begin{pmatrix} -1 & 0 & 0 \\ 0 & -1 & 0 \\ 0 & 0 & -1 \\ 0 & 0 & 0 \end{pmatrix}$$

以及

$$\boldsymbol{\nabla}^2_{w,\,y}L^{pdr}=\begin{vmatrix} \dfrac{\partial^2 c^{\ell}}{\partial w_1^2} & \dfrac{\partial^2 c^{\ell}}{\partial w_1\partial w_2} & \dfrac{\partial^2 c^{\ell}}{\partial w_1\partial w_3} & \dfrac{\partial^2 c^{\ell}}{\partial w_1\partial y} \\[2mm] \dfrac{\partial^2 c^{\ell}}{\partial w_2\partial w_1} & \dfrac{\partial^2 c^{\ell}}{\partial w_2^2} & \dfrac{\partial^2 c^{\ell}}{\partial w_2\partial w_3} & \dfrac{\partial^2 c^{\ell}}{\partial w_2\partial y} \\[2mm] \dfrac{\partial^2 c^{\ell}}{\partial w_3\partial w_1} & \dfrac{\partial^2 c^{\ell}}{\partial w_3\partial w_2} & \dfrac{\partial^2 c^{\ell}}{\partial w_3^2} & \dfrac{\partial^2 c^{\ell}}{\partial w_3\partial y} \\[2mm] \dfrac{\partial^2 c^{\ell}}{\partial y\partial w_1} & \dfrac{\partial^2 c^{\ell}}{\partial y\partial w_2} & \dfrac{\partial^2 c^{\ell}}{\partial y\partial w_3} & \dfrac{\partial\lambda_4^{*\,pd}}{\partial y} \end{vmatrix}$$

(7) 如果 $\Delta\gamma=(\Delta w_1,\,\Delta w_2,\,\Delta w_3,\,\Delta y)=(0,\,0,\,0,\,0)$,那么,原始-对偶问题的局部最大化二阶必要条件与原始问题的相同。如果我们想进行比较静态分析,就令 $\Delta x=(\Delta x_1,\,\Delta x_2,\,\Delta x_3)=(0,\,0,\,0)$。由原始-对偶问题的局部最大化二阶必要条件可知,一定存在一个 $\varepsilon>0$,对所有 $(\Delta w_1,\,\Delta w_2,\,\Delta w_3,\,\Delta y)\in B_{d_E}((0,\,0,\,0,\,0),\,\varepsilon)$,都有:

$$(\Delta w_1,\,\Delta w_2,\,\Delta w_3,\,\Delta y)\,\boldsymbol{\nabla}^2_{w,\,y}L^{pdr}\begin{pmatrix}\Delta w_1\\\Delta w_2\\\Delta w_3\\\Delta y\end{pmatrix}\leqslant 0$$

由式(13.71)可知,这个条件就是:

$$(\Delta w_1,\,\Delta w_2,\,\Delta w_3,\,\Delta y)\begin{vmatrix} \dfrac{\partial x_1^{*}}{\partial w_1} & \dfrac{\partial x_1^{*}}{\partial w_2} & \dfrac{\partial x_1^{*}}{\partial w_3} & \dfrac{\partial x_1^{*}}{\partial y} \\[2mm] \dfrac{\partial x_2^{*}}{\partial w_1} & \dfrac{\partial x_2^{*}}{\partial w_2} & \dfrac{\partial x_2^{*}}{\partial w_3} & \dfrac{\partial x_2^{*}}{\partial y} \\[2mm] \dfrac{\partial x_3^{*}}{\partial w_1} & \dfrac{\partial x_3^{*}}{\partial w_2} & \dfrac{\partial x_3^{*}}{\partial w_3} & \dfrac{\partial x_3^{*}}{\partial y} \\[2mm] \dfrac{\partial\lambda_4^{*\,pd}}{\partial w_1} & \dfrac{\partial\lambda_4^{*\,pd}}{\partial w_2} & \dfrac{\partial\lambda_4^{*\,pd}}{\partial w_3} & \dfrac{\partial\lambda_4^{*\,pd}}{\partial y} \end{vmatrix}\begin{pmatrix}\Delta w_1\\\Delta w_2\\\Delta w_3\\\Delta y\end{pmatrix}\leqslant 0$$

这表明一定有:

$$\text{对 } i=1,\,2,\,3,\ \frac{\partial x_i^{*}}{\partial w_i}\leqslant 0 \text{ 且 } \frac{\partial x_i^{*}}{\partial y}=\frac{\partial\lambda_4^{*\,pd}}{\partial w_i}$$

$$\text{对 } i,\,j=1,\,2,\,3,\ i\neq j,\ \frac{\partial x_i^{*}}{\partial w_j}=\frac{\partial x_j^{*}}{\partial w_i} \qquad\qquad \square$$

答案 13.2 用 p 表示价格向量 $(p_1,\cdots,p_n)$,用 x 表示商品组合 $(x_1,\cdots,x_n)$。给定 p 和一个效用水平 u,消费者的支出最小化问题是选出一个满足约束 $U(x)\geqslant u$ 的 x 使得 $p\cdot x$ 最小化,或者,等价地说,

$$\max_x -p\cdot x,\ \text{s.t.}\ U(x)\geqslant u \qquad\qquad (13.76)$$

其中,U 是严格递增的。这个原始问题的拉格朗日函数为:

$$L^p(x, \lambda^p) = -p \cdot x + \lambda^p(U(x) - u) \qquad (13.77)$$

对于给定的 (p, u)，最优解是希克斯需求向量 $h(p, u)$。消费者的支出函数就是这个问题的最小值函数：

$$e(p, u) = p \cdot h(p, u) + \lambda^*(p, u)(U(h(p, u)) - u) \qquad (13.78)$$

因为支出函数是最小值函数，所以对所有满足 $U(x) \geqslant u$ 的 x，都有：

$$e(p, u) - p \cdot x \leqslant 0$$

因此，原始-对偶问题为：

$$\max_{x, p, y} e(p, u) - p \cdot x, \text{ s.t. } U(x) \geqslant u \qquad (13.79)$$

其拉格朗日函数为：

$$L^{pd}(x, p, u, \lambda^{pd}) = e(p, u) - p \cdot x + \lambda^{pd}(U(x) - u) \qquad (13.80)$$

原始-对偶问题的一阶条件为：

$$\frac{\partial L^{pd}}{\partial x_i} = -p_i + \lambda^{pd}\frac{\partial U}{\partial x_i} = 0, \ i = 1, \cdots, n \qquad (13.81)$$

$$\frac{\partial L^{pd}}{\partial p_i} = \frac{\partial e}{\partial p_i} - x_i = 0, \ i = 1, \cdots, n \qquad (13.82)$$

$$\frac{\partial L^{pd}}{\partial u} = \frac{\partial e}{\partial u} - \lambda^{pd} = 0 \qquad (13.83)$$

$$\text{和 } U(x) = u \qquad (13.84)$$

式(13.81)和式(13.84)就是原始问题(13.76)的一阶条件，式(13.82)和式(13.83)是一阶包络定理对式(13.78)的应用，它们的比值就是罗伊恒等式。式(13.83)表明效用约束条件的乘数 $\lambda^{*pd}(p, u) > 0$ 等于消费者支出的边际效用的倒数。这些结论不是什么新结论，我们之前就推导出来了。新得出的结论是：L^{pd} 的黑塞矩阵在能保留可行性的 (x, p, u) 的微小变化处一定是半负定矩阵。当只有偏离 (p, u) 的微小变化时，由 L^{pd} 对 (p, u) 的二阶偏导数构成的 L^{pd} 的黑塞矩阵的子矩阵为：

$$H^{pd}_{p, u} = \begin{pmatrix} \dfrac{\partial^2 L^{pd}}{\partial p_1^2} & \dfrac{\partial^2 L^{pd}}{\partial p_2 \partial p_1} & \cdots & \dfrac{\partial^2 L^{pd}}{\partial p_n \partial p_1} & \dfrac{\partial^2 L^{pd}}{\partial u \partial p_1} \\[2mm] \dfrac{\partial^2 L^{pd}}{\partial p_1 \partial p_2} & \dfrac{\partial^2 L^{pd}}{\partial p_2^2} & \cdots & \dfrac{\partial^2 L^{pd}}{\partial p_n \partial p_2} & \dfrac{\partial^2 L^{pd}}{\partial u \partial p_2} \\[2mm] \vdots & \vdots & \ddots & \vdots & \vdots \\[2mm] \dfrac{\partial^2 L^{pd}}{\partial p_1 \partial p_n} & \dfrac{\partial^2 L^{pd}}{\partial p_2 \partial p_n} & \cdots & \dfrac{\partial^2 L^{pd}}{\partial p_n^2} & \dfrac{\partial^2 L^{pd}}{\partial u \partial p_n} \\[2mm] \dfrac{\partial^2 L^{pd}}{\partial p_1 \partial u} & \dfrac{\partial^2 L^{pd}}{\partial p_2 \partial u} & \cdots & \dfrac{\partial^2 L^{pd}}{\partial p_n \partial u} & \dfrac{\partial^2 L^{pd}}{\partial u^2} \end{pmatrix}$$

在原始-对偶问题的最优解处计算这个矩阵时,它对(p,u)的保持可行性的微小变化而言也一定是半负定矩阵。由于$\partial e(p,u)/\partial p_i = h_i(p,u)$,所以根据式(13.81)、式(13.82)和式(13.83)可知,这个黑塞矩阵的值为:

$$H_{p,u}^{pd} = \begin{pmatrix} \dfrac{\partial h_1}{\partial p_1} & \dfrac{\partial h_1}{\partial p_2} & \cdots & \dfrac{\partial h_1}{\partial p_n} & \dfrac{\partial h_1}{\partial u} \\[2mm] \dfrac{\partial h_2}{\partial p_1} & \dfrac{\partial h_2}{\partial p_2} & \cdots & \dfrac{\partial h_2}{\partial p_n} & \dfrac{\partial h_2}{\partial u} \\[2mm] \vdots & \vdots & \ddots & \vdots & \vdots \\[2mm] \dfrac{\partial h_n}{\partial p_1} & \dfrac{\partial h_n}{\partial p_2} & \cdots & \dfrac{\partial h_n}{\partial p_n} & \dfrac{\partial h_n}{\partial u} \\[2mm] \dfrac{\partial \lambda^{*pd}}{\partial p_1} & \dfrac{\partial \lambda^{*pd}}{\partial p_2} & \cdots & \dfrac{\partial \lambda^{*pd}}{\partial p_n} & \dfrac{\partial \lambda^{*pd}}{\partial u} \end{pmatrix} \tag{13.85}$$

因为这个矩阵一定是半负定矩阵,所以其主对角线的元素全部是非正值。于是,当$i=1,\cdots,n$时,有:

$$\frac{\partial h_i(p,u)}{\partial p_i} \leqslant 0 \tag{13.86}$$

也就是说,所有的补偿需求曲线的斜率都是非正的,或者说,所有的(自身)价格的替代效应都是非正的。

如果消费者的支出函数是二阶连续可微的,那么,矩阵$H_{p,u}^{pd}$是对称矩阵:

$$\text{对所有 } i,j=1,\cdots,n; i \neq j, \frac{\partial h_i(p,u)}{\partial p_j} = \frac{\partial h_j(p,u)}{\partial p_i} \tag{13.87}$$

这表明,商品i和商品j之间的交叉价格的替代效应的大小是相等的。由对称性还可以知道,消费者的最低支出对p_i的变化率与消费者对商品i的希克斯需求对u的变化率相等,即对$i=1,\cdots,n$,

$$\frac{\partial}{\partial p_i}\left(\frac{\partial e(p,u)}{\partial u}\right) = \frac{\partial h_i}{\partial u}$$

斯勒茨基矩阵是由消费者的支出函数对价格的二阶偏导数所构成的矩阵:

$$S(p,u) = \left(\frac{\partial^2 e(p,u)}{\partial p_i \partial p_j}\right) = \begin{pmatrix} \dfrac{\partial h_1}{\partial p_1} & \dfrac{\partial h_1}{\partial p_2} & \cdots & \dfrac{\partial h_1}{\partial p_n} \\[2mm] \dfrac{\partial h_2}{\partial p_1} & \dfrac{\partial h_2}{\partial p_2} & \cdots & \dfrac{\partial h_2}{\partial p_n} \\[2mm] \vdots & \vdots & \ddots & \vdots \\[2mm] \dfrac{\partial h_n}{\partial p_1} & \dfrac{\partial h_n}{\partial p_2} & \cdots & \dfrac{\partial h_n}{\partial p_n} \end{pmatrix} \tag{13.88}$$

这个矩阵是希克斯(补偿)需求量对价格的变化率矩阵,矩阵中的元素是表示希克斯需求曲线斜率的$\partial h_i/\partial p_i$和表示替代效应的$\partial h_i/\partial p_j (i \neq j)$。由式(13.85)很容易得出那个著名的比较静态分析结论:斯勒茨基矩阵对于 p 的能保持可行性的微小变化是半负定矩阵,这是因为 $H_{p,u}^{pd}$ 是半负定矩阵。 $\square$

答案 13.3 最优化问题是:

$$\min_{x \in \Re^n} p \cdot x \quad \text{s.t. } U(x) \geqslant u$$

该问题的最优解是补偿性需求向量 $(h_1(p, u), \cdots, h_n(p, u))$,它的最小值函数是消费者的支出函数:

$$e(p, u) \equiv p_1 h_1(p, u) + \cdots + p_n h_n(p, u) + \lambda^*(p, u)(U(h(p, u)) - u) \quad (13.89)$$

选一个价格向量 $p^0 \gg \underline{0}$ 和一个效用水平 u^0。那么,使支出最小化的消费组合是 $(h_1(p^0, u^0), \cdots, h_n(p^0, u^0))$。用 h_1^0 表示 $h_1(p^0, u^0)$ 的数值。新的问题是在原问题的基础上加上一个额外的约束条件 $x_1 = h_1^0$。也就是:

$$\min_{x \in \Re^n} p \cdot x, \text{ s.t. } U(x) \geqslant u, x_1 = h_1^0$$

当 $(p_1, \cdots, p_n) = (p_1^0, \cdots, p_n^0)$ 以及 $u = u^0$ 时,这个额外的约束是恰好限制性约束。这个问题的解是补偿需求向量 $h^r(p, u) = (h_1^r(p, u), \cdots, h_n^r(p, u))$,其中,上标 r 表示这个额外的限制的存在。新问题的最小值函数是支出函数:

$$e^r(p, u; h_1^0) \equiv p_1 h_1^r(p, u) + p_2 h_2^r(p, u) + \cdots + p_n h_n^r(p, u)$$
$$+ \lambda^{*r}(p, u)(U(h^r(p, y)) - u) + \mu^r(p, u)(h_1^r(p, u) - h_1^0)$$
$$(13.90)$$

关键的事实是:

$$\text{当}(p, u) \neq (p^0, u^0)\text{时}, e(p^0, u^0) = e^r(p^0, u^0; h_1^0) \text{且} e(p, u) < e^r(p, u; h_1^0)$$
$$(13.91)$$

也就是说,$e(p, u)$ 是使得 h_1^0 的函数 $e^r(p, u; h_1^0)$ 的值最小的下包络函数。

对于足够小的 ε 和任意 $(p, u) \in B_{d_e}((p^0, u^0), \varepsilon)$,二阶泰勒展开式可以写成:

$$e(p, u) = e(p^0, u^0) + \nabla e(p^0, u^0) \cdot (p - p^0, u - u^0)$$
$$+ \frac{1}{2}(p - p^0, u - u^0)H_{p,u}(p^0, u^0)\begin{bmatrix} p - p^0 \\ u - u^0 \end{bmatrix} \quad (13.92)$$

其中,$H_{p,u}(p^0, u^0)$ 是 e 的黑塞矩阵在 $(p, u) = (p^0, u^0)$ 处的值。同样地,

$$e^r(p, u) = e^r(p^0, u^0) + \nabla e^r(p^0, u^0) \cdot (p - p^0, u - u^0)$$
$$+ \frac{1}{2}(p - p^0, u - u^0)H_{p,u}^r(p^0, u^0)\begin{bmatrix} p - p^0 \\ u - u^0 \end{bmatrix} \quad (13.93)$$

其中,$H_{p,u}^r(p^0, u^0)$ 是 e^r 的黑塞矩阵在 $(p, u) = (p^0, u^0)$ 处的值。

结合式(13.89)、式(13.91)和式(13.93)可知,对任意 $(p, u) \in B_{d_E}((p^0, u^0), \varepsilon)$ 一定有:

$$\nabla e(p^0, u^0) \cdot (p-p^0, u-u^0) + \frac{1}{2}(p-p^0, u-u^0)H_{p,u}(p^0, u^0)\begin{bmatrix} p-p^0 \\ u-u^0 \end{bmatrix}$$

$$< \nabla e^r(p^0, u^0) \cdot (p-p^0, u-u^0) + \frac{1}{2}(p-p^0, u-u^0)H_{p,u}^r(p^0, u^0)\begin{bmatrix} p-p^0 \\ u-u^0 \end{bmatrix}$$

$$(13.94)$$

e 的梯度向量的第 k 个元素是 e 关于 p_k 的偏导数。由式(13.89)和一阶包络定理可知,第 k 个元素为:

$$\frac{\partial e(p, u)}{\partial p_k} = h_k(p, u) \tag{13.95}$$

e 的梯度向量的最后一个元素是 e 关于 u 的偏导数。由式(13.89)和一阶包络定理可知,最后一个元素为:

$$\frac{\partial e(p, u)}{\partial u} = \lambda^*(p, u) \tag{13.96}$$

e^r 的梯度向量的第 k 个元素是 e^r 关于 p_k 的偏导数。由式(13.89)和一阶包络定理可知,第 k 个元素为:

$$\frac{\partial e^r(p, u)}{\partial p_k} = h_k^r(p, u) \tag{13.97}$$

e^r 的梯度向量的最后一个元素是 e^r 关于 u 的偏导数。由式(13.89)和一阶包络定理可知,最后一个元素为:

$$\frac{\partial e^r(p, u)}{\partial u} = \lambda^{*r}(p, u) \tag{13.98}$$

当 $(p, u) = (p^0, u^0)$ 时,约束 $x_1 = h_1^0$ 是恰好限制性约束,因此有 $u^{*r}(p^0, u^0) = 0$,以及 $\lambda^*(p, u) = \lambda^{*r}(p, u)$ 和 $h(p^0, u^0) = h^r(p^0, u^0)$。于是,由式(13.93)、式(13.96)、式(13.97)和式(13.98)可知,

$$\text{当}(p, u) = (p^0, u^0)\text{时}, \nabla e(p, u) = \nabla e^r(p, u) \tag{13.99}$$

于是,由式(13.94)和式(13.99)可知,一定有:

$$(p-p^0, u-u^0)H_{p,u}(p^0, u^0)\begin{bmatrix} p-p^0 \\ u-u^0 \end{bmatrix} < (p-p^0, u-u^0)H_{p,u}^r(p^0, u^0)\begin{bmatrix} p-p^0 \\ u-u^0 \end{bmatrix}$$

整理后可得:对任何 $(p, u) \in B_{d_E}((p^0, u^0), \varepsilon)$,都有:

$$(p-p^0, u-u^0)(H_{p,u}(p^0, u^0) - H_{p,u}^r(p^0, u^0))\begin{bmatrix} p-p^0 \\ u-u^0 \end{bmatrix} < 0 \tag{13.100}$$

也就是说,矩阵 $H_{p,u}(p^0, u^0) - H_{p,u}^r(p^0, u^0)$ 一定是一个负定矩阵(请注意,不仅仅是半负定矩阵)。

由式(13.95)和式(13.96)可知,e 的黑塞矩阵为:

$$H_{p,u} = \begin{pmatrix} \dfrac{\partial^2 e}{\partial p_1^2} & \cdots & \dfrac{\partial^2 e}{\partial p_1 \partial p_n} & \dfrac{\partial^2 e}{\partial p_1 \partial u} \\ \vdots & \ddots & \vdots & \vdots \\ \dfrac{\partial^2 e}{\partial p_n \partial p_1} & \cdots & \dfrac{\partial^2 e}{\partial p_n^2} & \dfrac{\partial^2 e}{\partial p_n \partial u} \\ \dfrac{\partial^2 e}{\partial u \partial p_1} & \cdots & \dfrac{\partial^2 e}{\partial u \partial p_n} & \dfrac{\partial^2 e}{\partial u^2} \end{pmatrix} = \begin{pmatrix} \dfrac{\partial h_1}{\partial p_1} & \cdots & \dfrac{\partial h_1}{\partial p_n} & \dfrac{\partial h_1}{\partial u} \\ \vdots & \ddots & \vdots & \vdots \\ \dfrac{\partial h_n}{\partial p_1} & \cdots & \dfrac{\partial h_n}{\partial p_n} & \dfrac{\partial h_n}{\partial u} \\ \dfrac{\partial \lambda^*}{\partial p_1} & \cdots & \dfrac{\partial \lambda^*}{\partial p_n} & \dfrac{\partial \lambda^*}{\partial u} \end{pmatrix} \tag{13.101}$$

由式(13.97)和式(13.98)可知，e^r 的黑塞矩阵为：

$$H_{p,u}^r = \begin{pmatrix} \dfrac{\partial^2 e^r}{\partial p_1^2} & \cdots & \dfrac{\partial^2 e^r}{\partial p_1 \partial p_n} & \dfrac{\partial^2 e^r}{\partial p_1 \partial u} \\ \vdots & \ddots & \vdots & \vdots \\ \dfrac{\partial^2 e^r}{\partial p_n \partial p_1} & \cdots & \dfrac{\partial^2 e^r}{\partial p_n^2} & \dfrac{\partial^2 e^r}{\partial p_n \partial u} \\ \dfrac{\partial^2 e^r}{\partial u \partial p_1} & \cdots & \dfrac{\partial^2 e^r}{\partial u \partial p_n} & \dfrac{\partial^2 e^r}{\partial u^2} \end{pmatrix} = \begin{pmatrix} \dfrac{\partial h_1^r}{\partial p_1} & \cdots & \dfrac{\partial h_1^r}{\partial p_n} & \dfrac{\partial h_1^r}{\partial u} \\ \vdots & \ddots & \vdots & \vdots \\ \dfrac{\partial h_n^r}{\partial p_1} & \cdots & \dfrac{\partial h_n^r}{\partial p_n} & \dfrac{\partial h_n^r}{\partial u} \\ \dfrac{\partial \lambda^{*r}}{\partial p_1} & \cdots & \dfrac{\partial \lambda^{*r}}{\partial p_n} & \dfrac{\partial \lambda^{*r}}{\partial u} \end{pmatrix} \tag{13.102}$$

由式(13.101)和式(13.102)可知，

$$H_{p,u}(p^0, u^0) - H_{p,u}^r(p^0, u^0) = \begin{pmatrix} \dfrac{\partial h_1}{\partial p_1} - \dfrac{\partial h_1^r}{\partial p_1} & \cdots & \dfrac{\partial h_1}{\partial p_n} - \dfrac{\partial h_1^r}{\partial p_n} & \dfrac{\partial h_1}{\partial u} - \dfrac{\partial h_1^r}{\partial u} \\ \vdots & \ddots & \vdots & \vdots \\ \dfrac{\partial h_n}{\partial p_1} - \dfrac{\partial h_n^r}{\partial p_1} & \cdots & \dfrac{\partial h_n}{\partial p_n} - \dfrac{\partial h_n^r}{\partial p_n} & \dfrac{\partial h_n}{\partial u} - \dfrac{\partial h_n^r}{\partial u} \\ \dfrac{\partial \lambda^*}{\partial p_1} - \dfrac{\partial \lambda^{*r}}{\partial p_1} & \cdots & \dfrac{\partial \lambda^*}{\partial p_n} - \dfrac{\partial \lambda^{*r}}{\partial p_n} & \dfrac{\partial \lambda^*}{\partial u} - \dfrac{\partial \lambda^{*r}}{\partial u} \end{pmatrix}$$

$$\tag{13.103}$$

该矩阵中的每一项都是在 (p^0, u^0) 处计算的。它的主对角线上的元素一定小于零，所以一定有：

$$\left. \frac{\partial h_i}{\partial p_i} \right|_{(p,u)=(p^0, u^0)} < \left. \frac{\partial h_i^r}{\partial p_i} \right|_{(p,u)=(p^0, u^0)}, \quad i=1, \cdots, n \tag{13.104}$$

$$和 \left. \frac{\partial \lambda^*}{\partial u} \right|_{(p,u)=(p^0, u^0)} < \left. \frac{\partial \lambda^{*r}}{\partial u} \right|_{(p,u)=(p^0, u^0)} \tag{13.105}$$

式(13.104)表明，当消费者不受额外约束 $h_1 \equiv h_1^0$ 限制时，随着价格 p_i 的上升，消费者对商品 i 的希克斯需求量比受额外约束限制 $h_1 \equiv h_1^0$ 时减少得更多。简单地说，消费者在选择消费组合时，若受到的限制较少，那么就更容易降低较高的 p_i 所带来的不利影响（即较高的支出），因为，与在商品1的消费量固定时的情况相比，他更能进行严格的希克斯替代。勒夏特列原理也得到了这个结论。

式(13.105)表明了什么呢？$\partial \lambda^* / \partial u$ 和 $\partial \lambda^{*r} / \partial u$ 这两个量是消费者支出的边际效用的

倒数对所达到的效用水平的导数。这两个量都是正数，所以，式(13.105)告诉我们，当消费者受到额外限制时，其支出的边际效用以较慢的速度增加，或者以较快的速度减少。这直观上很容易理解。如果消费者的可支配收入多了一美元，且这一美元的消费受到额外限制，那么，与不受额外约束限制的情况相比，这额外的一美元不会为他带来同样多的效用增加量。这个结论也可以通过勒夏特列原理推导出来。

如果两个支出函数 e 和 e^r 都是二阶连续可微的，那么，矩阵 $H_{p,u}$ 和 $H_{p,u}^r$ 都是对称矩阵，于是，$H_{p,u}-H_{p,u}^r$ 也是对称矩阵。因此，对任何 $i,j=1,\cdots,n$，$i\neq j$，都有：

$$\frac{\partial h_i}{\partial p_j}-\frac{\partial h_i^r}{\partial p_j}=\frac{\partial h_j}{\partial p_i}-\frac{\partial h_j^r}{\partial p_i} \tag{13.106}$$

这表明，在约束不同的两种情况下，商品 i 对另一种商品交叉价格 p_j 的替代效应之差与商品 j 对 p_i 的交叉价格替代效应之差相同。类似地，根据黑塞矩阵的对称性，一定有：

$$\frac{\partial h_i}{\partial u}-\frac{\partial h_i^r}{\partial u}=\frac{\partial \lambda^*}{\partial p_i}-\frac{\partial \lambda^{*r}}{\partial p_i},\quad i=1,\cdots,n \tag{13.107}\square$$

参考文献

Arrow, K., and A. Enthoven, 1961, "Quasi-Concave Programming." *Econometrica* 29(4):779 – 800.

Chiang, A., and K. Wainwright, 2005, *Fundamental Methods of Mathematical Economics*. McGraw-Hill.

Debreu, G., 1952, "Definite and Semidefinite Quadratic Forms." *Econometrica* 20(2):295 – 300.

Franklin, J., 2002, *Methods of Mathematical Economics: Linear and Nonlinear Programming, Fixed-Point Theorems*. Society for Industrial and Applied Mathematics.

Hoy, M., J. Livernois, C. McKenna, R. Rees, and T. Stengos, 2011. *Mathematics for Economics*. MIT Press.

John, F., 1948, "Extremum Problems with Inequalities as Subsidiary Conditions." In *Studies and Essays, Courant Anniversary Volume*: 187 – 204. Wiley Interscience New York.

Karush, W., 1939., "Minima of Functions of Several Variables with Inequalities as Side Constraints." M.Sc. Thesis, Department of Mathematics, University of Chicago.

Kuhn, H., and A. Tucker, 1951, "Nonlinear Programming." In *Proceedings of 2nd Berkeley Symposium on Mathematical Statistics and Probability*, edited by J. Neyman: 481 – 492. University of California Press, Berkeley.

Milgrom, P., and J. Roberts, 1996, "The Le Chatelier Principle." *American Economic Review* 86(1): 173 – 179.

Silberberg, E., 1974, "A Revision of Comparative Statics Methodology in Economics, or, How to Do Comparative Statics on the Back of an Envelope." *Journal of Economic Theory* 7:159 – 172.

Simon, C., and L. Blume, 1994. *Mathematics for Economists*. W. W. Norton and Co.

译后记

中国的经济学研究飞速进步，对经济学专业的研究生以及从事经济学研究的高校教师和相关人员提出了越来越高的要求，主要表现在对经济思想的理解、对定量分析工具的掌握和对现实世界的了解等方面。

在当今的主流经济学中，以数理经济模型和计量经济模型为代表的定量分析方法已经非常普及。而在当前国内经济学学术期刊中，数理分析出现的频率远远低于计量分析。这也许说明了，整体而言，国内经济学学者在数理分析方面的能力还有更明显的提升空间或潜力。

从本质来讲，数理分析就是用数学符号表示经济因素，用数学公式表示经济因素之间的相互作用，用数学公式之间的联系表示逻辑关系。所以，数学只是用来表达经济思想的工具而已。但它具有简洁、准确和国际通用等非常好的性质。而且，当我们研究的各个因素之间的关系比较复杂时，想用文字清楚地展示出逻辑分析的过程往往很难，甚至完全不可行——在这种情况下，数学是不可替代的。

数学中的有约束条件的最优化问题与经济学所研究的问题是高度一致的，因为主流经济学认为所有的决策者都是在既定约束下追求目标值（比如个人效用、企业利润和社会福利）最大化。因此，学习数学中的最优化概念、理论和方法，应该是有志于从事经济学研究的人的必修课。

在经济学中应用得比较多的最优化理论和方法早已成熟，相关的经典教材也已流传很久。但是，对于很多非数学专业或者数学基础不好的人来说，现有的教材或者专著基本都不够"友好"。好在有例外——在所有介绍最优化理论和方法的书中，本书颇为奇特。

从引言中自然朴素甚至有点口语化的语言，到正文中貌似啰嗦的解释，我们好像看到了一位耐心、细心、亲切的老师，他想让每个学生都听懂，哪怕是基础很差的学生。他努力讲清楚每个概念、每个定理和每个方法，并费神地猜想你可能有哪些没听懂的地方。他特别强调图形与文字表述的结合，特别强调用经济学的例子来说明数学中的最优化理论，特别强调说清楚每个细节，连课后习题的答案都细致得跟正文中的讨论一样。书如其人——本书的作者彼得·B.摩根就是这样一位令人尊敬的大学老师，他是纽约州立大学布法罗分校经济系的副教授，曾两度获得 Milton Plesur 杰出教学奖。

正是由于其鲜明且难能可贵的特点，本书适合所有财经类专业的本科生、研究生和高校教师。不够完美的是,本书不涉及动态最优化理论和方法。相信很多读者跟我一样,非常期盼本书的作者能写一本关于动态最优化的教材,那将又是一本令我们欢呼的书。遗憾的是,摩根教授已经退休,不愿再受写书之苦。本书的英文版出版于2015年,被他当成了自己的封山之作。

　　本书由我和中南财经政法大学的张乔合作翻译。中南财经政法大学的赵雪倩、余亚萱、余海若、邸诗晴、刘笙扬以及华中科技大学的周玉雯和梁盈盈参与了部分校对工作,感谢他们细心阅读书稿。也感谢格致出版社编辑们细致的工作。

　　若有翻译不当之处,恳请读者谅解并反馈。

中南财经政法大学经济学院

林相森

图书在版编目(CIP)数据

经济学中有约束的最优化问题解析 /（加）彼得·B.
摩根著 ；林相森，张乔译. — 上海 ：格致出版社 ：上
海人民出版社，2024.6
（当代经济学系列丛书 / 陈昕主编. 当代经济学教
学参考书系）
ISBN 978 - 7 - 5432 - 3567 - 0

Ⅰ. ①经…　Ⅱ. ①彼… ②林… ③张…　Ⅲ. ①经济学
-最优分析　Ⅳ. ①F0

中国国家版本馆 CIP 数据核字(2024)第 081505 号

责任编辑　程　倩　刘佳琪
封面设计　敬人设计工作室　吕敬人

经济学中有约束的最优化问题解析
[加拿大]彼得·B.摩根　著

林相森　张乔　译

出　　版　格致出版社
　　　　　上海三联书店
　　　　　上海人民出版社
　　　　　(201101　上海市闵行区号景路 159 弄 C 座)
发　　行　上海人民出版社发行中心
印　　刷　浙江临安曙光印务有限公司
开　　本　787×1092　1/16
印　　张　22.75
插　　页　2
字　　数　514,000
版　　次　2024 年 6 月第 1 版
印　　次　2024 年 6 月第 1 次印刷
ISBN 978 - 7 - 5432 - 3567 - 0/F · 1572
定　　价　108.00 元

上海市版权局著作权合同登记号图字 09-2023-0210

当代经济学教学参考书系